为注册会计师行业提供专业领跑的力量

会计审计实务前沿专题研究

计学撮要 2013

瑞华会计师事务所技术与标准部 编著

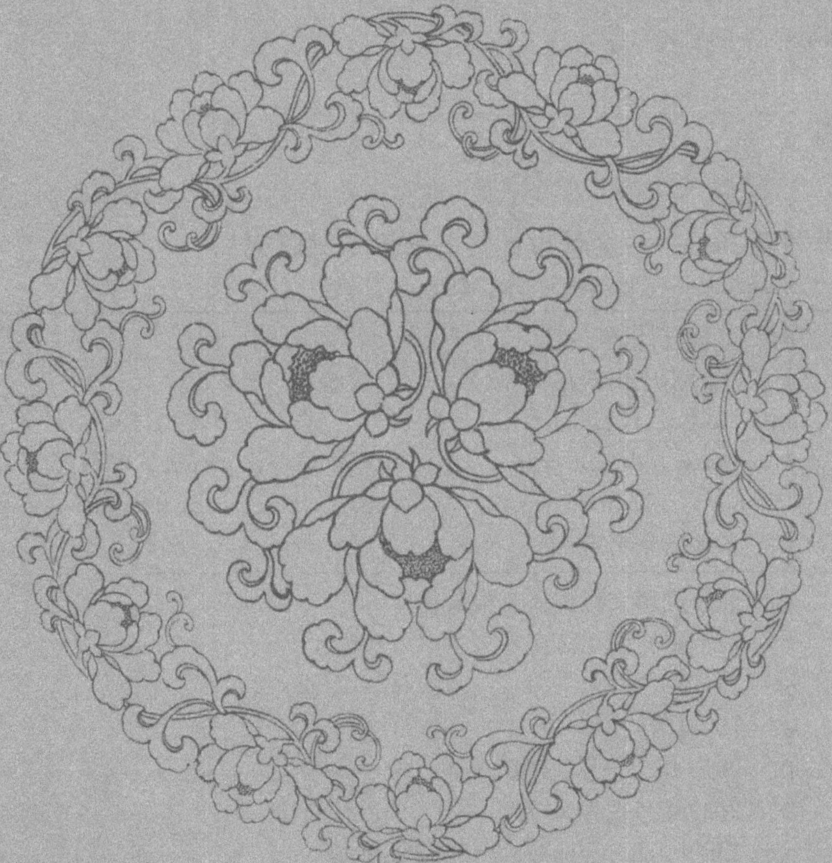

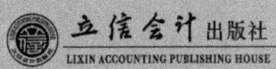

图书在版编目(CIP)数据

计学撮要 2013：会计审计实务前沿专题研究/瑞华会计师事务所技术与标准部编著．—上海：立信会计出版社，2013.11(2020.6 重印)
ISBN 978-7-5429-4045-2

Ⅰ.①计… Ⅱ.①瑞… Ⅲ.①企业管理—会计制度—研究—中国 Ⅳ.①F279.23

中国版本图书馆 CIP 数据核字(2013)第 263315 号

策划编辑	窦瀚修
责任编辑	张巧玲
封面设计	周崇文

计学撮要 2013——会计审计实务前沿专题研究

Jixue Cuoyao 2013——Kuaiji Shenji Shiwu Qianyan Zhuanti Yanjiu

出版发行	立信会计出版社			
地　　址	上海市中山西路 2230 号	邮政编码	200235	
电　　话	(021)64411389	传　　真	(021)64411325	
网　　址	www.lixinph.com	电子邮箱	lixinaph2019@126.com	
网上书店	http://lixin.jd.com		http://lxkjcbs.tmall.com	
经　　销	各地新华书店			
印　　刷	北京虎彩文化传播有限公司			
开　　本	787 毫米×1092 毫米	1/16		
印　　张	34.75	插　　页	2	
字　　数	707 千字			
版　　次	2013 年 11 月第 1 版			
印　　次	2020 年 6 月第 6 次			
书　　号	ISBN 978-7-5429-4045-2/F			
定　　价	79.00 元			

如有印订差错，请与本社联系调换

序
凝聚专业领跑的力量

本书是瑞华会计师事务所(特殊普通合伙)技术与标准部最新会计审计专业课题研究成果和部分实务问题解答的精粹。

全书分为两大专题：

专题Ⅰ"对相关政策的解读"，系 2012 年以来有关部门发布的《企业会计准则解释第 5 号》、《上市公司执行企业会计准则监管问题解答》(2013 年第 1 期，总第 8 期)等 6 个重要财务会计文件的解读和阐释，详细分析评估了上述文件对实务操作的影响和应注意的问题。

专题Ⅱ"会计审计实务回答(Q&A)"，采用"问题解答"的形式，共收录问题 300 多个，涉及固定资产，无形资产和研究开发支出，资产减值，职工薪酬和股份支付，生产成本归集和分摊，收入确认和建造合同，企业收到政府补助和其他财政资金，所得税会计，股权转让损益确认和长期股权投资，企业合并和合并财务报表，金融工具和套期会计，租赁会计，建设经营移交方式(BOT)参与公共基础设施建设业务，会计政策、会计估计变更及会计差错更正，报表列报和披露，现金流量表，关联方关系及其交易认定与披露，非经常性损益认定等 20 多个类别。

在我看来，我国财务会计法规注重条文的规定，隐含了条文背后形形色色的实际情况；准则制定实证研究不够，在一定程度上增大了预测准则经济后果的难度，增大了准则实施中的逻辑推理和主观判断。瑞华会计师事务所技术与标准部愿意为此作出补充性、丰富性、完善性的贡献。

我的朋友、资深特许会计师克里斯·A·麦溥在《教育我们的学生——我们的责任是什么》中写道:"会计技能大体上是一个经验和判断问题,基础理论并不十分深奥。当我们试图将这些基本原理运用于商业环境出现的无穷变化的、复杂的情形时,真正的考验随之产生……同样重要的是,对这些事实的细致分析、合乎逻辑的推理、形成和得出有效的结论,并且进行恰当地判断。"瑞华会计师事务所技术与标准部的创新性工作正在于此。

本书立足会计审计实务前沿,把脉会计审计准则走向,洞悉经济事项核心本质,相信会对企业财务会计、会计师事务所、监管机构、投资银行以及财经界等有关人士不无裨益。

形而上者谓之道,形而下者谓之器。化而裁之谓之变,推而行之谓之通。我们正走在"求道"、"求变"、"求通"的路上,期待各位读友赐教同行,一起感受专业的魅力,一起实现奋斗的梦想。

是为序。

张连起

2013 年 9 月 28 日于北京

目 录

专题 I 对相关政策的解读

第一章 对财政部、国家安全生产监督管理总局印发的《企业安全生产费用提取和使用管理办法》的解读 /3
第二章 我国居民企业实行股权激励计划有关企业所得税的会计处理问题 /14
第三章 营业税改征增值税试点有关企业会计处理问题 /21
第四章 《企业会计准则解释第5号》解读 /25
第五章 2012年上市公司年度报告披露的最新要求对年审的影响 /36
第六章 证监会会计部《上市公司执行企业会计准则监管问题解答》(2013年第1期,总第8期)解读 /53

专题 II 会计审计实务问答(Q&A)

第一章 资产、负债类业务问答 /63
　　第一节 固定资产的相关问题 /63
　　第二节 无形资产和研究开发支出的相关问题 /102
　　第三节 资产减值的相关问题 /121
　　第四节 职工薪酬和股份支付的相关问题 /130
　　第五节 生产成本归集和分摊的相关问题 /144
第二章 利润类业务问答 /149
　　第一节 收入确认和建造合同相关问题 /149
　　第二节 企业收到政府补助和其他财政资金的相关会计处理问题 /207
　　第三节 所得税会计的相关问题 /232
第三章 长期股权投资和企业合并业务问答 /250
　　第一节 股权转让损益确认和长期股权投资确认问题 /250

第二节　企业合并和合并财务报表的相关问题　/300
第四章　特殊业务问答　/396
　　第一节　金融工具和套期会计的相关问题　/396
　　第二节　租赁会计的相关问题　/442
　　第三节　建设经营移交方式(BOT)参与公共基础设施建设业务的相关问题　/461
　　第四节　会计政策、会计估计变更及会计差错更正相关问题　/468

第五章　信息披露和列报业务问答　/478
　　第一节　报表列报和披露的相关问题　/478
　　第二节　现金流量表的相关问题　/499
　　第三节　关联方关系及其交易认定与披露的相关问题　/511
　　第四节　非经常性损益认定的相关问题　/518

第六章　其他会计技术和审计技术问答　/524
　　第一节　其他会计技术问题　/524
　　第二节　审计技术问题　/545

专题 I

对相关政策的解读

- 《企业安全生产费用提取和使用管理办法》解读
- 我国居民企业实行股权激励计划有关企业所得税的会计处理问题
- 营业税改增值税试点有关企业会计处理问题
- 《企业会计准则解释第5号》解读
- 2012年上市公司年度报告披露的最新要求对年审的影响
- 《上市公司执行企业会计准则监管问题解答》(2013年第1期;总第8期)解读

第一章

对财政部、国家安全生产监督管理总局印发的《企业安全生产费用提取和使用管理办法》的解读

2012年2月14日,财政部、国家安全生产监督管理总局下发了《关于印发〈企业安全生产费用提取和使用管理办法〉的通知》(财企[2012]16号),自公布之日起施行。自财企[2012]16号文生效之日起,《关于调整煤炭生产安全费用提取标准 加强煤炭生产安全费用使用管理与监督的通知》(财建[2005]168号)、《关于印发〈烟花爆竹生产企业安全费用提取与使用管理办法〉的通知》(财建[2006]180号)和《关于印发〈高危行业企业安全生产费用财务管理暂行办法〉的通知》(财企[2006]478号)同时废止。《关于印发〈煤炭生产安全费用提取和使用管理办法〉和〈关于规范煤矿维简费管理问题的若干规定〉的通知》(财建[2004]119号)等其他有关规定与财企[2012]16号文不一致的,以财企[2012]16号文为准。

财企[2012]16号文对安全费用的计提范围和标准、适用范围等与原规定(财企[2006]478号和财建[2004]119号)相比存在一定的变化。目前,在会计处理和税务处理上没有发生变化。

安全生产费用的提取标准主要变化包括:

(1) 扩大了计提安全生产费用的企业范围。财企[2012]16号文将冶金企业、机械制造企业、武器装备研制生产与试验企业纳入了计提安全生产费用的范围,明确了地质勘探单位、城市轨道交通工程、管道运输计提安全生产费用的计提依据和标准。

(2) 煤炭生产企业安全生产费用的计提标准由原来区分大中型煤矿和小型煤矿采用不同的标准计提,变更为不再区分煤矿类型,采用统一标准计提。

(3) 财企[2012]16号文对煤炭生产企业、非煤矿山开采企业(除原油、天然气)、建设工程施工企业、交通运输企业客运业务提高了安全生产费用计提比例。

(4) 危险品生产与储存企业、烟花爆竹生产企业由以本年度实际销售收入为计提依据变更为以上年度实际营业收入为计提依据。

《企业安全生产费用提取和使用管理办法》(财企[2012]16号)对安全费用提取标准的主要变化对比表

行业	财企[2012]16号文之《企业安全生产费用提取和使用管理办法》		相关原文件		是否废止	对比情况
	具体内容	具体内容	出处			
煤炭生产企业	第五条 煤炭生产企业依据开采的原煤产量按月提取。各类煤矿的原煤单位产量安全费用提取标准如下: (一)煤(岩)与瓦斯(二氧化碳)突出矿井、高瓦斯矿井吨煤30元; (二)其他井工矿井吨煤15元; (三)露天矿吨煤5元。 矿井瓦斯等级划分按现行《煤矿安全规程》和《矿井瓦斯等级鉴定规范》的规定执行。	第二条 本办法所称安全费用,是指企业按照原煤实际产量从成本中提取,专门用于煤矿安全生产设施投入的资金。 (一)大中型煤矿 1.高瓦斯、煤与瓦斯突出、自然发火严重和涌水量大的矿井吨煤不低于8元,其中:45户重点监控煤炭生产企业吨煤不低于15元(名单附后); 2.低瓦斯矿井吨煤不低于5元; 3.露天矿吨煤不低于3元。 (二)小型煤矿 1.高瓦斯矿井、煤与瓦斯突出、自然发火严重和涌水量大的矿井吨煤不低于10元; 2.低瓦斯矿井吨煤不低于6元。 煤炭生产企业应在上述标准的基础上,根据安全生产实际需要,科学合理地确定安全费用具体提取标准,并报当地主管税务机关、财政部门、煤炭行业管理部门、煤矿安全监管机构和各级煤矿安全监察机构备案。 有关企业分类规范标准执行;有关高、低瓦斯矿井和煤与瓦斯突出矿井的界定,按现行《煤矿安全规程》的规定执行。	财建[2004]119号文之《煤炭生产安全费用提取和使用管理办法》	否。与财企[2012]16号文不一致的,以财企[2012]16号文为准。	不再区分大中型煤矿和小型煤矿,统一计提标准;提取标准均提高。
		《关于调整煤炭生产安全费用提取标准加强煤炭安全生产费用使用管理的通知》(财建[2005]168号)		全文废止。	

4

非煤矿山开采企业	第六条 非煤矿山开采企业依据开采的原矿产量按月提取。各类矿山原矿单位产量安全费用提取标准如下： （一）石油，每吨原油17元； （二）天然气、煤层气（地面开采），每千立方米原气5元； （三）金属矿山，其中露天矿山每吨5元，地下矿山每吨10元； （四）核工业矿山，每吨25元； （五）非金属矿山，其中露天矿山每吨2元，地下矿山每吨4元； （六）小型露天采石场，即年采剥总量50万吨以下，且最大开采高度不超过50米，产品用于建筑、铺路的山坡型露天采石场，每吨1.5元； （七）尾矿库按入库尾矿量计算，三等及三等以上尾矿库每吨1元，四等及五等尾矿库每吨1.5元。 本办法下发之日以前已经实施闭库的尾矿库，按照已堆存尾砂的有效库容大小提取，库容100万立方米以下的，每年提取5万元；超过100万立方米的，每增加100万立方米增加3万元，但每年提取额最高不超过30万元。 原矿产量不含金属、非金属矿山尾矿库和废石场中用于综合利用的尾砂和低品位矿石场勘探单位用于综合利用的尾砂和低品位矿石或者工程总费用的2%提取。	财企[2006]478号文之《高危行业企业安全生产费用财务管理暂行办法》	全文废止。	除石油、天然气计提标准没有变动外，其他非煤矿山产品的计提标准提高，明确地质勘探单位安全费用计提要求。

(续表)

财企[2012]16号文之《企业安全生产费用提取和管理办法》		相关原文件			对比情况
行业	具体内容	具体内容	出处	是否废止	
建设工程施工企业	第七条 建设工程施工企业以建筑安装工程造价为计提依据。各建设工程类别安全费用提取标准如下： （一）矿山工程为2.5%； （二）房屋建筑工程、城市轨道交通工程、电力工程、铁路工程、水利水电工程为2.0%； （三）市政公用工程、化工石油工程、冶炼工程、机电安装工程、港口与航道工程、公路工程、通信工程为1.5%。 建设工程施工企业提取的安全费用列入工程造价，在竞标时，不得删减，列入标外管理，国家对基本建设投资概算另有规定的，从其规定。 总包单位应当将安全费用按比例直接支付分包单位，分包单位不再重复提取。	第八条 建筑施工企业以建筑安装工程造价为计提依据。各工程类别安全费用提取标准如下： （一）房屋建筑工程、矿山工程为2.0%； （二）电力工程、水利水电工程、铁路工程为1.5%； （三）市政公用工程、化工石油工程、冶炼工程、机电安装工程、港口与航道工程、公路工程、通信工程为1.0%。 建筑施工企业提取的安全费用，国家对基本建设投资概算另有规定的，从其规定。 总包单位应当将安全费用按比例直接支付分包单位，分包单位不再重复提取。	财企[2006]478号文之《高危行业企业安全生产费用财务管理暂行办法》	全文废止。	提高计提标准，明确城市轨道交通工程计提依据和标准。
危险品生产与储存企业	第八条 危险品生产与储存企业以上年度实际营业收入为计提依据，采取超额累退方式按照以下标准平均逐月提取： （一）营业收入不超过1000万元的，按照4%提取； （二）营业收入超过1000万元至1亿元的部分，按照2%提取； （三）营业收入超过1亿元至10亿元的部分，按照0.5%提取； （四）营业收入超过10亿元以上的部分，按照0.2%提取。	第九条 危险品生产企业以本年度实际销售收入为计提依据，采取超额累退方式按以下标准逐月提取： （一）全年实际销售收入在1000万元及以下的，按照4%提取； （二）全年实际销售收入在1000万元至10000万元（含）的部分，按照2%提取； （三）全年实际销售收入在10000万元至100000万元（含）的部分，按照0.5%提取； （四）全年实际销售收入在100000万元以上的部分，按照0.2%提取。	《高危行业企业安全生产费用财务管理暂行办法》（财企[2006]478号）	全文废止。	计提依据发生变化，计提标准没有变化。

行业	原规定		新规定	变化说明
	《高危行业企业安全生产费用财务管理暂行办法》(财企[2006]478号)	全文废止。		
交通运输企业	第九条 交通运输企业以上年度实际营业收入为计提依据,按照以下标准逐月提取： (一)普通货运业务按照1%提取； (二)客运业务按照1.5%提取； (三)货运业务、管道运输、危险品等特殊货运业务按照1.5%提取。		第十条 道路交通运输企业,按照以下标准逐月提取： (一)客运业务按照0.5%提取； (二)普通货运业务按照1%提取； (三)危险货物运输等特殊货运业按照1.5%提取。	计提标准发生变化,提高客运业务计提标准,增加管道运输,增加提取道路运输安全生产费用的要求。
冶金企业			第十提计提依据,冶金企业以上年度实际营业收入为计提依据,采取超额累退方式按照以下标准平均按月提取： (一)营业收入不超过1 000万元的,按照3%提取； (二)营业收入超过1 000万元至1亿元的部分,按照1.5%提取； (三)营业收入超过1亿元至10亿元的部分,按照0.5%提取； (四)营业收入超过10亿元至50亿元的部分,按照0.2%提取； (五)营业收入超过50亿元至100亿元的部分,按照0.1%提取； (六)营业收入超过100亿元的部分,按照0.05%提取。	新增。

(续表)

行业	具体内容	相关原文件		对比情况
		具体内容	出处	是否废止	

财企[2012]16号文之《企业安全生产费用提取和使用管理办法》

行业	具体内容	相关原文件具体内容	出处	是否废止	对比情况
机械制造企业	第十一条 机械制造企业以上年度实际营业收入为计提依据,采取超额累退方式按以下标准平均逐月提取: (一) 营业收入不超过1 000万元的,按照2%提取; (二) 营业收入超过1 000万元至1亿元的部分,按照1%提取; (三) 营业收入超过1亿元至10亿元的部分,按照0.2%提取; (四) 营业收入超过10亿元至50亿元的部分,按照0.1%提取; (五) 营业收入超过50亿元的部分,按照0.05%提取。				新增。
烟花爆竹生产企业	第十二条 烟花爆竹生产企业以上年度实际营业收入以上年度实际营业收入以下标准平均逐月提取: (一) 营业收入不超过200万元至500万元的,按照3.5%提取; (二) 营业收入超过200万元至500万元的部分,按照3%提取; (三) 营业收入超过500万元至1 000万元的部分,按照2.5%提取; (四) 营业收入超过1 000万元的部分,按照2%提取。	第四条 安全费用按年计算,分月提取。具体提取标准是: (一) 当年销售收入在200万元(含200万元)以下的按3.5%提取; (二) 当年销售收入超过200万元至500万元(含500万元)的部分按3%提取; (三) 当年销售收入超过500万元至1 000万元(含1 000万元)的部分按2.5%提取; (四) 当年销售收入超过1 000万元以上的部分按2%提取。	财建[2006]180号文之《烟花爆竹生产企业安全费用提取与使用管理办法》	全文废止。	计提依据发生变化,计提比例没有变化。

	新增。
第十三条 武器装备研制生产与试验企业以上年度军品实际营业收入为计提依据,采取超额累退方式按照以下标准平均逐月提取: (一)火炸药及其制品研制、生产与试验企业(包括:含能材料,炸药,火药,推进剂,发动机,弹箭,引信,火工品等): 1. 营业收入不超过 1 000 万元的,按照 5%提取; 2. 营业收入超过 1 000 万元至 1 亿元的部分,按照 3%提取; 3. 营业收入超过 1 亿元至 10 亿元的部分,按照 1%提取; 4. 营业收入超过 10 亿元的部分,按照 0.5%提取。 (二)核装备及核燃料研制、生产与试验企业: 1. 营业收入不超过 1 000 万元的,按照 3%提取; 2. 营业收入超过 1 000 万元至 1 亿元的部分,按照 2%提取; 3. 营业收入超过 1 亿元至 10 亿元的部分,按照 0.5%提取; 4. 营业收入超过 10 亿元的部分,按照 0.2%提取; 5. 核工程按照 3%提取(以工程造价为计提依据,在竞标时,列为标外管理)。	武器装备研制生产与试验企业

(续表)

相关原文件				对比情况
	具体内容	出处	是否废止	
财企[2012]16号文之《企业安全生产费用提取和使用管理办法》	(三)军用舰船(含修理)研制、生产与试验企业： 1. 营业收入不超过1 000万元的，按照2.5%提取； 2. 营业收入超过1 000万元至1亿元的部分，按照1.75%提取； 3. 营业收入超过1亿元至10亿元的部分，按照0.8%提取； 4. 营业收入超过10亿元的部分，按照0.4%提取。 (四)飞船、卫星、军用飞机、坦克车辆、火炮、轻武器、大型天线等产品的总体、部分和元器件研制、生产与试验企业： 1. 营业收入不超过1 000万元的，按照2%提取； 2. 营业收入超过1 000万元至1亿元的部分，按照1.5%提取； 3. 营业收入超过1亿元至10亿元的部分，按照0.5%提取； 4. 营业收入超过10亿元至100亿元的部分，按照0.2%提取； 5. 营业收入超过100亿元的部分，按照0.1%提取。			新增。
武器装备研制生产与				

行业

	（五）其他专用危险品研制、生产与试验企业： 1. 营业收入不超过 1 000 万元的，按照 4%提取； 2. 营业收入超过 1 000 万元至 1 亿元的部分，按照 2%提取； 3. 营业收入超过 1 亿元至 10 亿元的部分，按照 0.5%提取； 4. 营业收入超过 10 亿元的部分，按照 0.2%提取。	第二条 在中华人民共和国境内从事矿山开采、建筑施工、危险品生产以及道路交通运输的企业以及其他经济组织（以下简称企业）适用本办法。 第十一条 中小型企业和大型企业上年度营业收入以上安全生产监督管理部门、煤矿安全监察机构或者商财政部门同意，企业本年度可以缓提或者少提安全费用。 第十四条 中小微型企业和大型企业上年末安全费用专户结余分别达到本企业上年度营业收入的5%和1.5%时，经当地县级以上安全生产监督管理部门同意，企业本年度可以缓提或者少提安全费用。 企业规模划分标准按照工业和信息化部、国家统计局、国家发展和改革委员会、财政部《关于印发中小企业划型标准规定的通知》（工信部联企业[2011]300号）规定执行。	财企[2006]478号文之《高危行业企业安全生产费用财务管理暂行办法》 第十一条 中小安全费用专户结余分别达到本企业上年度销售收入的5%和2%时，经当地县级以上安全生产监督管理部门同意，企业可以缓提或者少提安全费用。 企业规模划分标准按照原国家经贸委、原国家统计局《关于印发中小型企业标准暂行规定的通知》（国经贸中小企[2003]143号）和国家统计局《统计上大中小型企业划分办法（暂行）》（国统字[2003]17号）规定执行。	扩大了可以提延缓或减少提安全费用的范围，放宽了大型企业提延缓或减少提安全费用的条件。
试验企业			
缓提或者少提安全费用应满足的条件		全文废止。	

财企[2012]16号文之《企业安全生产费用提取和使用管理办法》

行业	具体内容	相关原文件 具体内容	相关原文件 出处	相关原文件 是否废止	对比情况
提取标准的变动	第十五条 企业在上述标准的基础上,根据安全生产实际需要,可适当提高安全费用提取标准。本办法公布前,各省级政府已制定下发企业安全费用提取使用办法的,其提取标准如果低于本办法规定的标准,应当进行调整;如果高于本办法规定的标准,按照原标准执行。	第四条 企业在上述标准和规定的浮动范围内自行确定安全费用提取标准,报当地主管税务机构备案。安全费用提取部门和煤矿安全监察机构不得随意改动。确需变动的,经报主管税务机关、煤炭管理部门和煤矿安全监察机构备案后,从下一年度开始执行新的提取标准。	财建[2004]119号文《煤炭生产安全费用提取和使用管理办法》	否。号财企[2012]16号文不一致的,以财企[2012]16号文为准。	
其他补充规定	第十六条 新建企业和投产不足一年的企业以当年实际营业收入为提取依据,按月计提安全费用。混业经营企业,如能按各业务类别分别核算的,则以各业务营业收入为计提安全费用;如不能分别核算的,则以全部营业收入为计提依据,按主营业务提取标准提取安全费用。				新增。对于财企[2012]16号文规定的新建和投产不足一年的企业,当年以实际营业收入为依据逐月提取的行业内的企业平均收入为依据按月计提安全费用。

另外,财企[2012]16号文细化了对安全生产费使用范围的规定,区分不同行业(煤炭生产企业、非煤矿山开采企业、建设工程施工企业、危险品生产与储存企业、交通运输企业、冶金企业、机械制造企业、烟花爆竹生产企业、武器装备研制生产与试验企业)详细列举了安全生产费的使用范围。

财企[2012]16号文明确:企业安全费用的会计处理,应当符合国家统一的会计制度的规定。同时根据该文第三条对"安全生产费用"的定义,安全生产费用仍应在成本中列支。根据这一规定,对于尚未执行新企业会计准则的企业,其安全生产费的会计处理,应按照《关于执行〈企业会计制度〉和相关会计准则有关问题解答(四)》(财会[2004]3号)第十条的规定执行;已执行新企业会计准则的企业,其安全生产费的会计处理,目前仍遵循《企业会计准则解释第3号》(财会[2009]8号)第三条的规定。

财企[2012]16号文未涉及安全生产费用的企业所得税税务处理问题。自2011年5月1日起,安全生产费用的企业所得税税务处理应按《国家税务总局关于煤矿企业维简费和高危行业企业安全生产费用企业所得税税前扣除问题的公告》(国家税务总局公告2011年第26号)执行。

对于会计、税务处理规定不一致之处,注册会计师应当关注纳税调整的恰当性。同时应注意:企业不应就已计提尚未使用的安全生产费用形成的专项储备余额确认递延所得税资产。

第二章

我国居民企业实行股权激励计划有关企业所得税的会计处理问题

2012年5月23日,国家税务总局发布《关于我国居民企业实行股权激励计划有关企业所得税处理问题的公告》(国家税务总局公告2012年第18号,以下简称"第18号公告"),对上市公司股权激励计划有关企业所得税处理问题作出了规定。

一、第18号公告主要内容

第18号公告所称股权激励,是指中国证券监督管理委员会发布的《上市公司股权激励管理办法(试行)》(证监公司字[2005]151号,以下简称"管理办法")中规定的上市公司以本公司股票为标的,对其董事、监事、高级管理人员及其他员工(以下简称"激励对象")进行的长期性激励。其实行方式包括授予限制性股票、股票期权以及其他法律法规规定的方式。

上市公司依照《管理办法》要求建立职工股权激励计划,并按我国企业会计准则的有关规定,在股权激励计划授予激励对象时,按照该股票的公允价格及数量,计算确定作为上市公司相关年度的成本或费用,作为换取激励对象提供服务的对价。上述企业建立的职工股权激励计划,其企业所得税的处理,按以下规定执行:

(1)对股权激励计划实行后立即可以行权的,上市公司可以根据实际行权时该股票的公允价格与激励对象实际行权支付价格的差额和数量,计算确定作为当年上市公司工资薪金支出,依照税法规定进行税前扣除。

(2)对股权激励计划实行后,需待一定服务年限或者达到规定业绩条件(以下简称等待期)方可行权的。上市公司等待期内会计上计算确认的相关成本费用,不得在对应年度计算缴纳企业所得税时扣除。在股权激励计划可行权后,上市公司方可根据该股票实际行权时的公允价格与当年激励对象实际行权支付价格的差额及数量,计算确定作为当年上市公司工资薪金支出,依照税法规定进行税前扣除。

(3)本条所指股票实际行权时的公允价格,以实际行权日该股票的收盘价格确定。

在我国境外上市的居民企业和非上市公司,凡比照《管理办法》的规定建立职工股权激励计划,且在企业会计处理上,也按我国会计准则的有关规定处理的,其股权激励计划有关企业所得税处理问题,可以按照上述规定执行。

我们对18号公告基本内容的理解。

1. 股权激励的范围。

该公告适用于已上市公司依据《管理办法》中规定的以本公司股票为标的实施的股权激励;对在我国境外上市的居民企业和非上市公司,就要看其是否与《管理办法》要求实质上一致。

2. 可以税前抵扣的条件。

上市公司依照《管理办法》要求建立职工股权激励计划,并按我国企业会计准则的有关规定进行会计处理。

3. 可能遇到的税务问题。

在运用该公告的过程中可能会遇到一些具体的税务处理方面的问题,建议企业和注册会计师就具体税务问题咨询税务专业中介机构和主管税务机关。

二、第18号公告对会计处理的影响

第18号公告发布,改变了我们以往认为权益结算的股份支付不能税前扣除的观点。但同时会导致新的会计问题产生。

(一) 会计上的费用确认时点和税法上的税前扣除时点可能不同

会计上要求企业在等待期内的每个资产负债表日,将取得职工或其他方提供的服务计入成本费用;而第18号公告二、(二)规定:上市公司等待期内会计上计算确认的相关成本费用,不得在对应年度计算缴纳企业所得税时扣除。在股权激励计划可行权后,上市公司方可根据该股票实际行权时的公允价格与当年激励对象实际行权支付价格的差额及数量,计算确定作为当年上市公司工资薪金支出,依照税法规定进行税前扣除。

从上述可知,在有等待期的情况下,会计上确认费用和税法上允许税前扣除费用的时点不一致,这样就会产生是否可以在等待期内确认递延所得税资产的问题。

(二) 会计上的累计确认费用金额和税法上的可税前扣除金额可能不同

会计上在等待期内累计确认的费用(基于权益工具的授予日公允价值,以及满足可行权条件中的服务期限条件和非市场条件的权益工具授予数量确定,最终预计的数量与实际可行权数量一致;但可能不是最终的实际行权数量)和税法上允许扣除的金额[=(实际行权日股票收盘价－行权价)[①]×实际行权股份数]之间可能存在差异。如果存在差异,如何处理该差异问题。

对于上述这两个会计问题,《企业会计准则讲解(2010)》(以下简称"《讲解

---

① 实际行权日标的股票收盘价与行权价之间的差额,又称为期权于实际行权日的"内在价值"(intrinsic value)。

2010》")第十九章第三节中"三、特定交易或事项中涉及递延所得税的确认"之"(三)与股份支付相关的当期及递延所得税"中有提到(见《讲解 2010》原书第281页)：

(1) 在按照会计准则规定确认成本费用的期间内,根据会计期末取得的信息估计可税前扣除的金额计算确定其计税基础及由此产生的暂时性差异,并在符合确认条件的情况下确认递延所得税资产。

(2) 其中,预计未来期间可税前扣除的金额超过按照会计准则规定确认的与股份支付相关的成本费用,超过部分的所得税影响应直接计入所有者权益。

上述处理原则与《国际会计准则第 12 号——所得税》第 68A～68C 段所述一致,只是《讲解 2010》第十九章第三节中"与股份支付相关的当期及递延所得税"一段写得较简单。为便于准确理解准则讲解中的该项要求,下面将《国际会计准则第 12 号——所得税》第 68A～68C 段内容完整翻译如下：

68A 在一些税务管辖区域内,企业可获得与以股份、股票期权或企业的其他权益工具支付的报酬相关的所得税抵扣(即在计算应纳税所得额时可抵扣的金额)。该所得税抵扣金额可能与会计上累计确认的报酬费用不同,并可能会在以后的会计期间产生。例如,在一些税务管辖区域内,企业根据《国际财务报告准则第 2 号——以股份为基础的支付》,将获取的职工劳务确认为费用并作为授予期权的对价,但税务上只有到实际行使期权时才能获得税前扣除,并以行权日企业股票价值为基础来计量可在所得税前抵扣的金额。

68B 如同本准则第 9 段和第 26(b)段所讨论的研究成本,到目前为止获得的职工服务的计税基础(税务部门允许在未来期间抵扣的金额)与账面金额(零)之间的差异,是一项导致产生递延所得税资产的可抵扣暂时性差异。如果在本期期末税务部门允许在未来期间抵扣的金额尚不能确定,应根据本期期末可获得的信息进行估计。例如,如果税务部门允许在未来期间抵扣的金额是依据企业未来的股价,那么可抵扣暂时性差异应以本期期末企业股价为基础来计量。

68C 如在第 68A 段中所解释的,所得税前抵扣金额(或者根据第 68B 段计量的估计未来所得税前抵扣金额)可能与相关的累计报酬费用不同。本准则第 58 段要求当期和递延所得税应当确认为收益或费用,并包括在当期利润表中,除非所得税产生于：a. 在相同或不同期间内确认在利润表之外的交易或事项；b. 企业合并。如果所得税前抵扣金额(或估计的未来所得税前抵扣金额)超过累计确认的报酬费用,这就说明所得税前抵扣金额不仅与报酬费用相关,而且还与权益项目相关。在这种情况下,与超额部分相关的当期或递延所得税应直接在权益中确认。

三、与股份支付相关的当期所得税和递延所得税的会计处理示例

鉴于《讲解 2010》第十九章第三节中"(三)与股份支付相关的当期及递延所得税"一段中未有相关示例,为了给与股份支付相关的当期及递延所得税的会计处理实务提供指引,下面摘录了《国际会计准则第 12 号——所得税》后附的

示例——以股份为基础的支付交易

示例5,企业在实务中遇到第18号公告所涉及的股份支付相关当期所得税和递延所得税的确认和计量问题时,可参考该举例进行相关会计处理。

示例——以股份为基础的支付交易

依据《国际财务报告准则第2号——以股份为基础的支付》,企业将获取的职工劳务确认为费用并作为授予期权的对价,但税务上只有到实际行使期权时,并以行权日期权的内在价值(即,行权日标的股票的公允价值与行权价之差)为基础来确认所得税抵扣。

如本准则第68B段所解释的,到目前为止获得的职工服务的计税基础(税务部门允许在未来期间抵扣的金额)与账面金额(零)之间的差异,是一项导致产生递延所得税资产的可抵扣暂时性差异。第68B段要求如果在本期期末税务部门允许在未来期间抵扣的金额尚不能确定,应根据本期期末可获得的信息进行估计;如果税务部门允许在未来期间抵扣的金额是依据企业未来的股价,那么可抵扣暂时性差异以本期期末企业股价为基础来计量。因此,在本例中,估计未来所得税前抵扣额(进而计量递延所得税资产)是以期末期权内在价值为基础。

如本准则第68C段所解释的,如果所得税前抵扣金额(或估计未来所得税前抵扣金额)超过累计确认的报酬费用,这就说明所得税抵扣金额不仅与报酬费用相关,而且还与权益项目相关。在这种情况下,第68C段要求将与超额部分相关的当期或递延所得税应直接在权益中确认。

本案例中,该企业适用的企业所得税税率为40%。第1年年初授予期权,第3年年末等待期满,第5年年末行使期权。每一会计期间所接受并消耗职工服务确认为费用的详细情况、每一年年末发行在外期权的数量和期权的内在价值如下表。

相 关 资 料　　　　　　　　　金额单位:元

年份	职工劳务费用	年末期权数	每份期权内在价值
第1年	188 000	50 000	5
第2年	185 000	45 000	8
第3年	190 000	40 000	13
第4年	—	40 000	17
第5年	—	40 000	20

企业在第1年至第4年确认递延所得税资产和递延所得税收益(即递延所得税费用的贷方发生额),在第5年确认当期所得税收益。在第4年和第5年,由于估计(或实际)所得税抵扣超过累计报酬费用,一些递延所得税收益和当期所得税收益直接在权益中确认。

第1年

递延所得税资产和递延所得税收益:
50 000×5×1/3(注)×40%＝　　　　　　　　　　　　33 333

注:所接受的员工服务的计税基础系基于期权的内在价值,而这些期权授

予的等待期为3年,即为了获取授予对象在未来3年内为本企业提供的服务。由于截至第1年年末企业仅取得了授予对象在第1年内提供的服务,因此需要将期权的内在价值乘以1/3,以求得第1年内获取的员工服务的计税基础。

因为估计未来所得税抵扣额83 333元(50 000×5×1/3)小于累计劳务费用188 000元,所以递延所得税收益全部确认为收益。

第2年

年末递延所得税资产:

45 000×8×2/3×40%=	96 000元
减年初递延所得税资产	(33 333)元
本年递延所得税收益	62 667元(注)

注:该金额组成如下:

就本年获得的职工劳务计税基础与账面金额(零)之间的暂时差异确认的递延所得税收益:

45 000×8×1/3×40%=	48 000元

以前年度获得的职工服务计税基础调整产生的递延所得税收益:

a. 期权内在价值增加影响额:45 000×(8-5)×1/3×40%	18 000元
b. 期权数量减少影响额:5 000×5×1/3×40%	(3 333)元
本年递延所得税收益	62 667元

因为估计未来所得税抵扣额240 000(45 000×8×2/3)小于累计劳务费用373 000(188 000+185 000),所以递延所得税收益全部确认为收益。

第3年

年末递延所得税资产:

40 000×13×40%=	208 000元
减年初递延所得税资产	(96 000)元
本年递延所得税收益	112 000元

因为估计未来所得税抵扣额520 000元(40 000×13)小于累计劳务费用563 000元(188 000+185 000+190 000),所以递延所得税收益全部确认为收益。

第4年

年末递延所得税资产:

40 000×17×40%=	272 000元
减年初递延所得税资产	(208 000)元
本年递延所得税收益	64 000元

递延所得税收益部分计入损益,部分直接确认为权益如下:

估计未来所得税抵扣(40 000×17)	680 000元
累计劳务报酬(188 000+185 000+190 000)	563 000元
超额的所得税抵扣	117 000元
本年递延所得税收益	64 000元
超额直接在权益中确认(117 000×40%)	46 800元
计入损益	17 200元

第 5 年

递延所得税费用(递延所得税资产转回)	272 000 元
直接确认为权益的金额(累计确认递延	
所得税收益直接计入权益的部分转回)	46 800 元
确认为损益金额	225 200 元
根据期权行权日期权的内在价值确认的	
当期所得税(40 000×20×40%)	320 000 元
当期损益确认金额(563 000×40%)	225 200 元
直接在权益中确认金额	94 800 元

各年资料小结 单位:元

年份	利润表				资产负债表	
	职工劳务费用	当期所得税费用(收益)	递延所得税费用(收益)	所得税费用(收益)汇总	权益	递延所得税资产
第1年	188 000		(33 333)	(33 333)		33 333
第2年	185 000		(62 667)	(62 667)		96 000
第3年	190 000		(112 000)	(112 000)		208 000
第4年			(17 200)	(17 200)	(46 800)	272 000
第5年		(225 200)	225 200		46 800	
					(94 800)	
合计	563 000	(225 200)		(225 200)	(94 800)	

四、股份支付交易与专项储备在递延所得税确认方面的异同

从前文论述可以看出:对于股份支付交易,当会计上确认为费用的期间与税法上允许税前扣除的期间不一致时,在会计处理中可以就到目前为止获得的职工服务的计税基础(税务部门允许在未来期间抵扣的金额)与账面金额(零)之间的可抵扣暂时性差异确认递延所得税资产(其中,如果所得税前抵扣金额超过累计确认的报酬费用,则与超额部分相关的当期或递延所得税应直接在权益中确认;其余当期或递延所得税应计入损益)。

但对于专项储备能否确认递延所得税资产的问题,证监会会计部在《上市公司执行企业会计准则监管问题解答(2013年第1期,总第8期)》(会计部函[2013]232号)中规定:"按照企业会计准则及相关规定,已计提但尚未使用的安全生产费不涉及资产负债的账面价值与计税基础之间的暂时性差异,不应确认递延所得税。因安全生产费的计提和使用产生的会计利润与应纳税所得额之间的差异,比照永久性差异进行会计处理。"

上述处理方式可能会导致产生以下疑问:同样是在确认或计提时借记成本、费用类科目,贷记权益类科目,为何股份支付交易能够确认递延所得税资

产,而专项储备不能？这需要从以下方面去解释：

对于股份支付而言,正如 IAS 12 第 68B 段所指出的,"到目前为止获得的职工服务的计税基础(税务部门允许在未来期间抵扣的金额)与账面金额(零)之间的差异,是一项导致产生递延所得税资产的可抵扣暂时性差异"。因此,该项可抵扣暂时性差异的存在,是对股份支付交易确认递延所得税资产的依据和基础。会计上就所接受的员工服务确认费用,是企业与其外部方面(员工)进行交易的结果,相当于员工以不能确认为资产的服务缴纳了部分出资额,作为取得企业权益工具的对价,因而此时确认的费用是符合《企业会计准则——基本准则》对"费用"这一会计要素的定义和确认条件的。

但是,对于专项储备而言,其计提时按照《企业会计准则解释第 3 号》第三条所确认的费用,并不是本企业对外发生交易的结果,也并未导致企业所有者权益的减少,严格来说并不符合《企业会计准则——基本准则》对"费用"这一会计要素的定义和确认条件,即"费用是指企业在日常活动中发生的、会导致所有者权益减少的、与向所有者分配利润无关的经济利益的总流出。费用只有在经济利益很可能流出从而导致企业资产减少或者负债增加、且经济利益的流出额能够可靠计量时才能予以确认",所以严格来说专项储备的已计提未使用余额不符合在利润表中确认的条件。相应地,由于以下两项主要原因,对已计提尚未使用的安全生产费、维简费形成的专项储备余额不能确认递延所得税资产：

(1) 对专项储备余额尚无明确的用途和支付计划,故企业不能确定该差异的转回时间,也就不能肯定这些差异在未来转回时能否有足够的应纳税所得额从而实现暂时性差异所包含的节税利益。

(2) 近来也有观点认为,对专项储备确认递延所得税资产的问题能否比照可抵扣亏损和可结转以后年度扣除的广告费等费用。对此,我们认为不能简单比照。如果可以仅仅依据"明确的用途和支付计划"作为确认递延所得税资产的依据,则无异于承认会计上可以把尚不符合负债确认条件的承诺事项和待执行合同确认入账,而这明显违反会计基本原理。同时,这些专项储备余额在未来必须根据管理层实际采取的行动(实际使用这些专项储备)才能获准税前扣除,这与可弥补亏损和可结转以后年度扣除的费用存在本质的不同(后者只需确保未来有足够的扣除或弥补额度,就可以自动享受到相应的税收减免利益,无需管理层采取特定的行动;而专项储备未来的节税利益实现,除了要有足够的未来应纳税所得额以外,还必须依赖于管理层在未来实际采取的特定行动,即把专项储备用于规定范围内的支出,在未采取行动之前并未自动享有从以后年度的应纳税所得额中扣除的权利)。因此,对于专项储备能否确认递延所得税资产的问题,不能简单比照"可弥补亏损"或者"可结转以后年度扣除的费用"的处理原则处理。

(3) 递延所得税资产本质上是一种在未来抵减应纳税所得额的权利,并且该权利应当是由过去的交易和事项形成(导致)的。这是"资产"这一会计要素的定义和一般确认条件所决定的。而在实际发生专项储备列支范围内的支出之前,企业并不享有在未来就当前已计提的专项储备抵减应纳税所得额的权利,因此在资产负债表日尚不能就一项不存在的抵扣权利确认递延所得税资产。

第三章

营业税改征增值税试点
有关企业会计处理问题

2012年7月5日,财政部发布了《关于印发〈营业税改征增值税试点有关企业会计处理规定〉的通知》(财会[2012]13号),根据《财政部、国家税务总局关于印发〈营业税改征增值税试点方案〉的通知》(财税[2011]110号)等相关规定,对营业税改征增值税试点有关企业会计处理作出了相关规定。该文件是以执行新准则的企业为背景发布的,但仍在执行原会计制度的企业也可参照执行,不过需要将部分会计科目更换为原制度下的科目名称(如"应交税金"、"补贴收入"等)。

现把财会[2012]13号文的主要内容和我们的理解简要说明如下。

一、试点纳税人差额征税的会计处理

(一)一般纳税人的会计处理

一般纳税人提供应税服务,试点期间按照营业税改征增值税有关规定允许从销售额中扣除其支付给非试点纳税人价款的,应在"应交税费——应交增值税"科目下增设"营改增抵减的销项税额"专栏,用于记录该企业因按规定扣减销售额而减少的销项税额。具体账务处理分为两种情况:

1. 逐笔交易进行抵减销售额的账务处理。

企业接受应税服务时,按规定允许扣减销售额而减少的销项税额,借记"应交税费——应交增值税(营改增抵减的销项税额)"科目,按实际支付或应付的金额与上述增值税额的差额,借记"主营业务成本"等科目,按实际支付或应付的金额,贷记"银行存款"、"应付账款"等科目。

2. 期末一次性进行抵减销售额的账务处理。

期末,按规定当期允许扣减销售额而减少的销项税额,借记"应交税费——应交增值税(营改增抵减的销项税额)"科目,贷记"主营业务成本"等科目。

(二)小规模纳税人的会计处理

小规模纳税人提供应税服务,试点期间按照营业税改征增值税有关规定允许从销售额中扣除其支付给非试点纳税人价款的,按规定扣减销售额而减少的应交增值税应直接冲减"应交税费——应交增值税"科目。具体账务处理也分

为两种情况:

1. 逐笔交易进行抵减销售额的账务处理。

企业接受应税服务时,按规定允许扣减销售额而减少的应交增值税,借记"应交税费——应交增值税"科目,按实际支付或应付的金额与上述增值税额的差额,借记"主营业务成本"等科目,按实际支付或应付的金额,贷记"银行存款"、"应付账款"等科目。

2. 期末一次性进行抵减销售额的账务处理。

期末,按规定当期允许扣减销售额而减少的应交增值税,借记"应交税费——应交增值税"科目,贷记"主营业务成本"等科目。

二、增值税期末留抵税额的会计处理和报表列报

试点地区兼有应税服务的原增值税一般纳税人,截止到开始试点当月月初的增值税留抵税额按照营业税改征增值税有关规定不得从应税服务的销项税额中抵扣的,应在"应交税费"科目下增设"增值税留抵税额"明细科目。

开始试点当月月初,企业应按不得从应税服务的销项税额中抵扣的增值税留抵税额,借记"应交税费——增值税留抵税额"科目,贷记"应交税费——应交增值税(进项税额转出)"科目。

"应交税费——增值税留抵税额"科目期末余额应根据其流动性在资产负债表中的"其他流动资产"项目或"其他非流动资产"项目列示。

我们理解,除了强调根据流动性(预计可获得抵扣的时间)分别在"其他流动资产"项目或者"其他非流动资产"项目列报以外,在实务操作中还要关注借方余额作为一项资产是否可能发生减值。某些企业由于行业特点等原因,可能进项税额大于销项税额是常态(如报业、印刷、农业等),因此在其目前的业务模式不发生重大变化的情况下,有一部分进项税额预计在可预见的未来很可能不能获得抵扣。而依据《财政部、国家税务总局关于增值税若干政策的通知》(财税[2005]165号)第六条规定:"一般纳税人注销或被取消辅导期一般纳税人资格,转为小规模纳税人时,其存货不作进项税额转出处理,其留抵税额也不予以退税。"因此,企业应当根据其预计的未来采购和销售计划等因素,谨慎估计其在可预见的未来获得退还、抵扣或抵顶的可能性。对于预计在可预见的未来很可能无法获得退还、抵扣或抵顶的此类税项,应当计提减值准备,相关减值损失计入当期损益(资产减值损失)。后续如因情况发生变化等原因,改变了对留抵税额可抵扣性的会计估计,即原先预计很可能不能获得抵扣的留抵税额现在预计很可能获得抵扣,则原先计提的减值准备可以相应转回。

另外需要注意的是:此处对留抵税额作为资产列报的规定,虽然是出现于"营改增"的会计处理规定中,但其基本原则也同样适用于其他一贯适用增值税的企业,并可推广到"应交税费"科目中其他税、费的借方余额。企业按照税法规定缴纳的所得税、增值税等税费,应按照《企业会计准则第30号——财务报表列报》及其应用指南的规定,根据其余额性质和流动性,在财

务报表中进行列报和披露。对于以下项目,应当在资产负债表中列报为"其他流动资产":

(1) 企业按照《企业会计准则第 18 号——所得税》的相关规定确认的当期所得税资产。

(2) 按照增值税相关规定应结转未来期间抵扣的增值税进项税额。

(3) 相关税收法规明确承认属于预缴,可在未来纳税义务发生时抵顶相应的应纳税额的预缴税款。

(4) 等待退还或抵顶以后期间应纳税款的多缴税款。

上述(2)、(3)、(4)各项中,如有证据表明其未来获得退还、抵扣或抵顶的时间距离资产负债表日将在 1 年或者一个正常营业周期(以孰长为准)以上的,则应列报为"其他非流动资产"。

对于上述列入"其他流动资产"或"其他非流动资产"的项目,企业应当谨慎估计其在可预见的未来获得退还、抵扣或抵顶的可能性。对于预计在可预见的未来很可能无法获得退还、抵扣或抵顶的此类税项,应当计提资产减值准备。

当期所得税资产和当期所得税负债抵销列报的条件,按照《企业会计准则讲解(2010)》第十九章第四节中"五、所得税的列报"(原书第 285~286 页)的相关规定处理;其他税种的应缴数和多缴数(或预缴数、待抵扣数)的抵销列报,可比照该原则处理。

三、取得过渡性财政扶持资金的会计处理

试点纳税人在新老税制转换期间因实际税负增加而向财税部门申请取得财政扶持资金的,期末有确凿证据表明企业能够符合财政扶持政策规定的相关条件且预计能够收到财政扶持资金时,按应收的金额,借记"其他应收款"等科目,贷记"营业外收入"科目。

我们理解,取得过渡性财政扶持资金的会计处理,要求在"期末有确凿证据表明企业能够符合财政扶持政策规定的相关条件且预计能够收到财政扶持资金时",可确认其他应收款,即对该项政府补助基于权责发生制原则予以确认。这是对现行的《〈企业会计准则第 16 号——政府补助〉应用指南》第四条"政府补助的计量"中"企业取得的各种政府补助为货币性资产的,如通过银行转账等方式拨付的补助,通常按照实际收到的金额计量;存在确凿证据表明该项补助是按照固定的定额标准拨付的,如按照实际销量或储备量与单位补贴定额计算的补助等,可以按照应收的金额计量"规定的部分突破,即可以按照权责发生制原则确认的政府补助除了原有的"存在确凿证据表明该项补助是按照固定的定额标准拨付的"政府补助以外,还增加了此处的过渡性财政扶持资金。但除此之外,其他政府补助仍按收付实现制确认。其后,证监会会计部在《上市公司执行企业会计准则监管问题解答(2013 年第 1 期,总第 8 期)》中,对这一确认和计量原则又进行了扩充,明确"对期末有确凿证据表明能够符合财政扶持政策规定的相关条件预计能够收到财政扶持资金时,

可以按应收金额计量"。

四、增值税税控系统专用设备和技术维护费用抵减增值税额的会计处理

（一）增值税一般纳税人的会计处理

按税法有关规定，增值税一般纳税人初次购买增值税税控系统专用设备支付的费用以及缴纳的技术维护费允许在增值税应纳税额中全额抵减的，应在"应交税费——应交增值税"科目下增设"减免税款"专栏，用于记录该企业按规定抵减的增值税应纳税额。

企业购入增值税税控系统专用设备，按实际支付或应付的金额，借记"固定资产"科目，贷记"银行存款"、"应付账款"等科目。按规定抵减的增值税应纳税额，借记"应交税费——应交增值税（减免税款）"科目，贷记"递延收益"科目。按期计提折旧，借记"管理费用"等科目，贷记"累计折旧"科目；同时，借记"递延收益"科目，贷记"管理费用"等科目。企业发生技术维护费，按实际支付或应付的金额，借记"管理费用"等科目，贷记"银行存款"等科目。按规定抵减的增值税应纳税额，借记"应交税费——应交增值税（减免税款）"科目，贷记"管理费用"等科目（即，增值税税控系统专用设备和技术维护费用抵减增值税额的会计处理，是采用政府补助的思路处理，但递延收益摊销时不是计入营业外收入而是冲减管理费用）。

（二）小规模纳税人的会计处理

按税法有关规定，小规模纳税人初次购买增值税税控系统专用设备支付的费用以及缴纳的技术维护费允许在增值税应纳税额中全额抵减的，按规定抵减的增值税应纳税额应直接冲减"应交税费——应交增值税"科目。相关的账务处理同上"（一）增值税一般纳税人的会计处理"。

"应交税费——应交增值税"科目期末如为借方余额，应根据其流动性在资产负债表中的"其他流动资产"项目或"其他非流动资产"项目列示；如为贷方余额，应在资产负债表中的"应交税费"项目列示。

第四章

《企业会计准则解释第 5 号》解读

2012 年 11 月 5 日,财政部发布了《关于印发企业会计准则解释第 5 号的通知》(财会[2012]19 号),正式发布了《企业会计准则解释第 5 号》(以下简称"解释 5 号")。解释 5 号对六个方面的问题进行了明确,要求执行《企业会计准则》的企业自 2013 年 1 月 1 日起施行,不要求追溯调整。

尽管解释 5 号不要求追溯调整,对 2012 年度财务报表影响不大,但如果确有企业因为解释 5 号的生效而需要在 2013 年变更会计政策,且预计该项会计政策变更对企业的财务状况和经营成果将产生重大影响的,则应在 2012 年年报中就该项会计政策变更的影响作为一项资产负债表日后非调整事项予以披露。

以下对解释 5 号所列的各项问题作一简要介绍,同时说明我们对这些规定的理解,以及实务操作中若干应关注问题的提示。下文中楷体字内容为解释 5 号中相关规定的原文,其余内容为我们对该规定的理解和分析,以及对需关注的部分问题的提示。

一、非同一控制下的企业合并中,购买方应如何确认取得的被购买方拥有的但在其财务报表中未确认的无形资产?

答: 非同一控制下的企业合并中,购买方在对企业合并中取得的被购买方资产进行初始确认时,应当对被购买方拥有的但在其财务报表中未确认的无形资产进行充分辨认和合理判断,满足以下条件之一的,应确认为无形资产:

(一)源于合同性权利或其他法定权利;

(二)能够从被购买方中分离或者划分出来,并能单独或与相关合同、资产和负债一起,用于出售、转移、授予许可、租赁或交换。

企业应当在附注中披露在非同一控制下的企业合并中取得的被购买方无形资产的公允价值及其公允价值的确定方法。

我们的理解:

解释 5 号明确在非同一控制下企业合并中,对于被购买方财务报表中未确认的无形资产,但满足《企业会计准则第 6 号——无形资产》中规定的"可辨认性标准"的,购买方应予以确认。这一规定是对《企业会计准则第 20 号——企业合并》第十四条第(一)项规定"合并中取得的无形资产,其公允价值能够可靠地计量的,应当单独确认为无形资产并按照公允价值计量"的补充和进一步解释。

如果该次企业合并属于吸收合并、新设合并或者业务合并的,则上述原则直接运用于购买方于购买日的个别财务报表;如果属于控股合并的,则上述原则仅运用于购买方于购买日的合并财务报表。

关于此部分的具体理解和举例可参见 IFRS 体系下的《国际财务报告准则第 3 号——企业合并(2008 年修订)》第 B31~B34 段内容。为便于阅读和理解,将其全文翻译如下:

"B31 购买方应在商誉之外单独确认企业合并中取得的可辨认无形资产。一项无形资产如果符合'可分离标准'或者'合同—法律标准',就是可辨认的。

B32 无形资产只要符合了'合同—法律标准',就是可辨认的,即使该资产不能单独转让,也不能从被购买方单独分离出来或与其他权利和义务相分离。例如:

(1) 被购买方以经营租赁方式租入了一项生产设备,该租赁条款与市场条款相比对被购买方更为有利。租约条款明确禁止转让该租赁(通过出售或转租)。与相同或类似项目的当前市场交易条款相比,租赁条款有利的金额部分,是一项符合'合同—法律标准',故应在商誉之外单独确认的无形资产,即使购买方不能出售或转让该租赁合同。

(2) 被购买方拥有和经营一座核电站。该核电站的经营许可就是一项符合'合同—法律标准',故应在商誉之外单独确认的无形资产,即使购买方不能脱离取得的该核电站而单独出售或转让该许可。如果该许可的期限和核电站使用寿命相似的话,购买方出于财务报告目的,可以将该经营执照的公允价值和核电站的公允价值归并为一项单项资产予以确认。

(3) 被购买方拥有一项技术专利。被购买方已经将该专利以排他许可方式许可给其他方在国外市场使用,其对价是在将来获得特定比例的国外收入分成。该技术专利和相关的许可使用协议都符合'合同—法律标准',应在商誉之外单独确认,即使将专利和相关的许可使用协议拆分开来单独出售或交换是不切实可行的。

B33 '可分离标准',是指取得的某项无形资产可从被购买方分离出来,并且可以单独或与相关的合同、可辨认资产或负债一起出售、转移、授予许可、出租或交换。购买方可以出售、授予许可或用于交换其他有价物品的无形资产符合'可分离标准',即使购买方并没有将其出售、许可他人使用或用于交换的意图。如果有证据表明存在该类型或相似类型的无形资产的交换交易,则即使该交易是不经常发生的或购买方并没有参与其中,取得的该项无形资产都符合'可分离标准'。例如,客户和订户名单经常被授权给他人使用,因此符合'可分离标准'。即使被购买方确信其客户名单与其他客户名单相比具有不同的特征,客户名单经常被授权给他人使用的事实通常表明取得的客户名单符合了"可分离标准"。然而,如果保密条款或其他协议禁止主体将客户信息用于出售、租赁或交易,则该企业合并中获得的客户名单就不符合'可分离标准'。

B34 如果合并中的无形资产可与相关合同、可辨认资产或负债相分离,则即使不能单独从被购买方或合并后主体分离出来,也符合'可分离标准'。

例如：

（1）市场参与者在可观察的交换交易中交换存款负债和相关存款人关系的无形资产。因此，购买方应将存款人关系单独于商誉作为无形资产确认。

（2）被购买方拥有一项注册商标，以及以书面文件的形式记录其生产产品（使用该商标）的专门技术（但非专利）。为转移该商标的所有权，所有者同时要转移所有必要的东西给新所有者，以保证其所生产的产品和所提供的服务与原所有者所生产、提供的产品和服务相比不存在差别。由于一旦相关商标被出售，则该非专利的专门技术就要从被购买方或合并后主体分离并被出售，因此该项非专利的专门技术符合'可分离标准'。"

实务中最常见的此类需单独确认的被购买方无形资产项目是被购买方所拥有的自行开发的专利权、非专利技术等技术类无形资产。对于高科技行业的企业而言，这些无形项目往往是其核心竞争力的主要体现，在收购作价中是重要的考虑因素，但被购买方可能在历史上将其研究开发支出全部于发生时予以费用化处理，从而导致其自身账面上并未体现出相关无形资产。另外，被购买方所拥有的驰名商标和商号名、业务渠道和客户资源等与市场营销相关的无形资源也是此类情况下常见的应单独确认的无形资产项目。这些项目在被购买方自身账面上，或者由于形成这些资源的成本不能单独识别和归集导致其成本不能可靠计量，或者由于其取得成本相对较低等原因，未被单独确认为无形资产，但是这些资源确实具有带来未来经济利益流入的能力，在非同一控制下企业合并中，应当在其公允价值能够可靠计量的前提下，在购买方财务报表中单独确认为一项无形资产。此外，对于被购买方依据《行政许可法》相关规定取得的依法不得转让的资质等行政许可，在其他情形下是不应确认为无形资产的，但依据解释5号，在非同一控制下企业合并中，作为企业合并交易的一部分取得了被购买方所拥有的行政许可，并且为此支付了相应对价的，因其符合上述（一）的条件，购买方应基于实质重于形式的原则，在其公允价值能够可靠计量的前提下，将其确认为无形资产（如 IFRS 3 第 B32 段举例2）。

对被购买方所拥有的无形项目予以单独识别、确认和计量，更能体现出相关购并交易的经济实质和商业目的，并可以在一定程度上减少所确认的商誉，减轻后续期间的商誉减值压力。但是，对于所确认的无形资产项目，后续应按照《企业会计准则第6号——无形资产》的相关规定，谨慎评估其使用寿命，对使用寿命有限的无形资产需要将其于购买日的初始确认金额（购买日公允价值）在其使用寿命内摊销（这部分摊销金额也将起到抵减以后年度利润的效果），并在出现减值迹象时进行减值测试，对可收回金额低于账面价值的差额计提减值准备；对使用寿命不确定的无形资产则每年均需进行减值测试。另外，由于此类项目在被购买方自身账面上的账面价值为零，因而在控股合并的情况下，或者在吸收合并、新设合并和控股合并中采用财税[2009]59号文规定的"特殊性税务处理"的情况下，其计税基础通常为零，由此导致应纳税暂时性差异应确认递延所得税负债，相应调整在合并中确认的商誉或者负商誉。

为了执行解释5号的该条规定，实务中需要注意：被购买方所拥有的符合此处所列确认条件的无形项目,有很多并未在其自身账面体现。在传统的资产基础法(成本法)评估中,评估机构往往只是对已被列入经审计的被购买方基准日资产负债表的可辨认净资产项目进行评估,由此其可辨认资产的评估结果中仍然不含被购买方自身账面上未确认的无形项目的价值。为此,就需要审计项目组对照解释 5 号第一条的上述规定识别应单独确认的被购买方无形资产项目,同时提请购买方聘请评估机构实施以购买日为基准日,以"购买对价分摊"(purchase price allocation, PPA)为目的的评估,以便确定这些应予确认的无形资产项目的公允价值,在购买日财务报表中对其予以单独确认和计量。这一过程可能需要花费一定的时间,参照《企业会计准则解释第 4 号》第五条和 IFRS 3 中关于"计量期"(measurement period)的规定,这部分工作应当在购买日起 12 个月内完成,由此对购买日所作出的暂时性会计处理的调整可以视同为在购买日即按照 PPA 评估结果进行确认和计量。

注册会计师在执行审计业务中如果涉及此类无形资产,应注意:由于此类无形资产项目的估值涉及运用复杂的估值模型和参数,并涉及大量复杂的主观专业判断,因此其估值结果通常包含高度的不确定性,实务中通常在较大程度上依赖评估机构的专业工作提供相关审计证据。注册会计师在审计中利用该评估结果时,需按照《中国注册会计师审计准则第 1421 号——利用专家的工作》的相关规定执行相关的审计程序,包括:审核评估机构的胜任能力、专业素质和客观性,了解评估师的专长领域,与评估机构进行充分沟通并就相关问题达成一致意见,评价其采用的估值方法、参数和结果的合理性,等等;必要时应当由事务所内部专家或者从外部聘请的独立专家协助审计工作,以确定评估结果的合理性和可依赖性,方可在审计中予以依赖。

二、企业开展信用风险缓释工具相关业务,应当如何进行会计处理?

答:信用风险缓释工具,是指信用风险缓释合约、信用风险缓释凭证及其他用于管理信用风险的信用衍生产品。信用风险缓释合约,是指交易双方达成的、约定在未来一定期限内,信用保护买方按照约定的标准和方式向信用保护卖方支付信用保护费用,由信用保护卖方就约定的标的债务向信用保护买方提供信用风险保护的金融合约。信用风险缓释凭证,是指由标的实体以外的机构创设,为凭证持有人就标的债务提供信用风险保护的、可交易流通的有价凭证。

信用保护买方和卖方应当根据信用风险缓释工具的合同条款,按照实质重于形式的原则,判断信用风险缓释工具是否属于财务担保合同,并分别下列情况进行处理:

(一)属于财务担保合同的信用风险缓释工具,除融资性担保公司根据《企业会计准则解释第 4 号》第八条的规定处理外,信用保护买方和卖方应当按照《企业会计准则第 22 号——金融工具确认和计量》中有关财务担保合同的规定进行会计处理。其中,信用保护买方支付的信用保护费用和信用保护卖方取得的信用保护收入,应当在财务担保合同期间内按照合理的基础进行摊销,计入各期损益。

(二)不属于财务担保合同的其他信用风险缓释工具,信用保护买方和卖方应当按照《企业会计准则第 22 号——金融工具确认和计量》的规定,将其归类为衍生工具进行会计处理。

财务担保合同,是指当特定债务人到期不能按照最初或修改后的债务工具条款偿付时,要求签发人向蒙受损失的合同持有人赔付特定金额的合同。

开展信用风险缓释工具相关业务的信用保护买方和卖方,应当根据信用风险缓释工具的分类,分别按照《企业会计准则第 37 号——金融工具列报》、《企业会计准则第 25 号——原保险合同》或《企业会计准则第 26 号——再保险合同》以及《企业会计准则第 30 号——财务报表列报》进行列报。

我们的理解:

"信用风险缓释工具"的定义和相关介绍可参阅百度百科(http://baike.baidu.com/view/4997448.htm)。2010 年 10 月 29 日,中国银行间市场交易商协会发布《银行间市场信用风险缓释工具试点业务指引》(公告[2010]13 号)(http://www.nafmii.org.cn/ggtz/gg/201204/t20120406_11887.html),自发布之日起实行。信用风险缓释工具交易自 2010 年 11 月开始。关于信用风险缓释工具的进一步介绍和解读可参阅中国银行间市场交易商协会网站上的文章:http://www.nafmii.org.cn/zlgl/xyfx/xw/201202/t20120227_2586.html。

从会计核算角度,对信用风险缓释工具区分为"属于财务担保合同的信用风险缓释工具"和"不属于财务担保合同的其他信用风险缓释工具",分别按照解释 5 号第二条中适用于该类别的原则处理。

关于如何将信用风险缓释工具在这两种类型之间作出区分,一般掌握的原则是:"财务担保合同"的本质是向合同持有人(被担保方)就其因债务人信用风险方面的原因而实际遭受的损失金额作出补偿。凡是不符合该特征的信用风险缓释工具(例如,使被担保方依据该合同收到的补偿款项的金额多于或者少于其因债务人信用风险实际遭受的损失),均应按照衍生工具进行会计处理。

信用风险缓释工具要符合"财务担保合同"的定义和确认条件,应确保被担保方从该工具中获得的现金流量恰好等于其因债务人信用风险而实际遭受的损失。为了实现这一目的,该等合同可采用以下两种方法之一:

(1) 担保人按违约贷款的本息名义金额收购该违约贷款,而不是根据对最终损失金额的最佳估计确定需支付的款项金额。

(2) 担保方在合同约定的较早日期(此时最终的损失金额尚未确定)依据其对最终损失的最佳估计,对被担保方先行作出补偿。但同时约定,在损失金额最终确定之后,双方之间就该最终确定金额与此前已作出补偿金额之间的差额多退少补。

三、企业采用附追索权方式出售金融资产,或将持有的金融资产背书转让,是否应当终止确认该金融资产?

答:企业对采用附追索权方式出售的金融资产,或将持有的金融资产背书转让,应当根据《企业会计准则第 23 号——金融资产转移》的规定,确定该金融资产所有权上几乎所有的风险和报酬是否已经转移。企业已将该金融资产所有权上几乎所有的风险和报酬转移给转入方的,应当终止确认该金融资产;保留了金融资产所有权上几乎所有的风险和报酬的,不应当终止确认该金融资产;既没有转移也没有保留金融资产所有权上几乎所有的风险和报酬的,应当继续判断企业是否对该资产保留了控制,并根据《企业会计准则第23号——金融资产转移》的规定进行会计处理。

我们的理解:

解释5号将判断金融资产是否终止确认的条件明确为"金融资产所有权上几乎所有的风险和报酬是否已经转移"。

关于如何判断"金融资产所有权上几乎所有的风险和报酬是否已经转移",此前《企业会计准则第23号——金融资产转移〉应用指南》中以举例的形式说明"企业以不附追索权方式出售金融资产"表明"企业已将金融资产所有权上几乎所有风险和报酬转移给了转入方",应当终止确认相关金融资产;"企业采用附追索权方式出售金融资产"表明"企业保留了金融资产所有权上几乎所有风险和报酬",不应当终止确认相关金融资产。

《企业会计准则第23号——金融资产转移〉应用指南》将法律形式(出售金融资产时是否附追索权)作为判断金融资产所有权上几乎所有的风险和报酬是否已经转移的标准,解释5号对此标准进行了修正,即使采用附追索权方式出售的金融资产,如果经过判断企业已将该金融资产所有权上几乎所有的风险和报酬转移给转入方的,仍旧应当终止确认该金融资产。即,与此前的规定相比,解释5号的本条规定更注重对风险和报酬的承担和转移情况的实质性判断,而不是以法律形式上是否附有追索权作为唯一的判断标准。

另外,证监会公告[2010]37号也明确"对于已贴现应收票据等金融资产应以风险和报酬的转移作为终止确认的主要依据,公司已将金融资产所有权上几乎所有的风险和报酬转移给了转入方的,应当终止确认金融资产。"证监会公告[2011]41号和证监会公告[2012]42号都要求运用"实质重于形式"原则处理"风险实质性转移与形式上追溯权的关系"。我们倾向于认为:应收票据作为一项金融资产,其所有权上的主要风险是信用风险及利率风险。将信用风险和利率风险综合起来看,可以认为对于由中国的已上市大型股份制商业银行出具和承兑的银行承兑汇票而言,信用风险并不重大,企业通过贴现和背书可以转移该等票据所有权上的几乎所有风险和报酬。因此对此类银行承兑汇票,即使贴现或背书转让时附有追索权,前手也可以终止确认该等应收票据,而无需将其作为一项以应收票据作为质押的融资列报。

实务中通常可以采用的一种处理原则为:①无追索权的应收票据贴现业务,相关应收票据应当终止确认;②有追索权的应收票据贴现业务,如被贴现的票据为银行承兑汇票且其承兑人为已上市银行的,则可以终止确认;其他情形的银行承兑汇票,以及商业承兑汇票,不应终止确认。我们认为,上市银行一般信用较好,其开具的银行承兑汇票贴现后,贴现申请人被追索的可能性很小,可以视为票据所有权上的几乎所有风险和报酬已经转移,因此符合终止确认的条件。我们理解,上述处理原则是符合解释5号和证监会公告[2010]37号、

[2011]41号和[2012]42号的相关要求的。

四、银行业金融机构开展同业代付业务，应当如何进行会计处理？

答：银行业金融机构应当根据委托行（发起行、开证行）与受托行（代付行）签订的代付业务协议条款判断同业代付交易的实质，按照融资资金的提供方不同以及代付本金和利息的偿还责任不同，分别下列情况进行处理：

（一）如果委托行承担合同义务在约定还款日无条件向受托行偿还代付本金和利息，委托行应当按照《企业会计准则第22号——金融工具确认和计量》，将相关交易作为对申请人发放贷款处理，受托行应当将相关交易作为向委托行拆出资金处理。

（二）如果申请人承担合同义务向受托行在约定还款日偿还代付本金和利息（无论还款是否通过委托行），委托行仅在申请人到期未能偿还代付本金和利息的情况下，才向受托行无条件偿还代付本金和利息的，对于相关交易中的担保部分，委托行应当按照《企业会计准则第22号——金融工具确认和计量》对财务担保合同的规定处理；对于相关交易中的代理责任部分，委托行应当按照《企业会计准则第14号——收入》处理。受托行应当按照《企业会计准则第22号——金融工具确认和计量》，将相关交易作为对申请人发放贷款处理。

银行业金融机构应当严格遵循《企业会计准则第37号——金融工具列报》和其他相关准则的规定，对同业代付业务涉及的金融资产、金融负债、贷款承诺、担保、代理责任等相关信息进行列报。同业代付业务产生的金融资产和金融负债不得随意抵销。

本条解释既适用于信用证项下的同业代付业务，也适用于保理项下的同业代付业务。

我们的理解：

解释5号明确在银行业金融机构开展同业代付业务时，应按照代付业务协议条款判断同业代付交易的实质，根据委托方和受托方在交易中各自所处的地位、承担的责任采取不同的处理方法。关于"同业代付"业务的背景资料，可参考百度百科词条"信用证代付"(http://baike.baidu.com/view/6363317.htm)。

在解释5号发布之前，财政部办公厅于2012年5月25日致函银监会法规部（财办会[2012]19号《财政部办公厅关于银行业金融机构同业代付业务会计处理的复函》），其中的表述与解释5号的本条规定基本一致。

解释5号中的这一规定，旨在解决当前银行业对同业代付业务的不规范会计处理，将大量代付业务在表外反映，导致表外业务的风险敞口未能得到完整反映的问题。其核心在于通过对各方所承担的责任、义务、风险和报酬的分析确定各方在交易中所处的地位和适用的会计模式。

对于金融资产和金融负债的抵销列报问题，应遵循《企业会计准则第37号——金融工具列报》第十三条及该准则应用指南第二条、《企业会计准则讲解(2010)》第644~645页等相关规定和指引予以处理。在同业代付业务中，委托行向申请人发放贷款和从受托行拆入资金是两项互相独立的交易，交易对手不同，因此委托行不具有将这两项资产和负债抵销后以净额结算的法定权利，也不具有这样操作的意图和现实可能性。因此,同业代付业务中所确认的金融资产和金融负债通常不得互相抵销。

五、企业通过多次交易分步处置对子公司股权投资直至丧失控制权,应当如何进行会计处理?

答:企业通过多次交易分步处置对子公司股权投资直至丧失控制权的,应当按照《关于执行会计准则的上市公司和非上市企业做好2009年年报工作的通知》(财会[2009]16号)和《企业会计准则解释第4号》(财会[2010]15号)的规定对每一项交易进行会计处理。处置对子公司股权投资直至丧失控制权的各项交易属于一揽子交易的,应当将各项交易作为一项处置子公司并丧失控制权的交易进行会计处理;但是,在丧失控制权之前每一次处置价款与处置投资对应的享有该子公司净资产份额的差额,在合并财务报表中应当确认为其他综合收益,在丧失控制权时一并转入丧失控制权当期的损益。

处置对子公司股权投资的各项交易的条款、条件以及经济影响符合以下一种或多种情况,通常表明应将多次交易事项作为一揽子交易进行会计处理:

(1) 这些交易是同时或者在考虑了彼此影响的情况下订立的;

(2) 这些交易整体才能达成一项完整的商业结果;

(3) 一项交易的发生取决于其他至少一项交易的发生;

(4) 一项交易单独看是不经济的,但是和其他交易一并考虑时是经济的。

我们的理解:

1. 背景。

解释5号本条是对《企业会计准则解释第4号》(以下简称"解释4号")第四条的重要补充和澄清。其在IFRS体系下对应的规定是《国际会计准则第27号——合并和单独财务报表(2008年修订)》第33段,在自2013年度起生效的《国际财务报告准则第10号——合并财务报表》中被继续保留(IFRS 10第B97段)。

该规定不仅对于通过多步交易丧失对子公司控制权的处理方法给出了指引,更重要的意义是它给出了在实务中判断两笔或多笔交易是否在经济实质上存在关联时应考虑的常见因素的提示。该条所述的判断多次交易事项构成一揽子交易情况下的处理原则和是否构成一揽子交易的通常判断标准的指引,不仅仅适用于企业合并和长期股权投资的会计处理,而应当视作一项适用于几乎所有会计领域的通用理念,具有普遍的适用性。事实上,早在解释5号发布之前,这些指引即已在实务中得到广泛应用,并得到各监管机构的认可。

在实体理论下,合并报表层面要求对在不丧失控制权前提下处置子公司股权作为权益性交易处理,差额计入权益;而丧失对子公司的控制权时需要按照"跨越会计处理界限"原则处理,不仅与被处置部分相关的差额要计入损益,剩余股权也要按处置日公允价值重新计量并将重新计量的差额计入损益。鉴于这两种情况下的处理原则差异较大,且如果多步骤交易之间互相不存在关联,则前几步交易(尚未丧失控制权时)的差额计入资本公积后,后续丧失控制权时不能转出到损益中,而如果通过一次交易处置,则不会产生计入资本公积的差额,有可能出现经济实质和经济后果相同的交易的处理不一致的可能性。因此,需要对判断多步骤交易的各步骤之间是否存在关联、是否应当从整体上作为一项一揽子交易处理,给出相关的指引,以进一步对实务起到指导作用,并对利用这一规定操纵业绩的行为加以限制。

2. 会计处理的基本要求。

在通过多步骤交易的情况下丧失对子公司控制权时,应当基于对这些步骤是否存在关联、是否构成一揽子交易的判断,分别不同的情况处理(注:本部分所述的均为在合并报表层面的处理,下同):

(1) 如果各步骤之间互相独立,不存在关联的,则:

第一,丧失控制权之前的各交易步骤的处理。

丧失控制权之前的各交易步骤,其性质是在不丧失控制权的前提下部分处置子公司股权,应按《财政部关于执行会计准则的上市公司和非上市企业做好2009年年报工作的通知》(财会[2009]16号)和《财政部会计司关于不丧失控制权情况下处置部分对子公司投资会计处理的复函》(财会便[2009]14号)规定,将处置价款与处置投资对应的享有该子公司净资产份额的差额计入资本公积(资本溢价),资本溢价不足冲减的,应当调整留存收益。

需注意的是:在合并报表层面,在不丧失控制权的前提下部分处置子公司股权属于权益性交易,由此导致的对合并报表层面权益的调整金额,在后续丧失对该子公司控制权时不作转出处理,仍然保留在合并报表层面的资本公积中。

第二,丧失控制权时点的处理。

在丧失控制权的时点,发生了"跨越会计处理界限"的事项,故应按照《企业会计准则解释第4号》第四条关于丧失对子公司控制权时合并报表层面的处理原则予以处理。即:"对于剩余股权,应当按照其在丧失控制权日的公允价值进行重新计量。处置股权取得的对价与剩余股权公允价值之和,减去按原持股比例计算应享有原有子公司自购买日开始持续计算的净资产的份额之间的差额,计入丧失控制权当期的投资收益。与原有子公司股权投资相关的其他综合收益,应当在丧失控制权时转为当期投资收益。"

第三,丧失控制权后继续处置股权的处理。

丧失控制权后继续处置股权的,按照《企业会计准则第2号——长期股权投资》及其应用指南和讲解中关于处置长期股权投资的规定处理。

(2) 如果各步骤之间存在关联,应视作一项丧失控制权的一揽子交易整体进行会计处理的,则应按照此处解释5号第五条的规定处理:

第一,丧失控制权之前的各交易步骤的处理。

丧失控制权之前的各交易步骤中对所持股权投资的处置,如果相关股权投资在个别财务报表层面符合终止确认条件,并由此导致少数股东在子公司中所享有的权益比例增加的,则合并报表层面应体现出少数股东所享有权益的增加。处置价款与处置投资对应的享有该子公司可辨认净资产份额的差额计入"资本公积——其他资本公积"。该资本公积属于其他综合收益性质,将在丧失控制权时转入投资收益。

第二,丧失控制权时点的处理。

在丧失控制权的时点,导致控制权丧失的这一步骤应按照《企业会计准则解释第4号》第四条的规定处理,根据该条规定计算应在丧失控制权时点通过这一交易步骤计入投资收益的金额:

合并报表层面应确认的投资收益=本步骤处置股权的对价+剩余股权的公允价值-按本步骤前的持股比例计算应享有原有子公司自购买日开始持续计算的净资产的份额(含商誉)+与原有子公司股权投资相关的其他综合收益(含在丧失控制权之前的各交易步骤中计入其他综合收益的处置损益)。

3. 应注意的问题。

(1) 应谨慎判断企业丧失对子公司控制权的时点。控制权的丧失时点不能仅仅以股权比例作为唯一的判断依据,而应以股权转让协议(或增资扩股协议等)的条款约定及其实际执行情况为依据,结合《企业会计准则讲解(2010)》第二十一章企业合并第三节中对控制权转移的判断标准,根据实质重于形式原则谨慎判断。在资产负债表日,可能存在企业对子公司的持股比例仍在50%以上,但此时企业对该子公司已经难以实施有效控制,丧失了控制权,从而应按照解释4号第四条进行处理的情况。

(2) 确定一系列处置子公司股权的交易是否属于一揽子交易,需要综合考虑各方面的信息和因素,并需要较多的职业判断。此处所列的四项标准仅是一般情况下的参考标准,即使其中的各项条件全部满足,也不必然表明各步骤之间必然存在关联。对于复杂的情形,项目组也应按规定向技术部咨询。

(3) 解释5号的该条规定中,涉及丧失控制权会计处理的部分,仅针对合并报表层面。对于母公司个别报表层面的处理,仍按《企业会计准则解释第4号》第四条规定处理,不区分各步骤之间是否存在关联:在丧失控制权之前的各交易步骤按照成本法下的长期股权投资处理;在丧失控制权时,需转换为权益法核算,并按《企业会计准则讲解(2010)》第三章第四节关于因持股比例下降由成本法转为权益法的相关规定进行不同核算方法之间的转换衔接。

(4) 在IFRS下,虽然在IAS 27(2008年修订)和IFRS 10中规定了丧失控制权处理的基本原则和如何判断交易是否存在关联的一般原则,但并未对存在关联的各个交易步骤应分别如何进行会计处理作出规定。解释5号第五条中要求在丧失控制权的各个交易步骤中将差额计入其他综合收益的规定,在IFRS下并没有对应的规定。因此,不排除某些同时在境内外上市的公司,如果一揽子交易中的若干步骤截至资产负债表日已经完成,但另一些步骤尚未完成,对标的子公司尚未丧失控制权的情况下,累计交易差额的处理在企业会计准则和IFRS下存在差异的可能性。但我们预计该项差异应当是暂时的,到该一揽子交易的各步骤全部完成后,该项差异对净资产、净利润的影响应可消除。

六、企业接受非控股股东(或非控股股东的子公司)直接或间接代为偿债、债务豁免或捐赠的,应如何进行会计处理?

答: 企业接受代为偿债、债务豁免或捐赠,按照企业会计准则规定符合确认条件的,通常应当确认为当期收益;但是,企业接受非控股股东(或非控股股东的子公司)直接或间接代为偿债、债务豁免或捐赠,经济实质表明属于非控股股东对企业的资本性投入,应当将相关利得计入所有者权益(资本公积)。

企业发生破产重整,其非控股股东因执行人民法院批准的破产重整计划,通过让渡所持有的该企业部分股份向企业债权人偿债的,企业应将非控股股东所让渡股份按照其在让渡之日的公允价值计入所有者权益(资本公积),减少所豁免债务的账面价值,并将让渡股份公允价值与被豁免的债务账面价值之间的差额计入当期损益。控股股东按照破产重整计划让渡了所持有的部分该企业股权向企业债权人偿债的,该企业也按此原则处理。

我们的理解:

"权益性交易"的概念自2008年年底由财会函[2008]60号文引入以来,几乎每年的年报工作通知中都会对这一问题予以重申和强调。证监会公告[2010]37号关于权益性交易有如下规定:

"公司应区分股东的出资行为与基于正常商业目的的进行的市场化交易的界限。对于来自控股股东、控股股东控制的其他关联方等向公司进行直接或间接的捐赠行为(包括直接或间接捐赠现金或实物资产、直接豁免、代为清偿债务等),交易的经济实质表明是基于上市公司与捐赠人之间的特定关系,控股股东、控股股东控制的其他关联方等向上市公司资本投入性质的,公司应当将该交易作为权益性交易。"

证监会公告[2010]37号对权益性交易的交易对方界定为"控股股东、控股股东控制的其他关联方",解释5号延伸了该标准,对于企业与非控股股东之间的交易,也要根据交易是否具有合理的商业目的、作价是否公允等因素,判断该交易是否具有商业实质,其中是否存在权益性交易成份。对于所识别出的权益性交易成份,应当与企业和其控股股东之间发生的权益性交易按同一原则处理。即,决定会计处理原则的关键点不在于交易对手是否为本主体的控股股东,而是在于交易是否具有商业实质和合理商业理由,是否按公允价值确定交易价格,是否存在基于控制或者投资关系的单方向利益转移。这也是"实质重于形式"原则的重要体现。

需要注意的是:根据《企业会计准则第36号——关联方披露》第十二条规定:"企业只有在提供确凿证据的情况下,才能披露关联方交易是公平交易。"因此,从逻辑顺序上讲,应是首先假定关联交易是不公允的,然后由企业举证证明其公允性以推翻该假定,而不是相反(先假设该等交易是公允的,然后在发现相反证据之后再认定其是不公允的)。即,对于与包括股东在内的关联方进行的交易,企业应当提供确凿证据以证明其商业实质、商业理由和公允性,才能接受将其影响计入损益而不是计入资本公积的处理(公允性的举证责任在企业),而不是反过来由审计机构或者监管机构举证证明其是不公允的。审计中应对这一点予以特别关注。

第五章

2012年上市公司年度报告披露的最新要求对年审的影响

2012年12月以来,财政部和证监会分别发布了一系列关于2012年上市公司年度报告的披露规范,对年度报告的编制及其披露提出了一些新的要求。这些文件主要有:
- 《财政部关于做好执行企业会计准则的企业2012年年报工作的通知》(财会[2012]25号)
- 证监会公告[2012]42号(以下简称"42号文")

对这两个文件简要介绍如下。

一、财政部对上市公司2012年年报工作的要求

财政部于2012年12月31日发布《财政部关于做好执行企业会计准则的企业2012年年报工作的通知》(财会[2012]25号),明确上市公司和非上市大中型企业执行会计准则和2012年年报工作应当重点关注的问题,例如会计政策和会计估计变更、资产减值(包括商誉减值)、合并财务报表编制时关于"控制"的理解和统一会计政策等问题,应当按照企业会计准则的规定处理。同一交易事项在A股和H股财务报告中应采用相同的会计处理(长期资产减值转回除外),2012年年报中,内地与香港会计处理差异仍未消除的,应当在附注中充分说明原因及消除差异的时间表。在此基础上,还需要特别关注以下问题。

(一)企业不得随意对自用或作为存货的房地产进行重新分类。根据《企业会计准则第3号——投资性房地产》的规定,有确凿证据表明房地产用途发生改变的,如企业董事会或类似机构就改变房地产用途形成正式的书面协议,或房地产因用途改变而发生实际状态上的改变等,才能将其转为投资性房地产。投资性房地产的计量模式一经确定,不得随意变更。

我们的理解:

对于其他房地产(包括作为存货的房地产和自用房地产)转为投资性房地产应满足的条件问题,基本规定见于《企业会计准则讲解(2010)》第四章第二节所述的相关条件,其基本要求是企业的董事会或类似权力机构就持有意图的改变作出正式决议,并且其使用状态已发生实际改变(或者已经开始着手实施旨

在改变其使用状态的活动,如开始招租、为了适应新的用途的需要而对其实施改建或者重新装修等)。

关于投资性房地产核算模式的变更问题,如果从成本模式转为公允价值模式,则要求投资性房地产所在地有活跃的房地产交易市场,并且企业能够从房地产交易市场上取得同类或类似房地产的市场价格及其他相关信息,从而对投资性房地产的公允价值作出科学合理的估计。这两个条件必须同时具备,缺一不可。在目前的会计实务中,能够采用公允价值模式计量的投资性房地产基本上均位于京、沪、深、穗等具有活跃房地产市场的一线城市。在运用公允价值模式进行后续计量时,鉴于市场上不可能存在两个完全相同的房地产,即使可以通过市场观察法确定同类或类似房地产的近期交易价格,也需要对其作出必要的调整和修正,以估计企业所持有的投资性房地产的期末公允价值。另外,企业必须对其所持有的所有投资性房地产均采用同一计量模式,因此企业在确定采用公允价值模式时,必须确保其所持有的所有投资性房地产均可符合公允价值模式的运用条件。

鉴于公允价值估值的复杂性和对财务报表影响的重大性,转增注册会计师在执行此方面的审计工作时,应注意按照《中国注册会计师审计准则第1421号——利用专家的工作》的相关规定执行相关审计程序。

根据《企业会计准则第3号——投资性房地产》第十二条规定:"已采用公允价值模式计量的投资性房地产,不得从公允价值模式转为成本模式。"这一规定事实上意味着:已经采用公允价值模式对投资性房地产进行后续计量的企业,如果由于后续情况变化导致投资性房地产的公允价值不再能够持续可靠地取得,因而不再满足公允价值模式的适用条件时(例如,企业原先所持有的投资性房地产均位于具有活跃房地产市场的地区,但后来将发展方向转向尚无活跃房地产市场的地区),只能以前期会计差错更正的方式变回成本模式,这对企业的财务报表可能产生非常重大的影响,并且可能导致企业和为其提供财务报表审计服务的注册会计师承担相应的法律责任。

总之,企业在确定投资性房地产的后续计量模式是成本模式还是公允价值模式时,应当对上述各项规定中的限制因素的影响予以全面、谨慎的分析和评价。

(二)企业应当根据与固定资产有关的经济利益的预期实现方式等实际情况合理确定固定资产折旧方法、预计净残值和使用寿命,除有确凿证据表明经济利益的预期实现方式发生了重大变化,或者取得了新的信息、积累了更多的经验,能够更准确地反映企业的财务状况和经营成果,不得随意变更。

我们的理解:

根据《企业会计准则第28号——会计政策、会计估计变更和差错更正》规定,会计估计变更应满足的条件是:或者是"企业据以进行估计的基础发生了变化",或者是"由于取得新信息、积累更多经验以及后来的发展变化",可以概括为两种情况:"内外部环境的变化"和"计量技术的进步和经验的积累"。在2012年度,由于宏观经济形势的影响,不少行业出现业绩下滑情况,因此面对业绩压力,某些企业可能通过改变与折旧相关的会计估计等方式进行利润操纵,这是监管层应重点关注的领域。注册会计师对于被审计单位改变会计估计的情形务必予以高度关注,按照《中国注册会计师审计准则第 1321 号——审计会计估计(包括公允价值会计估计)和相关披露》的相关要求,执行必要的审计程序,以获取关于会计估计变更合理性和相关披露充分性的充分、适当的审计证据。

另外,应当注意在合并财务报表中,对于母子公司的会计估计没有必要强求统一。如果有证据表明母子公司所处行业、业务模式、所面对的客户群及其风险特征等因素存在实质性差异,并相应导致应收款项的信用风险特征的实质性差异的,则母子公司可以各自使用不同的会计估计,条件是这些会计估计都是适合于母子公司各自的实际情况的。因此不能以"母公司统一会计政策的需要"作为变更的原因。

(三)企业根据国家有关规定实行股权激励的,不得随意变更股份支付协议中确定的相关条件,并应当按照企业会计准则的有关规定进行会计处理。在等待期内如果取消了授予的权益性工具的(因未满足可行权条件而被取消的除外),企业应当对取消所授予的权益性工具作为加速可行权处理,即视同剩余等待期内的股份支付计划已经全部满足可行权条件,在取消所授予工具的当期确认原本应在剩余等待期内确认的所有费用。

我们的理解:

关于股份支付的取消问题,可参阅《企业会计准则讲解(2010)》第十二章第二节第五点"条款和条件的修改"中关于"取消或决算"的相关内容。

对于股份支付计划取消时,对于已确定未能(或预计将不能)满足原计划中的服务期限条件和非市场业绩条件的批次是否仍应足额确认其费用的问题,中国证监会会计部在其组织编写的《上市公司执行企业会计准则案例解析》一书(中国财政经济出版社 2012 年 10 月出版)中也有所述,读者可查阅该书第 32~34 页的"案例 3.3"。

(四)企业与政府发生交易所取得的收入,如果该交易具有商业实质,且与企业销售商品或提供劳务等日常经营活动密切相关的,应当按照《企业会计准则第 14 号——收入》的规定进行会计处理。在判断该交易是否具有商业实质时,应考虑该交易是否具有经济上的互惠性,与交易相关的合同、协议、国家有关文件是否已明确规定了交易目的、交易双方的权利和义务,如属于政府采购的,是否已履行相关的政府采购程序等。

我们的理解:

上述判断标准可以总结为:是否具有商业实质;是无偿的还是互惠的;是否仅可能发生于企业和政府之间,还是可能发生于任何的平等市场主体之间。

关于如何判断企业与政府发生交易时,企业所获得的款项应作为营业收入还是营业外收入(政府补助)的问题,相关案例分析可参阅以下案例。

【案例 1】

A 公司为文化艺术业经营企业,以演出与剧院管理、影业投资与电影院线管理业务为核心业务。近年来,某市政府为促进当地文化事业的发展,委托 A

公司为其剧院经营管理提供专业性服务。主要模式为：A 公司与剧院所在地市政府（剧院业主方）洽谈并签订委托经营管理合同，在 5 年内受托经营管理该剧院，在保证一定演出级别及演出场次的情况下，该市政府在合同期内对 A 公司给予定额补贴。按照合同约定，A 公司每经营 1 场 A 类或 B 类或 C 类演出，市政府分别补贴人民币 20 万元、15 万元和 10 万元。如果 A 公司连续两年未实现合同约定的经营管理指标，市政府有权提前解除合同，A 公司将一次性支付违约金 50 万元赔偿市政府的损失。在此案例中，A 公司收到的定额补贴应当作为政府补助，还是作为营业收入？

【分析】

根据《企业会计准则第 16 号——政府补助》及其应用指南和讲解的相关规定，政府补助是指企业从政府无偿取得货币性资产或非货币性资产，但不包括政府作为企业所有者投入的资本。我们理解，根据会计准则对"政府补助"的定义和特征的表述，可以合理推论出：政府补助的实质是政府基于其作为社会公共事务管理者的身份和职能，为了实现特定的社会公共政策目标（而不是为了其自身的利益，如资本收益和红利等）而给予符合规定条件的企业（不论该企业的所有制，只要符合所公布的政策条件和使用条件，都有权平等地申请和享受）的非偿还性资金或其他形式的补贴、资助。这是将政府补助和其他来源于政府的资金区分开来的一项根本标准。

就本案例而言，A 公司对于所收到的定额补贴应当作为政府补助，还是作为营业收入，取决于对其业务模式的进一步分析，尤其是在该《委托经营管理合同》项下 A 公司的主要收益来源及其风险、报酬承担情况，从中推断出市政府在该项交易安排中的地位和角色。

（1）如果根据《委托经营管理合同》，该剧院举行演出所获得的票款收入和其他收入（如有）都归属业主方（市政府）所有，A 公司不就剧院本身的经营收入享有或承担风险与报酬，剧院的经营盈亏和其他经营风险由业主方承担，相应地，业主方向 A 公司支付款项，以作为对 A 公司提供经营管理服务和承担日常运营支出等的补偿，则该项按照演出场次和定额标准从业主方取得的资金应视作一项提供经营管理劳务所取得的营业收入，应按《企业会计准则第 14 号——收入》关于提供劳务收入的确认和计量原则进行会计处理。在这一业务模式下，市政府的主要角色是商业合同中的委托方（业主），主要并不是基于其作为社会公共事务管理者的身份给予补贴，因此不是政府补助。

（2）如果根据《委托经营管理合同》，该剧院举行演出所获得的票款收入和其他收入（如有）归 A 公司所有，即剧院的经营盈亏由 A 公司享有或承担，市政府按演出场次和等级给予定额补贴主要是为了弥补 A 公司在经营管理过程中因政策限制（如限价）等原因导致的亏损，以实现鼓励推广高雅艺术、传承民间传统文化艺术和扶持文化产业发展等社会公共政策方面的目标，则 A 公司应当将剧院运营过程中取得的演出票款和其他收入确认为其自身的收入，剧院的运营成本确认为其自身的营业成本；将按照演出场次、等级和既定的定额标准应向市政府收取的补贴款确认为政府补助，适用《企业会计准则第 16 号——政府补助》的规定。即,在该种业务模式下,市政府的主要角色是社会公共事务管理者,为了实现特定的社会公共政策目标而给予补贴;其作为剧院业主方的身份不是主要的,因为剧院经营过程中的风险和报酬事实上已经由 A 公司享有或承担了。

【案例 2】

B 公司为高效照明产品生产与销售企业。国家为支持高效照明产品的推广使用,发布了《高效照明产品推广财政补贴资金管理暂行办法》,该办法第三条规定:"补贴资金采取间接补贴方式,由财政补贴给中标企业,再由中标企业按中标协议供货价格减去财政补贴资金后的价格销售给终端用户,最终受益人是大宗用户和城乡居民。"B 公司作为中标企业根据高效照明产品实际安装数量、中标供货协议价格、补贴标准,提出财政补贴资金申请报告获批,并获得相应的补助。在此案例中,B 公司收到的定额补贴应当作为政府补助,还是作为销售收入?

【分析】

我们理解,在该项交易中,尽管相关财政资金管理办法明确"最终受益人是大宗用户和城乡居民",但由于其采用间接补贴方式,企业是直接收取补贴的一方。

一方面,从企业的角度讲,其收到的补贴资金符合前面[案例 1]中所分析的政府补助的本质特征,即政府作为社会公共事务管理者,为了实现节能减排这一公共政策目标,向符合特定条件(生产符合特定技术标准的节能产品)的企业拨付的非偿还性资金。企业从中获得了弥补亏损、扩大销售等经济利益,企业取得该项补贴并不以向政府提供商品或劳务为前提,政府并不是节能产品的购买方。因此,该笔款项应界定为政府补助而不是营业收入。

另一方面,《企业会计准则第 14 号——收入》第五条规定:"企业应当按照从购货方已收或应收的合同或协议价款确定销售商品收入金额,但已收或应收的合同或协议价款不公允的除外",由于购货方与政府之间并无委托代付款协议,从政府收到的补贴资金不能视同从购货方收到的款项。相应地,基于《企业会计准则第 14 号——收入》的上述规定,也可得出从政府收到的补贴款项不应作为营业收入的结论。

还需要说明的是:判断款项的性质是营业收入还是政府补助,应当完全基于会计准则的规定,根据对交易实质的分析作出判断,而不应受到证券监管法规等其他非会计规定的影响。

另外,财政部于 2012 年 12 月 27 日以"财会[2012]24 号"文发布了《可再生能源电价附加有关会计处理规定》。对于涉及该项附加的电网企业、可再生能源发电企业的相关会计处理,应遵循该文件的规定。

(五)企业应当按照企业会计准则的有关规定对有关税金进行会计处理。企业参与营业税改增值税试点的,有关交易应当按照《财政部关于印发〈营业税改征增值税试点有关企业会计处理规定〉的通知》(财会[2012]13 号)的规定进行会计处理。

说明：我们对该文件的理解，可以参阅本书中《营业税改征增值税试点有关企业会计处理问题》一文。此处不再重复。

（五）企业应当按照企业会计准则中有关"控制"的规定，确定企业合并的会计处理和合并财务报表的合并范围。企业将所属的有关主体交由其他方经营管理，或者接受其他方委托对有关主体进行经营管理的，应当综合考虑有关合同、协议等约定的相关主体财务和经营决策、经济利益或损失的分享和承担、委托或受托经营管理期限、委托或受托经营管理权的授予和取消等因素，正确判断是否对有关主体具有控制，并据此进行有关会计处理。

我们的理解：

根据《企业会计准则第33号——合并财务报表》的规定，合并财务报表的合并范围应当以"控制"为基础确定。其中，"控制"是指一个企业能够决定另一个企业的财务和经营政策，并能据以从另一个企业的经营活动中获取利益的权力。对于"控制"概念的具体运用问题，相关的准则应用指南和讲解，以及《计学撮要——2011会计审计实务前沿问题研究》[以下简称《计学撮要（2011）》]第161~167页中对相关问题有专门阐述。

对于被托管、承包经营的企业（或业务）是否具有控制权，是否应纳入托管方、承包方的合并报表范围，还是仍由其股东（或原企业）纳入合并范围的问题，请参阅以下案例。

【案例1】

A上市公司于2010年10月与自然人王某签订承包合同，将子公司B的电石生产线业务承包给王某，承包期限为5年，自2010年11月1日起至2015年10月31日止。承包期前两年每月租金26万元，第3年起每月租金30万元。承包期间王某自主经营、自负盈亏、依法纳税，依法独立承担民事、行政与刑事等责任，并在承包期限届满时将状态良好的电石生产线交还A公司。

A上市公司于2011年12月发布了公告，认为承包方王某虽然在承包经营期内拥有该生产线的经营管理权，但实际上对子公司的财务和经营决策无法实施控制，因为承包方要严格执行承包经营合同，接受该公司董事会的监督，无权对资产进行处置；承包方要以该公司名义进行贷款，须经董事会同意。而公司控制着B公司的股东会和董事会，实际上也就控制着该公司的财务和经营政策。A公司将应由B公司承担的资产、负债及损益(承包收入和相关折旧费用)纳入合并报表范围；而承包方经营取得的收入及其成本费用以及承包期间产生的资产负债则由承包方承担，未纳入A公司的合并报表范围。

【案例2】

A公司于2009年度实施了重大资产重组，重组后的控股股东为避免同业竞争，分别与上市公司签订了两份托管协议：一份是资产托管，一份是股权托管，托管费用均为有条件的比例分成。

托管情况具体如下：资产托管——上市公司自2009年重组完成后受托对甲商业地产项目进行商业管理和物业管理；托管费为该年度托管资产经营收入的35%，且不得低于托管所发生的该年度商业管理成本与物业管理成本(经审计)之和的105%,不得高于当年全部资产(经审计)账面价值总额与当年1年期银行存款利率110%的乘积。股权托管——上市公司子公司广场开发经营公司于2010年3月开始受托管理控股股东子公司持有的B公司(其持有乙商业地产项目)全部股权;托管费用为B公司收入的2%,若实际发生费用超过当期托管费用的,可要求适当增加。

公司对上述资产托管未予合并,对股权托管进行了合并。公司年报附注对此披露如下:"托管协议约定广场开发经营公司受托管理控股股东子公司持有的B公司100%股权,在托管期间内,除另有约定外广场开发经营公司应根据《公司法》等有关法律及公司章程的规定,全权行使托管股权的除处置权、收益权以外的基于托管股份而产生和存在的股东权益、股东权利;包括但不限于公司重大事项决策权、委任或聘任董事会成员、监事会成员及有关高级管理人员等,故子公司广场经营公司拥有B公司的实际控制权,本年根据财政部与2010年12月2日颁发的财会[2010]25号《关于执行企业会计准则的上市公司和非上市企业做好2010年年报工作的通知》的相关规定,将其纳入合并范围。"

问题:

1. 以上两个案例中的会计处理是否妥当?理由是什么?
2. 实务中对于"委托经营"存在不同的理解和处理方式:一是认为应视为租赁,二是认为应视为企业合并(业务合并)。应如何界定以上两个案例的经济实质、判断标准或依据是什么?在以上案例中,应如何理解"控制"?

【分析】

1. 我们对上述两个案例中会计处理的意见。

[案例1]

我们理解,[案例1]所涉及的A公司将此项承包经营交易作为经营租赁进行会计处理[即A公司将应由B公司承担的资产、负债及损益(承包收入和相关折旧费用)纳入合并报表范围;而承包方经营取得的收入及其成本费用以及承包期间产生的资产负债则由承包方承担,未纳入A公司的合并报表范围]很可能是恰当的。

根据IFRIC 4《确定一项交易安排中是否包含租赁》第6段规定,确定一项协议是否属于或包含租赁业务,应重点考虑以下两个因素:一是履行该协议是否依赖某特定资产;二是协议是否转移了资产的使用权。属于租赁业务的,按租赁准则进行会计处理;其他部分按相关会计准则处理。

根据该解释公告第9段规定,"如果一项安排授予购买方(承租人)对标的资产使用的控制权,则可以认为该协议转移了资产的使用权。当出现以下三种情况之一时,应认为对标的资产使用的控制权已经转移:

(1) 购买方有能力或有权利运作该资产,或者指示他人以该购买方决定的模式运作该资产,并且取得或控制该资产的产出或者效用中的并非不重大的部分。

(2) 购买方有能力或有权利控制对该资产的实物接触,并且取得或控制该资产的产出或者效用中的并非不重大的部分。

(3) 相关事实和因素表明:除该购买方以外的一方或多方取得该资产在该安排期间内生产或者产生的产出或者其他效用中的并非不重大的部分的可能性很小,并且购买方为该等产出所支付的价款既不是合同约定的每单位固定金额,也不同于产出交付时该等产出的每单位现行市场价格。"

在[案例1]中,双方签订的承包经营合同的履行依赖于特定资产(B公司的电石生产线);并且承包方在承包期间自主经营、自负盈亏、依法纳税,依法独立承担民事、行政与刑事等责任,因而至少满足 IFRIC 4 第9段中的(1)、(2)两项标准,因而应当认为通过该承包协议,B公司电石生产线的使用权已经被转移给承包方。因而该项交易中存在租赁安排,应按照《企业会计准则第21号——租赁》的规定进行会计处理。

根据《企业会计准则第21号——租赁》第五条的规定,应当依据是否实质转移了与资产所有权有关的全部风险和报酬,来判断该项租赁是融资租赁还是经营租赁,作为对该项租赁业务进行会计处理的基础。在本案例中,承包经营期限为5年,承包方在承包期限届满时必须将状态良好的电石生产线交还 A 公司,这一点表明承包经营期限并未达到标的资产剩余使用寿命的大部分;并且承包方要严格执行承包经营合同,接受该公司董事会的监督,无权对资产进行处置,因而承包方不享有该资产的公允价值变动损益和风险。这些情况表明,在承包经营期间,租赁资产所有权上的剩余风险和报酬仍然由其所有者——B 公司及其母公司 A 公司享有或承担,并未转移给承包方,因此该项租赁业务应当归类为经营租赁业务的可能性较大。

[案例 2]1——资产托管

在[案例 2]的股权托管业务中,上市公司自 2009 年重组完成后受托对甲商业地产项目进行商业管理和物业管理;托管费为该年度托管资产经营收入的 35%,且规定了上下限,其中下限旨在保证上市公司可以收回为该托管事项而发生的成本并获得合理利润(最低 5% 的成本加成率),不至于发生亏损;上限则是为了避免出现关联交易作价不公允的情况【我们理解,该上限确定为"当年全部资产(经审计)账面价值总额与当年 1 年期银行存款利率 110% 的乘积",是参考了财政部于 2001 年发布的《关联方之间出售资产等有关会计处理问题暂行规定》(财会[2001]64 号)第五条第(一)项关于受托经营资产的公允性判断标准,该规定现已废止,但在一些场合仍然被作为判断关联交易公允性的参考标准】。

在本案例中,上市公司被赋予的受托经营管理权限仅限于商业管理和物业管理,并未涵盖对该商业地产的处置权等权利,因而不享有其公允价值变动的相关收益和风险,并未承担完整的"所有权上的主要风险和报酬"。并且,该项关联交易的定价机制采用成本加成方式,确保上市公司在该业务中不至于发生亏损。因此,该业务的实质是上市公司利用其在商业管理和物业管理方面的专业知识、经验和技能,为该商业物业的所有者提供的商业管理和物业管理服务,并就其所提供的该等服务获取报酬,属于提供劳务的性质,上市公司所获得的资产托管收入本质上属于劳务报酬,应按《企业会计准则第14号——收入》及其应用指南关于提供劳务收入的确认和核算原则进行会计处理。

[案例 2]2——股权托管

在[案例2]的股权托管业务中,上市公司子公司广场开发经营公司于2010年3月开始受托管理控股股东子公司持有的B公司(其持有乙商业地产项目)全部股权;托管费用为B公司收入的2%,若实际发生费用超过当期托管费用的,可要求适当增加。我们理解,尽管该交易采用了"股权托管"的法律形式,但是与前述"资产托管"的情形类似,由于托管费系按照被托管公司收入的一定比例计算,并且"若实际发生费用超过当期托管费用的,可要求适当增加",因而可以合理预期广场开发经营公司为该托管事项所发生的费用和成本均可以得到补偿,从而避免发生亏损;同时托管费并非按照B公司的剩余收益的比例计算,与B公司的剩余收益无直接关联,无证据表明通过这一安排可使上市公司享有或控制B公司剩余风险和报酬的大部分。因此,我们理解,[案例2]中的股权托管安排不符合《企业会计准则第33号——合并财务报表》对"控制"的定义,即广场开发经营公司不能依据该股权托管协议取得对B公司的财务、经营决策的完全单方面决定权,并据此从B公司经营活动产生的剩余收益和权益中获取收益和承担风险。因此,根据此处提供的信息,我们认为上市公司依据该股权托管协议将B公司纳入其合并报表范围是缺乏充分证据支持的。对该上市公司而言,对该股权托管交易更恰当的处理方式是将其提供的管理服务作为一项提供劳务收入,按照《企业会计准则第14号——收入》的相关规定予以处理。

2. 我们对此类托管、承包经营交易的实质和会计处理方法的理解。

我们认为:无论是从"是否构成租赁"还是从"是否应纳入合并报表范围"的角度考虑这个问题,所需要解决的一个共同的基本问题是:对托管方、承包方而言,受托经营、承包经营的标的资产(如采用股权托管方式的,则为被托管股权对应的各项资产和负债,下同)是否符合相关会计准则规定的确认为其自身资产的条件?

根据《企业会计准则——基本准则》规定,资产是指企业过去的交易或者事项形成的、由企业拥有或者控制的、预期会给企业带来经济利益的资源(其中,"由企业拥有或者控制",是指企业享有某项资源的所有权,或者虽然不享有某项资源的所有权,但该资源能被企业所控制)。符合上述资产定义的资源,在同时满足以下条件时,确认为资产:①与该资源有关的经济利益很可能流入企业;②该资源的成本或者价值能够可靠地计量。

由此可见,确认为资产的一项基本条件是:该项资源被企业拥有或者控制,即企业能够支配该资源,并控制该资源产生的未来经济利益。

根据现行的《企业会计准则第33号——合并财务报表》规定,当对象为一个企业主体时,"控制"的定义是指"一个企业能够决定另一个企业的财务和经营政策,并能据以从另一个企业的经营活动中获取利益的权力"。据此,我们理解,当对象为一项资产而不是一个企业主体时,可以把"控制"的上述定义作适当的延伸和拓展,将其理解为"拥有对该项资产的占有、使用、处置的相关完整权利(包括自行行使该等权利,以及指示他人以本主体决定的方式行使该等权利),并有权从该等权利的行使中获取相关的经济利益以及承担相应的风险,或者虽然在法律上并不拥有该等权利,但是通过协议安排或者其他方式,实质上具有该等权限"。我们理解,此处的"对资产的控制"应可作为判断托管方、承包方能否将被托管、承包的资产纳入其报表的最根本标准。

对于托管经营和承包经营,应当详细分析作为各方权利、义务关系确定的基本依据的托管、承包经营协议,分析该协议对托管、承包经营的标的资产的占有、使用、处置等权利,以及相关的风险和报酬的转移和承担情况,以确定托管方、承包方是否具有对标的资产的控制权:

(1) 如果相关托管、承包经营协议事实上将标的资产的占有、使用、处置等完整权利,以及相关的风险和报酬均转移给了托管方或承包方,因而托管方、承包方事实上控制了该标的资产时,托管方、承包方应当将被托管、承包的相关资产确认为其自己的资产,纳入其自身的财务报表,视同其自有资产进行相关会计核算。如果被托管资产是股权,则此时托管方应把该股权对应的标的企业纳入其合并财务报表的合并范围。

(2) 如果相关托管、承包协议并未将该等权利以及相关风险和报酬全部转移给托管方或承包方,而只是转移了一部分权限、风险和报酬(例如限制托管方、承包方在托管、承包经营期间对受托资产的处置权;限制托管方、承包方对标的资产的技术状态进行重大变更;禁止未经所有者同意设置他项权利;托管方、承包方在托管、承包经营期间所可获得的收益与该资产的剩余经营成果并非密切相关,如可享受保底收益或固定收益,以及按毛收入而不是净收益的一定比例取酬等),因而托管方、承包方并未控制标的资产,则不能视作托管方、承包方已经控制了标的资产,这些资产不应确认为托管方、承包方的资产。

对于上述(2)所述的托管方、承包方不能控制标的资产的情形,如果托管方、承包方依据托管、承包协议,具有自主经营的权限并自负盈亏,则可以视作托管方、承包方在托管、承包期间仍然具有对标的资产使用的控制权。此时,如果符合 IFRIC 4 规定的其他条件的,则可认为该托管、承包经营安排事实上构成一项租赁交易(或者包含租赁因素),应按《企业会计准则第 21 号——租赁》的相关规定进行会计处理。

托管、承包经营是基于合同、协议而不是股权关系而成立的一项法律关系,其形式比单纯基于股权关系的母子公司关系更为灵活和多样。在实务中,对于被托管、被承包的资产或单位,如果本企业(托管方或者承包方)与其没有所有权关系或者股权投资关系,则在判断是否将被托管、承包经营的资产纳入本企业报表(或者将被托管、承包经营的企业纳入合并范围)时,应仔细研读托管、承包协议,结合双方的控制权享有情况,以及承担或享有的整体风险收益,谨慎判断是否存在控制。通常需要考虑的因素包括(但不限于):

(1) 托管、承包协议赋予托管方、承包方的经营管理权限是否涵盖了"控制"定义中所指的"财务和经营政策"的全部内容,或者按自身意愿占有、使用、处置的完整权利。

(2) 托管方、承包方与被托管、承包资产的所有者,或者被托管、承包经营的企业的股东之间的利益分配关系,例如被托管、承包资产或企业的经营盈亏是否全部或者绝大部分归属于托管方、承包方。这一点有助于区分承包方、托管方的地位是更接近于所有者,还是更接近于外聘的职业经理人。

(3) 托管、承包协议对托管、承包结束后被托管、承包资产,或者被托管、承包企业净资产归属的约定,例如在托管、承包结束时,托管方、承包方是否必须确保被托管、承包的资产或净资产不低于托管、承包开始前的金额;托管方、承包方是否有权获取托管、承包结束日被托管、承包资产或企业的净资产额与托管、承包开始时相比的增值部分;等等。

(4)(对于股权托管或承包而言)托管、承包协议与被托管、承包企业的公司章程之间的关系,例如当两者不一致时以谁为准;以及托管方、承包方派驻的经营管理人员与被托管、承包企业原有的董事会、管理层的关系;等等。

(5) 托管、承包协议是否规定在托管、承包期间内,标的资产的所有者或者标的企业的原股东有权单方面终止委托关系。

(6)《企业财务通则》第五十六条等相关法律、法规的可能影响。《企业财务通则》第五十六条规定:"企业实行托管经营,应当由投资者决定,并签订托管协议,明确托管经营的资产负债状况、托管经营目标、托管资产处置权限以及收益分配办法等,并落实财务监管措施。受托企业应当根据托管协议制订相关方案,重组托管企业的资产与债务。未经托管企业投资者同意,不得改组、改制托管企业,不得转让托管企业及转移托管资产、经营业务,不得以托管企业名义或者以托管资产对外担保。"据此,托管方对被托管资产或企业的控制权往往是存在一定限制的,这可能影响到能否将被托管资产纳入托管方财务报表,或者将被托管企业纳入托管方的合并财务报表的判断。

(7)其他需要考虑的特定相关因素。

二、证监会 42 号文对上市公司 2012 年年报审计的要求

42号文针对近期会计监管中发现的上市公司执行会计准则、财务信息披露、执行内部控制规范和会计师事务所年报审计等方面存在的问题,从会计准则、审计准则和内部控制三个方面对2012年度财务报表的编制、审计和披露工作作出了明确要求,旨在督促上市公司和会计师事务所切实做好财务报表的编制、审计和披露工作,进一步提高上市公司财务信息披露质量。下文对其中涉及会计准则和相关监管要求方面的相关内容作一介绍。

42号文要求上市公司在编制2012年度财务报表时,重点关注资产减值准备计提、股权激励费用确认、会计估计变更、会计政策制定以及相关专业判断等领域的会计处理和信息披露,切实把握会计准则和相关监管要求,保证财务信息披露质量。

(一)合理计提各项资产减值准备

上市公司应当严格按照会计准则的规定计提各项资产减值准备,不得滥用资产负债表日后事项,或以此为名少提减值准备。除有明确证据表明资产负债

表日市场价格异常外,存货项目的可变现净值一般应当以资产负债表日市场价格为基础确定。对于划分为可供出售类别的权益工具投资,上市公司应当在会计政策部分明确披露判断权益工具投资价值"严重"与"非暂时性"下跌的量化标准,该判断标准应当在各报告期间保持一致。

我们的理解:

在判断各类资产是否减值时,应当综合考虑资产负债表日有关资产所处技术及市场情况,以资产负债表日可取得的最可靠的证据进行估计。对于资产负债表日后取得的对资产负债表日已经存在的减值情况提供了新的和进一步证据时,应作为资产负债表日后调整事项处理。

资产减值准备历来是证监会的监管工作中重点关注的领域,同时也被列为《中国证监会发行监管部、创业板发行监管部、会计部关于做好首次公开发行股票公司2012年度财务报告专项检查工作的通知》(发行监管函[2012]551号)规定的本次对IPO项目的十二项核查内容之一。

42号文要求上市公司在会计政策中明确披露判断权益工具投资价值"严重"与"非暂时性"下跌的量化标准,且各报告期间保持一致。

对权益工具投资价值"严重"与"非暂时性"下跌的判断,可参考《计学撮要(2011)》第338～341页"可供出售金融资产减值"问答中的相关指引。

(二)及时足额确认股权激励费用

披露股权激励计划的上市公司,应当按照企业会计准则的相关规定,在等待期内合理确认股权激励费用。上市公司在等待期内取消所授予权益工具的(因未满足可行权条件而被取消的除外),应当作为加速行权处理,即视同剩余等待期内的股权支付计划已经全部满足可行权条件,在取消所授予权益工具的当期确认剩余等待期内的所有费用。

说明:对于以权益结算的股份支付的条款和条件的修改,以及取消和结算,请参阅《企业会计准则讲解(2010)》第193～195页的相关内容。

此项内容与前述财政部财会[2012]25号通知中的有关内容有重复之处,关于进一步指引可参阅前面的相关内容。

(三)正确处理并充分披露会计估计变更及其影响

上市公司应当审慎进行会计估计,变更会计估计应当具有充分的依据。上市公司应当严格按照会计准则及有关监管规定的要求,确定会计估计变更的适用时点,并在财务报表附注中充分披露会计估计变更的原因、开始适用时点及其影响金额。除非有确凿证据表明导致会计估计变更的情况在决议日前已经存在,会计估计变更应当自董事会等相关机构正式批准后生效,上市公司不得追溯适用会计估计变更。

我们的理解:

继证监会公告[2011]41号强调恰当界定会计估计变更的生效日期之后,42号文又进一步强调确定会计估计的适用时点问题,并要求上市公司在财务报表附注中披露变更适用时点。

在公司发生会计估计变更的情况下,我们应当关注会计估计变更生效日的恰当性,即生效日原则上不能早于上市公司董事会等相关机构(视各公司的章程和议事规则的规定而定,其中影响重大的会计估计变更可能需由上市公司股东大会批准方可生效)正式批准的日期;同时,会计估计变更的生效日也不应早于最近一期尚未公布的定期报告的报告期起始日(否则,前期已公布的定期报告中就会存在"应变更而未变更会计估计"的情形,这属于前期的会计差错)。

根据这一要求,公司的财务等相关部门应当随时关注可能导致需要进行会计估计变更的企业内、外部环境变化,建立对常规会计估计的定期复核制度,当出现《企业会计准则第28号——会计政策、会计估计变更和差错更正》第八条所述情况(企业据以进行估计的基础发生了变化,或者由于取得新信息、积累更多经验以及后来的发展变化)时,应及时向管理层提出变更会计估计的建议。我们在审计中应关注导致会计估计变更的相关情况开始出现的日期,注意获取相关的审计证据,据以判断会计估计变更生效日确定的合理性。

此项内容与前述财政部财会[2012]25号通知中的有关内容有重复之处,关于进一步指引可参阅前面的相关内容。

(四)结合实际情况有针对性地披露会计政策

上市公司应当制定与实际生产经营特点相适应的具体会计政策,不得以会计准则的原则性规定代替具体会计政策。上市公司披露的会计政策应当体现业务特点,有助于投资者的理解和使用。其中,收入确认的会计政策应当披露具体的收入确认时点,同类业务采用不同经营模式在不同时点确认收入的,应当分别披露。上市公司应当关注同行业上市公司采用的会计政策,同类业务采用的会计政策与同行业其他上市公司存在显著差别的,应当披露具体原因。

说明:证监会公告[2010]37号对此问题有过类似要求,42号文在其基础上进一步强调对收入确认的会计政策应披露具体确认时点,同类业务的不同经营模式应分别披露收入确认时点,同类业务与其他上市公司存在显著差别的应披露原因。

审计项目组应根据具体情况,对事务所提供的附注模板中收入确认的会计政策予以适当增删和修改,而不应一概照搬,按照42号文要求,即使是通常的销售业务,也要披露具体的收入确认时点(如货物发出、取得客户回执等)。审计项目组内各级复核人员和项目质量控制复核人员在复核经审计的财务报表附注时,应关注相关会计政策的披露是否符合企业目前的实际执行情况,以及是否符合适用的会计准则。

(五)根据实质重于形式原则作出专业判断的,应当进行充分的信息披露

上市公司应当根据会计准则的基本原则,结合业务的经济实质确定相关的会计处理,同时充分披露相关专业判断的理由及依据。上市公司在进行专业判断时,应当特别关注委托经营和受托经营情况下是否具有控制权、债权与股权的区分、风险实质性转移与形式上追溯权的关系等领域。上市公司还应当遵循会计准则的基本原则,合理列报资产和负债,准确划分流动性与非流动性项目。

我们的理解：

近年来，业务模式、盈利模式和融资模式等的创新层出不穷，对于很多新的业务模式和融资模式下的会计处理，现行的会计准则并未直接作出规定，这就需要企业的会计人员和注册会计师在分析相关交易经济实质和风险、报酬承担情况的基础上，基于准则的原则导向，从会计准则的基本定义、基本原则和基本规定出发，将准则作为逻辑推理和专业判断的起点和依据，结合个案的具体情况，运用严密的逻辑推理和恰当的专业判断，得出解决实务问题的方案。对所采用的处理方案，应有准则依据，理论上能站得住脚，能经受住考验和质疑。"自圆其说"是对一项处理方案的最基本要求。

实质重于形式原则要求：当交易和事项的法律形式与经济实质不一致时，应当以经济实质作为确定会计处理方法的依据。这就要求企业会计人员和注册会计师具备"穿透"一项交易的法律形式分析其经济实质的能力。"实质重于形式"是一项适用于所有交易和事项会计处理的基本原则。在对交易和事项的经济实质的分析过程中，风险和报酬的实质转移和承担情况往往成为重要的考虑因素。

对证监会 42 号文中特别提到的"债权与股权的划分"、"实质上风险的转移与形式上追索权的关系"两个事项进一步说明如下：

1. 债权与股权的划分。

债权与股权的划分，主要是站在一项金融工具的发行方的角度，判断该项金融工具对发行方而言是构成一项权益工具还是债务工具。该项判断的最基本依据是《企业会计准则第 22 号——金融工具确认和计量》第五十七条对"金融负债"的定义、第五十八条对"权益工具"的定义和《企业会计准则解释第 1 号》第四条对权益工具确认条件的进一步规定。

在近来的实务中，经常出现企业以信托方式融资的情况，在房地产等较难直接从银行取得融资的行业中尤其多见。此类信托的典型业务模式是：企业通过与信托公司签署"信托合同"发起设立信托，以信托为融资平台募集资金，所募集的信托资金用于受让下属的项目公司的股权，以及/或者对下属项目公司增资，持有项目公司的股权（有时项目公司的大部分甚至全部股权被信托持有）。但同时约定在未来某一时间由企业按事先约定的固定价格向信托回购原先转让的或增资形成的项目公司股权，回购价格系按原先信托受让或增资项目公司的价款加上按资金占用时间和一定的收益率计算的固定回报为原则确定，与实际回购时该等股权的公允价值无关，从而确保信托在这一交易安排中的投资本金安全得到保障，并获得固定的收益。在这一过程中，信托虽然在法律形式上持有项目公司的股权，但最终可保证收回本金并获得固定收益，因此并未真正承担与所持项目公司股权对应的剩余风险和报酬，因此就经济实质而言并不属于权益工具。其中：

(1) 如果直接由项目公司承担保障信托投入本金安全和固定收益的保证责任，则在项目公司的个别报表中，就应当将通过信托融入的资金确认为一项债务工具，将支付给信托受益人的固定回报视同利息支出而不是利润分配。这部分利息支出可以按照《企业会计准则第 17 号——借款费用》规定的借款费用资本化处理原则考虑能否资本化计入相关房地产开发项目的成本中。

(2) 如果保障信托投入本金安全和固定收益的保证责任由母公司而不是项目公司承担，则在项目公司自身的财务报表中，仍可将信托受让的股权和信托增资形成的股权确认为一项权益工具，将支付给信托的股利作为一项利润分配；但在母公司编制合并报表时，应把通过信托融入的资金确认为一项债务工具（而不是少数股东权益），将支付给信托受益人的固定回报视同利息支出而不是利润分配，并按照《企业会计准则第 17 号——借款费用》规定的借款费用资本化处理原则考虑能否在合并报表层面资本化计入相关房地产开发项目的成本中，对不符合资本化条件的利息支出应计入财务费用。

此类信托安排对母公司的合并报表范围的影响，主要考虑如下：

第一，由于该信托系母公司为了融资的目的而设立的特殊目的主体（SPE），且母公司在这一过程中承担了该信托的绝大部分（或者说几乎所有）剩余风险和报酬，因此该信托本身应作为母公司控制的特殊目的主体纳入合并范围。

第二，尽管信托在该项目公司中的持股比例通常较高（不少案例中超过 50%，甚至项目公司的全部股权均由信托持有），据此信托相应拥有在项目公司股东会上的表决权，并且往往拥有在项目公司的董事会中派驻董事的权力，但由于信托在整个交易安排中获取的是固定收益，并不能凭借其在法律形式上持有的项目公司股权和相关表决权获取额外经济利益，因此信托在项目公司派驻董事仅仅是为了保护其信托利益，必要时对可能损害自身利益的议案行使否决权，而不是主动参与经营管理决策。因此，信托存续期间，信托在项目公司中虽然持有股份，但并不能对项目公司施加控制、共同控制或者重大影响，该项目公司仍然受到母公司的控制，因此母公司应继续将其纳入合并范围。

《计学撮要（2011）》第 305～309 页的问答"子公司引入信托参股对合并财务报表范围和合并财务报表编制方法的影响"提供了一个此类情况下如何考虑此类信托安排的会计影响的实际案例，可供项目组在实务操作中参考。

在其他一些情况下，如 IPO 前发行人引入风险投资者（VC）或者私募基金（PE）时增资扩股协议或股权转让协议中常常包含的对赌条款、可转换的发行人股份数在一定条件下可变（不含除权、除息等情况下按交易所公布的除权、除息参考价公式对转股价格和转股比例作出的调整）的可转换债券、转换价格以记账本位币以外的其他货币表示的可转换债券等，也很可能不符合"权益工具"的定义，或者其中不含权益工具。

以上所说的都是形式上构成所有者权益，但实质上应在特定会计主体的财务报表中确认为债务工具的例子。实务中也可能存在形式上为债务工具而实质上应界定为权益工具的情形，如某些符合特定条件的永续次级债券等。相关的案例分析可参阅本书"会计审计实务问答（Q&A）专题"中关于金融工具会计的相关问答。

需要特别说明的是:"债务工具"和"权益工具"的界定是针对特定会计主体而言的,完全可能出现同一项金融工具在不同会计主体层面(如作为法律上发行人的子公司的个别报表会计主体,和其母公司合并报表会计主体)被界定为不同性质的工具的情况。

鉴于债务工具和权益工具的划分在某些情况下涉及复杂、主观的专业判断,因此注册会计师务必详细阅读相关募集的法律文件,综合分析相关条款的会计影响。需要注意的是:条款中细微的文字差异就可能导致分析结果完全不同。

2. 实质上风险的转移与形式上追索权的关系。

此类问题的典型例子就是在把应收票据贴现或者背书转让出去时,能否将相关的所贴现或者背书的票据终止确认的问题。根据《企业会计准则第23号——金融资产转移》及其应用指南的规定,如果企业以不附追索权方式出售金融资产,则表明企业已将金融资产所有权上几乎所有风险和报酬转移给了转入方,应当终止确认相关金融资产;如果企业采用附追索权方式出售金融资产,则表明企业保留了金融资产所有权上几乎所有风险和报酬,不应当终止确认相关金融资产。但是,在实务操作中,除了关注法律形式上有无追索权以外,更应当关注"企业是否已将金融资产所有权上几乎所有风险和报酬"这一决定所转移的金融资产能否终止确认的本质特征。

应收票据作为一项金融资产,其所有权上的主要风险是信用风险及利率风险(如涉及外币的应收票据,则还有汇率风险,但因为外币应收票据较为少见,此处对汇率风险不作详细讨论)。对于银行承兑汇票而言,虽然根据《票据法》的有关规定,银行承兑汇票在贴现和背书转让后仍存在被追索的可能,因此信用风险并未转移,但中国的已上市大型股份制商业银行的信用风险本身几乎可以忽略不计,因此这一情况并不影响银行承兑汇票贴现或背书后能否终止确认的讨论。

相比之下,利率风险,即由于市场利率的变动导致票据的公允价值发生变动的风险,是银行承兑汇票所有权上的主要风险,近年来中国人民银行多次调整基准利率,利率的频繁、大幅度变动会对不计息或者按固定利率计息的票据的公允价值会产生较大的影响。因此,相对而言,利率风险在应收票据所有权上的整体风险中居于最主要地位。而通过票据的背书,利率风险已被转移至后手(因为票据背书的目的是使用票据支付已确定金额的应付购货款,也就是该票据的可收回金额即等于所抵付的应付购货款金额。背书之后,因未来市场利率变动导致金融工具的公允价值或未来现金流量发生变动的风险已经完全转移给了后手,与前手无涉)。因此随着该等票据的背书转让,实际上相关的利率风险已经转移给了该等票据的被背书人,前手不再承担相关的利率风险。

因此,将信用风险和利率风险综合起来看,可以认为对于由中国的已上市大型股份制商业银行出具和承兑的银行承兑汇票而言,信用风险并不重大,企业通过贴现和背书可以转移该等票据所有权上的几乎所有风险和报酬。因此对此类银行承兑汇票,即使贴现或背书转让时附有追索权,前手也可以终止确认该等应收票据,而无需将其作为一项以应收票据作为质押的融资列报。

上述处理原则已被纳入财政部于 2012 年 11 月发布的《企业会计准则解释第 5 号》(财会[2012]19 号)的第三条中。根据该条规定,企业对采用附追索权方式出售的金融资产,或将持有的金融资产背书转让,应当确定该金融资产所有权上几乎所有的风险和报酬是否已经转移,并依据该等风险和报酬的实质转移和承担情况进行适当的会计处理,而不能仅仅依据"是否保留追索权"的法律形式确定其会计处理方法。

第六章

证监会会计部《上市公司执行企业会计准则监管问题解答》（2013年第1期，总第8期）解读

2013年6月18日，中国证监会会计部发布了《关于印发〈上市公司执行企业会计准则监管问题解答〉（2013年第1期，总第8期）的通知》（会计部函[2013]232号），针对近期日常会计监管中发现的问题发布问题解答，作为会计监管的专业判断依据。

针对《上市公司执行企业会计准则监管问题解答》（2013年第1期，总第8期）（以下简称"问题解答第8期"）涉及的问题，以下逐一简要介绍，同时说明我们对这些规定的理解，以及实务操作中若干应关注问题的提示。下文中楷体字内容为问题解答第8期中相关规定的原文，其余内容为我们对该规定的理解和分析，以及对需关注的部分问题的提示。

问题1：上市公司在何种情况下可以认定前期会计估计发生差错，并追溯调整前期报表？

解答：根据《上市公司执行企业会计准则监管问题解答》（2010年第1期，总第4期），不应简单将会计估计与实际结果对比认定存在差错。只有在上市公司能够提供确凿证据，表明由于重大人为过失或舞弊等原因，未能合理使用前期报表编报时已经存在且能够取得的可靠信息，导致前期会计估计结果未恰当反映当时情况，才能认定前期会计估计存在差错。前期会计估计存在差错，并不必然进行追溯调整，只有当上市公司确定相关因素导致会计估计差错累计影响数切实可行且该差错重要时，才采用追溯重述法调整前期报表，否则应采用未来适用法。

我们的理解：

问题解答第8期继证监会公告[2010]37号、《上市公司执行企业会计准则监管问题解答》（2010年第1期，总第4期）（以下简称"问题解答第4期"）后再一次提出了关于合理区分会计估计变更和前期差错的问题。问题解答第8期的基本原则与以前的相关规定和指引是一致的，但更强调前期估计差错的产生原因应当是由于"重大人为过失或舞弊等原因"未能合理使用前期报表编报时已经存在且能够取得的可靠信息，导致前期会计估计结果未恰当反映当时情

况;而且,对于该原因的举证责任在上市公司。

证监会公告[2010]37号的相关内容:"会计估计是企业对结果不确定的交易或者事项以历史积累的和最近可利用的信息为基础所作的判断。会计估计所涉及的交易和事项均有内在的不确定性,进行会计估计的过程是一种集主、客观因素于一体的综合判断过程。因此,不能简单以对或错来评价会计估计,而应评价会计估计确定过程及其依据的合理性。上市公司在年报编制过程中,应合理区分会计估计变更和会计差错更正,并按照会计准则规定进行有关处理,不得利用会计估计变更和差错更正在不同会计期间操纵利润。对于会计估计变更,应自会计估计变更日起采用未来适用法进行会计处理。"

问题解答第4期相关内容:"会计估计,指企业对结果不确定的交易或者事项以最近可利用的信息为基础所作的判断。尽管会计估计所涉及的交易和事项具有内在的不确定性,但如果上市公司在进行会计估计时,已经充分考虑和合理利用了当时所获得的各方面信息,一般不存在会计估计差错。例如由于上市公司据以进行估计的基础发生了变化,或者由于取得新信息、积累更多经验以及后来的发展变化,可能需要对会计估计进行修订,这种修订不属于前期会计差错。只有上上市公司能够提供确凿证据表明由于重大人为过失或舞弊等原因,并未合理使用编报前期报表时已经或能够取得的可靠信息做出会计估计,导致前期会计估计结果未恰当反映当时的情况,应按照《企业会计准则第28号——会计政策、会计估计变更和差错更正》进行前期差错更正,其他情况下会计估计变更及影响应采用未来适用法进行会计处理。"

区分会计估计变更和前期会计差错,是涉及高度主观的专业判断的领域。根据《企业会计准则第28号——会计政策、会计估计变更和差错更正》第十一条规定,以及《企业会计准则讲解(2010)》第二十九章第一节中的相关表述:前期差错,是指由于没有运用或错误运用下列两种信息,而对前期财务报表造成省略或错报:①编报前期财务报表时预期能够取得并加以考虑的可靠信息;②前期财务报告批准报出时能够取得的可靠信息。前期差错通常包括计算错误、应用会计政策错误、疏忽或曲解事实以及舞弊产生的影响等。

在实务操作中,可以参考证监会公告[2010]37号、问题解答第4期和问题解答第8期中指出的因素予以考虑。企业管理层在编制财务报表的过程中,以及注册会计师在审计过程中,都应重点关注会计估计依据的合理性。尤其需要注意的是:"会计估计的合理性"是针对作出该会计估计当时的具体环境和所能获取的信息而言的。如果在以前年度的资产负债表日作出会计估计时,已经综合考虑和分析了截至该资产负债表日可以获取的所有信息,则该会计估计就当时的情况而言是合理的最佳估计;如因为该资产负债表日后新出现且原先无法合理预见的情况导致最终结果不同于当初的估计,则属于期后的会计估计变更,不能仅仅据此即认为前期的会计估计存在差错。如果当初作出会计估计时,存在对当时可获取的信息的忽略或不当使用的情况,则该会计估计就当时作出该估计时的情况而言即是不合理的,应认为属于会计差错。

如果确属于会计估计的前期差错,则需要确定相关差错的累计影响数,如果确定累计影响数不切实可行,则无需对前期报表追溯重述;如果可以确定相关差错的累计影响数,还需要结合重要性水平考虑该差错是否重大,进一步确定是否需要采用追溯重述法进行更正。

相关提示可参阅《计学撮要(2011)》第 388～391 页"会计估计变更和前期会计差错更正的区分"。

前期会计差错更正往往是审计中的重大和敏感的领域。在确定是否需要就前期会计差错追溯重述前期财务报表时,注册会计师除了考虑影响的金额大小和性质因素以外,还应当考虑到上市公司和已申报材料的 IPO 公司的前期差错更正是一个非常重大、非常复杂的事项。基于下述原因,对于涉及上市公司和已申报材料的 IPO 公司的前期差错更正要非常慎重。尤其是对于以前年度本所已经发表过审计意见的上市公司和已申报材料的 IPO 公司的财务报表,注册会计师一般不会轻易承认其中涉及重大会计差错。如果确有必要作前期差错追溯重述的,应当获得所内高层的批准。

(1) 对于上市公司而言,对以前年度已公告的财务数据的差错更正需履行中国证监会 2003 年发布的《公开发行证券的公司信息披露编报规则第 19 号——财务信息的更正及相关披露》(证监会计字[2003]16 号)规定的临时公告程序,并且可能招致监管机构的调查,甚至投资者的法律诉讼。

(2) 对于 IPO 公司而言,根据目前正在征求意见中的《中国证监会关于进一步推进新股发行体制改革的意见》,招股说明书(申报稿)的预先披露时间将提前到发行人招股说明书申报稿正式受理后;并且招股说明书预先披露后,发行人相关信息及财务数据不得随意更改。审核过程中,发现发行人申请材料中记载的信息自相矛盾,或就同一事实前后存在不同表述且有实质性差异的,中国证监会将中止审核,并在 12 个月内不再受理相关保荐代表人推荐的发行申请。

问题2:上市公司发生企业合并时,若上市公司与被合并主体受同一最终控制方控制的时间接近一年,是否可以将该交易判断为同一控制下的企业合并?

解答:根据《企业会计准则第 20 号——企业合并》及其讲解,判断企业合并是否属于同一控制下的企业合并时,要求参与合并的企业在合并前后受最终控制方的控制为非暂时性的。具体的时间性要求为:在合并日之前,参与合并各方受最终控制方的控制时间在一年以上(含一年),合并日之后所形成的报告主体受最终控制方的控制时间也应达到一年以上(含一年)。此外,如果合并交易发生时上市公司与拟收购主体受同一最终控制方控制的时间超过"一年",还需要根据《企业会计准则解释第 5 号》的相关规定,判断合并交易与之前上市公司与拟收购主体成为同一控制下企业的交易是否为一揽子交易。

我们的理解:

根据现行的《企业会计准则第 20 号——企业合并》及其应用指南规定:"参与合并的企业在合并前后均受同一方或相同的多方最终控制且该控制并非暂时性的,为同一控制下的企业合并。其中:同一方,是指对参与合并的企业在合并前后均实施最终控制的投资者;相同的多方,通常是指根据投资者之间的协议约定,在对被投资单位的生产经营决策行使表决权时发表一致意见的两个或两个以上的投资者;控制并非暂时性,是指参与合并的各方在合并前后较长的时间内受同一方或相同的多方最终控制。较长的时间通常指 1 年以上(含 1 年)。同一控制下企业合并的判断,应当遵循实质重于形式要求。"

证监会在问题解答第 8 期强调同一控制下企业合并参与合并各方在合并前后受最终控制方的控制时间一定要在 1 年以上(含 1 年),即要求严格执行"前后各 1 年"的时间标准。在处理上市公司同一控制下企业合并业务时,除了要遵守证监会要求的具体时间标准外,还应当遵循实质重于形式原则,关注企业是否存在将依据正常交易条款达成的企业合并通过故意构造交易的形式,将其"修饰"为一项同一控制下的企业合并交易的可能。

在涉及同一控制下企业合并时,同时还需要注意以下问题:

(1) 对于同一控制下企业合并的判断,应注重对交易经济实质的分析。同一控制下的企业合并事项应当是在参与合并各方共同的母公司(或最终控制方)的主导下达成的,在就该合并事项达成协议时,参与合并各方均处于同一最终控制方的控制下。

对于合并交易与之前上市公司与拟收购主体成为同一控制下企业的交易是否为一揽子交易的判断,应参照《企业会计准则解释第 5 号》第五条的相关规定处理。根据交易的具体情况,如果合并交易与之前上市公司与拟收购主体成为同一控制下企业的交易属于同时谈判达成、互为前提和条件的一揽子交易(即合并交易并非由目前的最终控制方单方面决定),则不排除该项合并交易应认定为非同一控制下企业合并的可能性。

(2) 就同一控制下合并中合并报表比较数据追溯调整的期间范围而言,如果在报告期内最终控制方对参与合并的一方或多方的控制权发生过变化,即目前的最终控制方并非在整个比较期间都持续控制参与合并各方,则在权益结合法下对前期比较数据的重述也应当反映出这一事实,即此时对前期比较数据的追溯重述,应当以参与合并各方均处于目前的最终控制方控制下的期间为限。

其理由是:实践中使用权益结合法并重述比较数据时,应当从权益结合法的实质和主要精神出发加以分析。权益结合法背后的逻辑是"控制权未发生变化",因为最终控制方持续性地保持对参与合并各方的控制权,从最终控制方的角度,其所能控制的经济资源及其风险和报酬特征在重组前后并未发生变化,仅仅是资源的所在地发生了位移。因此,如果最终控制方在比较期间对参与合并各方均具有控制权,则需要对合并方的合并报表中的前期比较数据进行重述。根据这一原则,在合并方的合并报表中,对"同一控制"尚不存在的期间不能进行重述。

(3) 就此类同一控制下合并中作为会计处理基础的"账面价值"的确定方法而言,如果同一控制下企业合并中的被合并方最早是通过一次非同一控制下企业合并被纳入其最终控制方的控制范围的,则由于权益结合法的实质是站在最终控制方的立场,认为在该交易前后,最终控制方所能控制的经济资源并未发生变化,仅仅是从"左口袋"移到了"右口袋",相应地,作为同一控制下会计处理基础的"账面价值"是指被合并方的各项资产、负债在最终控制方合并报表层面显示的账面价值,即对最终控制方而言的账面价值(consolidated value)。即,如果原先该被合并方是通过非同一控制下企业合并方式进入最终控制方的合并范围内的,则此处的"账面价值"将是以原先非同一控制下合并购买日的公允价值为基础持续计算的金额。即此时同一控制下合并的会计处理就是将原先最终控制方合并报表层面的处理"下推"(push down)到同一控制下合并的合并方的合并报表层面。如果原先最终控制方通过非同一控制下企业合并取得该被合并方控制权时,在购买日产生了商誉的,则该商誉也应当一并"下推"到同一控制下企业合并的合并方的合并报表层面。但此时合并方在编制合并报表时需要注意:虽然这是同一控制下合并,但基于上述"下推会计"处理原则,合并方不能假设自最早期间期初起即把被合并方纳入其合并范围,而是只能将该被合并方被纳入最终控制方合并报表范围之日(即原先的非同一控制下合并的购买日)起纳入合并报表范围。

问题3:对于上市公司已计提但尚未使用的安全生产费,是否可以确认递延所得税资产?

解答:按照企业会计准则及相关规定,已计提但尚未使用的安全生产费不涉及资产负债的账面价值与计税基础之间的暂时性差异,不应确认递延所得税。因安全生产费的计提和使用产生的会计利润与应纳税所得额之间的差异,比照永久性差异进行会计处理。

我们的理解:

对于专项储备而言,其计提时按照《企业会计准则解释第3号》第三条所确认的费用,并不是本企业对外发生交易的结果,也并未导致企业所有者权益的减少,严格来说并不符合《企业会计准则——基本准则》对"费用"这一会计要素的定义和确认条件,即"费用是指企业在日常活动中发生的、会导致所有者权益减少的、与向所有者分配利润无关的经济利益的总流出。费用只有在经济利益很可能流出从而导致企业资产减少或者负债增加、且经济利益的流出额能够可靠计量时才能予以确认",所以严格来说专项储备的已计提未使用余额不符合在利润表中确认的条件。相应地,由于以下三项主要原因,对已计提尚未使用的安全生产费、维简费形成的专项储备余额不能确认递延所得税资产:

(1) 对专项储备余额尚无明确的用途和支付计划,故企业不能确定该差异的转回时间,也就不能肯定这些差异未来转回时能否有足够的应纳税所得额从而实现暂时性差异所包含的节税利益。

根据《企业会计准则第18号——所得税》的规定,确认递延所得税资产或递延所得税负债的一项基本前提是资产、负债的账面价值和计税基础之间存在暂时性差异。对于递延所得税资产,还应基于谨慎性原则,考虑相关的可抵扣暂时性差异在可预见的未来是否很可能转回,以及预计转回时是否将有足够的应纳税所得额以实现该项递延所得税资产所包含的抵税利益。

《企业会计准则解释第3号》之所以规定将专项储备作为股东权益项目而

不是负债,是因为专项储备不符合《企业会计准则——基本准则》对负债的定义和确认条件的规定。根据《企业会计准则——基本准则》规定,负债是指企业过去的交易或者事项形成的、预期会导致经济利益流出企业的现时义务。但专项储备在计提时,尚无明确的用途和支付计划,所以尚不存在"预期会导致经济利益流出企业的现时义务",故不能确认为负债。

根据上述分析,如果税务机关只允许实际发生的支出税前扣除而不是按计提数税前扣除,则虽然税务处理和会计处理存在差异,但鉴于对专项储备余额尚无明确的用途和支付计划,故企业不能确定该差异的转回时间,也就不能肯定这些差异未来转回时能否有足够的应纳税所得额从而实现暂时性差异所包含的节税利益。因此,企业不应就已计提尚未使用的安全生产费形成的专项储备余额确认递延所得税资产。

(2) 近来也有观点认为,对专项储备确认递延所得税资产的问题能否比照可抵扣亏损和可结转以后年度扣除的广告费等费用。对此,我们认为不能简单比照。如果可以仅仅依据"明确的用途和支付计划"作为确认递延所得税资产的依据,则无异于承认会计上可以把尚不符合负债确认条件的承诺事项和待执行合同确认入账,而这明显违反会计基本原理。同时,这些专项储备余额在未来必须根据管理层实际采取的行动(实际使用这些专项储备)才能获准税前扣除,这与可弥补亏损和可结转以后年度扣除的费用存在本质的不同(后者只需确保未来有足够的扣除或弥补额度,就可以自动享受到相应的税收减免利益,无需管理层采取特定的行动;而专项储备未来的节税利益实现,除了要有足够的未来应纳税所得额以外,还必须依赖于管理层在未来实际采取的特定行动,即把专项储备用于规定范围内的支出,在未采取行动之前并未自动享有从以后年度的应纳税所得额中扣除的权利)。因此,对于专项储备能否确认递延所得税资产的问题,不能简单比照"可弥补亏损"或者"可结转以后年度扣除的费用"的处理原则处理。

(3) 递延所得税资产本质上是一种在未来抵减应纳税所得额的权利,并且该权利应当是由过去的交易和事项形成(导致)的。这是"资产"这一会计要素的定义和一般确认条件所决定的。而在实际发生专项储备列支范围内的支出之前,企业并不享有在未来就当前已计提的专项储备抵减应纳税所得额的权利,因此在资产负债表日尚不能就一项不存在的抵扣权利确认递延所得税资产。

另外,对于将安全生产费用于资本性支出,所购建的安全设备等固定资产,《企业会计准则解释第3号》第三条要求在其达到预定可使用状态时,按照其全部应计折旧额一次提足折旧,借记"专项储备"科目,贷记"累计折旧"科目;而国家税务总局公告[2011]26号要求"应计入有关资产成本,并按企业所得税法规定计提折旧或摊销费用在税前扣除",由此导致该等固定资产的账面价值小于计税基础,形成可抵扣暂时性差异。对于这部分可抵扣暂时性差异,由于其来源于会计和税务上的不同折旧政策,而折旧属于后续计量而不是初始计量范畴,因此我们理解,如果在未来的税务折旧期内预计将产生足够多的应纳税所得额,则可以对其确认递延所得税资产。确认递延所得税资产的会计分录为:借记"递延所得税资产"科目,贷记"所得税费用——递延所得税费用"科目。

问题4:上市公司获得的政府补助,是否仅有按照固定的定额标准取得的政府补助才能按照应收金额计量?

解答:根据《企业会计准则第16号——政府补助》的规定,对期末有确凿证据表明能够符合财政扶持政策规定的相关条件预计能够收到财政扶持资金时,可以按应收金额计量。

我们的理解:

现行的《〈企业会计准则第16号——政府补助〉应用指南》第四条"政府补助的计量"规定:"根据本准则第六条规定,企业取得的各种政府补助为货币性资产的,如通过银行转账等方式拨付的补助,通常按照实际收到的金额计量;存在确凿证据表明该项补助是按照固定的定额标准拨付的,如按照实际销量或储备量与单位补贴定额计算的补助等,可以按照应收的金额计量"。在实务中,能够满足"按照固定的定额标准拨付"标准的情况并不十分常见(一般限于按照实际完成的工作量和规定的定额标准计算拨付的定额补助,例如特准储备物资补助,"家电下乡"、"汽车下乡"、"节能产品惠民工程"等项目中按照指定产品的销量和单位产品补贴标准给予的补助等),因此大量的政府补助均是采用收付实现制原则确认的。

问题解答第8期提出"有确凿证据表明能够符合财政扶持政策规定的相关条件预计能够收到财政扶持资金时,可以按应收金额计量",相当于将权责发生制原则引入了政府补助准则中,可按应收金额计量的政府补助不再限于"存在确凿证据表明该项补助是按照固定的定额标准拨付"的情形。因而部分突破了现行会计准则的规定。

在理解何为"期末有确凿证据"时,我们认为应重点考虑以下几点:

(1) 考虑应收补助款的金额是否已经过有权政府部门发文确认,或者可根据正式发布的财政资金管理办法的有关规定自行合理测算,且预计其金额不存在重大不确定性。

(2) 所依据的应当是当地财政部门正式发布并按照《政府信息公开条例》的规定予以主动公开的财政扶持项目及其财政资金管理办法,且该管理办法应当是普惠性的(任何符合规定条件的企业均可申请),而不是专门针对特定企业制定的。

(3) 需考虑相关的补助款批文中是否明确承诺了拨付期限,且该款项的拨付是有相应财政预算作为保障的,因而可以合理保证其可在规定期限内收到。

(4) 根据企业和该补助事项的具体情况,应满足的其他相关条件。

注册会计师如在实务中遇到客户将政府补助金额确认为应收款项时,应谨慎考虑是否符合以上各条件,防止其利用此条款进行利润操纵。应把向有权政府机构函证确认应收补助款的金额、拨付条件和预计拨付时间等要素作为一项必须履行的基本审计程序,在将回函结果和所获取的其他原始文件证据、复算测试结果等审计证据核对一致的基础上,谨慎判断是否符合应收补助款的确认条件,以及其金额计量是否恰当。

问题5:上市公司与政府发生交易取得的收入,是否均认定为政府补助?

解答:根据财政部发布的《做好执行企业会计准则的企业2012年年报工作的通知》(财会〔2012〕25号),企业与政府发生交易所取得的收入,如果该交易具有商业实质,且与企业销售商品或提供劳务等日常经营活动密切相关的,应当按照《企业会计准则第14号——收入》规定进行会计处理,并作为营业收入列报。在判断该交易是否具有商业实质时,应考虑该交易是否具有经济上的互惠性,与交易相关的合同、协议、国家有关文件是否已明确规定了交易目的、交易双方的权利和义务,如属于政府采购的,是否已履行相关的政府采购程序等。

我们的理解:

上市公司与政府发生交易取得的收入,是否均认定为政府补助的判断标准可以总结为:是否具有商业实质;是无偿的还是互惠的;是否仅可能发生于企业和政府之间,还是可能发生于任何的平等市场主体之间。

我们理解,根据《企业会计准则第16号——政府补助》及其应用指南和讲解的相关规定,政府补助是指企业从政府无偿取得货币性资产或非货币性资产,但不包括政府作为企业所有者投入的资本。我们理解,根据会计准则对"政府补助"的定义和特征的表述,可以合理推论出:政府补助的实质是政府基于其作为社会公共事务管理者的身份和职能,为了实现特定的社会公共政策目标(而不是为了其自身的利益,如资本收益和红利等)而给予符合规定条件的企业(不论该企业的所有制,只要符合所公布的政策条件和使用条件,都有权平等地申请和享受)的非偿还性资金或其他形式的补贴、资助。这是将政府补助和其他来源于政府的资金区分开来的一项根本标准。

专题 II

会计审计实务问答（Q&A）

- 资产、负债类业务问答
- 利润类业务问答
- 长期股权投资和企业合并业务问答
- 特殊业务问答
- 信息披露和列报业务问答
- 其他会计技术和审计技术问答

> **重要提示**
>
> 1. 以下案例中所给出的结论和解答，是完全基于相关的特定背景信息的，并非适用于所有情形的一般性指引。因此仅供相关企业会计人员和注册会计师在实务中作为专业判断的参考，不可替代对相关准则原文的查阅，也不可替代企业会计人员和注册会计师的专业判断。在实务中运用时请注意结合特定案例的具体情况进行全面的分析和考量，必要时咨询相关专业人士和准则制定、解释机构。
>
> 2. 下列各案例所涉及的会计报告主体，除有特别说明者外，均执行财政部 2006 年 2 月颁布《企业会计准则——基本准则》和 38 项具体会计准则、其后颁布的应用指南、解释以及其他相关规定（以下统称"新企业会计准则"、"新会计准则"或"新准则"）。

第一章

资产、负债类业务问答

第一节 固定资产的相关问题

问题 1-1-1 "上大压小"中将被关停的机组的折旧和减值测试问题

问题：

如下文"背景"资料所述，"上大压小"政策中将被关停的机组如何计提折旧？如何进行减值测试？

背景：

某公司生产经营 4 台 20 万千瓦的发电机组，按照"上大压小"的战略规划，计划对这 4 台机组从 2012 年开始分期关停，该公司初步计划与当地省发改委签订一揽子机组关停协议。关停机组能获得替代电量(一般是获得 3 年替代电量)。但是，关停机组的替代电量和电价在机组正式关停后才能确定。因此，截至资产负债表日，对于本年度已关停的机组可确定其替代电量；但对于尚未关停的其他机组，未来的替代电量尚未确定，同时机组还在正常发电。

解答：

1. 关于"上大压小"项目的转让上网电量指标的预计收入在计提减值准备时是否应予以考虑的问题，可参考《计学撮要(2011)》中"非经常性损益认定的相关问题"之问题 2 "转让上网电量指标的收入的性质认定"(见原书第 407～408 页)。

根据《企业会计准则第 8 号——资产减值》第五条第(五)项规定，"资产已经或者将被闲置、终止使用或者计划提前处置"是表明资产可能发生减值的迹象之一。对于尚未关停的其他机组，由于提前退出使用也是一项减值迹象，因此也需要在资产负债表日对其进行减值测试。如果根据前段所述问题解答，公司认为可以在减值测试中考虑转让上网电量指标可能带来的收入，则公司应当根据类似机组关停的历史经验，对目前尚在使用中、即将关停的机组未来剩余使用寿命内的预计现金流量和退出使用后预计可获得的上网电量补偿款作出最佳估计，作为计提减值准备的基础。并不能仅仅因为目前尚在正常发电中，就认为不存在减值迹象。

2. 根据《企业会计准则第4号——固定资产》第十九条的规定:"企业至少应当于每年年度终了,对固定资产的使用寿命、预计净残值和折旧方法进行复核。使用寿命预计数与原先估计数有差异的,应当调整固定资产使用寿命。"据此,公司可以在获悉将实施"上大压小"并明确现有小机组的关停时间表之后,调整这些小机组的折旧年限,以使将来实际关停时该等固定资产的账面价值等于预计净残值(包括预计可从转让上网电量指标中获得的收入)。但是,缩短折旧年限并不能代替减值准备的计提,因为折旧年限的缩短并不能改变未来现金流量现值的预测数,并且固定资产的减值准备是一经计提不得转回的。另外,由于减值准备的计提减少了固定资产的账面价值,对后续剩余使用年限内固定资产的折旧计提也会产生影响。

问题 1-1-2 委托其他公司代建固定资产入账价值的确定

问题:

委托其他公司代建固定资产,收到对方由于延期交货而支付的赔偿款时是否可以计入营业外收入?

背景:

A公司委托B公司建造一艘船,因B公司延期交付,其同意核减船价130万美元。

解答:

《企业会计准则第4号——固定资产》及其讲解规定,自行建造固定资产的成本,由建造该项资产达到预定可使用状态前所发生的必要支出构成。包括工程用物资成本、人工成本、交纳的相关税费、应予资本化的借款费用以及应分摊的间接费用等。企业自行建造固定资产包括自营建造和出包建造两种方式。无论采用何种方式,所建工程都应当按照实际发生的支出确定其工程成本。

A公司委托B公司建造的船舶属于出包方式建造的固定资产,因B公司未按合同期限交船,按照双方约定的违约处理方式处以的罚款,无论是对方以实物形式支付还是在最后一期船款中扣减,不属于该项资产达到预定可使用状态前所发生的必要支出,可以作为营业外收入。

在实务中,如果价格调整是多种因素综合作用的结果(例如,部分原因是对原先合同设计的变更,部分原因是对方的违约罚款等),难以将总的价格调整金额合理分摊到各项价格调整因素的,则可以简化处理,即按照最终调整后的固定资产建造成本,作为计入固定资产成本的金额。

问题 1-1-3 具备法律上认可的产权,是否为会计上确认固定资产的前提条件

问题:

具备法律上认可的产权,是否为会计上确认固定资产的前提条件?

背景：

1. A公司有两处房产，该两房产均租赁给其他公司使用。由于该两处房产均系违章建筑，故均无房产证。

2. B公司在租赁的土地上建设厂房，租赁土地合同中约定租赁期满后，企业(承租方)建设的厂房无偿归属于出租方所有。

解答：

确认固定资产的关键并不在于是否拥有法律上的所有权，而是看是否符合《企业会计准则第4号——固定资产》对固定资产的定义和确认条件，并能够控制其所带来的未来经济利益，并且其成本能够可靠地计量。

根据《企业会计准则第4号——固定资产》第三条规定："固定资产，是指同时具有下列特征的有形资产：(一)为生产商品、提供劳务、出租或经营管理而持有的；(二)使用寿命超过一个会计年度。"

1. A公司的无产权房屋，尽管没有法律上的所有权，但如果在其使用年限内，其未来经济利益很可能流入本企业，并且本企业在使用期内对该等房屋的使用权益预期能够得到合理的保障，则可以认为符合固定资产的确认条件。理论上确认为固定资产更为合适。

A公司在考虑与该房屋相关的未来经济利益是否很可能流入本企业，以及对可收回金额进行估计时，应当谨慎地考虑该房屋系违章建筑，可能随时被责令拆除且不能获得补偿的事实的可能影响。另外，如果A公司很可能因该处违章建筑而被政府有关主管部门处以罚款等行政处罚的，A公司还应依据《企业会计准则第13号——或有事项》的相关规定对该或有事项予以谨慎的确认、计量、列报和披露。

2. B公司建立在租赁土地上的厂房，尽管没有法律上的所有权，但如果在土地租赁年限内，其未来经济利益很可能流入本企业，并且本企业在租赁期内对该等厂房的使用权益能够得到合同条款的保障，则可以认为符合固定资产的确认条件。理论上确认为固定资产更为合适。鉴于其使用年限将超过土地的剩余租赁期限，且租赁期满后将无偿归出租人所有，因此该固定资产的折旧年限应当是土地的剩余租赁年限，且预计净残值为零。

在财务报表附注中，应当明确披露该等固定资产无法取得法律上的所有权(及其原因)，不能转让和用于抵押的事实。

在实务中，也有较为普遍的做法是将无产权证房屋或者建造在租入土地上的房屋确认为长期待摊费用，严格来说是不恰当的，但鉴于其在实务中被普遍使用，而且更为符合评估机构的需要，所以也可接受。如果采用此做法，则除了列报所在的报表项目为"长期待摊费用"外，其余涉及确认、计量的具体处理与前述确认为固定资产的情形相同。

问题1-1-4 固定资产达到预定可使用状态的判断——分阶段完成的固定资产达到预定适用状态的判断

问题：

分阶段改造的固定资产是否可以分别在每个阶段完成时将形成的资产转固？

背景：

A公司共有两条玻璃生产线，分别称为1号生产线和2号生产线。现在A公司对其2号生产线进行分阶段改造，以生产在线镀膜玻璃和超白玻璃。为了满足生产这两种玻璃产品的需要，原先的2号生产线需要彻底拆除重建。

2号生产线的改造工程于2009年9月底开始做拆除等准备工作，主体开始改造于2010年7月份开始，至2011年1月结束，于2011年1月18日点火调试，调试生产线和产品同时进行，2月底生产出玻璃，3月达到稳定产出。

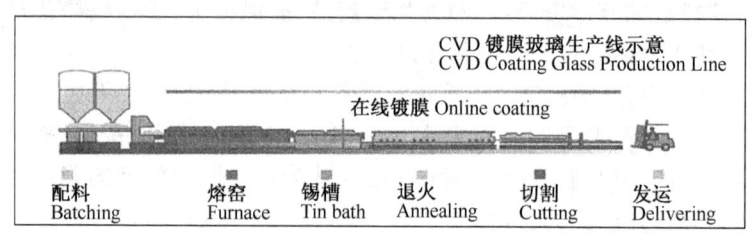

在线低辐射膜玻璃生产线示意图

由于较其他普通玻璃而言，生产在线镀膜玻璃和超白玻璃在原料、工艺参数、精度、生产控制上有区别，在锡槽处加装CVD在线TCO镀膜装置，除此之外其他生产流程都是一样的。截至2011年12月31日，虽然CVD在线镀膜装置未调试成功，但已经可以生产普通玻璃，并且其普通玻璃的产能和合格率与1号生产线已经基本接近。尚未完成的工作均集中于镀膜环节，不涉及其余环节。

CVD在线TCO镀膜装置从2010年第四季度开始陆续到货，主体2011年9月到齐；安装时间为到货即开始，在2011年9月底安装完成。CVD镀膜设备检查测试预计8周，从10月中旬开始设备检查测试，产品调试生产期是16周。实际产品生产测试在2012年1月开始。

2011年1月18日2号生产线点火，即具备了调试生产超白玻璃的能力。但基于直接调试生产超白玻璃的成本较大，故需要先调试生产普通玻璃。从点火投产到生产超白玻璃前，需10个月左右的时间生产普通玻璃，然后转产生产超白玻璃，超白玻璃调试合格再经过TCO镀膜在线调试，预计在2012年3月1日开始可以正式投入商业化生产。

在线镀膜玻璃从产品质量上看较离线镀膜玻璃稳定性好、强度高和可加工性好；从成本上看在线镀膜可以规模化连续生产，较离线镀膜的制造成本节约超过15%；从售价上看，价格远远优于普通玻璃。

截至2011年12月31日已经调试生产10个月，A公司将2号线产出的玻璃(普通玻璃)对外销售，销售收入冲减在建工程，结转产品出库成本入在建工程。A公司认为2号线判定预定可使用状态的标准为实现在线镀膜，故原材料的投入,销售的结转均计入在建工程。

解答:

根据本案例的具体情况,依据下文"权威指引"的相关规定,2号生产线的改造是分阶段进行的,目前已具备正常生产普通玻璃的能力。同时,"较其他普通玻璃而言,生产在线镀膜玻璃和超白玻璃在原料、工艺参数、精度、生产控制上有区别,在锡槽处加装 CVD 在线 TCO 镀膜装置,除此之外其他生产流程都是一样的。故虽然 CVD 在线镀膜装置未调试成功,依然可以生产普通玻璃"。虽然尚未达到可生产超白玻璃,但其生产普通玻璃的功能已可正常使用,其普通玻璃的产能和合格率与1号线已经相当接近。并且,尚未完成的工作均集中于镀膜环节,不涉及其余环节。因此,注册会计师在执行审计过程中,应注意了解以下情况,以便作出判断:

(1) 为了实现生产"在线镀膜的超白玻璃"的目标,是否有必要对整条生产线进行如2号线那样的彻底重建,如果对现有的生产线(如背景中所述的1号线)上加装一个在线镀膜装置,并进行必要的原料、工艺参数、精度、生产控制等方面的调整,是否即可实现生产在线镀膜的超白玻璃。

(2) 改造后的2号线的普通玻璃产能是否比改造前增加,或者普通玻璃的质量、成品率等比改造前提升。

(3) 假设2号线在建工程中除了目前尚未调试完成的部分(在线镀膜装置)以外的其他部分的成本均转固并计提折旧,则2号线生产普通玻璃的生产成本、市场售价等与1号线相比有无明显区别,即:如果基于2号线的现有状态(不含未完成调试的部分)生产普通玻璃,是否会导致商业上的不经济。

(4) 目前尚未调试完成的部分(在线镀膜装置)和其他已完成部分的成本是否可以单独识别。

(5) 目前2号线累计生产普通玻璃的产量和持续生产时间是否已经超出为后续在线镀膜环节进行调试准备所需的必要限度,事实上已经属于正常的商业化生产。

根据对上述因素的考虑,分析目前已达到可使用状态的普通玻璃生产能力是否属于与尚未完成的超白玻璃在线镀膜互相独立,各自具有独立商业价值的两个工程项目,并据此确定是否可将目前已达到预定可使用状态的普通玻璃生产部分(除未完成调试的在线镀膜装置以外的其他在建工程成本)单独转固。

权威指引:

《企业会计准则第17号——借款费用》第十三条:

第十三条 购建或者生产符合资本化条件的资产达到预定可使用或者可销售状态,可从下列几个方面进行判断:

(一) 符合资本化条件的资产的实体建造(包括安装)或者生产工作已经全部完成或者实质上已经完成。

(二) 所购建或者生产的符合资本化条件的资产与设计要求、合同规定或者生产要求相符或者基本相符,即使有极个别与设计、合同或者生产要求不相符的地方,也不影响其正常使用或者销售。

（三）继续发生在所购建或生产的符合资本化条件的资产上的支出金额很少或者几乎不再发生。

购建或者生产符合资本化条件的资产需要试生产或者试运行的，在试生产结果表明资产能够正常生产出合格产品、或者试运行结果表明资产能够正常运转或者营业时，应当认为该资产已经达到预定可使用或者可销售状态。

《企业会计准则讲解(2010)》第十八章：

购建或者生产符合资本化条件的资产达到预定可使用或者可销售状态时，借款费用应当停止资本化。如果所购建或者生产的符合资本化条件的资产的各部分分别建造、分别完工的，企业应当区别情况界定借款费用停止资本化的时点。

所购建或者生产的符合资本化条件的资产的各部分分别完工，且每部分在其他部分继续建造或者生产过程中可供使用或者可对外销售，且为使该部分资产达到预定可使用或可销售状态所必要的购建或者生产活动实质上已经完成的，应当停止与该部分资产相关的借款费用的资本化，因为该部分资产已经达到了预定可使用或者可销售状态。

如果企业购建或者生产的资产的各部分分别完工，但必须等到整体完工后才可使用或者对外销售的，应当在该资产整体完工时停止借款费用的资本化。在这种情况下，即使各部分资产已经完工，也不能够认为该部分资产已经达到了预定可使用或者可销售状态，企业只能在所购建固定资产整体完工时，才能认为资产已经达到了预定可使用或者可销售状态，借款费用方可停止资本化。

问题 1-1-5 固定资产达到预定可使用状态的判断——试验用设备达到预定可使用状态的判断

问题：

根据下文"背景"资料提供的信息，A 公司是否可以在完成物理建设后(2007 年年底)转固，作为一套试验设备，转固后生产的产品的损益、技改费用等作为研发支出？如果可以，是否可以从获得专利时开始资本化？

背景：

A 公司的某产业化示范工程是一项高科技、高投入，是从未进行过商业运行的工艺方法，其建设与示范是某项重大工业化技术创新工程不可缺少的环节，可以为下一步大型化装置的设计、建设和运行提供可靠的工程参数和经验，并对新流程的技术经济指标进行全面的检验和示范。项目设计产能为年产63 000 吨铸铁、35 000 吨钛渣、2 000 吨钒渣，可研预计示范期产能为年产40 000 吨铸铁块、16 300 万吨高钛渣、1 572 吨钒渣。

2007 年 11 月该项目完工进行试生产，从 2007 年 11 月实现第一次出渣出铁后，先后历经 13 次全流程的技术改造和工业化投料生产试验。A 公司于2010 年年底将该项目资产转固定资产。截至 2011 年 12 月 31 日，该项目尚不能够长周期达产稳定运行。

2007年11月项目完工进行试生产时在建工程余额为8 066万元。2010年年底转固金额为17 384万元，与2007年年底差异原因系增加了3 576万元生产调试费用和期间进行技术改造的设备成本、材料费用等5 742万元。

在技术改造和工业化投料生产试验过程中，A公司取得两项专利。省科学技术厅于2010年7月3日出具"科学技术成果鉴定证书"，其中表述："该项目实现了……的目标，为下一步产业化提供了技术、设备的设计基础，该流程是综合利用某种稀缺矿种具有推广前景的方案之一"；鉴定委员会的建议之一是"对现有示范装置进一步完善和优化，为将来产业化建设提供设计依据"。但截至2011年年底，该实验装置仍处中试阶段，还会继续更新设备和继续实验。

解答：

参照《企业会计准则第17号——借款费用》第十三条的规定：

第十三条　购建或者生产符合资本化条件的资产达到预定可使用或者可销售状态，可从下列几个方面进行判断：

（一）符合资本化条件的资产的实体建造（包括安装）或者生产工作已经全部完成或者实质上已经完成。

（二）所购建或者生产的符合资本化条件的资产与设计要求、合同规定或者生产要求相符或者基本相符，即使有极个别与设计、合同或者生产要求不相符的地方，也不影响其正常使用或者销售。

（三）继续发生在所购建或生产的符合资本化条件的资产上的支出金额很少或者几乎不再发生。

购建或者生产符合资本化条件的资产需要试生产或者试运行的，在试生产结果表明资产能够正常生产出合格产品，或者试运行结果表明资产能够正常运转或者营业时，应当认为该资产已经达到预定可使用或者可销售状态。

本案例中所涉及的设备为属于规模化投产前建设的小型示范项目，系为以后建设大规模的生产装置作准备。由于其规模小、技术不成熟等原因，其自身的经济效益和商业价值有限。根据背景信息，其建设目的是"为下一步建设大规模的钒钛综合利用示范工程进行充分的技术优化，人才储备、技术经济示范等工作"，"本项目建设与示范是某项重大工业化技术创新工程不可缺少的环节"，"为下一步大型化装置的设计、建设和运行提供可靠的工程参数和经验，并对新流程的技术经济指标进行全面的检验和示范"，因此对该项资产的会计处理也应当充分考虑其建设目的，不是单纯就该资产本身的状态来考虑是否达到预定可使用状态，而是将该装置的建设作为一个新技术、新工艺的研发项目的组成部分，基于现行会计准则对研究开发支出的处理原则考虑其能否资本化以及何时转固问题。

根据《财政部关于企业加强研发费用财务管理的若干意见》（财企[2007]194号）第一条规定，"研发活动直接消耗的材料、燃料和动力费用"、"用于研发活动的仪器、设备、房屋等固定资产的折旧费或租赁费以及相关固定资产的运行维护、维修等费用"和"用于中间试验和产品试制的模具、工艺装备开发及制造费,设备调整及检验费,样品、样机及一般测试手段购置费,试制产品的检验费等"都属于研究开发费范围。

基于上述考虑,可以在完成物理建设后(2007年年底)转固,作为一套试验设备,转固后生产的产品的损益、技改费用等作为研发支出,但应注意以下问题:

1. 折旧年限的确定问题。作为一套主要用于研发项目的试验性装置,其折旧年限建议不超过相关工艺技术达到可大规模成熟运用所需的时间,即整个研发项目的剩余周期,同时当然不超过该装置自身的可使用年限。

2. 在A公司的财务报表中,与该装置相关的所有支出(包括按上述方法计提的折旧、试生产产品的成本,减去试生产产品的销售收入)均作为研发支出,按照《企业会计准则第6号——无形资产》第九条规定的五项条件判断是否符合资本化条件。如果符合资本化条件的,则计入未来形成的无形资产的成本中。

3. 关于减值测试问题。就目前情况看,该试验装置自身所生产产品的销售收入很可能是无法弥补其现金流出的。但是基于其建设目的,应当将其作为相关新工艺资产组的组成部分,视同一项尚未达到预定可使用状态的无形资产,作为与该项新技术、新工艺研发活动相关的资产组的一部分,按《企业会计准则讲解(2010)》第129页的要求,每年进行减值测试。是否发生了减值,与相关新技术、新工艺的开发支出是否已经达到资本化阶段相关。一般情况下,如果相关研发支出已经进入可资本化的阶段,即表明其未来经济利益流入的可能性较大,则该固定资产计提减值准备的可能性就相对较小。

根据《〈企业会计准则第6号——无形资产〉应用指南》规定,"本准则将研究开发项目区分为研究阶段与开发阶段。企业应当根据研究与开发的实际情况加以判断。对于研究阶段的支出均应费用化;对于开发阶段的支出,在同时符合五项条件的前提下可以资本化。其中,相对于研究阶段而言,开发阶段应当是已完成研究阶段的工作,在很大程度上具备了形成一项新产品或新技术的基本条件。比如,生产前或使用前的原型和模型的设计、建造和测试,不具有商业性生产经济规模的试生产设施的设计、建造和运营等,均属于开发活动。"

从上述规定考虑,目前的试验装置的建造和运营应属于开发活动。但在确定属于开发活动这一前提下,能否将试验装置的折旧和运行维护费用资本化计入相关项目的资本化支出,还是要看《企业会计准则第6号——无形资产》第九条及其应用指南和讲解所规定的五项条件能否满足。鉴于开发支出是否达到资本化条件是涉及高度主观的专业判断的领域,且在很大程度上利用非会计、审计领域专家的工作,因此建议注册会计师在审计过程中提请该技术的研发团队和公司财务部门联合对是否达到资本化条件进行逐条详细分析,就目前是否已经达到资本化条件,以及何时满足资本化条件,得出明确的结论意见,报经公司管理层批准后,作为对该项研发支出会计处理的依据(请注意这首先是管理层的会计责任,公司应当首先要有自己的意见和观点,然后注册会计师才能基于审计的立场评价其是否合理),该项内容应纳入客户管理层声明书中,并提供足以支持该论断的内外部客观证据,包括尚需克服的技术难点及解决难度、未来经济效益预测分析等。也就是本案例中能否资本化的关键点在于对其技术、经济可行性的判断。

问题 1-1-6 固定资产达到预定可使用状态的判断——配套设施未完工对主体固定资产是否达到预定可使用状态的判断的影响

问题:

如下文"背景"资料所述,在配套线路未完工,风电企业无法送出电量的情况下,通过 240 小时连续运行试验是否标志着风电机组作为单项资产已达到预定可使用状态?

背景:

A 风力发电有限公司于 2010 年 9 月利用 B 风力发电有限公司线路试运行了 16 台机组(A 风力发电有限公司自身线路尚未建好),试运行收入由省电力公司与 B 风力发电有限公司结算,并未冲减 A 风力发电有限公司在建工程,其中 13 台机组通过了 240 小时连续运行试验,但因 A 风力发电有限公司自身线路未建设好,并未将 13 台机组转固。2011 年 4 月,A 风力发电有限公司线路建设好后将 13 台机组转固,开始计提折旧。

解答:

根据下文"权威指引"部分所引用的《企业会计准则第 17 号——借款费用》第十三条规定可知,固定资产是否达到预定可使用状态的判断,主要依据是其自身的技术状态。

在本案例中,输电线路是另一项单独的固定资产,并且试运行期间利用其他公司的输电线路完成 240 小时连续运行试验,表明该等固定资产(风电机组)的实体建造(包括安装)工作已经全部完成或者实质上已经完成;并且机组自身的技术状态已经与设计要求、合同规定或者生产要求相符或者基本相符;可以预见,继续发生在该等机组上的支出金额将会很少或者几乎不再发生。即已经符合了借款费用准则规定的上述"达到预定可使用状态"的各项判断标准。

利用其他公司的输电线路完成 240 小时连续运行试验这一事实,说明公司自身的输电线路和机组并不是互相依存、必须同时投入使用的固定资产,因此输电线路尚未达到预定可使用状态的事实不影响机组本身是否已经达到预定可使用状态的判断。

权威指引:

《企业会计准则第 17 号——借款费用》第十三条:

第十三条 购建或者生产符合资本化条件的资产达到预定可使用或者可销售状态,可从下列几个方面进行判断:

(一)符合资本化条件的资产的实体建造(包括安装)或者生产工作已经全部完成或者实质上已经完成。

(二)所购建或者生产的符合资本化条件的资产与设计要求、合同规定或者生产要求相符或者基本相符,即使有极个别与设计、合同或者生产要求不相符的地方,也不影响其正常使用或者销售。

(三)继续发生在所购建或生产的符合资本化条件的资产上的支出金额很少或者几乎不再发生。

购建或者生产符合资本化条件的资产需要试生产或者试运行的,在试生产结果表明资产能够正常生产出合格产品、或者试运行结果表明资产能够正常运转或者营业时,应当认为该资产已经达到预定可使用或者可销售状态。

问题 1-1-7 固定资产达到预定可使用状态的判断——已通过检测但尚未取得检测报告的事实对是否达到预定可使用状态判断的影响

问题：

风电机组已通过要求的低电压穿越检测,但未取得检测报告,是否可以转固?

背景：

根据电网公司最新技术标准和要求,完成低电压穿越能力检测并获取检测报告,是风电机组是否可并网发电的必要条件。A公司于2011年12月8日通过低电压穿越检测,但截至2011年12月31日尚未取得检测报告。

国家电网西北电力调度分中心2011年5月30日下达的《关于下发防止风电大规模脱网重点措施的通知》文件的第2.2条中明确规定:新并网机组的低电压穿越能力、有功功率/无功功率调节能力等各项性能均须满足相关技术标准要求,申请并网时应提供由检测机构出具的检测报告,检测报告中的机型应与申请并网的机型一致。不能提交者,不能并网。第2.3条已并网、并承诺具备低电压穿越能力的风电场,应在6个月内完成低电压穿越能力现场抽检,并出具检测报告。抽检机组台数原则上按全场机组总数的5%控制,每型机组应至少抽检一台。抽检不合格的,同型机组解网。

解答：

风电机组的转固时点的确定应符合下列条件:

1. 符合《企业会计准则第17号——借款费用》第十三条规定的达到预定可使用状态判断的一般标准,符合以往对风电机组转固时点判断的一般标准(如通过240小时连续运行试验等),并且通常是采用单台机组逐项转固的方式,符合一台结转一台。

2. 对于此处电网方面新增的标准,企业应可合理确定已达到新增的技术要求。尽管此时企业可能尚未获得外部有规定资质的检测机构出具的正式检测报告,但企业应当可以通过以往的历史经验、自行组织的验收、检测和试验等基本确定已达到要求。企业在相关的验收报告或转固文件中应对符合该标准的检测情况作出说明,并得出在转固时点已经符合该标准的结论。

在同时满足上述条件的情况下,在转固时点尽管尚未获得外部检测报告,但已可基本确定符合该标准的,则可以将同时符合上述两项条件的时点作为转固时点。

管理层应注意获取相关证据,表明在 2011 年 9 月 1 日的转固时点之前,企业已经采用了适当的方法(外部检测机构为了出具检测报告通常采用的检测方法)对该项新增技术指标的达标情况进行过测试,并已经得出了符合该新增技术指标的结论。

问题 1-1-8　临建费形成资产的处理

问题:

接受施工单位捐赠的临建费形成的房屋资产是否可以根据资产评估报告确认为固定资产,同时确认营业外收入?

背景:

A 公司在基建期间以支付给施工单位的临时设施费建设办公楼及职工宿舍楼七幢,用于基建期施工单位办公及民工住宿使用,基建期结束后未拆除,目前作为职工宿舍及燃料部办公使用。2011 年 12 月,A 公司取得施工单位将临建房屋捐赠给 A 公司的捐赠函,A 公司委托评估机构对该资产进行了估价,并出具了房地产估价报告,评估价值 1 712.05 万元,A 公司根据评估价值确认了固定资产及营业外收入。

解答:

管理层应考虑以下因素:①临建房屋的权属办理情况,以及是否不属于违章建筑;②施工单位将临建房屋捐赠给 A 公司的原因,包括当初支付临建费给施工单位时对使用该临建费购建的资产权属的约定(当初是否就约定要在施工完毕后无偿归还,还是后来完工后因为客观情况发生变化而导致处理方法改变),以及为何施工单位没有就此向 A 公司索取补偿;③以往类似建设项目中对临建费形成的固定资产的处理惯例。

如果根据相关合同或者实务惯例,在支付临建费时即可以预见到将可收回由临建费形成的固定资产,则应理解为企业以支付临建费的方式委托施工单位建造固定资产,这部分由临建费形成的固定资产的价值(此时应当以实际建造成本而不是现在的评估值为基础确定该房屋建筑物的价值)应当从整个建筑项目基建工程的成本中转出,单独确认为一项固定资产,不形成营业外收入;如果原先并未约定这部分临建房屋可由 A 公司收回,后来在完工后由于情况发生变化等原因,施工单位自愿将其赠与 A 公司的(施工单位放弃了其根据合同或者实务惯例可获得的利益),则在对此取得合理解释的前提下,可以认可为一项与主体工程施工项目无关的捐赠,确认为营业外收入。

问题 1-1-9　通过支付补偿取得旧房并将拆除时,对所购入旧房的处理

问题:

通过支付补偿取得旧房并将拆除时购入资产该如何入账?

背景:

A 公司拟对厂区进行重新规划建设,原先关联单位 B 公司在 A 公司厂区内建有房屋建筑物,故 A 公司与原关联单位 B 公司签署了搬迁补偿协议,主要条款:

1. 对需要搬迁的房屋建筑物由 A 公司按净值 144.93 万元予以补偿。
2. 搬迁、安装、调试费用按 27.2 万元确认。
3. 此次 B 公司仅负责搬迁,后续拆除工作由 A 公司自行组织。

截至 2011 年 12 月 31 日搬迁工作已完成,建筑物尚未拆除。

解答:

如果 A 公司在支付补偿款取得相关房屋建筑物后,并不打算将其自用或者出租,而是打算将其拆除后在原址重新规划建设,但目前后续利用规划尚未明确的,则相关补偿款应确认为一项费用。

根据《企业会计准则——基本准则》对"资产"这一会计要素的定义和确认条件的规定,"资产是指企业过去的交易或者事项形成的、由企业拥有或者控制的、预期会给企业带来经济利益的资源",确认资产的条件之一是"与该资源有关的经济利益很可能流入企业"。由于 A 公司并不打算将其自用或者出租,因此该旧房本身不能给 A 公司带来未来经济利益,并且其持有目的也不符合"为生产商品、提供劳务、出租或经营管理而持有"的条件(《企业会计准则第 4 号——固定资产》第三条),所以不能确认为 A 公司的固定资产或者其他任何资产。

如果 A 公司在通过补偿取得这些房屋时,已经对其所占地块的后续利用有了明确的规划,例如从事房地产开发或者建造新的自用房屋建筑物,则此处所支付的补偿款可以视作该项房地产开发和自用房屋建筑物成本的组成部分(见《计学撮要(2011)》第 188~191 页)。但是,本案例中由于地块的相关规划尚未明确,因此这部分补偿款无法归属于特定的房屋建筑物建造成本或者房地产开发成本,也无法保证未来经济利益很可能流入企业,故不应确认为企业的资产,应计入营业外支出处理。

问题 1-1-10 自购房屋首次装修费用的处理

问题:

自购房屋首次装修费用是否应计入固定资产原值,与固定资产一起折旧?

背景:

2011 年 6 月,A 公司将与现有自购房产不可分割的首次装修、中央空调、取暖工程、消防工程、信息布线、电力增容工程等由长期待摊费用调整入"固定资产——房屋建筑物"原值计人民币 2 259 万元,公司对长期待摊费用采用 5 年摊销,由于公司固定资产房产采用 30 年折旧,根据两种分摊的年限差异,调减当期费用 357 万元。

解答:

对于自有产权或者融资租入的房屋建筑物的装修和其他改良支出,如果符合资本化条件的,则应单独确认为一项固定资产,而不是确认为长期待摊费用。

这是因为此类支出符合《企业会计准则第 4 号——固定资产》所规定的"固定资产"的定义，即"为生产商品、提供劳务、出租或经营管理而持有，且使用寿命超过一个会计年度的有形资产"，并且也符合该准则规定的固定资产确认条件，即"与该固定资产有关的经济利益很可能流入企业，并且该固定资产的成本能够可靠地计量"，因此确认为一项固定资产比确认为长期待摊费用更为合适。

《企业会计准则第 4 号——固定资产》第五条规定："固定资产的各组成部分具有不同使用寿命或者以不同方式为企业提供经济利益，适用不同折旧率或折旧方法的，应当分别将各组成部分确认为单项固定资产。"

由于装修和附属设施与房屋本身的使用年限存在较大差异（房屋自身的使用年限一般长达数十年，在房屋的整个使用寿命内可能需要进行多次装修或者更换附属设施），根据该条规定，公司应把自有或融资租入房产的装修和改良支出确认为一项单独的固定资产，即"固定资产装修"（或其他类似名称），单独在其自己的使用寿命内计提折旧。如果原先作为长期待摊费用的 5 年摊销期客观地反映了这些装修和附属设施的实际使用寿命情况，则在将其重分类到固定资产后，其折旧年限也应当按照同一原则确定，不应按照房屋建筑物的折旧年限计提折旧。即，如果以前年度的摊销年限的确定是合理的，则 A 公司把应列入固定资产的项目列入长期待摊费用，其性质只是一项重分类错报，其是否构成一项重大前期差错，应根据本所审计技术指引 E20《编制审计差异汇总表》中关于评价重分类错报的相关规定来分析。

问题 1-1-11　会所外购工艺品、收藏品的会计处理

问题：

某公司从事会所的经营业务。会所外购的用于装饰用的普通工艺品以及具有投资价值的收藏品如何进行会计处理？

解答：

公司应当在购入工艺品时，明确其持有意图，将外购的工艺品按照其持有意图分为以下三类：

1. 普通工艺品，其购入的目的主要用于装饰会所，单价较小，未来基本没有升值空间。

2. 长期投资收藏品，如名家字画真迹。其购入的目的虽然也有装饰会所、提升品位等方面的考虑，但主要意图是长期持有，未来出售以获取升值收益。

3. 短期投资收藏品，购入的目的是为了在短期内出售以获取收益。

对于普通工艺品，其购入的目的主要是装饰，属于与企业生产经营直接相关的持有目的，且其使用寿命预计超过一个会计年度，因此符合《企业会计准则第 4 号——固定资产》第三条对"固定资产"的定义，且其成本能够可靠计量，符合固定资产的确认条件，因此建议列报为固定资产，在适当的年限内（例如会所的预计经营年限）内计提折旧。对此类固定资产，如果未来预计也可以转售，则可以为其确定较高的预计残值率。如果一次性购入数量较多、单价较低的普通工艺品,也可按照是否为每件工艺品单独设立卡片管理,以及单价大小等,计入低值易耗品或者长期待摊费用核算。

对于长期投资收藏品,由于其最主要的持有目的为投资升值,该主要持有目的与会所经营的关联度较低,因此不应作为固定资产核算,而是属于投资性资产。对投资收藏品而言,其所包含的经济利益是通过后续处置获取升值收益体现出来的,而不是通过持有期间的日常使用体现出来的,因此不对其计提折旧或摊销。鉴于此类收藏品的价值在于其"唯一性",不同字画价值差异很大,不存在活跃市场,因此建议采用"成本－减值准备"的后续计量模式。如果发现此类收藏品的市价发生严重或非暂时性下跌时,即考虑对其计提减值准备,减值准备一经计提不得转回。期末编制资产负债表时,对投资收藏品可按其账面价值列报为一项"其他非流动资产",并在附注中披露其明细情况。

对于短期投资收藏品,其持有的目的是为了在短期内出售以获取收益,较为接近于《企业会计准则第1号——存货》第三条规定的"存货"定义:"存货,是指企业在日常活动中持有以备出售的产成品或商品、处在生产过程中的在产品、在生产过程或提供劳务过程中耗用的材料和物料等",因此可比照存货采用"成本与可变现净值孰低"的后续计量模式。在期末编制资产负债表时,将其列报为"其他流动资产"。

问题 1-1-12 搬迁过程中机器设备重新安装发生的"安装基础款"的处理

问题:

在厂房搬迁过程中,大型机床等设备发生的"安装基础款"(在新厂房内重新安装这些大型设备时发生的挖坑、打桩等安装费)金额较大,是否可以资本化?(注:搬迁事项不涉及政府补偿)

解答:

处理原则类似于在固定资产改建中拆除其中一部分再增建一部分的处理方式,即"部件折旧法"的处理思路。

如果能够从这些固定资产的账面价值中分离出前次的此类"安装基础款"的折余价值,则应把前次"安装基础款"的折余价值从固定资产账面价值中转出,计入损益。在此基础上可以把本次的"安装基础款"资本化计入固定资产成本。

如果不能从这些固定资产的账面价值中分离出前次的此类"安装基础款"的折余价值,则本次"安装基础款"应费用化处理。

结论基础:

此类"安装基础款"的重新发生,更多地是为了维持相关固定资产目前已有的产出能力,而不是为了获取未来额外的经济利益流入,因此不符合《企业会计准则第4号——固定资产》所规定的固定资产后续支出资本化条件(与该固定资产有关的经济利益很可能流入企业;该固定资产的成本能够可靠地计量),属于应当在发生时费用化处理的后续支出。

根据《企业会计准则讲解(2010)》第五章第三节第二点的以下内容(见原书

第 78、第 80 页):"固定资产的后续支出是指固定资产使用过程中发生的更新改造支出、修理费用等。后续支出的处理原则为:符合固定资产确认条件的,应当计入固定资产成本,同时将被替换部分的账面价值扣除;不符合固定资产确认条件的,应当计入当期损益。

……

企业发生的一些固定资产后续支出可能涉及替换原固定资产的某组成部分,当发生的后续支出符合固定资产确认条件时,应将其计入固定资产成本,同时将被替换部分的账面价值扣除。这样可以避免将替换部分的成本和被替换部分的成本同时计入固定资产成本,导致固定资产成本重复计算。企业对固定资产进行定期检查发生的大修理费用,有确凿证据表明符合固定资产确认条件的部分,可以计入固定资产成本,不符合固定资产的确认条件的应当费用化,计入当期损益。固定资产在定期大修理间隔期间,照提折旧。"

因此,如果要将本次发生的"安装基础款"资本化,就必须按照《企业会计准则第 4 号——固定资产》第五条规定的"部件折旧法"(固定资产的各组成部分具有不同使用寿命或者以不同方式为企业提供经济利益,适用不同折旧率或折旧方法的,应当分别将各组成部分确认为单项固定资产)的基本原则,同时将前次"安装基础款"的折余价值从固定资产账面价值中扣除(转入营业外支出)。如果做不到这一点,则应将本次发生的"安装基础款"费用化处理,以避免成本的重复计算。

问题 1-1-13 出售已使用一定年限的固定资产的核算

问题:

在"背景"资料描述的两种情形下,企业是否可以将拟对外出售的固定资产转入"存货"项目核算,处置收入作为"营业收入"列报?

背景:

情形 1,A 公司从事某大型资产经营租赁业务,在租赁期满,A 公司拟将资产对外处置。

情形 2,B 公司主营船舶运输,但其营业执照注明的营业范围中也包括船舶贸易。为了调整资产结构,B 公司拟处置一批自用船舶。

解答:

对于情形 1 和情形 2 中的情况,均不能将拟处置的资产转入"存货"核算,处置收入也不能作为"营业收入"列报。

结论基础:

企业将原先自用或者对外出租的固定资产改变持有意图,不再继续用于生产商品、提供劳务、出租或经营管理的用途,而是拟将其出售,此时应按照《企业会计准则第 4 号——固定资产》关于固定资产处置的相关规定进行处理。对于已经停止使用但尚未对外处置的固定资产,如果符合《企业会计准则解释第 1 号》第六条"同时满足下列条件的非流动资产应当划分为持有待售:一是企业已经就处置该非流动资产作出决议;二是企业已经与受让方签订了不可撤销的转让协议;三是该项转让将在一年内完成"规定的认定为"持有待售非流动资产"的条件的,可以作为持有待售非流动资产进行确认、计量和列报,但不能仅仅因为用途的改变而将其转为存货核算。

《企业会计准则第 14 号——收入》及其应用指南的规定:"收入是指企业在日常活动中形成的、会导致所有者权益增加的、与所有者投入资本无关的经济利益的总流入。其中的'日常活动'是指企业为完成其经营目标所从事的经常性活动以及与之相关的活动。"该准则应用指南特别指出:"企业处置固定资产、无形资产等活动,不是企业为完成其经营目标所从事的经常性活动,也不属于与经常性活动相关的活动,由此产生的经济利益的总流入不构成收入,应当确认为营业外收入"。根据上述规定,企业处置固定资产的收益(即使企业内部制度明确规定在固定资产使用一定年限后应对其进行强制清理)不应确认为营业收入,而是应当将处置净损益作为一项利得,确认为营业外收入或者营业外支出。

上述结论并不会因为企业营业执照上记载的经营范围是否包括"船舶贸易"(情形 2)而有所不同。如果公司购入一条船舶时,一开始就明确其持有意图是用于出售而不是自用,则可以将该船舶确认为自身的存货,出售时确认"营业收入——贸易收入"和结转相应营业成本;但对于购入时的初始意图是用于生产商品、提供劳务、出租或经营管理用途的船舶,应确认为固定资产,后续用于出售时不再转为存货。

另外,对于情形 1 来说,可作为类比的情况是《企业会计准则讲解(2010)》第 60 页中对投资性房地产转为存货应满足的条件的规定:"房地产开发企业将用于经营租出的房地产重新开发用于对外销售的,从投资性房地产转换为存货。这种情况下,转换日为租赁期届满、企业董事会或类似机构作出书面决议明确表明将其重新开发用于对外销售的日期。"

从上述规定可知,企业将投资性房地产转为存货,应满足的一个基本条件是"将用于经营租出的房地产重新开发用于对外销售",即在用于对外销售前必须经过一个重新开发过程,而不能直接以收回时的现状对外出售。如果没有经过重新开发过程而直接以现状对外出售的,则属于投资性房地产的处置。

问题 1-1-14 购入带租约房产初始确认问题

问题:

如下文"背景"资料所述,A 公司购入的带租约的房产确认为固定资产是否恰当?应注意哪些问题?

背景:

A 公司于 2010 年年底与 B 公司签订了《商品房买卖合同》,购置了数码广场商业房产 10 252.38 平方米,合同金额 1.35 亿元,该房产在买入时,已全部处于出租状态;2011 年上半年,A 公司取得该房产产权证,作为固定资产核算,原租赁合同未解除。

A 公司已通知现有商户现有租赁合同 2012 年 3 月 31 日到期后不再续约

（对方已确认收到此通知函）。目前，该房产基本处于租赁状态，自用面积1%。

A公司已于2011年12月9日召开董事会会议，决议"同意从以下几方面推进数码广场经营业态落实：①公司推进数码广场经营业态落实，在2012年调整为统一经营连锁销售业态；②数码广场现有在2012年到期的租约不再续约，物业收回后由公司统一经营；③数码广场现有在2012年尚未到期的租约责成经营班子与承租方协商调整租赁协议"。管理层意图已明确未来将变为自己经营使用。从目前情况看，预计原先购入该数码广场时带入的租约在2012年将全部提前解除。

解答：

根据《企业会计准则第3号——投资性房地产》第二条规定："投资性房地产，是指为赚取租金或资本增值，或两者兼有而持有的房地产。投资性房地产应当能够单独计量和出售。"第四条规定：自用房地产，即为生产商品、提供劳务或者经营管理而持有的房地产，不属于投资性房地产。

根据《企业会计准则讲解(2010)》第四章第一节，属于投资性房地产的"已出租的建筑物是企业已经与其他方签订了租赁协议，约定以经营租赁方式出租的建筑物。一般应自租赁协议规定的租赁期开始日起，经营租出的建筑物才属于已出租的建筑物。通常情况下，对企业持有以备经营出租的空置建筑物或在建建筑物，如董事会或类似机构作出书面决议，明确表明将其用于经营租出且持有意图短期内不再发生变化的，即使尚未签订租赁协议，也应视为投资性房地产。这里的空置建筑物，是指企业新购入、自行建造或开发完成但尚未使用的建筑物，以及不再用于日常生产经营活动且经整理后达到可经营出租状态的建筑物"。

根据"背景"资料提供的信息，该房屋建筑物目前的租赁状态主要系受到合同法中"买卖不破租赁"原则的限制而带入的购入前已有租约，并非公司管理层在购入后的经营活动中新签订的租约，并且公司有较为明确的意图在短期内终止这些租赁协议，转入自营模式，即该房屋建筑物未来的现金流量主要不是通过租金和出售收入的方式实现，而是通过在企业自身的生产经营中使用而实现。据此，将该房屋建筑物确认为固定资产而不是投资性房地产具有一定的合理性。

同时，A公司是在已知该房屋带有租约的情况下将其购入，并且在购入时已有较为明确的解除租约、转为自用的意图，在此情况下，向被提前解除租约的租户支付的提前解约补偿金应视作与经营模式转换直接相关的成本，确认为一项长期待摊费用，在新的经营业态的预计持续年限内摊销。这项支出与取得房屋建筑物本身并使之达到预定可使用状态没有直接关联，因此不适合于计入固定资产的成本中。

问题1-1-15 出售前仍继续使用的固定资产是否列报为持有待售资产及其核算问题

问题：

根据"背景"资料的信息，在交付之前仍在继续使用的拟出售飞机是否应列报为持有待售固定资产？公司应如何对其核算？

背景：

某航空公司于2012年12月31日前完成了与处置3架飞机相关的事宜，包括：①通过董事会决议及股东会决议；②与购买方签订飞机转让协议；③计划于2013年10月向购买方移交飞机。在资产负债表日（2012年12月31日）至交付日期间，该3架飞机仍作为该航空公司的资产进行运营，带来经济利益流入，同时为了满足飞机运营及资产交付条件的需要，仍将发生运营成本及维修支出等现金流出。

解答：

1. 参照 IFRS 5《持有待售的非流动资产和终止经营》第6段规定："An entity shall classify a non-current asset (or disposal group) as held for sale if its carrying amount will be recovered principally through a sale transaction rather than through continuing use."[即：如果一项非流动资产（或处置组）的账面价值将主要通过一项出售交易而收回，而不是通过对该资产的持续使用收回，则该项非流动资产（或处置组）应分类为持有待售。]

IFRS 5 第7段规定："For this to be the case, the asset (or disposal group) must be available for immediate sale in its present condition subject only to terms that are usual and customary for sales of such assets (or disposal groups) and its sale must be highly probable."[即，为了满足上述条件，该项资产（或处置组）应能够立即以其当前的状态出售，且仅受限于出售该类资产通常遵循的条款和惯例，且其出售应当是有很大可能性的。]

即，要符合"持有待售非流动资产"的定义和确认条件，应满足的一个基本条件是：该资产（或者处置组）应能够立即以其当前的状态出售，且仅受限于出售该类资产通常遵循的条款和惯例。

因此，参照下文"权威指引"部分例1之(b)，由于本案例中拟出售的飞机目前仍在运营中，从签约到交付飞机的时限已经超出了对该类资产交易中通常遵循的条款和惯例得到履行所需的时间，因此该飞机不满足"能够立即以其当前的状态出售，且仅受限于出售该类资产通常遵循的条款和惯例"这一条件，不应划分为持有待售非流动资产，仍作为正常的固定资产进行核算和列报。

2. 《企业会计准则第4号——固定资产》第十四条规定："应计折旧额，是指应当计提折旧的固定资产的原价扣除其预计净残值后的金额。已计提减值准备的固定资产，还应当扣除已计提的固定资产减值准备累计金额""预计净残值，是指假定固定资产预计使用寿命已满并处于使用寿命终了时的预期状态，企业目前从该项资产处置中获得的扣除预计处置费用后的金额"。根据这一规定，由于已经签署了明确的出售协议，其出售净收益可以可靠确定，因此可以将按照销售合同确定的出售净价（出售价款减去预计处置费用和相关税费）作为对预计净残值的估计金额，如果预计净残值高于目前的账面价值的，则以目前的账面价值为限。

权威指引：

IFRS 5 在其后附的示例"Guidance on Implementing IFRS 5 Non-current Assets Held for Sale and Discontinued Operations"中，对于如何判断满足"持有待售非流动资产"的确认条件，给出了下列举例：

To qualify for classification as held for sale, a non-current asset (or disposal group) must be available for immediate sale in its present condition subject only to terms that are usual and customary for sales of such assets (or disposal groups) (paragraph 7). A non-current asset (or disposal group) is available for immediate sale if an entity currently has the intention and ability to transfer the asset (or disposal group) to a buyer in its present condition. Examples 1-3 illustrate situations in which the criterion in paragraph 7 would or would not be met.

Example 1

An entity is committed to a plan to sell its headquarters building and has initiated actions to locate a buyer.

(a) The entity intends to transfer the building to a buyer after it vacates the building. The time necessary to vacate the building is usual and customary for sales of such assets. The criterion in paragraph 7 would be met at the plan commitment date.

(b) The entity will continue to use the building until construction of a new headquarters building is completed. The entity does not intend to transfer the existing building to a buyer until after construction of the new building is completed (and it vacates the existing building). The delay in the timing of the transfer of the existing building imposed by the entity (seller) demonstrates that the building is not available for immediate sale. The criterion in paragraph 7 would not be met until construction of the new building is completed, even if a firm purchase commitment for the future transfer of the existing building is obtained earlier.

Example 2

An entity is committed to a plan to sell a manufacturing facility and has initiated actions to locate a buyer. At the plan commitment date, there is a backlog of uncompleted customer orders.

(a) The entity intends to sell the manufacturing facility with its operations. Any uncompleted customer orders at the sale date will be transferred to the buyer. The transfer of uncompleted customer orders at the sale date will not affect the timing of the transfer of the facility. The criterion in paragraph 7 would be met at the plan commitment date.

(b) The entity intends to sell the manufacturing facility, but without its operations. The entity does not intend to transfer the facility to a buyer until after it ceases all operations of the facility and eliminates the backlog of uncompleted customer orders. The delay in the timing of the transfer of the facility imposed by the entity (seller) demonstrates that the facility is not available for immediate sale. The criterion in paragraph 7 would not be met until the operations of the facility cease, even if a firm purchase commitment for the future transfer of the facility were obtained earlier.

Example 3

An entity acquires through foreclosure a property comprising land and buildings that it intends to sell.

(a) The entity does not intend to transfer the property to a buyer until after it completes renovations to increase the property's sales value. The delay in the timing of the transfer of the property imposed by the entity (seller) demonstrates that the property is not available for immediate sale. The criterion in paragraph 7 would not be met until the renovations are completed.

(b) After the renovations are completed and the property is classified as held for sale but before a firm purchase commitment is obtained, the entity becomes aware of environmental damage requiring remediation. The entity still intends to sell the property. However, the entity does not have the ability to transfer the property to a buyer until after the remediation is completed. The delay in the timing of the transfer of the property imposed by others before a firm purchase commitment is obtained demonstrates that the property is not available for immediate sale. The criterion in paragraph 7 would not continue to be met. The property would be reclassified as held and used in accordance with paragraph 26.

即:为满足划归为持有待售的条件,非流动资产(或处置组)必须在其当前状态下仅根据类似资产(或处置组)的通常和惯用条款即可立即出售(第7段)。如果主体在其现有条件下有意图并有能力将某非流动资产(或处置组)按其当前状态转让给买方,那么就认为该资产(或处置组)可供立即出售。例1至例3列出了几种符合或不符合第7段标准的情况。

【例1】

一主体承诺出售其总部大楼的计划,并已开始寻找买方的行动。

(a) 该主体要等大楼清空后才将大楼转让给买方。对于这类资产的出售而言,清空大楼所需的时间是正常的和合乎惯例的。那么,在计划制订日就符合第7段的标准。

(b) 该主体将继续使用大楼,直至新总部大楼建成,在新楼建成(并且现有大楼清空)之前主体不打算将现有大楼转让给买方。该主体(卖方)对现有大楼转让附加的这种时间上的推延表明该大楼还不能立即出售。直到新楼建成时才能符合第7段的标准,即使早就获得了关于现有大楼未来转让的确定购买承诺。

【例2】

一主体承诺出售一台生产设备的计划,并已开始寻找买方的行动。在计划制订日,积压了一些未完成的顾客订单。

(a) 该主体打算将生产设备连同其作业一起出售。出售日未完成的顾客订单也将随之转让给买方。出售日未完成顾客订单的转让并不影响设备转让的时间。那么,在计划制订日就符合准则第7段的标准。

(b) 该主体打算仅出售生产设备本身,而不附带其作业。主体将在停止对该设备的全部作业并消除积压的未完成顾客订单后,才会将设备转让给买方。该主体(卖方)对设备转让附加的这种时间上的推延表明该设备还不能立即出售。直到设备停止作业后才符合第7段的标准,即使早就获得了关于该设备未来转让的确定购买承诺。

【例3】

一主体通过没收抵押品取得一项不动产(包括土地和建筑物),并打算出售。

(a) 该主体直到对该不动产进行更新改造以提高其销售价值后才转让给买方。该主体(卖方)对不动产转让附加的这种时间上的推延表明该不动产还不能立即出售。直到更新改造完成后才符合第7段的标准。

(b) 在更新改造完成并将不动产划归为持有待售后,但在获得确定购买承诺之前,该主体开始意识到需要补救的环境的破坏。主体仍将出售该不动产。但是,直到补救措施完成后主体才有能力转让该不动产。获得确定购买承诺之前其他人对该不动产转让强加的时间上的推延表明该不动产还不能立即出售。不再符合第7段的标准。该不动产应根据IFRS 5 第26段的要求重新划归为持有并使用。

问题1-1-16 开办期发生费用的处理

问题:

企业在开办期发生的各项费用是否应全部计入在建工程成本?处于开办期的企业是否存在利润表?

解答:

开办期是企业为了使其计划中的主营业务活动具备正常开展条件而实施必要准备工作的期间。

开办期的目标是使企业的主营业务活动具备正常开展所需的条件,因此当企业计划中的主营业务活动具备了正常开展条件之后(包括:主要的经营用固定资产达到预定可使用状态;已完成人员的招聘和培训、管理架构的搭建;已建立开展活动所必需的供销业务渠道;已取得开业前需办理的行政许可和备案事项;等等),开办期即应结束。开办期的长短并无统一的标准,主要受到所处行业等因素的影响。如果企业确实一直在为了使主营业务活动具备正常开展条件而实施相关准备活动,则开办期不认为已结束。

对于具体支出项目能否归入在建工程成本,最终构成固定资产价值的一部分,应根据《企业会计准则第 4 号——固定资产》第九条规定"自行建造固定资产的成本,由建造该项资产达到预定可使用状态前所发生的必要支出构成",并参考《计学撮要(2011)》第 191 页"管理用固定资产的折旧能否计入生产用固定资产的成本"进行考虑,其基本要求是合理区分"为了使固定资产达到预定可使用状态而发生的必要支出"(可改变固定资产的状态)和为了维持企业作为一个独立法人的日常运作而发生的一般管理性支出。这一区分的原则是一贯运用的,与企业是否处于开办期无关。并不会因为企业是否取得营业执照以及基建的进展情况的差异而有所不同。

即使公司尚处于基建期,在该阶段其核心工作是使生产经营所用的关键固定资产达到预定可使用状态,其本身也会发生一些旨在维持其法人日常运作的一般管理费用,如行政管理部门的相关费用、管理用固定资产折旧等。这部分一般管理费用与使固定资产达到预定可使用状态无关,应当在发生时即计入当期损益,不应计入在建工程成本中。

因此,即使是处于基建期内的公司,也是会有利润表的。这一结论与新企业会计准则下《企业会计准则——应用指南》的附录《会计科目和主要账务处理》中对"管理费用"科目的使用说明中所规定的"企业在筹建期间内发生的开办费,包括人员工资、办公费、培训费、差旅费、印刷费、注册登记费以及不计入固定资产成本的借款费用等在实际发生时,借记本科目(开办费),贷记'银行存款'等科目",即开办费于发生时直接费用化这一基本原则也是一致的。

问题 1-1-17 关停生产线的减值准备计提及其原址用地由划拨转为出让性质的账务处理问题

问题:

根据"背景"资料提供的信息,A 公司是否应对关停的生产线计提减值准备?在 A 公司合并及个别报表层面对土地由划拨转为出让性质如何进行账务处理?

背景:

A 公司于 2012 年 6 月 1 日关停了位于某市市中心的一条生产线,关停原因为该条生产线产能低、工艺技术水平不达标,污染大,已不能满足国家的相关技术要求和城市发展规划的需要。因该生产线预计无转让和继续使用价值,2012 年 12 月 31 日,A 公司对其除保留净残值外全额计提固定资产减值准备。

上述关停生产线所在的土地原为划拨地,2012 年 11 月,某市人民政府原则同意将该土地由划拨工业用地改变性质用于商业开发。A 公司于 2012 年 11 月投资成立了全资子公司 B 房地产开发公司,由 B 公司购买前述关停生产线所在的性质改变为商业用地的土地,用于房地产开发。

解答:

1. 针对关停生产线计提减值准备的问题。

本案例中,A 公司关停其原有的产能低、污染大的生产线,在获得政府部门对原有工业用地性质转换的同意之后,由设立的房地产全资子公司购买并用于房地产开发。由于该生产线的生产设备已被停止使用,且预计无转让和继续使用价值,因此已经出现《企业会计准则第8号——资产减值》第五条第(五)项所列举的资产减值迹象"资产已经或者将被闲置、终止使用或者计划提前处置",应按照该准则的规定测算其可收回金额,并对可收回金额低于原账面价值的差额计提减值准备。

鉴于该生产设备自身无转让和继续使用价值,且并不会与该地点上原有的房屋建筑物等资产作为一个整体予以处置或者由政府纳入征收范围,因此该等机器设备并不与相关的房屋建筑物等构成一个《企业会计准则解释第1号》第六条所指的"处置组"(持有待售的非流动资产包括单项资产和处置组,处置组是指作为整体出售或其他方式一并处置的一组资产),而应视作一项单独的待处置资产。根据《企业会计准则第8号——资产减值》第十八条规定:"有迹象表明一项资产可能发生减值的,企业应当以单项资产为基础估计其可收回金额",应当对该生产线以单项资产为基础进行减值测试。如果确定"预计无转让和继续使用价值"的情况属实,即基本上只能作为残料予以出售,则该等机器设备的可收回金额基本相当于残料的出售价值减去拆除清理费用和相关税费等后的余额,即预计净残值。因此,A公司"除保留净残值外全额计提固定资产减值准备"的处理是恰当的。

2. 取得变性为商业用地的土地用于房地产开发在合并报表层面的处理。

鉴于已知"某市人民政府原则同意将该土地由划拨工业用地改变性质用于商业开发",即该土地虽然按规定要经过土地储备中心收储和招拍挂等程序,但其最终的结果基本上已经内定。因此,后续的土地收储、变性(划拨转出让)并改变用途、通过出让获取开发权等交易步骤,应在整体上视作一揽子交易,作为一个整体进行会计处理,而不应将其分解为独立的交易步骤分别处理。在土地收储环节,即使土地储备中心(或具有类似职能的机构,下同)支付了征收补偿款,在A公司合并报表层面,也不应将该补偿款与土地原账面价值之间的差额确认为处置损益,而是应当将该差额予以递延,到通过招拍挂程序取得商住用地的使用和开发权时冲减所支付的土地出让金成本,最终使该项目开发成本中的土地成本等于按照以下公式计算的结果:该项目开发成本中的土地成本=原划拨用地的原账面价值(如有)+(取得变性后商住用地支付的土地出让金和相关税费-就原有划拨土地及其地上建筑物等取得的征收补偿款)+其他直接相关支出。

对该土地上A公司原先建设的房屋建筑物(作为固定资产)的账面价值的会计处理原则,请参阅《计学撮要(2011)》第188~191页"拆除旧房并建造新房时,旧房原账面价值的处理"。即,在作出关停该生产线并处置资产的决定后,应将该原有房屋建筑物的原账面价值在拆除前的剩余使用期内全部折旧完毕,因此截至该房屋建筑物拆除时其账面价值已经为零(或者仅保留不重大的残值),相应地,该房屋建筑物的账面价值不会资本化计入后续房地产开发项目的成本中。

另外,在尚未签订正式的征收补偿协议的情况下,A 公司有可能在征收环节取得的资产征收补偿款属于一项或有资产。根据《企业会计准则第 13 号——或有事项》第十四条第(三)款的规定"企业通常不应当披露或有资产。但或有资产很可能会给企业带来经济利益的,应当披露其形成的原因、预计产生的财务影响等"。

3. 取得变性为商业用地的土地用于房地产开发在个别报表层面的处理。

鉴于是由 A 公司的全资子公司 B 购买变性后的土地进行房地产开发,在 A 公司的个别报表层面,应对被处置的原有土地、房屋建筑物和设备等作清理处理,并确认关停过程中需发生的费用性支出(如资产拆除清理费用、人员遣散费等),并确认处置损益(在补偿款按公允市场条件确定的前提下)。在该房地产子公司个别报表层面,按照实际支付的出让金确认开发成本中的土地成本部分。在编制合并报表时,按前述问题 2(取得变性为商业用地的土地用于房地产开发在合并报表层面的处理)所述的原则调整土地成本和相关损益项目。

问题 1-1-18　一般借款费用资本化问题

问题:

一般借款费用的资本化应满足什么条件?

解答:

根据《企业会计准则第 17 号——借款费用》相关规定(见"权威指引"部分),对专门借款应于开始资本化时点到停止资本化时点的期间,确认资本化利息金额。

对于一般借款,其资本化问题应当从严把握。我们一般的把握口径是:将一般借款费用资本化的前提是能够核实一般借款资金与资本支出之间的对应关系,具体要求是在两者之间建立直接的、明确的、可跟踪的对应关系,以核实资本支出确实占用了一般借款资金,例如企业对借款资金专户存储并指定用途专门用于符合资本化条件的资产的购置或建造等。只有在满足该条件的前提下,才能对符合条件的资产的构建或者生产支出所占用的一般借款按照《企业会计准则第 17 号——借款费用》对一般借款费用资本化的规定,计算可资本化的一般借款费用金额。通常理解不能仅仅依据对财务报表的整体分析性复核(如报表项目之间对应关系的分析)就得出某项符合条件资产的购置或者建造占用了一般借款的结论。如果不能在一般借款资金和资本支出这两者之间建立直接的、明确的、可跟踪的对应关系,则一般借款支出应当予以费用化处理,不能资本化计入资产价值中。

在一般借款的资本化方面,还需要特别注意以下问题:

1. 对于上市公司和 IPO 企业,除了要求获取关于一般借款资金和资产支出之间直接的、可跟踪的对应关系的直接证据以外,还应要求按照证监会 2006 年 11 月发布的《关于做好与新会计准则相关财务会计信息披露工作的通知》(证监发[2006]136 号)的规定:"(七)严格区分各类收益性支出和资本性支出。

上市公司应根据其业务情况和资金实际使用情况,谨慎确定借款费用资本化的资产范围。对于涉及一般借款的借款费用资本化,应由公司董事会审查并做出决议。上市公司应按照财务会计信息披露规范的要求,在财务报表附注中充分披露借款费用资本化的范围、期间以及金额,不得将不符合资本化条件的借款费用予以资本化",要求董事会对一般借款和资产支出之间的关系作出明确认定,并以专门决议予以通过。

2. 在考虑一般借款与资产支出之间的对应关系时,需要考虑的一个因素是目前银监会和贷款银行对贷款用途的监管规定。目前银监会发布了三项贷款管理办法,包括:《固定资产贷款管理暂行办法》(银监会令[2009]2号)、《流动资金贷款管理暂行办法》(银监会令[2010]1号)、《个人贷款管理暂行办法》(银监会令[2010]2号)。这三项办法对相应贷款的用途都作出了明确的规定,其中,《流动资金贷款管理暂行办法》第九条规定:"流动资金贷款不得用于固定资产、股权等投资,不得用于国家禁止生产、经营的领域和用途"。《固定资产贷款管理暂行办法》的规定则要求固定资产贷款基本上采用项目贷款方式(明确拟投资项目,要求项目符合国家的产业、土地、环保等相关政策,并按规定履行了固定资产投资项目的合法管理程序),并规定"单笔金额超过项目总投资5%或超过500万元人民币的贷款资金支付,应采用贷款人受托支付方式",即"贷款人应在贷款资金发放前审核借款人相关交易资料是否符合合同约定条件。贷款人审核同意后,将贷款资金通过借款人账户支付给借款人交易对手,并应做好有关细节的认定记录"。因此,在目前的贷款监管法规背景下,如果这些监管规定得到严格执行,则符合资本化条件的一般借款应不多见,至少其金额是不重大的。如果出现大量的流动资金贷款被用于资本支出,或者固定资产贷款跨项目使用的情况,则构成了对贷款资金的挪用,是对借款合同约定和相关监管规定的违反。

因此,在确定一般借款资金和资产支出之间的对应关系时,企业不得不考虑的一项因素是:如果作为资本化基数的"资产支出占用一般借款金额"超出了相关监管规定和借款合同所允许的限度,则将超出部分的借款费用资本化就等于承认本企业正在实施挪用贷款的违规行为。特别是对于上市公司和IPO企业等需要公开其财务信息,且按照证监会规定需由董事会对一般借款费用资本化问题作出专门决议的企业而言,等于是公开承认。

权威指引:
《企业会计准则第17号——借款费用》:
第四条(第二款)规定:符合资本化条件的资产,是指需要经过相当长时间的购建或者生产活动才能达到预定可使用或者可销售状态的固定资产、投资性房地产和存货等资产。
第五条 借款费用同时满足下列条件的,才能开始资本化:
(一)资产支出已经发生,资产支出包括为购建或者生产符合资本化条件的资产而以支付现金、转移非现金资产或者承担带息债务形式发生的支出;
(二)借款费用已经发生;

（三）为使资产达到预定可使用或者可销售状态所必要的购建或者生产活动已经开始。

第六条　在资本化期间内，每一会计期间的利息（包括折价或溢价的摊销）资本化金额，应当按照下列规定确定：

（一）为购建或者生产符合资本化条件的资产而借入专门借款的，应当以专门借款当期实际发生的利息费用，减去将尚未动用的借款资金存入银行取得的利息收入或进行暂时性投资取得的投资收益后的金额确定。

专门借款，是指为购建或者生产符合资本化条件的资产而专门借入的款项。

（二）为购建或者生产符合资本化条件的资产而占用了一般借款的，企业应当根据累计资产支出超过专门借款部分的资产支出加权平均数乘以所占用一般借款的资本化率，计算确定一般借款应予资本化的利息金额。资本化率应当根据一般借款加权平均利率计算确定。

资本化期间，是指从借款费用开始资本化时点到停止资本化时点的期间，借款费用暂停资本化的期间不包括在内。

问题 1-1-19　票据贴现利息资本化问题

问题：

企业将尚未到期的应收票据贴现，将贴现所得资金用于购建《企业会计准则第 17 号——借款费用》所指的符合资本化条件的资产，则此时应收票据贴现的利息是否可以资本化？

解答：

1. 根据贴现协议的不同条款，票据贴现有"贴现时即终止确认相关应收票据"和"贴现时确认为短期借款"两种会计处理方法。其中，如果不附有追索权，或者虽然附有追索权但被贴现的应收票据为由信誉良好的大型股份制商业银行开具的商业承兑汇票的，则一般在贴现时即终止确认相关应收票据；其他情况，应在贴现时确认为短期借款。对于"贴现时即终止确认相关应收票据"的情形，在会计上并未确认为借款，贴现所得款项与被贴现的应收票据账面价值之间的差额（贴现息）从会计角度应定性为《企业会计准则第 23 号——金融资产转移》第十二条所指的"金融资产终止确认损益"而不是借款费用，因此，对这部分终止确认部分的贴现息不适用《企业会计准则第 17 号——借款费用》，也就不存在资本化的问题，应按《企业会计准则第 23 号——金融资产转移》第十二条规定计入损益。

对于贴现时确认为短期借款的票据贴现业务对应的贴现息的处理问题，由于票据贴现属于一般借款，而确定一般借款与资本支出之间的对应关系涉及大量复杂的主观判断，需要更直接的证据（而不仅仅是对报表项目之间关系的一般性的总体财务分析）来界定两者之间的对应关系。只有当可以获得确凿、直接的证据表明贴现所得资金与符合资本化条件的资产所发生的购建支出之间存在直接的、可跟踪的对应关系,且符合《企业会计准则第 17 号—借款费用》所规定的其他资本化条件(尤其是,开始资本化的三项条件已经全部满足,且并非处于暂停资本化期间内,同时相关资产尚未达到预定的可使用或可销售状态)的前提下,才能把贴现利息支出资本化计入相关资产的购建成本中。对此问题,企业和注册会计师都应谨慎对待,务必确保所获取的证据具有充分、直接的证明力。

2. 利用借款费用资本化操纵利润一直是中国证监会重点关注的领域。根据中国证监会于 2006 年 11 月发布的《关于做好与新会计准则相关财务会计信息披露工作的通知》(证监发[2006]136 号)规定:"上市公司应根据其业务情况和资金实际使用情况,谨慎确定借款费用资本化的资产范围。对于涉及一般借款的借款费用资本化,应由公司董事会审查并做出决议。上市公司应按照财务会计信息披露规范的要求,在财务报表附注中充分披露借款费用资本化的范围、期间以及金额,不得将不符合资本化条件的借款费用予以资本化。"因此,即使对经过严格审核后认为确实满足资本化条件的票据贴现息,也必须履行此处规定的内部审核、决策程序和信息披露要求。

问题 1-1-20 政府规定的停工整顿期间仍然继续施工,相关借款费用能否资本化

问题:

符合资本化条件的在建工程项目在政府规定的停工整顿期间内仍继续施工,该应停工而未停工期间内的相关借款费用能否资本化?

背景:

2009 年,某市政府下发一个通知,要求该市范围内的煤矿停工整顿,A 公司在停工整顿的范围内。2010 年 4 月,经过停工整顿 A 公司重新开工。市政府要求的停工期间内,A 公司并未完全停工,仍然有几千万元的支出,其中与购建固定资产相关的利息支出为 1 100 万元,A 公司全部资本化。A 企业既有专项借款,又有一般借款。

解答:

根据《企业会计准则第 17 号——借款费用》第十一条规定:"符合资本化条件的资产在购建或者生产过程中发生非正常中断、且中断时间连续超过 3 个月的,应当暂停借款费用的资本化。在中断期间发生的借款费用应当确认为费用,计入当期损益,直至资产的购建或者生产活动重新开始。"

在本案例中,A 公司根据市政府 2009 年内下达的统一指令,应当停工整顿,直至 2010 年 4 月通过验收为止。但在此期间内,A 公司实际并未停工,也就是未发生会计准则所指的"非正常中断",因此,就会计准则规定而言,该期间内的借款费用,仍可按照《企业会计准则第 17 号——借款费用》的相关规定计算可资本化的金额。

但是,与此同时,企业应当考虑到:对于"市政府要求的停工期间内,企业并

未完全停工,仍然有几千万元的支出"的问题,由于在该期间内施工违反了政府的停工指令,如果将此期间内的利息予以资本化,则等于明确承认企业并未遵守政府的停工指令,可能给企业带来处罚等不利后果。对此,企业应当考虑该项违反政府指令的事项可能导致企业承担的罚款、责令停工停产(甚至吊销证照)等处罚可能造成经济利益损失的可能性,以及相关的损失金额能否合理估计,并按照《企业会计准则第13号——借款费用》的相关规定谨慎地判断是否满足预计负债的确认条件,据此在财务报表中作出适当的列报和披露。注册会计师在执行审计业务的过程中,应遵循《中国注册会计师审计准则第1142号——财务报表审计中对法律法规的考虑(2010年11月1日修订)》的规定,关注该项违反法规行为对被审计财务报表整体的影响程度,以及被审计财务报表中是否已对该事项的可能影响作出了充分、适当的列报和披露,在此基础上考虑对审计意见类型的影响;必要时在审计报告中增加强调事项段,以提请财务报表使用者关注财务报表中已作出的相关列报和披露。

问题 1-1-21 关联方借款的利息支出资本化问题

问题:

如何判断关联方约定用于项目的借款的利息支出是否应该资本化?

背景:

A公司于2010年6月从实际控制人B公司借款3 000万元。合同约定借款用途:专项用于A公司某产品制造项目扩产(该项在建工程符合《企业会计准则第17号——借款费用》中所指的"符合资本化条件的资产"),利率按同期银行贷款利率执行,借款期限为自2010年6月12日至2012年6月11日止。

A公司对所借入的资金未进行专户管理。截至2011年12月31日,在建工程资金支出2 200万元。

解答:

根据《企业会计准则第17号——借款费用》第六条规定:"专门借款,是指为购建或者生产符合资本化条件的资产而专门借入的款项。"在本案例中,尽管相关借款合同约定借款资金必须"专项用于A公司某产品制造项目扩产",但由于A公司在实际操作中并未对其借款资金实施专户存储、专款专用的管理办法,导致无法追踪借款资金的实际去向,无法判断是否存在挪用该笔借款资金的情况,无法判断该笔借款是否最终都被用于该产品制造项目的扩产工程,因而不符合会计准则中对"专门借款"的定义,应比照一般借款考虑其借款费用的资本化问题。

根据《企业会计准则第17号——借款费用》第六条规定:"为购建或者生产符合资本化条件的资产而占用了一般借款的,企业应当根据累计资产支出超过专门借款部分的资产支出加权平均数乘以所占用一般借款的资本化率,计算确定一般借款应予资本化的利息金额"。该条规定表明:将一般借款费用资本化的前提是能够核实一般借款资金与资本支出之间的对应关系,具体要求是在两者之间建立直接的、明确的、可跟踪的对应关系,例如企业对借款资金专户存储并指定用途专门用于符合资本化条件的资产的购置或建造等。通常理解不能仅仅依据对财务报表的整体分析性复核(如报表项目之间对应关系的分析)就得出某项符合条件资产的购置或者建造占用了一般借款的结论。

在实务中,判断一般借款资金和资本支出两者之间的对应关系是相当主观的,涉及高度的专业判断,有时候是相当困难的,并且很容易成为利润操纵的手段。因此这一问题始终是监管机构的关注重点。早在2006年11月,证监会就针对所预见到的执行新企业会计准则后可能发生的问题,发布了《关于做好与新会计准则相关财务会计信息披露工作的通知》(证监发[2006]136号),其中明确规定:"上市公司应根据其业务情况和资金实际使用情况,谨慎确定借款费用资本化的资产范围。对于涉及一般借款的借款费用资本化,应由公司董事会审查并做出决议。上市公司应按照财务会计信息披露规范的要求,在财务报表附注中充分披露借款费用资本化的范围、期间以及金额,不得将不符合资本化条件的借款费用予以资本化"。该通知至今仍然是有效的。

如果不能在一般借款资金和资本支出这两者之间建立直接的、明确的、可跟踪的对应关系,则一般借款支出应当予以费用化处理,不能资本化计入资产价值中。如果确实可以获取关于一般借款资金和资本支出之间对应关系的确凿证据的,可以将一般借款费用按照《企业会计准则第17号——借款费用》规定的方法予以资本化并计入相关资产的价值,但应履行证监发[2006]136号文规定的上述决策程序。

问题1-1-22 集团统贷统还的借款费用资本化问题

问题:

根据"背景"资料,集团公司在编制合并报表时是否可以将借款费用资本化?下属子公司在编制个别报表时是否可以将与从集团取得的借款相对应的借款费用资本化?

背景:

某集团公司的银行借款采用由母公司统贷统还形式,即以母公司的名义统一向银行借款,取得的借款用于母公司自身的工程施工、土地受让及储备整理以及转拨给子公司使用。

解答:

1. 合并报表层面的处理。

本案例需要明确集团公司统借统还的借款是属于专门借款还是一般借款。对专门借款应于开始资本化时点到停止资本化时点的期间,确认资本化利息金额。

对于一般借款是否能够资本化问题,参见前述"一般借款费用资本化问题"的解答,如果不能在一般借款资金和资本支出这两者之间建立直接的、明确的、可跟踪的对应关系,则一般借款支出应当予以费用化处理,不能资本化计入资产价值中。

具体到本案例,如果母公司统一对外借款后分拨给子公司使用,则在编制合并报表时,应关注母公司从外部借入的款项、母公司借给子公司的款项、子公司的资本支出这三者之间的对应关系,在有确凿证据表明三者之间存在清晰的、可跟踪的对应关系的前提下(例如,母公司和子公司都对借款专户存储、专款专用,资金流可跟踪),在合并报表层面基于该等可跟踪的对应关系重新计算利息资本化金额。

另外,关于公司支付的土地受让款借款利息是否能够资本化的问题,如果是仅仅用于收储土地,则由于土地使用权本身并不是《企业会计准则第17号——借款费用》第四条所述的"符合资本化条件的资产",因此相应的利息不能资本化。如果同时用于对所收储土地的开发整理以用于转让,并且相关的土地整理项目属于"符合资本化条件的资产",并且满足《企业会计准则第17号——借款费用》第五条中有关借款费用资本化三个条件的,可以进行资本化。金额计算方式以《企业会计准则第17号——借款费用》第六条为基础,并需考虑前述"一般借款费用资本化问题"解答中"需特别注意"部分的要求。

2. 子公司个别报表层面的处理。

子公司利息资本化的处理方式也应当按照《企业会计准则第17号——借款费用》的相关要求执行。如果不存在关联交易定价不公允导致的权益性交易因素,则子公司在其个别报表层面应按照实际支付给母公司的利息,并根据对借款合同条款及其实际执行情况的分析,判断能否资本化以及如何资本化。

问题 1-1-23 合并报表和个别报表对利息资本化的处理问题

问题:

根据"背景"资料提供的信息,在合并报表层面以及母、子公司个别报表层面应如何确认借款利息资本化?

背景:

母公司与船东签订船舶建造合同之后,又将标的船舶的建造工作全部出包给子公司(在合并报表层面和子公司个别报表层面,该工程均适用于建造合同模式确认收入;在母公司个别报表层面则适用销售商品模式确认收入)。因子公司融资能力较弱,故由母公司向外部金融机构融资再以工程预付款的形式支付给子公司。

解答:

1. 合并报表层面的处理。

根据《企业会计准则讲解(2010)》第十六章"建造合同"中的表述(见原书第238页):

(二)与建造合同相关的借款费用

建造承包商为客户建造资产,通常是客户筹集资金,并根据合同约定,定期向建造承包商支付工程进度款。但是,建造承包商也可能在合同建造过程中因资金周转等原因向银行借入款项,发生借款费用。建造承包商在合同建造期间发生的借款费用,符合《企业会计准则第 17 号——借款费用》规定的资本化条件的,应当计入合同成本。合同完成后发生的借款费用,应计入当期损益,不再计入合同成本。

因此,建造合同发生的相关借款费用可以资本化,但必须满足《企业会计准则第 17 号——借款费用》的条件。

《企业会计准则第 17 号——借款费用》第五条规定:"借款费用同时满足下列条件的,才能开始资本化:

(一)资产支出已经发生,资产支出包括为购建或者生产符合资本化条件的资产而以支付现金、转移非现金资产或者承担带息债务形式发生的支出;

(二)借款费用已经发生;

(三)为使资产达到预定可使用或者可销售状态所必要的购建或者生产活动已经开始。"

因此,公司合并报表层面的借款费用在满足上述条件的情况下,可以进行资本化。

但需要注意的是,如果母公司借入的为一般借款,参见前述"一般借款费用资本化问题"的解答,如果不能在一般借款资金和资本支出这两者之间建立直接的、明确的、可跟踪的对应关系,则一般借款支出应当予以费用化处理,不能资本化计入资产价值中。

就本案例而言,母公司从外部融入资金,将其作为工程进度款支付给实际承建的子公司,因此只有在同时满足以下条件的情况下,在该公司合并报表层面才能按照专门借款进行利息资本化,否则只能按照一般借款处理:①母公司与外部金融机构签署的是专门借款合同,其中明确规定了借款的目的是用于该船舶的建造;②在母公司从外部金融机构融入的资金、母公司作为预付款拨付给子公司的资金、子公司的造船成本支出这三者之间存在直接的、明确的、可跟踪的对应关系,例如公司对借款资金专户存储并指定用途专门用于符合资本化条件的资产的购置或建造等。

2. 子公司个别报表层面的处理。

子公司是以预付款的名义从母公司接受资金的,由于预收款项属于非金融负债,本身并不计息,因此其个别报表层面不存在借款费用资本化问题。

3. 母公司个别报表层面的处理。

由于母公司将标的船舶的建造工作出包给子公司,因此其个别报表层面的利息资本化问题,可参照一般企业对出包工程项目利息资本化的原则处理。在符合利息资本化开始时间并处于资本化期间的前提下,区分一般借款或者专门借款分别作出处理(如上所述)。

问题 1-1-24 借款置换后的利息能否继续资本化

问题:

在工程项目尚未完工时,项目占用的一般借款到期,企业从其他银行重新取得一年期借款,借款合同中注明"置换他行贷款",新取得借款的利息支出是否可以继续资本化？（假设该一般借款费用符合资本化条件）

解答：

此问题的关键在于如何理解新取得的借款和原先的一般借款是否存在经济实质上的联系。如果认为新取得的借款和原先的借款之间不存在经济上的联系（即,终止确认原先的借款,同时确认一项新的借款）,则应认为原先资本支出所占用的一般借款已被归还,新借入的借款资金并未被用于资本支出,因此新借入的借款所发生的借款费用不能资本化。但如果认为新的借款和原先的借款的未来现金流量并无实质性差异,新借款是原借款经济意义上的延续,原借款并未被终止确认,则视作原先的借款继续被资本支出占用,在《企业会计准则第 17 号——借款费用》规定的资本化期间内,利息资本化应当继续进行。

关于如何区分"新取得的借款和原先的一般借款是否存在经济实质上的联系"的问题,应区分两种情况分别讨论：

1. 新的借款的债权人不同于原先的借款,则新取得的借款和原先的借款不存在经济实质上的联系,原先的借款应当终止确认,相应地新借款发生的借款费用不能资本化计入在建工程成本。

2. 新的借款的债权人与原先借款相同（为同一银行）,则根据《企业会计准则第 22 号——金融工具确认和计量》第二十七条规定："企业（债务人）与债权人之间签订协议,以承担新金融负债方式替换现存金融负债,且新金融负债与现存金融负债的合同条款实质上不同的,应当终止确认现存金融负债,并同时确认新金融负债。企业对现存金融负债全部或部分的合同条款作出实质性修改的,应当终止确认现存金融负债或其一部分,同时将修改条款后的金融负债确认为一项新金融负债。"

上述规定在 IFRS 下也存在对应规定。参照《国际会计准则第 39 号——金融工具：确认和计量》第 40 段（见下文"权威指引"部分）,判断"新金融负债与现存金融负债的合同条款实质上不同"至少应满足的一项标准是：截至转换后的条款生效的时点,新金融负债的未来现金流量的现值（应使用原金融负债的实际利率作为折现率,将新金融负债的现金流量[包含相关交易费用]折现到该时点）与原有金融负债截至该时点的摊余成本相比较,差异应大于或等于 10%。这个规定通称为"10%测试"。如果能够通过"10%测试"的,则原先的金融负债通常可以终止确认；如果不能通过"10%测试"的,则新的金融负债应视作原先金融负债的延续,原先的金融负债不能终止确认。

权威指引：

IAS 39 第 40 段：An exchange between an existing borrower and lender of debt instruments with substantially different terms shall be accounted for as an extinguishment of the original financial liability and the recognition of a new financial liability. Similarly, a substantial modification of the terms of an existing financial liability or a part of it (whether or not attributable to the financial difficulty of the debtor) shall be accounted for as an extinguishment of the original financial liability and the recognition of a new financial liability.

即：现有借款人和出借人之间交换条款存在显著差异的债务工具，应当作为原金融负债的消除和一项新金融负债的确认进行核算。类似地，对现有金融负债或部分金融负债的条款的重大修改（无论是否归因于债务人的财务困难）应作为原金融负债的消除和一项新金融负债的确认进行核算。

在 IAS 39 附录 A(应用指南)的第 AG62 段中，对上述第 40 段作了进一步解释，如下：

For the purpose of paragraph 40, the terms are substantially different if the discounted present value of the cash flows under the new terms, including any fees paid net of any fees received and discounted using the original effective interest rate, is at least 10 per cent different from the discounted present value of the remaining cash flows of the original financial liability. If an exchange of debt instruments or modification of terms is accounted for as an extinguishment, any costs or fees incurred are recognised as part of the gain or loss on the extinguishment. If the exchange or modification is not accounted for as an extinguishment, any costs or fees incurred adjust the carrying amount of the liability and are amortised over the remaining term of the modified liability.

即：在第 40 段的规定中，如果按原实际利率折现的新条款下的现金流量现值（其中包括支付的所有费用扣除收到的所有费用后的净额）与原金融负债剩余现金流量现值相比至少有 10% 的差异，即为新旧条款存在显著差异。如果债务工具的交换和条款的修改作为债务消除核算，则发生的所有成本或费用应确认为债务消除利得或损失的一部分。如果债务工具的交换和条款的修改不作为债务消除核算，则发生的所有成本或费用应调整该金融负债的账面金额，并在修改后负债的剩余期限内摊销。

问题 1-1-25 外币专项借款产生的汇兑损益在满足资本化条件时是否可以资本化处理

问题：

公司对外币专项借款产生的汇兑损益在满足资本化条件时是否可以资本化处理？

解答：

《企业会计准则第 17 号——借款费用》第二条规定："借款费用，是指企业因借款而发生的利息及其他相关成本。借款费用包括借款利息、折价或者溢价的摊销、辅助费用以及因外币借款而发生的汇兑差额等。"因此对外币专项借款产生的汇兑损益在满足资本化条件时可以进行资本化处理。在现行的中国《企业会计准则第 17 号——借款费用》之下，外币专门借款发生的汇兑差额（不论该差额的方向），只要是在资本化期间内发生的，均应资本化计入相关符合条件资产的购建成本中。其中,对于因外币贬值造成的外币借款汇兑收益,应当调减资本化的借款费用金额。

注:此问题在 IFRS 下可能有不同的考虑。根据 IAS 23 第 6 段,纳入借款费用范围的汇兑差额应当是"exchange differences arising from foreign currency borrowings to the extent that they are regarded as an adjustment to interest costs",即"作为外币借款利息费用调整额的汇兑差额",因此在 IFRS 下,需要以一定方式从汇兑差额中划分出可以作为利息费用调整额的汇兑差额,而不是把所发生的全部汇兑差额均资本化(在实务中已经存在由该项规定导致境内外不同会计准则体系下出现差异的实例)。但中国准则下尚无此类要求。

IFRS 下可纳入借款费用范围的汇兑差额计算举例如下:

某公司以本国货币(以下简称为 LC)作为记账本位币。2009 年 1 月 1 日,该公司为构建完成一项投资性房地产,借入了 1 000 外币(以下简称为 FC),借款期为 1 年,固定利率为 8%。当日即期汇率为 LC∶FC=10∶1。如果该公司在此期间签订的是 LC 借款合同,利率本应为 21%。2009 年 12 月 31 日,即期汇率为 LC∶FC=12.3∶1。

该公司应将可直接归属为借款费用的外币汇兑差额予以资本化。但是,某一期间资本化的借款费用金额不应超过在该期间按照本位币借入相同金额的借款费用金额。因此,资本化的外币汇兑差额存在一定限制。

选项 1:

假设借入 LC10 000(因 2009 年 1 月 1 日即期汇率 LC∶FC=10∶1,相当于借入 FC1 000)

借入	LC10 000
应计利息(LC10 000×21%)	LC2 100
借款费用(A)	LC2 100

选项 2:

借入 FC1 000(因 2009 年 1 月 1 日即期汇率 LC∶FC=10∶1,相当于借入 LC10 000)

借入 FC	FC1 000
应计利息(FC1 000×8%)	FC80
偿还借款及利息	FC1 080
偿还借款需要的 LC(FC1 080×12.3)	LC13 284
初始借款	(LC10 000)
借款费用(B)	LC3 284
资本化借款费用的最大金额	LC2 100(A 和 B 中较小者)
资本化的借款费用包括以下两方面:	
——利息费用	LC800
——作为外币借款利息费用调整额的汇兑损失	
(假定平均汇率为 LC∶FC=10∶1)	LC1 300
资本化的借款费用	LC2 100

在以上情形中,资本化的外币汇兑差额(LC1 300)应当限于外币借款资本化的利息费用(LC2 100)和本国货币借款的利息费用(LC800)的差额。

问题 1-1-26 关于自建投资性房地产的处理

问题：

将公司自建投资性房地产项目完工日公允价值高于成本的部分计入公允价值变动损益是否妥当？

背景：

A公司为房地产开发企业,投资性房地产采用公允价值模式核算。根据公司2009年某次董事会会议决议,该年度开工的自建项目——B写字楼准备长期持有进行出租,作为投资性房地产核算。A公司自建项目的成本在"投资性房地产——在建"项目中进行归集,但B写字楼在建造期间的公允价值不能可靠确定。B写字楼于2011年完工,并于完工日转入投资性房地产,将账面价值作为投资性房地产的成本,并完工日公允价值高于成本的部分计入公允价值变动损益。

解答：

根据《企业会计准则讲解(2010)》的以下相关描述：

1. (三) 已出租的建筑物

已出租的建筑物是指企业拥有产权的、以经营租赁方式出租的建筑物,包括自行建造或开发活动完成后用于出租的建筑物以及正在建造或开发过程中将来用于出租的建筑物。

2. 通常情况下,对企业持有以备经营出租的空置建筑物或在建建筑物,如董事会或类似机构作出书面决议,明确表明将其用于经营租出且持有意图短期内不再发生变化的,即使尚未签订租赁协议,也应视为投资性房地产。

3. 采用公允价值模式对投资性房地产进行后续计量的企业,对于在建投资性房地产(包括企业首次取得的在建投资性房地产),如果其公允价值无法可靠确定但预期该房地产完工后的公允价值能够持续可靠取得的,应当以成本计量该在建投资性房地产,其公允价值能够可靠计量时或完工后(两者孰早),再以公允价值计量。

上述规定表明,对于已经明确建成后将作为投资性房地产使用的在建工程项目,也属于投资性房地产准则的规范范围。因此,在对投资性房地产的后续计量政策为公允价值模式的前提下,其建造期间也可采用公允价值进行后续计量;如果其公允价值无法可靠确定但预期该房地产完工后的公允价值能够持续可靠取得的,应当以成本计量该在建投资性房地产,其公允价值能够可靠计量时或完工后(两者孰早),再以公允价值计量,相应的公允价值变动额应当计入损益(公允价值变动损益),并在附注中予以充分披露。这种情况是在房产建成时即作为投资性房地产,与将自用房地产或者作为存货的房地产转为投资性房地产是不同性质的交易。

该项公允价值变动损益是否作为非经常性损益的考虑,与该公司的其他已建成投资性房地产的公允价值变动是否作为非经常性损益的考虑应遵循同一原则,即根据《公开发行证券的公司信息披露解释性公告第 1 号——非经常性损益》(证监会公告[2008]43 号)的规定,"采用公允价值模式进行后续计量的投资性房地产公允价值变动产生的损益"通常应作为非经常性损益,但如果有确凿证据可以证明投资性房地产业务是该公司的正常经营业务,因而投资性房地产的公允价值变动并非与正常经营业务无关的偶发性收益,则可以不认定为非经常性损益项目。另外,根据证监会会计部《对"会计问题征询函"的复函》(会计部函[2008]50 号)的规定,这部分公允价值变动在其实现前不得用于利润分配。

问题 1-1-27 以公允价值模式计量投资性房地产涉及相关事项的处理

问题:

如"背景"资料提供的信息,公司将自用房屋建筑物改为对外出租,能否以公允价值模式对投资性房地产进行后续计量?母公司以低于市场价格的租金出租给子公司的房屋是否可不界定为"投资性房地产"?

背景:

A 公司于 2012 年 8 月 1 日将部分自用的房屋建筑物改为对外出租使用(假定符合"投资性房地产"的定义和确认条件),拟使用公允价值模式对该投资性房地产进行后续计量。对外出租的房屋系位于北京的商住楼,A 公司聘请评估机构对该房屋的公允价值采用市场法进行了评估。

A 公司将部分自有的办公楼出租给子公司使用,公司持有该房屋主要为自用,并非以赚取租金或资本增值为目的,向子公司收取的租金明显低于市场价格。

解答:

1. 根据《企业会计准则第 3 号——投资性房地产》及其应用指南和《企业会计准则讲解(2010)》第四章的规定,投资性房地产采用公允价值模式进行后续计量必须满足规定的条件。而且即使对于满足条件的投资性房地产,其采用公允价值模式进行后续计量也是可选而非必需的。即,投资性房地产在任何情况下都可以采用成本模式计量,但如果要选择采用公允价值模式计量,则需要持续符合严格的条件。

根据《企业会计准则讲解(2010)》第四章的相关描述(见下文"权威指引"部分),目前的准则仍然倾向于采用"直接市场观察法"确定投资性房地产的公允价值,对于估值技术运用的接受程度较低。因此,采用公允价值模式计量投资性房地产的上市公司在近几年虽然逐年增加,但所占总的比例仍然是偏低的。

就本案例的具体情况而言,相关投资性房地产系采用市场法评估,且公司现有的投资性房地产均位于北京市,系住宅商品房,因此其公允价值可以相对较为容易地可靠确定。因此,公司通过决议采用公允价值模式对该等投资性房地产进行计量并不违反现行会计准则的规定,也是可以接受的做法。但应当关注以下问题：

公司管理层应作出未来获取新的投资性房地产的相关计划。鉴于前述《企业会计准则讲解(2010)》第四章相关规定要求企业对所有投资性房地产均采用一致的会计政策(仅允许在罕见情况下的例外)，如果公司有计划在可预见的未来获取其他投资性房地产，或者把现有的自用房地产改变用途成为投资性房地产，而这些新的投资性房地产可能并不是位于一线城市，其所在地可能缺乏活跃的房地产交易市场，导致公允价值不再能够可靠确定时，就会影响到投资性房地产公允价值计量模式的恰当性，而公允价值模式一经采用后，是不允许再转回成本模式的，因此如果公司管理层在可预见的未来有持有房地产市场不活跃地区的投资性房地产，或者性质较为特殊的投资性房地产等的计划，其公允价值可能难以可靠确定的，则此时采用公允价值模式可能并不恰当，公允价值计量模式的运用(尽管就目前情况而言尚属恰当)可能是不可持续的。

2. 对于本案例中母公司以低于市场价格的租金出租给子公司的房屋，由于其成本回收并不主要依赖于从子公司取得的租金收入，而是母子公司之间一项整体业务安排的组成部分，其中除了房屋建筑物出租以外的其他交易因素的影响是重大的，因此在母公司个别报表层面对此类房屋建筑物仍应列报为固定资产而不是投资性房地产。

权威指引：

《企业会计准则讲解(2010)》第四章第61～62页对投资性房地产采用公允价值模式计量的条件表述如下：

企业存在确凿证据表明其公允价值能够持续可靠取得的，可以采用公允价值计量模式。企业选择公允价值模式，就应当对其所有投资性房地产采用公允价值模式进行后续计量，不得对一部分投资性房地产采用成本模式进行后续计量，对另一部分投资性房地产采用公允价值模式进行后续计量。采用公允价值模式计量投资性房地产，应当同时满足以下两个条件：(1)投资性房地产所在地有活跃的房地产交易市场；(2)企业能够从房地产交易市场上取得同类或类似房地产的市场价格及其他相关信息，从而对投资性房地产的公允价值作出科学合理的估计。这两个条件必须同时具备，缺一不可。采用公允价值模式对投资性房地产进行后续计量的企业，对于在建投资性房地产(包括企业首次取得的在建投资性房地产)，如果其公允价值无法可靠确定但预期该房地产完工后的公允价值能够持续可靠取得的，应当以成本计量该在建投资性房地产，其公允价值能够可靠计量时或完工后(两者孰早)，再以公允价值计量。在极少情况下，采用公允价值对投资性房地产进行后续计量的企业，有证据表明，当企业首次取得某项投资性房地产(或某项现有房地产在完成建造或开发活动或改变用途后首次成为投资性房地产)时，该投资性房地产的公允价值不能持续可靠取得的，应当对该投资性房地产采用成本模式计量直至处置，并且假设无残值。但是，采用成本模式对投资性房地产进行后续计量的企业，即使有证据表明，企业首次取得某项投资性房地产时，该投资性房地产的公允价值能够持续可靠取得的，该企业仍应对该投资性房地产采用成本模式进行后续计量。

投资性房地产的公允价值,是指在公平交易中,熟悉情况的当事人之间自愿进行房地产交换的价格。确定投资性房地产的公允价值时,应当参照活跃市场上同类或类似房地产的现行市场价格(市场公开报价);无法取得同类或类似房地产现行市场价格的,可以参照活跃市场上同类或类似房地产的最近交易价格,并考虑交易情况、交易日期、所在区域等因素。从而对投资性房地产的公允价值作出合理估计;也可以基于预计未来获得的租金收益和有关现金流量的现值计量。

上述所说"同类或类似"的房地产,对建筑物而言,是指所处地理位置和地理环境相同、性质相同、结构类型相同或相近、新旧程度相同或相近,可使用状况相同或相近的建筑物;对土地使用权而言,是指同一位置区域、所处地理环境相同或相近、可使用状况相同或相近的土地。

问题 1-1-28 投资性房地产计量模式变更问题

问题:

如下文"背景"资料所述。

1. A公司是否可以将商业地产转换为投资性房地产,且以按公允价值计量?
2. 如果按公允价值计量,应如何确定公允价值?

背景:

A公司计划 2011 年发行企业债券。2010 年纳入合并范围子公司共计 7 家,大部分均为房地产公司。A公司及子公司开发的房地产主要为商业地产,其中部分自己留用出租,所处地段均为所属城市的黄金地段。2007 年 1 月 1 日执行企业会计准则,2010 年以前将用于出租的房产放在"固定资产"科目核算。本次发行企业债券,计划将用于出租的房产按公允价值计量并反映在投资性房地产科目下。

2010 年 12 月 31 日账面反映的用于出租的房产成本模式下价值约 10 亿元,如果按评估价值(以 2010 年 12 月 31 日为评估基准日)最低 40 亿元,差额约 30 亿元。

解答:

1. 根据《企业会计准则第 3 号——投资性房地产》的规定,在一般情况下,企业拥有产权的、已以经营租赁方式出租的、并且在可预见的未来不会改变持有意图的商业地产可以认为符合投资性房地产的定义和确认条件。但如果企业以自己的名义经营该商业地产(例如以自己的名义在这些地产中开设商场或交易市场,将该地产分隔为商铺出租,类似于一些以经营商场或交易市场为主业的上市公司的业务模式;或者按租赁协议向承租人提供的相关辅助服务在整个协议中所占比重为重大的),则不属于投资性房地产。另外,某些有政府背景的投资公司在政府划拨的土地上建造商业地产用于经营,由于受到土地性质的限制而不能随时将该地产予以出售,也不能作为投资性房地产。企业应当谨慎评价当前的业务模式和持有意图等因素对所持有房地产确认和计量的影响。

2. 按照《企业会计准则第 3 号——投资性房地产》和《企业会计准则讲解(2010)》规定,公允价值模式的使用应当同时符合以下条件:①投资性房地产所在地有活跃的房地产交易市场;②企业能够从房地产交易市场上取得同类或类似房地产的市场价格及其他相关信息,从而对投资性房地产的公允价值作出科学合理的估计。同时,企业选择公允价值模式,就应当对其所有投资性房地产采用公允价值模式进行后续计量,不得对一部分投资性房地产采用成本模式进行后续计量,对另一部分投资性房地产采用公允价值模式进行后续计量。关于公允价值模式下公允价值的确定方法,自 2007 年 4 月底"企业会计准则实施问题专家工作组意见(第二期)"发布以来到《企业会计准则讲解(2008)》发布之前,一直是严格要求仅可采用"直接市场观察法",自《企业会计准则讲解(2008)》发布后开始允许采用租金现值等折现模型加以估计。因此,如果该公司所拥有的商业地产中有相当部分位于此类房地产交易不活跃的地方(例如,不在大中城市的城区),或者预计未来的业务发展方向将是拓展目前无活跃市场的地区,则有可能导致不满足以公允价值模式计量的条件。因为如果采用公允价值模式进行后续计量,则意味着本会计主体内(如果是合并报表,则还包括子公司)的所有投资性房地产都要采用公允价值模式,而使用公允价值模式的条件是可以通过直接市场观察或者租金现值等估值模型持续地、可靠地确定公允价值。

当然,《企业会计准则讲解(2010)》第四章第二节也提到:"在极少情况下,采用公允价值对投资性房地产进行后续计量的企业,有证据表明,当企业首次取得某项投资性房地产(或某项现有房地产在完成建造或开发活动或改变用途后首次成为投资性房地产)时,该投资性房地产的公允价值不能持续可靠取得的,应当对该投资性房地产采用成本模式计量直至处置,并且假设无残值"。但是,正如其中所述,这种情况应当是很罕见的,并且存在此类情况的投资性房地产在该企业的所有投资性房地产总体中所占的比重应该不重大。否则,如果不能持续可靠取得公允价值的投资性房地产在投资性房地产整体中所占比重较大,则将导致公允价值模式不再适用。

并且,根据《企业会计准则第 3 号——投资性房地产》第十二条规定:"已采用公允价值模式计量的投资性房地产,不得从公允价值模式转为成本模式。"这一规定事实上意味着:已经采用公允价值模式对投资性房地产进行后续计量的企业,如果由于后续情况变化导致投资性房地产的公允价值不再能够持续可靠地取得,因而不再满足公允价值模式的适用条件时,只能以前期会计差错更正的方式变回成本模式,这对企业的财务报表可能产生非常重大的影响,并且可能导致企业和为其提供财务报表审计服务的注册会计师承担相应的法律责任。

总之,企业在确定投资性房地产的后续计量模式是成本模式还是公允价值模式时,应当对上述各项规定中的限制因素的影响予以全面、谨慎的分析和评价。

3. 鉴于公允价值的计量结果对其财务报表有非常重大的影响,因此每期期末由具备相应资质的评估机构或房地产估价机构采用市价法或租金现值模型等可接受的公允价值确定方法出具评估报告或者估价报告是必需的。

4. 按照《企业会计准则第 28 号——会计政策、会计估计变更和差错更正》的规定,此类自主变更会计政策应当采用追溯调整法进行衔接处理(包括新企业会计准则首次执行日之前的各年度/期间),即对于以前各年年末,也应当根据当时可获得的资料,对当时的投资性房地产公允价值作出恰当的估计。只有在作出了一切必要、合理的努力之后仍然无法合理确定会计政策变更累积影响数的,才应当自可合理确定累积影响数的最早时点开始运用追溯调整法。

第二节 无形资产和研究开发支出的相关问题

问题 1-2-1 关于委托开发的技术能否资本化的问题

问题:

委托本企业以外的单位和个人开发技术发生的相关支出能否资本化?

解答:

首先,需要判断的是该交易的经济实质相当于公司自行开发相关技术(研发劳务外包),还是实质上相当于外购技术。如果实质上相当于自行开发的,则按《企业会计准则第 6 号——无形资产》第七条和《〈企业会计准则第 6 号——无形资产〉应用指南》第二条的规定,判断该等支出是属于研究阶段支出还是开发阶段支出,对于开发阶段的支出,再依据《企业会计准则第 6 号——无形资产》第九条和《〈企业会计准则第 6 号——无形资产〉应用指南》第三条规定的五项条件判断是否已经符合开发支出资本化条件。如果实质上相当于外购的,则按该准则关于外购无形资产的相关规定进行会计处理。

其次,判断该交易的经济实质是自行研发(研发劳务外包)还是外购技术,主要区分标准是对研发过程中相关风险和报酬的承担情况,以及研发完成后研发成果所有权上的主要风险和报酬归属的判断。例如委托研发合同对下列事项的约定及其实际执行情况:

(1) 开发过程中的技术风险的承担情况:例如,如果在开发过程中遇到难以克服的技术障碍,导致开发失败,则企业作为委托方是否仍然需要支付约定金额的开发费;还是约定如果研发成果达不到合同约定的技术标准要求,则委托方可以不支付约定的研发报酬。

(2) 开发过程中的经济风险的承担情况:例如,如果在开发过程中遇到无法合理预见的情况(不包括委托人提出需求变更等委托人方面的原因),导致开发周期明显延长,开发支出明显超出原先的预算金额(甚至可能导致该项目丧失商业价值)时,追加的研发成本是否应由委托人承担,还是合同仅仅约定了一个固定金额,委托人不承担额外的追加支出。

(3) 研发成果的产权和经济利益归属情况：相关知识产权是否均由委托方申请并享有，受托方是否仅就其提供的研发劳务获取报酬，不享有研发成果的所有权和使用权；受托方就该研发项目可取得的报酬是否与研发成果的未来商业价值无关，而主要是基于实际发生的研发成本加成的方法计算。合同是否对委托方未来使用该知识产权的范围施加了限制。

对于交易的经济实质的判断，很可能是相当复杂和主观的。如果该项判断对被审计财务报表可能造成重大影响的，则强烈建议项目组按照本所《技术部技术支持制度（试行）》的规定，向技术部寻求技术支持。

问题 1-2-2 外购研发中项目以及后续研发支出的处理

问题：

企业外购研发中项目用以继续研究，相关购买支出是否可以资本化？

背景：

A 公司与 B 公司于 2010 年 12 月 20 日签订购买疫苗技术的协议，总价 1 900 万元。约定技术资料交付 10 日内支付 800 万元；双方合作完成生产三批临床前检验用样品及申报临床前研究资料，经中国药品生物制品检定所检定合格之日起 10 日内支付 200 万元；转让方指导 A 公司在符合 GMP 相关要求车间内生产出三批临床试验用样品，经中国药品生物制品检定所检定合格之日起 10 日内支付 200 万元；转让方指导 A 公司完成临床批件中国家食品药品监督管理局指示完善的资料并全部交付 A 公司之日起支付 200 万元；转让方指导 A 公司完成符合国家药监局当时有效的《药品注册管理办法》之相关规定的申报生产资料，A 公司在获得生产批件后 10 日内支付 200 万元；自合同生效之日起 1 年内支付技术秘密独家转让费 300 万元。

A 公司已于 2011 年年初支付 800 万元，后续工作（包括专用车间的施工）正在进行中。

解答：

对于外购的非专利技术，如果其未来经济利益很可能流入企业（按照购入时的情况判断，可能性大于 50%），则外购的非专利技术应当确认为一项无形资产。如果企业不打算直接使用该项非专利技术用于生产产品，而是必须进入下一步研发程序，或者需等待相关的配套生产设施完工后（或者经过监管部门批准后）才能投入生产，则该项无形资产事实上并未达到预定可使用状态，而是《国际会计准则第 38 号——无形资产》第 42、第 43 段所述的"研发中项目"（in-process research or development project）。因此，为了获取该项非专利技术的支出在研发期间不应摊销，而是计入"研发支出——资本化支出"项目中，并按照《企业会计准则讲解（2010）》第 129 页的要求，每期期末进行减值测试。对于后续发生在该项目上的进一步研究开发支出，应比照自行研究开发支出的会计处理原则，区分其是处于研究阶段还是开发阶段，以及是否已满足资本化条件，作出不同的处理。即，这一研发项目的资本化条件将区分外购部分的成本和自行研发部分的成本而有所不同：外购部分的成本总是可以资本化（但每年年末均应进行减值测试）；自行研发的后续支出则应按照《企业会计准则第6号——无形资产》第九条规定的五项标准判断能否资本化。一旦未来最终获得成功，形成无形资产时，该无形资产的资本化成本将包括外购非专利技术的成本和符合资本化条件的自行开发支出，以及后续发生的申报费、注册费等法律费用。

形成无形资产后，未来的摊销年限系按照产品的预计市场生命周期确定。

权威指引：

参考 IFRS 体系下的《国际会计准则第 38 号——无形资产》第 42、43 段：

42 Research or development expenditure that：

（a）relates to an in-process research or development project acquired separately or in a business combination and recognised as an intangible asset, and

（b）is incurred after the acquisition of that project shall be accounted for in accordance with paragraphs 54–62.

43 Applying the requirements in paragraphs 54–62 means that subsequent expenditure on an in-process research or development project acquired separately or in a business combination and recognised as an intangible asset is：

（a）recognised as an expense when incurred if it is research expenditure,

（b）recognised as an expense when incurred if it is development expenditure that does not satisfy the criteria for recognition as an intangible asset in paragraph 57, and

（c）added to the carrying amount of the acquired in-process research or development project if it is development expenditure that satisfies the recognition criteria in paragraph 57.

问题 1-2-3 研发过程中领用材料和形成可对外销售的产品的账务处理

问题：

研发过程中领用材料以及形成的可对外销售的产品，应如何进行账务处理？

背景：

A 公司因某项技术的研发需要，领用了部分材料用于产品试验。公司在对研发领用的材料进行账务处理时，对未形成产品或形成的是不合格产品耗用的材料，全部计入"研发支出"，并按所处研发阶段确认为费用化支出或资本化支出；对形成可供销售的产成品耗用的材料，先计入"研发支出"，再转入"产成品"，在"高新技术企业"相关申报工作中，计入"研发支出"总额，并在所得税汇算清缴时申请 50% 的加计扣除。

解答：

对于研发过程中形成的可对外销售的产品，与在建工程达到预定可使用状态前的试运行中产出可对外销售的试生产产品应采用同样的处理原则,即按预计对外销售的可变现净值确认为"其他流动资产"并相应冲减研发支出(借:其他流动资产,贷:研发支出)。

《企业会计准则第1号——存货》对"存货"的定义和《企业会计准则第14号——收入》对"收入"的定义都强调存货和收入必须来源于"日常活动",而《〈企业会计准则第14号——收入〉应用指南》第一条对"日常活动"的定义是"企业为完成其经营目标所从事的经常性活动以及与之相关的活动",据此,研究开发活动和固定资产购建活动不属于此处所指的"日常活动",在研发过程和在建工程试运行中得到可对外销售的产品不能列报为存货,而应作为一项"其他流动资产",且对外出售时也不确认收入,而是直接冲销相关的"其他流动资产"。如果后续的实际变现净值与原先从研发支出转出时所依据的可变现净值估计额存在差异,则作为会计估计变更处理,将相关的差异影响数计入当期损益。

问题1-2-4 缴付的土地闲置费用如何入账

问题:

购入土地建造自用的房屋建筑物时,由于开发不及时而被责令缴纳的土地闲置费用是应该计入损益(营业外支出),还是应该计入土地成本中?

解答:

从下文"权威指引"中有关无形资产准则和固定资产准则的规定可以看出:只有为了使固定资产、无形资产达到预定可使用状态所必需的、合理的相关支出才能计入固定资产和无形资产的成本中。土地闲置费是企业在取得土地使用权之后发生的,并且其并不直接改变该土地及其地上房屋建筑物的状态,也并不是不可避免的支出(如果企业管理得当,在拿地后尽早投入建设,这一支出是完全可以避免的)。从另一方面看,企业在该地块上自建办公楼,建成后无论是自用、出租还是出售,都不会因为缴纳了土地闲置费而可以获得更高的售价、租金等额外的未来经济利益,即闲置费的支出并不能给企业带来未来经济利益,因此,闲置费不符合《企业会计准则——基本准则》、《企业会计准则第4号——固定资产》、《企业会计准则第6号——无形资产》等准则所规定的资产定义和确认条件,应当于发生时费用化处理。

另外,尽管房地产开发企业的企业所得税的税务规定允许将土地闲置费计入开发成本,但会计和税务是两个互相独立的体系,各自有不同的目的和概念框架,因此不能以税务规定作为指导会计处理的依据。

权威指引:

《企业会计准则第4号——固定资产》第九条:"自行建造固定资产的成本,由建造该项资产达到预定可使用状态前所发生的必要支出构成。"

《企业会计准则第6号——无形资产》第十二条:"无形资产应当按照成本进行初始计量。外购无形资产的成本,包括购买价款、相关税费以及直接归属于使该项资产达到预定用途所发生的其他支出。"

问题 1-2-5 支付划拨土地的各类补偿费用问题

问题：

支付划拨土地的各类补偿费用如何进行账务处理？

解答：

根据《企业会计准则第 6 号——无形资产》规定，无形资产，是指企业拥有或者控制的没有实物形态的可辨认非货币性资产。无形资产确认应满足的条件之一是"该无形资产的成本能够可靠地计量"。资产满足下列条件之一的，"符合无形资产定义中的可辨认性标准：（一）能够从企业中分离或者划分出来，并能单独或者与相关合同、资产或负债一起，用于出售、转移、授予许可、租赁或者交换；（二）源自合同性权利或其他法定权利，无论这些权利是否可以从企业或其他权利和义务中转移或者分离。"

根据现行的土地管理体制，企业取得划拨土地无需缴纳土地出让金，其成本（或者公允价值）不能可靠计量；同时划拨土地只能自用，不能出租、转让或者对外投资，因此划拨土地不符合无形资产定义和确认条件中的"可转让性"特征，不应确认为无形资产。

根据国土资源部第 9 号令《划拨用地目录》的规定，企业享受划拨供地的基础是将该土地用于特定的建设项目，因此划拨用地更多的是与特定的建设项目相关。实务中对于取得划拨用地时支付的耕地补偿、青苗补偿、耕地占用税等税费的处理方法，一般是确认为一项长期待摊费用，在该项目的预计占地年限（项目可行性研究中用到的项目周期）内采用直线摊销；也有做法是将这些支出作为待摊投资摊入该项目下的各固定资产的原值中，在各自的使用年限内计提折旧。

问题 1-2-6 土地使用权摊销年限确认问题

问题：

土地使用权的合同使用年限均为 50 年，如果企业经营年限短于 50 年，如何确定土地使用权的摊销年限？

解答：

一方面，根据《企业会计准则第 6 号——无形资产》第十七条规定："使用寿命有限的无形资产，其应摊销金额应当在使用寿命内系统合理摊销。企业摊销无形资产，应当自无形资产可供使用时起，至不再作为无形资产确认时止。"这一规定表明，土地使用权作为一项无形资产，其摊销年限应当是受益年限。如果在取得土地使用权时没有证据表明企业的经营年限将会在到期后继续延长，则土地使用权的摊销年限不应超过取得土地使用权时企业营业执照上载明的剩余经营期限。

另一方面，根据《企业会计准则第 6 号——无形资产》第十八条规定，允许无形资产摊销时在满足一定条件的前提下预留残值。根据该条规定："使用寿命有限的无形资产，其残值应当视为零，但下列情况除外：（一）有第三方承诺在无形资产使用寿命结束时购买该无形资产。（二）可以根据活跃市场得到预计残值信息，并且该市场在无形资产使用寿命结束时很可能存在。"因此，例如取得土地使用权时的剩余经营年限为30年，土地使用权本身的年限为50年，则可将后20年的应摊销金额作为净残值预留，将应摊销金额在30年内摊销完毕，这样对损益的影响与将土地使用权全额按照50年摊销相对较为接近。

问题 1-2-7 在《企业会计制度》下，无形资产摊销是否可以计入主营业务成本

问题：

在《企业会计制度》下，对于专利权等与产品生产直接相关的技术类无形资产的摊销额，是否可以计入主营业务成本？

解答：

《企业会计制度》是规则导向的会计规范体系，即对于其中已作出明确规定的事项，即应按照该规定执行，不能背离或者违反。这与原则导向且属于"公允列报编制基础"（见《中国注册会计师审计准则第1601号——对按照特殊目的编制基础编制的财务报表审计的特殊考虑》及其应用指南中的相关定义）的新会计准则有本质的不同。

《企业会计制度》第四十六条规定："无形资产应当自取得当月起在预计使用年限内分期平均摊销，计入损益。如预计使用年限超过了相关合同规定的受益年限或法律规定的有效年限，该无形资产的摊销年限按如下原则确定：……"

《企业会计制度——会计科目和会计报表》对"1801 无形资产"科目的使用说明第四条："摊销无形资产价值时，借记'管理费用——无形资产摊销'科目，贷记本科目。"

《企业会计制度》之附录"《企业会计制度》主要会计事项分录举例"中：无形资产摊销的会计处理为：借：管理费用——无形资产摊销，贷：无形资产。

鉴于《企业会计制度》下对无形资产摊销应计入管理费用已作出明确规定，因此企业在会计处理和报表编制中应严格按照此规定执行，而无论该规定就特定个案的具体情况而言是否合理。

问题 1-2-8 受托开发软件的支出如何核算

问题：

基于下文"背景"资料，A公司是否可以将原计入主营业务成本的研究费用计入管理费用？

背景：

A公司的收入来源主要是为B公司（系A公司的母公司）提供定制的软件，相应成本主要为研究开发费用。考虑收入成本配比，以前年度A公司将研究费

用计入主营业务成本，B公司在其合并报表层面同样体现在主营业务成本。A公司由于研发费用计入主营业务成本不在管理费用中体现，每年进行所得税汇算清缴均需向税务局作说明，而且A公司自2007年享受企业所得税两免三减半优惠，2012年将进行高新技术企业申请。因此2011年A公司考虑更改核算办法，将研究费用直接计入管理费用，相应减少2011年主营业务成本，增大毛利率，与2010年度财务报表中的列报和披露不一致。

解答：

财务报表的列报应当基于特定会计主体（本财务报表的报告主体）的视角。

在A公司个别报表层面，由于其收入来源主要是为B公司提供软件，相当于是B公司的研究开发活动外包，实质还是提供劳务收入，适用《企业会计准则第14号——收入》关于提供劳务收入的相关规定。因此与之直接相关的软件开发成本应计入"营业成本"，与所确认的营业收入（受托开发软件收入）相配比。这也是软件开发企业对于受托开发定制软件的开发成本通常采用的处理方法，并不因为委托方是母公司而有所不同。

在B公司编制合并财务报表时，由于母公司的营业成本已经与子公司的营业收入相抵销，如果将这部分软件对应的成本在合并报表层面继续保留在营业成本中，则可能产生营业收入和营业成本不配比的问题。同时，站在B公司合并报表主体的立场上，相当于其自行开发软件，因此应当把A公司为受托开发软件发生的相关支出从营业成本调整到研发支出，并按照《企业会计准则第6号——无形资产》第九条规定的五项条件考虑其能否资本化的问题。

在上述合并报表层面的调整过程中，在A公司个别报表中，如果符合《企业会计准则第14号——收入》规定的完工百分比法适用条件，A公司可以采用完工百分比法确认收入和结转成本，部分未结转的成本可能体现在"存货"项目中。但是，在B公司合并报表层面，应当将这部分存货余额连同已经在A公司个别报表中结转营业成本的开发支出一并考虑是否符合开发支出资本化条件，符合资本化条件的支出应当在合并报表上列报为"研发支出——资本化支出"（按照开始资本化时点以后A公司实际发生的开发成本列示，需扣除A公司就此确认的利润）。

即，A公司个别报表层面应就受托开发软件业务确认的成本在"营业成本"项目反映；合并报表层面如果相应的研发支出不符合资本化条件的，则可以列报为一项管理费用，但在合并财务报表层面计入管理费用的金额应从中扣除A公司在该交易中确认的利润，仅按A公司为该项目实际发生的成本金额列入合并报表层面的"管理费用"项目中；合并报表层面如果相应的研发支出确实符合资本化条件的，则可以列报为一项无形资产（在尚未达到可供使用状态之前，暂挂"开发支出——资本化支出"，下同），但在合并财务报表层面计入无形资产的金额应从中扣除A公司在该交易中确认的利润，仅按A公司为该项目实际发生的成本金额列入合并报表层面的"无形资产"项目中。

关于报表列报在各年度之间的一贯性问题，根据《企业会计准则第30号——财务报表列报》第五条规定："财务报表项目的列报应当在各个会计期间保持一致,不得随意变更,但下列情况除外:(一)会计准则要求改变财务报表项目的列报;(二)企业经营业务的性质发生重大变化后,变更财务报表项目的列报能够提供更可靠、更相关的会计信息。"第八条规定:"根据本准则第五条的规定,财务报表项目的列报发生变更的,应当对上期比较数据按照当期的列报要求进行调整,并在附注中披露调整的原因和性质,以及调整的各项目金额。对上期比较数据进行调整不切实可行的,应当在附注中披露不能调整的原因。"因此,当调整财务报表项目的列报方式时,应同步调整前期比较数据的列报方式,除非不切实可行。

问题 1-2-9 用借款收购采矿权,在该矿达到商业开采之前的利息是否可以资本化

问题:

用借款收购采矿权,在该矿达到商业开采之前的利息支出是否可以资本化?

解答:

采矿权是一项单独确认的无形资产,并不是直到对应的矿区投入商业开采才算是"达到预定可使用状态"。尽管在正式投入商业开采之前还需要经过建设矿井及其他相关设施等程序,可能需时较长,但采矿权本身作为一项独立资产,并不需要在取得之后,另外再经过相当长时间的购建或者生产活动才能达到预定可使用状态。采矿权达到预定可使用状态的标志是:取得一项在指定区域、指定期限内开采指定矿种的权利,可为后续的矿井等设施建造、开采提供基本条件和前提,即可认为达到预定可使用状态。

因此,在取得相关采矿权证照时,即应认为采矿权已达到预定可使用状态,所以采矿权并不属于《企业会计准则第17号——借款费用》所指的"符合资本化条件的资产",即"需要经过相当长时间的购建或者生产活动才能达到预定可使用或者可销售状态的固定资产、投资性房地产和存货等资产"。相应地,与用于收购采矿权的资本性支出相关的借款费用不能资本化。

问题 1-2-10 上海黄金交易所会员资格费的会计处理

问题:

公司支付的上海黄金交易所会员资格费应如何列报?摊销年限如何确定?

背景:

2012年2月,A公司以610万元的价格从某公司受让了上海黄金交易所的会员资格证,并向上海黄金交易所支付了110万元的资格费、5万元的年会费。取得上海黄金交易所的会员资格之后,A公司可以在上海黄金交易所内进行黄金、白银、铂等贵金属交易活动。同时A公司向上海黄金交易所承诺每年的黄金交易量不得低于2吨,否则上海黄金交易所将取消A公司的会员资格。A公

司将支付给某公司的 610 万元资格证购买款和支付给上海黄金交易所的 110 万元资格费列报为"长期待摊费用",并按照 5 年期限摊销;将支付的 5 万元年会费在"管理费用"中列支。

注:上海黄金交易所是经国务院批准,由中国人民银行组建,在国家工商行政管理局登记注册的,不以营利为目的,实行自律性管理的法人。遵循公开、公平、公正和诚实信用的原则组织黄金、白银、铂等贵金属交易。交易所于 2002 年 10 月 30 日正式开业,营业期限为 50 年。

解答:

1. 购买资格证(席位费)的支出 610 万以及另外支付给上海黄金交易所的 110 万元的列报问题。

根据《企业会计准则第 6 号——无形资产》第三条规定:"无形资产,是指企业拥有或者控制的没有实物形态的可辨认非货币性资产。资产满足下列条件之一的,符合无形资产定义中的可辨认性标准:(一)能够从企业中分离或者划分出来,并能单独或者与相关合同、资产或负债一起,用于出售、转移、授予许可、租赁或者交换。(二)源自合同性权利或其他法定权利,无论这些权利是否可以从企业或其他权利和义务中转移或者分离。"

对照上述"无形资产"定义:

(1) 该会员资格(席位费)不具有实物形态,且预计可使企业在较长时间内(超过一个会计年度)获益,因此属于非流动资产。

(2) 该会员资格可以单独转让,符合可辨认性标准之(一)。

(3) 该会员资格的相关权益可获得上海黄金交易所交易所章程和相关业务规则的保障,属于合同性权利,符合可辨认性标准之(二)。

因此,该项会员资格(席位费)应确认为一项无形资产,而不是长期待摊费用。在实务中"可转让性"是区分无形资产和长期待摊费用的基本标准之一。通常理解,列报为长期待摊费用的项目,一般是不能转让的(尽管并不是所有无形资产都能够转让,但列报为长期待摊费用的项目一定是不能转让的)。

2. 摊销年限问题。

根据《企业会计准则第 6 号——无形资产》第十七条规定:"使用寿命有限的无形资产,其应摊销金额应当在使用寿命内系统合理摊销。"即,无形资产的摊销年限应当是其使用寿命,即预计受益年限。在本案例中,该资格将长期有效(只要不出现因为交易量达不到标准而被取消资格的情况),其受益年限将显著超过 5 年,因此按 5 年摊销很可能并不合适。A 公司应当根据具体情况,考虑其自身经营年限、上海黄金交易所经营年限等因素,谨慎、合理地确定受益年限。同时每一期期末应关注其是否存在减值迹象和应计提减值准备。

问题 1-2-11 山西省煤焦企业产能容量指标的列报

问题:

根据"背景"资料提供的信息,企业对于取得的焦化产能容量指标应如何列报?

背景:

《山西省人民政府关于印发山西省焦化产业调整和振兴规划的通知》(以下简称"通知")规定"申请核准焦化项目必须取得一定产能容量。产能容量可通过企业兼并、收购,政府配给以及市场购买取得。关停淘汰企业获得政府补偿的,其产能容量由政府掌握,可按比例配给特大型产能置换项目。企业和个人取得的产能容量,可通过市场进行交易。"

A 公司系山西省的焦化企业,拟上马 200 万吨焦化项目,为解决产能容量不足的问题,依据前述"通知"的规定,向其他企业购买产能容量。A 公司与产能容量持有方 B 公司签订了《产能置换合同》,置换焦化产能容量 130 万吨以及配套的相关证明文件等,置换总价款为 1.02 亿元。A 公司对于取得的产能容量指标在财务报表中的列报存在两种不同意见:一是将其作为使用寿命不确定的"无形资产"列报,不进行摊销,但在每个资产负债表日结合政府的相关政策进行减值测试;二是考虑其没有权属证明,将其在"其他非流动资产"中列报,如果在建焦化项目进展顺利,则将其列入工程成本;如果在建项目停建,则暂挂"其他非流动资产",在企业出售该容量指标时转销成本,并在每个资产负债表日结合政府的相关政策进行减值测试。

解答:

《企业会计准则第 6 号——无形资产》第三条规定:"无形资产,是指企业拥有或者控制的没有实物形态的可辨认非货币性资产。资产满足下列条件之一的,符合无形资产定义中的可辨认性标准:(一)能够从企业中分离或者划分出来,并能单独或者与相关合同、资产或负债一起,用于出售、转移、授予许可、租赁或者交换;(二)源自合同性权利或其他法定权利,无论这些权利是否可以从企业或其他权利和义务中转移或者分离。"

该准则第四条规定:"无形资产同时满足下列条件的,才能予以确认:(一)与该无形资产有关的经济利益很可能流入企业;(二)该无形资产的成本能够可靠地计量。"

根据《企业会计准则第 6 号——无形资产》的上述规定,对照本案例的具体情况,《山西省人民政府关于印发山西省焦化产业调整和振兴规划的通知》要求实施产能交易置换制度,规定"申请核准焦化项目必须取得一定产能容量。产能容量可通过企业兼并、收购、政府配给以及市场购买取得。关停淘汰企业获得政府补偿的,其产能容量由政府掌握,可按比例配给特大型产能置换项目。企业和个人取得的产能容量,可通过市场进行交易"。因此,产能容量指标可以单独交易,符合无形资产可辨认标准之(一);该指标系源于政府文件(可视作法定权利),符合无形资产可辨认性标准之(二),并且没有实物形态,属于可辨认非流动资产,因此符合《企业会计准则第 6 号——无形资产》第三条对"无形资产"的定义。同时,取得容量指标是开展焦化行业经营的必备条件,在相关项目预计未来能够盈利的情况下,可以认为其相关未来经济利益很可能流入企业;另外,该指标系外购,在产能置换协议中明确约定了转让价格,因而成本能够可靠确定。因此，符合《企业会计准则第 6 号——无形资产》第四条规定的确认为无形资产的条件。在购买方 A 公司的财务报表中，应将其单独确认为一项无形资产，而不是并入相关建设项目的成本。

根据《企业会计准则第 6 号——无形资产》第十七条规定："使用寿命有限的无形资产，其应摊销金额应当在使用寿命内系统合理摊销。"即，无形资产的摊销年限应当是其使用寿命，即预计受益年限。尽管《企业会计准则第 6 号——无形资产》承认"使用寿命不确定的无形资产"的存在，但在实务中认定一项无形资产的"使用寿命不确定"，需要非常谨慎。原则上此类无形资产的摊销年限不应超过拟上马的焦化项目的主体固定资产的使用年限。由于该项指标实际上是通过政府颁布的产业治理整顿政策而创设的，其未来价值乃至存废都取决于未来产业政策的进一步发展变化，难以合理预见，不确定性较大，因此建议在预计受益年限内摊销完毕，即摊销年限自该项目投产起，不超过项目可行性研究报告中确定的预计生产年限。

《企业会计准则第 6 号——无形资产》第十八条规定："使用寿命有限的无形资产，其残值应当视为零，但下列情况除外：（一）有第三方承诺在无形资产使用寿命结束时购买该无形资产。（二）可以根据活跃市场得到预计残值信息，并且该市场在无形资产使用寿命结束时很可能存在。"在本案例中，不排除到拟上马的焦化项目的经济寿命结束时，如果届时的行业监管政策环境与目前相比无重大变化，则仍然可以将目前取得的该项产能指标再转让给其他需要该指标的单位或个人，也就是到项目结束时不能排除该项无形资产是有残值的。但是，鉴于本案例中无形资产的摊销年限可能较长，其间产业政策、市场行情等发展变化的不确定性较大，因此也难以基于当前可获得的信息合理估计届时摊销期满时的残值。基于谨慎性的考虑，在摊销该项无形资产时，应将其净残值设定为零。

同时，在确认无形资产后的每个资产负债表日，还应当根据《企业会计准则第 8 号——资产减值》的相关规定，关注其所在资产组是否存在减值迹象。如果存在减值迹象的，应进一步进行减值测试，并就可收回金额低于资产组账面价值的差额计提减值准备。该产能指标应当与相关焦化项目的固定资产合并为一个资产组进行减值测试，并且如果计提减值准备，则计提减值准备后的账面价值不低于该指标的单独对外转让价格（如可合理确定）。

问题 1-2-12 IPO 审计中能否将前期已费用化的开发支出重新资本化

问题：

IPO 审计中能否将前期已费用化的开发支出重新资本化？

解答：

本问题中，如果前期开发支出发生时，不能合理区分其是属于研究阶段还是开发阶段，或者虽然可以确定其属于开发阶段但在这些支出发生时尚不满足《企业会计准则第 6 号——无形资产》第九条规定的资本化条件的，则应当基于当时的这一状况将开发支出费用化处理,后续即使开发成功实现预定用途,也不能再将原已费用化的开发支出再次转回予以资本化。

对于 IPO 审计等涉及多期间的审计[《中国注册会计师审计准则第 1511 号——比较信息:对应数据和比较财务报表(2010 年 11 月 1 日修订)》称为"比较财务报表"]而言,应注意按照下文附录"关注重大损失事项对损益的影响是否归入了恰当的年度或期间"中的相关指引予以处理,尤其需要注意的是:不能根据在 IPO 审计时新获取的信息任意推翻以前年度/期间所作出的、就当时实际情况和所掌握的证据而言合理的会计估计。

结论基础:

根据《企业会计准则讲解(2010)》第七章第三节中的表述:"值得强调的是,内部开发无形资产的成本仅包括在满足资本化条件的时点至无形资产达到预定用途前发生的支出总和,对于同一项无形资产在开发过程中达到资本化条件之前已经费用化计入损益的支出不再进行调整"(原书第 107 页)。

开发支出资本化时点的判断涉及高度主观性的会计估计和判断,而会计估计应当基于作出该估计的时点(一般为期末资产负债表日)实际存在的状态或者情况作出。因此,"会计估计的合理性"是针对作出该会计估计当时的具体环境和所能获取的信息而言的。如果在以前年度的资产负债表日作出会计估计时,已经综合考虑和分析了截至该资产负债表日可以获取的所有信息,则该会计估计就当时的情况而言是合理的最佳估计;如因为该资产负债表日后新出现且原先无法合理预见的情况导致最终结果不同于当初的估计,则属于期后的会计估计变更,不能仅仅据此即认为前期的会计估计存在差错。如果当初作出会计估计时,存在对当时可获取的信息的忽略或不当使用的情况,则该会计估计就当时作出该估计时的情况而言即是不合理的,应认为属于会计差错。

附:关注重大损失事项对损益的影响是否归入了恰当的年度或期间(摘自本所《首次公开发行 A 股实务手册》第八章)

由于申报财务报表报告期的时间跨度较长(至少 3 年),其间如果发生了重大的损失事项(例如索赔和诉讼事项导致的损失、资产减值损失、亏损性合同损失等),且该损失事项从最初发生到损失金额最终确定,其中间隔了相当长的时间(跨年度或跨期间),则拟上市公司和我们将会面临一个问题,即应当将该事项所导致的损失计入申报财务报表报告期内(或申报财务报表报告期期初之前)的哪一个年度或期间。

例如:申报财务报表的报告期为 2005、2006、2007 年三个完整会计年度。在 2004 年,拟上市公司与被担保方和银行签署了担保合同,为被担保方的 1 000 万元银行借款提供保证;2005 年内,因被担保方财务状况恶化,拟上市公司计提了 50%的预计负债;2006 年内,拟上市公司被银行起诉要求承担保证责任,法院判决拟上市公司向银行偿还 1 000 万元(为简化起见,不考虑利息);2007 年内,拟上市公司在承担保证责任之后,从被担保方追回价值 200 万元的财产,至此该事项最终了结。此事项最终给拟上市公司造成的净损失为 800 万元,这 800 万元应当归属于哪一会计期间,还是应当在某些年度确认损失而在另一年度确认收益？这一事项的处理在很大程度上取决于拟上市公司和我们的职业判断，其处理结果可能会影响到拟上市公司在申报财务报表报告期内能否连续3年盈利，从而引出是否符合IPO的基本条件这一重大问题。在实务中，这是一个相当容易引起争议的领域。

对此类问题，应当根据《企业会计准则第13号——或有事项》和《企业会计准则第28号——会计政策、会计估计变更和差错更正》及其应用指南的规定进行谨慎的处理，即在申报财务报表中的每一年度/期间终了，根据截至该时点的当时实际情况和所掌握的证据，对可能发生的损失作出最佳估计，据以确定应当计入各期损益的金额；因新获取某些信息或者情况发生变化所导致的损失估计数变更参照会计估计变更进行处理，即计入估计发生变更当期的损益。尤其需要注意的是：不能根据在IPO审计时新获取的信息任意推翻以前年度/期间所作出的、就当时实际情况和所掌握的证据而言合理的会计估计。

在IPO申报财务报表审计中，如果遇到此类问题，且影响重大的，项目组应当及时履行本所的内部咨询程序。

问题1-2-13 用于建造自用房屋的土地出让金借款利息、建造期间土地使用税资本化问题

问题：

企业为取得用于建造自用房屋的土地使用权而缴纳的土地出让金的相关借款利息以及建造期间缴纳的土地使用税是否可以资本化？

解答：

1. 如果企业取得该土地使用权的目的是建造自用固定资产，则《企业会计准则第6号——无形资产〉应用指南》第六条"土地使用权的处理"规定：

"企业取得的土地使用权通常应确认为无形资产，但改变土地使用权用途，用于赚取租金或资本增值的，应当将其转为投资性房地产。

自行开发建造厂房等建筑物，相关的土地使用权与建筑物应当分别进行处理。外购土地及建筑物支付的价款应当在建筑物与土地使用权之间进行分配；难以合理分配的，应当全部作为固定资产。

企业(房地产开发)取得土地用于建造对外出售的房屋建筑物，相关的土地使用权账面价值应当计入所建造的房屋建筑物成本。"

根据上述规定，用于建造自用房屋建筑物(作为固定资产)的土地使用权，应作为一项单独的无形资产予以确认，相应地也应当考虑其是否达到"预定可使用状态"。尽管取得该土地的目的是建造作为固定资产的房屋建筑物，但相关房屋建筑物达到预定可使用状态并不是作为无形资产的土地使用权达到预定可使用状态的前提。土地使用权达到预定可使用状态的标志应该是取得土地使用权证或者被实际占用从事生产经营或者房屋建筑物建造的开始之日(以两者中的较早为准)，这一过程通常较短，因此土地使用权作为一项无形资产并不是《企业会计准则第17号——借款费用》第四条规定的"需要经过相当长

时间的购建或者生产活动才能达到预定可使用或者可销售状态的固定资产、投资性房地产和存货等资产",因此用于购置土地使用权的相关支出,包括保证金等,均不属于计算资本化利息的基数。

2. 关于建造期间土地使用税能否资本化问题,我们的意见是土地使用税不能资本化(即使是在建造期间)。其理由是:根据《城镇土地使用税暂行条例》(国务院令第483号)的规定,土地使用税是针对在城市、县城、建制镇、工矿区范围内使用土地的单位和个人,按照其实际占用土地的面积和相应的单位税额征收的税项,即更多地是与土地在取得后的持续使用相关,而不是与土地使用权的取得相关。并且,如果出现对土地使用税的拒缴、欠缴或者延迟缴纳的情况,税务机关只能依据《税收征收管理法》及其实施细则的规定采取罚款、税收保全措施等,但不能采取责令停工、不办理已建房屋产权登记等阻止房屋建筑物达到预定可使用状态的措施以对企业进行惩罚。因此,土地使用税支出不属于使土地使用权或者房屋建筑物达到预定可使用状态的必要支出,应当在发生时予以费用化,而不能资本化计入土地使用权或者房屋建筑物的价值中。

问题 1-2-14 非同一控制下企业合并中取得被购买方商标权能否作为使用寿命不确定的无形资产

问题:

根据"背景"资料提供的信息,公司能否将非同一控制下企业合并中取得的被购买方的商标权作为使用寿命不确定的无形资产核算?

背景:

A公司于2012年3月1日购买B公司100%股权(属于非同一控制下企业合并),B公司有一项商标权于基准日评估价值为9 000万元。我国法律规定的商标权有效期为10年,但该商标权在期满后可以无限期续展,且续展时只需花费较少的资金。A公司拟将该商标权作为使用寿命不确定的无形资产核算。

解答:

本案例中所涉及的商标权,法律上规定了保护期,但在期满后可以无限期续展,且续展时无需发生重大的成本,因此理论上其使用寿命可以无限延长,相应地,在会计上可以作为使用寿命不确定的无形资产。但应注意以下问题:

1. 《企业会计准则第8号——资产减值》第四条规定"企业应当在资产负债表日判断资产是否存在可能发生减值的迹象。因企业合并所形成的商誉和使用寿命不确定的无形资产,无论是否存在减值迹象,每年都应当进行减值测试",因此期末无论是否存在减值迹象,A公司均应对其进行减值测试。

2. 根据《企业会计准则第6号——无形资产》第二十一条规定,"企业应当在每个会计期间对使用寿命不确定的无形资产的使用寿命进行复核。如果有证据表明无形资产的使用寿命是有限的,应当估计其使用寿命,并按本准则规定处理。"即A公司应在每一期末资产负债表日重新评估"使用寿命不确定"的结论是否成立。例如,如果预计公司管理层将会在本次注册期满时放弃续展的,则应作为使用寿命有限的无形资产,将其账面价值在剩余的保护期限内摊销完毕。

3. 在确定该项商标权于购买日的公允价值时,应关注各项可辨认资产、负债的相对独立性,及其公允价值与被购买方整体公允价值之间的关系。通常理解,商标权、客户关系等与市场营销相关的无形资产,与专利权等技术类无形资产相比,其公允价值更多地取决于企业整体的盈利能力,因而与企业整体价值的互动性更为密切,与企业整体公允价值总体上呈现同方向变动。因此,如果一方面确认大额的商标权、客户关系等无形资产,另一方面由此导致确认大额的负商誉,则其逻辑关系很可能并不合理,可能存在难以解释的问题。实务中应避免出现这种情况。

权威指引:

《企业会计准则第 6 号——无形资产》第十六条规定:"企业应当于取得无形资产时分析判断其使用寿命。无形资产的使用寿命为有限的,应当估计该使用寿命的年限或者构成使用寿命的产量等类似计量单位数量;无法预见无形资产为企业带来经济利益期限的,应当视为使用寿命不确定的无形资产。"第十九条规定:"使用寿命不确定的无形资产不应摊销。"

《〈企业会计准则第 6 号——无形资产〉应用指南》第四条阐述了估计无形资产使用寿命应当考虑的相关因素:

(一)企业持有的无形资产,通常来源于合同性权利或其他法定权利,且合同规定或法律规定有明确的使用年限。

来源于合同性权利或其他法定权利的无形资产,其使用寿命不应超过合同性权利或其他法定权利的期限;合同性权利或其他法定权利在到期时因续约等延续、且有证据表明企业续约不需要付出大额成本的,续约期应计入使用寿命。合同或法律没有规定使用寿命的,企业应当综合各方面因素判断,以确定无形资产能为企业带来经济利益的期限。比如,与同行业的情况进行比较、参考历史经验,或聘请相关专家进行论证等。

按照上述方法仍无法合理确定无形资产为企业带来经济利益期限的,该项无形资产应作为使用寿命不确定的无形资产。

(二)企业确定无形资产使用寿命通常应当考虑的因素。

1. 运用该资产生产的产品通常的寿命周期、可获得的类似资产使用寿命的信息;

2. 技术、工艺等方面的现阶段情况及对未来发展趋势的估计;

3. 以该资产生产的产品或提供服务的市场需求情况;

4. 现在或潜在的竞争者预期采取的行动;

5. 为维持该资产带来经济利益能力的预期维护支出,以及企业预计支付有关支出的能力;

6. 对该资产控制期限的相关法律规定或类似限制,如特许使用期、租赁期等;

7. 与企业持有其他资产使用寿命的关联性等。

问题 1-2-15 以非货币性资产出资设立子公司或对子公司增资的问题——以账面价值为零的无形资产出资

问题：

以账面价值为零的无形资产出资设立子公司时如何进行账务处理？

解答：

1. 子公司个别报表层面的处理。

根据《企业会计准则讲解（2010）》第七章"无形资产"（原书第104页）中"投资者投入的无形资产的成本，应当按照投资合同或协议约定的价值确定，在投资合同或协议约定价值不公允的情况下，应按无形资产的公允价值入账"的规定，对于股东投入的无形资产应按照评估值入账。另外，依据工商部门验资的需要也应如此处理。

如果母公司投入的是一批资产，而且这批资产构成业务的话，则子公司理论上需要参照同一控制下企业合并进行会计处理。但如果在现实中这样处理，在存在评估增值的情况下，如果按照评估值确定子公司注册资本和实收资本的增加额，则很有可能导致在会计上子公司资本公积为负数，存在出资不实的疑虑，故一般在子公司单体报表层面还是应该按照评估值入账。

2. 母公司个别报表层面的处理。

（1）如果该交易对母公司而言具有商业实质，则母公司长期股权投资成本应按照投出资产公允价值确认，同时将视同处置一项账面价值为零的无形资产的收益确认为当期营业外收入：

借：长期股权投资
　　贷：营业外收入
借：所得税费用——当期所得税费用
　　贷：应交税费——所得税

如果满足递延所得税资产确认条件的，则还应编制会计分录为：

借：递延所得税资产
　　贷：所得税费用——递延所得税费用

根据现行税法的规定，以非货币性资产对外投资，除非满足财税[2009]59号文规定的特殊性税务处理的适用条件，则评估值和账面价值的差额是需要缴纳所得税的，故会产生一部分可抵扣纳税差异，如果预计在可预见未来很可能转回差异且转回时有足够的应纳税所得额，应该确认递延所得税资产的。

（2）如果该交易对母公司而言不具有商业实质，则长期股权投资成本应确认为零，所得税会计处理如以上（1）所述。

3. 合并报表层面的处理。

根据《企业会计准则讲解（2010）》第三十四章"合并财务报表"（原书第581

页)规定"企业以非货币资产出资设立子公司或对子公司增资,在编制合并财务报表时,需要将该非货币资产调整恢复至原账面价值,并在此基础上持续编制合并财务报表。"

因此在编制合并报表时,该项无形资产应当还原到其在母公司个别报表层面的原账面价值(零值)。编制抵销分录时的处理如下:

(1) 如果在母公司个别报表层面按照具有商业实质处理的,则抵销分录为:

借:营业外收入
　　贷:无形资产
借:累计摊销
　　贷:年初未分配利润
　　　　管理费用
借:实收资本/资本公积
　　贷:长期股权投资

(2) 如果在母公司个别报表层面按照不具有商业实质处理的(投资成本为零),则先把子公司个别报表层面的该项无形资产价值与接受投资时确认的实收资本、资本公积等抵销,再把子公司报表层面的摊销金额冲回,具体抵销分录为:

借:实收资本/资本公积
　　贷:无形资产
借:累计摊销
　　贷:年初未分配利润
　　　　管理费用

4. 关于母公司出资设立子公司是否具有商业实质的讨论。

虽然在以非货币性资产出资设立子公司后,母公司从原先直接持有非货币性资产变为持有子公司的股权,相应地取得现金流量的方式从直接取得该资产产生的经营现金流变为通过子公司分配股利取得现金流,但是子公司分配股利的现金来源(基础现金流)仍然是该资产产生的经营现金流。一般认为,出资设立全资子公司是不具有商业实质的,另外如果出资设立非全资子公司,而少数股东只是出资金的话,一般也会被认为不具有商业实质,理由如下:

只要用于出资的资产在交易前后都在母公司的控制范围内,该资产运用的方式(产生未来现金流量的方式、金额和时间)就预计不会发生重大的变化,相应地,在母公司的主导和控制下,归属母公司的未来现金流量也不会发生重大的变化。其他股东投入的现金通过在经营中的运用,也可以产生现金流,这部分增加的现金流有大部分可由母公司享有,从而对母公司减少的现金流(原先的经营性资产产生的现金流归属母公司的份额的减少)起到一定补偿作用,但这部分发生变化的现金流并不是与资产相关现金流的主体,没有对现金流产生根本性的影响,所以总体上看还是不具有商业实质的可能性较大。

而在某些情况下,母公司将非货币资产投入非全资子公司也可能具有商业实质,例如:

(1) 母公司(集团)将非货币资产投入下属的已上市子公司,实现集团经营业务的整体上市。由于母公司以原先持有的非上市经营性资产换取了上市公司的股权,而上市公司股权的估值方法、估值结果、价值波动性、流通性等与非上市资产存在重大差异,因此具有商业实质。

(2) 母公司以非货币资产投入非全资子公司,同时引入的少数股东在技术、市场、管理、品牌等方面具有特殊的优势,能显著提升资产的运用效率和盈利能力,从而增加资产的未来现金流量,或者改变其时间和风险程度。因此在此种情况下也具有商业实质。

问题1-2-16 划拨土地是否属于使用寿命不确定的无形资产

问题:

划拨土地是否属于使用寿命不确定的无形资产?

解答:

根据《划拨用地目录》(2001年国土资源部令第9号)相关规定,划拨用地的取得是基于特定的项目用途,即企业以划拨方式取得土地更多地是与特定的建设项目用途相关,且划拨土地只能自用,不能以转让、出租、对外投资等方式处置,到项目结束后,该项划拨土地将会被政府再次无偿收回。因此,该土地实际的使企业受益的年限是该项目的预计经济寿命(以该土地上建造的房屋建筑物的折旧年限为代表),并不是"使用寿命不确定的无形资产"。因此,对于企业取得划拨土地使用权时承担的拆迁补偿、青苗补偿等费用,建议列报为一项长期待摊费用,在该土地上的房屋建筑物的折旧年限内摊销,计入各期损益。

对于此问题的处理,《企业财务通则》第五十六条的规定也可作为证明。该条规定的原文如下:

企业进行重组时,对已占用的国有划拨土地应当按照有关规定进行评估,履行相关手续,并区别以下情况处理:

(一)继续采取划拨方式的,可以不纳入企业资产管理,但企业应当明确划拨土地使用权权益,并按规定用途使用,设立备查账簿登记。国家另有规定的除外。

(二)采取作价入股方式的,将应缴纳的土地出让金转作国家资本,形成的国有股权由企业重组前的国有资本持有单位或者主管财政机关确认的单位持有。

(三)采取出让方式的,由企业购买土地使用权,支付出让费用。

(四)采取租赁方式的,由企业租赁使用,租金水平参照银行同期贷款利率确定,并在租赁合同中约定。

企业进行重组时,对已占用的水域、探矿权、采矿权、特许经营权等国有资源,依法可以转让的,比照前款处理。

由此可见,对于划拨土地,可以不纳入企业资产管理,但企业应当明确划拨土地使用权权益,并按规定用途使用,设立备查账簿登记。

财政部企业司编《企业财务通则解读》对该条规定的解读如下：

[解读]本条是关于企业重组中国有资源财务处理的规定。

(一) 土地使用权管理的规定

根据《土地管理法》的规定，国家依法实行国有土地有偿使用制度。建设单位使用国有土地，应当以出让等有偿使用方式取得。以出让等有偿使用方式取得国有土地使用权的建设单位，按照国务院规定的标准和办法，缴纳土地使用权出让金等有偿使用费和其他费用后，方可使用土地。

在进一步贯彻落实《国有企业改革中划拨土地使用权管理暂行规定》(1998年原国家土地管理局令第8号)的基础上，国土资源部印发了《关于加强土地资产管理促进国有企业改革和发展的若干意见》(国土资发[1999]433号)。根据这些规定，国有企业改革时，经土地行政主管部门批准，可以采用不同的土地资产处置方式和管理政策：

1. 在涉及国家安全的领域和对国家长期发展具有战略意义的高新技术开发领域，国有企业可继续以划拨方式使用土地。

2. 对于自然垄断的行业、提供重要公共产品和服务的行业，以及支柱产业和高新技术产业中的重要骨干企业，根据企业改革和发展的需要，主要采用授权经营和国家作价出资(入股)方式配置土地，国家以作价转为国家资本金或股本金的方式，向集团公司或企业注入土地资产。

3. 对于一般竞争性行业，应坚持以出让、租赁等方式配置土地。非国有资本购买、兼并、参股原国有企业时，可将企业原划拨土地评估作价后同其他国有资产一并转为国有股，逐步通过股权转让变现；也可分割出与企业净负债额相当的土地转为出让土地，参与企业整体拍卖和兼并，剩余土地，购买方或兼并方有优先受让权和承租权。

4. 对承担国家计划内重点技术改造项目的国有企业，原划拨土地可继续以划拨方式使用，也可以作价出资(入股)方式向企业注入土地资产。

对其他采用成熟技术进行产品更新和技术改造的国有企业，可将原使用的划拨土地按出让方式处置，土地收益可暂留企业作为应付账款，全额用于技术改造，并参照技改贷款方式进行管理。

(二) 企业重组中土地资产的处理

国家土地资产如何处置，是企业重组中的一个比较普遍的重大问题。根据国家有关法律法规和政策规定，结合企业重组的实际情况，在企业重组中，土地资产的处理主要有以下几种方式：

1. 划拨。国有企业重组过程中，经国家批准可在不超过5年的期限内继续保留划拨用地。采取划拨方式使用的土地，企业可以不纳入企业资产管理，但应当按规定用途使用，并设立备查账簿登记。对于根据财政部、原国家土地管理局、原国家国有资产管理局下发的《关于认真抓紧做好清产核资中土地清查估价工作的紧急通知》(财清[1995]14号)，企业通过清产核资，按照土地估价确认价值的50%入账的，继续按照原有规定执行，不需账务调整。

注：根据《财政部关于国有企业清产核资中土地估价有关财务处理问题的

通知》(财工字[1995]108号)和此处所提到的财清[1995]14号文的规定,在20世纪90年代的全国性国有企业清产核资中,为了建立基准地价制度和"显化"国有资产等目的,要求企业将通过行政划拨方式依法无偿取得的土地,企业应按确认、批复后的价值,经清产核资机构会同同级财政部门批准后,作增加固定资产处理,同时增加国家资本公积金。企业占用的行政划拨土地在估价入账后,应在固定资产中单独反映,不计提折旧。这就是以往国有企业将划拨土地估价入账的政策依据。但是,这些文件仅适用于国有企业清产核资这一特定场合,且财工字[1995]108号文已于2006年3月30日被《财政部关于公布废止和失效的财政规章和规范性文件目录(第九批)的决定》(财政部令第34号)宣布失效,因此不能作为一般情况下企业将划拨土地估价入账的政策依据。

2. 作价入股。在土地估价的基础上,经批准将国有土地使用权作价投资的,应缴纳的土地出让金应当与其他国有净资产一并折股,相应增加重组后企业的国有股份。这部分国有股份,应当由企业重组前的国有资本持有单位或者主管财政机关确认的单位持有。

3. 出让。在实际操作中,根据持有单位的不同,出让方式存在两种不同的形式。一是由重组前的原企业向国家缴纳土地出让金,取得一定年限的国有土地使用权,由该企业以土地使用权向重组后的新企业投资入股。二是由重组后的新企业直接向国家缴纳土地出让金,取得一定年限的土地使用权,土地使用权由使用的企业作为无形资产管理。

4. 租赁。国有企业重组为非国有企业,企业原划拨土地使用权除采取出让方式处置外,也可以采取租赁方式处置。租赁使用土地,由企业按照不低于银行同期贷款利率的水平支付租金,并在租赁合同中约定。

(三)其他国有资源的处理

根据《矿产资源法》、《海域使用管理法》等法律、行政法规的规定,国家实行探矿权、采矿权、海域等资源有偿取得的制度。此外,还有一些特许经营权,如高速公路边上的广告经营权、药品经营权等特许经营权,也属于国有资源范畴,需实行有偿使用。对于这些可以依法转让的国有资源,企业进行重组时,比照土地使用权处置的方式进行处理。

第三节 资产减值的相关问题

问题1-3-1 存货减值准备的计提

问题:

基于下文"背景"资料,A公司对于存货跌价准备的考虑是否合适?

背景:

A公司主要从事鸡和鸭的屠宰,因公司产品细分到分部位进行销售,在分配成本的时候按各部位的当月的销售价格进行加权平均,确定可对外销售的各部分的生产成本。因为客户对各部位产品需求不一致(比如肯德基只需要鸡腿),导致部分产品销售滞后,部分产品会出现价格波动(如出现某些部位积压,会导致降低出售价格)。为避免出现存货虚增的情况,对期末存货按单项产品(各部位)测算存货跌价准备。由于存货的周转期一般在15日以内,取期后20日的均价作为可实现的销售价格测算存货跌价准备。

解答:

根据《企业会计准则第1号——存货》第十八条规定:"企业通常应当按照单个存货项目计提存货跌价准备。对于数量繁多、单价较低的存货,可以按照存货类别计提存货跌价准备。与在同一地区生产和销售的产品系列相关、具有相同或类似最终用途或目的,且难以与其他项目分开计量的存货,可以合并计提存货跌价准备。"

根据《企业会计准则讲解(2010)》第二章第四节:"确定存货可变现净值时,应当以资产负债表日取得最可靠的证据估计的售价为基础并考虑持有存货的目的,资产负债表日至财务报告批准报出日之间存货售价发生波动的,如有确凿证据表明其对资产负债表日存货已经存在的情况提供了新的或进一步的证据,则在确定存货可变现净值时应当予以考虑,否则,不应予以考虑。"

本案例中,根据"背景"资料信息,由于不同产品所面向的销售对象和销售方式都有较大差异,因此不符合准则所述的将各部位产品作为一个整体计提跌价准备应满足的条件,应当按单项产品为单位计提跌价准备。同时,由于存货周转期短,期后哪些部位的产品会削价销售一般在资产负债表日可以合理预见到,所以期后1个周转期内的实际销售价格可以认为是"有确凿证据表明其对资产负债表日存货已经存在的情况提供了新的或进一步的证据"。故可以利用资产负债表日后(约1个周转期左右)的售价作为各单项产品计提跌价准备的依据。

问题 1-3-2 基于某个技术进行生产的产品已停产时该无形资产的减值问题

问题:

基于某个技术(在"无形资产"中核算)进行生产的产品已停产,但在该技术基础上研发新技术时,如何考虑该项原有无形资产的成本结转和减值问题?

背景:

2010年,A公司对与X技术相关的无形资产按产量进行摊销的方法;2010年度摊销与X技术相关的无形资产61 725 600.00元,并将其计入产品销售成本等科目。2011年度,A公司直接从其他生产企业外购与X技术相关的产品进行销售,而未销售使用A公司自己拥有的与X技术相关的无形资产所生产的产品(预计今后也不会再生产X技术相关产品)。故2011年度无形资产未摊销。同时，A公司在X技术的基础上研究开发Y技术，截至2011年12月31日与Y技术相关的研发支出为1 176 334 300.00元。

解答：

根据《企业会计准则第6号——无形资产》第十七条第三款规定："企业选择的无形资产摊销方法，应当反映与该项无形资产有关的经济利益的预期实现方式。无法可靠确定预期实现方式的，应当采用直线法摊销。"

在本案例中，2010年对与X技术相关无形资产按照产量法摊销。假设这一摊销方法是合理的，则意味着管理层判断该等无形资产经济利益的实现途径完全是通过相关产品的生产和销售，没有考虑该技术的后续进一步开发（否则应当把该无形资产的摊销额分配一部分到后续技术的研究开发成本中，而不是全部计入产品的生产成本）。而2011年随着策略的改变，不再使用X技术相关无形资产生产产品，从而导致原先按产量法摊销的做法不再适用。在此情况下，对于原先的X技术相关无形资产的现有账面价值的处理，应当考虑以下因素：

1. 后续的Y技术等技术开发的立项，以及其基于X技术相关无形资产的总体架构设计，是在何时确定下来的？是否在2010年还在使用原X技术相关无形资产生产产品时，就已经确定下来？如果是，为何在原先确定X技术相关无形资产的摊销方案时未考虑？

（如果是，则说明2010年确定的"完全基于产量法的摊销方案"并未真正完整地反映出其中所含的未来经济利益的实现方式，可能表明2010年的会计处理存在前期差错。）

2. Y技术等新研制的相关技术在多大程度上系基于X技术相关无形资产？即，两者的技术上的继承关系的程度如何？是否原X技术的几乎所有核心技术都在Y技术中保留下来，并且成为Y技术的核心技术？即，如果没有现在的X技术，则后续的Y技术等相关技术的研究开发几乎是不可能实现的？开发X技术是否为开发Y技术的必经阶段？

［这一条主要是判断X技术和Y技术等研发项目的相关性，以及现有的X技术的相关无形资产是否为后续研发的必要前提和基础。对此问题，应向行业内的独立专家咨询。如果X技术相关无形资产只有很小部分在Y技术中被沿用下来，Y技术的很多核心技术都是全新开发的，则在X技术相关产品目前已经停产的情况下，该无形资产能够带来的经济利益已经大大减少，可能需要对其单独计提减值准备。如果Y技术与X技术具有较高程度的继承性，即Y技术基本是在X技术的核心技术基础上构建起来的，则事实上X技术相关无形资产和Y技术的开发支出属于同一个资产组，应把现有X技术相关无形资产的账面价值转入Y技术的开发支出中（即，自使用X技术的产品停产之日起，不再将X技术作为一项单独的无形资产予以确认），作为一个整体测算未来现金流量，考虑其减值问题。］

3. Y技术等研发目前进展如何？对照《企业会计准则第6号——无形资产》第九条规定的自行研究开发支出资本化的五项判断标准，Y技术等研发项目何时达到资本化条件?

[这一条的潜在影响有两点:一是如果尚未达到资本化条件,则转入 Y 技术等研发支出的 X 技术相关现有无形资产的成本也只能费用化,不能资本化;二是如果已经达到资本化条件,则按照《企业会计准则讲解(2010)》第 129 页中的要求,对于尚未达到预定可使用状态的研发中无形资产必须在每期期末进行减值测试,此时如果将大额的前期无形资产成本资本化计入开发支出,会大大增加对资本化研发支出计提减值准备的风险。]

4. 按照 A 公司对其他类似技术的处理原则,假设不存在像本案例中的 X 技术这样的相关产品已经完全停产的情况,对于存在继承性的技术,后续技术所形成的无形资产的成本中是否都会包含作为其研发基础的原有技术相关无形资产的一部分摊销额? 如果是,则原有无形资产的摊销额如何在产品生产成本和后续技术研发支出这两部分之间分配?

总之,无论如何,在现有产品已经停产的情况下,按产量法继续摊销 X 技术相关无形资产已经丧失了合理的基础,可能接受的处理方法,或者是对现有的 X 技术相关无形资产计提减值准备;或者是将其成本转入 Y 技术的研发支出中,并根据目前 Y 技术研发项目的所处阶段确定是资本化还是费用化处理,如果资本化的,则需按照《企业会计准则讲解(2010)》第 129 页中的有关要求,在 Y 技术的研发完成之前,每年对 Y 技术的资本化研发支出进行减值测试。

问题 1-3-3 对于按"上大压小"政策即将关停的发电机组减值的考虑

问题:

基于下文"背景"信息,A 公司应如何考虑按"上大压小"政策即将关停的一期发电机组的减值?

背景:

A 公司为热电联产、集中供热、全面实现资源综合利用的热电公司。一期工程机组装机容量 200 MW,安装 4 台 50 MW 空冷抽气供热机组。2011 年 3 月 11 日,国家能源局批复同意 A 公司二期"上大压小"扩建项目开展前期工作,二期竣工投入使用后,相应关停一期工程机组。

二期工程于 2011 年 3 月开工建设,预计 2013 年竣工投入使用。届时一期机组将相应关停。

解答:

根据《企业会计准则第 8 号——资产减值》第五条规定,"资产已经或者将被闲置、终止使用或者计划提前处置"是资产的减值迹象之一。根据该准则第六条规定:"资产存在减值迹象的,应当估计其可收回金额。"因此,A 公司应当于 2011 年年末资产负债表日,对原有的一期机组考虑其未来的账面价值可收回性问题,谨慎计提减值准备。一期机组的未来经济利益流入包括在 2013 年关停之前正常发电可为企业带来的净利润(加回折旧)以及 2013 年关停时的处置残值。如果关停时能够向其他电厂转让上网电量指标,并且被转让的指标和被关停的机组两者存在直接的联系,则在计算该机组的可收回金额时可以把转让上网电量指标可能获得的转让价款一并纳入考虑[参见:《计学撮要(2011)》"非经常性损益认定的相关问题"之问题 2(转让上网电量指标的收入的性质认定),见原书第 407~408 页]。

在实务中,假设一期机组在正常运营过程中未发生亏损情况,则应通过计提减值准备,将一期机组的账面价值减记到以下金额之和:①该机组在关停前的剩余使用年限内按正常的折旧率计算的应计折旧额;②预计关停时的残料变价净收入;③因机组关停而可以一次性对外转让被关停机组上网电量指标的收入(如有)减去因机组关停导致的该机组原有职工安置支出(如有)。

根据《企业会计准则第 8 号——资产减值》规定,对于除商誉和使用寿命不确定的无形资产以外的其他非流动非金融资产,应当在发现减值迹象时进行减值测试。因此,如果存在减值迹象但又不计提减值准备的,则必须提供关于经减值测试后认为可收回金额仍高于账面价值的相关证据。

另外,由于一期机组与其所在的房屋建筑物和所占土地可能构成一个资产组(但因为目前仍在使用中,故不属于持有待售非流动资产,所以不是《企业会计准则解释第 1 号》第六条所定义的"处置组"),因此在进行减值测试时,也可能可以将相关土地、房屋等的后续出售、继续使用等处置方案的影响纳入考虑。

问题 1-3-4 在建工程预付款项的减值问题

问题:

企业对在建工程,或者预付的用于购建非流动资产的款项,在承建商或供应商进入破产重组程序时,应如何考虑其减值问题?

背景:

A 公司(航运公司)以前年度与 B 公司(造船厂)签订建造集装箱船舶的合同,B 公司为 A 公司建造 9 条集装箱船舶。合同约定 2008 年启动造船,2009 年 12 月 31 日之前交付船舶。B 公司截至 2010 年 12 月 31 日仅交船 3 条,截至 2011 年 12 月 31 日另 3 条船已经开工但尚未交付,其余 3 条船尚未开工。A 公司已经预付造船款 5 914.90 万元。

由于 B 公司过度激进扩张,资金链断裂,目前处于停工状态。2011 年 11 月,A 公司已对 B 公司提起诉讼。由于 B 公司申请破产保护程序,当地政府以积极的心态希望 B 公司能进行重组,A 公司随即撤诉并向破产管理小组进行债权申请(申请金额约 7 000 万元),截至 2012 年 1 月 16 日,A 公司未收到破产小组对债权的确认资料。第一次债权人大会于 2012 年 3 月 6 日召开。A 公司的该债权并无任何优先受偿的权力,也无财产保全措施。

解答:

就在建船舶及其相关的预付款项而言,其同时面临来自两个方面的减值风险:①承建商的信用风险,即承建商能否按照约定交付所订购的船舶,本企业预付的造船款能否安全收回；②标的物本身的未来现金流量不足以保证其账面价值可回收的风险。上述两点中，①是尚未交付或者尚未完成的在建项目特有的风险；②是与同一资产组内的其他已投入运营的船舶的减值风险性质相同的风险。

在本案例中，在建的3条船存在减值风险的主要原因是来源于承建商的信用风险，即承建商能否按照约定交付该3条船舶，A公司预付的造船款和其他已申报的破产债权能否安全收回的问题。因此，该3条已开工的在建船舶的减值风险特征与同一资产组（同一类型、同一运营模式的船舶的总和）内的其他已投入运营的船舶的减值风险在性质上存在实质性的差异。考虑到这一风险特征的实质性差异，不能将其与同一类型的已运营船舶作为一个整体考虑减值测试问题，而是应对其单独进行减值测试。在信用风险测试方面，应当把尚未交付的船舶所对应的预付造船款以及在建工程作为一个整体予以考虑，因此在当前B公司已启动破产保护程序，因而信用风险为主要减值风险来源的情况下，将预付造船款由"在建工程"转出，计入"其他应收款"，并单独测试坏账准备（属于单项金额重大的应收款项）。

但是，如果预计最终恢复履行合同并最终交船的可能性较大，则不必将预付造船款从在建工程转到其他应收款核算，而是转为"其他非流动资产"列报，以体现出该笔款项仍然是为了购建非流动资产而预付的款项，应属于非流动资产。一旦重组有进展，相关造船工程恢复时，应尽早转回在建工程科目核算。

在财务报表附注中，应当对该交易的事实背景、计提减值准备的主要考虑等作出充分披露。

问题 1-3-5 对《企业会计准则》中关于坏账准备政策的理解

问题 1：

根据《企业会计准则22号——金融工具确认与计量》以及《企业会计准则讲解（2010）》第329~330页中的说明，对应收款项减值损失的计量方式为：对单项金额重大的金融资产单独进行减值测试，如有客观证据表明其已发生减值，应当确认减值损失，计入当期损益，同时已单项确认减值损失的金融资产，不应包括在具有类似信用风险特征的金融资产组合中进行减值测试。

据此，是否应当理解为对单项金额重大的金融资产只要测试发生减值，不管减值金额的大小（甚至只有1元），均可以不再包含在有类似信用风险特征的金融资产组合中进行减值测试（可能包含在有类似信用风险特征的金融资产组合中进行减值测试结果会大于单独测试的结果）？

解答：

坏账准备是对应收款项的可回收性的会计估计。无论会计估计的方法如何，其目标都是客观反映应收款项的可收回性。就坏账准备的会计估计而言，个别认定法是最基本的坏账准备计提方法，组合计提方法仅仅是对笔数多、单笔金额小的应收款项，基于成本效益原则和概率论中的大数原理而采用的一种简化技术方法。因此,对于已经在个别(单独)测试中计提过坏账准备的应收款项,就无需再将其纳入有类似信用风险特征的金融资产组合中进行减值测试。

问题2:

根据《企业会计准则22号——金融工具确认与计量》以及《企业会计准则讲解(2010)》第329～330页中的表述,对应收款项减值损失的计量方式为:单独测试未发生减值的金融资产应当包括在具有类似信用风险特征的金融资产组合中再进行减值测试,同时在金融资产采用组合方式进行减值测试时应当注意,单独进行减值测试但发现没有减值的资产和没有单独进行减值的资产两者之间,损失率是不同的,因而应分别确认减值损失,如果企业没有具有类似信用风险特征的金融资产,不需要进行额外的减值测试。

在此先假设被审计单位按照账龄划分信用风险特征,据此是否应当理解为:①组合方式测试应当分为单独进行减值测试但发现没有减值的资产和没有单独进行减值的资产两类,分别确定坏账准备计提比率?如果应当的话,单独进行减值测试但发现没有减值的资产既然都没有减值了那么它的损失率如何鉴定?同时是否需要对附注中的会计政策进行修订调整?据了解现有的会计政策基本上没有考虑这一部分;②讲解中提到如果企业没有具有类似信用风险特征的金融资产,不需要进行额外的减值测试,仍旧以被审计单位按照账龄划分信用风险特征为例,是否意为:对于单独进行减值测试但未发现减值的资产,如果没有与之对应(可归入同一信用风险组合)的不单独进行减值测试的资产,那么就不用进行额外的减值测试?如果是,则在此情况下应以何种基础测算确定减值金额?

解答:

单独测试未发现减值的应收款项表明其自身不存在减值,如果将其视为一个组合,则该组合的坏账准备计提比例应为零。因此没有必要作进一步的组合减值测试。

对于准则讲解中提到的"单独测试未发生减值的金融资产应当包括在具有类似信用风险特征的金融资产组合中再进行减值测试",应注意正确理解组合计提方式的本质。在会计核算中,根据《企业会计准则第22号——金融工具确认和计量》及其应用指南的相关规定,个别认定法是对应收款项计提坏账准备时应采用的基本方法,在可行的情况下应当优先采用。基于信用风险组合的计提方法(如账龄分析法)只是针对笔数多、单笔金额小的应收款项,在逐笔进行个别认定分析不切实可行的情况下,基于成本效益原则和概率论中的大数定律而采用的简化处理的技术方法,旨在对应收款项组合整体的可回收金额进行模拟,但总体上其结果的可靠性要小于个别认定法。组合测试只是应收款项减值测试的技术方法之一。但无论采用何种技术方法,其目标都是公允反映应收款项的可收回性。无论是否把单独测试未发生减值的应收款项纳入组合测试的基数,实际上应收款项整体的可收回性(该组合可能发生的坏账损失金额)是不会变化的。将单独测试未减值应收款项纳入或者不纳入组合测试范围,将导致相应组合的坏账准备计提比例发生相应变化:在将单独测试未减值应收款项纳入组合测试范围后,相应组合的坏账准备计提比例应当随着基数的扩大而相应降低,以保持应计提的坏账准备总额不变。

所以,是否把单独测试未发生减值的应收款项纳入组合测试的基数,将会影响到该组合的坏账准备计提比例,但理论上最终的计提金额应当不变。即:将单独测试未发生减值的金融资产再包括在具有类似信用风险特征的金融资产组合中再进行减值测试是可行的,但这并不意味着该笔款项将分担坏账损失。例如,某企业账龄在 1 年以下的应收账款中未单独进行减值测试的金额为 500 万元,根据历史经验,该企业估计这 500 万元的应收账款将发生 5% 即 25 万元的坏账损失;同时,该企业账龄 1 年以下应收账款中单独进行减值测试的应收账款为 1 000 万元,经单独测试均未发生坏账损失。此时,如果把经过单独测试未发现减值的 1 000 万元应收账款加入该"账龄组合"中,使得该组合中应收账款的余额达到 1 500 万元,但是对其整体上将发生的坏账损失金额的估计是不会发生变化的,即仍为 25 万元。此时,如果把经单独测试后未减值的应收款项并入相应的信用风险组合(此处为账龄组合)中,则该组合的坏账准备计提比例就应当相应调整为 1.67%(25÷1 500×100%),相应对该组合整体计提的坏账准备仍为 25 万元。如果按照原先针对未单独测试的应收款项估计的 5% 计提比例,对该组合内全部 1 500 万元应收账款计提 75 万元的坏账准备,则将导致坏账损失的高估,并导致该组合应收账款账面价值未能适当地反映其可收回情况,因而是不恰当的。在极端情况下,如果一个企业的应收款项由少数几笔大额款项构成,对其全部进行单独测试后均未发生减值,则即使把这些应收款项按照账龄等信用风险分类标志归为若干组合,各该组合的坏账准备计提比例也仍然应当都为零。

另外还需要注意:如前所述,组合测试的理论基础是概率论中的大数定律,即基于历史经验(该组合中应收款项的历史坏账率等信用风险状况)和其他相关信息确定的某一信用风险组合内所有应收款项整体发生坏账损失的概率和最可能金额。《企业会计准则第 22 号——金融工具确认和计量〉应用指南》的这一部分中也指出:"根据应收款项组合余额的一定比例计算确定的坏账准备,应当反映各项目实际发生的减值损失,即各项组合的账面价值超过其未来现金流量现值的金额"。从中可以看出,按照信用风险组合方法计提的坏账准备,是针对该信用风险组合内的全部应收款项(作为一个整体)的,而不是针对其中的各单笔应收款项的。续上段例子,该 500 万元的未单独进行减值测试的应收款项可能包含若干笔小额应收款项(例如,一笔 100 万元,一笔 150 万元,一笔 250 万元,共三笔),预计该组合整体将发生 25 万元坏账损失,并不表明预计每一笔未来都将分别发生 5% 的损失,所发生的损失可能仅归属于其中的部分应收款项(例如,最后一笔 250 万元的应收款项可能最后实际收回 225 万元,而另外两笔都是到期全额收回;也可能出现其他各种情况)。因此,基于组合方法计提的坏账准备是不能分解到其下各单笔应收款项的,而只能对应于该组合整体。不可以把某一信用风险组合计提的坏账准备按单笔金额比例分摊到该组合中的每一单笔应收款项。对此应予以注意。

问题3：

根据《企业会计准则28号——会计政策、会计估计变更与差错更正》以及《企业会计准则讲解（2010）》第403、第404页，对会计政策变更和会计估计变更的划分作出了规定：以会计确认是否发生变更、计量基础是否发生变更、列表项目是否发生变更为划分基础，如果其中一项发生变更即属于会计政策变更，否则属于会计估计变更，同时在会计估计列举项中第19项将与金融工具相关的公允价值的确定、摊余成本的确定、金融减值损失的确定归类为会计估计的判断。

据此，①对于被审计单位将坏账准备计提（组合类别下）比例由6.00%的余额百分比法变更为按照账龄分别计提的行为对上述三个要素均未进行更改，是否应当作为会计估计变更采用未来适用法处理？②如果被审计单位变更计提比例是由于收到控股母公司统一会计政策的需要而进行的变更，披露变化的原因应为何原因？是否能够将控股母公司统一会计政策的需要作为变更的原因？

解答：

如果仅仅是坏账准备的估计方法发生变更，但估计的结果未发生改变的，则不属于会计估计变更。

会计估计不同于会计政策。根据《企业会计准则第28号——会计政策、会计估计变更和差错更正》规定，会计估计变更应满足的条件是：或者是"企业据以进行估计的基础发生了变化"，或者是"由于取得新信息、积累更多经验以及后来的发展变化"，可以概括为两种情况："内外部环境的变化"和"计量技术的进步和经验的积累"。母子公司的会计估计没有必要强求统一。如果有证据表明母子公司的所处行业、业务模式、所面对的客户群及其风险特征等因素存在实质性差异，并相应导致应收款项的信用风险特征的实质性差异的，则母子公司可以各自使用不同的会计估计，条件是这些会计估计都是适合于母子公司各自的实际情况。因此不能以"母公司统一会计政策的需要"作为变更的原因。

问题4：

资产负债表日对于期后已经收回的款项应如何考虑坏账准备的计提？

背景：

某公司于2010年借给其他单位资金1亿元，列报为"其他应收款"，至2013年1月11日全部收回。该公司的坏账准备计提比例为：账龄1年内5%、12年10%、23年20%。在编制2012年度财务报表时，公司认为该款项已于2013年年初收回，不存在坏账风险，无需再对其计提减值准备。

解答：

此问题需要公司管理层确定该笔应收款项是属于单独进行减值测试的应收款项还是属于组合测试范围，如果属于组合测试范围，应考虑其所属的信用风险组合。

1. 如果属于单独进行减值测试的应收款项，则可以考虑该款项在资产负债表日后已经收回的事实。如果收回日距离资产负债表日很近（例如本案例中距离 2012 年年末资产负债表日只有 11 天），无证据表明债务人的财务状况和偿债能力在此期间内发生了重大变化的，则可以接受对其不单独计提坏账准备，但仍应将其并入具有类似信用风险特征的组合中，按组合方式对其所属组合计提坏账准备。

2. 如果采用组合计提的，则应进一步讨论：

（1）如果企业的坏账计提政策中规定设置一个"期后已全额收回的应收款项"组合，规定对该组合的坏账准备计提比例为零的，则可将其纳入该组合，对其坏账准备计提比例为零。

（2）如果该企业的坏账准备计提政策中规定的组合完全依据截至资产负债表日的账龄来确定，则不能以期后已将该款项收回为由，将其从计提坏账准备的该组合基数中扣除。

问题 1-3-6 合并范围内各公司的坏账准备计提方法

问题：

合并范围内各公司的坏账准备计提方法是否要统一？

解答：

《企业会计准则第 33 号——合并财务报表》第十二条规定："母公司应当统一子公司所采用的会计政策，使子公司采用的会计政策与母公司保持一致。子公司所采用的会计政策与母公司不一致的，应当按照母公司的会计政策对子公司财务报表进行必要的调整；或者要求子公司按照母公司的会计政策另行编报财务报表。"

坏账准备的计提方法和比例都属于会计估计而不是会计政策范畴。在编制合并财务报表时，要求统一母子公司的会计政策，但并未强制要求统一母子公司的会计估计。如果母子公司处于不同行业或者地区，在所经营的业务内容及其业务模式、所面对的客户群及其信用风险特征、经营策略、信用政策等内外部经济环境方面存在实质性差异的，则不同公司就同一交易或事项作出不同的会计估计（如坏账相关会计估计）是完全可能的。只要各公司均可提供出足以表明其目前使用的会计估计就其所处的特定经济环境而言属于最佳估计的合理证据，则不同公司之间的会计估计差异完全可能在合并报表中存在。

第四节　职工薪酬和股份支付的相关问题

问题 1-4-1 股份支付的判断 1

问题：

根据下文"背景"资料所述，A 公司、B 公司的股权转让是否应确认股份支付？

背景:

1. A公司内部职工于2010年12月认购本公司150万股份,认购价格为截至2010年10月31日公司账面净资产(2.2元/股);同时2010年12月战略投资者(PE)入股认购股份618万股,认购价格为15.45元/股。职工入股协议中约定公司上市前不得转让所持股份,且解除锁定后每年转让不得超过20%,无其他约定,PE入股协议中未对PE的权益给予特别的保障。

2. B公司股份制改制前,四个小股东将部分股权以1元价格转让给公司的其他高级管理人员,2010年3月份的时候公司每股净资产约10元/股,其中两个小股东已不再在公司任职。

解答:

根据上文"背景"资料判断,资料中两个案例中的股权转让均属于股份支付:

1. "背景"资料1由于员工入股协议未约定服务期限(职工入股协议中约定"公司上市前不得转让所持股份"和"解除锁定后每年转让不得超过20%"并不能够确定企业得到激励对象提供的服务且该服务使激励对象具有获取股份支付协议规定的权益工具或现金等权利,因而属于非可行权条件,不代表服务期限条件),所以相关的股份支付费用应当在授予日一次性计入当期损益(管理费用)。

该次股份支付的公允价值应按同期PE的入股价格和员工的入股价格之间的差额确定。由于PE的入股数量有618万股,占比较大(员工入股仅为150万股),并且PE入股协议中未对PE的权益给予特别保障,因此没有理由认为PE的入股价格不代表其入股时A公司的每股公允价值。所以股份支付的公允价值应当按照同期PE的入股价格和员工的入股价格之间的差额确定,即597万元[(6.18−2.2)×150]。

2. 股东向高管低价转让股权都可能构成股份支付,这里的关键是:被授予方是否在过去或者未来向公司提供了服务,而由股东代为承担股权激励相关费用。这种情况下与费用的实际承担者是大股东还是小股东是没有关系的。在"背景"资料2中,受让方均为发行人的现任员工或高管,转让方为公司的股东(至于转让方是否在公司任职,这对于判断是否构成股份支付而言并不重要),受让方低价获取发行人股权的主要依据是其员工或高管身份,因此应当认为属于股份支付。

如果小股东转让股权的真实原因是由于其在约定期限内从发行人离职,不再符合参与该股份支付计划的条件,因而需要按照原先的约定将其所持的发行人股份再转让给其他符合条件的激励对象,则应作为一项股份支付的结束和一项新的股份支付的开始。一般应按以下原则处理:

(1) 对于退出的原激励对象,应关注激励对象的退出原因,是否表明未满足当初入股时约定的服务期限条件或非市场业绩条件,或者是没有满足市场条件或可行权条件?或者其他与股份支付协议条款无关的原因。

第一,如果是由于未满足当初入股时约定的服务期限条件或非市场业绩条件而退出,则原先就该人确认的股份支付费用转回,累计费用为零。

第二,如果是由于未满足当初入股时约定的市场条件或可行权条件(但服务期限条件和非市场业绩条件均已满足)而退出,则原先已确认的相关费用不得转回,并继续确认剩余费用(可能需作为取消进行加速行权处理)。

第三,如果是由于其他原因退出,则应根据具体情况个案分析其影响。

需要注意的是:主要关注退出原因和当初约定的股份支付条件的关联性;不可采用事后倒签协议或补做文件等违反真实性原则的方式。

(2) 对于受让该等股份的新激励对象,应作为一项新的股份支付进行处理,将受让价格与受让时股份的公允价值之间的差额在新的等待期(如有)内摊销。

结论基础:

根据《企业会计准则第11号——股份支付》第二条规定:"股份支付,是指企业为获取职工和其他方提供服务而授予权益工具或者承担以权益工具为基础确定的负债的交易。"此处的"权益工具"并不仅限于股份有限公司的股票,而是泛指本会计主体或者与本会计主体同属一个合并集团的其他主体的权益工具。

"权益工具"作为一个会计概念,其定义在《企业会计准则第22号——金融工具确认和计量》第五十八条中:"权益工具,是指能证明拥有某个企业在扣除所有负债后的资产中的剩余权益的合同。"《企业会计准则解释第1号》第四条对企业发行的金融工具应当在满足何种条件时确认为权益工具给出了指引。

《企业会计准则讲解(2010)》第十二章第一节(P181)将"股份支付"的特征概括为:①是企业与职工或其他方之间发生的交易;②是以获取职工或其他方服务为目的的交易;③交易的对价或其定价与企业自身权益工具未来的价值密切相关。符合上述特征的安排均属于股份支付。

根据《企业会计准则解释第4号》第七条规定,企业集团(由母公司和其全部子公司构成)内发生的股份支付交易,接受服务企业没有结算义务或授予本企业职工的是其本身权益工具的,应当将该股份支付交易作为权益结算的股份支付处理。因此,在此处的"背景"资料2中,B公司自身没有结算义务,该交易在形式上表现为股东和激励对象之间的股权转让,但B公司作为接受激励对象所提供服务的企业,自身没有结算义务,且交易标的是B企业自身的权益工具(股份),因此对于B公司而言,应作为权益结算的股份支付进行会计处理。

问题 1-4-2 股份支付的判断 2

问题:

拟上市公司的大股东将其所持有的部分拟上市公司股份低价转让给在拟上市公司担任高管的亲属或者小股东,拟上市公司是否可以不确认为股份支付?

本问题中的"低价"是指转让价格低于标的股份于转让时点的公允价值。

解答：

不能仅仅因为受让方与实际控制人系亲属关系，或者受让方原先已是拟上市公司的股东，即认为拟上市公司可不作为股份支付处理。实际控制人需提供有关股权转让的目的、定价依据、受让人在公司内的任职和业绩情况等信息，以证明低价股权转让更多地系基于受让人与实际控制人的亲属关系或股东身份（或者平衡家族内部、股东之间的利益关系），还是更多地基于其在企业内的任职（为了补偿过去或未来其为本企业提供的服务）。如果是更多的系基于亲属关系或股东身份，则可能可以不确认为股份支付。对于若干常见情形，一般可按照以下原则把握：

(1) 实际控制人对发行人的低价增资：实际控制人兼有发行人控股股东、实际控制人和公司高管（通常任董事长）的双重身份，但其作为控股股东、实际控制人的身份显然是更为重要的方面，即其从该公司获取的经济利益主要是基于其所持股份取得的股利收入、股权转让收益等财产性收入，而不是董事费等薪酬性质的收入。因此，对于实际控制人的低价增资，一般不作为股份支付处理。

(2) 如果股东之间低价转让发行人股权主要是出于平衡各股东之间利益关系的考虑（类似于股权分置改革中非流通股股东向流通股股东以"送股"或"送现金"等方式支付股改对价，以换取流通权），与受让方为发行人提供的商品或服务无关的，也可以不作为股份支付处理。

(3) 全体股东按照接近于原持股比例的比例，以同样的低价共同对发行人增资，也可以不作为股份支付处理。

(4) 对未在发行人任职的实际控制人近亲属转让或发行股份，原则上不作股份支付，该交易多为赠与性质。

(5) 高管原持有子公司股权，整改规范后改为持有发行人股份，该交易与获取服务无关，不属于股份支付，但将其原持有的子公司股份转换为发行人股份时的作价应当公允，合理确定换股比例。对于其转换为发行人股份时的作价与所换取的发行人股份公允价值之间的差额，如果影响重大的，应作为股份支付处理。

问题 1-4-3 股份支付的判断 3

问题：

1. 如下文"背景"资料所述，加盟商低价入股 M 股份有限公司（以下简称 M 公司），M 公司是否需要确认股份支付？

2. 自然人甲为 M 公司实际控制人，同时也属高管人员，其对 M 公司的低价入股，M 公司是否应确认股份支付？

背景：

M 公司股权结构图如下。

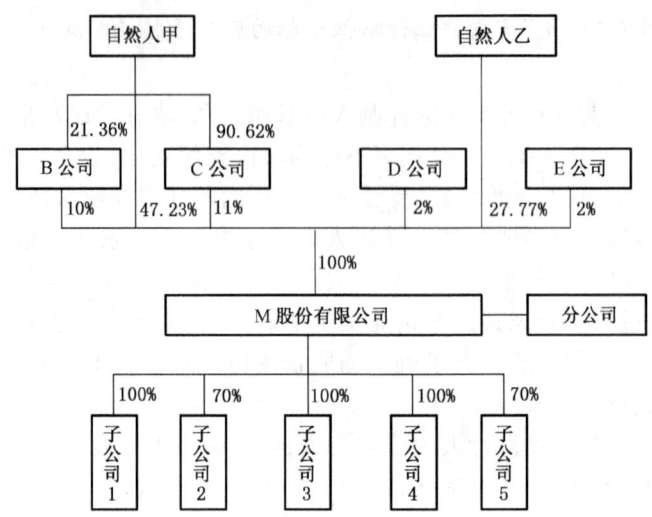

B公司、C公司股东均为企业高管人员及员工,自然人甲既为M公司实际控制人,也是M公司的高级管理人员;D公司、E公司股东均为加盟商股东,M公司是以服装销售为主的公司,加盟商是专门代理销售M公司产品的个体经销商。

2009年6月,M公司增资1 000万元,上述B、C、D、E四个公司成为法人股东。此次增资按1∶2.5比例(即每股增资价格为2.5元),其依据是2009年5月底M公司的每股净资产账面金额。四个法人股东合计出资2 500万元,产生资本溢价1 500万元。

解答:

1.《企业会计准则第11号——股份支付》第二条规定:"股份支付,是指企业为获取职工和其他方提供服务而授予权益工具或者承担以权益工具为基础确定的负债的交易。"尽管现阶段实务中的股份支付绝大多数是为了换取职工提供的服务,但是会计准则对"股份支付"概念的外延远远大于"职工薪酬的一种特殊形式"。企业邀请供应商、加盟商等低价入股,主要动机是巩固与供应商、加盟商等的业务合作关系,增加未来的经济利益流入,因此也属于股份支付准则的规范范围。根据IFRS体系下的原《国际财务报告解释公告第8号——〈国际财务报告准则第2号〉的范围》和2009年修订后的《国际财务报告准则第2号——以股份为基础的支付》,当股份支付的公允价值大于股份支付被授予方所提供的商品或服务的公允价值时,其差额应当视为一项不能单独识别的服务,M公司应将其计入损益(管理费用)处理。

如果加盟商入股M公司时,增资协议书约定必须以在未来一段时间内自M公司买断式购货超过一定数量或价值为条件,否则其所认购的股份将被M公司或其实际控制人原价回购或注销的,则该项条件就属于非市场业绩条件,此时上述股份支付的公允价值(即权益工具的公允价值与每股2.5元的入股价之差)可在约定期限内摊销,分别计入各期的损益。

权威指引:

IFRS 2(2009年修订)第13、13A段:(其中的加粗和下划线系我们为了说

明问题所加)

13 To apply the requirements of paragraph 10 to transactions with parties other than employees, there shall be a rebuttable presumption that the fair value of the goods or services received can be estimated reliably. That fair value shall be measured at the date the entity obtains the goods or the counterparty renders service. In rare cases, if the entity rebuts this presumption because it cannot estimate reliably the fair value of the goods or services received, the entity shall measure the goods or services received, and the corresponding increase in equity, indirectly, by reference to the fair value of the equity instruments granted, measured at the date the entity obtains the goods or the counterparty renders service.

13A In particular, if the identifiable consideration received (if any) by the entity appears to be less than the fair value of the equity instruments granted or liability incurred, <u>typically this situation indicates that other consideration (ie unidentifiable goods or services) has been (or will be) received by the entity.</u> The entity shall measure the identifiable goods or services received in accordance with this IFRS. <u>The entity shall measure the unidentifiable goods or services received (or to be received) as the difference between the fair value of the share-based payment and the fair value of any identifiable goods or services received (or to be received).</u> The entity shall measure the unidentifiable goods or services received at the grant date. However, for cash-settled transactions, the liability shall be remeasured at the end of each reporting period until it is settled in accordance with paragraphs 30-33.

2. 自然人甲兼有 M 公司控股股东、实际控制人和 M 公司高管的双重身份,但其作为控股股东、实际控制人的身份显然是更为重要的方面。因此,对于公司 B、C 的低价入股中,按照甲在这两个公司中所占的股权比例计算可归属于甲的部分,可以不作为股份支付处理。拆分方法是:

首先计算应归属 B、C 公司的股份支付公允价值:B、C 公司增资入股的股份数×(入股时点 M 公司的每股公允价值-2.5元);

然后将上述应归属 B、C 公司的股份支付公允价值,按照自然人甲在 B、C 公司中所占股权比例计算自然人甲应占归属 B、C 公司的股份支付公允价值,将甲应占归属 B、C 公司的股份支付公允价值从上述应归属 B、C 公司的股份支付公允价值中扣除,剩余部分的公允价值为归属于其他员工和加盟商的股份支付的公允价值,按股份支付准则处理。

问题 1-4-4 股份支付的判断 4

问题:

根据"背景"资料的信息,公司大股东对股权面值转让是否构成股份支付?

背景：

某民营企业未来拟在中小板上市。2010年5月，企业召开股东会作出决议，同意持股99%的大股东以面值将所持股份的46%转让给其他10名自然人。分别为：A 4.5万股、B 15万股、C 6万股、D 1 680万股、E 4.5万股、F 445万股、G 450万股、H 4万股、I 1 200万股、J 3万股。

解答：

根据《企业会计准则第11号——股份支付》以及《企业会计准则讲解(2010)》第十二章的相关规定(见"权威指引"部分)，判断是否存在股份支付，很重要的考虑是交易的目的是否为换取职工或者其他方提供的商品或劳务。如果是股东之间的利益平衡等原因导致按原价转让股份，则不一定被认定为股份支付。即，低价入股更多地基于激励对象作为本企业员工、供应商、客户等特定身份，还是基于其此前已具备的股东身份。尤其是：①如果股东之间低价转让发行人股权主要是出于平衡各股东之间利益关系的考虑(类似于股权分置改革中非流通股股东向流通股股东以"送股"或"送现金"等方式支付股改对价，以换取流通权)，与受让方为发行人提供的商品或服务无关的，也可以不作为股份支付；②对未在发行人任职的实际控制人近亲属转让或发行股份，原则上不作股份支付，该交易多为赠与性质；③高管原持有子公司股权，整改规范后改为持有发行人股份，该交易与获取服务无关，不属于股份支付，但将其原持有的子公司股份转换为发行人股份时的作价应当公允，合理确定换股比例。

在本案例中，共有10名受让对象，其中6名受让对象受让的股份数仅为数万股到十几万股，最多不超过15万股。如果这6名受让对象均在公司任职，且受让股份数与其在公司担任的职务基本对应的，则可认为基本属于股份支付。但有4名受让对象受让的股份数较大(D 1 680万股、F 445万股、G 450万股、I 1 200万股)，就需要考虑这些受让方与实际控制人的关系、大量股份按面值转让的目的等因素，综合判断是否属于股份支付。如果这些受让对象同时也在公司任职，但其受让的股份数与其在公司承担的职责明显不相称的，则超出与其职责对应的合理部分的其余部分，在核实转让目的的基础上，如果是基于股东之间的利益平衡或者实际控制人对其近亲属的赠与，或者原先的代持归位等，可能可以不作为股份支付。

另外需关注：对于实际控制人按面值转让股权的行为，其很可能被税务机关按照《关于加强股权转让所得征收个人所得税管理的通知》(国税函[2009]285号)、《国家税务总局关于股权转让所得个人所得税计税依据核定问题的公告》(国家税务总局公告2010年第27号)等规定核定征收股权转让所得的个人所得税。实际控制人如果未能按要求履行该项纳税义务，则将导致证监会认为实际控制人在申报期内有重大违法行为，近而导致发行人不符合IPO条件。

权威指引：

根据《企业会计准则第11号——股份支付》第二条规定："股份支付，是指企业为获取职工和其他方提供服务而授予权益工具或者承担以权益工具为基础确定的负债的交易。"

《企业会计准则讲解(2010)》第十二章第一节(原书第181页):

股份支付,是指企业为获取职工和其他方提供服务而授予权益工具或者承担以权益工具为基础确定的负债的交易。股份支付准则所指的权益工具是指企业自身权益工具,包括企业本身、企业的母公司或同集团其他会计主体的权益工具。股份支付具有以下特征:一是股份支付是企业与职工或其他方之间发生的交易。以股份为基础的支付可能发生在企业与股东之间、合并交易中的合并方与被合并方之间或者企业与其职工之间,其中,只有发生在企业与其职工或向企业提供服务的其他方之间的交易,才可能符合股份支付准则对股份支付的定义。二是股份支付是以获取职工或其他方服务为目的的交易。企业在股份支付交易中意在获取其职工或其他方提供的服务(费用)或取得这些服务的权利(资产)。企业获取这些服务或权利的目的在于激励企业职工更好地从事生产经营以达到业绩条件,不是转手获利等。三是股份支付交易的对价或其定价与企业自身权益工具未来的价值密切相关。股份支付交易与企业与其职工间其他类型交易的最大不同,是交易对价或其定价与企业自身权益工具未来的价值密切相关。在股份支付中,企业要么向职工支付其自身权益工具,要么向职工支付一笔现金,而其金额高低取决于结算时企业自身权益工具的公允价值。

问题1-4-5 法律法规对特定企业增资扩股或股权转让需经过主管部门审批的要求对股份支付授予日的确定的影响

问题:

对于依据法律法规规定,其增资扩股或者股权转让需经过有关主管部门批准的特定企业,其股份支付交易的授予日确定是否不能早于相关交易获得有关主管部门批准的日期?

背景:

某外商投资企业拟实施一项股份支付安排,主要时间节点如下图所示。

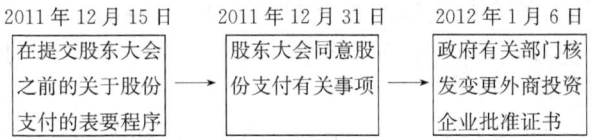

解答:

《企业会计准则讲解(2010)》第十二章第一节规定:"授予日是指股份支付协议获得批准的日期。其中'获得批准',是指企业与职工或其他方就股份支付的协议条款和条件已达成一致,该协议获得股东大会或类似机构的批准。这里的'达成一致'是指,双方在对该计划或协议内容充分形成一致理解的基础上,均接受其条款和条件。如果按照相关法规的规定,在提交股东大会或类似机构之前存在必要程序或要求,则应履行该程序或满足该要求。"尽管外商投资企业的股权转让、增资扩股等都是依法需经过商务主管部门批准的事项,但是前述"授予日"的定义和判断标准更强调企业内部审批和决策程序的执行情况。只要股权变更过程和变更后的股权结构不违反法律法规的禁止性规定,预计最终获得批准不存在重大法律障碍的,可以以股份支付计划获得公司股东大会批准之日作为授予日。

问题 1-4-6　资产负债表日年终奖预提问题

问题：

企业在资产负债表日,是否能将本年度的年终考核奖预提计入负债?

解答：

根据《企业会计准则——基本准则》及《企业会计准则第 9 号——职工薪酬》(见"权威指引"部分)规定,年终考核奖金应在同时满足以下条件的情况下,在资产负债表上确认为负债,同时计入当期费用或者相关资产成本：

1. 该年终奖所针对的考核期是已经过去的年度或期间,即属于对过去员工已经提供的服务的补偿,且根据相关的劳动合同、公司的规章制度等规定是应当支付的,即已经构成一项由过去的交易或事项导致的现时义务,且很可能将需要支付;

2. 该义务的金额可以可靠估计。为了满足这一条件,企业应提供相关的业绩考核制度和指标等资料,并结合以往的发放惯例,确定能否依据截至资产负债表日可合理获取的信息(如本报告期内实际完成的相关定量考核指标情况)合理推断出应支付及应计入本报告期损益(或者相关资产成本)的年终奖金额。对于年终奖金额与员工实际完成的定量考核指标直接挂钩的情况(如销售人员的业绩提成),相对较容易可靠估计。对于高层管理人员的年终考核,有可能需要在初步方案确定后经过董事会或类似权力机构的批准,此时如果董事会可能作出调整的自由裁量权幅度很大,导致事实上无法基于资产负债表日可获取的信息合理估计最终应支付的金额的,则可能导致这部分年终奖在资产负债表日尚不能满足"可以可靠估计"的条件;如果考核指标相对较为透明,董事会的批准主要是对其是否符合相关制度的合规性审查,调整的自由裁量权幅度较小的,或者依据历史数据、行业平均水平等可以作出合理估计的,则可能可以认为其金额是可以可靠估计的。

估计的年终奖金额与最终支付金额之间如果存在差异,且该差异是由于资产负债表日尚不存在且无法合理预见的因素导致的,则作为会计估计变更处理,将其变更影响计入后一年度的损益中。

权威指引：

《企业会计准则——基本准则》第二十三条规定：负债是指企业过去的交易或者事项形成的、预期会导致经济利益流出企业的现时义务。第二十四条规定：符合本准则第二十三条规定的负债定义的义务,在同时满足以下条件时,确认为负债：(一)与该义务有关的经济利益很可能流出企业;(二)未来流出的经济利益的金额能够可靠地计量。

《企业会计准则第 9 号——职工薪酬》的相关规定如下：

第二条 职工薪酬,是指企业为获得职工提供的服务而给予各种形式的报酬以及其他相关支出。职工薪酬包括:

(一)职工工资、奖金、津贴和补贴;

(二)职工福利费;

(三)医疗保险费、养老保险费、失业保险费、工伤保险费和生育保险费等社会保险费;

(四)住房公积金;

(五)工会经费和职工教育经费;

(六)非货币性福利;

(七)因解除与职工的劳动关系给予的补偿;

(八)其他与获得职工提供的服务相关的支出。

第四条 企业应当在职工为其提供服务的会计期间,将应付的职工薪酬确认为负债,除因解除与职工的劳动关系给予的补偿外,应当根据职工提供服务的受益对象,分别下列情况处理:

(一)应由生产产品、提供劳务负担的职工薪酬,计入产品成本或劳务成本。

(二)应由在建工程、无形资产负担的职工薪酬,计入建造固定资产或无形资产成本。

(三)上述(一)和(二)之外的其他职工薪酬,计入当期损益。

问题 1-4-7 企业负担的职工工伤医药费的处理

问题

根据"背景"资料的信息,企业负担的职工工伤医药费应从"应付职工薪酬——福利费"还是"安全生产费"中列支?

背景:

某企业为施工企业,属于《关于印发〈企业安全生产费用提取和使用管理办法〉的通知》(财企[2012]16号)规定的需计提安全生产费的单位,该企业也按照规定计提了安全生产费。2012年,该企业在施工中发生了安全事故,已支付职工工伤医药费100万元,其中保险公司赔付80万元,其余的20万元应由企业承担。

解答:

此问题应以相关规定对"安全生产费"和"职工福利费"的定义和构成内容的规定为出发点进行分析。

1. 关于"安全生产费"的定义和用途。

《关于印发〈企业安全生产费用提取和使用管理办法〉的通知》(财企[2012]16号)第三条将"安全生产费"定义为"指企业按照规定标准提取在成本中列支,专门用于完善和改进企业或者项目安全生产条件的资金"。第十九条明确规定建设工程施工企业安全费用使用范围如下:

(一)完善、改造和维护安全防护设施设备支出(不含"三同时"要求初期投入的安全设施),包括施工现场临时用电系统、洞口、临边、机械设备、高处作业防护、交叉作业防护、防火、防爆、防尘、防毒、防雷、防台风、防地质灾害、地下工程有害气体监测、通风、临时安全防护等设施设备支出;

(二)配备、维护、保养应急救援器材、设备支出和应急演练支出;

(三)开展重大危险源和事故隐患评估、监控和整改支出;

(四)安全生产检查、评价(不包括新建、改建、扩建项目安全评价)、咨询和标准化建设支出;

(五)配备和更新现场作业人员安全防护用品支出;

(六)安全生产宣传、教育、培训支出;

(七)安全生产适用的新技术、新标准、新工艺、新装备的推广应用支出;

(八)安全设施及特种设备检测检验支出;

(九)其他与安全生产直接相关的支出。

根据以上规定分析,安全生产费是用于改善安全生产条件,保证生产安全进行,而不是用于发生事故后的各项支出,故工伤医疗费用不能计入安全生产费,否则将导致挤占用于安全投入的资金额度。

2. 关于"职工福利费"的定义和列支范围。

根据《关于企业加强职工福利费财务管理的通知》(财企[2009]242号)第一条规定:"企业职工福利费是指企业为职工提供的除职工工资、奖金、津贴、纳入工资总额管理的补贴、职工教育经费、社会保险费和补充养老保险费(年金)、补充医疗保险费及住房公积金以外的福利待遇支出",第三条明确"职工福利是企业对职工劳动补偿的辅助形式,企业应当参照历史一般水平合理控制职工福利费在职工总收入的比重。"

从上述规定可以看出,职工福利费的定位是"企业对职工劳动补偿的辅助形式",属于职工薪酬的性质,但本案例中的工伤医药费是对职工因公所受伤害的补偿,是企业承担对职工的法定赔偿责任的一种形式,不属于职工薪酬,因此也不宜定性为职工福利费支出。

3. 处理建议。

根据上述分析,此处由企业承担的工伤医药费不属于安全生产费或者职工福利费的列支范围,而是更接近于"劳动保护费"的核算内容,因此建议列报为管理费用中的"劳动保护费"。如果根据企业的实际情况,此类造成重大伤害的事故属于偶发性的,也可考虑计入营业外支出处理。

问题1-4-8 取消股权激励计划的处理

问题:

根据"背景"资料的信息,讨论:

1. 公司2012年度因不满足行权条件而不确认股份支付费用,同时如果2013年度仍无法满足行权条件,则2013年也不确认股份支付费用,是否恰当?

2. 若公司在2013年3月(2012年度财务报告尚未报出)终止股权激励计

划,将对公司产生什么影响?

背景:

A公司实施股权激励计划,拟向激励对象授予308万份股票期权。授予日为2012年1月17日,授予的股票期权自授予日起满12个月后,激励对象应在未来36个月内分三期行权,每期可行权数量为授予数量的1/3。

主要行权条件:在本股票期权激励计划有效期内,以2011年净利润为基数,2012—2014年相对于2011年的净利润增长率分别不低于25%、56%、95%;相比2011年度,2012—2014年度扣除非经常性损益后的加权平均净资产收益率分别不低于9%、10%、11%。

除此之外,股票期权等待期内,归属于上市公司股东的净利润及归属于上市公司股东的扣除非经常性损益的净利润均不得低于授权日前最近三个会计年度的平均水平且不得为负。

A公司披露股权激励计划以后,面临的宏观环境和所处的行业状况发生了较大变化,2012年度经营业绩大幅下降,致使2012年"归属于上市公司股东的净利润及归属于上市公司股东的扣除非经常性损益的净利润"预计低于授予日前最近三个会计年度的平均水平,股票期权激励计划无法进入行权期。同时A公司管理层认为依据目前的经营状况,主要行权条件中的"在本股票期权激励计划有效期内,以2011年净利润为基数,2012—2014年相对于2011年的净利润增长率分别不低于25%、56%、95%"等指标无法实现,拟于2013年3月终止该股权激励计划。

解答:

中国证监会会计部组织编写的《上市公司执行企业会计准则案例解析》(中国财政经济出版社2012年10月出版)中,对类似问题的意见表述如下(见原书第33~34页。原文摘录于书中的案例分析3.3,因此其中的事实背景是针对该案例的):

(1)第一期解锁部分所对应的股权激励费用应该按照股份支付计划作废来进行会计处理,2011年度不确认与这一部分相关的股权激励费用。原因是,在2011年年底,由于未能达到可行权条件"2011年净利润较2009年增长率不低于25%"而导致职工不能解锁相应的限制性股票,这属于作废。

(2)第二期和第三期应该作为取消股份支付计划,按照加速行权处理。但是对于取消日应当确认的金额存在一定争议。一种观点认为费用应当反映取消日所有流通在外的股权激励,而无需考虑未来是否能够满足可行权条件。这是因为准则规定对股份支付计划的取消按照加速行权处理,即提早满足了行权条件,因此将剩余的授予日权益工具的公允价值全部确认在取消当期。另外一种观点认为,《国际财务报告准则第2号——股份支付》规定,"主体对于取消或结算应当作为加速行权处理,并应当立即确认在剩余的等待期间所取得服务原本应予确认的金额",这里"在剩余的等待期间所取得服务原本应予确认的金额"应反映如果不取消股份支付计划,预期在未来期间将会确认的费用金额,也就应该考虑未来是否能够满足可行权条件,根据这一估计对预期将行权的奖励数量进行调整后再计算应该确认的费用。

就本例来看,观点一认为,应当在取消日加速确认第二、第三期的费用10 500万元;而观点二认为,应当在取消日判断第二、第三期的股权激励达到业绩条件的可能性,在此基础上需确认的费用少于10 500万元。

对于该争议,财政部在2012年3月的财办会[2012]11号《关于取消股份支付计划会计处理问题的复函》中指出:

"企业在等待期内取消了所授予的权益工具(因未满足可行权条件而被取消的除外)的,应当按照《企业会计准则解释第3号》(财会[2009]8号)的规定作为加速可行权处理,即视同剩余等待期内的股权支付计划已经全部满足可行权条件,在取消所授予权益工具的当期确认剩余等待期内的所有费用"。

上述财办会[2012]11号的观点似乎更倾向于观点一,即在本例中,应当加速确认与第二、第三期的相关费用10 500万元。

从上述分析看,《上市公司执行企业会计准则案例解析》书中所述的两种观点在实务中均可采用。

针对需要讨论的两个问题:

1. 根据《企业会计准则第11号——股份支付》第六条的相关规定"完成等待期内的服务或达到规定业绩条件才可行权的换取职工服务的以权益结算的股份支付,在等待期内的每个资产负债表日,应当以对可行权权益工具数量的最佳估计为基础,按照权益工具授予日的公允价值,将当期取得的服务计入相关成本或费用和资本公积",即企业应当在等待期内的每个资产负债表日,根据服务期限条件和业绩条件中的非市场条件的预计满足情况,对授予权益工具的数量作出估计,因此,在不发生股份支付计划取消的情况下,如果已经确定服务期限条件和业绩条件中的非市场条件不能满足,或者预计未来解锁批次对应的服务期限条件和业绩条件中的非市场条件将不能满足的,则本期间可不确认股份支付的相关费用,并把前期已累计确认的与该等批次对应的股份支付费用(如有)予以转回。本案例中,第一期解锁的1/3部分所依据的业绩条件(非市场条件)是2012年的业绩,在目前已经确定基本无法达到的情况下,与第一期解锁的1/3部分对应的股份支付费用可以不确认。如果2013年度的业绩指标继续不满足非市场条件,则2013年也不确认股份支付费用。

2. 若公司2013年终止股份支付计划,则其对公司财务报表的影响应当视采用证监会《上市公司执行企业会计准则案例解析》书中所述的哪一种处理观点而定。如果采用观点一,则因为取消发生于2013年,所以应把截至取消日所有尚未解锁(等待期尚未期满)的批次对应的尚未确认的股份支付相关费用在2013年度一次性确认,而不考虑在假设不取消的情况下实际获得解锁的可能性;如果采用观点二,需要考虑在假设不取消的情况下,第二、第三期解锁的另外2/3部分最终行权的可能性,以确定是否需要在取消时加速确认剩余的相关费用。

如果采用证监会《上市公司执行企业会计准则案例解析》书中所述的观点二,在尚未确定第二、第三期的可行权条件是否满足的情况下提前将其取消,公司应当提供未来期间的盈利预测等相关证据,以对"预计未来第二、第三期的可行权条件也无法得到满足"提供充分、适当的证据予以佐证。公司管理层需要注意:

(1) 确保盈利预测等资料反映了管理层对未来盈利前景的最佳估计,即假设该计划继续实施,最终授予的权益工具数量将为零。应注意管理层用于测算未来授予权益工具数量时所依据的预测信息应与本公司及同行业其他上市公司在年报中披露的未来前景展望信息不存在重大不一致。对此问题的判断务必谨慎,因为假如2013、2014年度的业绩能够满足第二、第三期的非市场业绩条件,则目前对股份支付计划第二、第三期的取消将需要作为加速可行权处理。

(2) 2013年3月终止原股份支付计划的事项,在2012年度财务报表中应作为资产负债表日后非调整事项予以披露。由此导致的股份回购将需要履行减资程序。

如果采用证监会《上市公司执行企业会计准则案例解析》书中所述的观点一,则股份支付取消时,应把尚未确认的与第二、第三期解锁部分对应的费用一次性确认,不考虑假设不取消情况下未来实际行权的可能性,所以无需考虑未来的盈利预测。

问题 1-4-9 股票期权采用内在价值模式进行会计处理时的确认和计量问题

问题:

如下文"背景"资料所述,A公司发行未设置可行权条件的股份期权,且期权的公允价值不能可靠确定,对此应该如何进行确认和计量?

背景:

A公司于2008年1月1日向职工发出了1万份期权,每份期权可以以1元的价格购买本公司股票1股。行权时间规定为择机在未来5年之内行权,但未设置行权的前置条件。A公司股份公允价值的变化情况具体如下:参照增资时的战略投资者入股价格情况计算,2008年年初公司成立不久,每股公允价值1.5元;2009年年末每股公允价值3元;2010年年末公司每股公允价值5元;2011年10月末公司每股公允价值8元。2011年10月末,职工1万份期权行权,职工以1万元取得A公司的1万股股份。

解答:

根据《企业会计准则讲解(2010)》第十二章第二节的相关表述:

3. 权益工具公允价值无法可靠确定时的处理

在极少情况下,授予权益工具的公允价值无法可靠计量。在这种情况下,企业应当在获取对方提供服务的时点、后续的每个报告日以及结算日,以内在价值计量该权益工具,内在价值变动计入当期损益。同时,企业应当以最终可行权或实际行权的权益工具数量为基础,确认取得服务的金额。内在价值是指交易对方有权认购或取得的股份的公允价值,与其按照股份支付协议应当支付

的价格的差额。企业对上述内在价值计量的已授予权益工具进行结算,应当遵循以下要求:

(1) 结算发生在等待期内的,企业应当将结算作为加速可行权处理。即立即确认本应于剩余等待期内确认的服务金额;

(2) 结算时支付的款项应当作为回购该权益工具处理,即减少所有者权益。结算支付的款项高于该权益工具在回购日内在价值的部分,计入当期损益。

根据《企业会计准则讲解(2010)》的上述说明,对于股份支付的确认和计量,由于本案例中所授予的权益工具的公允价值不能可靠计量,故采用了内在价值进行计量。假定无等待期,在授予日按当时的内在价值 0.5 元(1.5−1)确认股份支付费用后,后续在每个资产负债表日,还须按该日的内在价值对该期权进行重新计量,重新计量的差额计入当期损益。即:

(1) 2009 年年末的账务处理(此处假设 2008、2009 年两年公允价值变动一并反映):

借:管理费用[(3−1.5)×10 000]　　　　　　　　　　　15 000
　　贷:资本公积　　　　　　　　　　　　　　　　　　15 000

(2) 2010 年年末的账务处理:

借:管理费用[(5−3)×10 000]　　　　　　　　　　　　20 000
　　贷:资本公积　　　　　　　　　　　　　　　　　　20 000

(3) 2011 年结算日的账务处理:

借:管理费用[(8−5)×10 000]　　　　　　　　　　　　30 000
　　贷:资本公积　　　　　　　　　　　　　　　　　　30 000
借:银行存款　　　　　　　　　　　　　　　　　　　　10 000
　　贷:实收资本　　　　　　　　　　　　　　　　　　10 000

经过上述会计处理后,就该项股份支付交易,在授予日到实际行权日之间的期间内,累计确认的管理费用为 70 000 元,相当于标的股票于实际行权日的公允价值(8 元/股)与行权价格(1 元/股)之间的差额与实际可行权股份数的乘积。

第五节　生产成本归集和分摊的相关问题

问题 1-5-1　研究开发过程中试制产品的成本归集和相关核算问题
问题:
对于研究开发过程中形成的可对外销售的试制品,应如何进行成本归集和相关核算?
背景:
公司 2010 年起开展了救援用运输设备的研制,2011 年 10 月形成了入库产成品。公司在领用救援设备所需材料时,以研发名义领用部分进入了"管理费用——研发费用"，一部分构成设备的材料以生产部门领用计入了生产成本。设备完工后，将生产成本中核算的各台设备成本结转库存商品。因为一部分构成设备的材料费用计入了管理费用，导致"生产成本"科目中核算的设备成本不完整。

本案例中，为了讨论方便之目的，假设把相关研究开发支出均计入"管理费用——研发费"而不予资本化的做法是恰当的。

解答：

根据财政部《关于企业加强研发费用财务管理的若干意见》（财企〔2007〕194号）第一条规定，企业研发费用（即原"技术开发费"），指企业在产品、技术、材料、工艺、标准的研究、开发过程中发生的各项费用，其所包含内容的第一项即为"研发活动直接消耗的材料、燃料和动力费用"。

因此，需要判断在2011年10月完成入库产成品时，相关研发活动是否尚未结束，是否还需要对试制产品进行进一步测试和改进等。如果这些产成品属于研发过程中的试制品，并非正常的商业化生产的产品，则其严格来说不属于《企业会计准则第1号——存货》和《企业会计准则第14号——收入》的规范范围，因为这两个准则对"存货"和"收入"的定义都强调必须来源于"日常活动"，而《〈企业会计准则第14号——收入〉应用指南》对"日常活动"的界定是"指企业为完成其经营目标所从事的经常性活动以及与之相关的活动"，因此研发活动作为旨在获取和形成知识产权等无形项目的活动，不属于日常活动的范畴。

如果明确了这些试制品是研发活动的组成部分，不属于日常活动，则其所发生的所有试制成本（包括目前在生产成本中核算的生产部门领料成本）均应转入"管理费用——研发费"，试制品对外销售时不确认收入，而是将已收或应收的销售价款冲减"管理费用——研发费"。对已入库但尚未出售的试制品不作为存货反映，而是按照其预计可变现净值列报为一项"其他流动资产"，同时应加强实物管理和台账记录。

如果这些试制品的生产实质上构成了商业化生产的一部分，而不属于研究开发活动，则其成本应当全部按照常规的成本核算流程归集和分配，并在达到预定可销售状态后按其实际成本转入"产成品"科目，在资产负债表上列报在"存货"项目中，即其生产成本不构成研发支出的组成部分。

问题1-5-2　生产不饱和期固定费用分摊的问题

问题：

对于生产淡季发生的固定性质制造费用，能否以旺季产量为基础确定分摊系数，将部分此类固定制造费用直接计入当期损益？

背景：

A公司每年的4~7月份为生产的旺季（其中7月份为最旺季），1~3月份、8~12月份为生产淡季，进入生产成本的主要固定费用为生产人员工资及车间用房屋折旧、机器设备折旧。企业在生产淡旺季之间的固定费用分摊，对不同生产期间生产中的产成品单位成本会有一定的变动幅度影响。此时,A公司能否按照最旺季(7月份)的每类产品的产量为基准,加权计算其他月份产量占基准月份的权重,从而作为分摊固定成本的基础,分摊不完的固定成本计入相关月份的管理费用?

解答:

根据《企业会计准则第1号——存货》第七条规定:"存货的加工成本,包括直接人工以及按照一定方法分配的制造费用。制造费用,是指企业为生产产品和提供劳务而发生的各项间接费用。企业应当根据制造费用的性质,合理地选择制造费用分配方法。"《企业会计准则第1号——存货》第九条规定:"下列费用应当在发生时确认为当期损益,不计入存货成本:(一)非正常消耗的直接材料、直接人工和制造费用……"

《国际会计准则第2号——存货》第13段规定:"The allocation of fixed production overheads to the costs of conversion is based on the normal capacity of the production facilities. Normal capacity is the production expected to be achieved on average over a number of periods or seasons under normal circumstances, taking into account the loss of capacity resulting from planned maintenance. The actual level of production may be used if it approximates normal capacity. The amount of fixed overhead allocated to each unit of production is not increased as a consequence of low production or idle plant. Unallocated overheads are recognised as an expense in the period in which they are incurred. In periods of abnormally high production, the amount of fixed overhead allocated to each unit of production is decreased so that inventories are not measured above cost. Variable production overheads are allocated to each unit of production on the basis of the actual use of the production facilities."(固定间接生产费用应以生产设备的正常生产能力为基础分配计入加工成本。正常生产能力,指正常生产条件下,在若干时期或季节内预计能够达到的平均生产量,其中考虑了计划维修所形成的生产能力的损失。如果实际生产水平接近正常生产能力,则可以实际生产水平为基础。分配计入各单位产品的固定间接费用额不因产量低或停工而增加。不能分配的间接费用应在其发生的当期确认为费用。在产量特别高的期间,分配计入单位产品的固定间接费用的数额将减少,从而存货不会以高于成本的金额计量。变动间接生产费用应以生产设备的实际使用程度为基础分配计入单位产品。)但是,在中国准则下,并未引入此处的"以正常产能为基础分配固定制造费用"的概念。

因此,在中国企业会计准则下,企业可以在以下两种方法中选择其一,一旦确定即成为企业的一项会计政策,应当一贯应用:

(1) 对制造费用不区分变动和固定部分,均按本月内实际发生的制造费用和实际产量为基础分配。

(2) 在一定程度上借鉴《国际会计准则第2号——存货》第13段的上述规定,对变动制造费用按实际产量为基础分配,对固定制造费用按照正常产能(而不是按照最旺季时的产能)为基础分配。对于淡季时发生的固定制造费用未分配计入生产成本的部分,因为系生产部门发生,所以应当在利润表上直接转入营业成本,而不能计入销售费用。

如果采用后一种方法,注册会计师在执行审计时,应当对制造费用中各明细项目的成本性态进行详细的分析,确定其变动/固定属性的划分是否合理,并在相当长时间内保持这种属性分类的一贯性。对于"正常产能"的计算,亦需要进行定期复核。

问题 1-5-3 联产品共同成本分配问题

问题:

如何确定联产品共同成本分配的适当基础?

背景:

公司主要从事鸡和鸭的屠宰。因公司产品细分到分部位进行销售,在分配共同成本(主要是外购活鸡、活鸭的采购成本,以及屠宰、分割环节发生的成本)时是否可以按各部位的当月的销售价格进行加权平均?

解答:

此问题的实质是如何分配联产品共同成本的问题,即使用同一原料,经过同一生产过程,同时生产出售价存在较大差异的多种产品(且各种产品的产出率保持相对稳定的比例)时,各种产品共同耗用的料、工、费成本如何在各种产品之间分摊的问题。此处不讨论各种联产品彼此分离后,各种产品单独进行进一步加工所发生成本的归集和分摊问题。

《企业会计准则第1号——存货》及其应用指南和讲解没有专门讨论联产品的共同成本分配问题,但在《企业会计准则——存货(2001)》中曾经有所提及。该准则第九条规定:"在同一生产过程中,如果同时生产两种或两种以上的产品,如联产品、主产品和副产品,并且每种产品的加工成本不能直接区分,则这些加工成本应当按照合理的方法在各种产品之间进行分配。联产品的加工成本可选用的分配方法通常有售价法、实物数量法等。在分配主产品和副产品的加工成本时,通常先确定副产品的加工成本,将其差额确定为主产品的加工成本。"

在 IFRS 体系下,《国际会计准则第 2 号——存货》第 14 段规定:"A production process may result in more than one product being produced simultaneously. This is the case, for example, when joint products are produced or when there is a main product and a by-product. When the costs of conversion of each product are not separately identifiable, they are allocated between the products on a rational and consistent basis. The allocation may be based, for example, on the relative sales value of each product either at the stage in the production process when the products become separately identifiable, or at the completion of production. Most by-products, by their nature, are immaterial.

When this is the case, they are often measured at net realisable value and this value is deducted from the cost of the main product. As a result, the carrying amount of the main product is not materially different from its cost."（同一生产过程可能同时生产一种以上的产品。联产品的生产，或既有主产品又有副产品的生产就属这方面的例子。如果每种产品的加工成本不能单独地加以辨认，那么这些成本就应按合理和一致的基础在产品之间进行分配。例如，在产品可以单独辨认或在生产结束时，可以每种产品相应的销售价值为基础进行分配。大多数副产品就其性质来说，价值不高。在这种情况下，它们通常以可变现净值计量，且该价值应从主产品的成本中扣除。这样处理的结果，主产品的账面金额与其成本不会有重大的差异。）这说明《国际会计准则第2号——存货》比较倾向于采用售价法作为分配基础。

对于联产品成本分配方法，企业可在售价法和实物数量法之间选择分配方法。作为一项会计政策，其选择的基本标准是所生成的会计信息的可靠性和相关性。在本案例中，鉴于采用售价法分配可以对不同产品的毛利率起到一定程度的均衡作用，缩小操纵空间；并且也是同行业内普遍采用的方法，有利于增强会计信息的可比性，因而是可以接受的相对较优的处理方式。一旦选定，就应当一贯地运用于所有同类或类似交易。如果确需改变的，应按会计政策变更处理。

第二章

利润类业务问答

第一节 收入确认和建造合同相关问题

问题2-1-1 租售结合的合同是否适用建造合同会计模式

问题：

如下文"背景"资料所述，在A公司合并报表层次是否应作为建造合同确认收入？

背景：

A公司下属香港子公司B公司作为船东，与C公司、D公司(租船人)签订租售合同，由A公司另一下属子公司E公司(造船厂)建造64 000吨干散货船，船体以及机械设备价值3 420万美元(合同价格的120%)。船舶在2014年1月31日或者之前交付，租期至少3年，最多10年，租金8 350美元/天，美元支付，租金采用电汇(T/T)方式支付，而且须提前每三个月支付到船东指定的银行账户中，买方每艘船须提供751 500美元的银行循环担保保函。船舶的保险价值百分比12.5%，由租家支付。

租船人购买船舶的权利和义务：从租期的第3年年末到第10年的第7个月月末，租船人提前5个月向船东发出书面通知后，可以行使船舶购买权并以以下基于相关日期的船舶合适净价购买船舶(根据该租赁合同的相关条款的约定，船东有权保留租船人支付的预付款)。在这种条件下，租船人可以委任和担保第三方的实体承租人来购买该船，第4年年末：19 435 000美元；第5年年末：18 015 000美元；第6年年末：16 485 000美元；第7年年末：14 845 000美元；第8年年末：13 095 000美元；第9年年末：11 205 000美元；第10年年末：9 175 000美元。在第10年年末，租船人有以9 175 000美元的净价购买船舶的义务(船东有权保留租船人支付的预付款)。租船人购买船舶的选择权和义务应该根据修订的1993年挪威船舶买卖合同条款来制定，并将船级证书和交易证书交付给买方。买卖合同在本租约合同执行期间由双方执行。

在合同签署时，租船人同意支付船东4 275 000美元的预付款。预付款应视为租船人在交船时履行购买船舶和买卖合同的规定义务的担保金。

解答:

根据《企业会计准则第 15 号——建造合同》和《企业会计准则解释第 3 号》第六条的规定,建造合同通常具有以下特征:①先有买主(即客户),后有标底(即资产)。建造资产的造价在签订合同时已经确定;②资产的建设期长,一般都要跨越一个会计年度,有的长达数年;③所建造的资产体积大,造价高;④建造合同一般为不可取消的合同;⑤建造合同的标的资产通常是按照客户的要求定制的非标准资产,如不做较大改动,可能只有该客户可以使用;⑥承接建造合同的企业(承包方或施工方)仅仅就其提供的施工劳务、材料和设备等获取相关报酬,不承担标的资产所有权上的剩余风险和报酬,标的资产所有权上的剩余风险和报酬(如建造完成后,标的资产本身的公允价值变动风险)由客户承担。

根据《企业会计准则第 21 号——租赁》第五条、第十条规定,融资租赁是指实质上转移了与资产所有权有关的全部风险和报酬的租赁,其所有权最终可能转移,也可能不转移;经营租赁是指除融资租赁以外的其他租赁。

因此,本案例中在判断是否适用建造合同模式和是否应作为融资租赁时,两者的关键点都在于判断与标的船舶所有权相关的主要风险和报酬在建造和租赁期间的享有和承担情况。如果标的船舶所有权上的主要风险和报酬在建造和租赁期间始终由租船方享有和承担的,则 A 公司合并报表层面在该船的建造期间可以采用建造合同模式确认收入,相应后续的租赁构成融资租赁;如果标的船舶所有权上的主要风险和报酬在建造和租赁期间系由船东方(法律上的所有权人,即 A 公司的境外子公司 E 公司)享有或承担的,则相关的租赁构成经营租赁,相应地在建造期间相当于企业在自建固定资产,A 公司合并报表层面不能按建造合同模式确认收入。也就是说,在这两个问题上得出的结论应该是互相对应而不能互相矛盾的。

一方面,从租约条款判断,租赁期最短 3 年,最长 10 年,并对每日租金标准、每年年末行使购买权时应支付的价款金额等作出了明确的约定;特别是约定租船方在第 10 年年末必须按既定价款履行购买义务。另一方面,按照此处约定的每日租金和各年年末的购买价款计算,即使租船人在第 4 年年末即行使购买权,其所需要支付的最低付款额也将达到 31 626 000 美元,即 4 年租赁期内的累计租金(8 350×365×4)+购买价款(19 435 000),假设不考虑折现因素,该金额相当于合同总价 3 420 万美元的 92.47%。在此情况下,标的船舶所有权上的主要风险和报酬已经转给租船方享有和承担的可能性还是比较大的。因此,我们倾向于认为,A 公司合并报表层面应当在建造期间按照《企业会计准则第 15 号——建造合同》进行核算和确认收入。

问题 2-1-2 垫资建设项目的收入确认问题
问题:
垫资建设项目是否可以按照建造合同模式确认收入?

背景：

A公司2011年度所承建的B发电项目为总包交钥匙工程，合同额为1.66亿元，工期大致为1年左右。合同约定建设期业主仅支付4 800万元工程款，工程所需其余资金由A公司垫付，待该项目完工验收后半年内业主再将剩余的1.18亿元工程款付清。

解答：

交易安排是否具有融资性质，并不是能否采用建造合同模式进行会计处理的决定性因素。例如，BT和BOT项目都具有融资性质，但并不妨碍相关的项目公司在建设期间按建造合同模式确认建造收入。判断一项合同是否符合建造合同模式适用条件的依据应是该合同是否符合《企业会计准则第15号——建造合同》和《企业会计准则解释第3号》第六条所确定的建造合同的基本特征，包括：①先有买主（即客户），后有标底（即资产）。建造资产的造价在签订合同时已经确定；②资产的建设期长，一般都要跨越一个会计年度，有的长达数年；③所建造的资产体积大，造价高；④建造合同一般为不可取消的合同；⑤建造合同的标的资产通常是按照客户的要求定制的非标准资产，如不做较大改动，可能只有该客户可以使用；⑥承接建造合同的企业（施工方）仅仅就其提供的施工劳务、材料和设备等获取相关报酬，不承担标的资产所有权上的剩余风险和报酬，标的资产所有权上的剩余风险和报酬（如建造完成后，标的资产本身的公允价值变动风险）始终由客户承担，因此在整个交易过程中，并不存在标的物所有权上主要风险和报酬由施工企业转移给客户的过程。同时符合上述特征的合同，可采用建造合同模式进行相关会计处理。

对于包含融资成分的建造合同，建议比照BT模式进行会计处理。BT模式是"建造合同＋融资服务"两者的结合体，这种情况在企业的经营性项目建设中也有见到，即通常所称的"带资建设"。

对具备"建造合同＋融资服务"两项特征的投资项目中投资方（兼建设方）的会计处理的基本要点是：根据《企业会计准则第15号——建造合同》在建设期间确认建造合同收入，同时根据《企业会计准则第14号——收入》和《企业会计准则第22号——金融工具确认和计量》的规定在建设期间和后续还款期间确认融资利息收入。

根据《企业会计准则第15号——建造合同》第十八条规定，建造合同采用完工百分比法确认收入应满足的一项基本条件是"在资产负债表日，建造合同的结果能够可靠估计"，而无论成本加成合同还是固定造价合同，其"建造合同的结果能够可靠估计"应满足的条件都包含"与合同相关的经济利益很可能流入企业"这一条。因此，采用建造合同模式确认收入并不是不考虑合同价款收回的可能性。如果对发包方支付合同价款的意愿和财务能力有疑问，则在对可确认的建造合同收入金额进行计量时，应谨慎考虑这一因素的影响。

问题 2-1-3 房地产公司土地一级整理有关收入确认问题

问题：

房地产公司受政府委托进行土地整理和基础设施及工建配套建设，与政府签订固定的成本加成合同，收入确认是视同为一种期限较长的商品开发，在支付施工方工程款时作为"其他流动资产"处理，在移交时视为商品销售确认收入？或者认定为一种BT模式，因该房地产公司为开发方，实际施工由他方完成，在建设期间不确认收入，移交时确认收入？

背景：

A房地产公司系国企，拟出资对1万亩土地进行土地整理和基础设施及公建配套建设，土地由国土资源部门按计划供地。由政府按土地开发整理成本并考虑一定比例的项目投资回报支付A房地产公司投入成本和收益。开发期预计为3~4年。实际施工经招投标选用施工单位进行施工。

A房地产公司开发土地项目收益，政府将于未来2~3年分期拨付，公司项目移交后，政府结算项目成本。

1. 在经济利益的金额方面：

相关的一级土地开发合同拟约定按照实际发生的成本和一定的加成率作为总价（成本加成合同），与未来的招拍挂价款没有直接联系。

2. 在经济利益的获取时间方面：

相关的一级开发合同拟承诺明确的结算时间，且该项结算时间并不以政府通过招拍挂出让土地使用权并收到土地出让金为前提。

A公司拟采用的处理方法：在建设期收到的投资回报，不确认为损益，在公司与政府结算时，统一结算收益，确认收入。

解答：

土地一级开发项目的收入确认需根据具体的合同条款确定适用的具体确认原则和方法，可能可以采用的方法包括商品销售和建造合同（含BT）两大类模式。

其中，根据《企业会计准则第15号——建造合同》和《企业会计准则解释第3号》第六条的规定，建造合同通常具有以下特征：①先有买主（即客户），后有标底（即资产）。建造资产的造价在签订合同时已经确定；②资产的建设期长，一般都要跨越一个会计年度，有的长达数年；③所建造的资产体积大，造价高；④建造合同一般为不可取消的合同；⑤建造合同的标的资产通常是按照客户的要求定制的非标准资产，如不做较大改动，可能只有该客户可以使用；⑥承接建造合同的企业（承包方或施工方）仅仅就其提供的施工劳务、材料和设备等获取相关报酬，不承担标的资产所有权上的剩余风险和报酬，标的资产所有权上的剩余风险和报酬（如建造完成后，标的资产本身的公允价值变动风险）由客户承担。土地一级开发项目是否符合上述条件，是判断其会计处理应适用商品销售模式还是建造合同模式的基本标准。

在确定土地一级开发项目具体适用何种模式时，一个重要的考虑因素就是政府是否对公司可获取的收益金额及其收取时间给予了较高程度的保障,从而使公司事实上不承担与标的资产(土地)所有权和使用权相关的剩余风险和报酬,包括以下方面:

1. 在经济利益的金额方面:公司因承接一级开发项目所能够获得的收益与未来该土地的招拍挂价款之间的关联程度。这两者之间的关联程度越高,则表明采用销售商品模式确认收入的可能性越大。

如果相关的一级土地开发合同约定固定的包干总价(固定造价合同),或者明确按照实际发生的成本和一定的加成率作为总价(成本加成合同),与未来的招拍挂价款没有直接联系的,则表明采用建造合同模式的可能性较大;如果企业获取收益主要是通过与政府就招拍挂价款按事先约定的比例分成的方式,则表明采用销售商品模式的可能性相对较大。

2. 在经济利益的获取时间方面:相关的一级开发合同是否承诺了明确的结算时间,且该项结算时间并不以政府通过招拍挂等程序出让土地使用权并收到土地出让金为前提。如果相关一级开发合同未约定支付相关价款的时间(例如"完工后××个月内支付"),需要等到政府将该土地拍卖出去取得土地出让金收入后才支付一级开发价款的,则表明采用销售商品模式的可能性相对较大;反之,如果合同约定了明确的付款时间,且不以政府将该土地拍卖出去取得土地出让金收入为支付条件的,则采用建造合同模式的可能性相对较大。

BT 项目是建造合同和融资两类交易的组合,即 BT 模式中必然包含建造合同成分。如果分析后确定本案例涉及的一级开发合同不适合于采用建造合同模式进行会计处理,则也就不应采用 BT 模式。

根据"背景"资料分析,该一级土地开发项目是成本加成合同,总价款按照实际发生的成本和一定的加成率作为总价,与未来的招拍挂价款没有直接联系;并且相关的一级开发合同拟承诺明确的价款结算时间,且该项结算时间并不以政府通过招拍挂等程序出让土地使用权并收到土地出让金为前提。在此情况下,该项目适用建造合同模式确认收入的可能性较大,即如果合同的完成进度能够可靠估计的(参阅《企业会计准则第 15 号——建造合同》第二十条对于"成本加成合同的结果能够可靠估计应同时满足的条件"的规定),则应当在资产负债表日根据完工百分比法确认合同收入和合同费用;如果建造合同的结果不能可靠估计的,则应按照已发生且预计可得到补偿的成本确认收入,不确认利润。

问题 2-1-4 土地一级开发企业的收入确认问题

问题:

土地一级开发企业的土地开发收入如何确认?

背景:

土地一级开发,是指由政府或其授权委托的企业,对一定区域范围内的城市国有土地(毛地)或乡村集体土地(生地)进行统一的征地、拆迁、安置、补偿,并进行适当的市政配套设施建设,使该区域范围内的土地达到"三通一平"、"五通一平"或"七通一平"的建设条件(熟地),再对熟地进行有偿出让或转让的过程。

A公司从事土地一级开发业务,主要内容包括:征地、拆迁、安置、补偿、市政配套设施建设,将生地变为熟地。主要存在以下两种业务形式:

(1) 当地政府下设的土地储备管理机构(以下简称"土储机构")为开发实施主体,A公司受托开发。开发完后,经土储机构组织的成本审计,按成本审计结果,土储机构付给A公司2%管理费,A公司按2%管理费交营业税。

(2) A公司为开发实施主体。开发完后,经土储机构组织的成本审计;土储机构经过招拍挂程序,确定用地单位;A公司与用地单位签订"土地开发补偿协议",土地开发补偿款按成本审计结果加税率5.5%加利润率8%确定,A公司开发票给用地单位,用地单位将土地出让金(包括土地开发补偿款+土地出让收益)付给土储机构,土储机构将其中的土地开发补偿款付给A公司。如土地未上市或只有部分地块上市,A公司只能取得已上市地块对应的开发补偿款。

该企业从事的土地开发业务具有以下特点:开发周期长、金额大、成本不能可靠确定(如拆迁补偿款,有时土地已交用地单位,拆迁款还未最终确定,成本从项目立项到结束实际增长50%以上)、开发补偿收入金额存在变数(原因包括"政府为招商引资,可能压低开发补偿款;此类企业业务大多亏损,政府可能专项补贴,或涉及其中的商业地块时将开发补偿提高),也就是说,此类企业带有明显的政府外委机构特点。

解答:

对于土地一级开发项目的收入确认模式问题,主要涉及两方面问题:一是收入确认模式是采用"建造合同模式"还是"商品销售模式";二是收入的计量是应采用"总额法"还是"净额法"。

1. 应采用建造合同模式还是商品销售模式。

土地一级开发项目的收入确认需根据具体的合同条款确定适用的具体确认原则和方法,可能可以采用的方法包括商品销售和建造合同(含BT)两大类模式。

其中,根据《企业会计准则第15号——建造合同》和《企业会计准则解释第3号》第六条的规定,建造合同通常具有以下特征:①先有买主(即客户),后有标底(即资产)。建造资产的造价在签订合同时已经确定;②资产的建设期长,一般都要跨越一个会计年度,有的长达数年;③所建造的资产体积大,造价高;④建造合同一般为不可取消的合同;⑤建造合同的标的资产通常是按照客户的要求定制的非标准资产,如不做较大改动,可能只有该客户可以使用;⑥承接建造合同的企业(承包方或施工方)仅仅就其提供的施工劳务、材料和设备等获取相关报酬,不承担标的资产所有权上的剩余风险和报酬,标的资产所有权上的剩余风险和报酬(如建造完成后,标的资产本身的公允价值变动风险)由客户承担。土地一级开发项目是否符合上述条件,是判断其会计处理应适用商品销售模式还是建造合同模式的基本标准。

对于确定具体应采用何种模式时的相关考虑,可参阅前面问题 2-1-3 的解答中的相关内容。

根据"背景"资料分析,该一级土地开发项目是成本加成合同,总价款按照实际发生的成本和一定的加成率作为总价,但"开发补偿收入金额存在变数(原因包括:政府为招商引资,可能压低开发补偿款;此类企业业务大多亏损,政府可能专项补贴,或涉及其中的商业地块时将开发补偿提高)";相关的一级开发合同并未承诺明确的价款结算时间,且补偿款的取得取决于用地方向土地储备机构已支付的土地出让金("如土地未上市或只有部分地块上市,企业只能取得已上市地块对应的开发补偿款")。在此情况下,该项目适用销售商品模式确认收入的可能性较大,即在开发期间,通过"开发成本"等科目归集土地一级开发成本,到以下条件同时满足时确认从事一级开发业务的收入:①《委托一级开发合同》项下应由本企业履行的合同义务已经实质上履行完毕,该土地的一级开发实质上已经完成,具备交地条件;②土地已通过"招拍挂"程序被出让出去,用地方已经把土地出让金支付给土地储备机构;③应取得的补偿款金额和开发成本总金额已经确定。

某些情况下,土地交付给用地方时,一级开发可能尚未最终完成,此时可能会由用地方与一级开发企业就剩余未完成的一级开发内容签订单独的协议,委托一级开发企业继续实施完毕,并且在合同中明确约定了与剩余未完内容对应的补偿价款金额、支付时间和方式等。在此情况下,对于剩余的这部分一级开发内容,一级开发企业可以采用建造合同模式进行会计核算和确认收入。

2. 收入的计量是应采用"总额法"还是"净额法"。

基于"实质重于形式"这一会计基本原则,本案例中该公司的收入确认模式可能并不能完全依据合同的法律形式(以土地储备机构还是该企业为开发主体)确定。总体上均应遵循《计学撮要(2011)》第 141~146 页关于收入确认应采用"总额法"还是"净额法"的指引。

对该企业而言,如果以本企业作为开发主体,由开发企业负责筹措资金、办理规划、项目核准、征地拆迁和大市政建设等手续并组织实施,则对该模式下收入确认和成本结转应采用"总额法"应无疑义。但在第一种模式下,以土地储备机构为开发主体,这时就要考虑公司在这一过程中的作用,是否积极参与了与各方(如规划部门、融资提供方、建造承包商等)的沟通和谈判(仅仅以土地储备机构的名义签约),且相关的签约内容是否最终将影响到本企业在该合同项下所能取得的收益;还是立项、谈判签约等均由土地储备机构完成,本企业仅负责监督和协调相关协议的执行情况? 如果是前者,则采用"总额法"确认收入的可能性较大;如果是后者,则采用"净额法"确认收入的可能性较大。

问题 2-1-5 建造合同的分拆问题
问题:
如果总承包合同条款中明确技术服务、建筑施工以及设备安装及销售的金额及相关具体条款,能否据此认为三个部分具有相对独立性,因而对三个部分分别单独确认收入?对于其中设备销售收入的确认,是否应在安装工程验收完毕后确认?

背景:

某上市公司A(承包方)与B公司签订供热改造项目的总承包合同,合同明确分为技术服务部分、建筑施工部分、设备销售与安装部分。主要条款摘录如下:

3.2 合同供货范围、工作范围、服务范围包括了总承包工程内所有工程设计、设备及材料(包括专用工具、备品备件)、施工、运输、保管、调试、试验、技术服务和技术指导、技术资料等。在执行合同过程中如发现有任何漏项和短缺,在工作清单、发货清单中并未列入而且确实是承包方工作、供货范围中应该有的,并且是满足合同技术协议对总承包工程的性能保证值要求所必需的,均应由承包方负责,费用由承包方承担。

4 合同价格

4.1 本项目的合同总价为16 000万元(大写:壹亿陆仟万元整)。

合同总价涵盖了承包方为履行本合同规定的义务所需的全部费用,包括设计、设备、建筑、安装、调试等与本合同有关的所有费用,具体如下:

4.1.1 设计总费用为583万元(大写:伍佰捌拾叁万元)。

设计总费用包括本项目的设计、技术资料、设计联络等费用。

4.1.2 建筑工程价格为921万元(大写:玖佰贰拾壹万元)。

建筑工程价格包括总承包工程内所有相关建筑工程费用。

4.1.3 安装工程价格为1 573万元(大写:壹仟伍佰柒拾叁万元)。

安装价格包括总承包工程内所有相关工程安装费用。

4.1.4 设备价格为12 923万元(大写:壹亿贰仟玖佰贰拾叁万元)。

设备(含随机备品备件、专用工具)价格包括与设备有关的承包方所应纳的税费以及设备监造、出厂检验、包装、运输、保险、装卸、现场保管等费用。对于国外制造的部套件,还包括进口环节的所有税费(如关税、报关费、增值税等)。总承包工程与电厂工程在设计、设备、系统等方面的全部接口费也应包括在合同设备价格中。

4.2 本合同总价在合同有效期内为不变价。

4.2.1 本合同的付款应以合同总价为基础;

4.2.2 当人工费、材料费、设计方案变更或其他事务方面的费用发生变化时,合同总价不得进行调整;

4.2.3 承包方根据本合同规定履行其义务而发生的各项税费,应由承包方支付。

解答:

参照《计学撮要(2011)》第140~141页"包含多个部分的合同分拆的条件"中的相关表述,在一项同时包含多个部分的合同中,其中单个部分(或者其中若干部分的组合,本部分以下同)如果同时满足下列条件,则可以将其作为独立的收入确认单元,单独运用适用的收入确认模式确认与该单元相关的收入:

(1) 该部分所交付的货物或所提供的劳务对于顾客而言具有独立的价值。所谓货物或劳务具有独立的价值,是指它们可以由任何卖方单独出售,或者买方可以单独转售该部分货物或劳务。在判断顾客有无能力转售所提供的项目时,本规则不要求该等所提供的项目具有可观察到的市场。

(2) 未提供部分的公允价值具有客观的、可靠的证据。

(3) 如果某项安排包含了一项与所提供的项目相关的一般退货权,则很可能将要交付或提供目前尚未交付或提供的部分,并且目前尚未提供或交付的部分的未来提供或交付事实上处于卖方的控制之下。

因此,判断能否把一项总承包合同分拆为多个相对独立的组成部分,不仅取决于各部分的相对公允价值能否可靠确定,还需要考虑各部分单独来看对业主而言是否具有独立的价值。本案例是一般意义上总价固定的总承包合同。虽然其中包含了设计、建筑工程、安装工程、设备价款、相关技术服务(其中技术服务未单独计费)等组成部分,但各个部分都是一并谈判确定的,是一项综合合同的组成部分,各部分不符合"可以由任何卖方单独出售,或者买方可以单独转售该部分货物或劳务"的要求,因而单独来看对业主而言并不具有独立的价值,只有组合为一个整体时,对业主而言才具有商业上的意义和价值。因此应作为一个整体看待。

如果该合同总体上满足《企业会计准则第15号——建造合同》第十九条"固定造价合同的结果能够可靠估计,是指同时满足下列条件:(一)合同总收入能够可靠地计量;(二)与合同相关的经济利益很可能流入企业;(三)实际发生的合同成本能够清楚地区分和可靠地计量;(四)合同完工进度和为完成合同尚需发生的成本能够可靠地确定"的规定,则应该采用完工百分比法确认合同收入和成本。"

采用完工百分比确认收入时需要考虑以下问题:

1. 对于设备价款部分,应当在相应的设备运抵施工现场并安装完毕后,才可纳入完工进度的计算。

2. 确保各部分价款的约定整体上的合理性,能否代表各部分的相对公允价值,即根据公司预计每一部分将发生的总成本,使得每一部分的毛利率相对接近。

3. 承包方需提供相应的技术指导、技术配合、技术培训等技术服务,但合同总价(16 000万元)中并未单列技术服务价款部分。因此,需要通过对整个合同各组成部分预算成本的合理估计,将收入总额的一部分分配给将提供的技术服务(如果明显不重大的,也可不作此项分配),对这部分归属于技术服务的收入按技术服务的提供情况确认为收入。

4. 对于合同约定的售后服务保证责任,可按《企业会计准则第13号——或有事项》规定的产品质量保证预计负债的相关规定处理。

根据《企业会计准则讲解(2010)》第十六章第三节(第241页)中的表述,与合同未来活动相关的合同成本,包括施工中尚未安装、使用或耗用的材料成本,不能纳入"累计实际发生的合同成本"和完工进度的计算。因此,由于设备销售不是一个独立组成部分,因此与设备相关的销售收入,只有在安装完毕之后才能将设备成本计入完工进度计算,所以与设备相关的收入只有到安装完毕之后才能确认。

问题 2-1-6　大型成套设备完工进度确认问题
问题:
根据"背景"部分所述信息,该完工百分比的确认方法是否合理?
背景:
A 公司对核电成套产品和加氢石化设备采用完工百分比方法,该类产品工期一般为 2~3 年左右,根据工艺流程,其中毛坯工期为 6 个月左右,毛坯成本约占 60% 左右,技术附加值较低;剩余加工阶段工期为 1 年 6 个月至 2 年 6 个月,技术附加值较高。

A 公司目前的做法是:根据预估总成本及合同总额算出设备的整体毛利率,然后根据设备生产工艺分为 3 个节点,按 3∶3∶4 的比例,按节点确认收入,倒算出完工成本,完工成本与已经实际成本的差额预留或者预提。

按照常规完工百分比方法,应根据实际发生的成本占预计总成本的比例确认收入。但本案例中如采用该方法,则毛坯完工后将确认 60% 左右的收入,工期却很短;后续加工阶段成本附加值较高,工期较长却只能确认 40% 的收入。将导致严重偏离实际工艺流程所包含的技术附加值。为此,A 公司拟变更完工百分比的计算方法,以便更合理的确认收入成本。

解答:
根据《企业会计准则第 15 号——建造合同》第二十一条规定,"在完工百分比法下,企业确定合同完工进度可以选用下列方法:(一)累计实际发生的合同成本占合同预计总成本的比例;(二)已经完成的合同工作量占合同预计总工作量的比例;(三)实际测定的完工进度。"公司的建议实际上是要将合同完工进度的确定方法从上述(一)变为(二)或(三)。

根据《企业会计准则讲解(2010)》第十六章,对上述方法(二)、(三)给出了以下指引(见原书第 242 页):

2. 根据已经完成的合同工作量占合同预计总工作量的比例确定

该方法适用于合同工作量容易确定的建造合同,如道路工程、土石方挖掘、砌筑工程等。用计算公式表示如下:

合同完工进度=已经完成的合同工作量÷合同预计总工作量×100%

3. 根据实际测定的完工进度确定

该方法是在无法根据上述两种方法确定合同完工进度时所采用的一种特殊的技术测量方法,适用于一些特殊的建造合同,如水下施工工程等。需要指出的是,这种技术测量并不是由建造承包商自行随意测定,而应由专业人员现场进行科学测定。

根据会计准则的上述规定,变更完工百分比的确定方法,在会计准则中是有一定依据的。但同时需要考虑以下问题:

1. 公司的生产部门、技术部门等提供详细的说明材料,论证变更后的完工百分比确定方法的合理性。

2. 考虑国内外同行业企业采用的完工百分比确定方法,尽可能采用与行业惯例相一致的完工百分比确定方法(包括主要节点的确定和各节点的完成工作量比例的估计,类似于造船行业中约定俗成的"五阶段"),以提高会计信息的横向可比性。

一旦完工百分比的确定方法将发生改变,公司应当将其作为会计政策变更进行衔接处理,如果影响重大的,应当进行追溯调整。并且,所有同类或类似设备(本案例中为核电成套产品和加氢石化设备)的建造合同均应一致地采用该种确定方法。

问题 2-1-7 合并范围内两公司承接同一项目不同部分的收入确认问题

问题:

1. 根据下文"背景"提供的资料分析,合并范围内两家公司及另一第三方公司作为联合体与业主签订建造合同,那么该两家公司在商品所有权上的风险和报酬转移和劳务收入确认方面是否应保持一致?

2. 在乙方同时提供施工服务及材料设备销售时,乙方是否可以按照商品销售及提供劳务分别确认收入?

背景:

A 公司、B 公司(A 与 B 为合并范围内关联方)及某德国公司作为联合体与越南某企业签订某燃煤火电厂项目的工程、设计、设备制造和供应、交付、施工和安装、测试、试车和培训的总承包合同。后期在合同执行过程中 A 公司主要负责工程建设施工和安装、测试、试车等工作,B 公司负责设备供应及交付。现 A 公司按照完工进度百分比法确认收入,B 公司按照设备交付占总合同金额的比例确认收入。

另外,在实际操作过程中存在乙供材方式开展项目工程,施工方能够清晰计算并划分设备采购、交付及对应工程项目进度的核算。

解答:

1. 本案例中就 A 公司和 B 公司各自的个别财务报表而言,两公司是独立的会计主体,所完成的是同一个合同的不同组成部分,所承担的合同权利和义务不同,并可能由此导致适用不同的会计处理模式。因此,在两公司各自的个别财务报表中,确认收入的方法和完工进度确定的方法可以不一致,但应当能够各自证明各自方法的合理性,以及各自所采用的方法与各自公司的其他同类业务所采用的收入确认模式的一致性,以及该收入确认方法运用的一贯性。

如果两公司的报表要被并入同一张合并报表的,则在该合并报表中,应当考虑 A 公司和 B 公司所承接的同一项目的不同部分是否符合建造合同准则规定的合同合并的条件,如果满足的,则应把两公司的建造合同(或设备销售合同)视作一个整体,在合并报表层面基于合并报表会计主体的视角重新计算整体上的完工进度,作为合并报表层面确认收入的基础。

2. 乙方同时提供材料或设备时,能否按照商品销售和提供劳务(或建造合同)分别确认收入的问题,主要取决于这两部分是否可以满足《企业会计准则15号——建造合同准》第五条"一项包括建造数项资产的建造合同,同时满足下列条件的,每项资产应当分立为单项合同:(一)每项资产均有独立的建造计划;(二)与客户就每项资产单独进行谈判,双方能够接受或拒绝与每项资产有关的合同条款;(三)每项资产的收入和成本可以单独辨认。"所定义的"合同分立"的条件,以及《计学撮要(2011)》第140～141页"包含多个部分的合同分拆的条件"中的相关表述(见前),尤其是要关注设备提供和劳务提供这两部分之间的互相关联程度,其中一部分的履行瑕疵是否会影响到另一部分对应的价款回收、是否存在为了避税等目的而将其中一部分价格定得偏高而另一部分偏低等。即以是否存在实质上的经济联系,是否各自具有相当程度的独立性,作为能否分别适用两种模式确认收入的判断标准。

问题 2-1-8 拆迁安置房 BT 项目收入确认问题

问题:

根据"背景"资料提供的信息,对于以 BT 方式从事拆迁安置房建设,应如何确认收入?

背景:

A 公司接受当地政府委托建设拆迁安置房。合作方式为:当地政府提供项目的建设用地(该建设用地不过户到 A 公司名下),由 A 公司作为项目的投资、建设主体按照当地政府的要求开展建设,建成之后由当地政府进行回购。

项目开发成本由 A 公司开发建设综合成本、管理费用、利润和双方需缴纳的税款四部分组成。

开发建设综合成本由实施项目建设所发生的前期费用(包括工程咨询、勘查、设计,以及相关手续报审和前期工程费用)、建筑安装工程费(材料价差浮动在±5%范围内不予调整)、基础设施费(含小区非营业性配套公建费等)、经当地政府批准的临时施工用地租地费、财务费用[按项目开发成本(不含利润、税款)的80%作为计算基数,且融资利率不高于中国人民银行同期贷款基准利率]、行政事业性收费等构成。

开发建设综合成本除前期费用、经当地政府批准的临时施工用地租地费、财务费用、行政事业性收费之外,根据财政局审定的施工图预算(含三通一平费用),按预算价实行包干控制。

开发方管理费用、利润两项合计按开发建设综合成本的7%计取(其中,管理费用为2.8%,利润为4.2%)。

项目回购款由开发成本中的开发建设综合成本、管理费用、利润三部分构成,支付期限自项目竣工合格并办理完成移交手续之日起计算为4年,当地政府每年等额支付给开发方25%回购款。回购款分期付款利息按中国人民银行公布的同期贷款基准利率计算。

A 公司项目备案的可研报告主要内容:项目第一部分费用:70 955 万元,第二部分费用:3 246 万元;预备费:7 422 万元,建设投资合计:81 623 万元。建设期利息:6 414 万元;固定资产投资合计:88 037 万元;项目开发建设综合成本:88 037 万元。建设方管理费用:2 465 万元;建设方利润:3 698 万元,项目总成本:94 200 万元。

目前,A 公司按照政府协议的相关计算公式及备案的可研报告,确认了相关的项目融资收益,计入了利润表,会计分录:借:长期应收款;贷:营业收入。

由于该项目利润率较小,政府条件苛刻,对于 4.2% 的利润 A 公司暂未确认。

需讨论的具体问题:

1. 根据"背景"提供的资料分析,A 公司就该项目收入确认是否正确?
2. 对于实际发生的项目成本,A 公司将其分为了两部分:经营管理、财务、办公室人员的费用计入了管理费用;项目直接管理人员的费用计入了开发间接费用。对该部分费用,在不可预计利润的情况下,是否可以按照成本覆盖法将该部分费用合计确认营业收入?对于已计入开发间接费用的费用,如何处理?
3. 准则中除金融工具准则外,是否有明确的 BT 项目的解释规定?
4. 是否应将预付账款、存货均在长期应收款列报?

解答:

1. 根据背景资料介绍,"项目开发成本由项目公司开发建设综合成本、管理费用、利润和双方需缴纳的税款四部分组成"。因此这四部分是一个整体,应作为一个整体确认建造合同收入,而不能分开考虑各部分能否分别确认收入的问题。此处建设期间的"财务费用"并非真正的融资收入,而是建造合同价款的组成部分,不应单独作为融资收入确认。该项目可确认的融资收入就是自项目竣工合格并办理完成移交手续之日 4 年内当地政府支付的回购款分期付款利息(按中国人民银行公布的同期贷款基准利率计算)。

如果认为项目整体条款严苛,导致建造合同总收入(包括建造期间的融资补贴,不含后续回购期间的融资收益)能否弥补建造合同总成本(包括资本化利息)存在疑问的,则应对该项建造合同形成的相关资产进行减值测试,对相关存货计提减值准备,或者按照《企业会计准则第 13 号——或有事项》第八条规定计提合同亏损准备。《企业会计准则第 13 号——或有事项》第八条的相关原文为:"待执行合同变成亏损合同的,该亏损合同产生的义务满足本准则第四条规定的,应当确认为预计负债。待执行合同,是指合同各方尚未履行任何合同义务,或部分地履行了同等义务的合同。亏损合同,是指履行合同义务不可避免会发生的成本超过语气经济利益的合同。"

2. 确属为 BT 项目直接提供服务的管理人员的相关费用可以计入开发间接费用,并在计算建造合同的完工进度时纳入整体考虑。同样,不单独考虑这部分开发间接费能否单独确认对应收入的问题。如果由于各种因素限制导致无法合理预计合同的最终履行结果的,则只能按照已发生且预计可得到补偿的成本确认建造合同收入。

3. 目前在企业会计准则体系下的已生效规定中,对 BT 项目没有明确的解释和规定。目前上市公司可参照的 BT 项目规定主要是证监会会计部《上市公司执行企业会计准则监管问题解答(2011 年第 1 期,总第 5 期)》中的如下规定:

问题 3:部分上市公司采用 BT(建设—移交)模式参与公共基础设施建设,合同授予方是政府(包括政府有关部门或政府授权的企业),BT 项目公司负责该项目的投融资和建设,项目完工后移交给政府,政府根据回购协议在规定的期限内支付回购资金(含占用资金的投资回报)。对于此类 BT 业务,应如何进行会计处理?

解答:对于符合上述条件的 BT 业务,应参照企业会计准则对 BOT 业务的相关会计处理规定进行核算:项目公司同时提供建造服务的,建造期间,对于所提供的建造服务按照《企业会计准则第 15 号——建造合同》确认相关的收入和成本,建造合同收入按应收取对价的公允价值计量,同时确认长期应收款;项目公司未提供建造服务的,应按照建造过程中支付的工程价款等考虑合同规定,确认长期应收款。其中,长期应收款应采用摊余成本计量并按期确认利息收入,实际利率在长期应收款存续期间内一般保持不变。

本问题解答发布前相关 BT 业务未按上述规定进行处理的,应当进行追溯调整,追溯调整不切实可行的除外。

但是,我们认为,该规定可能存在与企业会计准则的基本原则和基本规定(如对于收入确认应采用"总额法"还是"净额法"的原则)不一致之处,且在 IFRS 体系下,BT 项目一般认为也不属于《国际财务报告准则解释第 12 号——服务特许权安排》的适用范围,所以在实务中运用该规定要很谨慎。我们强烈建议审计项目组在实务中运用该规定之前,按照本所技术支持制度的规定,向技术部咨询。

4. 长期应收款是货币性的金融资产,而预付账款、存货属于非货币、非金融资产,两者的性质不同。只有当企业无条件地收取金额固定或可确定的货币的权利确立后,才能确认长期应收款。一般情况下,在合同履行过程中(建造过程中),该项权利尚未确立,如果注册会计师在审计工作中向对方函证,对方也不会确认该笔长期应收款的存在,只能函证对方确认的已完成工作量。在此情况下,按照建造合同准则确认的收入不会形成长期应收款(即此时只有工程施工成本和毛利,不确认"工程结算")。

问题 2-1-9 合同变更收入的确认问题

问题:

A 公司承接的工程项目合同发生变更,合同金额增加,但变更部分需要业主的上级公司批准,截至报告日尚未取得批复,变更部分收入是否可以确认?

解答:

《企业会计准则第 15 号——建造合同》第九条规定:"合同变更,是指客户为改变合同规定的作业内容而提出的调整。合同变更款同时满足下列条件的,才能构成合同收入:(一)客户能够认可因变更而增加的收入;(二)该收入能够可靠地计量。"对照该规定,本案例中的情况应属于合同变更,应根据该条规定判断何时可以确认变更部分相关的收入。

据此,应当对变更后增加的收入最终获得业主上级公司认可的可能性作出合理估计。如果预计业主上级公司很可能(可能性大于50%)最终批复同意该增加部分的收入,则可以将这部分收入在相关劳务提供时按完工百分比法予以确认;如果该笔款项最终能否获得业主上级公司的批复存在较大不确定性的,或者批复金额可能显著小于申报金额的,则基于谨慎性方面的考虑,不应确认全部或部分的变更后新增收入。这个问题主要取决于对预计可获得的批复增加金额能否作出合理的估计。

问题 2-1-10 不同销售模式下带安装设备收入的确认时点

问题:

需要安装的设备,在不同销售模式下,分别该如何确认收入?

背景:

某设备有限公司(以下简称"设备公司")主要生产水源热泵中央空调设备,其设备主要是按销售合同定制生产。设备销售后,主要由其子公司某工程有限公司(以下简称"工程公司")承担设备的安装调试工作。

公司合同签订的方式有以下三种基本类型:

1. 设备公司单纯销售设备类合同,安装由外部单位负责。一般对方提货地点为生产厂区。

2. 工程公司或设备签订总承包合同:包工包料,交钥匙工程。

设备金额、安装金额分别约定。结算付款为安装人员及全部设备到场发包方即付合同价50%的进度款;管道安装完毕调试验收合格即付合同总价的40%,运行一个冷暖季无质量问题付清余款。

3. 安装及设备合同分别签订。安装公司签订设备销售合同,工程公司签订安装工程合同。

安装合同约定:包工包料,交钥匙工程,按工程进度收款。

设备买卖合同约定:合同签订后收取10万元作为定金,双方协商具体开工日期后收取货款到20%,设备交货前7日收取75%,设备调试完毕双方验收合格到质保期满无质量问题收取5%。保管与验收:货到工地后至调试验收以前的设备保管由乙方负责。工程安装调试完毕一周内,由采购方组织对调试的结果进行验收,验收合格后设备公司将设备交付购买方管理及使用,并负责对操作人员进行培训。如安装调试完毕一周内,购买方不组织验收,视为验收合格,设备的保管责任自然转移给购买方。

鉴于水源热泵空调设备属于建筑物的配套设施,且其调试受限于自然条件,一般集中于供暖季节或者制冷季节进行,同时受制于主体工程的整体完工时间,如对于酒店来说作为安装工程的一部分,在酒店土建安装阶段,空调已安装完成,但其精装修时间有可能 1 年甚至更长,则调试合格购买方确认验收可能在安装完成 1 年才能进行。

解答:

此问题应结合不同类型的合同条款对权利、义务关系的约定及其实际履行情况加以判断。设备公司生产的设备"主要是按销售合同定制生产",因此对于设备公司的收入确认(即使是单纯销售设备),也应当考虑设备的单价大小、制造和验收测试周期长短、根据客户需求定制的因素是否重大等问题,考虑对设备制造业务本身的收入确认是否也需要作为一项建造合同处理。

1. 对于第一种模式(设备公司单纯销售设备类合同,安装由外部单位负责),设备公司应考虑合同中是否约定了在货物交付后还有重大的实质性合同义务(如对外部安装单位提供安装的技术指导、监督和检验;对使用单位的操作人员进行培训等)需要履行。如果存在此类合同义务的,应当在合理的基础上将合同总价分解为设备销售款和后续技术服务款,对于技术服务款项,应当在后续提供技术服务的期间,按提供服务的进度确认收入。

2. 对于第二种模式(工程公司或设备签订总承包合同:包工包料,交钥匙工程),即总承包模式:工程公司或设备公司中的一方对最终客户签订合同,就设备和安装对客户总体负责;另一方作为该总包方的分包商。无论是设备公司还是工程公司作为总包方,总包方在确认收入时,应把设备销售和安装作为一个整体看待,合理确定整体完工进度,按照整体完工进度确认收入;设备公司作为分包方的,对设备销售收入视情况在交付时予以确认,或者将设备制造的分包合同本身作为一个建造合同,按该建造合同本身的完工进度确认;工程公司作为分包方的,按安装进度采用完工百分比法确认收入。在编制合并报表时,应将分包方对总包方确认的收入(以及总包方的对应内部成本)作为内部交易予以抵销。

3. 对于第三种模式(安装及设备合同分别签订,设备公司签订设备销售合同,工程公司签订安装工程合同),由于形式上没有一个统一的总包合同,设备公司和工程公司之间无总分包关系,各自分别与客户签约和结算,因此理论上设备公司和工程公司可以分别按照其各自与客户签订的销售合同和安装合同的条款,分别根据各自合同中所约定的义务的实际履行情况确认收入。但在实际操作中,还应注意这两份合同是否存在经济实质意义上的联系,例如:

(1) 其中一个合同履行中的瑕疵是否会影响到另一个合同的收入确认,两份合同的法律风险是否可以实现完全隔离。例如:设备质量的瑕疵是否会导致工程公司无法收取安装价款;或者安装过程中的不当操作是否会导致设备价款全部或部分无法收回等。

(2) 这两份合同的价款是否均可保证设备公司和工程公司分别可取得合理的利润(即,两份合同约定的价款就每个合同单独来看均是公允的),是否存在为了避税等目的导致其中一份合同定价偏高而另一份合同定价偏低的情况?

如果两份合同存在上述经济实质意义上的联系,则两家公司在确认收入时,就需要考虑该等实质联系是否可能对本公司的收入确认产生不利影响。在合并报表层面,对于两份合同存在上述经济实质意义上的联系的情形,可能需要作为一个整体,按照上述第一种模式考虑其收入确认问题。

在上述各种模式中,设备公司是否可以在将设备交付之后即确认收入,而无需等到安装调试完毕,这一问题主要取决于设备公司作为一方的合同对其应履行的合同义务的约定。如果虽然合同约定设备公司需对所提供的设备通过安装后的测试负责,但同时符合以下条件的,设备公司在其个别报表中也可以在将设备交付给客户时确认设备销售收入:

(1) 设备公司在合同关系中不是总包方,也无需对工程公司或者其他外部机构提供的安装服务承担责任。

(2) 设备公司的合同义务限于提供设备,不提供安装服务,且按合同约定应提供的对安装单位和用户的指导、培训、监督等技术服务不构成一项实质性的重大合同义务。即,在设备交付时,设备公司的所有实质性的重大合同义务均已履行完毕;在设备交付后,设备公司已不存在尚未履行的重大合同义务,后续履约成本基本可忽略不计。

(3) 设备已通过出厂前的测试,技术指标达到合同要求;并且,根据以往历史经验,已通过出厂前测试的设备最终无法通过安装后调试的可能性极小。

问题 2-1-11 带安装的定制设备收入成本的确认

问题:

1. 在定制设备需要由承揽方指导安装时,承揽方应在什么时候确认收入?

2. 定制设备由较多部件组成,在主要部件已由定作方接收,部分小部件尚未发货的情况下该如何结转收入成本?

背景:

A 公司经营范围主要为:分离机械设备及配件生产、加工、销售,与分离机械相关的技术咨询服务,本产品的售后服务,货物及技术进出口经营(国家禁止、限制的除外)。

A 公司销售合同在一般情况下规定的验收标准、方法及提出异议的期限如下:

定作方在收到产品 10 日内依据既定的质量标准对产品进行检验,发现质量问题应该将产品妥善保存,并在 3 日内向承揽方提交书面检验报告和质量异议书;没有在规定期限内向承揽方提出异议或规定期间内没有验收的,视为承揽方所交付的产品质量和数量符合合同约定。安装完毕运行 7 日视为动态验收,由定做方在承揽方售后服务单上签字盖章为准,调试正常后定作方未在服务单上签字的,应以书面形式向承揽方说明原因,否则视为提示合格。

合同规定的产品的安装、调试:由承揽方指导安装调试,定作方应当在收到货物 30 日内组织安装,并在安装前 5 日内通知承揽方派人员到现场指导。

A 公司产品完工后,公司质检部按客户技术要求对产品质量、性能进行试验和检测(试机合格后出具检验报告和合格证书,随货同行),产品出厂前均已严格按照质量体系检验合格,一般不会出现生产的设备不符合客户要求的情况。

另外,一台完整的压滤机一般由机架、配板、液压站系统、电控柜、拉板系统、翻板、压榨系统、水嘴、滤板、滤布及其他小配件组成。

由于压滤机安装的特性,只有在机架等设施安装完毕后才能安装滤板、滤布,因此定做方有时会要求滤板,滤布延迟发货,等其他部分安装完毕后再发滤板和滤布。

但是销售合同规定的销售单价是整机价,未对各组成部分单独定价。A公司确认收入时按照整机单价全部确认收入,成本也按照所有配件成本一起结转。对于没有发出,但是已经结转成本的滤板、滤布则视同代作方代存。

另外,A公司所经营的产品虽然是非标准的定制设备,但不符合《企业会计准则第15号——建造合同》规定的建造合同的定义和确认标准,因此此处只考虑按照销售商品模式确认收入的情形,不考虑按建造合同模式确认收入的情形。

解答:

1. 根据上文背景资料分析,A公司作为承揽方,并不直接负责安装,在安装调试环节仅负有技术指导职责。同时,"产品出厂前均已严格按照质量体系检验合格,一般不会出现生产的设备不符合客户要求的情况";"产品完工后,公司质检部按客户技术要求对产品质量、性能进行试验和检测(试机合格后出具检验报告和合格证书,随货同行)"。根据上述资料判断,该交易与《企业会计准则14号——收入》所指的"需要安装和检验的商品销售"存在一定差异,因为安装并不是由承揽方负责履行的合同义务,而是由定作方自行负责。

故本案例中,承揽方本身不负责具体的安装调试工作的前提下,收入确认时点可以从以下方面予以考虑:

(1) 技术指导是否构成了承揽方的一项实质性的重大合同义务。这取决于安装过程本身的技术难度和不确定性大小,以及承揽方技术人员在这一过程中所起到的实质作用是监督还是传授技术。

如果在承揽方随同零部件一并提交给定作方的技术资料中,已经对安装方法和具体的技术要求作出了详细说明,定作方可以自行据此组织安装(或者聘请具有一般常规资质的施工队伍按照技术资料中的提示完成安装),承揽方技术人员提供的技术指导服务主要限于监督安装过程按照技术资料的要求实施,则后续的技术指导并不是一项实质性的合同义务。在这种情况下,技术指导义务是否履行完毕对销售商品收入确认的时点不产生实质性影响。

如果承揽方提供给定作方的技术资料对安装过程的介绍不详细,或者安装过程本身技术难度较高且存在较多不确定性,需要通过现场指导细化安装技术方案、随时解决安装过程中突发的重大问题的,则后续的技术指导实质上是技术的细化或者传授,属于实质性合同义务。在这种情况下,需要等到技术指导完成、设备经调试合格后,才能认为承揽方的实质性合同义务已经履行完毕。

(2)"产品完工后,公司质检部按客户技术要求对产品质量、性能进行试验和检测(试机合格后出具检验报告和合格证书,随货同行)",这说明部件发运给客户时,对其质量已有一定的把握。因此,如果整机发生退货的可能性很小,则整机出库发出时主要风险和报酬已经转移。

在同时满足上述条件的前提下,可以在构成一台完整的压滤机的所有零部件均已发运到客户处,取得客户的收货确认单后,确认整机的销售收入。

如果合同约定由承揽方负责安装的,则构成了一项需经过安装和检验的商品销售,应当在验收合格时才能确认收入。

2. 在滤板、滤布等配件尚未发运给定作方之前,其所有权上的主要风险和报酬并未转移给定作方。同时,定作方订购的是一台完整的压滤机,在承揽方交付足以安装成一台完整机器的全套配件之前,已部分交付的部件对定作方而言不具有商业上的价值(由于压滤机为定制的非标设备,定作方事实上难以将已交付的零部件再出售,或者寻求其他供应商提供承揽方尚未提供的零部件来组成一台完整的设备),承揽方仍有重大的实质性合同义务尚未履行,因此即使已经取得"物品暂存证明",通常也不应当确认整机或者已发货部分的收入,而是要等到足以构成一台完整设备的所有部件均已发运给客户之后,才可能确认收入。

参照《国际会计准则第18号——收入》附录中对"已开票尚未发货"业务的收入确认原则的表述[参见《计学撮要(2011)》第130页]:"开出账单但代管商品"的销售,指按买方要求延迟交货,但买方取得了所有权并接受账单。

收入的确认应在买方取得所有权并满足以下条件之时:

(1) 很可能进行交货。
(2) 该项库存商品在销售时已经认定并随时可以交付给买方。
(3) 买方明确地给予延迟交货的指令。
(4) 适用通常的付款条件。

如果仅有购买或制造到时交货的商品的意向,不能确认收入。

对于已经生产出来(仅指足以构成一台完整的压滤机的所有零部件均已生产出来并入库),但尚未交付给定作方的滤板、滤布等,如果同时符合上述条件的,可以考虑作为"已开票未发货"销售确认,但应当获取定作方对其已经承担所有权上的主要风险和报酬的确认文件。对于零部件尚未完成生产的订单,应当认为其实质性合同义务尚未履行完毕,不能确认收入(包括已交付或已入库部分对应的收入)。

问题 2-1-12 海运方式出口不同价款条件下或不同收款方式下出口收入的确认时点

问题:

1. 实务中,需通过海运的出口销售,货物所有权的风险报酬转移是按照国际贸易的惯例(FOB\CIF\CFR等)作为判断依据,还是参照购销双方具体的协议约定,若两者存在冲突应以哪个作为依据?

2. 出口销售的收款方式有 T/T、L/C、D/P、D/A 等,对于 D/P(付款交单)和 D/A(承兑交单)是否与其他付款方式一样在货物越过船舷即视为风险与报酬已经转移,可以确认收入?若以货物越过船舷视为风险与报酬已经转移不恰当,那以何时确认风险与报酬的转移是恰当的?

解答:

根据《企业会计准则第 14 号——收入》第五条规定,销售商品收入确认应满足的基本条件之一是"企业已将商品所有权上的主要风险和报酬转移给购货方"。因此,恰当地判断标的商品所有权上主要风险和报酬的转移时点,是确保销售商品收入确认时点准确性的一项重要前提。

1. 根据国际贸易术语解释通则的解释:采用 FOB、CFR 和 CIF 三种贸易术语成交时,货物在装运港越过船舷以后,风险即告转移。

与客户在协议中约定货物到达目的港后,客户有权对品质和数量的问题提出异议,卖方也有责任对所提出的异议进行处理,这一条主要是卖方对买方承担的品质、数量方面的保证责任。当货物在装运港越过船舷后,其毁损、灭失风险已经转移给买方,同时卖方也不再承担标的货物的公允价值变动风险(因为销售价格属于已经在出口合同中约定的固定价格),因此卖方实际上已经把标的货物所有权上的主要风险和报酬转移给了买方,出口合同中约定应由卖方履行的实质性义务已经全部履行完毕。卖方对买方承担的品质、数量保证责任通常认为仅仅是一项次要风险。如果卖方在发货之前已经对其实施了必要的检验,或者由中国的商检机构依法对其实施了出口商品检验检疫(依据《进出口水产品检验检疫监督管理办法》等相关规定),从而可以将买方提出品质和数量异议的可能性降到很低水平的,则不影响其在装运港越过船舷时确认收入的基本会计处理。如果可以合理估计装船后买方提出品质、数量异议给企业造成的损失金额的,可以在确认收入的同时计提产品质量保证的预计负债,异议期满后转回。

收入确认时点的判断是基于标的货物所有权上主要风险和报酬转移,并且其他收入确认条件得以满足的时点。FOB、CIF、CFR 三种价格术语下的风险转移时点是相同的,所以采用 CIF 还是 FOB 定价对风险转移时点的判断不产生影响。

2. 该问题应根据对相关外销合同条款的分析,确定标的商品所有权上的主要风险和报酬的转移时点。如果合同没有约定或者约定不明确的,则按照《合同法》对买卖合同的一般规定处理(假设相关合同约定适用中国法律)(如《合同法》第 142~147 条等)。

按照《合同法》规定的字面意思理解,第 142 条规定"标的物毁损、灭失的风险,在标的物交付之前由出卖人承担,交付之后由买受人承担,但法律另有规定或者当事人另有约定的除外";第 133 条规定"标的物的所有权自标的物交付时起转移,但法律另有规定或者当事人另有约定的除外";关于"交付"的界定,第 141 条规定"出卖人应当按照约定的地点交付标的物。当事人没有约定交付地点或者约定不明确,依照本法第六十一条的规定仍不能确定的,适用下列规定:(一)标的物需要运输的,出卖人应当将标的物交付给第一承运人以运交给买受人;(二)标的物不需要运输,出卖人和买受人订立合同时知道标的物在某一地点的,出卖人应当在该地点交付标的物;不知道标的物在某一地点的,应当在出卖人订立合同时的营业地交付标的物。"

鉴于此问题更多的是一项法律问题,所以企业管理层和注册会计师如果对此问题存有疑问的,建议咨询律师,获取律师的法律专业意见。

权威指引:

《企业会计准则第14号——收入》第四条:

销售商品收入同时满足下列条件的,才能予以确认:(一)企业已将商品所有权上的主要风险和报酬转移给购货方……

《企业会计准则讲解(2010)》第十五章第214~216页:

(一)企业已将商品所有权上的主要风险和报酬转移给购货方

企业已将商品所有权上的主要风险和报酬转移给购货方,是指与商品所有权有关的主要风险和报酬同时转移给了购货方。其中,与商品所有权有关的风险,是指商品可能发生减值或毁损等形成的损失;与商品所有权有关的报酬,是指商品价值增值或通过使用商品等形成的经济利益。

判断企业是否已将商品所有权上的主要风险和报酬转移给购货方,应当关注交易的实质而不是形式,同时考虑所有权凭证的转移或实物的交付。如果与商品所有权有关的任何损失均不需要销货方承担,与商品所有权有关的任何经济利益也不归销货方所有,就表明商品所有权上的主要风险和报酬转移给了购货方。

1. 通常情况下,转移商品所有权凭证或交付实物后,商品所有权上的所有风险和报酬随之转移,如大多数商品零售、预收款销售商品、订货销售商品、托收承付方式销售商品、分期收款发出商品等。

2. 某些情况下,转移商品所有权凭证或交付实物后,商品所有权上的主要风险和报酬随之转移,企业只保留商品所有权上的次要风险和报酬,如交款提货方式销售商品、视同买断方式委托代销商品等。在这种情形下,应当视同商品所有权上的所有风险和报酬已经转移给购货方。

3. 某些情况下,转移商品所有权凭证或交付实物后,商品所有权上的主要风险和报酬并未随之转移。

(1)企业销售的商品在质量、品种、规格等方面不符合合同或协议要求,又未根据正常的保证条款予以弥补,因而仍负有责任。

(2)企业销售商品的收入是否能够取得,取决于购买方是否已将商品销售出去。如采用支付手续费方式委托代销商品、售后回购等。

(3)企业尚未完成售出商品的安装或检验工作,且安装或检验工作是销售合同或协议的重要组成部分。

(4)销售合同或协议中规定了买方由于特定原因有权退货的条款,且企业又不能确定退货的可能性。

问题 2-1-13 特许权使用费的确认问题

问题：

基于"背景"部分所述信息，网络游戏开发公司与网络游戏运营商之间签订的软件授权合同中约定的权利金或签约金及后续运营收入分成该如何确认？

背景：

A 网路游戏开发公司（以下简称"A 公司"）根据自己的判断选择网络游戏项目进行开发，在开发到一定阶段后，向政府部门申请计算机软件著作权登记和软件产品登记。然后寻找网络游戏营运商，签订区域授权合约，合同中一般规定的合约期限为 3 年左右；授权经营地区一般划分为：中国大陆地区；中国台港澳地区；国外某一国或数国为一个地区（注：在一个地区公司只能授予一家公司经营权）；

A 公司在与对方签订授权合同时约定的权利收益包括两部分：第一部分为权利金或者是签约金；第二部分为分成金（注：分成金的计算方式根据合同存在差异，一般为网络游戏运营商收入的约定比例）。

合约中 A 公司的责任有：按约定时间交付资料；完成游戏的本地化工作；完成公众测试、安装与维护责任等。

其中，安装与维护责任中明确了两条：

第一条：在合作期限内，A 公司应在对方的要求下不时对游戏予以修改维护，并应于书面协商确定的期限内完成，A 公司依本条约定对游戏的修改和维护应是无偿的；

第二条：A 公司在整个合约期限内负责向对方提供全面的技术支持，包括但不限于防外挂处理、反黑客攻击等。对方公司有权随时以任何方式向 A 公司要求提供技术支持，A 公司应在收到对方公司要求的 6 小时之内予以响应，并在双方确认的合理时间内进行解决，否则 A 公司应承担实际损失的责任。

A 公司在交付客户产品之后尚需提供大量的后续支持，特别是根据网络游戏玩家的喜好等情况，对游戏进行不断修改，以延长游戏经济生命时间。

解答：

根据《〈企业会计准则第 14 号——收入〉应用指南》第五条第（七）项规定："属于提供设备和其他有形资产的特许权费，在交付资产或转移资产所有权时确认收入；属于提供初始及后续服务的特许权费，在提供服务时确认收入。"

在 IFRS 体系下，《国际会计准则第 18 号——收入》的附录第 18 段中，对特许权费的收入确认问题给出了进一步的详细指引[参见《计学撮要（2011）》第 134～135 页]。其中指出："特许权费可能包括提供初始和后续服务、提供设备和其他有形资产以及专有技术的收费。相应地，特许权费应以反映该项收费的目的为基础确认收入。"

从此处的合同条款看，A 公司在合同项下应履行的义务包括两大部分，即投入运营前应提供的服务（按约定时间交付资料；完成游戏的本地化工作；完成公众测试、安装并确保可以上线运行），以及后续许可期限内的维护责任（后续修改维护和其他约定的技术支持)。A 公司应当基于过去的历史经验,对这两部分的成本予以合理估计,并判断后续服务期间的分成收入是否足以涵盖合同约定的后续维护服务成本并使其可就后续维护服务获取合理的利润。

(1) 如果可以在许可期限开始时对后续服务的成本和可获得的分成收入作出比较合理的预计,并预计分成收入将足以弥补后续服务成本的,则可以将初始收取的权利金在收款可能性不存在重大不确定性时一次性确认为收入。

(2) 如果可以在许可期限开始时对后续服务的成本和可获得的分成收入作出比较合理的预计,并预计分成收入将不足以弥补后续服务成本(但可对缺口金额基于本企业的历史经验和同行业类似企业的经验作出比较可靠的估计)的,可以把初始权利金中的相应部分予以递延,到后续服务提供时确认为收入,其余部分的初始权利金在收款可能性不存在重大不确定性时确认为收入。

(3) 如果在许可期限开始时,尚不能对后续服务的成本和可获得的分成收入作出比较合理的预计,则基于谨慎的考虑,可以将初始权利金予以递延并在许可期限内按直线法分期确认收入。但是,在许可期内的每个资产负债表日,均应对照本期的收入和成本情况,对未来尚需发生的成本作出估计,关注是否可能存在后续可确认的收入不足以弥补未来将发生的成本的情况,即该合同是否可能成为一项亏损合同。如果是,则应考虑是否需要依据《企业会计准则第13号——或有事项》的相关规定对其计提合同亏损准备,以及作为一项对相关自行开发的无形资产(网游)的减值迹象,考虑进行减值测试和计提减值准备。

问题 2-1-14 需要提供后续技术设计和支持服务的技术使用权授权收入确认

问题:

基于"背景"部分提供的信息,对于需要提供后续技术设计和支持服务的技术使用权授权收入应如何确认?

背景:

根据 A 公司与 B 公司签订的无线领域战略合作协议,B 公司授权 A 公司使用语音合成等产品,并对 A 公司实施的二次开发提供技术支持,协议约定 B 公司提供的语音合成、语音识别、语音转写三大技术及相关产品、文档、相关信息及技术支持服务和培训的总价格为:¥13 000 000 元整。

付款方式为:

"4.4.1 预付款:合同正式签订后,甲方在收到乙方如下单据后三十日内向乙方支付合同总价的 60%(百分之陆拾),计人民币柒佰捌拾万元整(¥7 800 000元);

(1) 金额为合同总价 60%的符合国家规定的发票,原件一(1)份;

4.4.2 前期付款:本合同签署满二年时,甲方在收到乙方如下单据后三十日内向乙方支付合同总价的 20%(百分之贰拾),计人民币贰佰陆拾万元整(¥2 600 000元);

(1) 金额为合同总价 20% 的符合国家规定的发票,原件一(1)份;

4.4.3 中期付款:合同签署满四年时,甲方在收到乙方如下单据后三十日内向乙方支付合同总价的 10%(百分之壹拾),计人民币壹佰叁拾万元整(￥1 300 000元);

(1) 金额为合同总价 10% 的符合国家规定的发票,原件一(1)份;

4.4.4 尾款付款:合同签署满十年时,甲方在收到乙方如下单据后三十日内向乙方支付合同总价的 10%(百分之壹拾),计人民币壹佰叁拾万元整(￥1 300 000元);

(1) 金额为合同总价 10% 的符合国家规定的发票,原件一(1)份。"

B 公司于 6 月份收到首期款 780 万元,计入当期收入。

解答:

此项交易应当视作"授予现有技术 10 年内使用权"和"在 10 年内提供后续技术升级和支持服务"两项交易的组合。因此,需要采用系统、合理的方式将合同约定的 1 300 万元总价分摊到这两个组成部分,分别按照各自适用的原则确认收入。

对于现有技术授予 10 年使用权,参照 IFRS 体系下《国际会计准则第 18 号——收入》的附录中对收入确认条件的表述[参见《计学撮要(2011)》第 135 页]:

(20) 许可证费和特许使用费。

他人使用企业的资产(如商标权、专利权、软件、音乐版权、唱片和动画片)所支付的许可证费和特许使用费,通常根据协议的实质予以确认。实务中,这可能在协议生效期内按直线法确认,例如,当许可证持有人有权在指定时期内使用某种技术时。

对于一项固定收费的权利转让,或是根据一项不可取消的合同规定不能退回的保证金的权利转让,并且允许许可证受让人自由利用那些权利,而许可证让予人则不再具有应履行的余留义务,这样的权利转让实质上是销售。许可证让予人在交货后无需履行后续义务的软件使用许可协议就是一例。另一个例子是,许可证让予人对所允许的在市场上展览动画片的权利,并对其发行商不再实施控制,也不期望从票房收入中获取更多的收入。在这种情况下,应在销售时确认收入。

在某些情况下,许可证费或特许使用费是否能收到,依某一未来事项是否发生而定。在这种情况下,只有当许可证费或特许使用费很有可能收到时(通常是在该事项发生时),才确认收入。

因此,对总价中归属于现有技术在 10 年内的授权使用的收费部分,应当在收款不存在重大不确定性性并且乙方的此部分合同义务已经实质上履行完毕时确认收入。

对于后续的提供升级技术的部分,应当在后续提供升级后的技术时确认为收入。

上述问题的关键可能是如何将总价合理区分为上述两个相对独立的部分。

鉴于后续技术升级的不确定性较大,可能较难以估计,因此可以以乙方授权非关联方在类似授权范围内使用同样技术(但不含升级服务)的收费标准作为前一部分的公允价值,总价减去前一部分公允价值后即为后续升级服务的公允价值。具体指引可参考《计学撮要(2011)》的"收入确认的相关问题"这一章中"包含多个部分的合同分拆的条件"(第140~141页)、"特许权使用费收入的确认"(第146~147页)、"软件收入的确认"(第148~151页)等相关章节。

问题 2-1-15 不能办理产权证的地下车位销售的处理

问题:

地下车位无法办理产权证,是否可以如同销售商品房一样确认收入并结转成本,或作为投资性房地产逐年确认收入并结转成本?

背景:

某公司对所开发的房地产对外进行销售,包括地下车位。但地下车位给业主办不了产权证。

解答:

出售车位是否确认收入,需要看是否满足《企业会计准则第14号——收入》规定的销售商品收入确认的五个条件:①企业已将商品所有权上的主要风险和报酬转移给购货方;②企业既没有保留通常与所有权相联系的继续管理权,也没有对已售出的商品实施有效控制;③收入的金额能够可靠地计量;④相关的经济利益很可能流入企业;⑤相关的已发生或将发生的成本能够可靠地计量。

本案例中,如果车位销售合同中对办理产权证有约定,并且根据此约定判断,业主因为无法办理产权而退回车位的可能性较大,则不满足确认收入的条件(但确认为投资性房地产没有会计准则上的依据);如果判断业主基本不会因此退回车位(即使存在产权瑕疵,例如,业主有可能明知该车位属于人防设施,因而不能办理产权证,但出于种种考虑而仍然购买其一定年限内的使用权),则不能办理产权证明的事实不影响其所有权上主要风险和报酬转移的判断,并且收入确认的其他条件也均已满足,应该可以确认销售收入,此时其所有权上的主要风险和报酬已转移给业主,对开发商而言不再具有产生未来经济利益流入的能力,故不应继续确认为开发商的资产。

问题 2-1-16 房地产开发企业对属于人防工程的车位费的收入确认问题

问题:

房地产开发企业对未取得产权证明、属于人防工程的车位等设施,如何确认其以租赁等名义取得的收入?

背景:

房地产公司销售的未取得产权证明、属于人防工程的车位,租赁合同注明的是租赁费6万元,租赁期间20年,租赁期满后由租赁方无偿使用。该房地产公司系项目公司,存续期可能较短,待该地块开发、销售完毕后就会关闭。

本案例中假设相关的合同安排都是符合相关法律法规规定的。

解答:

《企业会计准则第14号——收入》对收入确认问题,基本上是遵循了"实现原则"和"配比原则",即:收入应当在导致赚取该收入的活动已经完成,相应款项的收取不存在重大不确定性,且收入和相关成本的金额可以可靠计量时予以确认;收入的确认应当与对应的成本相配比。

具体到本案例,假设相关的合同安排是合规的,则在本案例中,尽管由于相关法律法规规定的限制,不能转让所有权,只能采用转让一定年限使用权或者租赁合同的方式,但在后续租赁期间或者使用期间内,作为租赁合同中出租方的房地产企业无需为确保承租人持续有效地使用该车位而发生大额的额外成本支出,因此从经济实质上讲可以比照买断处理,即在交付车位时,房地产开发企业依据租赁合同应履行的实质性合同义务均已履行完毕,故可按照销售合同或租赁合同约定的总价款一次性确认全部收入(如果采用在租赁期内分期付款的方式,则按长期应收款的折现值确认,同时在后续期间确认融资利息收入),同时结转对应的成本。

需要特别强调的是:对于此类利用法律法规规定的"灰色地带"实现的销售或租赁,公司管理层和注册会计师都需要对其潜在的合规性风险予以特别关注,应聘请律师对该项交易安排是否存在法律上的瑕疵发表意见,必要时咨询主管机关。只有在排除了合规性风险的情况下,才能按照前述方法进行收入确认的会计处理。

问题2-1-17 免征的增值税是否确认为政府补助

问题:

新华书店免征的增值税是否应确认为政府补助?

背景:

2011年111月,某县新华书店图书销售正常缴纳增值税。2011年12月15日,财政部、国家税务总局联合下发《关于继续执行宣传文化增值税和营业税优惠政策的通知》(财税[2011]92号)文件明确"自2011年1月1日起至2012年12月31日,对新华书店组建的发行集团或原新华书店改制而成的连锁经营企业,其县及县以下网点在本地销售的出版物,免征增值税。"

解答:

根据《企业会计准则讲解(2010)》中对"政府补助的特征"的表述:

二是直接取得资产。政府补助是企业从政府直接取得的资产,包括货币性资产和非货币性资产,形成企业的收益。比如,企业取得政府拨付的补助,先征后返(退)、即征即退等办法返还的税款,行政划拨的土地使用权,天然起源的天然林,等等。不涉及资产直接转移的经济支持不属于政府补助准则规范的政府补助,比如政府与企业间的债务豁免,除税收返还外的税收优惠,如直接减征、免征、增加计税抵扣额、抵免部分税额等。

本案例所涉及的《关于继续执行宣传文化增值税和营业税优惠政策的通知》(财税[2011]92号)规定:"自2011年1月1日起至2012年12月31日,对下列新华书店执行增值税免税或先征后退政策:(一)对全国县(含县级市、区、旗,下同)及县以下新华书店和农村供销社在本地销售的出版物免征增值税。对新华书店组建的发行集团或原新华书店改制而成的连锁经营企业,其县及县以下网点在本地销售的出版物,免征增值税……"其政策的定性为"免征",只是由于时间关系,在2011年12月7日才正式下发此文件,导致2011年1~11月已缴纳的增值税需要退回。因此,根据该文件规定应当退还的已纳增值税额不属于政府补助,不受到《〈企业会计准则第16号——政府补助〉应用指南》第四条"政府补助的计量"中"企业取得的各种政府补助为货币性资产的,如通过银行转账等方式拨付的补助,通常按照实际收到的金额计量;存在确凿证据表明该项补助是按照固定的定额标准拨付的,如按照实际销量或储备量与单位补贴定额计算的补助等,可以按照应收的金额计量",以及《企业会计准则讲解(2010)》关于"企业按照固定的定额标准取得的政府补助,应当按照应收金额计量,确认为营业外收入,否则应当按照实际收到的金额计量"的表述的限制,即不仅限于将已实际收到的退还增值税款确认为损益。对于2011年度的收入,该新华书店应按照免征增值税情况下的收入确认原则予以确认和计量,即把向顾客收取或者应收的价款全部确认为营业收入(相应地,不能向顾客开具增值税专用发票),而不是将免征的税款单独计算为营业外收入。同时,增值税进项税额不能抵扣,应计入库存图书等存货的采购成本(对应于已销售的购进图书的增值税进项税额,则应转入营业成本)。

问题2-1-18 图书出版服务企业在不同业务模式下的收入确认问题
问题:

1. 图书出版服务企业与企业(客户)合作,为客户创作、出版、发行书籍提供相关服务,由客户按合同规定向图书经营企业支付图书策划出版费,在这种业务模式下图书出版服务企业收入如何确认?

2. 图书出版服务企业与出版社合作,由图书出版服务企业策划选题,出版社负责出版、发行、销售,由出版社向出版服务企业按合同约定支付选题策划费;对于出版图书产生的不良库存,图书出版服务企业需要按约定价格回购一定比例的库存书籍。在该种业务模式下图书出版服务企业收入如何确认?

背景:

A财经出版中心业务最主要的是"企业出版"和"普通出版"两大板块的业务。其中:

企业出版系A财经出版中心与某一企业合作,合作内容一般包括:①作品创作:A财经出版中心负责寻找合适的创作人,根据企业的需求,对相关内容进行研究和图书创作。②作品出版:A 财经出版中心联系出版社完成出版工作。③宣传推广:在图书完成市场铺货后,以 A 财经出版中心为主导、企业配合完成图书的市场推广工作,以期使图书达到最大影响力。企业按合同规定向 A 财经出版中心支付图书策划出版费,该费用包括但不限于 A 财经出版中心对图书的选题策划费用、创作费用(含创作人员稿费)、出版费用、宣传推广费用及赠送给企业图书的费用等,为大包干费用。除此之外,企业无需支付其他费用。

普通出版主要为图书编辑出版。A 财经出版中心与出版社合作。合作内容如下:①在具体的选题策划上,A 财经出版中心策划之选题依照出版社的选题论证程序,交出版社指定的编辑室进行选题申报并论证,获得通过后,列入出版社的出版计划进入出版操作。②选题和书稿的终审权属于出版社。③在协议期间,出版社拥有 A 财经出版中心公司创作或组稿作品的出版首选权,并拥有合作作品的独家出版权、独家发行权,共同拥有合作作品海外文字作品版权的独家转授权。④双方合作图书的版权输出工作由出版社全权代理,版权协议具体条款由双方协商确定。版权输出属于出版方的纯收益由双方按 5:5 分成。⑤由出版社向 A 财经出版中心按合同约定支付选题策划费,但有以下扣除因素:①对发货折扣价在书定价 50% 以上的,选题策划费比例为:定价×印数×9%;对发货折扣价在书定价 40%50% 的,选题策划费比例为:定价×印数×5%;对发货折扣价在书定价 40% 以下的,不支付选题策划费;②如果单品产生不良库存,A 财经出版中心需回购一半,以书定价的 20% 的价格。在该模式下,图书的主要采购和销售发行均在出版社,A 财经出版中心虽然参与选题和营销方案,但是,对外项目的采购和销售均在出版社。出版社承担了包括编辑加工、设计、绘图、校对、印务、发行等工作和支出,同时承担了选题策划的支出,由 A 财经出版中心和作者分别承担选题策划组稿、写稿具体工作并获取选题策划收入和稿费收入。

最近几年与出版社实际结算状况:①公司发货折扣价 90% 的图书基本都在书定价 50% 以上。②2007—2012 年公司发生图书回购费用仅仅 50 万元。

出版项目成本的预算弹性较大,各步骤与成本支出的时间也无法匹配,无论人为划分步骤或者按照预算比例未必能够真实体现各期收入成本的分配,另外出版行业目前对民营公司而言,后续出版步骤无法完全进行控制,后续步骤的完成期间从法律层面无法保证,企业无法独立完成。

解答:

此问题的关键在于确定销售收入确认应适用"销售商品模式"还是"提供劳务模式",而其中的主要考虑因素是:A 财经出版中心在这一过程中是否承担了存货(图书)所有权上的主要风险和报酬(包括图书的积压滞销和被迫削价出售的风险,以及 A 财经出版中心的收益与图书销售利润之间是否存在直接关联)。

通过分析上述背景资料,可得出以下结论:

1. 在企业出版模式下,A 财经出版提供的是与出版相关的服务,不承担存货(图书)所有权上的主要风险和报酬,因此应该按照《企业会计准则第 14 号——收入》中规定的"提供劳务模式"确认收入。

2. 在普通出版模式下，A财经出版中心承担的主要风险为：①选题策划费的比例由于发行价折扣比例的不同而不同，这可以理解成出版社对A财经出版中心劳务质量进行考核的结果；②在图书滞销情况下按既定价格回购一定数量图书的风险（但从最近几年的实际情况分析，该部分支出较少）。图书的主要采购和销售发行均在出版社，A财经出版中心虽然参与选题和营销方案，但是，对外项目的采购和销售均在出版社。出版社承担了包括编辑加工、设计、绘图、校对、印务、发行等工作和支出，同时承担了选题策划的支出，由A财经出版中心和作者分别承担选题策划组稿、写稿具体工作并获取选题策划收入和稿费收入。故普通出版模式下图书出版的主要风险和收益均由出版社享有或承担，A财经出版中心取得的是较为固定的回报。因此，在普通出版模式下，A财经出版中心应该按照《企业会计准则第14号——收入》中规定的"提供劳务模式"确认收入。

3. 在"提供劳务模式"下，《企业会计准则第14号——收入》第十条规定："企业在资产负债表日提供劳务交易的结果能够可靠估计的，应该采用完工百分比法确认提供劳务收入。"第十四条规定："企业在资产负债表日提供劳务交易结果不能够可靠估计的，应该分别下列情况处理：（一）已经发生的劳务成本预计能够得到补偿的，按照已经发生的劳务成本金额确认提供劳务收入，并按相同金额结转劳务成本。（二）已经发生的劳务成本预计不能够得到补偿的，应当将已经发生的劳务成本计入当期损益，不确认提供劳务收入。"

考虑到出版项目成本的预算弹性较大，各步骤与成本支出的时间也无法匹配，无论人为划分步骤或者按照预算比例未必能够真实体现各期收入成本的分配，另外出版行业目前对民营公司而言，后续出版步骤无法完全进行控制，后续步骤的完成期间从法律层面无法保证，企业无法独立完成，因此，很可能不符合按照完工百分比法确认收入和结转成本的条件。在此情况下，按照会计准则的上述规定，应按照已发生且预计可获得补偿的成本确认收入，并将已发生的成本结转为营业成本，不确认利润。

对于策划费扣除因素和回购滞销书支出的影响，如果根据历史经验，被扣除策划费和发生回购支出的情况是偶发性的且涉及金额较小，对财务报表整体不构成重大影响的，则可以采用简化处理方式，在实际发生时予以确认，而不采用预提的方式。

问题2-1-19 带有价格调整条款的销售收入确认问题

问题：

销售价格根据未来某个条件的发生进行调整的情况下，销售收入如何确认？

背景：

A公司接受矿产品需求方代购请求，签订代购合同，合同约定从矿产品运抵购货单位之日起180日内，A公司采用上海有色金属网上价格点价方式确认对需求方的单价,并以此与客户结算总价款;合同同时约定如果公司在180日内未点价,可以书面向客户单位提出延长30天点价期,但最终结算价格降低100元/金属吨。

货款支付,在货物到达需方后,经验收合格,按到货日上海有色金属网1#锌锭平均价计算临时货款,客户在7个工作日内支付临时货款的70%。

A公司目前采用的收入确认方法为:以公司开具发票为准,开票价格约为上述临时价款的70%,确认收入;最终结算价以点价来确定,差额部分补开发票,并补记收入。

解答:

这种情况属于带有价格调整条款的销售合同。价格调整条款构成一项嵌入衍生工具,在该嵌入衍生工具的公允价值能够可靠计量的情况下,该条款导致的最终结算价格的不确定性不会导致该项交易不满足《企业会计准则第14号——收入》第四条规定的销售商品收入确认条件中的"收入的金额能够可靠地确定"这一条件。如果在货物发出时,《企业会计准则第14号——收入》第四条规定的销售商品收入确认应满足的其他条件也已满足,则此时可以确认全部收入,确认收入的金额应根据合同约定的价格调整公式计算确定。

在货物发出确认收入时,同时需确认一项衍生金融工具。后续对该衍生工具的公允价值根据期后情况予以确认,差额计入当期损益。

综上所述,在货物发出时,如果已经满足收入确认的条件,则确认的收入等于当时(发货时)的市场价格加上该交易性金融工具于发货时点的公允价值。即:

借:应收账款(暂估)
　　交易性金融资产(按嵌入衍生工具于收入确认日的公允价值)
　贷:营业收入
　　　应交税费——应交增值税(销项税额)

后续该交易性金融资产的公允价值变动计入公允价值变动损益,结算时转入投资收益,即后续不再对货物发出时确认的销售收入进行调整。另外,后续的价格调整会导致相应的销项税额的增减,也应在后续结算时予以确认。

对于上述衍生工具的估值问题,由于根据衍生工具的条款,A公司具有在未来180天内择机点价的主动权,因此理论上公司应当通过对发货后未来180天内该商品市场价格走势的预判,判断该商品的价格在该期间内可能达到的最高位,在最高位点价,因此该金融工具的公允价值应当等于对该点价期间内该商品的预计最高价减去当前该商品市场公允价值的差额(如果预计该商品的价格将处于持续上升状态,且预计点价期满后30天内将达到更高的价格,该价格减去合同约定的100元/金属吨后仍可以使公司的收益超过在180天内点价可获得的收益,则可以把预测期间延长到点价期满后的30日,但如果预测最高价将出现于点价期满后30日内的,则应从估计最高价格中减去100元/金属吨)。在实际点价前的每个资产负债表日,都需要对该金融工具进行重新估值,其公允价值的变动计入当期的公允价值变动损益。

结论基础：

根据《企业会计准则第 14 号——收入》第四条规定："销售商品收入同时满足下列条件的，才能予以确认：

（一）企业已将商品所有权上的主要风险和报酬转移给购货方；

（二）企业既没有保留通常与所有权相联系的继续管理权，也没有对已售出的商品实施有效控制；

（三）收入的金额能够可靠地计量；

（四）相关的经济利益很可能流入企业；

（五）相关的已发生或将发生的成本能够可靠地计量。"

对照上述条件，本案例中 A 公司在货物发出时确认销售收入是合适的，因为：①货物的所有权在交货时转移给需求方，需求方可将该货物投入其自身的产品生产过程，表明 A 公司已将商品所有权上的主要风险和报酬转移给购货方；②收入的总金额能够可靠地计量。并且，存在一项公允价值可以可靠计量的嵌入衍生工具的事实，可以进一步为收入确认提供支持。

《企业会计准则第 22 号——金融工具确认和计量》第二十条对"衍生工具"的定义是："嵌入衍生工具，是指嵌入到非衍生工具（即主合同）中，使混合工具的全部或部分现金流量随特定利率、金融工具价格、商品价格、汇率、价格指数、费率指数、信用等级、信用指数或其他类似变量的变动而变动的衍生工具。嵌入衍生工具与主合同构成混合工具，如可转换公司债券等。"

《企业会计准则第 22 号——金融工具确认和计量》第三条规定："衍生工具，是指本准则涉及的、具有下列特征的金融工具或其他合同：（一）其价值随特定利率、金融工具价格、商品价格、汇率、价格指数、费率指数、信用等级、信用指数或其他类似变量的变动而变动，变量为非金融变量的，该变量与合同的任一方不存在特定关系；（二）不要求初始净投资，或与对市场情况变化有类似反应的其他类型合同相比，要求很少的初始净投资；（三）在未来某一日期结算。"

《企业会计准则第 22 号——金融工具确认和计量》第二十二条规定："嵌入衍生工具相关的混合工具没有指定为以公允价值计量且其变动计入当期损益的金融资产或金融负债，且同时满足下列条件的，该嵌入衍生工具应当从混合工具中分拆，作为单独存在的衍生工具处理：（一）与主合同在经济特征及风险方面不存在紧密关系；（二）与嵌入衍生工具条件相同，单独存在的工具符合衍生工具定义。无法在取得时或后续的资产负债表日对其进行单独计量的，应当将混合工具整体指定为以公允价值计量且其变动计入当期损益的金融资产或金融负债。"该准则第二十三条规定："嵌入衍生工具按照本准则规定从混合工具分拆后，主合同是金融工具的，应当按照本准则有关规定处理；主合同是非金融工具的，应当按照其他会计准则的规定处理。"

在本案例中，如果货物发出前整个合同可以无条件取消，而无需支付违约金或其他任何形式的赔偿，则在货物发出前价格调整功能不符合衍生工具的定义，因为没有收取或支付现金的合同义务或类似的金融工具。

如果货物发出前合同不可以取消，合同签订时价格调整功能即符合衍生工具的定义,需要判断是该衍生工具是否与主合同在经济特征及风险方面是否存在紧密关系。

在 IFRS 体系下,《国际会计准则第 39 号——金融工具的确认和计量》没有定义何为"紧密关系",但在其后附的应用指南第 AG30 段和 AG33 段中分别提供了"不具有紧密关系"和"具有紧密关系"的示例,以便对该概念在实务中如何运用提供指引。嵌入衍生工具和主合同之间的相互依赖程度是判断它们是否具有紧密关系的一个重要因素。因此,需要考虑混合工具中每个组成部分的经济特征。

在货物发出之前,主合同是一个商品销售合同。货物发出后,一旦确认了销售收入,主合同就是应收账款了。鉴于价格调整条款是与商品销售合同具有紧密关系,但与特定的应收账款之间并不具有紧密关系,因而在这样的模式下,只有到货物发出时,才单独确认嵌入式衍生工具(在货物发出前,嵌入衍生工具的价值是很小的,因为嵌入衍生工具反映了发出日货物的预计市场价格和预计最终的发票价格之间的差异)。

要求在货物发出时对嵌入衍生工具进行单独拆分确认,是因为合同的远期价格和现货价格不再具有紧密关系了。初始确认后,该嵌入衍生工具后续的公允价值确定应根据合同中列示的点价方法和公式以及其他相关信息进行计算。

问题 2-1-20 销售价格未获得购买方确认时收入的确认

问题:

销售价格尚未获得购买方确认时销售收入如何确认?

背景:

A 企业的主要产品是军工配套产品,在 2011 年年底前已交付产品,但限于军品审价周期长的原因,销售价格暂无法确定。按《企业会计准则第 14 号——收入》的相关规定,销售价格不确定,则不符合收入确认条件,不应该确认销售收入,收到的货款应暂作为预收账款。但如此长的定价周期可能会导致企业几年内的报表上没有销售收入,无法真实反映企业的经营成果。

A 企业在 2011 年年底时暂按照单台 12 万元的价格开具发票并确认销售收入。但是,根据其历史经验推断,此产品的价格应为 28 万元/台。

解答:

根据《企业会计准则第 14 号——收入》第四条规定,确认销售商品收入应满足的条件之一是"收入的金额能够可靠地计量"。关于这一标准的具体运用,《企业会计准则讲解(2010)》第十五章中给出了以下指引:

收入的金额能够可靠地计量,是指收入的金额能够合理地估计。如果收入的金额不能够合理估计,则无法确认收入。通常情况下,企业在销售商品时,商品销售价格已经确定,企业应当按照从购货方已收或应收的合同或协议价款确定收入金额。如果销售商品涉及现金折扣、商业折扣、销售折让等因素,还应当考虑这些因素后确定销售商品收入金额。如果企业从购货方应收的合同或协议价款延期收取具有融资性质,企业应按应收的合同或协议价款的公允价值确定销售商品收入金额。

有时,由于销售商品过程中某些不确定因素的影响,也有可能存在商品销售价格发生变动的情况,如附有销售退回条件的商品销售。如果企业不能合理估计退货的可能性,则无法确定销售商品的价格,也就不能够合理地估计收入的金额,不应在发出商品时确定收入,而应当在售出商品退货期待满商品销售价格能够可靠计量时确定收入。

因此,本案例中该企业在年末能否就已发出的商品确认收入,以及如何计量应确认的收入的问题,主要取决于企业依据历史经验作出的"此产品的价格应为28万元/台"的估计有无充分的证据作为支持(是否有充分的证据确保最终结果与暂估金额的差异在一个合理的限度之内),是否仍然存在重大调整的可能性。如果可以,则应按该暂估数(基于资产负债表日可获得的信息确定的最佳估计值)确认收入,但同时在附注中披露其仅为暂估数,仍可能发生重大调整的事实(在财务报表附注中"重大会计估计和判断"部分中给出相应的特殊提示)。如果没有充分证据表明该估计金额的合理性,或者无法把最终结果与该暂估金额之间出现重大差异的可能性降低到可接受的低水平,则应当认为不满足"收入的金额能够可靠地计量"这一条件,即在最终确定价格之前不应确认收入。

问题 2-1-21 收到货币资金以外的对价时的收入确认问题

问题:

以实物支付购买商品、劳务价款时,销售方该如何进行账务处理?商品、劳务互换时销售收入如何确认?免费赠送商品、劳务时销售收入如何确认?

背景:

A 文化传播有限公司以某杂志为载体进行广告刊登,主营业务收入来源于广告收入。部分客户以电影票、花生油、门票、小礼物、购物卡等实物抵广告费,部分广告为免费刊登,部分广告系与其他媒体互换刊登。A 公司对以物资抵广告费的交易未进行账务处理,并且收到的实物已发放职工做福利,也未进行账务处理。

解答:

1. 根据《企业会计准则第 14 号——收入》第五条规定:"企业应当按照从购货方已收或应收的合同或协议价款确定销售商品收入金额,但已收或应收的合同或协议价款不公允的除外。"我们理解,这一规定虽然是针对商品销售收入的计量的,但是其基本原理也适用于对提供劳务收入的计量。

对于本案例中对方单位以物品、购物卡抵顶广告费的情况,即对方以非货币资产作为对价形式支付服务价款,应视作公司在提供广告服务后,根据合同约定的广告费金额,根据《企业会计准则第 14 号——收入》的相关规定确认广告收入,同时确认应收账款;以实物、购物卡抵顶应收款项时,对于所收到的抵债物资按其公允价值入账,借记"其他流动资产"(假设公司的经营范围不包括购物卡的发行、销售和交易)或者"库存商品",抵债物资的入账价值与应收账款账面价值之间的差额确认为营业外收入或营业外支出(金融资产终止确认损益)(需要说明的是:如果确认应收账款和债务人以非货币资产抵债的时间间隔较短,并且A文化传播有限公司并未向对方作出让步,则所取得的非货币资产的公允价值与应收账款的账面价值应不存在重大差异)。

公司取得抵债物资后,如用于职工薪酬的,则按照《企业会计准则第9号——职工薪酬》及其应用指南和讲解中关于"以外购商品向职工发放非货币性福利"的处理规定,确认职工薪酬费用;如果用于交际应酬的,应确认为"管理费用——交际应酬费"或"销售费用——交际应酬费"。其中,如果公司的经营范围包括购物卡的发行、销售和交易,则对于作为非货币性福利或者出于交际应酬目的的发放的购物卡应作视同销售处理;反之,则在会计上不确认销售收入。

2. 对于以刊登免费广告的方式与对方互相交换广告服务的情形,请按照《企业会计准则讲解(2010)》第十五章第三节第三大点中的下列规定处理(见原书第231页):

此外,在实务中,企业向其顾客提供广告服务以换取该顾客向其提供广告服务的,这样的易货交易只有在所交换的广告服务不相同或相似、而且符合收入确认条件时,才能确认收入。该收入通常无法用所收到广告服务的公允价值进行可靠计量,因此应采用所提供广告服务的公允价值进行计量。企业只有参照其通过收现等方式向顾客提供广告服务这样的易货交易而且该非易货交易同时满足规定条件时,才能认定为其在易货交易中提供广告服务的公允价值是能够可靠计量的,这里所指非易货交易应满足的规定条件包括:①该非易货交易中的广告与易货交易中的广告相同或相似;②该非易货交易应经常发生;③该非易货交易和提供相同或相似广告的易货交易相比,应代表绝大多数交易和金额的情况;④该非易货交易收取的是现金和(或)其他形式的公允价值是能够可靠计量的对价(如上市证券、非货币性资产和其他服务);⑤该非易货交易涉及的顾客和易货交易涉及的顾客不相同。

《企业会计准则讲解(2010)》中的上述指引,与IFRS体系下《解释公告第31号:收入——涉及广告服务的易货交易》中的精神基本一致。

3. 对于无偿赠送的广告,如果是在广告业务量达到一定金额的前提下赠送的,则属于数量折扣性质,并非无偿赠送,即在同样的总价下提供了更多的服务。A文化传播有限公司应比照商品销售中数量折扣的处理原则,将向客户收取的总价采用一定方法分配一部分到无偿部分中,无偿提供的广告服务也应确认收入。

问题2-1-22 通过销售业务员(非本公司员工)销售产品的收入确认问题

问题:

根据下文"背景"资料所述,A公司通过委托外部业务员销售产品,并支付佣金时,是按总额法还是净额法确认收入?

背景：

A公司生产销售混凝土外加剂，销售模式为由销售业务员（并非企业正式员工，无基本工资）负责推销产品，自主向终端客户确定销售价格，但合同以A公司名义签订，并由A公司开具发票。客户支付的货款直接打入A公司。A公司与业务员结算价差部分（销售价格高于A公司与业务员的结算价部分）。

业务员加盟依据企业对其信用及经济实力的考察，一般并未签代理协议，对能力差的业务员可能需交保证金；产品出场后的运输责任及产品风险均由业务员自己承担；业务员负有催款责任，质量纠纷不高，款项未结清企业不支付其价差（佣金），佣金占销售收入的10%20%左右。出厂时A公司对业务员的结算价（出厂价）已经由市场部确定（每单可能均不同）。

解答：

关于采用"总额法"还是"净额法"确认收入的问题，主要的参考依据是IFRS体系下《国际会计准则第18号——收入》附录的第21段"确定企业在交易中的地位是委托人还是代理人"，并可参考《计学撮要（2011）》第141～146页"收入的确认和列报采用'总额法'还是'净额法'的问题"。

《国际会计准则第18号——收入》附录第21段指出：

如果企业承担了与货物销售或劳务提供相关的重大风险和报酬，则其应当认定为委托方。表明企业处于委托方地位的特征包括：

① 根据所签订的合同条款，企业是首要的义务人，负有向顾客提供商品或服务或者履行订单的首要责任，例如有责任确保所提供的商品或服务可以被顾客或用户接受。

② 在顾客下订单之前和之后，以及在运输途中，或者在货物退回时，企业均承担了一般存货风险。

③ 企业具有定价自由权，该自由权可以是直接的也可以是间接的，例如通过提供额外的产品或服务。

④ 企业就其应向客户收取的款项，承担了源自客户的信用风险。

如果企业并未承担与货物销售或劳务提供相关的重大风险和报酬，则其应当认定为代理人。表明企业处于代理人地位的一项特征是：企业在交易中赚取的报酬是事先确定的，或者是按交易笔数和固定的金额标准计算，或者是就向客户收取的款项按确定比例计算。

根据上述"背景"资料并对照上述准则条文和技术指引来分析，虽然"产品出场后的运输责任及产品风险均由业务员自己承担"，但是"合同以A公司名义签订，并由A公司开具发票"，表明A公司所承担的责任很可能要延伸到出厂后的运输和交货阶段，"产品出场后的运输责任及产品风险均由业务员自己承担"更类似于A公司和业务员之间的一种管理关系，即如果在此环节出现问题（包括运输环节的货物灭失、毁损和质量纠纷等），A公司很可能先要根据销售合同的约定对最终顾客承担责任，再通过与业务员之间的约定向业务员追偿，即实质上A公司还是要承担业务员的信用风险。并且，虽然业务员负有催款责任，并且"款项未结清企业不支付其价差（佣金）"，但是鉴于佣金占收入的

10%～20%左右,因此实际的坏账风险大部分仍由 A 公司承担。另外,A 公司与业务员之间"一般并未签代理协议",可能导致 A 公司和业务员之间的权责不清,难以界定。再者,从"出厂时企业对业务员的结算价(出厂价)已经由市场部确定(每单可能均不同)"这一表述无法确定出厂价和对最终顾客的销售价格之间有既定的、可预期和可测算的对应关系。

综合上述分析,A 公司应按按总额法(企业与最终顾客签订的销售合同上的价格)确认收入,将支付给业务员的佣金确认为销售费用。佣金确认为费用的时点应当即为收入确认的时点,并依据预计坏账率对该费用进行计量,即:收入确认时点应确认的佣金费用＝确认的销售收入×[1－预计坏账率(与坏账准备计提比例相对应)]×约定的佣金率。

问题 2-1-23 存在居间人情况下的收入确认时点

问题:

存在居间人的情况下,销售收入是否可以在货物发出时确认?

背景:

制药企业一般的销售模式为向医药经销单位销售药品,由医药经销单位再向医院等地销售。由于医药行业禁止向个人销售药品,但是个人又有销售渠道,因此 A 制药企业与个人签订居间人合同,由这些个人寻找医药经销公司,A 制药企业(甲方)与个人(乙方)和医药公司(丙方)签订三方协议,形式上由甲方和丙方结算,但是丙方又委托乙方全权办理。货物运输一般由甲方和运输公司签订运输合同,将货物运输至地市级城市。甲方、乙方和丙方签订的协议有关收入条款为:

(1) 丙方在销售甲方产品时,需通过乙方与甲方代为联系,乙方作为丙方的担保代理人,连带承担丙方因此产生的权利与义务,对丙方拖欠款项及违约责任承担连带保证责任。

(2) 丙方全权授权乙方代其履行与甲方结算(收款与付款)的义务。

因乙方对丙方承担履行本合同的担保责任,当甲方开具发票给丙方,且尚未收到丙方货款时,丙方应付甲方的货款从乙方的担保款中直接划转,当乙方担保款额不足的情况下,甲方直接向乙方追偿相应欠款,并不再向丙方追偿;同理,丙方支付给甲方的款项,超出甲方给丙方的已开票额,丙方同意此部分款项归乙方所有。由此产生的纠纷,由乙、丙方承担,不追溯至甲方。

(3) 丙方应当在收到货物时完成验收,逾期视为已经通过验收。

(4) 甲方不受理非质量问题的退、换货。

(5) 甲方应提供合格的产品,经地级市以上药检部门检定确认因质量引起的退货,所发生的运输费用由甲方承担。

(6) 除甲方提供的产品存在质量缺陷的情形以外,甲方货物一经发出,不接受乙方的退货,该货物所有权的主要风险和利益转移给乙方,乙方必须全部承担按本协议价格支付给甲方货款的责任。

另外，药品属于特殊商品，在交给运输公司发往各地级城市，时间不长，同时运输合同约定在运输中由于运输公司原因运输公司赔偿。根据合同条款，药品质量是否有问题由地级市以上药检部门检定，应当在收到货物时完成验收，逾期视为已经通过验收，特别是在居间人合同中约定：除销售合同另有约定外，甲方货物一经发出，不接受乙方的退货，该货物所有权的主要风险和利益转移给乙方，乙方必须全部承担按本协议价格支付给甲方货款的责任。

解答：

在经销商和居间人具有足够强的财务实力，在产品售出之前能支付货款的情况下，可以以货物的发出作为所有权上主要风险和报酬转移的标志，在货物发出时确认销售收入。

另外，在除了"先款后货"以外的其他结算模式中，公司在确定收入的确认时点时（尤其是对作为居间人的个人发货时），应关注经销商或者居间人是否具有足够强的财务实力。如果经销商或者居间人的财务实力较弱，需要将公司的产品售出后才有资金用于偿还货款的，则虽然合同约定了一旦发货即不再接受除质量问题以外的退货的条款，但在经销商或居间人将货物对外出售并收回货款之前，商品所有权上的主要风险和报酬很可能并未真正转移。

结论基础：

根据《企业会计准则第14号——收入》第四条规定："销售商品收入同时满足下列条件的，才能予以确认：

（一）企业已将商品所有权上的主要风险和报酬转移给购货方；

（二）企业既没有保留通常与所有权相联系的继续管理权，也没有对已售出的商品实施有效控制；

（三）收入的金额能够可靠地计量；

（四）相关的经济利益很可能流入企业；

（五）相关的已发生或将发生的成本能够可靠地计量。"

根据会计准则的上述规定，对照本案例中的合同条款（见"背景"部分），判断在货物发出时点是否已经满足收入确认的各项条件：

1. 在发出货物后，除了存在质量问题的情形以外，经销商和居间人不享有退货权（但企业可通过出厂前检验等手段，将因质量问题导致退换货的风险降低到可接受的低水平），并且销售价格和应支付给居间人的佣金金额已经确定，A制药企业已不再承担标的货物的公允价值变动风险；且依据相关合同约定，运输途中的货物灭失风险由运输企业赔偿。因此符合条件（一）。

2. 货物已经交付给经销商或居间人，A制药企业不再保留通常与所有权相联系的继续管理权，也无法对已发出的药品实施有效控制。因此符合条件（二）。

3. 收入金额和应支付给居间人的佣金金额在相关合同中已经明确约定，因此符合条件（三）。

4. 当经销商和居间人具有足够强的财务实力时，A制药企业是收款可能性具有合理的保障，如是，则符合条件（四）。

5. 相关的已发生或者将发生的销售(营业)成本是可以可靠计量的,因此符合条件(五)。

综上所述,在经销商和居间人具有足够强的财务实力,在产品售出之前能支付货款的情况下,可以以货物的发出作为所有权上主要风险和报酬转移的标志,在货物发出时确认销售收入。

问题 2-1-24 高尔夫俱乐部会员卡收入的确认

问题：

高尔夫俱乐部的会员费应如何确认为收入？

背景：

A 高尔夫俱乐部(以下简称"俱乐部")以前年度的会员卡每张 16.8 万元,自今年起每张 100 万元,均为终身制;会员卡优惠内容主要是每次打球的费用只按正常费用的 10% 收取,如:非会员上果岭打球每场收费 2 000 元,会员打球每场收费 200 元;以前年度对会员费收入的一贯性处理原则：由于以前年度每张会员卡收费 16.80 万元,且数量不多,因此在收到会费时直接确认为当期营业收入;本年度变化：由于会员卡涨价至 100 万元/张,本年度共办理 13 张,涉及金额 1 300 万元,金额变化很大。

解答：

根据《企业会计准则》和 IFRS 下的关于会员费收入确认的指引(详见下文"权威指引")，本案例中的会员卡为终身制,并且会员享有以优惠价享受俱乐部提供的服务的权利。因此,需将总价分解为两部分：一部分是取得会籍的入会费;另一部分是后续会员资格有效期内应提供给会员的优惠服务的公允价值。对于这两部分之间的划分方法,企业应结合过去的历史经验(例如,利用会员平均每年打球次数,测算每年每张会员卡共计可节约的果岭券费支出,再求得该金额的折现值,折现年限一般为俱乐部的剩余经营年限或者球场所在地的土地使用权剩余年限)并参考周边地区其他高尔夫俱乐部的划分方法予以处理。如果企业同时发售多种附带不同权利的会员卡(例如有的会员卡仅限于取得会籍,其他服务照常收费;有的会员卡可享受较多的优惠服务等)，则可以根据不同类型会员卡在同一发行时间的价格差估算不同部分各自的相对公允价值。

在将总价合理划分到上述两部分的情况下,对于入会费部分,应在会员资格已经授予且款项的收取不存在重大不确定性时一次性确认为收入;对应于享受的优惠服务公允价值的部分在后续存续期间内(与前述计算折现值时所使用的年限一致)摊销确认为各期的收入。

权威指引：

《〈企业会计准则第 14 号——收入〉应用指南》第五条"提供劳务收入确认条件的具体应用"：

(六) 申请入会费和会员费只允许取得会籍,所有其他服务或商品都要另行收费的,在款项收回不存在重大不确定性时确认收入。申请入会费和会员费能使会员在会员期内得到各种服务或商品,或者以低于非会员的价格销售商品或提供服务的,在整个受益期内分期确认收入。

《国际会计准则第18号——收入》附录:

(17) 申请、入会和会员费。

收入确认取决于所提供服务的性质。如果收费只限于取得会籍,其他所有服务或产品都要求会员另行付款,或者要按年另行订购,则当其收回的可能不存在重大的不确定性时,这种收费应确认为收入。如果收费需在会籍期内向会员提供各种服务或出版物,或者允许会员以低于向非会员收取的价格购买商品或劳务,则该项收费应以反映受益的时间、性质和价值为基础确认。

《实施〈企业会计制度〉及其相关准则问题解答》(财会[2001]43号)(原《企业会计制度》下):

七、问:公司所取得的高尔夫球场会籍收入如何确认收入?

答:公司一次性收取的高尔夫球场会籍入会费,是全部计入当期损益或是按受益期限分期计入受益期损益,应根据不同的情况分别处理:如果一次性收取的入会费,仅仅是入会者为了获取会员资格,会员在接受公司所提供的具体商品或服务时,需另行交纳相关费用的,则当一次性收取的入会费当期收回的可能不存在重大不确定性时,确认为收入;如果一次性收取的入会费,入会者不仅仅是为了获取会员资格,还包括为将来接受公司的商品或服务而预先支付的订购费用,或包括接受公司以低于非会员价格提供的商品或服务,则该项费用应区别费用所代表的受益性质、受益价值和期间,按照合理的方法分期确认收入。

问题 2-1-25 含度假公寓使用权的会籍收入确认问题

问题:

含度假公寓使用权等权利的会籍收入应如何确认?

背景:

A会所钻石会籍的会员在入会时需要交纳若干万元会籍费。会籍年限截至2050年5月5日(该会所土地使用权的期限),会员主要拥有的权利是会所的度假公寓20年的使用权。《钻石会籍会员合约书》约定:

(1) 使用权期限为自A会所向会员交付房屋之日起20年,但在该期限届满前6个月,A会所或者会员任何一方如提出延长房屋使用权期限的,则使用权期限自动展期到2050年5月5日,且钻石会员无需支付房屋使用费(含展期期间)。

(2) 钻石会籍资格必须与一套度假公寓房屋的使用权相绑定。会员入会后,会所可以为其提供两次选房机会,选中房屋是钻石会员资格生效的前提条件。如果未选中房屋的,则相关入会合约终止,所缴纳的入会诚意金等款项在扣除10%手续费后退回。

(3) 钻石会籍项下的度假公寓使用权和钻石会籍是互为一体的,会员不得单独转让其中一项,否则转让无效。

(4) 钻石会员享有会籍的期限与该会所土地使用权年限一致。

(5) 该房屋仅供会员作为私人会所用途,会员需按有关规定缴纳物业管理费和其他相关费用,并自行负担与使用该房屋有关的水、电、煤、电信等公用事业费用。

另外,钻石会籍会员的权利还包括:可以每年免费使用董事会议厅一次,免交 3 年会员年费、获赠 30 万元的消费额度等。

解答:

根据上文"背景"资料分析,本案例中拥有钻石会籍的会员,其会籍年限截至 2050 年 5 月 5 日(会所土地使用权的期限),主要拥有的权利是会所度假公寓的使用权(钻石级会员),其他的优惠条件还包括每年免费使用董事会议厅一次,免交 3 年会员年费、获赠 30 万元的消费额度等。

因此,需将总价分解为三部分:第一部分是取得会籍的入会费;第二部分是度假公寓使用权;第三部分是后续会员资格有效期内应提供给会员的各项服务的公允价值。在将总价合理划分到上述各部分的情况下,对于入会费部分,应在会员资格已经授予且款项的收取不存在重大不确定性时一次性确认为收入;对于公寓使用权部分,应按房地产销售业务处理;对于应享受的服务公允价值的部分在后续存续期间内摊销确认为各期的收入。具体如下:

1. 初始入会费。

初始入会费中仅限于取得会籍的部分,应当依据《〈企业会计准则第 14 号——收入〉应用指南》的规定:"申请入会费和会员费只允许取得会籍,所有其他服务或商品都要另行收费的,在款项收回不存在重大不确定性时确认收入。申请入会费和会员费能使会员在会员期内得到各种服务或商品,或者以低于非会员的价格销售商品或提供服务的,在整个受益期内分期确认收入。"

2. 度假公寓使用权。

我们理解,其中的度假公寓 20 年使用权是钻石会籍权益中极其重要的组成部分。根据《钻石会籍会员合约书》第 3.4 条约定,使用权期限为自甲方向乙方交付房屋之日起 20 年,但在该期限届满前 6 个月,甲乙任何一方如提出延长房屋使用权期限的,则使用权期限自动展期到 2050 年 5 月 5 日,且钻石会员无需支付房屋使用费(含展期期间),因此基本上可以合理确定最终的使用期限将会延长到 2050 年 5 月 5 日。由于合同约定了选房条款,并以成功指定具体的房屋作为钻石级会员会籍生效的条件,且后续钻石会籍必须与房屋使用权捆绑转让,不得单独转让其中一项,因此应当关注该项"使用权交易"的经济实质。

参照 IFRS 体系下的 IFRIC 4《确定一项交易安排中是否包含租赁》第 6 段规定:"确定一项协议是否属于或包含租赁业务,应重点考虑以下两个因素:一是履行该协议是否依赖某特定资产;二是协议是否转移了资产的使用权。属于租赁业务的,按租赁准则进行会计处理;其他部分按相关会计准则处理。"

根据该解释公告第 9 段规定,如果一项安排授予购买方(承租人)对标的资产使用的控制权,则可以认为该协议转移了资产的使用权。当出现以下三种情况之一时,应认为对标的资产使用的控制权已经转移:

"(1) 购买方有能力或有权利运作该资产,或者指示他人以该购买方决定的模式运作该资产,并且取得或控制该资产的产出或者效用中的并非不重大的部分。

(2) 购买方有能力或有权利控制对该资产的实物接触,并且取得或控制该资产的产出或者效用中的并非不重大的部分。

(3) 相关事实和因素表明:除该购买方以外的一方或多方取得该资产在该安排期间内生产或者产生的产出或者其他效用中的并非不重大的部分的可能性很小,并且购买方为该等产出所支付的价款既不是合同约定的每单位固定金额,也不同于产出交付时该等产出的每单位现行市场价格。"

由于钻石会籍的成立及其生效取决于对特定的度假公寓房屋的使用权,并且该合同将对"使用权的控制权"转移给了会员,因此对于该合约中涉及度假公寓房屋使用权的部分,应按照《企业会计准则第 21 号——租赁》的规定处理。根据租赁准则规定,需根据租赁资产所有权上主要风险和报酬的享有或承担情况,将租赁区分为经营租赁和融资租赁。在本案例中,由于租赁期间已经涵盖房屋使用寿命的绝大部分,且其价格已经包含在会籍费总价中,因此可以认为其所有权上的主要风险和报酬已经转移给会员,应归类为融资租赁,即从经济实质上看属于房地产销售业务。因此,公司应当在把相关房屋交付给会员并取得验收确认时,按照该房屋的公允价值确认房地产销售收入。

3. 其他会员权益和优惠。

其他优惠如使用会议厅,可按 A 会所正常收费确定公允价值。在相关服务提供时确认为收入。

问题 2-1-26 在甲供材料的情况下施工企业收入的确认

问题:

在甲供材料的情况下,施工企业是否需要将甲方供应的材料费用确认收入?

解答:

对照《计学撮要(2011)》第 141~146 页中给出的收入确认应采用"总额法"还是"净额法"判断标准的相关指引,对施工单位接受的甲供材料分析如下(以下仅指实务中通常的甲供条款):

1. 甲供材料由甲方采购并提供给乙方(施工单位),其质量、价格等由甲方负责,乙方不承担其质量风险、价格变动风险等。因此就甲供材料的品质和数量问题而言,乙方并不是首要义务人。

2. 甲方在提供甲供材料给乙方时,通常系按工程的需要量采购,如工程结束时有结余通常需退还给甲方(也可由乙方按完工时的市场价格收购),如数量不足则由甲方负责补足,因此乙方并不承担甲供材料所有权上的价格变动风险、滞销积压风险等主要风险和报酬,即乙方不承担甲供材料的一般存货风险。

3. 甲供材料的价格系由甲方确定,与乙方无关;乙方在确定建造合同的总价款时,已经考虑了部分材料系甲供的因素。同时,甲供材料的供应商由甲方指定,乙方无法自行选择,也不能自主确定甲供材料的价格。

4. 乙方不涉及甲供材料的价款结算、质量问题索赔等事项,不承担甲供材料相关的信用风险。

根据上述分析,对于实务中通常的甲供条款而言,乙方(施工方)符合净额确认收入的条件,即确认的建造合同收入和结转的建造合同成本中都不含甲供材料的价值。

相关指引:

《计学撮要(2011)》P141~146"收入的确认和列报采用'总额法'还是'净额法'的问题"(节选):

在判断收入的确认和列报应当采用"总额法"还是"净额法"时,首先需要明确的问题就是企业(报告主体)在交易中所处的地位,即其自身是否构成交易的一方,并直接承担交易的后果;还是仅仅在交易双方之间起到居间的作用,仅仅就其提供的居间代理服务收取佣金,而并不承担交易的后果。换言之,企业与供应商之间的交易是否为独立于企业与顾客或用户之间的交易的另一项交易;企业是否承担了所交易的商品或服务的所有权上的主要风险和报酬。

在确定企业在交易中所处的地位是否为代理人时,需要综合考虑所有事实和因素(尤其是重大风险和报酬的承担情况),作出适当的职业判断。但是,一般认为,如果存在以下一种或数种情况,则企业自身被认定为交易的一方,从而需要按总额确认收入的可能性相对较大:

(1) 根据所签订的合同条款,企业是首要的义务人,负有向顾客或用户提供商品或服务的首要责任,包括确保所提供的商品或服务可以被顾客或用户接受。

(2) 企业在交易过程中承担了一般存货风险,即存货所有权上的主要风险和报酬,例如标的商品或服务的价格变动风险、滞销积压风险等。

(3) 企业能够自主决定所交易的商品和服务的价格;或者能够改变所提供的商品和服务,或者自行提供其中的部分服务。

(4) 企业承担了信用风险。

如果不存在上述任一情形,则企业处于代理人地位,按所获取的佣金净额确认收入的可能性相对较大。如果存在以下情况,可能表明企业处于代理人地位,应按净额法确认收入:

(1) 根据所签订的合同条款,首要义务人是供应商而不是本企业。

(2) 企业在交易中赚取的报酬是事先确定的,或者是固定收益(无论向顾客或用户收取的价款为多少),或者是按确定比例计算。

(3) 企业不承担信用风险。

问题 2-1-27 企业为客户用于支付货款的借款提供担保时的收入确认、坏账准备计提问题

问题:

在销售中,公司既为销售方,同时又为客户提供货款借款的担保时,应该如

何确认收入？如何对所承担的担保责任进行会计处理和信息披露？

背景：

A公司以大型机械设备(挖掘机、装载机等)的销售为主营业务。在以下两种方式下，A公司为客户提供相关的担保：

1. 客户支付一定首付款，剩余款项向银行贷款。

客户将首付款、保证金及其他相关费用先支付给A公司，A公司留下首付货款，将剩余保证金等支付给银行，同时银行将剩余货款(总价款与首付款的差额)全额向A公司支付。客户的贷款由A公司向银行提供全额不可撤销的连带责任保证，若客户未按期归还贷款，需由A偿还逾期本金及罚息。A公司在整个交易中既是销售方也是担保方。

2. 客户通过与融资租赁公司签订融资租赁协议，由融资租赁公司作为购买方，购买A公司所售商品并以融资租赁方式出租给客户。

客户将首付款、保证金及其他相关费用先支付给A公司，A公司再转付给租赁公司。融资租赁协议签订后，租赁公司将全部货款支付给A公司，若出现融资租赁公司未及时放款，按期间计算，由客户垫付第一期应收款。A公司提供全额不可撤销的连带责任保证，若客户未按期向租赁公司支付租金，由A公司立即无条件偿还逾期租金及罚息。A公司在整个交易中既是销售方也是担保方。

解答：

根据《企业会计准则第14号——收入》第四条规定："销售商品收入同时满足下列条件的，才能予以确认：

(一) 企业已将商品所有权上的主要风险和报酬转移给购货方；

(二) 企业既没有保留通常与所有权相联系的继续管理权，也没有对已售出的商品实施有效控制；

(三) 收入的金额能够可靠地计量；

(四) 相关的经济利益很可能流入企业；

(五) 相关的已发生或将发生的成本能够可靠地计量。"

在本案例中，在将标的货物交付给买方，从客户处收到首付款、保证金和其他相关费用时，上述五项标准中的第(二)、第(三)、第(五)项总是确定可以满足的，因此关键在于判断上述第(一)、第(四)两项是否满足。

对于第(一)项，根据《企业会计准则讲解(2010)》第十五章第二节中的相关表述，"企业已将商品所有权上的主要风险和报酬转移给购货方，是指与商品所有权有关的主要风险和报酬同时转移给了购货方。其中，与商品所有权有关的风险，是指商品可能发生减值或毁损等形成的损失；与商品所有权有关的报酬，是指商品价值增值或通过使用商品等形成的经济利益"(见原书第214页)。在本案例中，由于货物已经移交客户使用，因此商品可能发生减值或毁损等形成的损失，以及商品价值增值或通过使用商品等形成的经济利益等均已归属于买方，因此符合上述第(一)项条件。

对于第(四)项，需要判断相关经济利益最终流入企业的可能性。鉴于款项已经实际收到,因此实际上是判断因承担担保责任等原因导致经济利益流出的可能性。因承担担保责任导致经济利益流出企业的可能性是来源于客户对银行或者租赁公司的违约风险,与企业直接向同一客户以同等条件分期收款销售货物的情况下所承担的信用风险没有本质区别,也就是:在这两种销售模式下,A 公司承担的来源于客户的信用风险水平并不高于不通过银行或租赁公司而直接向该同一客户采用分期收款方式销售时的信用风险水平。并且由于引入了银行和租赁公司的信贷审查机制,可以使风险控制在一定的较低水平之内,因此可以合理保证上述第(四)项条件在货物发出时可以满足。因此,如果在标的货物交付客户时,销售商品收入的其他确认条件均已满足的,并且预计客户的信用风险水平较低的,可以在货物发出时确认收入。

A 公司对于在这一过程中对银行或租赁公司承担的担保责任,比照坏账准备和预计负债计提的规定进行考虑,并可利用银行、租赁公司提供的相关还款资料、借款人财务信息资料等信息作为考虑的依据。一般情况下,在未发生实际坏账风险的情况下,A 公司对所承担的担保责任可比照应收账款中的账龄分析法,采用逾期天数等作为主要的考虑因素,计提预计负债(一般担保准备)。如果已经被实际要求回购该笔应收款项或标的货物,则应采用个别认定法,根据债务人财务状况、标的设备的状态和目前二手市场交易情况等因素,谨慎估计可通过向债务人追偿或者收回标的设备变卖等方式收回的款项,将其与回购贷款时向银行或租赁公司支付的款项相比较,按两者的差额计提预计负债(特殊担保准备)。

A 公司应当建立相关的信贷风险控制制度,以便对可收回金额作出合理估计,必要时可聘请银行或租赁公司等中介机构协助测算。在财务报表附注中应对采用个别认定法计提坏账准备的会计估计可能与最终结果存在重大差异的情况,在"重大会计估计和判断"部分中作出特别声明和提示。

问题 2-1-28 卖方为买方用于支付货款的银行贷款提供担保时的收入确认问题

问题:

卖方为买方用于支付货款的银行贷款提供担保时,卖方能否在发货时确认收入?

背景:

A 公司是进行大型中央空调制造的企业。A 公司为了加大销售,采取买方信贷的方式销售空调机,具体做法是:购买方首付 30%,另 70%由 A 公司提供担保,购买方由银行贷款支付货款,在空调制造完成后,购买方以空调作为质押品,质押给银行作为贷款的担保物,同时,A 公司仍继续提供担保义务直到贷款偿还完毕为止(贷款期 5 年)。

A 公司在借款期内的责任分别为:如果在设备抵押给银行前,购买方连续 2 个月未能偿还贷款,A 公司承担连带责任;在设备交付并抵押给银行后,如果购买方款违约的话,银行可要求 A 公司按折扣价回购设备(第 1 年折扣 70％,第 2 年折扣 60％等)。

该业务从 2009 年开始实行,至今未出现过违约行为。

解答:

根据《企业会计准则第 14 号——收入》第四条规定,"相关的经济利益很可能流入企业"是确认销售商品收入应满足的基本条件之一。因此,企业应当对相关经济利益流入企业的可能性作出合理估计,只有当相关经济利益最终流入企业的可能性大于不能流入的可能性时,才满足了收入确认的该项条件。

就本案例而言,该问题中确定收入确认的恰当时点主要考虑的因素是卖方在这一过程中所承担的源于买方的信用风险的程度。一般情况下,此类业务中卖方承担的信用风险程度不高于不通过银行直接向该同一买方以分期付款方式销售时,就尚未收到的余款所承担的信用风险水平。并且,按照常理,由于在这一过程中引入了银行的信贷风险审查机制,信用风险水平很可能小于不通过银行直接以分期付款方式销售时。该销售模式自 2009 年至今未发生过坏账,也说明信用风险总体上较低。

根据背景资料中的担保条件,在设备抵押给银行后,如果购买方出现还款违约,银行可要求 A 公司以折扣价回购设备。如果该回购价款高于买方出现违约时尚未归还的贷款本息金额,也显著高于预计当时标的设备在二手市场上的交易价格的,则 A 公司所承担的信用风险的后果将高于不通过银行直接做分期收款销售的场合。则卖方为买方的银行贷款提供担保的事实会导致不满足《企业会计准则 14 号——收入》第四条第(四)项"相关的经济利益很可能流入企业"这一收入确认的基本条件。如果该回购价款低于买方出现违约时尚未归还的贷款本息金额,也显著低于预计当时标的设备在二手市场上的交易价格的,则 A 公司所承担的信用风险的后果将低于不通过银行直接做分期收款销售的场合。则卖方承担的信用风险程度不高于不通过银行直接向该同一买方以分期付款方式销售时,就尚未收到的余款所承担的信用风险水平的,并且总体上信用风险较低的,则卖方为买方的银行贷款提供担保的事实不会导致不满足《企业会计准则 14 号——收入》第四条第(四)项"相关的经济利益很可能流入企业"这一收入确认的基本条件。在销售商品收入的其他确认条件均已满足的情况下,可以在货物发出并安装调试完成时确认收入。

注意:本案例与前一案例"企业为客户用于支付货款的借款提供担保时的收入确认、坏账准备计提问题"相比,其背景信息的主要差异在于卖方为买方承担担保责任的方式不同。在前一案例中,卖方承担担保责任的方式是"若客户未按期向租赁公司支付租金,由卖方立即无条件偿还逾期租金及罚息",不涉及要求卖方回购货物;而在本案例中,卖方承担担保责任的方式是"按折扣价回购设备",即承担担保责任可能导致的经济利益流出金额与买方欠款的金额不一定相同,同时卖方因回购货物而承担了货物所有权上的主要风险和报酬。因此,在前一案例中,基本上可以确定"卖方承担的来源于客户的信用风险水平并不高于不通过银行或租赁公司而直接向该同一客户采用分期收款方式销售时的信用风险水平",因此可以合理保证在货物发出时已经满足收入确认条件;而本案例则需要进一步分析回购款金额、买方出现违约时尚未归还的贷款本息金额、预计当时标的设备在二手市场上的交易价格这三者之间的关系,才能确定卖方所承担的信用风险的后果是否低于不通过银行直接做分期收款销售的场合,从而确定能否在货物发出时确认收入。

问题 2-1-29 赠送商品视同销售的问题

问题:

1. 通过自制杂志刊登广告获取收入,免费赠送的自制杂志是否需要视同销售?是否需要纳税?
2. 商家促销时赠送的商品是否需要视同销售确认收入?

背景:

1. A杂志社主营收入系刊登广告收入,目前该杂志社将大部分自制杂志无偿赠送给酒店、高级会所等单位。现杂志社账务处理为根据杂志市场价计提销项税,计入销售费用,在会计上未确认收入。
2. 某公司经营零售业务,其中:外购大桶水通过存货核算,销售时存在赠送业务(比如订大桶水赠送小桶水、订奶赠水业务等),对于赠送的水按照市场价计提销项税计销售费用,并结转成本计入主营业务成本。

解答:

1. 根据《企业会计准则第14号——收入》第二条规定:"收入,是指企业在日常活动中形成的、会导致所有者权益增加的、与所有者投入资本无关的经济利益的总流入",即"具有经济利益流入"是"收入"这一会计要素的一项基本特征,也是能否确认收入的基本判断标准。

因此,本案例中能否就无偿赠送的杂志确认收入的问题需要考虑杂志社的盈利模式。如果杂志社主要的收入和利润来源是广告费收入,大部分自制杂志系无偿赠送(即不获取杂志的销售收入),则可以将杂志的无偿赠送视为做广告的一种实现方式,是为其获得主营业务收入——广告费收入服务的。所以,从会计核算角度,鉴于杂志的无偿赠送不会带来直接经济利益,但有助于扩大该杂志的影响从而赚取更多的广告费收入,并且杂志的无偿赠送是该杂志社正常盈利模式的内在组成部分,所以对于无偿赠送的杂志在会计上不需要视同销售确认销售收入,而是将其成本计入与广告费收入对应的主营业务成本中。

在税务方面,根据《国家税务总局关于企业处置资产所得税处理问题的通知》(国税函[2008]828号)的规定,企业将资产移送他人用于市场推广或销售,因资产所有权属已发生改变而不属于内部处置资产,应按规定视同销售确定收入。因该杂志属于企业自制的资产,故在企业所得税税务处理中应按企业同类资产同期对外销售价格确定销售收入。

2. 对于"买一赠一"、"买大赠小"等促销活动而言,其中的"赠"并非无条件,而是以"买"为前提的,所以应当把"买"和"赠"作为一个整体进行处理,采用类似于捆绑销售的方式进行会计处理,将"买"部分的总价确认为销售收入,所售出商品和附送赠品的成本均转为营业成本。不应单独把其中的赠品成本确认为销售费用。

企业为促销目的无偿赠送的样品、试用装、礼品等,无需受赠方履行一定义务(如购买一定价值的商品)即可获赠的(如所谓"来就送"),此时的赠品成本应确认为销售费用,不确认收入和结转成本。因为此时赠品成本的付出并无对应的经济利益流入,所以不满足确认收入的条件。

问题2-1-30 合作制作和发行电视剧的相关问题

问题:

多方合作制作发行电视剧,负责发行、且只获取固定收益的一方如何进行账务处理?

背景:

影视公司甲(本案例中的会计主体)拟参加投资一部电视剧,该剧总投资为2 000万元,由A公司负责制作,制作许可证上的制作方为某A公司,甲公司投资200万元,按20%收取固定回报,即40万元,投资结束后,可收回240万元。该剧的所有发行由各投资方委托给甲公司完成,发行许可证上的发行单位为甲公司,由甲公司直接向各电视台开发票,假如最终向各电视台卖了3 000万元,即甲公司开票开了3 000万元。该剧的制作由A公司全权负责,发行由甲公司全权负责,但甲公司无需对发行业绩承担责任,无论发行多少,甲公司只收取提供200万元资金的固定回报40万元,扣除全部发行收入应交的税金后,其余款项全部转给某A公司。

解答:

假设如背景资料所述,甲公司无需对发行业绩承担责任,且可以有合理的商业理由论证这一安排的合理性,则甲公司投入的200万元应视为一项债权性投资,按照其预计的投资回收时间确认为"其他应收款"(或其他流动资产)或者"长期应收款"(或者其他非流动资产)。在借款期间,甲公司可按合同约定确认利息收入,但该40万元的固定回报并非可全部作为利息收入确认,其中有一部分应当视作甲公司后续发行阶段提供发行服务的劳务报酬。甲公司应当对该剧的发行成本进行合理预估,据此确定该40万元中应归属于发行劳务报酬的这部分金额,扣除归属于劳务报酬的部分后的剩余部分作为利息收入,在借款期限内逐期确认(或者,也可以先根据同等条件和期限的市场利率计算出该40万元中应在合作期内确认为利息收入的金额,扣除利息收入后的剩余部分为提供发行劳务的收入,在后续劳务提供时确认。这两种方法都可以使用,关键是看两者中哪一项更容易可靠确定)。对于利息收入,应按照《企业会计准则第14号——收入》关于让渡资产使用权收入的确认原则确认;对于提供发行劳务的收入,应当于相应劳务提供时,按照《企业会计准则第14号——收入》关于提供劳务收入的确认原则确认。其余发行收入款项属于代收代付性质,通过往来科目核算。

问题 2-1-31　毛坯房和装修分开签约时的收入确认

问题:

基于下文"背景"资料提供的信息,A 公司应于何时确认毛坯房销售收入?

背景:

A 公司开发的某项目于 2012 年年底前毛坯房竣工。售房宣传中以精装修交房[补充条款特别说明:"甲方(开发商 A 公司)就××项目所作的广告、楼书、样板房、模型及其他任何形式的宣传资料和口头介绍,仅作为乙方(业主)选择小区和该房屋的参考,并非双方合同内容,甲方不受其拘束。该房屋装修标准以本合同附件三约定为准"],根据预售合同等相关文件资料:

1. 预售合同约定售房价格为毛坯房价格,约定毛坯房初装修标准,交付时以毛坯房初装修交付业主(由业主委托装修施工单位交接验收毛坯房),办理业主房产证时登记的价格为毛坯房价格,并约定毛坯房交付后,相关风险报酬已转移;

2. 业主与装修施工单位、A 公司签订三方装修协议,A 公司作为开发商协助甲方对本工程相关事宜进行监管,以便最大限度地保证本工程质量。装修协议约定装修价格及材料标准,施工单位包工包料,其装修价格支付由业主支付给 A 公司监管,相关装修风险由业主及施工单位承担。

解答:

A 公司与业主签订的商品房预售合同及装修合同,可视为一项综合性合同,此类合同称为"包含多个部分的交易安排"(multiple elements arrangements)。

根据《计学撮要(2011)》第 140 页"包含多个部分的合同分拆的条件"中所述:"对于其中包含的各个部分,能否分拆为多个独立的收入确认单元,分别运用各自适用的收入确认模式确认收入的问题,中国企业会计准则和 IFRS 下都没有给出明确的指引。在此情况下,我们可以借鉴美国会计准则下的相关规定,即 Accounting Standards Codification(ASC)的 605-25 部分,尤其是 605-25-25-5 及 605-25-55-1 附图中给出的相关指引。

在一项同时包含多个部分的合同中,其中单个部分(或者其中若干部分的组合,本部分以下同)如果同时满足下列条件,则可以将其作为独立的收入确认单元,单独运用适用的收入确认模式确认与该单元相关的收入:

(1) 该部分所交付的货物或所提供的劳务对于顾客而言具有独立的价值。所谓货物或劳务具有独立的价值,是指它们可以由任何卖方单独出售,或者买方可以单独转售该部分货物或劳务。在判断顾客有无能力转售所提供的项目时,本规则不要求该等所提供的项目具有可观察到的市场。

(2) 未提供部分的公允价值具有客观的、可靠的证据。

(3) 如果某项安排包含了一项与所提供的项目相关的一般退货权,则很可能将要交付或提供目前尚未交付或提供的部分,并且目前尚未提供或交付的部分的未来提供或交付事实上处于卖方的控制之下。"

根据上文"背景"资料提供的信息,A 公司与业主签订标的物为毛坯房的《商品房预售合同》,然后由业主、A 公司、装修公司三方签订装修合同。根据《企业会计准则第 14 号——收入》关于商品销售收入确认条件的规定,以及前述对多个组成部分的合同进行分拆的条件,A 公司在交付毛坯房时确认毛坯房的销售收入,应同时满足以下条件:

1. 毛坯房对业主而言具有独立的商业价值,符合约定标准的装修可由任何一家具有一般资质的装修公司提供。《商品房预售合同》约定的房屋交付状态即为毛坯房,其销售价款仅针对该交付状态下的毛坯房。在房屋交付之后、装修完成之前,业主即已取得对目标房屋的完整所有权,包括没有条款禁止此时业主将毛坯房进行转让。

2. 在毛坯房交付(以办理验收交接手续为标志)时,该毛坯房所有权上的主要风险和报酬已经转移给业主,包括:①该房屋的灭失风险自验收交接时起由业主承担;②无论该房屋的公允价值后续如何变动,都不再对合同约定的房屋销售价格进行调整,即该房屋公允价值变动的相关风险和收益已由业主享有或承担;③业主已经确认毛坯房的状态符合《商品房预售合同》规定的标准;④后续如果在装修过程中,装修公司提供的装修服务有瑕疵的,业主无权要求开发商退房、降价或退款,只能依据装修合同的约定向装修公司索赔,开发商不再承担装修公司在装修合同中的履约结果。

3. 自毛坯房交付之时起,A 公司作为开发商既没有保留通常与所有权相联系的继续管理权,也没有对已售出的商品房实施有效控制。后续开发商在装修合同中的地位仅是作为业主方的代理人,代为行使对装修公司的监管职责,A 公司的职责只是监管装修款和装修质量、协助办理装修验收手续、协助调解纠纷等,不应被视为继续以所有权人的地位(或者实质上所有权人的身份)涉入已出售房产的相关事宜,而装修公司对装修合同的履行所造成的所有后果均由业主方承担,与开发商无关。

4. 收入的金额能够可靠地计量。由于开发商同时作为装修合同的签约方之一,为业主提供对装修公司的监管方面的服务,但未单独约定该部分服务的价款,因此应把毛坯房销售价款按一定方式分配给后续的管理服务,作为开发商提供后续管理服务的报酬,在后续管理服务提供时,按照《企业会计准则第 14 号——收入》关于提供劳务收入确认的相关规定予以确认和计量。在交房时可确认的收入仅为归属于毛坯房销售的这部分收入金额。

5. 相关的经济利益很可能流入 A 公司,即相关的毛坯房销售款已经收到,或者其可回收性不存在重大不确定性。

6. 与所售出的毛坯房相关的已发生或将发生的成本能够可靠地计量。

在同时满足上述各条件的前提下,A 公司可以在将毛坯房交付并取得业主方确认的时点,确认毛坯房的销售收入。

如果不能同时满足上述各条件的,则应根据实际情况判断《企业会计准则第 14 号——收入》规定的收入确认条件于何时满足,相应确定收入的确认和计量原则。

问题 2-1-32 连同固定资产一并处置的存货应作为营业收入还是营业外收入

问题：

在处置固定资产时,一并处置了与之相关的原材料等存货,此时对存货的处置收益应确认为营业收入,还是营业外收入？

背景：

A 公司为航运企业,其在处置船舶时需将船存燃油一并处置,在此种情况下,船舶处置损益计入营业外收入或支出,船存燃油作为原材料,在此种情况是一并计入营业外收入还是计入其他业务收入？

解答：

本案例中的此类收益是确认为其他业务收入(属于《企业会计准则第 14 号——收入》的规范范围),还是营业外收入,其关键在于判断是否符合《企业会计准则第 14 号——收入》所规定的"收入"的定义。

根据《企业会计准则第 14 号——收入》第二条的规定,"收入,是指企业在日常活动中形成的、会导致所有者权益增加的、与所有者投入资本无关的经济利益的总流入"。因此,判断是否属于收入,很重要的一项考虑是:是否来源于此处所指的"日常活动"。

《企业会计准则第 14 号——收入》应用指南》对"日常活动"的定义和解释如下：

一、日常活动的认定

本准则第二条规定,收入是指企业在日常活动中形成的、会导致所有者权益增加的、与所有者投入资本无关的经济利益的总流入。其中"日常活动",是指企业为完成其经营目标所从事的经常性活动以及与之相关的活动。

比如,工业企业制造并销售产品、商品流通企业销售商品、保险公司签发保单、咨询公司提供咨询服务、软件企业为客户开发软件、安装公司提供安装服务、商业银行对外贷款、租赁公司出租资产等,均属于企业为完成其经营目标所从事的经常性活动,由此产生的经济利益的总流入构成收入。

工业企业转让无形资产使用权、出售不需用原材料等,属于与经常性活动相关的活动,由此产生的经济利益的总流入也构成收入。

企业处置固定资产、无形资产等活动,不是企业为完成其经营目标所从事的经常性活动,也不属于与经常性活动相关的活动,由此产生的经济利益的总流入不构成收入,应当确认为营业外收入。

在本案例中,船存燃油是随同船舶一并被处置的,是处置固定资产附带的活动,船舶携带一定数量的燃油以确保其持续航行能力,是其到达购买方指定地点的必要条件。虽然被处置的对象(燃油)是存货,但其处置方式具有特殊性,不同于平时的单独出售。鉴于处置固定资产不属于"日常活动",作为其附带活动的船存燃油处置也不应视作"日常活动"。因此,我们的意见是:此时的船存燃油随同船舶一并处置的活动不属于"日常活动",相应的收益应连同固定资产处置损益一并计入营业外收支。

问题 2-1-33 实物返利的会计处理

问题:

销售企业对于实物返利应如何进行账务处理?

背景:

A 公司与代理商约定如下销售政策:若代理商年终结算时可完成指定的销售额,次年可获得销售额一定比例的奖励,奖励以货物形式进行返利,返利部分不开具发票。

解答:

《企业会计准则讲解 2010》第十五章表述:"商业折扣,是指企业为促进商品销售而在商品标价上给予的价格扣除。企业销售商品涉及商业折扣的,应当按照扣除商业折扣后的金额确定销售商品收入金额。"

商业折扣,其本质上是为了促进销售,本案例中,A 公司与代理商约定的返利政策的目的也是为了促进销售(尽管是以货物形式而不是以现金形式),所以在会计处理上可作为商业折扣处理。建议在第 1 年,按照扣除商业折扣(将于下年以实物方式支付的返利的公允价值)后的金额确定本期销售商品收入金额,把将于下年支付的实物返利的公允价值确认为预收账款,递延到下一年度交付作为返利的实物时,确认为下一年度的销售收入。即:账务处理为(为简化起见,此处不考虑增值税的影响):

第 1 年,确认销售收入并对将于下一年度交付的实物返利进行预提处理时:

借:银行存款/应收账款等
　　贷:主营业务收入[合同约定的价款总额÷(本期合同销售数量+应于下一年度以
　　　　　实物返利方式提供的货物数量)×本期合同销售数量]
　　　　预收账款

同时按照本期实际交付的存货数量和对应的单位成本,结转相应的营业成本。

期末报表列报时,如果针对同一客户的同一销售合同,同时存在应收账款和预收账款的,则应按照抵销后的净额列报。

第 2 年,交付作为返利的实物时:

借:预收账款
　　贷:主营业务收入

同时将以实物返利方式交付的存货的成本结转为营业成本。

注意：返利的常见方式包括货币返利（按照合同条款计算可享受返利的金额，可以收取现金或者抵扣未来货款）和实物返利（在未来约定时间交付约定品种、数量的实物）两种。对于销售方而言，货币返利情况下所承担的负债为货币性负债（金融负债），而实物返利情况下确认的是非货币性负债（非金融负债），因此两者的账务处理有所不同。对于货币返利，通常的账务处理是在第1年年末按照顾客有权享有并且很可能在未来实际享受的返利金额，借记"主营业务收入"科目，贷记"预计负债"科目；第2年实际支付现金返利或者抵扣下一年度货款时，借记"预计负债"科目，贷记"银行存款"或者"应收账款"等科目。

问题 2-1-34 会计上确认收入的时点早于税法上的纳税义务发生时间时，在确认收入时是否需对对应的税款进行预提处理

问题：

当会计上确认收入的时点早于税法上的纳税义务发生时间时，在确认收入时是否需对对应的税款进行预提处理？

背景：

A公司为一家航运公司，期末对未完航次按照完工百分比法确认收入，经与税务部门沟通可在航次完成后确认增值税销项税额，这部分收入可不计入当月的增值税计税基数，那么确认该项收入时是否需确认一块递延负债？

解答：

根据本案例的背景信息，期末对未完航次按照完工百分比法确认收入，但增值税纳税义务的发生时间为航次结束后，即会计上确认收入时尚未到法定的纳税义务发生时间。对此我们理解，尽管现在实施了"营改增"，并且增值税在会计核算上是价外税（不计入损益，不涉及价内税会计核算中的"与收入确认配比"问题），不同于原先营业税是价内税，但在相关的应交税费负债的确认问题上，仍应遵循相同的核算原则。

根据《企业会计准则——基本准则》第二十三条、第二十四条的规定，"负债是指企业过去的交易或者事项形成的、预期会导致经济利益流出企业的现时义务。符合负债定义的义务，在同时满足以下条件时，确认为负债：（一）与该义务有关的经济利益很可能流出企业；（二）未来流出的经济利益的金额能够可靠地计量。"

负债包括三种类型的义务，即法定义务、合同义务和推定义务。其中，根据《企业会计准则讲解（2010）》第十四章第二节中的表述，"推定义务，是指因企业的特定行为而产生的义务。企业的特定行为，泛指企业以往的习惯做法、已公开的承诺或已公开宣布的经营政策。由于以往的习惯做法，或通过这些承诺或公开的声明，企业向外界表明了它将承担特定的责任，从而使受影响的各方形成了其将履行那些责任的合理预期"（见原书第205～206页）。虽然本案例中

增值税的法定纳税义务发生时间是在航次结束时，但从会计角度，在按权责发生制原则和完工百分比法确认未完航次收入时，已经表明与所确认的收入相关的经济利益在未来很可能流入企业（见《企业会计准则第14号——收入》第十一条对于提供劳务收入采用完工百分比法确认应满足条件的规定），相应地，也很可能表明未来航次结束时，这些价款很可能满足增值税法下确认应税收入的标准，从而将因为缴纳增值税而导致经济利益流出企业。因此，在按完工百分比法确认未完航次收入的时点，对应的应交增值税（销项税额）实际上已经形成一项推定义务，符合"由过去的交易或事项导致的、很可能导致经济利益流出企业的现时义务"这一负债的基本特征。而且，未来无论对应的价款是否收到，企业都应独立承担缴纳相应税款的义务，而不是在从客户处收到价款后才将其中的税款部分缴纳给税务机关，因此企业承担了与该项负债相关的信用风险，即履行纳税义务后无法从客户处获得相应补偿的风险。

据此，与未完航次收入对应的应交增值税（销项税额），应在按照权责发生制原则和完工百分比法确认未完航次收入时同步予以计提，确认为负债。但鉴于该项税款的法定纳税义务尚未发生，所以可以在"应交税费"科目下设置单独的明细科目予以核算，与已到法定纳税义务发生时间的应交增值税相区分。

问题 2-1-35 带有保护价收购农产品承诺的种子销售收入的确认

问题：

带有保护价收购农产品承诺的种子销售如何确认收入？

背景：

A公司从事农作物新品种（以玉米和瓜类为主）的研究、种子繁育、经营和果仁类食品的加工及出口贸易。果仁类食品的加工原材料的采购部分来源于公司研发的品种，公司与部分片区代理商签订瓜籽种植收购合同，将自己培养的南瓜种子向部分片区代理商进行销售，其中合同条款确定种子销售价格为158元/400克，同时约定生产的南瓜籽保底回收价格14元/千克，但代理商有是否回收的选择权，若市场价格上涨，按随行就市原则按市场价格收购。代理商也可向其他第三方进行销售。

解答：

本案例中对南瓜籽的销售能否确认销售收入，应对照《企业会计准则第14号——收入》关于销售商品收入确认条件的规定来判断，即："销售商品收入同时满足下列条件的，才能予以确认：

（一）企业已将商品所有权上的主要风险和报酬转移给购货方；

（二）企业既没有保留通常与所有权相联系的继续管理权，也没有对已售出的商品实施有效控制；

（三）收入的金额能够可靠地计量；

（四）相关的经济利益很可能流入企业；

(五) 相关的已发生或将发生的成本能够可靠地计量。"

就本案例而言,在将南瓜籽出售时,上述条件中的第(二)、第(三)、第(四)、第(五)项应可满足。因此可能存在争议的主要是上述第(一)项是否满足的判断。

根据《企业会计准则讲解(2010)》第十五章中对该条标准的进一步阐述(见原书第 214 页):

"企业已将商品所有权上的主要风险和报酬转移给购货方,是指与商品所有权有关的主要风险和报酬同时转移给了购货方。其中,与商品所有权有关的风险,是指商品可能发生减值或毁损等形成的损失;与商品所有权有关的报酬,是指商品价值增值或通过使用商品等形成的经济利益。

判断企业是否已将商品所有权上的主要风险和报酬转移给购货方,应当关注交易的实质而不是形式,同时考虑所有权凭证的转移或实物的交付。如果与商品所有权有关的任何损失均不需要销货方承担,与商品所有权有关的任何经济利益也不归销货方所有,就表明商品所有权上的主要风险和报酬转移给了购货方。"

在本案例中,基于以下考虑,可以认为公司在将南瓜籽出售后,其所有权上的主要风险和报酬已经转移给购买该种子的农户:

1. 尽管公司承诺以保底价格收购农户所生产的南瓜籽,但并未约定所收购的南瓜籽必须由农户使用由公司提供的种子生产。同时农户也有权自由出售其所生产的农产品,并不是只能出售给公司。所出售的作为种子出售的南瓜籽和所收购的加工果仁用的南瓜籽之间并没有明确的对应关系。

2. 影响种植南瓜的农户的收益的因素很多,南瓜籽的收购价格只是其中的一方面。除此之外,种植期间的管护水平、自然条件状况等都会影响最终的南瓜籽产量,但公司并未给农户提供保底收益承诺。农户向公司以保底价格出售其所生产的南瓜籽,一个基本前提就是其要能够生产出这些南瓜籽,而公司并不承担产量变动的风险。这些风险和报酬是由农户承担或者享有的。

因此,我们倾向于认为本案例中的保底收购价格条款应不影响在种子出售时点上其所有权上主要风险和报酬转移的判断。如果在种子出售的这一时点上,确认商品销售收入应满足的其他标准也已满足的,则可以在将种子出售给农户时确认销售收入。

但是,公司的这一以最低保护价收购农产品的承诺(目前属于待执行合同)在今后可能会转为亏损合同,即未来农户可能依据这一约定要求公司以高于届时市场价的价格(即按照最低保护价每千克 14 元)收购用于加工果仁的南瓜籽。因此,在这一承诺的有效期内,企业应当按照《企业会计准则第 13 号——或有事项》及其应用指南和讲解的规定,根据市场行情的变化情况,谨慎判断该项待执行合同转化为亏损合同的可能性,并对可能被要求按保底价收购的数量,以及保底价高于届时市场价的差额等作出谨慎的估计,在必要时计提预计负债。

问题 2-1-36 客户具有回购选择权的重型装备销售收入确认

问题：

如下文"背景"资料所述，对于买方具有回购选择权的重型装备销售收入如何确认？

背景：

A 公司主要经营产品为盾构机。盾构产品存在单台价值较高、客户对象集中于施工单位的特点，且大部分客户对固定资产的采购有严格的管理制度，限制可能较多；因此不少客户产生了只在确定的中标项目上拥有盾构机的所有权（或者使用权），项目完工后若没有新的项目情况下，不希望拥有设备产权的诉求。面对此种诉求，A 公司作为盾构设备的制造商，采用了销售附加回购选择权的销售模式。其主要商务条款如下：

(1) 商务条款的描述。

销售附加回购选择权的销售模式在商务及技术方面主要条款均与一般销售合同相当，增加内容是于客户项目完工后给予客户一定比例(20%～30%)的回购选择权。

(2) 附加回购选择权销售业务举例。

购买方(客户)：B 公司；中标×城市×标段 2 千米地铁建设项目；销售方(制造商)：A 公司；标的及价值：6 420 盾构机一台、约 4 000 万元；付款条件：合同签订后预付 20%＋生产完毕支付 30%＋工地掘进 300 米支付 25%；剩余 25%可能与回购相关。

(说明：通常情况下盾构机的常规使用寿命为掘进 10 公里；一般地铁施工通常分标段招标，距离小于 10 公里)

回购选择：若客户选择回购，将不再支付余下 25%款项(或者支付后，再由销售方再回付给客户)；若客户不选择回购，将于工程完工后 1 个月内向销售方支付尾款 25%。

解答：

根据《企业会计准则第 14 号——收入》第四条的规定，"销售商品收入同时满足下列条件的，才能予以确认：

(一) 企业已将商品所有权上的主要风险和报酬转移给购货方；

(二) 企业既没有保留通常与所有权相联系的继续管理权，也没有对已售出的商品实施有效控制；

(三) 收入的金额能够可靠地计量；

(四) 相关的经济利益很可能流入企业；

(五) 相关的已发生或将发生的成本能够可靠地计量。"

根据该准则第五条规定，企业应当按照从购货方已收或应收的合同或协议价款确定销售商品收入金额，但已收或应收的合同或协议价款不公允的除外。

根据本案例的特点分析，本案例中决定能否在货物(盾构机)交付给客户使用时确认收入，最主要的影响因素应是上述收入确认条件中的第（一）项和第（三）项，即合同中拟增加的回购选择权条款是否导致商品所有权上的主要风险和报酬未转移给客户（隧道施工企业），以及收入金额能否可靠计量的问题（这两个问题是存在关联的）。

盾构机作为隧道掘进的专用设备，其使用寿命主要是根据可掘进公里数计量的，因此我们假设盾构机回购时的公允价值是按照盾构机的尚可掘进公里数占其正常情况下的可掘进公里总数（如"背景"资料所述为10千米）之比确定的。根据"背景"资料描述，盾构机在客户完工后是否需要回购取决于客户的决定。而如果行使回购的话，回购价格也是固定的。因此，在判断商品所有权上的主要风险和报酬是否在交付时转移给客户，以及销售收入的金额能否可靠计量时，主要关注以下因素：

（1）盾构机的销售、回购与特定工程项目的关系。一般理解，盾构机虽然是专用设备，但在隧道掘进这一用途的范围内仍具有一定的通用性，即可用于不同地点、不同项目的掘进施工（当然不排除就不同隧道工程所经过地区的地质条件差异而作一定调整，但应该尚未达到"定制"的程度）。因此，如果将回购条款与特定工程项目的完工相挂钩，是否可能导致公司需对盾构机的使用情况进行持续监控，确保回购时的已掘进公里数不超过该特定工程项目的掘进标段长度，从而能够对盾构机回购时的公允价值作出较为可靠的估计。

（2）在回购条款中是否对回购的盾构机应达到的技术状态等作出限定，即公司能否拒绝回购那些磨损和损坏严重，预计公允价值远低于回购价格的已使用盾构机，从而避免承担公允价值低于回购价格的损失。

（3）关于对回购可能性的估计问题。由于回购价格固定为销售价格的一定比例（如20%～30%），则在"回购时的公允价值主要取决于尚可掘进公里数占可掘进公里总数"这一假设下，其对应的工程项目的掘进标段长度占总体使用寿命的比例将成为重要的考量。如果不考虑其他特殊因素，如果预计回购时的尚可掘进公里数少于2～3千米，则客户选择行使回购选择权可能是比较有利的；反之，客户行使回购选择权的可能性会有所降低。

如果在签订销售合同时，能够根据上述情况判断，在项目完工时，客户很可能选择回购，那么该交易整体上将构成一项租赁交易（将盾构机出租给客户用于特定的隧道施工项目），此时应当根据《企业会计准则第21号——租赁》的有关规定，根据对盾构机所有权上主要风险和报酬是否转移给客户的分析（见上述）判断该交易是构成融资租赁还是经营租赁。对于构成经营租赁的，应将客户实际支付的价款（不包含预计回购款的合同价款）作为租赁收入，在预计客户完工行使回购之前摊销；对于构成融资租赁的，则可以按照客户已付和应付的价款净额（含25%尾款在内）确认为货币资金和应收款项的增加，预计回购时的公允价值作为未担保残值，将预计应支付的回购款的现值确认为一项负债，上述各项的差额再扣除应缴纳的增值税销项税额后，差额确认为销售收入，并相应将盾构机的成本结转为营业成本。

如果在签订销售合同时，判断客户很可能不选择回购，则可按照一般商品销售收入处理,在满足收入确认条件时,将全部合同价款(含最终需支付的25%部分)按其现值确认为商品销售收入。

问题 2-1-37 代收货物港务费业务的会计核算

问题:

如下文"背景"资料所述,A公司代收港务费是否应计入收入?收到港航管理局返还的港务费是否可以按照权责发生制进行确认?

背景:

货物港务费,是根据《中华人民共和国港口收费规则》的规定,由负责维护和管理防波堤、进港航道、锚地等港口公共设施的港口行政管理机构,对经由港口吞吐的内、外贸货物征收的,用于码头及其前沿水域的维护的一种港口规费。货物港务费的征收依据为《中华人民共和国港口收费规则(内贸部分)》(交通部2005年第8号令)第七章及《中华人民共和国交通部港口收费规则(外贸部分)》(交通部2001年第11号令)第七章。

某市交通运输局委托A公司对在其经营的港口范围内经其码头吞吐的内外贸进出口货物和集装箱以及从事水上过驳等装卸作业的货物,以进口或出口分别向收货人(或其代理人)或付款人(或其代理人)收取货物港务费。A公司代收货物港务费按季度全额上缴该市港航管理局,港航管理局向码头所属单位(租用单位或使用单位)返还其上缴金额的50%,用于码头及其前沿水域的维护。

2012年11月1日前A公司为营业税纳税人,代收货物港务费时开具货物港务费定额发票(每月到港务局领取)或代开货物港务费电子发票(月结客户)。A公司将代收的货物港务费计入其他应付款中核算,按季度全额上缴;在确定应收港航管理局返还50%货物港务费时计入营业外收入及其他应收款。2012年11月1日,A公司改为征收增值税,按照其收取全部价款开具增值税发票给客户,全额确认收入,在将代收货物港务费上缴时,港航管理局开具增值税发票,A公司计入主营业务成本;同时按50%确认营业外收入及其他应收款。

解答:

1. 本案例中,对于港务费的收入确认问题,应按"总额法"确认收入(作为"港务管理收入"),上缴给有关机构的港务费作为港务管理业务的营业成本。即向货方收取的货物港务费确认为"港务管理收入",应交上级港务费计入"主营业务成本——港务管理成本"。企业以前如果未按照总额法核算,则构成一项会计差错,应当按照《企业会计准则第28号——会计政策、会计估计变更和差错更正》的相关规定予以更正。

事实上,即使是在"营改增"之前和新企业会计准则实施之前,原先《企业会计制度》下的《水运企业会计核算办法》(财会[2004]20号)对港务费的确认原则就是"总额法"。该核算办法中"5101 主营业务收入"科目的使用说明即规定:"港口企业向货方收取的装卸费、堆存费、货物港务费以及向船方收取的装船费、卸船费、速遣费、货运代理费及停泊费、系解缆费等,出口船舶在整船装船完毕时确认有关港口业务收入的实现；进口船舶，向船方收取的费用在整船卸船完毕时确认有关港口业务收入的实现，向货方收取的费用在收货人提货时确认收入实现。港口向船方收取的引航费、拖带费、移泊费、理货费，及其他应船方申请提供服务而收取的费用，应在完成作业经船方签署确认后确认有关港口业务收入的实现。"

鉴于新企业会计准则是原则导向的，其中缺少对特定行业、特定业务会计核算的直接指引，故我们认为：已执行新企业会计准则的特殊行业企业，对于行业特有业务的会计处理可以在一定程度上参照原先的分行业会计制度和《企业会计制度》下专业核算办法中的相关规定，但参照的前提是：应确保所参照的具体规定与新企业会计准则中的各项原则和规定不能存在矛盾。

2. 对于返还的50%港务费，需要考虑"港务费返还"的经济实质，即认定港务费返是政府补助，还是港口经营企业的营业收入的组成部分。根据《财政部关于做好执行企业会计准则的企业2012年年报工作的通知》（财会［2012］25号）第二条第（四）项规定："企业与政府发生交易所取得的收入，如果该交易具有商业实质，且与企业销售商品或提供劳务等日常经营活动密切相关的，应当按照《企业会计准则第14号——收入》的规定进行会计处理。在判断该交易是否具有商业实质时，应考虑该交易是否具有经济上的互惠性，与交易相关的合同、协议、国家有关文件是否已明确规定了交易目的、交易双方的权利和义务，如属于政府采购的，是否已履行相关的政府采购程序等。"

就本案例而言，主要考虑以下因素：

（1）根据"背景"资料，返还的港务费的用途是"用于码头及其前沿水域的维护"，则此处要求港口经营企业维护的设施的产权是否为港口经营企业所有，即港口经营企业是在维护其自己的资产（且为正常经营所必需的），还是受托代为维护公共基础设施（提供劳务收入）？

（2）可获得的返还金额的确定程度，是否可以准确确定为本期收取的港务费金额的50%，不存在不确定性？就该次"上缴——返还"交易的经济实质而言，与企业留存50%后将剩余50%上缴，有无本质区别？此项"先缴后返"是否更多地出于财政资金收支管理方面的程序性要求（如"收支两条线"），但对企业而言，实质性的经济影响与"留存50%，上缴50%"相比，是否没有实质区别？

（3）港口经营企业对于收到的50%返还款的使用，是否受到政府部门的严格监管？例如是否要向政府部门上报款项的使用计划和实际使用情况，相关维护工程完成时是否需经过政府部门验收？企业对这部分资金使用的自由度与自有资金使用的自由度相比，是否存在显著差异？

如果经过上述考虑后，认为返还的港务费实质上应作为营业收入而不是政府补助的，则可以按照《企业会计准则第14号——收入》规定的条件予以确认，在应收金额确定且可收回性不存在重大不确定性的情况下，可以确认为一项其他应收款；如果仍然认为该款项应属于政府补助性质的，则按照现行的《〈企业会计准则第16号——政府补助〉应用指南》第四条规定处理。根据《〈企业会计准则第16号——政府补助〉应用指南》第四条"政府补助的计量"规定："根据本准则第六条规定,企业取得的各种政府补助为货币性资产的,如通过银行转账等方式拨付的补助,通常按照实际收到的金额计量;存在确凿证据表明该项补助是按照固定的定额标准拨付的,如按照实际销量或储备量与单位补贴定额计算的补助等,可以按照应收的金额计量"。根据上述规定,鉴于按上缴港务费的一定比例返还的港务费是按照所上缴港务费的一定比例计算的,并不是"存在确凿证据表明该项补助是按照固定的定额标准拨付的"(一般理解这类情况是按照所完成的工作量和规定的定额标准计算拨付的定额补助,例如特准储备物资补助,"家电下乡"、"汽车下乡"、"节能产品惠民工程"等项目中按照指定产品的销量和单位产品补贴标准给予的补助等),因此应当按照实际收到的补助款计入营业外收入,即按照收付实现制原则确认[如果该企业是上市公司的,也可以按照中国证监会会计部《上市公司执行企业会计准则监管问题解答(2013年第1期,总第8期)》的问题4中所表达的意见,对期末有确凿证据表明能够符合财政扶持政策规定的相关条件预计能够收到财政扶持资金时,可以按应收金额计量。但在实务操作中,对于按照应收金额计量政府补助,还是应当谨慎操作,从严把握]。

第二节 企业收到政府补助和其他财政资金的相关会计处理问题

问题 2-2-1 公司收到的企业创业扶持基金确认时点

问题:

A公司2010年收到创业扶持基金,但相关课题的结题审计在2011年度完成。费用在2010、2011年度均有发生,是否应该在2010年收到创业扶持基金时计入营业外收入?

解答:

根据《企业会计准则第16号——政府补助》第五条的规定,政府补助的确认要同时满足两项条件:企业能够满足政府补助所附条件;企业能够收到政府补助。《企业会计准则第16号——政府补助》要求政府补助在作为其补助对象的支出计入损益的期间内,采用系统、合理的方法对应地计入各相关期间的营业外收入,以实现政府补助与对应支出在利润表中的合理配比。

在本案例中,在2010年内企业已经收到补助款(创业扶持基金)的情况下,能否在2010年内将政府补助确认为营业外收入,取决于以下条件是否满足:①在2010年年末,根据当时的实际情况,企业应当对相关课题最终成功完成并通过验收(如需要)有足够的信心;②根据《企业会计准则第6号——无形资产》关于研发支出会计核算的相关规定,2010年内发生了费用化的研发支出。在同时满足上述条件的前提下,在2010年度,应根据实际发生的费用化支出,以及补助款占项目预算总成本的比例,结转相应金额的扶持款到营业外收入。

问题 2-2-2　新企业会计准则首次执行日之前收到政府补助，新企业会计准则首次执行日之后收政府补助文件相关账务处理问题

问题：

收到政府补助若干年后才收到政府补助文件（且这两个日期分别位于新企业会计准则首次执行日之前和之后），确认相关政府补助的性质及用途时，企业该如何进行账务处理？

背景：

2008 年 1 月 17 日，A 公司通过土地挂牌交易，向当地土地储备交易中心支付土地出让金 62 523 340.80 元受让一宗土地。2008 年 3 月 4 日，B 公司（系当地开发区管委员会下属公司）拨付 A 公司补贴款 55 684 800.00 元，当时未明确补贴款的性质。A 公司将该补贴款冲减无形资产——土地使用权，使得无形资产——土地使用权的原值只有 6 838 540.80 元。

2008 年 7 月 4 日，A 公司之母公司与 C 公司签订《产权转让合同书》，将所持 A 公司股权以人民币 451 万元的价格转让给 C 公司。

2012 年 4 月，当地工业园管理委员会出具了《关于拨付企业项目基础设施配套资金的通知》，经济技术开发区管理委员会出具了《关于经付 A 公司一次性项目基础设施配套补贴的通知》，明确了 2008 年 3 月 4 日拨付款项的性质，规定该补贴专项用于新建项目的基础设施配套建设投资。

自 2008 年 3 月至 2011 年 12 月 31 日，A 公司在该土地上新增固定资产约 2 400.00 万元（其中房屋建筑物 1 140.00 万元、机器设备 1 260.00 万元）。

C 公司拟将 2010 年作为 IPO 申报起始期，基于 IPO 申报期内统一会计政策的要求，C 公司（包括此时已成为 C 公司子公司的 A 公司）将 2010 年 1 月 1 日确定为新企业会计准则的首次执行日。

解答：

首先需要解决的是政府于 2012 年下达关于拨款性质的批文，对 IPO 申报财务报表而言应当作为前期差错更正，还是作为 2012 年度新发生的事项（将其影响计入 2012 年度及其以后各年度财务报表）的问题。在本案例中，2008 年 3 月收到该拨款时，并未明确该款项的性质，直到 2012 年 4 月才由当地管委会下文明确其性质为"一次性项目基础设施配套补贴"，并规定专项用于新建项目的基础设施配套建设投资。这其中的时间间隔已经明显超出为了明确资金性质所需的必要时间限度。鉴于 IPO 审计的特殊情况，为了避免此情况对 IPO 申报期内损益状况和盈利趋势判断产生影响，倾向于将此事项作为前期差错更正，即在 2008 年收到资金时，即应将其按照批文指定的性质和用途进行会计处理。

1. 2008 年原《企业会计制度》下的处理。

在原《企业会计制度》下，税收减免与返还、政府补贴、财政拨款的会计处理，应遵循《企业会计制度》、财会函[2000]30 号文《关于股份有限公司税收返还等有关会计处理的复函》等相关会计制度的规定。其中，如果政府补贴批准文件明确该补贴由公司全体股东享有，属于国家财政扶持领域而给予的补贴，公

司在实际收到时,计入补贴收入;如果财政拨款批准文件明确该拨款具有专门用途,如用于技术改造、技术研究等,在该项拨款实际到位时应作为"专项应付款"核算,在项目完成后,应将其形成的资产转入固定资产,同时相应拨款转入资本公积。

2. 新企业会计准则下的处理。

根据《企业会计准则第 16 号——政府补助》的规定,政府补助分为与资产相关的政府补助和与收益相关的政府补助。其中,与资产相关的政府补助,应当确认为递延收益,并在相关资产使用寿命内平均分配,计入当期损益(营业外收入)。相关资产在使用寿命结束前被出售、转让、报废或发生毁损的,应将尚未分配的递延收益余额一次性转入资产处置当期的损益。

关于新旧会计准则转换时的衔接问题,根据《企业会计准则第 38 号——首次执行企业会计准则》及其应用指南的规定,在新企业会计准则的首次执行日,对政府补助的会计处理采用未来适用法进行衔接处理,对以前年度原先在《企业会计制度》框架下对政府补助资金的会计处理不作追溯调整。首次执行日之后企业取得的政府补助,应当按照政府补助准则的规定进行会计处理。

根据本案例的具体情况,结合上述批文的规定,对该事项的建议处理方法如下:

1. 2008 年内收到该项补助款时,先计入专项应付款,自该日起直到转换到新企业会计准则之前的期间内,在相关基础设施建设支出发生,形成固定资产时,将相应金额的专项应付款转入资本公积。

2. 转为执行新企业会计准则时(按照 IPO 申报期内统一会计政策的要求,新企业会计准则的首次执行日不应晚于 IPO 申报期的起始日),在首次执行日对该专项应付款余额和已结转资本公积的金额不作追溯调整。以后再发生的相关固定资产购建支出对应的补贴款金额作为与资产相关的政府补助,在相关固定资产达到预定可使用状态时转为递延收益,并在其折旧年限内摊销,计入各该年度的营业外收入。

3. 鉴于该土地取得到 2011 年年末已有 3 年多时间,按照常理,其上房屋建筑物和其他配套设施的建设应当已经基本完成。如果该土地上的房屋建筑物和其他配套设施的购建已经基本完成,则鉴于实际发生的固定资产购建支出仅为 2 400 万元(即使将机器设备的购建支出也包括进去),小于该项拨款总额(5 568.48 万元),因此公司应当向管委会等当初给予该拨款的有权部门确认余款是否需要缴回。如果余款不需缴回的,则对于不需缴回的余款部分,应当基于实质重于形式的原则确认为与当初土地使用权的取得相关的政府补助,在土地使用权的剩余年限内摊销,计入各期的营业外收入。

问题 2-2-3 境外合作区政府补助相关问题

问题:

如下文"背景"资料所述,A 公司收到 14 038 万元,是否能一次性进损益,还是按资产使用年限摊销,或作为长期投资的抵减项?

背景:

A公司2011年9月与B公司签订协议,约定由A公司收购B公司持有的C公司100%的股权,股权转让价款4.15亿元,截至2011年12月31日,已经支付股权转让款24 012万元。C公司的一项重要资产是对E公司的长期股权投资,占E公司60%的股权。

同时,A公司与D公司签订股权转让协议,约定由A公司收购D公司持有的E公司的40%的股权,股权收购价款10 218.8万元,截至2011年12月31日,A公司已经支付全部股权转让价款。

上述两项收购交易因尚未经商务部和发改委审批通过,未能办理股权转让手续。目前挂在其他应收款中。上述两项收购交易如果最终完成,则E公司100%的股东权益将由A公司享有。

根据国函[2008]17号《国务院关于同意推进境外经济贸易合作区建设意见的批复》、商合发[2008]431号《境外经济贸易合作区确认考核暂行办法》的相关要求,商务部和财政部审核了E公司的原股东(即B公司和D公司)在境外某工贸合作区的基建情况,按照已完成基建投入的30%拨付原股东财政专项补贴14 038万元。

基于以上股权转让关系,B公司和D公司协议将财政专项补贴14 038万元全部给予A公司。

A公司本期收到14 038万元。

解答:

根据上文"背景"资料所述,"上述两项收购业务因尚未经商务部和发改委审批通过,未能办理股权转让手续。目前挂在其他应收款中",而该笔款项补助款项由A公司享有的一个基本前提就是股权转让完成,A公司直接、间接地享有E公司的全部股东权益(尽管这一点在相关股权转让协议中未明示,但可以合理推断)。因此,在目前股权收购尚未完成的情况下,如果A公司已经实际收到该补助资金,则2011年年末应暂挂在"其他应付款"项目中,到股权收购成功,确认长期股权投资后,再作进一步处理。

在以后年度,如果股权收购能够按协议完成,E公司成为A公司享有100%股东权益的子公司,则对进一步的后续账务处理,需区分A公司个别报表和合并报表层面分别予以处理:

1. A公司个别报表层面,应作为一项对于非流动资产(长期股权投资)购建的补助,计入递延收益,在开发公司被处置或清算前不能转为收益。如果A公司将该笔补助款按照约定进一步拨付给E公司使用的,则按照是否需要求E公司返还,分别作为长期股权投资或者长期应收款项处理。

2. A公司合并报表层面,由于《境外经济贸易合作区发展资金管理暂行办法》(商财发[2008]211号)第二条规定:"发展资金对国家批准、确认、考核通过后的合作区建设过程中发生的相关支出给予资助",第三条明确了作为资助对象的"合作区基础设施建设费用"的范围,即明确这是对合作区建设过程中发生的基础设施建设费用予以补助,因此当补助款被实际用于该用途时,即构成了一项与资产(合作区内的基础设施)相关的政府补助,应当在相关基础设施资产计提折旧或摊销的年限内按直线法摊销,分别计入各年度的营业外收入。

问题2-2-4 顶峰发电奖励的处理

问题:

如下文"背景"资料所述,顶峰发电奖励款应如何进行账务处理?是属于政府补助性质还是属于代收代付性质?其认定的依据是什么?

背景:

根据某省发展和改革委员会、省财政厅文件《关于印发省统调火电企业顶峰多发奖励办法及1~8月份奖金分配方案的通知》文件规定设立顶峰发电奖励专项资金,旨在充分调动火电企业积极性,省政府设立专项资金,对统调火电企业顶峰多发实行奖励。该专项资金主要用于奖励火电企业员工,同时对煤电运系统其他有功人员给予适当奖励。企业奖励资金中,按55%的比例直接发放至A公司(系某发电集团下属的省级子公司)下属的火电企业,其余45%的奖励资金由A公司统筹发放,所属发电企业人均奖励资金原则上不低于全省人均奖金的1/2,差额部分由A公司统筹安排,人均奖励资金最高额不高于全省人均奖金的3倍。

同时,省能源局文件《关于切实做好火电企业顶峰多发奖励资金发放的通知》要求顶峰发电奖励100%发放至企业干部职工,各公司按照有关规定制定资金发放细化方案,于12月底前报省发改委、省财政厅,资金到账后要立即足额发放,不得冲抵企业成本。

解答:

根据《企业会计准则第16号——政府补助》及其应用指南的规定,政府补助是指企业从政府无偿取得货币性资产或非货币性资产,但不包括政府作为企业所有者投入的资本。政府补助通常附有一定的条件,主要包括"政策条件"和"使用条件",其中"使用条件"是指:企业已获批准取得政府补助的,应当按照政府规定的用途使用。

本案例中涉及的"顶峰发电奖励款"应界定为政府补助性质(即对企业因"顶峰发电"而增加的职工薪酬性质支出的补助),不属于代收代付。企业应当一方面在收到时作为与收益相关的政府补助处理;另一方面确认职工薪酬相关费用(制造费用或管理费用)。

在本案例中,尽管相关的管理文件对资金的使用提出了一般性的要求(要求100%发放至企业的干部职工),但这应当理解为性质上是"政府补助所附条件"中的"使用条件",企业仍应在该条件的框架内制定细化的发放方案,即企业对资金的使用(具体发放方案的制定)仍有一定的自主权。同时,该笔资金的目的旨在"充分调动火电企业积极性,省政府设立专项资金,对统调火电企业顶峰多发实行奖励",但要求奖励金额100%发放给企业职工,即本质上仍属于对企业职工薪酬费用的补偿,因为职工在"顶峰多发"中作出的努力和贡献也可以增加火电企业的经济利益流入;另外,2011年年底前已经编制完成了发放方案的明细表(明细到个人应得金额),并且补偿对象是2011年年内的"顶峰多发",所以已经构成了一项"由过去的交易或事项导致的现时义务"且其金额可以可靠计量。所以应当在2011年年内,一方面确认为政府补助,另一方面确认职工薪酬费用和应付职工薪酬。

问题 2-2-5 物联网发展专项资金的会计处理

问题:

A公司收到的物联网发展专项资金是否可以计入资本公积?

背景:

A公司于2011年12月收到当地经济和信息化委员会拨付的物联网发展专项资金300万元,用于物联网身份认证基础设施平台研发及产业化项目。该产业化项目实施时间为2011年1月至2013年12月,项目投资为3 000万元,其中2 700万元企业自筹;300万元由财政拨款,用于固定资产购置。该款需专款专用,项目完成后须向当地经济和信息化委员会报送项目情况及专项资金使用情况,如改变资金用途或未使用资金需退回。

解答:

本案例一个基本前提是明确该笔"物联网发展专项资金"属于《企业财务通则》第二十条所规范的五类财政资金中的哪一类。

根据财政部、工业和信息化部《物联网发展专项资金管理暂行办法》(财企[2011]64号)的规定,专项资金的支持范围包括物联网的技术研发与产业化、标准研究与制订、应用示范与推广、公共服务平台等方面的项目。专项资金的支持采用无偿资助或贷款贴息方式。申请专项资金的项目原则上只采用一种支持方式。无偿资助方式主要支持以自有资金为主投入的项目,贷款贴息方式主要支持以银行贷款为主投入的项目。原则上,技术研发、标准研究与制订、公共服务平台类项目,以无偿资助方式为主;产业化、应用示范与推广类项目以贷款贴息方式为主。

从该文件规定的资金管理办法看,该专项资金应属于《企业财务通则》第二十条所规定的第三类财政资金,即"贷款贴息、专项经费补助",而不是第二类"投资补助"。因此应按《企业会计准则第16号——政府补助》的相关规定进行会计处理(应进一步区分为"与收益相关的政府补助"和"与资产相关的政府补助",分别按照准则中的适用规定进行会计处理),不能计入资本公积。

权威指引:

《企业财务通则》第二十条:

企业取得的各类财政资金,区分以下情况处理:

(一) 属于国家直接投资、资本注入的,按照国家有关规定增加国家资本或者国有资本公积。

（二）属于投资补助的，增加资本公积或者实收资本。国家拨款时对权属有规定的，按规定执行；没有规定的，由全体投资者共同享有。

（三）属于贷款贴息、专项经费补助的，作为企业收益处理。

（四）属于政府转贷、偿还性资助的，作为企业负债管理。

（五）属于弥补亏损、救助损失或者其他用途的，作为企业收益处理。

《企业财务通则解读》（财政部企业司编）对《企业财务通则》第二十条的进一步解释：

财政资金的类别及其财务处理办法

目前，支持企业改革与发展的财政资金大致分为五大类别。据不完全统计，仅中央有关财政资金就有几十项。但是，对有关财政资金一直缺乏统一、明确的财务处理原则。《通则》分门别类，对企业取得财政资金的财务处理作出了具体规定：

1. 属于国家直接投资、资本注入的财政资金，如基本建设投资、国债投资项目等。这类资金属于国家以投资者身份对企业的资本性投入，因此，应当增加国家资本，对于超过注册资本的投资则增加国有资本公积。

2. 属于投资补助的财政资金，如公益性和公共基础设施投资项目补助、推进科技进步和高新技术产业化的投资项目补助等。这类资金是对投资者投入资本的补助，但是与前一类资金最大的区别是国家不一定以投资者身份投入，大部分时候是政府为了贯彻宏观经济政策或实现调控目标，给予企业的、具有导向性的资金。因此，《通则》规定企业收到这类资金增加资本公积或者实收资本，由全体投资者共同享有；如果国家拨款时，明确形成的资本由某个单位持有，或者做出其他权属规定的，则按规定执行。

3. 属于贷款贴息、专项经费补助的财政资金，如技术更新改造项目贷款贴息、中小企业发展专项资金、产业技术研究与开发资金、科技型中小企业技术创新基金、中小企业国际市场开拓资金等。这类资金一般是对企业特定经济活动支付的成本费用的补偿，因此，企业使用这类资金时，作为收益处理。企业在具体执行时，使用这类财政资金如果形成固定资产或者无形资产，应当作为递延收益，按照资产使用寿命分期确认；如果没有形成资产，则应当作为本期收益处理。

4. 属于政府转贷、偿还性资助的财政资金，如世界银行贷款项目等。这类资金使用后要求归还本金，因此，企业收到时，应当作为负债管理。

5. 属于弥补亏损、救助损失或者其他用途的财政资金，如国有企业亏损补贴、"非典"期间补偿民航公司的损失、关闭小企业补助等。企业收到这类资金时，作为本期收益或者递延收益处理。

问题 2-2-6　预计预缴土地增值税将返还时的处理

问题：

如下文"背景"资料所述，对预计在以后年度可以获得返还的税款，在缴纳时应如何进行会计处理?

背景:

A公司开发的一个房地产项目已经竣工并开始销售,业主已经入住。由于该项目早期涉及贫困区的拆迁,所以A公司投入了大量的人力物力和资金。本期项目售出后,在确认收入的同时,需要在2011年年内预先缴纳一部分土地增值税,该预缴金额的影响将是重大的。根据A公司与当地政府部门的协商结果,此次预缴的土地增值税年后将退回,作为给予公司的补偿,即税务部门在年后指派税务师对土地增值税进行审计,然后将预缴的土地增值税在2012年退回,时间估计在3月份。

解答:

本案例需要确定"此次预缴的土地增值税年后将退回,作为给予公司的补偿,即税务部门在年后指派税务师对土地增值税进行审计,然后将预缴的土地增值税在2012年退回"在税法上有无依据。

如果税法上有依据的,则应查阅相关税法条文,确定需经过哪些审批程序之后才能获得返还,其获得返还的可能性和返还金额能否合理、可靠地预计。但即使对其获得返还的可能性和返还金额可以可靠预计,根据《〈企业会计准则第16号——政府补助〉应用指南》第四条关于"企业取得的各种政府补助为货币性资产的,如通过银行转账等方式拨付的补助,通常按照实际收到的金额计量;存在确凿证据表明该项补助是按照固定的定额标准拨付的,如按照实际销量或储备量与单位补贴定额计算的补助等,可以按照应收的金额计量"的规定,此类税收返还并非按固定的定额标准拨付,所以还是只能在收到时确认为营业外收入,在2011年年末不能确认其他应收款和营业外收入。

如果税法上没有依据的,则可能只是当地政府的土政策,其能否收到以及可收到的金额都存在重大不确定性,因此只能在实际收到时作为政府补助确认,计入实际收到时的营业外收入。

问题2-2-7 中外合资企业收到政府补助时的考虑

问题:

中外合资企业收到财政部拨付没有具体资金使用规定的款项时如何进行账务处理?

背景:

A公司系中外合资企业(中方控股),其中方股东B公司所占股比为52%,另一股东为一境外企业。

2010年度及2011年度A公司共计收到财政部拨款960万元,地方经济和信息化委员会拨款109万元,用于某新能源汽车技术开发和产业化项目。

960万元财政部拨款所依据的文件是:《财政部关于下达20××年重点产业振兴和技术改造(第×批)中央预算内基建支出预算(拨款)的通知》。

财政部具体拨款是先拨给B公司,B公司落实到具体企业转拨给了有具体生产的新能源企业——A公司,鉴于该拨款小于1 000万元,所以不存在国家强制规定的验收,资金的具体使用要求由B公司内部来管理。

A公司本期销售费用505万元,其中约470万元是支付给B公司的市场开发费,A公司目前仅有这一个"新能源汽车技术开发和产业化项目"。

解答:

鉴于本案例中,实际使用拨款的该公司系中外合资企业,涉及外方的资本和权益,因此需要谨慎确定该笔资金的权属:是归中方独享,还是中外方股东可以按股权比例共同享有该笔资金。

如果财政部相关批文要求B公司先增加国家资本金,然后B公司将其下拨给A公司的,则A公司收到该笔资金应作为其母公司的资本性投入处理,确认为资本公积,这部分资本公积的权属可能是归中方独享,也可能是中外方股东按股权比例共享,需根据财政部相关批文是否明确了权属而定。

如果财政部批文未明确要求增加国家资本金,而是由各方股东按股权比例共同享有该笔资金的,则可以考虑两种处理方法:

1. 从相关拨款批文的名称来看,该类财政资金属于《企业财务通则》第二十条所指的"投资补助"的可能性较大(根据《企业财务通则》第二十条和财政部企业司的官方解读,"投资补助"包括公益性和公共基础设施投资项目补助、推进科技进步和高新技术产业化的投资项目补助等。这类资金是对投资者投入资本的补助,但是与前一类资金最大的区别是国家不一定以投资者身份投入,大部分时候是政府为了贯彻宏观经济政策或实现调控目标,给予企业的、具有导向性的资金。企业收到时应增加资本公积或者实收资本。国家拨款时对权属有规定的,按规定执行;没有规定的,由全体投资者共同享有)。如果确认属于"投资补助"的,则该公司应当于收到时计入资本公积处理,而无论该笔资金是由中方独享还是由双方股东按股权比例共享。

2. 如果确认该补贴是一项政府补助(不属于投资补助),则应适用政府补助会计准则的相关规定。在实务中,A公司应当根据申请该资金时上报的项目预算等资料,合理估计项目总预算中资本支出和费用性支出的金额和比例,按该比例将收到拨款总额区分为与资产相关和与收益相关这两部分,分别处理。

另外,对于2012年2月21日或以后采用逐级拨付方式的财政性资金,相关企业对其进行财务和会计处理时,应同时关注财政部《关于印发加强企业财务信息管理暂行规定的通知》(财企[2012]23号)第八条中的下列规定:

企业收到的财政性资金应当纳入企业预算管理,实现资金统一管控,提高财政性资金使用的整体效益。企业收到资本性财政性资金,列作国有实收资本或股本,企业股东(大)会或董事会、经理办公会等决策机构应当出具同意注(增)资的书面材料。企业一个会计年度内多次收到资本性财政性资金的,可暂作资本公积,但应在次年履行法定程序转增国有实收资本或股本;发生增资扩股、改制上市等事项,应当及时转增。

企业集团母公司将资本性财政性资金拨付所属全资或控股法人企业使用

的,应当作为股权投资。母公司所属控股法人企业暂无增资扩股计划的,列作委托贷款,与母公司签订协议,约定在发生增资扩股、改制上市等事项时,依法将委托贷款转为母公司的股权投资。

企业收到费用性财政性资金,列作收益,符合《财政部国家税务总局关于专项用途财政性资金企业所得税处理问题的通知》(财税[2011]70号)规定不征税条件的,可作为不征税收入。企业按规定将费用性财政性资金拨付所属全资或控股法人企业使用,中间拨付环节企业均作为往来款项。

问题 2-2-8 财政部节能车补贴暂停发放并政策调整情况下已确认的应收节能车补贴的会计处理

问题:

财政部节能车补贴暂停发放并政策调整情况下已确认的应收节能车补贴的应如何进行处理?

背景:

根据 2010 年 5 月 26 日工业和信息化部、国家发展改革委和财政部《关于印发〈"节能产品惠民工程"节能汽车(1.6 升及以下乘用车)推广实施细则〉的通知》(财建[2010]219 号,以下简称"实施细则"),A 公司申报了符合实施细则的几款车型。在所申报车型载入节能汽车推广目录后,按规定对消费者购买目录上的节能汽车给予一次性定额补助,补助标准为 3 000 元/辆,A 公司暂挂对财政部的"其他应收款",之后将销售明细上报财政部,财政部拨付补贴款时相应转销该应收款项。

2011 年 9 月 7 日,上述三部委又下发了《关于调整节能汽车推广补贴政策的通知》(财建[2011]754 号),一方面要求组织对前一段节能车补贴政策执行情况进行清查,另一方面重新制定了节能车标准,从 2011 年 10 月 1 日起执行,新标准比前一实施细则的标准严格得多。2011 年 10 月 17 日,A 公司的 7 款车型载入节能汽车推广目录第七批。

但是,从 2011 年 9 月份起,当地市财政局转达财政部的口头指示,暂停发放节能车补贴,等待核查结果。截至 2011 年年底,有近 2 亿元补贴款属于 A 公司已付给消费者但未从财政部收到,而挂在"其他应收款"上。

解答:

根据《企业会计准则第 16 号——政府补助》第五条规定:"政府补助同时满足下列条件的,才能予以确认:(一)企业能够满足政府补助所附条件;(二)企业能够收到政府补助。"《〈企业会计准则第 16 号——政府补助〉应用指南》第四条"政府补助的计量"规定:"根据本准则第六条规定,企业取得的各种政府补助为货币性资产的,如通过银行转账等方式拨付的补助,通常按照实际收到的金额计量;存在确凿证据表明该项补助是按照固定的定额标准拨付的,如按照实际销量或储备量与单位补贴定额计算的补助等,可以按照应收的金额计量。"本案例中的节能车补贴属于应用指南所指的"存在确凿证据表明该项补助是按照固定的定额标准拨付的补助",根据会计准则的上述规定是可以按照应收金额计量的,但必须符合"企业能够收到政府补助"这一条件。我们理解,"企业能够收到政府补助"的条件要求企业至少应能对收款可能性获取合理保证,即预计可收到的可能性大于不能收到的可能性[详见《计学撮要(2011)》第 235~237 页"政府补助的确认时点"]。

根据《财政部、国家发展改革委、工业和信息化部关于调整节能汽车推广补贴政策的通知》(财建[2011]754 号)第一条规定:"现行节能汽车推广补贴政策执行到 2011 年 9 月 30 日。推广企业要认真总结 2010 年 6 月 1 日—2011 年 9 月 30 日推广情况,编制补贴资金清算报告,于 2011 年 10 月 31 日前由省级财政部门会同发展改革委、工业和信息化主管部门审核后上报财政部。财政部、国家发展改革委、工业和信息化部将组织专项核查并根据核查情况对补贴资金进行清算。"因此,目前暂停支付补贴资金的主要原因可以理解为需要给政府部门留出核查时间,一旦核查通过,对 2011 年 9 月末之前支付的符合原政策的补贴,还是基本可以确定将会获得的。不能简单地因为目前的"暂停支付"就将原先累计的归属于 2011 年 9 月末之前期间的应收补贴款计提坏账准备或者冲销。但企业应当认真检讨以往对该政策的执行是否存在不合规之处,例如将不符合原实施细则规定要求的车型申报为节能车型、虚报销售数量等,对于以往因故意不当地理解和运用当时的补贴政策而导致的多计应收款和补贴收入,应作为前期差错予以更正;对于原先政策规定不明确(存在歧义),后来因政策规定明晰化而规定不能享有的补贴,应作为会计估计变更计入明晰化的政策发布的年度。总之,对于 2011 年 9 月底之前按原政策执行形成的应收款项,企业应当结合截至 2011 年年末核查和清算的实际进展情况估计其可回收性,在此基础上适当地计提坏账准备或转销预计无法收回的应收款项,或者对前期会计差错形成的多计应收款项作差错更正处理。

对于 2011 年 10 月新政策生效后的补贴事项,企业应当按照新政策的口径合理预计可以获得的补贴款金额,恰当地确认应收款项,确保这些应收款项在初始确认时符合"很可能"收到的条件。因此,在确认应收款项时,企业需考虑在新政策下哪些车型已经确定被纳入新的目录等因素,予以更谨慎的考虑。对于新政策下已经发放给购车者但预计很可能无法从财政获得补偿的补贴,应计入当期损益处理。

问题 2-2-9 与长期股权投资相关的政府补助

问题:

收到的与长期股权投资相关的政府补助如何进行账务处理?

背景:

A 公司投资设了一家控股子公司。由于 A 公司投资设立的新公司和产业基地"属于产业项目科技含量高、项目投资大、发展前景好且意义深远,为有力推动地方经济发展,推进该项目尽快竣工生产,产生经济效益,从而鼓励更多企业在当地投资发展"，当地开发区管委会决定奖励投资方 A 公司 4 143 万元，第一笔 2 000 多万元已到 A 公司账户。

解答：

由于当地政府给予该补助的原因 A 公司是投资设立的新公司和产业基地"属于产业项目科技含量高、项目投资大、发展前景好且意义深远，为有力推动地方经济发展，推进该项目尽快竣工生产，产生经济效益，从而鼓励更多企业在本地投资发展"，表明该项奖励资金是与 A 公司在当地的投资建设有关，可以认为属于与长期股权投资相关的政府补助，在母公司个别报表层面应将其确认为一项递延收益，以后随着子公司股权的转让逐步实现，从递延收益转入营业外收入；合并报表层面，由于长期股权投资已被抵销，而批文中仅明确其为"奖励资金"，并未明确要求用于特定的非流动资产的购建，所以该笔补贴款可认为是一项与收益相关的政府补助，在收到当年一次性计入合并利润表中的营业外收入应可接受。即，基于本案例的特定情况，该笔补助在个别报表和合并报表层面的处理可能不同。

问题 2-2-10 "鼓励企业上市发展专项资金"资助款处理

问题：

企业收到的"鼓励企业上市发展专项资金"资助款如何进行账务处理？

背景：

A 公司正在申请首次公开发行股票并在创业板上市，目前证监会受理后的反馈意见已下达企业。

A 公司注册地财政局、金融办联合下发了一个《鼓励企业上市发展专项资金管理办法》文件，文件规定："拟上市企业已得到国家证券监督管理机构受理并出具受理文件的给予奖励"。

A 公司据此文件申请奖励，并于 2011 年 6 月取得前述阶段性政府补助 80 万元。

按照文件规定，A 公司取得该奖励资金的使用范围规定是：非上市企业为实现上市而实际发生的辅导、保荐、审计、评估、法律和办理工商变更手续等费用。

解答：

本案例需要分析该项"奖励资金"用途方面的规定，是否支持范围仅包括申报上市阶段发生的费用，还是同时包括改制阶段和申报上市阶段发生的相关费用。

如果该奖励资金包含了对股份有限公司改制设立阶段的审计、评估等相关费用的补助，则由于该阶段内的审计、评估等中介机构费用已经于发生时费用化，则可以把对应金额的补助款于收到时计入营业外收入。扣除该部分对股份有限公司改制设立阶段的审计、评估等相关费用的补助后剩余的资助款，按下段所述原则处理。

如果该奖励资金仅限于对申报上市阶段发生的中介机构费用等交易费用的补助,则该项补助资金的处理方法应取决于对应的作为补助对象的申报上市阶段中介机构费用的会计处理方式。一般情况下,在 IPO 实施的早期阶段(向证监会报送 IPO 申报材料并被受理之前),其最终能否成功仍可能存在较大的不确定性,将该阶段内发生的中介机构费用等 IPO 相关费用于发生时费用化的处理较为稳健,相应地,所收到的补助款中对应于该部分费用的部分应当在收到时计入营业外收入;到证监会受理申请并出具初审意见,根据所了解到的各方面情况认为成功可能性较大之后,再发生的中介机构费用等发行费用可以暂挂资产类项目(但不建议使用"其他应收款"项目,而是建议根据 IPO 项目的预计进度使用"其他流动资产"或者"其他非流动资产"项目),到 IPO 成功后冲减发行溢价。相应地,针对这部分目前暂挂"其他流动资产"或"其他非流动资产"项目的发行费用的补助款应当冲减挂账项目金额(而不是确认为营业外收入),相应减少未来 IPO 实施时冲减发行溢价的金额。

总之,该项奖励资金的会计处理方法应当与作为补助对象的费用支出的会计处理方法相对应,即:对应于费用化支出的部分,应当于相应的费用化支出计入损益时相应计入同一期间的营业外收入;对应于冲减发行溢价的发行费用的部分,应当冲减暂挂于"其他流动资产"或者"其他非流动资产"项目中的资本化发行费用,最终达到减少未来 IPO 实施时冲减发行溢价的金额的处理效果。

关于发行费用的会计处理,请参阅《计学撮要(2011)》第 374~377 页"可从股票发行溢价中扣减的发行费用的范围"。

问题 2-2-11 收到母公司拨付的资本性财政资金的处理

问题:

收到母公司拨付的资本性财政资金时如何处理?

背景:

A 公司(上市公司)2012 年收到其母公司下拨的节能减排资金 7 000 万元,用于 A 公司固定资产节能减排等方面的更新改造支出。根据财政部《关于下达××集团公司 2008 年度节能减排资金的通知》(财企[2008]388 号)的要求,应将节能减排资金作增加集团公司国家资本金处理。A 公司现将下拨的资金计入了"长期应付款"科目。

解答:

2008 年时,根据当时的《节能技术改造财政奖励资金管理暂行办法》(财建[2007]371 号)拨付的节能技术改造财政奖励资金,属于"投资补助"性质,要求"企业收到财政奖励资金后,在财务上作资本公积处理"。该《暂行办法》已于 2011 年 6 月被《节能技术改造财政奖励资金管理办法》(财建[2011]367 号)取代,新规定并未明确"节能技术改造财政奖励资金"应视作资本性的财政资金。但本案例中的该笔资金在 2008 年即已下达,因此我们理解仍应将其按当时规定视作"资本性财政性资金"。

根据财政部《关于印发加强企业财务信息管理暂行规定的通知》(财企[2012]23号)第八条规定:"企业收到资本性财政性资金,列作国有实收资本或股本,企业股东(大)会或董事会、经理办公会等决策机构应当出具同意注(增)资的书面材料。企业一个会计年度内多次收到资本性财政性资金的,可暂作资本公积,但应在次年履行法定程序转增国有实收资本或股本;发生增资扩股、改制上市等事项,应当及时转增。""企业集团母公司将资本性财政性资金拨付所属全资或控股法人企业使用的,应当作为股权投资。母公司所属控股法人企业暂无增资扩股计划的,列作委托贷款,与母公司签订协议,约定在发生增资扩股、改制上市等事项时,依法将委托贷款转为母公司的股权投资。"

根据上述规定,如果该母公司在从财政收到该笔资金时,已经作了增加国有实收资本的处理,则A公司应按照财企[2012]23号文第八条的上述规定处理。A公司目前采取的计入"长期应付款"的处理方式不妥。如果A公司目前暂无增资扩股计划,则应由A公司和母公司签署协议,暂时作为委托贷款管理及核算,择机以非公开发行方式增加A公司的股本,具体应按证监会、交易所关于定向增发新股的相关规定执行。

说明:证监会、交易所有关定向增发新股的规定目前主要包括:《上市公司证券发行管理办法》[证监会令第30号]、《上市公司非公开发行股票实施细则》(证监发行字[2007]302号)、《公开发行证券的公司信息披露内容与格式准则第25号——上市公司非公开发行股票预案和发行情况报告书》(证监发行字[2007]303号)、《深圳证券交易所上市公司非公开发行股票业务指引》、《上海证券交易所上市公司部关于上市公司非公开发行股票有关事项的通知》等。

问题2-2-12 上市公司收到控股股东拨付的资本性财政资金的处理

问题:

上市公司收到控股股东拨付的资本性财政资金是否可以确认为股本?

背景:

A国有控股上市公司,于2012年12月收到集团母公司拨付的资本性财政资金1000万元,计入"专项应付款"会计科目,报表项目列入"其他非流动负债"。其控股股东在拨付此项资金时同时以文件形式通知,要求该公司与其他股东协商一致并履行法定审批程序后计入股本。

解答:

本案例中,A公司收到的集团母公司拨付的资本性财政资金应计入专项应付款,理由如下:

1. 根据《企业会计准则——应用指南》的附录"会计科目和主要账务处理"对"2711专项应付款"科目的使用说明:"本科目核算企业取得政府作为企业所有者投入的具有专项或特定用途的款项",因此对于上市公司收到的资本性财政资金,在增加股本之前,通过"专项应付款"科目核算是恰当的。

2. 从会计处理角度看,上市公司收到的资本性财政资金,在尚未确定增资价格和增资股份数的情况下,应作为一项债务工具而不是权益工具。主要理由和依据如下:

《企业会计准则第 22 号——金融工具确认和计量》第五十八条规定:"权益工具,是指能证明拥有某个企业在扣除所有负债后的资产中的剩余权益的合同。"

根据《企业会计准则解释第 1 号》第四条规定:

四、企业发行的金融工具应当在满足何种条件时确认为权益工具?

答:企业将发行的金融工具确认为权益性工具,应当同时满足下列条件:

(一)该金融工具应当不包括交付现金或其他金融资产给其他单位,或在潜在不利条件下与其他单位交换金融资产或金融负债的合同义务。

(二)该金融工具须用或可用发行方自身权益工具进行结算的,如为非衍生工具,该金融工具应当不包括交付非固定数量的发行方自身权益工具进行结算的合同义务;如为衍生工具,该金融工具只能通过交付固定数量的发行方自身权益工具换取固定数额的现金或其他金融资产进行结算。其中,所指的发行方自身权益工具不包括本身通过收取或交付企业自身权益工具进行结算的合同。

在本案例中,虽然出资款已经拨付给上市公司,但是根据中国证监会对上市公司非公开发行的有关规定,发行价格应当以定价基准日前 20 个交易日上市公司股票均价为基础确定,即,该笔款项可认购的上市公司增发股份数和占上市公司股权比例截至资产负债表日尚未确定,也不能就新增的出资享有股东权利,因此,截至 2012 年年底,该出资额并不代表在上市公司扣除负债的净资产中享有的剩余权益(即,并未在上市公司的净资产中享有相应收益和承担相应风险),因而不符合《企业会计准则第 22 号——金融工具确认和计量》第五十八条对"权益工具"的定义。在股权比例确定之前,上市公司实质上是对该专项应付款的拨付方负有金额确定的债务,该项债务在股权比例确定,完成增资扩股的手续之后才转为权益。

从另一方面说,对照《企业会计准则解释第 1 号》第四条规定的确认权益工具需同时满足的两项条件,其中条件(一)是可以满足的,即因为该笔资本性财政资金不能再抽回,因此不存在"交付现金或其他金融资产给其他单位,或在潜在不利条件下与其他单位交换金融资产或金融负债的合同义务";但条件(二)不满足,因为在股权比例尚未确定的情况下,将用于结算该项金融工具的自身权益工具的数量是不固定的,即不满足"如为非衍生工具,该金融工具应当不包括交付非固定数量的发行方自身权益工具进行结算的合同义务"的条件,因此,在具体的非公开发行方案确定并获得中国证监会核准之前,上市公司应将已收到的资本性财政资金确认为负债,即专项应付款。

需要注意的是:本案例与前一问题相比较,其基本的事实背景有相似之处,所讨论的都是上市公司收到母公司转拨的资本性财政资金如何处理的问题,但是也有区别:在前一案例中,上市公司可能并没有在近期增资扩股的明确计划,此时应按照财企[2012]23号文第八条规定,对已收到但暂时没有增资扩股计划的资本性财政资金作委托贷款管理。但在本案例中,控股股东在转拨该项财政资金时已经明确要求将其转增上市公司股本,即已有明确的增资意向,将很快启动相关程序。本案例中,上市公司将所收到的资本性财政资金计入专项应付款,其前提应当是根据实际情况预计转增方案的制定、决策、审批(核准)和实施不存在重大不确定性,预计可在较短时间内完成,因而从收到财政资金到转增股本手续办理完毕的期间内所涉及的资金时间价值是不重大的。如果不满足该条件,则为稳妥起见,仍建议采用财企[2012]23号文第八条规定的在转增实施前暂作委托贷款管理的方式(但需以双方签署的正式的委托贷款协议为依据进行相关财务、会计处理)。

问题 2-2-13 已被政府征用拟拆迁地块上的房产、设备在收到拆迁补偿款但尚未实际拆迁时应如何处理

问题:

已被政府征用拟拆迁地块上的房产、设备在收到拆迁补偿款但尚未实际拆迁时,应如何处理?在资产负债表中,是否需将其列报为"持有待售固定资产"?

背景:

A公司部分车间房产由于当地政府基本建设征用,政府根据房产及车间设备等评估价值4 000万元给予补偿,限5年内处置完成;目前补偿款已于2011年到位,车间及设备截至资产负债表日仍在使用中。

解答:

1. 固定资产和已收到的补偿款的会计处理。

根据《企业会计准则第4号——固定资产》第二十一条规定:"固定资产满足下列条件之一的,应当予以终止确认:(一)该固定资产处于处置状态;(二)该固定资产预期通过使用或处置不能产生经济利益。"

在本案例中,尽管征收补偿协议已经签订,补偿款也已收到,但相关的固定资产仍在正常使用中,并未处于"处置状态",仍然在为企业带来经济利益,因此相关的固定资产不应终止确认,仍应正常核算直到征收范围内的房屋建筑物腾空并交还给征收部门为止。相应地,已收到的补偿款应确认为专项应付款,到相关的固定资产终止确认时,再按照《企业会计准则解释第3号》第四条的规定,将补偿款总额中属于对企业在搬迁和重建过程中发生的固定资产和无形资产损失、有关费用性支出、停工损失及搬迁后拟新建资产进行补偿的部分,自专项应付款转入递延收益,并按照《企业会计准则第16号——政府补助》进行会计处理;取得的搬迁补偿款扣除转入递延收益的金额后如有结余的,应当作为资本公积处理。

2. 本案例中的相关固定资产能否列报为"持有待售非流动资产"。

本案例中的相关固定资产不应列报为"持有待售非流动资产"。对其会计

处理、报表列报和附注披露不应适用《企业会计准则解释第 1 号》第六条的规定。

参照 IFRS 5《Non-current Assets Held for Sale and Discontinued Operations》第 6 段规定:"An entity shall classify a non-current asset (or disposal group) as held for sale if its carrying amount will be recovered principally through a sale transaction rather than through continuing use."第 7 段规定:"For this to be the case, the asset (or disposal group) must be available for immediate sale in its present condition subject only to terms that are usual and customary for sales of such assets (or disposal groups) and its sale must be highly probable."即,要符合"持有待售非流动资产"的定义和确认条件,应满足的一个基本条件是:该资产应能够立即以其当前的状态出售,且仅受限于出售该类资产通常遵循的条款和惯例。

IFRS 5 在其后附的示例中,对于如何判断满足该条件,给出了下列举例:

To qualify for classification as held for sale, a non-current asset (or disposal group) must be available for immediate sale in its present condition subject only to terms that are usual and customary for sales of such assets (or disposal groups) (paragraph 7). A non-current asset (or disposal group) is available for immediate sale if an entity currently has the intention and ability to transfer the asset (or disposal group) to a buyer in its present condition. Examples 1-3 illustrate situations in which the criterion in paragraph 7 would or would not be met.

Example 1

An entity is committed to a plan to sell its headquarters building and has initiated actions to locate a buyer.

(a) The entity intends to transfer the building to a buyer after it vacates the building. The time necessary to vacate the building is usual and customary for sales of such assets. The criterion in paragraph 7 would be met at the plan commitment date.

(b) The entity will continue to use the building until construction of a new headquarters building is completed. The entity does not intend to transfer the existing building to a buyer until after construction of the new building is completed (and it vacates the existing building). The delay in the timing of the transfer of the existing building imposed by the entity (seller) demonstrates that the building is not available for immediate sale. The criterion in paragraph 7 would not be met until construction of the new building is completed, even if a firm purchase commitment for the future transfer of the existing building is obtained earlier.

Example 2

An entity is committed to a plan to sell a manufacturing facility and has initiated actions to locate a buyer. At the plan commitment date, there is a backlog of uncompleted customer orders.

(a) The entity intends to sell the manufacturing facility with its operations. Any uncompleted customer orders at the sale date will be transferred to the buyer. The transfer of uncompleted customer orders at the sale date will not affect the timing of the transfer of the facility. The criterion in paragraph 7 would be met at the plan commitment date.

(b) The entity intends to sell the manufacturing facility, but without its operations. The entity does not intend to transfer the facility to a buyer until after it ceases all operations of the facility and eliminates the backlog of uncompleted customer orders. The delay in the timing of the transfer of the facility imposed by the entity (seller) demonstrates that the facility is not available for immediate sale. The criterion in paragraph 7 would not be met until the operations of the facility cease, even if a firm purchase commitment for the future transfer of the facility were obtained earlier.

Example 3

An entity acquires through foreclosure a property comprising land and buildings that it intends to sell.

(a) The entity does not intend to transfer the property to a buyer until after it completes renovations to increase the property's sales value. The delay in the timing of the transfer of the property imposed by the entity (seller) demonstrates that the property is not available for immediate sale. The criterion in paragraph 7 would not be met until the renovations are completed.

(b) After the renovations are completed and the property is classified as held for sale but before a firm purchase commitment is obtained, the entity becomes aware of environmental damage requiring remediation. The entity still intends to sell the property. However, the entity does not have the ability to transfer the property to a buyer until after the remediation is completed. The delay in the timing of the transfer of the property imposed by others before a firm purchase commitment is obtained demonstrates that the property is not available for immediate sale. The criterion in paragraph 7 would not continue to be met. The property would be reclassified as held and used in accordance with paragraph 26.

因此，参照前述例1之(b)，由于本案例中属于征收范围内的房屋建筑物等目前仍在使用中，从签约到交还征收部门的时限已经超出了对该类资产交易中通常遵循的条款和惯例得到履行所需的时间，因此该等固定资产不满足"能够立即以其当前的状态出售，且仅受限于出售该类资产通常遵循的条款和惯例"这一条件，不应划分为持有待售非流动资产，仍作为正常的固定资产进行核算和列报。

问题 2-2-14　政府拨付科研资金时相关文件规定的账务处理政策与会计准则规定存在差异的问题

问题：

公司收到政府拨付的科研资金，政府对该科研资金的会计处理有专门的文件规定，但该文件规定与会计准则的要求存在差异时，该如何处理？

背景：

A 公司 2011 年与某市科技局签订项目合同，取得该省科研成果转化专项资金，其中现金 600 万元，贷款贴息 200 万元，项目形成的科研成果及知识产权除涉及国家安全和重大社会利益的以外，原则上归企业所有。合同规定双方需共同遵守该省省级科技创新与成果转化专项引导资金管理办法、该省科技成果转化专项资金财务管理实施细则、该省科技成果转化专项资金项目管理实施细则。

《××省科技成果转化专项资金项目经费会计核算暂行办法（试行）》第十五条规定："项目通过验收后，项目执行单位根据财务决算验收的意见，将省科技成果转化资金支出（无偿资助）形成的固定资产等资本性支出，按实际成本转入资本公积，借记'专项应付款'科目，贷记'资本公积——拨款转入'科目。在验收当年，'管理费用'中从科技成果转化资金列支的部分冲减'管理费用'，以前年度已在'管理费用'中以科技成果转化资金支出的，转入'以前年度损益调整'。以科技成果转化资金补贴产品成本的，在验收当年销售的，冲减'主营业务成本'；以前年度已销售的，转入'以前年度损益调整'；验收当年尚未销售的产品，冲减该产品的'库存商品'成本；尚未完工入库的产品，冲减该产品的'生产成本'。项目承担单位收到的省财政拨付的成果转化资金贷款贴息时，对原已资本化的利息，冲减'在建工程'或'固定资产'；对未予资本化已列入'财务费用'的利息，冲减收到贴息当期的'财务费用'。"

解答：

本案例首先需要确定被审计单位执行的是原《企业会计制度》还是新企业会计准则。在不同的会计核算标准体系下，对该事项的处理也有较大的差异。

1. 原《企业会计制度》下的处理。

在原《企业会计制度》体系下，有关国家专项资金的企业会计核算，主要有如下两个文件：

《关于对国家专项科研开发费用核算的复函》（财会便[2002]36号）：

按《企业会计制度》规定，企业收到国家拨入的具有专门用途的资金，通过"专项应付款"科目核算，拨款项目完成后形成的资产部分，从"专项应付款"科目转入资本公积；未形成资产需核销的部分，经批准冲减专项应付款。

企业收到国家拨入的产品研究开发专项资金或拨款，应先通过"专项应付款"科目核算，为完成承担的国家专项拨款指定的研发产品活动所发生的费用，应按企业自己生产的产品相同的方法进行归集，并在"生产成本"中单列项目核算。待研发成功后，如将研发成果交给国家，并经批准核销专项应付款的，按应核销金额,借记"专项应付款"科目,贷记"生产成本"科目;如研发成果留给你公司的,除将发生的费用从"生产成本"科目结转至"库存商品"科目外,还应同时将专项应付款转入资本公积。如研发的项目将形成固定资产的,则应通过"在建工程"科目归集所发生的费用,待项目完成结转固定资产或经批准核销时,再按上述原则进行处理。

财政部关于执行《企业会计制度》和相关会计准则有关问题解答(财会[2002]18 号)相关内容:

问:企业接受国家拨入的具有专门用途的拨款,在拨款项目完成后应如何核算?

答:按照《企业会计制度》规定,企业收到国家拨入的具有专门用途的资金,应通过"专项应付款"科目核算。

企业接受国家拨入的具有专门用途的拨款,如专项用于技术改造、技术研究等,在为完成承担的国家专项拨款所指定的研发活动所发生的费用实际发生时,应按与企业自己生产的产品相同的方法进行归集,并在"生产成本"科目下单列项目核算。如能确定有关支出最终将形成固定资产,则应在"在建工程"科目下单列项目归集所发生的费用。待有关拨款项目完工后,对于形成固定资产并按规定留给企业的,应按实际成本,借记"固定资产"等科目,贷记"在建工程"科目,同时,借记"专项应付款"科目,贷记"资本公积"科目。对形成产品并按规定将产品留归企业的,应按实际成本,借记"库存商品"等科目,贷记"生产成本"科目,同时,借记"专项应付款"科目,贷记"资本公积"科目;对未形成资产,需核销的拨款部分,报经批准后,借记"专项应付款"科目,贷记"生产成本"、"在建工程"等科目;对形成的资产按规定应上交国家的,借记"专项应付款"科目,贷记"生产成本"、"在建工程"等科目;对按规定应上交结余的专项拨款,应在上交时,借记"专项应付款"科目,贷记"银行存款"科目。

根据上述文件分析,《××省科技成果转化专项资金财务管理实施细则》与原会计制度下的核算规定并不完全相矛盾,但需要注意以下几点:

(1) 有关冲减管理费用的问题。

根据上面引用的"财会便[2002]36 号"和"财会[2002]18 号"文的相关规定,企业发生的属于专项资金拨款预算内的资金应当通过"生产成本"、"在建工程"或"固定资产"项目核算。在实际发生时,一般不通过"管理费用"核算,对于没有形成资产的部分,一般于验收时以核销的形式处理,即借记"专项应付款"科目,贷记"生产成本"或"在建工程"等科目。因此,理想状态下,应该不存在"从科技成果转化资金列支的部分"计入"管理费用"的情况,如果存在,则应当进行调整(包括本期或以前年度)。如果企业验收确认核销的金额与企业计入生产成本的部分确实存在差异,则需要考虑是由于会计估计变更导致还是会计差错导致[可参阅《计学撮要(2011)》第 388~391 页和《上市公司执行企业会计准则监管问题解答(2013 年第 1 期,总第 8 期)》第一条的相关规定判断],对于会计估计变更导致的差异,仅需调整本期即可,对于会计差错的事项,需要考虑是否调整以前年度。

(2) 有关调整产品成本的问题。

对于企业发生专项资金拨款预算内支出不涉及形成固定资产的,一般归集在"生产成本"科目中,但与正常生产的产品成本计入不同的明细科目。由于一般情况下,在相关研发项目完成时,才可能确定相关产品是否留归企业,此时企业才可能会出售产品,故调整"主营业务成本"的处理一般应当在研发项目验收之后,一般也不涉及调整以前年度损益的情况。如果企业在项目验收前,已经销售研发产品,则此时企业应谨慎判断是否有充分、适当的证据表明专项资金支出与所出售产品是否直接相关,并且预计该成果归企业所有,如果满足相关确认冲减条件,则于出售时根据合理估计调整出售产品的"主营业务成本";如果实际验收时,存在重大差异,应当分析属于会计估计变更,还是重大差错,如果是重大差错,可能需要调整以前年度损益。

(3) 有关贷款贴息。

按照原《企业会计制度》下的会计处理惯例(财政部发布的国债专项资金、投资补助等专项财政资金的管理办法),贴息一般按照实际收到的金额冲减财务费用(对应于已资本化利息的部分则冲减相关资产的原值)。

2. 新企业会计准则下的处理。

在新企业会计准则下,此类"科研成果转化专项资金"应适用《企业会计准则第 16 号——政府补助》。原先的《××省科技成果转化专项资金财务管理实施细则》基本上是原企业会计制度体系下的文件,因此其规定与《企业会计准则第 16 号——政府补助》相比存在较大差异。对此,企业应当严格按照新企业会计准则的规定核算该项政府补助,不再执行原《××省科技成果转化专项资金财务管理实施细则》对于接受补助款的企业应如何进行财务、会计处理方面的规定。具体可参阅《计学撮要(2011)》第 242~244 页"企业收到创新基金的会计处理"的相关内容。

问题 2-2-15 公司通过不同方式取得科研专项经费会计处理问题

问题:

如下文"背景"资料所述,A 公司获取的科研经费应如何处理?

背景:

A 公司科研经费的取得一般分两种情况:政府直接拨付的科研项目;企业以分包合同方式参与的科研项目,由总包研制单位与 A 公司签订外协合同,A 公司以协作方式参与研制活动,其科研费资金总包单位向 A 公司直接支付。

解答:

对于本案例中 A 公司获得科研经费的会计处理问题,我们理解需区分两种情况分别讨论:

(1) A 公司受托从事研究开发活动,研发成果的所有权归委托方所有,并由委托方实际使用,A 公司就研发过程中实际发生的各项支出从委托方取得报酬。此时,应理解为经济实质是 A 公司提供受托研究开发劳务,适用《企业会计准则第 14 号——收入》中关于提供劳务收入确认与计量的相关规定。此时所获得的相关拨款应确认为营业收入，相应所发生的研发支出确认为营业成本，报表上不形成无形资产。

（2）A公司系自行从事研究开发活动，研发成果的所有权和使用权归A公司所有，军方和政府相关部门根据A公司的申请向A公司提供专项研发经费补助。此类情况下所取得的财政资金属于《企业财务通则》第二十条所指的五类财政资金中的第三类即"贷款贴息"、"专项经费补助"。按照财政部企业司编《企业财务通则解读》中的表述，"此类资金的例子有技术更新改造项目贷款贴息、中小企业发展专项资金、产业技术研究与开发资金、科技型中小企业技术创新基金、中小企业国际市场开拓资金等。这类资金一般是对企业特定经济活动支付的成本费用的补偿，因此，企业使用这类资金时，作为收益处理。企业在具体执行时，使用这类财政资金如果形成固定资产或者无形资产，应当作为递延收益，按照资产使用寿命分期确认；如果没有形成资产，则应当作为本期收益处理。"在实际操作中，如果收到拨款时尚不确定是否满足政府补助的确认条件（例如，根据当时的情况，估计最终要返还的可能性大于50%），则应先计入专项应付款，到满足政府补助确认条件后转入递延收益，再区分为与资产相关和与收益相关的政府补助，分别按照各自适用的原则处理。但无论是作为专项应付款还是递延收益处理，并不影响对研究开发支出的核算，对于实际发生的研究开发支出仍按《企业会计准则第6号——无形资产》及其应用指南和讲解的规定进行费用化或者资本化的核算。不应将所发生的研究开发支出直接冲减专项应付款或者递延收益。具体可参阅《计学撮要（2011）》第237~239页关于"863"项目资金的会计处理和第242~244页关于企业收到创新基金的会计处理的相关问答。

因此，对科研费业务，需根据对业务经济实质的分析确定其会计处理方法。对于以最终交付产品为目的的科研项目，需考虑其中的科研部分和产品制造与销售部分是否可以互相分离[参阅《计学撮要（2011）》第140~141页"包含多个部分的合同分拆的条件"]，例如本次科研成果是否会形成一项今后可由本企业继续用于其他方面的无形资产，而不是仅适用于本次订购的产品。如果对研发中所形成的技术未来在其他方面的使用可获取充分的证据，则对该合同总价中包含的科研经费补助部分（例如依据本企业实际发生的该项目科研经费计量），按照前述科研经费的处理原则处理；剩余的合同价款则归属于产品销售部分；如果目前尚无证据表明本次研发所形成的成果还有后续用途，则研发支出全部转入该合同项下的产品销售成本。

问题2-2-16　政府搬迁补助在合并报表中的列报

问题：

非同一控制下企业合并中被合并方合并日评估增值的固定资产和无形资产拆迁后，合并报表层面对评估增值产生的处置损失该如何处理？获得的拆迁补偿在合并报表中如何列示？

背景：

2010 年，A 公司通过非同一控制下企业合并方式取得 B 公司 66.70% 的股权，年末在编制合并报表时，对 B 公司财务报表按照公允价值（评估值）进行调整之后再进行抵销合并。B 公司评估增值金额为 2 126.45 万元，其中固定资产——房屋建筑物评估增值 732.43 万元，无形资产——土地使用权评估增值 727.45 万元；在编制合并报表时对评估增值部分的摊销和折旧进行了计算调整。

2011 年 11 月，B 公司和当地政府签订协议，政府以 6 500 万元收购 B 公司的土地使用权及地上建筑物（即上文中的房屋建筑物和土地使用权）。

2012 年，B 公司新厂房建设完毕，完成搬迁，原土地和房屋建筑物所有权全部上交给政府，收到政府拨付的资金 6 500.00 万元。

解答：

本案例中，无论对于 B 公司单体报表层面还是 A 公司合并报表层面，对该搬迁补偿事项的会计处理均应遵循《企业会计准则解释第 3 号》第四条的规定。首先需要判断该搬迁补偿事项是否满足《企业会计准则解释第 3 号》第四条规定的政策性搬迁的条件。如果满足政策性搬迁条件，则需要将扣除相关资产损失、费用性支出、新建资产后的补助余额计入"资本公积"，不能全部在新建资产剩余使用寿命内摊销。但无论使用该条所规定的何种会计模式，在对搬迁损失进行处理时，相应的资产处置损失均应计入"营业外支出"，而政府补助金额于损失发生当期计入"营业外收入"（与新建资产相关的政府补助金额计入"递延收益"，在相关资产使用寿命内平均计入损益）。

但是，由于目前被征收的资产是通过非同一控制下企业合并被纳入合并报表范围内的，即在 B 公司个别报表层面和 A 公司合并报表层面的账面价值不同，由此导致在不同的报表层面上，搬迁补偿款在不同的组成部分（被收回和处置资产的损失、有关费用性支出、对新购建资产支出的补助）之间的分配情况出现差异。由于合并报表层面存在可辨认净资产购买日评估增值，因此合并报表层面会有更多的补偿款被分配到"被收回和处置资产的损失"这一部分，相应地，合并报表层面分配到后两部分的补偿款会较 B 公司个别报表层面减少。在编制合并报表时，需考虑这一因素的影响。这一因素的影响导致个别报表和合并报表层面的计量结果差异可能会在一段较长时间内存在，例如由于被分配到"对新购建资产支出的补助"的部分减少，导致后续新资产折旧期限内每年确认的营业外收入较个别报表层面减少。

对于合并报表层面因相关资产账面价值大于个别报表层面而产生的额外处置损失，应当与个别报表层面按该等资产的原账面价值计算的处置损失一并处理。即可以选择以下两种方法之一处理：①按照相关资产于处置日在不同报表层面的账面价值分别确认为营业外支出，相应地将等额补偿款确认为营业外收入；②将补偿款中相当于被处置、收回资产的账面价值的部分视作该等资产的处置对价，即把上述方法①中与资产处置及其补偿相关的营业外收入、支出抵销后按净额列报。

问题 2-2-17 收到国外矿产资源风险勘查专项资金的处理

问题：

A 公司收到政府通过其母公司 B 集团拨付的国外矿产资源风险勘查专项资金，A 公司、B 集团应该如何进行处理？

背景：

A 公司为 B 集团全资子公司。A 公司在某国设立全资子公司 C 公司，C 公司与当地的 D 公司合作成立合作企业，该合作企业主要从事煤炭勘查工作。至今仍处于煤炭勘查阶段，前期发生的勘查费用支出均资本化，拟将作为将来申请采矿权时的采矿权成本。

2012 年 5 月，财企[2012]84 号《财政部关于下达 2012 年国外矿产资源风险勘查专项资金预算的通知》，通过 B 集团向 A 公司拨付国外矿产资源风险勘查专项资金 3 192 万元。

解答：

根据财政部《关于印发加强企业财务信息管理暂行规定的通知》（财企[2012]23 号）第八条规定：

第八条　企业财务信息管理单位在年度决算工作中，应当加强决算质量的审核，同时关注企业收到和使用财政性资金及其带动社会资本的有关情况。

企业收到的财政性资金应当纳入企业预算管理，实现资金统一管控，提高财政性资金使用的整体效益。企业收到资本性财政性资金，列作国有实收资本或股本，企业股东（大）会或董事会、经理办公会等决策机构应当出具同意注（增）资的书面材料。企业一个会计年度内多次收到资本性财政性资金的，可暂作资本公积，但应在次年履行法定程序转增国有实收资本或股本；发生增资扩股、改制上市等事项，应当及时转增。

企业集团母公司将资本性财政性资金拨付所属全资或控股法人企业使用的，应当作为股权投资。母公司所属控股法人企业暂无增资扩股计划的，列作委托贷款，与母公司签订协议，约定在发生增资扩股、改制上市等事项时，依法将委托贷款转为母公司的股权投资。

企业收到费用性财政性资金，列作收益，符合《财政部国家税务总局关于专项用途财政性资金企业所得税处理问题的通知》（财税[2011]70 号）规定不征税条件的，可作为不征税收入。企业按规定将费用性财政性资金拨付所属全资或控股法人企业使用，中间拨付环节企业均作为往来款项。

根据《国外矿产资源风险勘查专项资金管理办法》（财建[2010]173 号）第九条规定：

专项资金支持方式：

（一）对前期地质矿产调查与评价，以及综合研究、信息服务和管理项目，专项资金给予一定额度的经费支持；

（二）对矿产资源勘查项目，专项资金以无偿补助的方式予以支持，补助额度不超过项目中方总投资的 50%；

(三)对矿产资源开发项目,专项资金以贷款贴息的方式予以支持。贴息资金根据国内银行中长期贷款实际到位数、合同约定利息率以及实际支付利息数确定,贴息年限 13 年,年贴息率最高不超过 3‰。

根据财政部企业司编《企业财务通则解读》中的相关表述:

(二)财政资金的类别及其财务处理办法

目前,支持企业改革与发展的财政资金大致分为五大类别。据不完全统计,仅中央有关财政资金就有几十项。但是,对有关财政资金一直缺乏统一、明确的财务处理原则。《通则》分门别类,对企业取得财政资金的财务处理做出了具体规定:

1. 属于国家直接投资、资本注入的财政资金,如基本建设投资、国债投资项目等。这类资金属于国家以投资者身份对企业的资本性投入,因此,应当增加国家资本,对于超过注册资本的投资则增加国有资本公积。

2. 属于投资补助的财政资金,如公益性和公共基础设施投资项目补助、推进科技进步和高新技术产业化的投资项目补助等。这类资金是对投资者投入资本的补助,但是与前一类资金最大的区别是国家不一定以投资者身份投入,大部分时候是政府为了贯彻宏观经济政策或实现调控目标,给予企业的、具有导向性的资金。因此,《通则》规定企业收到这类资金增加资本公积或者实收资本,由全体投资者共同享有;如果国家拨款时,明确形成的资本由某个单位持有,或者做出其他权属规定的,则按规定执行。

3. 属于贷款贴息、专项经费补助的财政资金,如技术更新改造项目贷款贴息、中小企业发展专项资金、产业技术研究与开发资金、科技型中小企业技术创新基金、中小企业国际市场开拓资金等。这类资金一般是对企业特定经济活动支付的成本费用的补偿,因此,企业使用这类资金时,作为收益处理。企业在具体执行时,使用这类财政资金如果形成固定资产或者无形资产,应当作为递延收益,按照资产使用寿命分期确认;如果没有形成资产,则应当作为本期收益处理。

4. 属于政府转贷、偿还性资助的财政资金,如世界银行贷款项目等。这类资金使用后要求归还本金,因此,企业收到时,应当作为负债管理。

5. 属于弥补亏损、救助损失或者其他用途的财政资金,如国有企业亏损补贴、"非典"期间补偿民航公司的损失、关闭小企业补助等。企业收到这类资金时,作为本期收益或者递延收益处理。

根据上述规定,本案例中收到的"国外矿产资源风险勘查专项资金"对于收到补助的 B 集团和 A 公司而言,应属于"经费补助"或者"无偿补助"的性质,构成应计入资本公积的"投资补助"的可能性相对较小。但在把相关款项转拨给合作企业时,因为涉及中外方权益问题,因此我们认为比较合理的方式是 A 公司以股权投资或者股东贷款的方式将该笔资金拨付给合作企业使用。

由于 B 集团和 A 公司自身并不从事该境外矿产勘查,而是通过其所投资的境外项目合作公司具体实施,因此 A 公司个别报表层面可将该笔资金视作对其对境外项目合作公司的长期股权投资的补助,即与资产相关的政府补助,计入递延收益,后续在处置项目公司股权或者清算项目公司时转入营业外收入处理。如果该境外项目合作公司需纳入 A 公司和 B 集团合并报表范围的,则在合并报表层面,该补助款视作对该项目勘查支出的补助,先暂计入递延收益,后续根据目前资本化的勘查支出的后续处理情况(转为采矿权成本,或者放弃该项目而费用化处理)确定其属于与资产相关的政府补助还是与收益相关的政府补助,按照适用的会计原则,相应转入递延收益或者营业外收入处理,以实现与作为其补助对象的勘查支出在合并利润表层面的合理配比。

第三节 所得税会计的相关问题

问题 2-3-1 西部开发所得税优惠政策相关问题

问题:

在《西部地区鼓励类产业目录》尚未发布的情况下,西部地区企业如何选择确认递延所得税资产/负债时所用的税率?

背景:

根据《财政部、海关总署、国家税务总局关于深入实施西部大开发战略有关税收政策问题的通知》(财税[2011]58 号)的规定,自 2011 年 1 月 1 日至 2020 年 12 月 31 日,对设在西部地区的鼓励类产业企业减按 15% 的税率征收企业所得税,但上述鼓励类产业企业是指以《西部地区鼓励类产业目录》中规定的产业项目为主营业务,且其主营业务收入占企业收入总额 70% 以上的企业。《西部地区鼓励类产业目录》另行发布。同时,《财政部、国家税务总局、海关总署关于西部大开发税收优惠政策问题的通知》(财税[2001]202 号)、《国家税务总局关于落实西部大开发有关税收政策具体实施意见的通知》(国税发[2002]47 号)、《财政部、国家税务总局关于西部大开发税收优惠政策适用目录变更问题的通知》(财税[2006]165 号)、《财政部、国家税务总局关于将西部地区旅游景点和景区经营纳入西部大开发税收优惠政策范围的通知》(财税[2007]65 号)自 2011年 1 月 1 日起停止执行。

2012 年 4 月 6 日,国家税务总局发布了《关于深入实施西部大开发战略有关企业所得税问题的公告》(国家税务总局公告 2012 年第 12 号)。其中第一条规定:自 2011 年 1 月 1 日至 2020 年 12 月 31 日,对设在西部地区以《西部地区鼓励类产业目录》中规定的产业项目为主营业务,且其当年度主营业务收入占企业收入总额 70% 以上的企业,经企业申请,主管税务机关审核确认后,可减按 15% 税率缴纳企业所得税。第三条规定:在《西部地区鼓励类产业目录》公布前,企业符合《产业结构调整指导目录(2005 年版)》、《产业结构调整指导目录(2011 年版)》、《外商投资产业指导目录(2007 年修订)》和《中西部地区优势产业目录(2008 年修订)》范围的,经税务机关确认后,其企业所得税可按照 15% 税率缴纳。《西部地区鼓励类产业目录》公布后,已按 15% 税率进行企业所得税汇算清缴的企业,若不符合本公告第一条规定的条件,可在履行相关程序后,按税法规定的适用税率重新计算申报。

解答:

参照 IFRS 体系下《国际会计准则第 12 号——所得税》的相关规定,计量当期所得税和递延所得税时,对适用税率的估计均应基于截至资产负债表日止已颁布的或实质上已颁布的税法规定。资产负债表日后新颁布的税法规定导致对适用税率的估计和判断发生变化,应作为资产负债表日后非调整事项处理,不能追溯调整该项税款所属年度的所得税费用。

由于《西部地区鼓励类产业目录》尚未发布,故对企业 2011 年是否可继续享受西部大开发优惠是缺乏一个合理的判断基础的,也就不能按优惠税率计算当期所得税和递延所得税。企业应基于截至资产负债表日已生效或者正式发布的税收政策估计适用税率,后续文件发布所导致的对适用税率估计的调整作为资产负债表日后非调整事项;基于实务层面的考虑,也可按照截至财务报表批准报出日已经生效或者正式发布的税务规定估计 2011 年度的适用税率和确认递延所得税资产/负债时采用的税率。如果截至财务报表批准报出日尚未发布《西部地区鼓励类产业目录》的,则在 2011 年度财务报表中应按正常税率计算当期所得税和递延所得税。

在实务中,在目前《西部地区鼓励类产业目录》尚未发布的情况下,各地税务机关在实际工作中掌握的尺度也不一样,有的税务机关允许按 15% 预缴企业所得税,有的税务机关不允许按 15% 预缴,只能按 25% 预缴企业所得税。根据中瑞岳华税务师事务所的专业意见,鉴于上述背景和实际情况,目前有优惠政策但尚无目录,规范的作法应按 25% 预缴,文件明确后再退税,按此办法的风险最低,但这种作法企业可能难以接受,建议如果企业满足以下四个条件,可暂按 15% 的税率确认当期所得税和递延所得税,此做法的风险应在可以控制和化解的限度之内:

1. 已享受前一轮西部大开发优惠政策,且主营业务变化不大。
2. 当地税务机关同意且实际按 15% 预缴税款的。
3. 底稿附备财税[2011]58 号文。
4. 最好能提供发改委的征求意见稿。

如果税务机关要求且企业已按 25% 预缴了企业所得税,建议不要轻易调减,因为终究尚无可依据的正式优惠文件。

权威指引:

1. IFRS 体系下《国际会计准则第 12 号——所得税》第 46、47 段:

46 Current tax liabilities (assets) for the current and prior periods shall be measured at the amount expected to be paid to (recovered from) the taxation authorities, using the tax rates (and tax laws) that have been enacted or substantively enacted by the end of the reporting period. 即,本期和以前期间形成的当期所得税负债(资产),应按已颁布的或到资产负债表日实质上已颁布的税率(和税法)计算的、预期应付税务部门(从税务部门返还)的金额计量。

47 Deferred tax assets and liabilities shall be measured at the tax rates that are expected to apply to the period when the asset is realised or the liability is settled, based on tax rates (and tax laws) that have been enacted or substantively enacted by the end of the reporting period. 即，递延所得税资产和负债，按预期实现该资产或清偿该负债的期间的税率计量，依据的是已颁布的或到资产负债表日实质上已颁布的税率（和税法）。

2. 证监会上市公司执行新会计准则协调小组工作小组会议纪要（2007年第2期）（2007年2月）：

五、所得税

（一）在可能获取税收优惠的情况下如何计算递延所得税负债（或资产）

新会计准则实施后，在公司未获取新的税收优惠政策之前，公司应按照《企业会计准则第18号——所得税》的有关规定计算暂时性差异，再按照目前的法定所得税率计算递延所得税负债（或资产）；在公司获取新的税收优惠政策后，公司可按照优惠税率计算递延所得税负债（或资产）。

问题 2-3-2 获批税收优惠的企业对于可退回或可用于抵顶以后年度税款的已纳税款的处理

问题：

获批税收优惠的企业，对于可退回或可用于抵顶以后年度税款的已纳税款，应如何进行会计处理？

背景：

A公司正常盈利并缴纳企业所得税两年后，申请到所得税"三免三减半"（从其首个盈利年度起算），对于以前年度已交的所得税有两种处理方法：一是退回，二是留抵。两种方法分别如何进行账务处理？

解答：

根据《税收减免管理办法（试行）》（国税发[2005]129号）的相关规定，减免税分为"报批类减免税"和"备案类减免税"。其中，报批类减免税是指应由税务机关审批的减免税项目；备案类减免税是指取消审批手续的减免税项目和不需税务机关审批的减免税项目。这两类减免税需经过不同的程序：纳税人享受报批类减免税，应提交相应资料，提出申请，经按本办法规定具有审批权限的税务机关（以下简称有权税务机关）审批确认后执行。未按规定申请或虽申请但未经有权税务机关审批确认的，纳税人不得享受减免税。减免税批复未下达前，纳税人应按规定办理申报缴纳税款；纳税人享受备案类减免税，应提请备案，经税务机关登记备案后，自登记备案之日起执行。纳税人未按规定备案的，一律不得减免税。主管税务机关应在受理纳税人减免税备案后7个工作日内完成登记备案工作，并告知纳税人执行。

按照通常理解，本案例中涉及的"三免三减半"优惠通常是需要经过有权税务机关审批后方可享受的优惠，即属于报批类减免税。报批类减免税本质上属于行政许可事项。纳税人能否获得批准,除了满足相关规定中列举的最低条件外,审批机关的自由裁量权可能在其中起到很大作用,审批过程在很大程度上涉及税务机关的实质性判断。纳税人在提交申请时,可能无法合理估计申请能否获批。同时,获取减免税批复是享受报批类减免税的前提。因此,必在获取减免税批文后(一般以批文的落款日期为准),才能在会计上确认税款减免的影响。在批文下达前,仍应按税法规定足额计提应交税费。即,报批类减免税的减免影响应当在有权机关下达的减免税批文的落款日期所属年度进行会计处理,计入该年度的损益中。

1. 如果对以前年度的已交所得税,经主管税务机关核实金额后予以退回的,则企业获得了一项《企业会计准则第18号——所得税》所指的当期所得税资产。企业应按预计可收到的退税款,借记"应交税费——预计可退回所得税"科目(报表上将其余额列报在"其他流动资产"项目中),贷记"所得税费用——当期所得税费用"科目。

2. 如果对以前年度的已交所得税,经主管税务机关核实金额后抵减以后年度应纳税额的,则企业首先应当对未来的抵免期限内能否产生足够的应纳税所得额作出谨慎、合理的估计。在确保在规定的抵免期限内可享受到抵免利益的前提下,企业应将未来可享受的抵顶应纳税额的金额,确认为一项递延所得税资产,借记"递延所得税资产"科目,贷记"所得税费用——递延所得税费用"科目。

问题 2-3-3 中期财务报告中的所得税适用税率问题

问题:

对于高新技术企业认定已经进入复审程序,但截至中期财务报告批准报出日尚未获得更新后的《高新技术企业证书》的企业,在编制中期财务报告时,其计量当期所得税和递延所得税应当采用何种税率?

背景:

根据科学技术部、财政部、国家税务总局《高新技术企业认定管理办法》(国科发火[2008]172号)规定,高新技术企业资格自颁发证书之日起有效期为3年。企业应在期满前3个月内提出复审申请,不提出复审申请或复审不合格的,其高新技术企业资格到期自动失效。通过复审的高新技术企业资格有效期为3年,期满后可以再次提出认定申请。

A公司于2008年度通过了高新技术企业资质的认定。自2008年1月1日至2010年12月31日止,A公司按应纳税所得额的15%计缴企业所得税。截至2011年6月30日,2011年A公司高新技术企业资质的复审材料已经申报,预计2011年下半年可以取得新的高新技术企业资质的认定。

解答:

按照《企业会计准则第18号——所得税》的相关规定,企业的当期所得税费用应当按照当期适用税率计量,递延所得税资产和递延所得税负债应按暂时性差异预计转回年度的预计适用税率计量。因此,如果企业可以提供具有足够说服力的证据,表明其本年度很可能通过高新技术企业复审,因而其原先享受的高新技术企业待遇很可能可以继续延续的,则在本次中期报告中,可按高新技术企业适用的15%优惠税率计量当期所得税费用,在计量递延所得税资产/负债时也可考虑该因素的影响。

注册会计师在执行此类企业的中期财务报告审计业务时,应注意获取的相关证据包括:

1. 企业已申报的高新技术企业复审的相关资料,确保其仍然符合国科发火[2008]172号、国科发火[2008]362号文和其他相关规定的认定条件(包括但不限于高新技术相关产品销售收入、研发投入等财务指标方面的条件)。

2. 企业与主管机构就高新技术企业复审问题进行的沟通,了解有关主管机关认为其通过复审是否存在重大障碍、今年的复审口径是否明显收紧等。

3. 提请企业在报表附注中的"税项"部分中对本年度的高新技术企业复审进展情况以及管理层认为可按15%税率确认2011年上半年所得税费用的原因,以及其中可能包含的不确定性等事项在附注中充分披露,并在管理层声明书中针对高新技术复审问题专门作出声明。

问题 2-3-4 未申报未交纳的税金的会计处理

问题:

对于未申报的期末应交税金应如何处理?

背景:

A公司2005年前因手工申报所得税与当年计提的所得税不符,历年累计造成少交所得税490余万元,该未缴的所得税一直在"应交税费"科目中挂账。以往税务部门对该应交的税款未予以追缴。公司根据国税函[2009]326号《国家税务总局关于未申报税款追缴期限问题的批复》,认为该应缴税款已超过了5年,A公司2011年将该应缴税款作为无法支付的款项转收入。

《国家税务总局关于未申报税款追缴期限问题的批复》(国税函[2009]326号)的相关规定为:"税收征管法第五十二条规定:对偷税、抗税、骗税的,税务机关可以无限期追征其未缴或者少缴的税款、滞纳金或者所骗取的税款。税收征管法第六十四条第二款规定的纳税人不进行纳税申报造成不缴或少缴应纳税款的情形不属于偷税、抗税、骗税,其追征期按照税收征管法第五十二条规定的精神,一般为三年,特殊情况可以延长至五年。"

解答:

参照《企业会计准则第22号——金融工具确认和计量》第二十六条规定:"金融负债的现时义务全部或部分已经解除的,才能终止确认该金融负债或其一部分。"因此,在本案例中,终止确认该项应交税费的条件是:A公司就该笔税款的纳税义务从法律上已经解除,税务机关无权再向A公司追征该笔税款,也无权就此对A公司进行处罚。

关于截至 2011 年年末,该笔税款的缴纳义务是否已经解除的问题,不能简单依据国税函[2009]326 号文的规定认为追征期已过。就背景资料所述,"2005 年前因手工申报所得税与当年计提的所得税不符,历年累计造成少交所得税 490 余万元",这并非征管法第六十四条第二款规定的"纳税人不进行纳税申报,不缴或者少缴应纳税款"的情形,而是很可能已经符合《征管法》第六十三条规定的偷税的构成条件(进行虚假纳税申报,导致不缴或者少缴应纳税款),根据《征管法》第五十二条第三款规定,"对偷税、抗税、骗税的,税务机关追征其未缴或者少缴的税款、滞纳金或者所骗取的税款,不受前款规定期限的限制",即应当可以无限期追征。因此,从会计角度,A 公司很可能尚不满足将该项应交税费予以转销的条件,应当仍然将该项应交税费作为负债确认,并按照税务规定及时申报缴纳,包括依照征管法及其实施细则的规定缴纳滞纳金,以及接受税务机关的处罚(如有)。

由于对此问题的性质界定属于税务专业问题,企业和注册会计师应当在必要时就此问题征求税务专家的专业意见,并在税务专家的专业意见的基础上形成会计处理方案。

如果有证据表明以前年度账务处理中对所得税的计提有错误而以前年度的纳税申报是正确的,即不存在应缴未缴税款,则会计上应按照《企业会计准则第 28 号——会计政策、会计估计变更和差错更正》的相关规定,作前期差错更正处理。

问题 2-3-5 同一控制下企业合并中与所支付的非货币对价相关的所得税问题

问题:

如下文"背景"所述,A 公司在同一控制下企业合并中作为对价的土地增值涉及的所得税应如何进行账务处理?

背景:

A 公司本年度内发生了一项同一控制下的重组事宜,即收购母公司控制下的 B 公司的 100%股权,B 公司净资产账面价值为 4 200 万元,评估值为 6 300 万元,股权收购对价为 A 公司持有的一块土地(土地评估价值为 4 500 万元,账面值为 1 700 万元,增值 2 800 万元)和现金 1 800 万元,现金已支付完毕,土地使用权变更手续尚在办理之中。

解答:

根据《企业会计准则第 20 号——企业合并》第八条规定,在同一控制下的企业合并中,"合并方为进行企业合并发生的各项直接相关费用,包括为进行企业合并而支付的审计费用、评估费用、法律服务费用等,应当于发生时计入当期损益。"

在同一控制下企业合并交易(暨资产置换,即以非货币性资产作为合并对价的全部或一部分的对价支付方式)中,由于转出资产是合并对价支付的一种方式,即换出资产和换入资产实质上是一并谈判达成、同时实施、互为条件的一揽子交易,因此应当作为一个整体进行会计处理。在这一过程中,转出资产涉及的处置环节相关税费,如所得税、营业税、土地增值税等,也应当视作《企业会计准则第 20 号——企业合并》第八条所指的"直接相关费用",即假定不发生此类同一控制下企业合并交易就不会发生的、可直接归属于该项特定交易的增量费用,因此应当计入发生当期的损益。其中:

1. 营业税、土地增值税等流转税,计入当期管理费用。

2. 换出资产的增值按所得税法的相关规定计算缴纳的企业所得税(换出资产按税法规定确认的处置所得×适用税率),与会计上就同一控制下企业合并确认的资本公积(通过企业合并获得的被合并方净资产账面价值份额与合并对价账面价值之差)在金额上没有联系,因此不属于"与直接计入权益的项目相关的当期所得税"。虽然《企业会计准则第 18 号——所得税》第二十一条规定:"企业当期所得税和递延所得税应当作为所得税费用或收益计入当期损益,但不包括下列情况产生的所得税:(一)企业合并。(二)直接在所有者权益中确认的交易或者事项。"但我们理解,此处所指的"企业合并中不计入当期损益的所得税"仅指企业合并中就所取得的被合并方可辨认资产和负债的初始计量金额和计税基础之间的差额确认的递延所得税,而不含就作为合并对价的非货币性资产的增值额计算确认的当期所得税,即此时的与换出资产在税法上应确认的处置收益相关的企业所得税应当计入当期所得税费用,而不是冲减资本公积。

问题 2-3-6 国产设备投资抵免所得税导致的退税是否需要追溯调整

问题:

对于以前年度获取的国产设备投资抵免,企业一直未确认递延所得税资产。是否应作为一项前期差错进行追溯重述?

背景:

A 公司(外商投资企业)以前年度购买国产设备投资抵免企业所得税的审批情况如下表。

以前年度购买国产设备投资抵免所得税情况表　　单位:元

项　目	2005 年	2006 年	2007 年	合　计
投资总额	222 222.22	16 896 958.12	13 692 819.35	30 811 999.69
免抵税率	40%	40%	40%	
免抵税额	88 888.89	6 758 783.25	5 477 127.74	12 324 799.88
批文	[2006]42 号	[2007]78/79/88 号	[2008]×号	

A 公司已于 2007 年 1 月 1 日起执行新企业会计准则,但以往年度对可就该项国产设备投资抵免优惠在未来抵减的所得税额,并未确认递延所得税

资产。

解答：

根据《企业会计准则第18号——所得税》第十五条规定："企业对于能够结转以后年度的可抵扣亏损和税款抵减，应当以很可能获得用来抵扣可抵扣亏损和税款抵减的未来应纳税所得额为限，确认相应的递延所得税资产。"

根据外商投资企业国产设备投资抵免企业所得税的有关规定，应由主管税务机关下达可享受的企业所得税抵免额度和抵免时限的批复文件，企业依据该等批复享受减免。在企业收到相关批复的年度，在满足递延所得税资产确认基本条件的前提下（即在批复规定的抵免年限内，预计可产生足够的应纳税所得额，以享受该抵免所带来的节税利益），企业即应比照《企业会计准则第18号——所得税》中关于确认与可弥补亏损相关的递延所得税资产的规定，确认相应的递延所得税资产。

如果在以前年度，A公司已经取得主管税务机关的抵免批文，且在谨慎预测的基础上，认为未来抵免期间内将有足够的应纳所得税额形成，则以前年度即应确认相关递延所得税资产。如果以前未确认的，则构成一项会计差错，按重要性原则确定是否需作追溯调整。

如果虽然在以前年度，A公司已经取得主管税务机关的抵免批文，但在谨慎预测的基础上，认为未来抵免期间内能否有足够的应纳所得税额形成存在较大不确定性的，则以前年度不符合递延所得税资产确认条件。如果2011年内由于行业形势变化等原因预计未来可获得足够的应纳税所得额，则应当作为会计估计变更，把就可在2012年及其以后各年度享受的抵免利益确认递延所得税资产的损益影响反映在2011年度的所得税费用中，而无需追溯调整以前年度。

关于会计估计变更和前期差错如何区分的相关技术指引，请参阅《计学撮要(2011)》第388~391页"会计估计变更和前期会计差错更正的区分"。

问题2-3-7　关联方内部未实现损益抵销影响是否确认递延所得税资产

问题：

关联方内部未实现损益抵销影响是否确认递延所得税资产？

背景：

A公司将其持有的某公司的1 166万股股份出售给母公司B公司，双方签订的转让价格15 158万元，交易方式通过上海联合产权交易所公开拍卖。股权转让工作已于2011年结束，A公司本年度确认投资收益为14 057.18万元。

A公司连续数年亏损，2011年年初的可抵扣的亏损达15 000万元，故上述交易或事项产生的投资收益由以前年度亏损进行抵扣，A公司不需缴纳企业所得税，另外由于以前年度连续亏损，根据谨慎性原则，A公司对可抵扣的亏损未确认递延所得税资产。

B公司在合并报表层面对上述关联交易产生的投资收益14 057.18万元与"长期股权投资——某公司"进行了抵销，同时在合并报表层面确认了递延所得税资产3 514万元,相应冲减"所得税费用——递延所得税费用"3 514万元。

解答:

在同时满足以下条件的情况下,在B公司合并报表层面就该项内部交易未实现损益的影响,按照B公司的适用税率确认递延所得税资产3 514万元是合理的:

1. 该项母子公司之间关联交易的作价(15 158万元)是公允的(例如参考了该公司股票的近期市价、大宗交易和产权交易所的成交价格等),不存在被税务机关进行特别纳税调整的风险。

2. B公司具有明确的在可预见的未来出售该股权的意图。

3. 预计未来出售该股权时,B公司个别报表层面可产生足够的应纳税所得额,以实现该3 514万元的节税效应。

如果符合上述全部条件,因而在B公司的合并报表层面就该项内部交易未实现损益的影响确认了递延所得税资产,相应抵减了本期的"所得税费用——递延所得税费用"的,可以理解为集团进行纳税筹划的成果,即该项集团内部资源转移根据税法规定导致增加了未来该项股权投资对外出售时可在税前扣除的计税基础,从而节约了与缴纳所得税相关的未来现金流出,所以符合确认为资产的条件。

基本原则是:在集团合并报表层面,就已抵销的内部交易未实现损益确认递延所得税时,应依据在该项内部交易中处于买方地位的法人(内部买方)在可预见的未来是否很可能将该项暂时性差异转回(通过资产处置、折旧或摊销、成本结转等),以及能否在可预见的未来产生足够的应纳税所得额,确定能否就该项内部交易未实现损益的抵销影响在合并财务报表层面确认递延所得税资产。并且,在计量递延所得税资产/负债时应使用在内部交易中处于买方地位的法人的适用税率。

关于在合并报表层面就内部交易未实现损益的抵销影响确认递延所得税资产/负债时的应注意事项,请参阅《计学撮要(2011)》第253~256页"集团合并报表层面与已抵销的内部交易未实现损益相关的递延所得税资产/负债的适用税率"。

问题2-3-8 同一控制下合并中所得税的确认

问题:

如下文"背景"资料所述,A公司对此次同一控制下企业合并中涉及的所得税如何进行处理?

背景:

A公司2011年度以其长期股权投资、固定资产、无形资产等,对B公司增资扩股,形成同一控制下企业合并,A公司已按同一控制下企业合并的原则进行账务处理。

由于A公司一直在委托税务师事务所在办理"特殊重组"的申报工作,故对所得税是按照该项重组将可适用"特殊重组"条款的假设进行处理的。

截至2011年12月31日,该"特殊性税务处理规定"适用性的申报工作仍然未取得确定结果。

解答：

1. 根据《企业重组业务企业所得税管理办法》(国家税务总局公告2010年第4号)第十六条规定："企业重组业务，符合《通知》(注：指财税[2009]59号《财政部、国家税务总局关于企业重组业务企业所得税处理若干问题的通知》，下同)规定条件并选择特殊性税务处理的，应按照《通知》第十一条规定进行备案；如企业重组各方需要税务机关确认，可以选择由重组主导方向主管税务机关提出申请，层报省税务机关给予确认"。因此该项税务处理属于备案类的事项。按照一般理解，对于备案类的税务事项，企业可以自行对照有关税务规定，谨慎估计是否满足适用条件。如果可以合理估计很可能满足的，则可以按适用该备案事项的处理方法进行会计处理和列报。但是如果涉及较为复杂的事项，自行估计较为困难的，则建议谨慎处理(在获取准予备案的告知书后再作处理)，或者咨询税务专业人士。

因此，原先企业作出的按照特殊性税务处理方法考虑其会计影响的处理，应当视为管理层作出的一项会计估计，即管理层根据具体情况和当时可获得的信息，认为很可能可以享受特殊性税务处理。2011年12月31日，管理层如果根据最新获取的信息(如重组的申请迟迟没有进展)认为很可能无法享受特殊性税务处理的，则由此导致对财务报表的影响应按未来适用法处理，不能追溯到以前年度，除非以前年度的估计和判断就当时可获得的信息而言就是明显不合理的。

2. 无论税务上是执行一般性税务处理还是特殊性税务处理，都不影响会计处理上采用权益结合法的基本原则。如果在2011年年末，管理层预计很可能不能享受特殊性税务处理，需按一般性税务处理进行2011年度汇算清缴的，则对计税基础(公允价值)和账面价值之间的暂时性差异是否确认递延所得税资产或负债(其中，资产如为评估增值的，则为递延所得税资产；反之，则为递延所得税负债)的问题，可以选择以下两种方法之一：

(1) 确认递延所得税资产或负债，递延所得税的确认金额作为对同一控制下合并中形成的资本公积的调整数。其理由是《企业会计准则第18号——所得税》第十三条规定的豁免确认递延所得税资产的情形不适用于企业合并。

(2) 不确认递延所得税资产或负债，其理由是：同一控制下企业合并的一项基本原则就是不能确认新的资产和负债，而且鉴于IFRS下并未讨论同一控制下企业合并的会计处理，因此可以合理推论《国际会计准则第12号——所得税》中所讨论的"企业合并"仅指《国际财务报告准则第3号——企业合并》所规范的非同一控制下企业合并。

问题2-3-9 与资产相关的政府补助是否确认递延所得税资产问题

问题：

如下文"背景"资料所述，A公司收到的与资产相关的政府补助是否确认递延所得税资产？

背景：

因2008年"5.12"大地震，根据国家税收优惠政策，A公司2008—2010年3年免交企业所得税。A公司2008、2009、2010年分别收到与资产相关的政府补助300万元、100万元、2 850万元，在收款当年已作纳税调整，增加应纳税所得额。由于在免税期，实际不需要缴纳所得税。这部分递延收益从2011年开始按10年分摊。

解答：

对于与资产相关的政府补助，一个基本原则是不能单独考虑递延收益是否确认递延所得税资产的问题，而是要把递延收益的余额从对应的资产账面价值中减去，得到调整后的资产账面价值，再以调整后资产账面价值与计税基础相比较，确定暂时性差异是否存在及其金额，并就其暂时性差异事项在符合《企业会计准则第18号——所得税》规定的递延所得税资产确认条件（可抵扣暂时性差异在可预见的未来很可能转回；预计转回时将可产生足够的应纳税所得额）的前提下确认递延所得税资产，确认递延所得税资产时所适用的税率是预计暂时性差异转回年度的实际执行税率。以下讨论均假设可以满足《企业会计准则第18号——所得税》所规定的确认递延所得税资产的一般条件。

在本案例中，需要判断按照财税〔2008〕151号和财税〔2009〕87号文（2011年度后为财税〔2011〕70号文）的规定，所涉及的与资产相关的政府补助是否属于不征税收入。①如果既不是免税收入也不是不征税收入，即属于常规的应税收入，则在以后年度，与该补助款对应的资产折旧、摊销等仍可税前扣除，即资产的计税基础仍为其原始成本，但调整后账面价值为原始成本减去递延收益余额，所以调整后账面价值小于计税基础，存在可抵扣暂时性差异。在满足确认递延所得税资产的一般条件的前提下，应当按照预计以后年度折旧期间的适用税率确认递延所得税资产。尽管2008—2010年3年内的适用税率为零，导致实际取得补助时并未纳税，但未来资产折旧时仍可享受到税收抵免利益，所享受的抵免利益金额等于以后年度所计提的与补助款对应的资产折旧部分乘以该折旧计提年度的实际适用税率。②如果属于不征税收入，则按照财税〔2009〕87号文（2011年度及以后年度为财税〔2011〕70号文）的规定，不征税收入形成资产价值对应的后续折旧、摊销额不得在以后年度税前扣除，即此时相关资产的计税基础与调整后账面价值相等，就没有递延税款影响。

问题2-3-10　职工教育经费是否可以计提递延所得税资产

问题：

"应付职工薪酬——职工教育经费"的余额是否可以计提递延所得税资产？

解答：

根据《企业会计准则第18号——所得税》第十三条的规定，"企业应当以很可能取得用来抵扣可抵扣暂时性差异的应纳税所得额为限，确认由可抵扣暂时性差异产生的递延所得税资产。但是,同时具有下列特征的交易中因资产或负债的初始确认所产生的递延所得税资产不予确认:(一)该项交易不是企业合并;(二)交易发生时既不影响会计利润也不影响应纳税所得额(或可抵扣亏损)。"

根据会计准则的上述规定,对于职工教育经费的递延所得税资产问题,应区分以下两种情况处理:

1. 对于因计提数超过使用数而形成的"应付职工薪酬——职工教育经费"科目贷方余额,由于未来没有明确的使用计划,也不构成会计意义上确认负债所需的"现时义务",因此不能确定该项暂时性差异的预计转回时间,也就无法合理预计转回时是否可能产生足够的应纳税所得额。所以,对于因计提数超过使用数而形成的职工教育经费余额不能确认递延所得税资产[比照《计学撮要(2011)》第260~261页关于专项储备余额能否确认递延所得税资产的讨论]。

2. 对于因某一年度内的使用数超过该年度的税前列支限额而形成的可结转以后年度扣除部分能否确认递延所得税资产的问题,应比照《计学撮要(2011)》第265~266页"可结转以后年度扣除的广告费、业务宣传费能否确认递延所得税资产"中的原则处理,即:对于截至本年度末,根据税法规定需结转以后年度扣除的累计超支职工教育经费,在确保同时满足以下条件的前提下,可就其所导致的暂时性差异影响确认递延所得税资产:

(1) 从企业未来的经营预算和战略等因素分析,并结合相关历史经验和行业惯例,有足够的证据表明企业本年度和以前相关年度的职工教育经费支出超过税前扣除限额是一个偶发情况,在可预见的未来不会成为常态。因而截至本年度末需结转以后年度税前扣除的职工教育经费实际支用数,预计在可预见的未来,将可利用以后年度的税前扣除额度获得税前扣除。

如果预计在可预见的未来,以后每一年度的职工教育经费都将超过各该年度的税前扣除限额,则超支部分将事实上无法获得税前扣除的机会,也就是该暂时性差异在可预见的未来将不能转回,此时不符合确认递延所得税资产的条件。

(2) 企业根据未来一段时间的职工教育经费支出预算,对截至本年度末为止的累计超支职工教育经费在以后哪一(或哪些)年度可获得税前扣除作出合理的预计,并预计在该等年度内将可产生足够的应纳税所得额。

其后的每个年度末,企业应当根据截至该年度末为止获得的最新信息和进展,对上述事项的估计予以重新评价,并在必要时作出修正。如果发现以前年度确认的递延所得税资产已不再符合上述确认条件的,应按《企业会计准则第28号——会计政策、会计估计变更和差错更正》的相关规定作出恰当的处理。

问题 2-3-11 非同一控制下企业合并中递延所得税的确认问题

问题:

非同一控制下企业合并被购买方可辨认净资产公允价值与其账面价值不

一致时,合并报表层面是否需要确认递延所得税?

背景:

A 公司 2011 年收购了一家全资子公司(非同一控制下企业合并、购买日为 2011 年 4 月 1 日),购买对价全部以货币资金支付(应税重组、已取得原股东方的完税证明),并进行了以财务报告为目的的资产评估,A 公司付出货币资金 10 000 万元(合并成本),合并中取得被购买方可辨认净资产公允价值 8 000 万元、被购买方可辨认净资产账面价值 7 000 万元。

解答:

假设该项交易是控股合并而不是吸收合并,即被购买方仍然保留独立法人和独立的企业所得税纳税人资格,则在购买方的合并报表中,应当就企业合并中取得的被购买方可辨认资产、负债的购买日公允价值与计税基础之间的差异确认递延所得税负债。

根据《企业所得税法》及其实施条例的规定,企业所得税的纳税人是法人,即企业所得税实际上是对法人的所得课征的税种。因此,税法上对于"企业合并"的界定是着眼于法人的合并、分立等架构变化,也就是基于法律的"企业合并"概念,包括新设合并和吸收合并等导致公司法人发生变化的事项。《财政部、国家税务总局关于企业重组业务企业所得税处理若干问题的通知》(财税[2009]59 号)第一条规定:"本通知所称企业重组,是指企业在日常经营活动以外发生的法律结构或经济结构重大改变的交易,包括企业法律形式改变、债务重组、股权收购、资产收购、合并、分立等。"其中,"股权收购,是指一家企业(以下称为收购企业)购买另一家企业(以下称为被收购企业)的股权,以实现对被收购企业控制的交易。收购企业支付对价的形式包括股权支付、非股权支付或两者的组合"。即会计上的"控股合并"概念在税法中被界定为"股权收购"。另外,财税[2009]59 号文第四条特别提到:在股权收购采用一般性税务处理规定下,"收购方取得股权或资产的计税基础应以公允价值为基础确定;被收购企业的相关所得税事项原则上保持不变"。

根据上述规定,虽然在非同一控制下的控股合并中,如果采用一般性税务处理,则母公司由此形成的长期股权投资的计税基础是以该项股权投资于购买日公允价值确定的,但是由于被购买方并不因此改变其企业所得税独立纳税人的地位,因此在所得税税务处理方面,其各项可辨认资产、负债的折旧、摊销、成本结转等,仍然以其原先的计税基础为依据计算确定,税法上并不认可在计算税前可扣除的折旧、摊销、处置所得或损失时以购买日公允价值为基础。根据《企业会计准则第 18 号——所得税》对资产、负债计税基础的定义:"资产的计税基础,是指企业收回资产账面价值过程中,计算应纳税所得额时按照税法规定可以自应税经济利益中抵扣的金额";"负债的计税基础,是指负债的账面价值减去未来期间计算应纳税所得额时按照税法规定可予抵扣的金额",也就是资产、负债的计税基础都需要以税法的规定为基础确定。鉴于企业所得税是法人税,所以同一资产或负债在其所属法人(子公司)的个别财务报表层面和该子公司所属合并集团的合并财务报表层面的计税基础应当是相同的,不会出现计税基础的差异。也就是说,在购买方合并报表层面,对被购买方的各项可辨认资产、负债以购买日公允价值为基础持续计算的金额计量;而在这些子公司进行纳税申报时,计税基础仍然以原先的取得成本等为基础确定,并不因为企业合并事项而改变。因此,这些可辨认资产、负债在购买方合并报表层面的账面价值与计税基础之间仍然存在差异,且该差异源于企业合并,因此,根据《企业会计准则第 18 号——所得税》第十二条和第十四条的规定,应于购买日应当确认相应的递延所得税资产或递延所得税负债,并调整商誉。即,只要是非同一控制下控股合并中取得的被购买方可辨认资产、负债的购买日公允价值不同于其以原始取得成本为基础确定的计税基础的,则无论该项股权收购按财税[2009]59 号文规定是采用一般性税务处理还是特殊性税务处理,都会由此在购买方合并报表层面产生账面价值与计税基础之间的暂时性差异,需要在购买方的合并财务报表层面确认递延所得税资产或负债,并相应调整商誉或者负商誉。

问题 2-3-12　与非同一控制下企业合并同时完成的分步交易合并确认递延所得税的问题

问题:

根据"背景"资料的信息,A 公司在合并报表中是否需要对 C 公司的各项可辨认资产、负债的购买日公允价值和计税基础之间的暂时性差异确认递延所得税?

背景:

A 公司通过非同一控制下企业合并取得了 B 公司的控制权,在合并之前,A 公司和 B 公司分别持有 C 公司 30%的股权,在各自的个别报表中对 C 公司的长期股权投资采用权益法核算。合并日后,A 公司自身及通过子公司 B 合计持有 C 公司 60%的表决权,能够对 C 公司实施控制。

解答:

从购买方 A 公司的合并报表层面考虑,在取得对被购买方 B 公司控制权的同时,也同时实现了对 C 公司的合并(通过分步交易实现)。因此,A 公司在编制合并财务报表时,应当通过对被购买方 B 公司所持 C 公司 30%股权公允价值的单独评估,将所支付的股权购买价款中相当于 C 公司 30%股权公允价值的金额作为在购买日增持 C 公司 30%股权的交易对价,对 C 公司按照《企业会计准则解释第 4 号》第三条关于分步交易实现非同一控制下企业合并的会计处理规定进行企业合并的处理,包括对购买方 A 公司原持有的 C 公司 30%股权按照购买日公允价值重新计量,并将重新计量的差额计入损益;再将增持 30%的成本和原持有 30%股权于购买日的公允价值之和作为购买日确认 60%股权的合并成本,按《企业会计准则第 20 号——企业合并》的相关规定进行非同一控制下企业合并的会计处理。因此,对 C 公司各项资产、负债应按其在购买日的公允价值纳入合并报表,并单独计算归属于 C 公司的商誉,并体现于合并报表中。对 C 公司的各项可辨认资产、负债的购买日公允价值和计税基础之间的暂时性差异,应按《企业会计准则第 18 号——所得税》相关规定确认递延所得税资产或负债,并作为合并财务报表中所确认的商誉或者负商誉的调整因素。

问题 2-3-13 对境外子公司实现的利润确认递延所得税的问题

问题:

根据"背景"部分的信息,未对可税前弥补的亏损确认递延所得税资产的公司是否可以对境外子公司实现的利润确认递延所得税负债,同时确认递延所得税资产?

背景:

A 公司的下属子公司在香港注册,其分回的利润需要补交企业所得税。A 公司存在较大金额的可抵扣亏损,因其未来的盈利能力不确定,无法判断未来是否能够取得足够的应纳税所得额,因此未对可抵扣亏损确认递延所得税资产。

解答:

根据《企业会计准则讲解》(2010)第十九章"所得税"(原书第 274 页):

除所得税准则中明确规定可不确认递延所得税负债的情况以外,企业对于所有的应纳税暂时性差异均应确认相关的递延所得税负债。可以不确认递延所得税情形如下:

(1) 商誉的初始确认。

(2) 除企业合并以外的其他交易或事项中,如果该项交易或事项发生时既不影响会计利润,也不影响应纳税所得额,则所产生的资产、负债的初始确认金额与其计税基础不同,形成应纳税暂时性差异的,交易或事项发生时不确认相应的递延所得税负债。

(3) 与子公司、联营企业、合营企业投资等相关的应纳税暂时性差异,一般应确认相关的递延所得税负债,但同时满足以下两个条件的除外:一是投资企业能够控制暂时性差异转回的时间;二是该暂时性差异在可预见的未来很可能不会转回。

同时,参考《计学撮要(2011)》第 256～259 页"所得税会计相关问题之 6:当存在应纳税暂时性差异时,是否应对未来可税前弥补的亏损确认递延所得税资产"中的结论(在已就应纳税暂时性差异确认递延所得税负债的前提下,该企业同时存在较大金额的可在未来一定年限内税前弥补的亏损,并且在未来的税前弥补期限内,预计将可有足够金额的上述第 1 问中所涉及的应纳税暂时性差异转回,则该企业总是需要确认与未来可税前弥补的亏损相关的递延所得税资产,相应贷记"所得税费用——递延所得税费用"科目),并按照"谨慎确认递延所得税资产,足额确认递延所得税负债"的要求:

(1) 对未来境外子公司将利润汇回国内时可能产生的纳税影响,应当在 A 公司及其更上层母公司的合并报表层面足额确认递延所得税负债(除非 A 公司能够利用其对该境外子公司股利政策的决定权,使该子公司在可预见的未来不会向母公司分配股利,因而该项应纳税暂时性差异在可预见的未来很可能不会转回)。会计处理为借记"所得税费用——递延所得税费用"科目,贷记"递延所得税负债"科目。

(2) 如果预计未来利润汇回时,A 公司仍然有较大的税务亏损,因而不会实际发生纳税义务的,则鉴于上述(1)所涉及的应纳税暂时性差异在未来转会时总是会形成未来的应纳税所得额,所以可以同时在上述(1)中所确认的递延所得税负债金额的限度内,确认递延所得税资产(表明有部分税务亏损可以得到利用),会计处理为借记"递延所得税资产"科目,贷记"所得税费用——递延所得税费用"科目。

(3) 在财务报表列报中,参考《企业会计准则讲解(2010)》第 285~286 页"所得税的列报"的规定:"同时满足下列条件时,企业应当将递延所得税资产及递延所得税负债以抵销后的净额列示。

1. 企业拥有以净额结算当期所得税资产及当期所得税负债的法定权利;

2. 递延所得税资产和递延所得税负债是与同一税收征管部门对同一纳税主体征收的所得税相关或者对不同的纳税主体相关,但在未来每一具有重要性的递延所得税资产和递延所得税负债转回的期间内,涉及的纳税主体体意图以净额结算当期所得税资产及当期所得税负债或是同时取得资产、清偿债务。"

由于上述递延所得税资产和递延所得税负债系针对同一纳税人和同一税务机关,并且未来利润汇回时形成的所得额将自动用于弥补税务亏损,即企业拥有以净额结算的法定权利,并且意图以净额结算(或者取得资产、清偿负债同时进行),因此递延所得税资产和递延所得税负债可以抵销后以净额列报。

问题 2-3-14 权益法核算的长期股权投资递延所得税负债的确认问题

问题:

权益法核算的长期股权投资账面价值和计税基础之间的差异是否确认递延所得税负债?

解答:

《企业会计准则第 18 号——所得税》第十二条规定:"企业与子公司、联营企业、合营企业投资等相关的应纳税暂时性差异,应当确认相关的递延所得税负债。但是,同时满足以下两个条件的除外:(一)投资企业能够控制暂时性差异转回的时间;(二)该暂时性差异在可预见的未来很可能不会转回。"

另外,《企业会计准则讲解(2010)》(原书第 275276 页)解释:"与子公司、联营企业、合营企业投资等相关的应纳税暂时性差异,一般应确认相关的递延所得税负债,但同时满足以下两个条件的除外:一是投资企业能够控制暂时性差异转回的时间;二是该暂时性差异在可预见的未来很可能不会转回。满足上述条件时,投资企业可以运用自身的影响力决定暂时性差异的转回,如果不希望其转回,则在可预见的未来该项暂时性差异即不会转回,从而对未来期间不会产生所得税影响,无须确认相应的递延所得税负债。

企业在运用上述条件不确认与联营企业、合营企业等投资相关的递延所得税负债时应有明确的证据表明其能够控制有关暂时性差异转回的时间。一般情况下,企业对联营企业的生产经营决策仅能够实施重大影响,并不能够主导被投资单位包括利润分配政策在内的主要生产经营决策的制定,满足所得税准则规定的能够控制暂时性差异转回时间的条件一般是通过与其他投资者签订协议等,达到能够控制被投资单位利润分配政策等情况下。

对于采用权益法核算的长期股权投资,其账面价值与计税基础产生的暂时性差异是否应确认相关的所得税影响,应考虑该项投资的持有意图。

(1) 如果企业拟长期持有该项投资,则因初始投资成本的调整产生的暂时性差异预计未来期间不会转回,对未来期间没有所得税影响;因确认投资损益产生的暂时性差异,如果在未来期间逐期分回现金股利或利润时免税,也不存在对未来期间的所得税影响;因确认应享有被投资单位其他权益的变动而产生的暂时性差异,在长期持有的情况下,对于采用权益法核算的长期股权投资账面价值与计税基础之间的差异一般不确认相关的所得税影响。

(2) 对于采用权益法核算的长期股权投资,如果投资企业改变持有意图拟对外出售的情况下,按照税法规定,企业在转让或者处置投资资产时,投资资产的成本准予扣除。在持有意图由长期持有转变为拟近期出售的情况下,因长期股权投资账面价值与计税基础不同产生的有关暂时性差异,均应确认相关的所得税影响。"

因此,是否确认与联营企业的投资相关的应纳税暂时性差异产生的递延所得税负债,需要确定企业对于相关差异在未来是否可预见能够转回,如果不能转回,可不确认相关负债。但应有明确的证据表明本企业能够控制有关暂时性差异的转回,其对于被投资单位利润分配政策具有控制能力(对于联营、合营企业的情形而言,预计这种情况出现的可能性较小)。并且,在需要确认递延所得税负债的情形下,该递延所得税负债的计量金额很可能并不是简单地将暂时性差异金额乘以投资方企业的适用税率,而是要根据税法规定测算从被投资企业分回利润时应补缴的税款金额,以此为依据确定递延所得税负债的计量金额。

由于在 2008 年起实施的新《企业所得税法》下,对于符合条件的居民企业之间的股息红利所得定为免税收入,但在股权转让时需将在被投资企业留存收益中所占的份额计入应纳税所得额[见《国家税务总局关于贯彻落实企业所得税法若干税收问题的通知》(国税函[2010]79 号)第三条],因此如果把在权益法核算的被投资企业的留存收益中所享有的份额通过股利分配的方式收回,则在收回时是不会产生纳税义务的,相应地,即使此时因为不能控制被投资单位的股利分配政策而不能控制相关应纳税暂时性差异的转回时间,也无需确认递延所得税负债。但是如果改变持有意图,拟将股权投资出售,则这部分留存收益份额将在未来实现处置时计入税法上的处置所得中,从而导致纳税义务。此时根据《企业会计准则第 18 号——所得税》第十二条的规定,尽管在本期末尚未实现处置,但因为已有明确的处置意图(且预计很可能在可预见的未来实现对该项股权投资的处置),预计未来该项暂时性差异转回时很可能形成应纳税所得额,所以这时就需要确认递延所得税负债(对应的借方科目为"所得税费用——递延所得税费用")。这时递延所得税负债的确认时间要早于实际确认税法上的处置所得和会计上的处置收益的时间。该项暂时性差异在处置所得确认的年度转回。

对于对权益法核算的被投资单位,取得投资时的投资成本小于占被投资单位可辨认净资产的相应公允价值份额的差额,按照会计准则规定确认为营业外收入,同时增加长期股权投资成本,导致长期股权投资的账面价值大于计税基础,产生应纳税暂时性差异。但根据现行税法规定,该项应纳税暂时性差异只有在后续处置该项股权投资时才能转回。因此,如果企业具有明确的将该项长期股权投资长期持有的意图,预计在可预见的未来不会处置,则无需就该项应纳税暂时性差异确认递延所得税负债。

第三章

长期股权投资和企业合并业务问答

第一节 股权转让损益确认和长期股权投资确认问题

问题 3-1-1 以土地使用权对联营企业投资的会计处理

问题：

基于下文"背景"资料所述，D 公司个别报表、B 公司合并报表中如何确认投资成本？500 万元的土地增值收益是否实现？

背景：

A 公司是国有独资公司，直接控股 B 公司和 C 公司，D 公司是 B 公司的全资子公司。

现 D 公司以自有土地（账面价值 454 万元，评估值 954 万元）作价 954 万元，及货币资金 869 万元投资 C 公司，占 C 公司 20% 的股份，能施加重大影响。

解答：

1. D 公司个别报表：因为 D 公司系以一项非货币性资产（土地使用权）换取另一项非货币性资产（对 C 公司的长期股权投资），且对被投资企业持股 20%，能对被投资企业 C 公司施加重大影响（但丧失了对所出资土地的控制权），鉴于股权投资和土地使用权在未来现金流量的金额、时间、风险程度上存在实质性差异，因此按照《企业会计准则第 7 号——非货币性资产交换》的有关规定，属于具有商业实质的非货币性资产交换，按照投出资产的公允价值作为长期股权投资的初始成本，并在营业外收入中确认该土地使用权的处置损益。

另外，由于系以非货币性资产投入到联营企业，联营企业以自身股权作为对价支付形式，相当于投资者与联营企业之间的顺流交易。因此，参照《企业会计准则讲解（2010）》第 43 页"（七）合营方向合营企业投出非货币性资产产生损益的处理"有关表述，应当在权益法核算时按比例抵销该 500 万元的增值收益的 20%，减少投资收益和长期股权投资，即实际净影响损益 400 万元（营业外收入——土地处置收益 500 万元，投资收益 −100 万元）。

2. D 公司合并报表：与 D 公司个别报表层面影响类似，区别是在 D 公司合并报表层面，需在上述个别报表层面分别抵减投资收益和长期股权投资处理的基础上，再补做一笔调整分录：借记营业外收入，贷记投资收益 100 万元[（954 −454）×20%]。在合并报表层面实际确认的营业外收入——土地处置收益为

400万元,即应归属于C公司的其他股东(除D公司以外)在C公司中所持股权比例的部分收益。

3. B公司个别报表:因其对D公司的长期股权投资在个别报表层面采用成本法核算,故该事项对B公司个别报表层面无影响。

4. B公司合并报表:因为D公司是B公司的全资子公司,因此B公司合并报表层面的处理原则与前述D公司合并报表层面的处理原则一致。

5. A公司合并报表:本案例中所涉及的各公司(B、C、D)均在A公司的合并报表范围内,即属于A公司可控制范围内的内部交易,对由A、B、C、D所构成的合并集团的对外财务状况、经营成果和现金流量不产生影响。因此,在A公司的合并报表层面,应完全抵销该项内部交易的影响,就如同该项内部投资交易没有发生过一样。

问题3-1-2 以开发的房地产对外投资的处理

问题:

以开发的房地产对外投资时如何进行账务处理?

背景:

A公司以其开发的一处房产与其他单位合资成立B公司,注册资本1 000万元,A公司占其50%的股权,房产评估价值527万元。B公司成立时股东确认投入房产527万元,500万元入实收资本,27万元入资本公积。问:A公司对该项投资如何进行账务处理?

解答:

本案例要区分两种不同背景讨论:①A公司可以控制B公司,即B公司是A公司的子公司;②A公司不能控制B公司,仅对其具有共同控制或者重大影响,即B公司是A公司的合营企业或者联营企业。

情形1:B公司是A公司的子公司

如果A公司能控制B公司,则由于B公司是新设公司,A公司并不是取得一项原有业务的控制权,因此不属于企业合并。按照《企业会计准则第2号——长期股权投资》第四条的规定,此时应按照该条第(四)项的规定,按照《企业会计准则第7号——非货币性资产交换》的相关规定确定初始投资成本。

对A公司而言,该项房产在出资前后均在其控制范围之内,其所有权上的主要风险和报酬并未转移到其控制范围以外,在该资产的未来用途、使用频率、使用方式等未发生重大变化的情况下,该资产未来产生现金流量的金额、时间和风险程度也不会有实质性的变化,因此,对照《企业会计准则第7号——非货币性资产交换》应用指南》中关于"商业实质"判断的相关指引,一般认为是属于一项没有商业实质的非货币性资产交换业务(以房产换取子公司股权),应当以该投出资产的原账面价值和投资环节发生的相关税费(企业所得税除外)之和,对所形成的长期股权投资进行初始计量。

当然,以非货币性资产投资设立子公司,也不是在所有情况下均不具有商业实质,例如:同时引入的少数股东在技术、市场、人力资源、管理经验等方面有显著优势,能够大大提升经营效率和盈利能力;将一项非上市资产采用定向增发方式投入下属的已上市子公司,以实现集团经营性资产的整体上市等(此时集团公司相当于以一项非上市的经营性资产换取了对上市公司的股权投资,而非上市经营性资产和上市公司股权相比,在估值方法和结果、价值波动性、流动性等方面均存在实质性差异),都可能导致未来经济利益的金额、时间和风险程度产生实质性的变化,从而可能具有商业实质。

情形 2:B 公司是 A 公司的合营企业或者联营企业

如果 B 公司不是 A 公司的子公司,而是合营企业或联营企业,则按《企业会计准则讲解(2010)》第 43 页第(七)项"合营方向合营企业投出非货币性资产产生损益的处理"中的表述处理,在权益法核算时需按比例抵销 A 公司和 B 公司之间顺销交易的部分未实现损益。

问题 3-1-3 投资成本的确定

问题:

投资单位对被投资单位进行溢价增资,被投资单位验资报告中未提及溢价部分的处理,投资单位如何确认投资成本?

背景:

2012 年 7 月,A 公司与自然人 1、自然人 2、自然人 3 及 B 公司签订了《增资协议》,约定 A 公司向 B 公司现金增资 500 万元(其中:7.89 万元作为注册资本,溢价 492.11 万元作为资本公积的投入),原股东自然人 1、自然人 2 及自然人 3 以现金 100 万元和其持有 C 公司经评估后的 100%股权进行增资;增资完成后 A 公司占 B 公司的股权比例为 2.63%。《增资协议》中同时约定:若 B 公司收入利润未达到承诺目标,A 公司可选择要求原股东收购其持有的股份[收购价格为 A 公司本次增资款额加上按 10%年利率计算的利息(不计复利)或 A 公司持有的标的公司对应净资产较高值]或者同意其可按约定的价款向 B 公司进行增资。

2012 年 9 月 4 日,A 公司先后四次向 B 公司汇入增资款 200 万元、200 万元、92.11 万元及 7.89 万元,共计 500 万元。

2012 年 12 月 13 日,B 公司对新增资本进行了验资,根据验资报告和 B 公司修订后的章程规定:B 公司注册资本由 200 万元变更为 207.89 万元,A 公司增资 7.89 万元,增资后占注册资本的 3.8%。B 公司于 2012 年 12 月 19 日办理了工商变更登记。修订后的章程和验资报告中均未提及 A 公司增资中的溢价部分 492.11 万元。

截至 2012 年 12 月 31 日,A 公司财务账上对 B 公司的长期股权投资成本为 500 万元。

解答:

参照中注协专家技术援助小组信息公告第八号(2004 年 2 月 19 日发布)第

六条"与'资本公积——资本溢价'有关的三个问题"中的相关表述:"根据企业出资者签署的与出资有关的协议或合同,如果出资者共同约定将某出资者超过其注册资本所占份额的部分作为所有者权益,则企业确认为'资本公积——资本溢价';如果出资者共同约定将某出资者超过其注册资本所占份额的部分作为负债,待一定期间需要偿还给出资者的,则应确认为对某出资者的负债,计入'其他应付款'。"

在本案例中,《增资协议》已经明确约定 A 公司及自然人增资款中的溢价部分作为资本公积投入 B 公司,我们理解该协议应当具有相应的法律效力。验资报告和公司章程中未提及溢价出资款的处理,不构成不能认可其为资本公积的恰当理由。尽管《增资协议》约定若标的公司没有完成预定经营业绩,A 公司可选择要求原股东收购 A 公司持有的全部标的公司股份[收购价格为 A 公司本次增资款额加上按 10%年利率计算的利息(不计复利)或 A 公司持有的标的公司对应净资产较高值],或者 A 公司可对标的公司进行增资,但其中并未约定 A 公司可直接要求标的公司回购该部分股权(包括溢价出资部分),相应的对赌风险由标的公司的原有股东(增资协议中的乙方)承担,因此不影响标的公司将该部分溢价出资确认为资本公积。

就 A 公司的账务处理而言,在标的公司业绩未达到对赌协议约定的条款时要求按约定价格由原股东回购股份或者对标的公司按约定价格增资的权利,属于一项衍生工具,理论上应按公允价值计量,列报为一项交易性金融资产;相应地长期股权投资的成本按照总出资额 500 万元减去该项交易性金融资产于增资日的公允价值后的差额确定。在实务中,如果该衍生工具的公允价值对 A 公司财务报表整体影响不重大的,也可简化处理,不单独确认该项衍生工具及其后续的公允价值变动。

问题 3-1-4 PE 对外投资的核算

问题:

PE 对外的投资在"长期股权投资"中核算是否合理?能否在可供出售金融资产中核算?如果在可供出售金融资产中核算,那么能否将双方认定的 PE 倍数(相当于上市公司的市盈率)作为确认公允价值的基础?如果不能,那么怎么确认公允价值?

解答:

根据《企业会计准则讲解(2010)》第三章第一节对《企业会计准则第 2 号——长期股权投资》适用范围的说明(见原书第 31 页):

长期股权投资准则规范的权益性投资不包括风险投资机构、共同基金以及类似主体(如投资连接保险产品)持有的、在初始确认时按照《企业会计准则第 22 号——金融工具确认和计量》的规定指定为以公允价值计量且其变动计入当期损益的金融资产或者分类为交易性金融资产的投资。风险投资机构、共同基金以及类似主体持有的、在初始确认时按照《企业会计准则第 22 号——金融工具确认和计量》的规定指定为以公允价值计量且其变动计入当期损益的金融资产或者划分为交易性金融资产的投资,即使符合持有待售条件,也应继续按《企业会计准则第22号——金融工具确认和计量》的规定核算。

通常情况下,采用金融资产会计模式的股权投资限于对被投资企业无控制、共同控制和重大影响,且在活跃市场有报价,公允价值能够可靠确定的股权性投资。对于私募基金而言,此处存在一个会计政策选择,可以选择在初始确认时将其指定为以公允价值计量且其变动计入当期损益的金融资产或者分类为交易性金融资产(需每期末估值),也可以将其按照长期股权投资准则进行核算。本案例中被投资单位为非上市公司,该项投资在活跃市场没有报价,此类投资可以作为"长期股权投资"核算,也可以按照上述规定作为金融资产核算,但一旦选定其中一种会计模式,即应一贯地运用于所有同类或类似交易。就目前的实务而言,应以作为长期股权投资核算更为常见。

问题3-1-5 以无形资产出资设立子公司及后续处置部分股权丧失控制权的处理

问题:

如下文"背景"资料所述,以无形资产出资设立子公司,后续处置部分该子公司股权导致丧失对其控制权,这两项交易分别如何进行账务处理?

背景:

A公司于2011年1月1日与B公司、C公司分别以技术和现金出资,设立D公司,D公司注册资本为1亿元。A公司技术出资(在A公司的原账面价值为零)按评估值4 000万元作价,占40%股权;B公司、C公司均以现金出资,各占30%股权。D公司董事会成员5名,A公司占3名,且A公司控制了D公司生产经营所需的关键技术,因此认定为A公司对D公司具有实质控制权。A公司作为出资的该项无形资产在D公司的摊销年限为10年。A公司在2011年度编制合并报表时,对其以非货币性资产评估增值后出资设立子公司的事项,合并抵销分录如下:

借:实收资本　　　　　　　　　　　　　　　　40 000 000
　　贷:无形资产　　　　　　　　　　　　　　36 000 000
　　　　管理费用　　　　　　　　　　　　　　 4 000 000

A公司于2012年转让10%股权给另两方股东(转让价款为1 000万元),A公司不再是第一大股东,在改选后的董事会中成员也不占多数,即A公司不再具有控制权。投资由成本法转为权益法核算。

针对上述事实背景信息,需要回答以下问题:

1. 2011年年末,A公司编制合并财务报表时,对该子公司的"归属母公司股东的权益"和"少数股东权益"金额应如何确定?

2. 2012年年内因处置部分股权导致丧失对D公司控制权,在A公司的个别报表和合并报表层面分别应如何处理?

解答:

1. 2011年年末合并报表层面对该子公司的"归属母公司股东的权益"和"少数股东权益"金额的确定问题。

假设在2011年内,除了该无形资产摊销导致的损益影响外,D公司无其他损益项目或其他综合收益性质的项目,即期末其个别报表层面净资产为9 600万元(各方出资额合计10 000万元－无形资产摊销400万元),则抵销该项无形资产影响后的调整后D公司净资产为6 000万元(与少数股东的货币出资额相等),按股权比例计算,归属母公司股东的净资产为2 400万元(40%),少数股东权益为3 600万元(60%)。少数股东缴付出资6 000万元,但在合并报表层面仅享有3 600万元的少数股东权益,其中的差额2 400万元作为少数股东向母公司的一项利益让渡,在合并报表层面体现为一项资本公积,在所有者权益变动表上列示方法为:"所有者投入资本——少数股东权益"6 000万元;"所有者权益内部结转——其他"资本公积2 400万元,少数股东权益－2 400万元。现金流量表上列报"子公司吸收少数股东投资收到的现金"6 000万元。

2. 2012年内的控制权丧失和核算方法转换。

(1) 个别报表层面。

A公司个别报表层面对该项长期股权投资在丧失控制权之前应采用成本法核算。由于以无形资产出资设立控股子公司,未改变其所控制的经济资源及其风险和报酬特征,该项无形资产在D公司设立前后都在A公司的控制范围内,所以从A公司的个别报表角度,属于一项不具有商业实质的非货币性资产交换交易,应按换出资产(技术类无形资产)的原账面价值为基础确定初始投资成本,即初始投资成本为零。相应地,A公司在处置10%股权时,应确认股权处置损益1 000万元(1 000－0)。

于丧失控制权之日,A公司应对剩余的30%股权须改用权益法核算并作追溯调整。对于原先认为不具有商业实质的以无形资产出资设立子公司事项,在丧失对子公司的控制权之后,相应丧失了对用作出资的无形资产的控制,因此可以确认与除了剩余的30%股权以外的其他70%股权对应的处置损益(《企业会计准则解释1号》第七条:需按比例抵销对应自身所持股权的内部交易未实现损益),即1 200万元(4 000×30%)。相应地,剩余30%股权转为权益法核算时的账面价值为1 800万元(3 000－1 200)(为简化起见,此处未考虑D公司个别报表层面对无形资产摊销的影响),而不是3 000万元。个别报表层面确认的投资收益为2 800万元(1 000＋1 800)。

(2) 合并报表层面。

按照《企业会计准则解释4号》第四条规定,假设D公司各项资产、负债的账面价值与公允价值相同,且无商誉因素,则合并报表层面确认的处置损益＝处置价款＋剩余30%股权公允价值－按原持股比例40%计算应享有原有子公司自购买日开始持续计算的净资产的份额＝1 000＋3 000－2 400＝1 600万元。

合并报表层面的年初资本公积2 400万元系权益性交易形成,后续处置该子公司时不再调整,始终保留于合并报表的资本公积中。

问题 3-1-6 以非货币性资产投资设立全资子公司时,非货币性资产评估增值的处理

问题:

以非货币性资产投资设立全资子公司时,非货币性资产评估增值如何处理?

背景:

A 公司在 2011 年投资新设了 B 公司,持股比例 100%。首次投资在 2011 年 6 月,以货币形式投入 1 000 万元并计入长期股权投资;第二次投资在 2011 年 12 月,以自有固定资产、土地的评估价值作价投资。

解答:

公司投资设立全资子公司,以及以非货币性资产作为出资对全资子公司增资,不改变母公司所能控制的经济资源及其风险和报酬特征,因此不符合《企业会计准则第 20 号——企业合并》及其应用指南和讲解对"企业合并"的定义,即"取得对业务的控制权",因而不属于企业合并,投资方个别报表层面的会计处理应适用《企业会计准则第 7 号——非货币性资产交换》,即以用作出资的非货币性资产(本案例中为自有的固定资产、土地使用权等)换取了一项长期股权投资。

对全资子公司的非货币性资产出资,应当认为是没有商业实质的非货币性资产交换,因为该项交易并不改变母公司所能控制的经济资源及其风险和报酬特征,即不会导致未来现金流量在金额、时间、风险程度方面发生实质性的变化。即使取得现金流量的方式从直接获取经营活动现金流量变为从子公司分回股利,但子公司分配现金股利的基础现金流量仍然是该项资产产生的,在相关资产的使用方式与原先出资之前相比未发生实质性变化的情况下,未来现金流量的金额、时间和风险程度不会产生实质性的变化。即使未来发生变化,导致该变化的事项与当前的出资设立子公司也没有必然的联系。

因此,根据《企业会计准则第 7 号——非货币性资产交换》第六条的规定,此时应当以投出资产的原账面价值和相关税费之和作为长期股权投资的初始成本,不确认损益或资本公积变动。

被投资企业接受非货币性资产出资,初始计量时仍可按评估值确认为实收资本和资本溢价。

编制合并报表时,母公司须抵销相关的增值部分以及与增值部分相对应的折旧、摊销等,使出资资产在母公司合并报表层面恢复到以其原先在母公司个别报表层面的账面价值为基础持续计算的金额(见《企业会计准则讲解 2010》第 581 页:"企业以非货币资产出资设立子公司或对子公司增资,在编制合并财务报表时,需要将该非货币资产调整恢复至原账面价值,并在此基础上持续编制合并财务报表")。

问题 3-1-7 以分公司净资产出资设立子公司的处理

问题：

A 公司以其分公司净资产出资设立 C 公司，C 公司对接受的资产是否可以以评估值入账？A 公司长期股权投资成本如何确认？投资成本与分公司账面净资产之间的差额部分应计入投资收益还是营业外收入？

背景：

A 公司与 B 研究院拟共同出资设立有限公司 C 公司，其中 A 公司以其 D 分公司净资产出资，出资比例 51%；B 研究院以货币资金出资，出资比例 49%。2011 年 11 月 30 日，D 分公司净资产的账面价值和评估结果如下表所示。

D 分公司净资产账面价值和评估结果

评估基准日：2011 年 11 月 30 日　　　　　　　　　　金额单位：人民币万元

项　目		账面价值 A	评估价值 B	增减值 C=B−A	增值率% D=C/A×100%
流动资产	1	21 054.04	21 292.56	238.51	1.13
非流动资产	2	45 102.58	58 176.18	13 073.60	28.99
其中:长期股权投资	3				
投资性房地产	4				
固定资产	5	32 313.57	28 988.45	−3 325.12	−10.29
在建工程	6				
无形资产	7	12 711.85	29 110.57	16 398.73	129.00
其中:土地使用权	8	544.77	3 229.07	2 684.30	492.74
其他非流动资产	9				
资产总计	10	66 156.62	79 468.74	13 312.12	20.12
流动负债	11	12 514.11	12 514.11		
非流动负债	12	400.00	400.00		
负债总计	13	12 914.11	12 914.11		
净资产	14	53 242.52	66 554.63	13 312.12	25.00

解答：

本问题应区分不同情形分别讨论：

1. 如果新公司是 A 公司的子公司。

（1）新公司个别报表层面的处理。

新公司取得 D 分公司的净资产，且这部分资产、负债构成《企业会计准则第 20 号——企业合并》及其应用指南、讲解所指的"业务"，因此构成一项同一控制下的企业合并。新公司对取得 D 分公司的各项资产、负债按照原账面价值入账,按协议、章程约定的新公司注册资本金额贷记"实收资本"科目,差额调整"资本公积"科目。

如果 A 公司以 D 分公司净资产出资,享有新公司的实收资本份额超过了 D 分公司净资产账面价值,则为了避免资本公积出现负数,也可接受在新公司个别报表层面按评估值对原 D 分公司各项资产、负债进行初始计量,但在 A 公司编制合并报表时,须把资产、负债的评估增值冲回,恢复到以原账面价值为基础持续计算的金额[见《企业会计准则讲解(2010)》第 581 页]。

(2) A 公司个别报表层面的处理。

用作出资的 D 分公司净资产在交易前后都在 A 公司的合并报表范围内(均受到 A 公司控制),且所引入的少数股东系以货币出资,即这部分净资产的风险和报酬特征并未发生变化。因此,多数可能是认为该交易属于一项不具有商业实质的非货币性资产交换(以非货币财产换取一项对子公司的股权投资)。根据《企业会计准则第 7 号——非货币性资产交换》的规定,不具有商业实质的非货币性资产交换,换入资产应当以换出资产的原账面价值和相关税费之和计量,不确认损益。

如果投资协议约定少数股东须为新公司投入新技术、提供技术支持等,从而实质性地提升新公司的盈利能力,并且为此签订了有约束力的协议,规定了明确的时间表,则也可以认为该交易是具有商业实质的非货币性资产交换。此时,A 公司对该新公司的长期股权投资应按投出资产的公允价值作为投资成本;投出资产的公允价值大于账面价值的差额应确认为营业外收入(资产处置损益)。

2. 如果新公司是 A 公司的合营企业或联营企业。

(1) 新公司个别报表层面的处理。

A 公司并非新公司的母公司,即新公司并非与 A 公司处于同一控制下。因此,新公司取得 D 分公司的净资产,应作为一项非同一控制下的企业合并。新公司对 A 公司投入的 D 公司各项资产、负债应按公允价值计量,按协议、章程约定的新公司注册资本金额贷记"实收资本"科目,差额贷记"资本公积"科目。

(2) A 公司个别报表和合并报表层面的处理。

由于新公司是 A 公司的合营企业或联营企业,即 A 公司丧失了对用作出资的 D 分公司净资产的控制权,应按照资产处置进行处理,将 D 分公司净资产的公允价值和账面价值之间的差额确认为资产处置损益,计入营业外收入。同时,还应按照《企业会计准则讲解(2010)》第 43 页"合营方向合营企业投出非货币性资产产生损益的处理"的要求,抵销该处置损益中与本公司持股比例(51%)相对应的部分,实质上仅确认与其他股东持股比例(49%)相对应的处置损益。

问题 3-1-8 股权转让后受让方以股权增资的会计处理和合并报表编制

问题:

如下文"背景"资料所述,B 公司股权增资合并报表视为非同一控制下收购还是视为反向收购?

背景：

A公司通过招拍挂以13 500万元货币资金从某国有资本营运集团有限公司受让B公司（国有独资有限责任公司）50.1％股权，2012年9月30日股权转让完成工商变更手续。同时A公司以其持有的C公司99％股权和D公司58％股权（以2012年9月30日为评估基准日）对B公司进行增资（于2012年11月30日完成），增资后A公司持有B公司比例达68％。

B公司股权转让前后股权结构图如下。

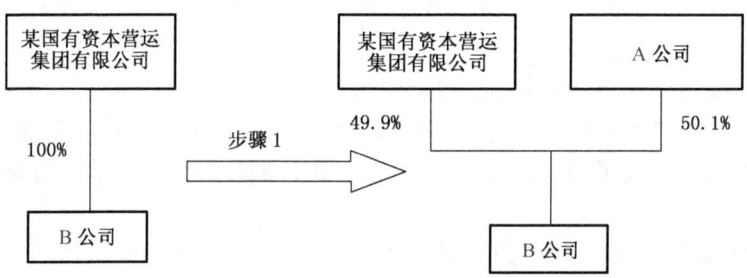

B公司增资前后股权结构图如下：

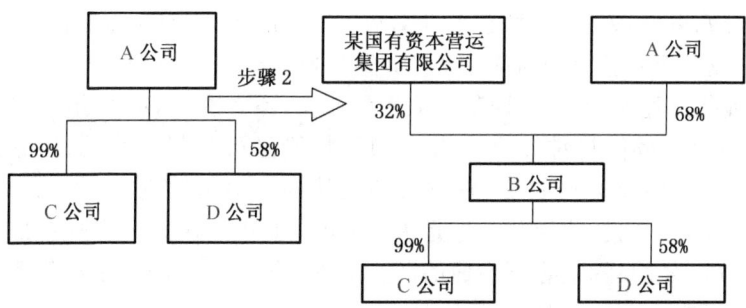

解答：

本案例判断的关键在于明确以下两点：

1. 此处涉及的两个交易步骤是否存在关联，是否属于作为一个整体谈判达成、互为前提和条件、旨在实现一个整体经济目标的一揽子交易；

2. 如果两个交易步骤不是一揽子交易，则在第一步骤完成后到第二步骤完成前的2个月期间内，A公司能否凭借其对B公司的50.1％持股控制B公司？

具体区分为以下情况讨论：

1. 如果有证据表明此处涉及的两个交易步骤存在关联，属于作为一个整体谈判达成、互为前提和条件、旨在实现一个整体经济目标的一揽子交易，即这两个步骤整体上应作为一揽子交易进行会计处理（都是为了实现控制权所必需的条件）。此时，通过该一揽子交易，A公司取得了对B公司的控制权（股权比例为68％），对A公司而言，合并对价包括两部分：一是现金13 500万元，二是用作增资的C公司和D公司的部分权益。此时B公司取得C公司和D公司控股股权的交易作为整体一揽子交易的组成部分，法律上的购买方与会计上的购买方恰好颠倒（法律上的购买方B公司为会计上的被购买方），因而B公司的合并报表应以反向购买为基础编制。

判断上述两个步骤是否存在关联,主要参考《国际会计准则第 27 号——合并和单独财务报表(2008 年修订)》第 33 段以及《企业会计准则解释第 5 号》第五条的相关规定。根据前述准则规定,当存在以下因素中的一项或多项时,可能表明应当把该多项交易看作一个整体进行会计处理:

(1) 该两项或多项交易是否同时谈判达成或计划,是否互为前提(例如,一项交易必须依赖于至少一项其他交易);

(2) 该两项或多项交易是否用以实现一项整体经济利益,本质上是同一项交易的两个或多个组成部分;

(3) 该两项或多项交易单独看是否均不具有经济实质,而只有作为一个整体来看时才是具有经济实质的。(例如,其中一项交易的作价低于市场价格,但该低价交易的损失可通过以后另一项或几项交易的作价高于市场价格而得到弥补)

具体而言,在本案例中判断是否属于一揽子交易,主要是看这两个交易步骤是否在同一个框架协议中明确约定的,在第一步骤实施之前是否已经对第二步骤中用作增资的股权及其评估值、增加的股本金额和股权比例等具体问题均已达成一致,并以该一揽子协议的生效作为启动第一步骤的前提;相关协议中是否明确这两个步骤互为前提和条件,不可分割。

2. 如果上述两个交易步骤之间互相独立,不存在关联,且第一步骤实施完毕后,A 公司凭借其对 B 公司的 50.1% 持股已可控制 B 公司,后续的增资是在 A 公司主导下达成的交易安排,则应认为对 B 公司而言,第二步骤构成一项同一控制下的企业合并。这是因为:第二步骤是在第一步骤完成后的最终控制方(A 公司)的主导下完成的,是 A 公司控制范围内的资产重组。不能仅仅因为第二步骤发生时 A 公司对 B 公司的控制不足 1 年就认为这是一项非同一控制下的企业合并,对这一判断的原因解释请参阅本书中关于"控制非暂时性"的理解和判断的相关内容(但是,需要注意:尽管这整体上是同一控制下的企业合并,但因为合并方 B 公司和被合并方 C 公司、D 公司并未从最早报告期期初开始即同受目前的最终控制方 A 公司控制,因此在编制合并报表时,将 C 公司和 D 公司纳入 B 公司合并报表的期间仅限于 2012 年 9 月 30 日之后的期间)。

在该种情况下,对于 A 公司而言,第二步骤是在其控制范围内进行的交易,所涉及的 B、C、D 公司均为其子公司,故在编制 A 公司的合并财务报表时,应将其影响予以抵销,即第二步骤的发生与否,对于该交易时点上的 A 公司合并财务报表不产生影响。

3. 如果上述两个交易步骤之间互相独立,不存在关联,且第一步骤实施完毕后,A 公司凭借其对 B 公司的 50.1% 持股尚不可控制 B 公司,需到第二步骤实施完毕后(持股比例达到 68%)才能控制 B 公司,则该交易对于 A 公司而言属于一项通过分步购买实现的非同一控制下企业合并。对于 B 公司合并报表层面而言,通过第二步骤取得 C 公司和 D 公司的控股股权构成一项非同一控下的企业合并,但B公司自身的控制权在第二步骤中也发生了转移,即转移给被购买方(C公司和D公司)的控股股东——A公司,第二步骤完成后,B公司变为由被购买方的控股股东控制,因此也构成一项反向购买,此时B公司的合并报表应采用与第1种情况类似的反向购买基础编制。

问题3-1-9 股权收购中的或有对价问题

问题:

A公司通过增资的形式取得一家公司B的股权(权益法核算),签订的增资协议中明确约定,B公司在收到增资款时必须在合理的时间内购买另一家C公司100%的股权,如果B公司未能在约定的时间内完成对C公司的收购,那么本次增资将不成立。A公司在计算被投资单位B公司的净资产时,是应该以B公司在增资时点的净资产(实际数)作为计算基础,还是应该以B公司模拟合并C公司之后的净资产作为计算基础?

解答:

根据上述"问题"中的资料"如果B公司未能在约定的时间内完成对C公司的收购,那么本次增资将不成立",需要分析B公司在约定时间内完成对C公司收购的可能性,如果很可能完成收购,则可以在A公司本次出资符合长期股权投资的一般确认条件时确认长期股权投资。在此种情况下,①如果本次投资不构成同一控制下企业合并,则根据《企业会计准则第2号——长期股权投资》第四条以及《企业会计准则第20号——企业合并》第十一条的相关规定按投资金额作为长期股权的初始确认成本,不受B公司净资产价值影响;②如果本次投资构成同一控制下企业合并,则A公司应以B公司合并报表所示的归属其母公司股东的净资产账面价值份额(包括本次A公司的增资金额在内,但因为截至合并日,B公司尚未按约定取得C公司的100%股权,所以不应考虑取得对C公司的控制权之后对B公司净资产额的影响)和合并日的持股比例计算长期股权投资的入账价值。如果B公司在约定时间内完成对C公司收购的可能性较小,则不应该确认为长期股权投资,暂确认为其他非流动资产,待确认长期股权投资的条件实现时再确认为长期股权投资。

问题3-1-10 收购联营公司股权同时授予使用商标事宜的会计处理

问题:

收购联营公司股权同时授予其使用商标时如何确认长期股权投资?

背景:

A公司收购了B公司20%的股权。协议中规定交割日为2011年11月30日。本次股权收购对价为1万元,条件是A公司必须将其商标的使用权授予B公司。

解答：

1. A公司确认长期股权投资的时点应当是实际开始就该20%股权享有股东权利和承担股东义务的时点，具体可以比照《〈企业会计准则第20号——企业合并〉应用指南》规定的购买日五项条件确定。基准日的财务状况是定价的依据，但在基准日，A公司尚未取得对应的表决权和分红权，所以在基准日不能确认长期股权投资，只有在交割日才应当确认长期股权投资。

2. 从该交易的情况看，实际上是股权收购和商标使用许可两项交易的组合，相当于A公司在以1万元名义价格受让标的企业股权的同时，授予标的企业一项商标使用权（不另外收取对价，实质上是以商标使用权对标的企业作出资本性投入）。

如果B公司原先的控股股东在交易后仍然是控股股东，并未退出，A公司依据其所持有的20%股权可对B公司施加重大影响，故以权益法核算其对B公司的长期股权投资，则：

(1) 标的企业(B公司)应按照该项商标使用权的公允价值确认一项无形资产，同时贷记资本公积。

(2) A公司在取得股权之日对其进行权益法核算时，应当同时确认一项授予商标使用许可的交易。收入确认原则按照《国际会计准则第18号——收入》附录[参考《计学撮要(2011)》第134页"特许权费"和第146、147页相关说明]确认。

即账务处理为：

借：长期股权投资[(A企业2011年11月30日可辨认净资产公允价值
　　　　　　　　＋商标使用权的公允价值)×20%]
　　贷：银行存款　　　　　　　　　　　　　　　　　　　　　10 000
　　　　其他业务收入/预收账款(按商标使用权的公允价值)
　　　　营业外收入(差额，即类似于负商誉性质的差额)

后续期间内，对于上述会计分录中确认为"预收账款"的款项，A公司应按照《企业会计准则第14号——收入》及其应用指南关于特许权费收入确认的相关规定，采用系统、合理的方式将其确认为收入。

按照上述方法，应可充分体现交易的实质，同时减少不当确认的负商誉性质的营业外收入的金额。

在编制合并报表时，应按《企业会计准则讲解(2010)》第43页第(七)项的规定，按照股权比例(20%)抵销所确认的尚未实现的商标使用权许可收入。

问题3-1-11　收购少数股东代持股份的处理

问题：

收购少数股东代持股份如何进行账务处理？

背景：

A公司注册资本为人民币1 300万元。截至2011年12月31日，A公司工商登记的股权结构为 B 公司持有 75% 股权,C 公司持有 25% 股权。A 公司账面实收资本记载股权结构与法律形式一致。

C 公司实际出资额为 0,账面未记录持有 A 公司股权(长期股权投资或其他权益工具),C 公司是 A 公司的名义股东。C 公司曾出具声明,放弃其作为股东的权利及义务。历史上 B 公司履行了全部出资责任,一直按 100% 合并 A 公司财务报表。

B 公司现拟通过市场竞价程序收购 C 公司所持 A 公司 25% 股权,其后,C 公司将收到的对价款归还 B 公司。

解答:

股权交易双方结算对价款时,通过往来处理。

B 公司向 C 公司支付对价款时计入"其他应收款",C 公司收到对价款时计入"其他应付款";随后,C 公司将对价款支付给 B 公司时,冲减"其他应付款",B 公司收到对价款时,冲减"其他应收款"。

结论基础:

按照《企业会计准则——基本准则》第十六条以及证监会公告[2011]41 号等监管规定要求,企业在会计核算上应贯彻实质重于形式原则,合理确定交易的经济实质及相关会计处理原则,应根据对有关交易的经济实质进行分析确定相关的会计处理政策。在年报编制过程中,公司应合理分析盈利模式和交易方式创新对交易经济实质的影响,在此基础上确定会计政策,特别应关注债权与股权的划分、实质上风险的转移与形式上追溯权的关系等,按照最能够反映有关交易经济实质的方式进行会计处理。

"实质重于形式"是一项适用于所有交易和事项会计处理的基本原则,该原则要求:当交易和事项的法律形式与经济实质不一致时,应当以经济实质作为确定会计处理方法的依据。在对交易和事项的经济实质的分析过程中,风险和报酬的实质转移和承担情况往往成为重要的考虑因素。

上述股权交易,由于 C 公司未实际履行出资义务,其账面未记录持有 A 公司股权(长期股权投资或其他权益工具),仅仅是 A 公司的名义股东,并且 C 公司曾出具声明,放弃其作为股东的权利及义务,即不承担其在法律上名义拥有的股权对应的剩余风险和报酬,因此在会计上原先即不应确认一项对 A 公司的长期股权投资。B 公司从 C 公司收购股权并向其支付对价款,是为了迎合股权交易的法律形式,不具有业务实质,A 公司的 25% 股权的风险和报酬没有发生转移;同时在交易完成后,后续 C 公司又需要将收到的对价款归还 B 公司,使得实质上恢复到交易发生前的状态,双方所控制的经济资源及其风险和报酬特征在交易前后均未因此发生变化。所以,对价款交割时,双方应做挂往来处理,对损益或者权益无影响。

问题 3-1-12 由被投资企业的控股股东承诺给予保底收益和保底转让价款的长期投资

问题:

股东应如何核算由被投资企业的控股股东承诺给予保底收益和保底转让价款的长期股权投资？

背景:

A公司原有甲公司、乙公司两股东，持股比例分别为70%和30%，其财务、经营政策系由甲公司控制。2011年，丙公司与乙公司签署协议，以7 000万元价格收购乙公司持有的30%股权；同时甲公司与丙公司签署协议约定："甲公司作为A公司的控股股东，确保丙公司所持A公司30%股权的年现金分红不低于1 400万元，保证期从2011年度开始计算为5年，2016年开始取消保证期。若当年A公司利润无法实现分红，则甲公司以现金方式向丙公司补足。保证期满后，丙公司可以转让其所持的A公司30%股权，若价格低于2 000万元，则甲公司保证以2 000万元价格收购。A公司设董事会，共7名成员，其中丙公司派出2名董事。在其他财务、经营决策的控制方面无特殊约定。"

丙公司与甲公司、乙公司之间无关联方关系。

解答:

对于丙公司而言，其在整个交易过程中有保证的现金流量包括2011—2015年每年的保底收益1 400万元，以及保证期满后的股权转让价款2 000万元（该笔现金流量何时发生由丙公司决定）。因此，该条款对丙公司提供了较高的保证程度，使得丙公司实际上并未承担A公司扣除负债后的剩余净资产上的剩余风险和报酬（至少承担的程度较低）。因此，对于丙公司而言，该项投资兼有债权性投资和权益性投资的双重属性，属于一项混合金融工具，应按照《企业会计准则第37号——金融工具列报》及其应用指南和讲解中关于混合金融工具分拆的相关规定，进行分拆核算。

1. 计算该7 000万元的投资成本中债权部分和权益部分各自的价值。具体计算方法是先确定债权部分的折现值，再从7 000万元的总价款中扣除债权部分的折现值后，得到权益投资部分的价值。在本案例中，前5年每年1 400万元现金流量的发生金额和时间都是确定的；尽管最后的2 000万元保底转让价款的现金流量何时发生不确定，但该笔现金流量的发生时间完全由丙公司自主决定，所以可以从对丙公司最有利的角度（基于"理性经济人"假设），假设该笔现金流量将在2016年年初发生。对这些有保证的现金流量按照A公司从银行获取的同等条件下的5年期贷款利率折现，确定投出时债权投资部分的现值。从7 000万元的总价中扣减债权投资部分的现值后，得到权益部分的价值。

2. 对于债权部分，确认为一项贷款和应收款类的金融资产（长期应收款），在保证期内按实际利率法确认各年度的利息收入。实际利率等于上述第1条中的折现率。后续每年收到的分红款如果超过保底的1 400万元，则超过部分冲减按权益法核算的权益投资部分（见下面第3条）的账面价值。

3. 对于权益投资部分，按上述1中的方法确定投资成本后，即按照《企业会计准则第2号——长期股权投资》中关于权益法后续计量的规定，对其按权益法进行后续核算（前提是丙公司对A公司确实具有重大影响，而不是单纯的资

金提供者)。但此处的权益法核算有一定的特殊性,表现在:

(1) 在计算该项权益性投资于初始投资时和后续各年末所对应享有的 A 公司净资产份额时,应从中扣除已计入前述债权部分现金流量的有保证的最低股权转让款 2 000 万元。即,5 年保证期满后如果丙公司没有立即转让其所持 A 公司股权的,则丙公司账面上将有一项对甲公司的应收款 2 000 万元,相应地,权益法核算中在 A 公司的净资产中所享有的份额也减少 2 000 万元。

(2) 在计算该项权益性投资所对应享有的 A 公司净利润份额时,应从中扣减前 5 年每年从 A 公司收到的分红款(最高不超过 1 400 万元)。该金额既不计入权益法下的投资收益,也不计入权益法下收到的股利,而是在计算前述债权投资部分的利息收益和现金流量时纳入考虑。

问题 3-1-13 股权比例确定前收到出资款的会计处理问题

问题:

1. 新投资者按指定的金额先行向企业投入资金,其后根据对企业净资产的评估结果为基础确定新的投资者在企业中所享有的股权比例,在此情况下,企业在已收到出资款但股权比例尚未确定时,应如何进行会计处理?

2. 如果上述问题 1 中的出资款在已出资但股权比例未定的情况下应列报为负债,则两家企业互相进行此类投资时,双方互相确认的往来款项能否抵销后在各自财务报表上按净额列报?

背景:

2012 年内,两家国有企业 A、B 在政府部门的主导下签署了战略合作和互相增资扩股协议,协议中约定 A、B 两家企业首先互相投出资金各 1 亿元,其后再根据对两家企业净资产的评估结果为基础确定两家企业在对方所享有的股权比例,并办理相关的验资手续。新增出资所对应的注册资本数额以企业增资扩股前净资产的评估结果为基础确定,并考虑评估基准日至实际出资日的期间损益及其他净资产变动影响。虽然出资款已在 2012 年内互相缴付,且出资后至完成工商变更登记前,两企业均不得抽回投资,但新增出资所对应的股权比例预计需到 2013 年才能确定下来。

解答:

本案例中所述的两家企业,在已收到对方交付的出资款,但未明确股权比例且新增的出资款尚未享有股东权利的情况下,应当将实际收到的对方出资款互相确认为负债处理,即双方的会计处理是互挂往来,但同时确认的应收、应付款项不能互相抵销。

结论基础:

1. 关于互相收到的对方出资款应确认为负债还是股东权益。

《企业会计准则第 22 号——金融工具确认和计量》第五十八条规定:"权益工具,是指能证明拥有某个企业在扣除所有负债后的资产中的剩余权益的合同。"

根据《企业会计准则解释第1号》第四条规定：

四、企业发行的金融工具应当在满足何种条件时确认为权益工具？

答：企业将发行的金融工具确认为权益性工具，应当同时满足下列条件：

（一）该金融工具应当不包括交付现金或其他金融资产给其他单位，或在潜在不利条件下与其他单位交换金融资产或金融负债的合同义务。

（二）该金融工具须用或可用发行方自身权益工具进行结算的，如为非衍生工具，该金融工具应当不包括交付非固定数量的发行方自身权益工具进行结算的合同义务；如为衍生工具，该金融工具只能通过交付固定数量的发行方自身权益工具换取固定数额的现金或其他金融资产进行结算。其中，所指的发行方自身权益工具不包括本身通过收取或交付企业自身权益工具进行结算的合同。

在本案例中，虽然双方的出资款已经互相交付，但是股权比例尚未确定，也不能就新增的出资享有股东权利，而是"新增出资所对应的注册资本数额以企业增资扩股前净资产的评估结果为基础确定，并考虑评估基准日至实际出资日的期间损益及其他净资产变动影响。但新增出资所对应的股权比例预计需到2013年才能确定下来"，因此，截至2012年年底，该出资额并不代表在对方扣除负债的净资产中享有的剩余权益（即，并未在对方的净资产中享有相应收益和承担相应风险），因而不符合《企业会计准则第22号——金融工具确认和计量》第五十八条对"权益工具"的定义。在股权比例确定之前，双方实质上互相负有金额确定的债务，该项债务在股权比例确定、完成增资扩股的手续之后才转为权益。

另外，对照《企业会计准则解释第1号》第四条规定的确认权益工具需同时满足的两项条件，其中条件（一）是可以满足的，即因为"出资后至完成工商变更登记前，两企业均不得抽回投资"，因此不存在"交付现金或其他金融资产给其他单位，或在潜在不利条件下与其他单位交换金融资产或金融负债的合同义务"；但条件（二）不满足，因为在股权比例尚未确定的情况下，将用于结算该项金融工具的自身权益工具的数量是不固定的，即不满足"如为非衍生工具，该金融工具应当不包括交付非固定数量的发行方自身权益工具进行结算的合同义务"的条件，因此，在股权比例确定之前，双方均应将已收到的对方出资款确认为负债。

2. 关于金融资产/金融负债能否抵销后以净额列报。

根据《企业会计准则第37号——金融工具列报》第十三条规定："金融资产和金融负债应当在资产负债表内分别列示，不得相互抵销。但是，同时满足下列条件的，应当以相互抵销后的净额在资产负债表内列示：（一）企业具有抵销已确认金额的法定权利，且该种法定权利现在是可执行的；（二）企业计划以净额结算，或同时变现该金融资产和清偿该金融负债。"

在本案例中，由于"出资后至完成工商变更登记前，两企业均不得抽回投资"，因此双方并不存在抵销已确认金额的法定权利，也不打算以净额结算双方之间的该项往来关系。因此，双方在各自的资产负债表中，均应把投给对方的投资款列报为一项"其他非流动资产"(或长期应收款),同时将接受对方的投资款列报为一项"其他非流动负债",而不能将两者抵销后以净额列报。

综合上述分析,本案例中,在两企业互相出资 1 亿元后,股权比例尚未明确之前,双方均应作出如下会计处理(此处以 A 企业的会计处理为例):

(1) 反映本企业对 B 企业的出资:

借:其他非流动资产　　　　　　　　　　　　　　100 000 000
　　贷:银行存款　　　　　　　　　　　　　　　　　　100 000 000

(2) 反映本企业接受 B 企业的出资:

借:银行存款　　　　　　　　　　　　　　　　　100 000 000
　　贷:其他非流动负债　　　　　　　　　　　　　　　100 000 000

上述会计处理,对 A 企业期末资产负债表的影响就是使资产、负债各增加 1 亿元。除非 A 企业原先资产负债率已超过 100%,否则该项会计处理将导致 A 企业资产负债率的进一步上升而不是降低。

问题 3-1-14 长期股权投资与可供出售金融资产的分类

问题:

如下文"背景"资料所述,A 公司是否需要合并其投资的该有限合伙企业?如何核算该项投资?

背景:

2012 年,A 公司、B 公司和 C 公司合资成立了 D 企业(有限合伙),其中 A 公司所占比例为 55.5%。该合伙企业中仅 B 公司为普通合伙人,A、C 公司为有限合伙人。该合伙企业计划 2013 年继续募集资金,最终按合伙协议的出资要求达到合伙企业出资总额达到 10 亿元人民币,到时 A 公司的出资比例由现在的 55.5%降低到占全体合伙人总认缴出资额的 16.6%。该合伙企业投资目的是江苏一个房地产项目,今年仅购得土地使用权,尚未开工,待明年正式建设。A 公司投资该合伙企业的目的为了使利用基金杠杆撬动融资所投资项目的目的,并非想控股该合伙企业。

根据合伙协议,该合伙企业的实质性财务、经营决策权力均掌握在投资决策委员会手中。以下为《合伙协议》摘录:

"第 27.2 条　投资决策委员会由 5 名委员组成,其中 A 公司有权提名 2 名委员,占 2/5。

第 27.5 条　投资决策委员会的投资决策,除 27.1.8、27.1.9、27.1.10 条所列事项必须经全体委员五分之四以上表决同意方为有效外,其他事项经全体委员半数以上表决同意即为生效。

第 26.4.2 条　决定执行事务合伙人的人选及更换事项需在合伙人会议上由全体合伙人一致通过。"

解答：

1. 关于 A 公司是否需要合并该合伙企业的问题。

会计上判断是否存在控制(相应是否应将另一主体纳入合并范围)的标准，是本主体是否有权决定另一主体的财务、经营政策，并据此从该主体的活动中获取经济利益。

当然，由于适用的法律法规不同，判断公司对合伙企业是否具有控制权时所考虑的因素，可能与被投资企业为公司时有所不同。总体而言，鉴于有限合伙企业的"人合兼资合"特性，在判断公司对合伙企业是否具有控制权时，更应关注合伙协议等合同、契约性质的文件的作用；同时由于合伙组织形式较公司具有更大的灵活性，因此判断是否具有控制的情况也更为复杂。

对于有限合伙企业中的有限合伙人，尽管《合伙企业法》规定有限合伙人不得执行合伙事务，不得对外代表有限合伙企业，但由于《合伙企业法》并未对何谓"执行合伙事务"作出明确的定义，因此实务中也可能存在有限合伙人对有限合伙企业具有控制权的情况，尤其是当单一有限合伙人在有限合伙企业中所占权益比例较大，享有或承担有限合伙企业的绝大部分风险和报酬时的情形。当被投资企业是有限合伙企业时，不能仅仅以"《合伙企业法》规定有限合伙人不能执行合伙事务，不能对外代表合伙企业"为由，即认为有限合伙人必然不能控制该有限合伙企业，而是应当根据合伙协议等相关文件作进一步判断。

根据本案例"背景"资料中的《合伙协议》摘录，基本倾向于认为根据该合伙协议条款以及目前的出资构成情况，A 公司虽然持有 55.5% 的出资份额，但应不能控制该有限合伙企业，不应将其纳入合并范围。分析如下：

(1) 根据合伙协议，该合伙企业的实质性财务、经营决策权力均掌握在投资决策委员会手中。按照第 27.2 条约定，投资决策委员会由 5 名委员组成，其中 A 公司有权提名 2 名委员，占 2/5。同时第 27.5 条约定"投资决策委员会的投资决策，除 27.1.8、27.1.9、27.1.10 事项必须经全体委员五分之四以上表决同意方为有效外，其他事项经全体委员半数以上表决同意即为生效"，即 A 公司并不持有确保通过投资决策委员会任何决议所需的至少过半数的表决权。

(2) 根据 26.4.2 条约定，"决定执行事务合伙人的人选及更换事项"需在合伙人会议上由全体合伙人一致通过，即 A 公司无权单方面更换执行事务的普通合伙人。并且，合伙协议并未就普通合伙人的除名、更换事宜作出其他约定。因此不能简单地认为执行事务合伙人是 A 公司这一特定有限合伙人的代理人。

综上，由于本案例中的普通合伙人实际上是以其自己的名义(而不是以代理人的身份)行使经营管理权，且 A 公司并不拥有控制财务和投资决策所需的投资决策委员会过半数表决权，因此不能控制该有限合伙基金，不应将其纳入合并报表范围。

2. 关于 A 公司财务报表中对该有限合伙企业出资的核算问题。

《企业会计准则第 22 号——金融工具确认和计量》中对"持有至到期投资"的定义是"指到期日固定、回收金额固定或可确定，且企业有明确意图和能力持有至到期的非衍生金融资产"，本案例中，A 公司持有的合伙企业份额不能满足

"到期日固定、回收金额固定或可确定"的条件;另外,参照证监会公告[2010]37号规定:"持有至到期投资是指到期日固定、回收金额固定或可确定,且企业有明确意图和能力持有至到期的非衍生金融资产,同时应有活跃的市场,可以取得其市场价格",但该合伙企业份额也不存在活跃市场,故该投资不应确认为持有至到期投资。

同时,虽然根据《企业会计准则第22号——金融工具确认和计量》规定,对于公允价值能够可靠计量的金融资产,企业可以将其直接指定为可供出售金融资产,但该合伙企业属于非上市企业,其公允价值无法可靠计量,故也不应确认为"可供出售金融资产"。

另外,A公司作为特别列明的有限合伙人,在投资决策委员会中拥有2/5的表决权,即使今后其出资份额下降,这一比例也不会发生变化(除非修改合伙协议),因此可以对该有限合伙基金的财务、投资决策施加重大影响,并据此获取相应的经济利益。故该有限合伙基金应认定为A公司的联营企业,采用权益法核算。

综上分析,A公司投资该合伙企业的份额应确认为长期股权投资,并采用权益法核算。

问题3-1-15 参与不良资产处置业务收回股权投资的处理

问题:

如下文"背景"资料所述,A公司对其参与的不良资产处置业务应该如何进行处理?

背景:

2006年,A公司、B公司及C公司三方共同签订了项目合作协议,共同约定:三方合作收购D股权包,总投资额为3400万元;其中B公司出资680万元,占20%;A公司出资1020万元,占30%;C公司出资1700万元,占50%。2006年3月9日,三方以C公司名义参与竞买,以3311万元价格成为D股权包的受让人。A公司在自身的账务处理中,将所出资的1020万元作为"其他应收款"核算。

2011年4月24日,D股权包回收完毕,共取得D股权包退款(分回现金)3241万元,由此该笔投资已几近收回所投现金;另取得11家非上市公司股权(账面净值合计3000万元)。合作三方将按所占比例取得股权包退款及11家非上市股权。

解答:

本案例中,A公司以对价货币资金1020万元参与不良资产包处置,获取了972.3万元(3241×30%)的货币回报以及11家非上市公司股权的30%的权益。

根据《企业会计准则第2号——长期股权投资》第四条第(五)项规定:"通过债务重组取得的长期股权投资,其初始投资成本应当按照《企业会计准则第

12 号——债务重组》确定"。

在债务重组中,债权人取得长期股权投资有两种可能性,即债务转为资本(取得债务人自身的股权)或者以非现金资产抵偿债务(取得第三方企业的股权)。无论是何种情况,债权人都应当按照所取得的股权投资的公允价值对其进行初始计量。另外,对于取得的股权投资按照公允价值计量,也符合《企业会计准则第 22 号——金融工具确认和计量》对金融资产初始计量采用公允价值的要求。因此将所取得的股权投资采用其自身的公允价值计量是更恰当的选择。

即 A 公司对该事项的账务处理应为:

借:长期股权投资——11 家非上市公司(按照该等股权投资
　　　　　　　　　　　　　的公允价值×30%)
　　货币资金(32 410 000×30%)　　　　　　　　　　9 723 000
　贷:其他应收款(注)　　　　　　　　　　　　　　10 200 000
　　　投资收益(差额)

另外,本案例中的 3 000 万元系 11 家股权的账面净值,项目组应分析判断其公允价值及账面净值是否存在重大差异,如其拥有的重要资产是否可能存在公允价值的重大变动,并尽可能建议 A 公司对其所取得的股权进行评估,以合理确定标的股权的公允价值。

注:A 公司此处出资系参与不良资产包处置。由于已经明知其属于不良资产,可收回金额和收回时间都存在重大不确定性,因此不属于货币性资产,不适合于确认为"其他应收款",建议对参与不良资产处置取得的不良资产包作为"可供出售金融资产"核算,并在每个资产负债表日对其可收回金额进行谨慎的估计,必要时计提减值准备。

问题 3-1-16　母公司向子公司注入资产业务包

问题:

母公司通过增资、转让方式向子公司注入完整资产业务包时,母公司应如何进行会计处理?

背景:

A 公司通过定向增发获得 7 家全资子公司,其后又以 3 000 万元货币资金出资新设子公司 B 公司。A 公司拟将 7 家子公司中的资产、负债注入 B 公司中。

A 公司准备分两步骤来实施:第一步,以货币资金、存货、固定资产、在建工程、无形资产和长期股权投资按照经审计、评估后的金额作为对 B 公司的增资;第二步,以剔除用于增资的资产后的其他资产和负债项目,以协议方式转让给 B 公司。

解答:

本案例中,母公司以非货币性资产和部分货币资金出资设立全资子公司,并未改变其可控制的经济资源及其风险和报酬特征,因此属于不具有商业实质的非货币性资产交换交易(无论其中货币资金占比是否超过25%)。在母公司个别报表层面,应按照《企业会计准则第2号——长期股权投资》第四条和《企业会计准则第7号——非货币性资产交换》的有关规定,按照投出资产的原账面价值确认为对全资子公司的长期股权投资成本,不确认损益和资本公积变动。

在新设的B公司层面,其取得母公司作为出资投入的货币和非货币性资产,以及后续以协议方式受让其他资产和负债,均属于"一揽子交易",其整体上是为了实现将相关资产包装入该全资子公司的资产重组,因此应作为一个整体对所取得的资产进行会计处理。如果所取得的资产、负债构成《企业会计准则第20号——企业合并》及其应用指南和讲解所指的"业务"(这种可能性相对较大),则应按照同一控制下业务合并的原则处理。

无论母公司和新设子公司的个别报表层面对该交易如何处理,在母公司的合并报表层面,该项内部重组交易的影响应当完全抵销。

问题3-1-17　政府无偿划拨股权的会计处理

问题:

对政府划拨的股权如何确认?

解答:

根据《企业会计制度——会计科目和会计报表》对"1401 长期股权投资"科目的使用说明:"通过行政划拨方式取得的长期股权投资,按划出单位的账面价值,作为初始投资成本。"如果划出单位原先对被划转股权采用权益法核算,划入后本公司也采用权益法核算的,相当于按照股权所在标的公司净资产账面价值的相应份额借记长期股权投资,同时贷记资本公积。

问题3-1-18　无偿受让股权时的会计处理问题

问题:

投资者对被投资企业出资以获取其增发股份后,又从该被投资企业的原股东处无偿受让部分存量股份。对于无偿受让的存量股份,投资者应如何进行会计处理?

背景:

A公司原注册资本100万元,B公司出资50万元对其进行增资,注册资本增至110万元,B公司由此获得其9%的股权;另一股东无偿转让A公司12%的股权给B公司,B公司对A公司的持股比例增至21%。

解答:

在本案例中,首先,投资者应注意判断其从被投资企业的其他股东无偿受让部分存量股份的交易,是与其参与该被投资企业增资扩股相关联的"一揽子交易"还是一项独立的交易。这一问题的判断应依据《企业会计准则解释第5

号》第五条或者IFRS体系下的《国际会计准则第27号——合并和单独财务报表(2008年修订)》第33段所述原则作出,即:当两项或多项交易的条款、条件以及经济影响符合以下一种或多种情况,通常表明应将多次交易事项作为一揽子交易进行会计处理:"(1)这些交易是同时或者在考虑了彼此影响的情况下订立的;(2)这些交易整体才能达成一项完整的商业结果;(3)一项交易的发生取决于其他至少一项交易的发生;(4)一项交易单独看是不经济的,但是和其他交易一并考虑时是经济的。"上述判断标准可以归结为:该两个或多个交易步骤是否属于同时谈判达成、互为前提和条件、旨在实现同一项商业目的的一揽子交易。

如果该交易属于A公司与非关联方之间进行的公允交易,B公司签订的增资协议及无偿转让股权协议为一揽子协议,则此一揽子交易的结果即为B公司以50万元获得了A公司21%股权(如不存在其他条款),因此B公司账面的长期股权投资初始投资成本应为50万元。相应地,不能将"出资50万元取得标的公司的9%股权"和"无偿获赠12%股权"两笔交易分拆开来处理,因而不应就"无偿获赠"的12%股权单独确认为一项营业外收入。B公司在对A公司的长期股权投资采用权益法进行后续计量时,应将享有的A公司可辨认净资产公允价值的份额(21%)与初始投资成本(50万元)进行比较,来确定是否需要对长期股权投资账面价值进行调整。

如果B公司无偿受让A公司12%股权的交易是一项独立交易,则B公司应当依据该交易的经济实质、交易目的、交易的条款和条件(如无偿受赠股份是否需满足一定的附加条件、所受赠的股权有无特殊的权利限制等)进行综合分析评价,以确定合理的会计处理方案。对于无偿受赠的股权应按照其取得日的公允价值进行初始计量。

问题3-1-19 集团内一子公司按收益法评估值对另一子公司投资的处理:交易性质判断和适用的会计处理模式的确定

问题:

如下文"背景"资料所述,C公司按照E公司收益法评估值对其进行增资时,C公司对该投资的后续计量是否在C公司按股权比例享有的E公司净资产份额未超过投资成本时不能确认投资收益?对该次增资,B公司、A集团分别应该如何进行处理?

背景:

1. 增资前股权结构。

A集团对B公司持股22.45%,但存在实际控制关系;A集团对C公司持股100%;B公司对D公司持股98.8%;A集团对E公司持股14.29%,D公司对E公司持股85.71%如下图1。

2. 增资事项。

2012年,C公司对E公司进行增资,同时引入新公司F公司,以2011年12月31日为基准日对E公司按收益法评估结果进行增资,增资后股权结构如下图2。

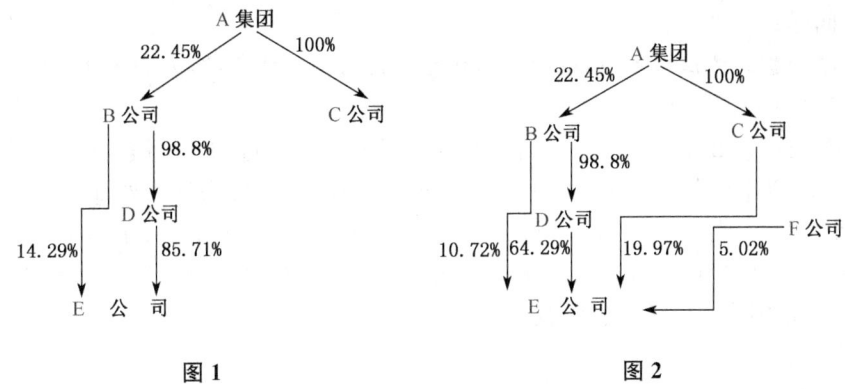

图1　　　　　　　　　　　图2

增资扩股完成后,对 E 公司董事会组成进行调整,增加1名董事,即由6名董事增加为7名,其中包括1名独立董事。C 公司在 E 公司董事会中有权推荐不少于1名非独立董事。

解答:

1. 本案例中,对于 C 公司而言,增资后持有 E 公司的 19.97% 股权并有权推荐不少于1名非独立董事,即在 E 公司的董事会中占有不少于 1/7 的表决权比例,因此对 E 公司具有重大影响。按照《企业会计准则第2号——长期股权投资》的规定,C 公司对于 E 公司的长期股权投资应采用权益法核算。尽管增资的作价是按照收益法评估的,但不能理解为在按比例享有的 E 公司净资产未超过投资成本之前,C 公司不按权益法对 E 的每年收益进行确认。C 公司的出资额大于其在 E 公司的净资产中所享有份额的差额类似于商誉性质,在投资存续期间不作摊销处理。尽管本次出资金额的确定依据为收益法评估结果,但 C 公司在后续权益法核算中仍应按比例确认其在 E 公司的净资产和净利润中所享有的相应份额。

2. 对于 B 公司而言,其在 C 公司和 F 公司对 E 公司增资之前直接和间接合计持有 E 公司 100% 的股权,增资后降低到 75.01%,属于在不丧失控制权的前提下部分处置子公司股权,在其合并报表层面应按照《财政部会计司关于不丧失控制权情况下处置部分对子公司投资会计处理的复函》(财会便[2009]14号)规定的"权益性交易"原则处理,将持股比例下降后在 E 公司的净资产中所享有权益份额的增加额确认为合并报表层面的资本公积。

3. 对于母公司 A 集团而言,需根据另一新股东 F 公司是否也是 A 集团的子公司,而相应在合并报表层面作出不同的处理:①如果 F 公司同为 A 集团的子公司,则该项交易并不改变 A 集团所能控制的经济资源,属于其合并报表范围内的内部交易,应当予以完全抵销,对 A 集团合并报表层面不产生影响;②如果 F 公司属于外部股东,则相当于通过本次交易,在不丧失控制权的前提下处置了 E 公司 5.02% 的股权,在其合并报表层面也是按照财会便[2009]14号文规定的"权益性交易"原则处理。

问题 3-1-20　重组中约定由原股东承担债务的处理

问题:

增资扩股协议约定,由老股东承担增资前的部分债务,账务如何处理?

背景:

A 公司以 2010 年 9 月 30 日为基准日对 B 公司进行增资扩股,并同时约定 B 公司的以下债务事项由其原股东处理与承担:①所有欠缴的税费滞纳金及罚款;②350 万元银行借款及其利息;③C 公司 20 万元借款及利息;④向个人借款的 80 万元及其利息;⑤基准日至工商变更日的新增借款。新旧股东在约定时,上述事项中所涉及债务的债权人不知情。验资日为 2011 年 5 月 5 日;工商变更日为 2011 年 5 月 17 日。

解答:

根据《企业会计准则第 22 号——金融工具确认和计量》第二十六条规定:"金融负债的现时义务全部或部分已经解除的,才能终止确认该金融负债或其一部分。"即,金融负债的终止确认在很大程度上取决于导致该项金融负债被确认的现时义务(可能是法定义务、合同义务或者推定义务)已不再由本企业承担。

由于 B 公司作为独立法人一直存续下来,债权人不知情,其原有的对债权人的义务并不因为新旧股东的协议而从 B 公司自动转移至其原股东,经济实质上不可能是债权人与债务人之间的债务重组,债权人并没有对 B 公司作出任何豁免及条件的改变,债权人与本次增资扩股无关联,也未参与其中的债务约定事项。根据协议约定,新股东加入后不会继续承担上述约定的债务及亏损,但对外 B 公司仍然应当承担其原来应当承担的义务。因此 B 公司不能终止确认相应的负债;B 公司在收到原股东就相应负债偿还给予的补偿款时(或者由原股东直接代为偿还相关负债时),应作为原股东的额外资本性投入,调整资本公积处理。

问题 3-1-21 资产重组中关于同一控制下合并、无偿划转等问题的处理

问题:

如下文"背景"资料所述:

1. 本次资产重组中 C 公司所接收的 D 公司原有资产与负债是否构成同一控制下业务合并?

2. 如构成同一控制下业务合并,因其所接收的资产中包括原 D 公司的子公司(甲、乙、丙等子公司),期末需要编制合并报表,是否需要调整前期比较报表?

3. B 公司 2011 年根据国资委文件无偿划出所持有 D 公司股权时冲减资本公积,导致资本公积出现负数,是否可以?A 公司拟在 2012 年内对 B 公司增资以弥补该资本公积负数,是否可以?

背景:

P 集团下属 D 公司进行了资产重组,D 公司以其拥有的所有资产与负债置换 P 集团所拥有的其他资产,置出资产由 P 集团子公司 A 公司 2010 年新成立的 C 公司接收,D 公司完成资产置换后其股权无偿划给 P 集团。资产重组前后的股权架构如下:

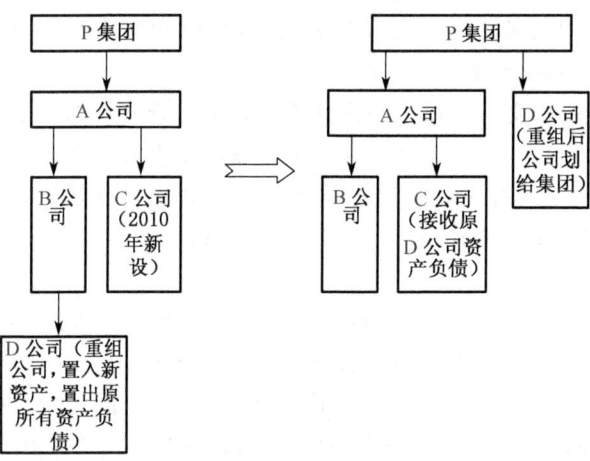

解答：

1. 本次重组中，对 C 公司这一会计主体而言，其与被重组的 D 公司及其下属的甲、乙、丙等子公司在重组前后均处于 P 集团的最终控制下，且该项控制是非暂时性的，所以应认为 C 公司取得 D 公司的原有资产、负债和股权的业务构成一项同一控制下的企业合并（注：前提是 D 公司置换给 C 公司的原有资产、负债和股权构成《企业会计准则第 20 号——企业合并》所指的"业务"）。

2. 按照同一控制下企业合并中合并财务报表的编制要求，C 公司在编制合并财务报表时，应视同其自成立日（2010 年年内某日）起即控制了置入的 D 公司原有资产、负债（包括子公司甲、乙、丙等在内），因此需要在一定程度上追溯调整合并报表的前期比较数据，但仅追溯到 C 公司成立日为止，不再向前追溯。所以，C 公司合并资产负债表中各项目的 2010 年年初数均为零，合并利润表和合并现金流量表是自 C 公司成立日开始编制的金额。

3. 通常情况下，在无偿划转业务的处理中，不允许划出方的资本公积被冲减为负数。划出方的资本公积（注：仅限资本溢价部分，不含由其他综合收益形成的其他资本公积。这部分"其他资本公积"不能用于冲减无偿划转中减少的净资产值）不足冲减的，应依次冲减盈余公积和未分配利润。

由于本次重组交易与 A 公司拟于 2012 年实施的对 B 公司注资交易并非在同一会计年度发生，因此通常情况下，B 公司的资本公积在 2011 年年末"暂时性"出现负数也是不恰当的。因为在 A 公司的注资完成之前，该项注资能否完成，相应地该项资本公积负数能否消除，都存在不确定性，毕竟个别报表层面的资本公积负数容易给人造成"出资不足"或"抽逃出资"的印象，因此在实务中应当尽量避免。

问题 3-1-22 国有企业重组业务的相关会计处理

问题：

如下文"背景"资料所述：

1. A 公司将全部经营资产和部分负债评估作价与其他公司共同组建新公

司,以获取新公司的长期股权投资和其他应收款(出资多余部分),评估增值部分是否应作资本公积增加处理?

2. A公司尚未支付的职工补偿费用支付如何处理?对于拟移交给地方社保机构的退休人员费用,在尚未确定金额的情况下是否需要计提?

3. 公司重组后,国有划拨土地将由B公司向地方政府以采用出让方式取得,A公司现账面固定资产的土地资产应如何处理?

背景:

A公司于2011年进行改制重组,其改制重组方案具体为:A公司将经营性资产及部分负债作为投入,与其他公司共同组建B公司。B公司的注册资本为3亿元,各股东及股权情况是:A公司以经营性资产和部分负债评估的净资产4.47亿元(评估基准日为2011年6月30日),其中6 000万元出资,占注册资本的20%,其余B公司作为应付A公司的款项,以后年度逐步偿还;C公司出资9 000万元,占注册资本的30%;D公司出资6 300万元,占注册资本的21%;E公司出资8 700万元,占注册资本的29%。B公司成立后,A公司主要经营活动全部转入B公司,A公司日常经营为处理债权债务和获得投资收益。全部职工也转入B公司。在B公司的9个董事席位中A公司占3席。

A公司以2011年11月30日为资产交接日,将经营资产划入B公司,主要资产包括:货币资金1.36亿元、应收票据2.81亿元、应收账款3.49亿元、其他应收款5.63亿元(其中4亿元是应收新成立的B公司的款项)、长期投资0.6亿元(对新公司B的投资)、固定资产0.14亿元是原清产核资时增加的土地账面价值(未计提折旧或摊销)、递延所得税资产0.06亿元(计提减值准备形成);负债主要有短期借款5.25亿元、应付票据2.35亿元、应付职工薪酬0.06亿元、长期借款0.7亿元、预计负债0.36亿元,即净资产为5.35亿元。A公司现使用土地282 815.92 m²(截止到6月末),其中行政划拨土地212 838.89 m²,将不改变其使用性质和用途;出让地69 977.03 m²。行政划拨地将在B公司运营后,改为出让地;现在的出让地,按规定进行评估作价,均纳入改制重组资产范围。

2011年11月29日,A公司母公司批复同意支付职工补偿金1.83亿元,工伤职工一次性补助0.07亿元,患病医疗补助0.003亿元。A公司于2011年12月已支付了1.75亿元,还有部分职工的尚未支付。公司重组后,A公司的离退休职工拟移交给当地社保机构,目前正与当地政府进行洽谈,主要是一次性支付给社保机构的离退休职工的医疗保险费金额尚未确定。

另外,尽管该交易的形式是现有的有限责任公司以经营性净资产出资设立新公司,而不是国有非公司制企业的公司制改建,但是相关重组方案名为"A公司改制重组实施方案",所引用的相关政策依据中也包括若干项涉及国有企业改制的文件。

解答:

1. A公司以经营性资产对新设的B公司出资,取得对新公司的长期股权投资(股权比例20%)和其他应收款,应比照《企业会计准则第7号——非货币性资产交换》的相关规定处理(需要指出的是:因为该交易中形成的 A 公司对 B 公司的应收款项将远远超过作为股权投资的 6 000 万元,占总的交易对价的比例超过 25%,严格来说并不属于非货币性资产交换,但会计处理的效果与具有商业实质的非货币性资产交换交易类似)。由于 A 公司在 B 公司的股权比例仅为 20%,小于其他三方股东;在 B 公司的 9 个董事席位中占 3 席,未持有过半数表决权,因此对 B 公司仅保留重大影响而不再具有控制权。A 公司实质上处置了用作出资和换取应收款项的经营性净资产,换取了一项对被投资企业不具有控制权的股权和一项债权,换出资产和换入资产在未来现金流量的金额、时间和风险程度方面存在实质性的差异,因而该交易对 A 公司而言是具有商业实质的交易。因此,该等净资产的公允价值与原账面价值之间的差额,在 A 公司的报表上应作为资产处置损益,列报为营业外收入或者营业外支出项目(注:因为这些换出资产是作为一个整体处置,因此应当将其公允价值和原账面价值之间的差额整体上确认为一项"资产置换损益"计入营业外收入或者营业外支出,而不应按照不同资产类别分别列报为营业收入、投资收益和营业外收支)。

A 公司在确认上述资产处置损益的同时,在对 B 公司的权益法核算中,应按照《企业会计准则讲解(2010)》第 43 页中"合营方向合营企业投出非货币性资产产生损益的处理"部分的要求,按其对新公司的股权比例(20%)抵销未实现的资产处置损益。

2. 根据《关于企业重组有关职工安置费用财务管理问题的通知》(财企[2009]117 号)发布时财政部企业司有关负责人在"答记者问"中作出的表述,"国家出资企业,即国有、国有控股、国有参股企业以改制、产权转让、合并、分立、托管等方式实施重组时,如果涉及产权关系变动和股权结构调整,其有关职工安置费用就应当严格执行《通知》的规定"。同时,相关重组方案名为"A 公司改制重组实施方案",所引用的相关政策依据中也包括若干项涉及国有企业改制的文件,因此可以认为该事项虽然属于现有的有限责任公司以经营性净资产出资设立新公司,与一般理解的"非公司制国有企业的公司制改建"这一狭义的"改制"概念不同,但也可纳入相关国有资产监督管理和财政财务规定的广义"改制"范畴,从而按照改制相关政策进行处理。

对于 A 公司(原公司)按照经批准的改制重组方案应支付和已支付给员工的解除经济合同补偿金、身份转换补偿金等,可按《企业财务通则》、《财政部关于企业重组有关职工安置费用财务管理问题的通知》(财企[2009]117 号)、《财政部关于中央企业重组中退休人员统筹外费用财务管理问题的通知》(财企[2010]84 号)等相关文件规定处理,将按照规定标准计提的此类改制成本从 A 公司的国有净资产中预留,依次冲减 A 公司的未分配利润、盈余公积、资本公积、实收资本。但是,考虑到如问题 1 所述,相关出资净资产的净增值额已经在出资、处置环节转入了营业外收入,而资产处置和人员安置是在同一份改制方案中规定的,整体上旨在实现 A 公司改制重组这一整体目标,故属于一揽子交易的组成部分,因此较为合理的方式为计入当期损益(冲减出资和处置的净资产的增值净收益),如果需由 A 公司承担的重组中三类人员费用超过了当期出资和处置的净资产的增值净收益的,则超过部分再按财企[2009]117号文等规定作冲减权益处理。

另外,从净资产中预留的三类人员费用的计算应该符合财企[2009]117号文和财企[2010]84号文等相关规定。对于超过该等文件规定的计提范围和计提标准但确需支付的三类人员费用,应当在精算后计入A公司的损益,不能直接冲减A公司的国有净资产。

为了确保账务处理的及时性,A公司在对重组交易进行会计处理时,应当基于当前可获得的信息(包括对重组中涉及的"三类人员费用"的初步精算结果),在计算处置损益时考虑预提"三类人员费用"等改制成本的影响,到最终精算结果定稿完成以及获得有关方面批准(如需要)后,再按照会计估计变更的原则进行相应调整,不能等到最终精算结果定稿完成以及获得有关方面批准(如需要)后,或者"三类人员费用"等改制成本实际发生或支付时,才对所涉及的"三类人员费用"等改制成本进行预提处理。

3. 根据重组方案,"B公司的用地问题由B公司支付土地出让金,办理相应购买手续"、"A公司现使用土地282 815.92 m²(截止到6月末),其中行政划拨地212 838.89 m²,将不改变其使用性质和用途;出让地69 977.03 m²。行政划拨地将在B运营后,改为出让地;现在的出让地,按规定进行评估作价,均纳入改制重组资产范围"。即公司目前在"固定资产"科目中核算的划拨土地将转给新公司,并由新公司补缴出让金后转为出让地。

以前在20世纪90年代中期的全国性国有企业清产核资中,国有企业将划拨地权益评估作价后,按照当时的《财政部关于国有企业清产核资中土地估价有关财务处理问题的通知》(财工字[1995]108号,现已失效)等规定增加固定资产和资本公积,且不计提折旧,其原理是将其视作一项国家对企业的资本性投入(国家独享权益),而在该宗土地变性为出让地之后,该项"国家对企业的资本性投入(国家独享权益)"因土地变性而不复存在,因此相应的划拨地权益并不能计入以出让方式取得的土地使用权的原值中(尽管该项出让土地使用权与原先的划拨土地所针对的是同一宗土地)。B公司接受该划拨地应不作账务处理,到补缴出让金后,按实际缴纳的出让金和相关税费作为"无形资产——土地使用权"的原值,并在出让土地的使用年限内摊销。A公司账面在将该土地处置给B公司之后,也应相应转回当初将划拨地价值入账固定资产和资本公积的会计分录。

问题3-1-23 子企业公司制改建资产评估增值时,母公司原对其计提的长期股权投资减值准备的处理

问题:

子企业在进行公司制改制时资产评估增值,母公司是否应该将原计提的长期股权投资准备转回?

背景:

A公司对B公司(非公司制企业,系A公司的全资子企业)原投资成本

157 056 069.89元,由于历史上B公司经营情况不佳且较难得到改善,A公司对其投资计提156 295 457.44元的减值准备,后B公司的经营状况有改善,该项长期股权投资的预计可收回金额上升,但A公司受制于《企业会计准则第8号——资产减值》关于"非金融非流动资产的减值准备一经计提即不得转回"的规定,对原先计提的减值准备未作转回处理。

2011年5月,B公司评估改制(改建为A公司全资持股的国有独资有限责任公司),根据国资委批复及备案表,B公司整体资产价值评估结果为34 053.41万元,其中2 000万元作为新公司的注册资本,32 053.41万元作为新公司的资本公积。由此A公司将34 053.41万元与原投资额15 705.61万元的差额18 347.80万元作为增加投资成本。

解答:

根据《企业会计准则(2010)》中长期股权投资第二节第一点第(五)项的规定(见原书第33页),企业进行公司制改建,对资产负债的账面价值按照评估价值调整的,长期股权投资应以评估价值作为改制时的认定成本。据此,本案例中应该将长期股权投资减值准备转销。长期股权投资减值准备减少同时增加A公司的资本公积。长期股权投资减值准备应减少156 295 457.44元,该转回金额相应增加资本公积。即,针对此次子企业的公司制改建事项,母公司个别报表层面的会计处理如下:

借:长期股权投资——改制后B公司	340 534 100.00
长期股权投资减值准备——原B企业	156 295 457.44
贷:长期股权投资——原B企业	157 056 069.89
资本公积	339 773 487.55

结论基础:

《企业会计准则解释第1号》第十条规定:"企业引入新股东改制为股份有限公司,相关资产、负债应当按照公允价值计量,并以改制时确定的公允价值为基础持续核算的结果并入控股股东的合并财务报表。改制企业的控股股东在确认对股份有限公司的长期股权投资时,初始投资成本为投出资产的公允价值及相关费用之和。"

《企业会计准则解释第2号》第二条第(二)项规定:"企业进行公司制改制的,应以经评估确认的资产、负债价值作为认定成本,该成本与其账面价值的差额,应当调整所有者权益;企业的子公司进行公司制改制的,母公司通常应当按照《企业会计准则解释第1号》的相关规定确定对子公司长期股权投资的成本,该成本与长期股权投资账面价值的差额,应当调整所有者权益。"

根据上述规定,特别是《企业会计准则解释第2号》第二条第(二)项的规定,B公司完成公司制改建后,母公司A公司对其长期股权投资应以净资产评估值34 053.41万元作为投资成本,该成本与长期股权投资账面价值760 612.45万元(157 056 069.89-156 295 457.44)的差额调整所有者权益。即此时原先针对改制前的长期股权投资计提的减值准备需要转销,这种情况是一个特例,不能理解为等同于减值准备的转回,而是对资产价值的法定重估,因此与长期股权投资减值准备"一经计提,不得转回"的规定并不矛盾。

问题 3-1-24 改制企业调账时点问题

问题:

国有非公司制企业改建为公司制企业时,应当在何时根据资产评估结果进行账务调整?

背景:

A国有控股企业以 2010 年 6 月 30 日为基准日进行公司制改建,2011 年 6 月新公司成立,建账前旧公司资产评估增值账务处理(2011 年 8 月记账)是否需要在 2011 年财务报表年初数对该笔资产评估增值账务处理进行追溯调整?

解答:

改制后的公司制企业应当在资产评估结果的有效期内(一般为自资产评估基准日起 1 年内)成立。根据《公司法》第七条的规定,公司制企业以其营业执照的签发日期为其成立日。按照资产评估结果调整账务的处理应当在成立日进行。

结论基础:

根据《企业会计准则解释第 1 号》第十条规定:"企业引入新股东改制为股份有限公司,相关资产、负债应当按照公允价值计量,并以改制时确定的公允价值为基础持续核算的结果并入控股股东的合并财务报表。改制企业的控股股东在确认对股份有限公司的长期股权投资时,初始投资成本为投出资产的公允价值及相关费用之和。"

《企业会计准则解释第 2 号》第二条规定:"企业进行公司制改制的,应以经评估确认的资产、负债价值作为认定成本,该成本与其账面价值的差额,应当调整所有者权益;企业的子公司进行公司制改制的,母公司通常应当按照《企业会计准则解释第 1 号》的相关规定确定对子公司长期股权投资的成本,该成本与长期股权投资账面价值的差额,应当调整所有者权益。"

《企业公司制改建有关国有资本管理与财务处理的暂行规定》(财企[2002]313 号)第八条规定:"资产评估结果是国有资本持有单位出资折股的依据,自评估基准日起一年内有效。自评估基准日到公司制企业设立登记日的有效期内,原企业实现利润而增加的净资产,应当上缴国有资本持有单位,或经国有资本持有单位同意,作为公司制企业国家独享资本公积管理,留待以后年度扩股时转增国有股份;对原企业经营亏损而减少的净资产,由国有资本持有单位补足,或者由公司制企业用以后年度国有股份应分得的股利补足。企业超过有效期未能注册登记,或者在有效期内被评估资产价值发生重大变化的,应当重新进行评估。"

上述各条规定表明:导致企业可以按评估值进行账务调整的事项,并不是在基准日实施了资产评估这一事实本身,而是进行公司制改建。因此,只有在导致可以进行评估调账的情形(改制后的公司设立,即取得营业执照)出现以后,才能按照评估值进行账务调整。在评估基准日到新公司成立日之间的过渡期间内,新公司作为一个法人主体尚不存在,该期间内所存在的主体仍然是原企业,所以在该期间内,原企业在账务处理中应当继续保持原先的历史成本和账面价值基础,还不能按评估值进行账务调整,只有在新公司设立日才能按评估值进行账务调整。

关于改制企业按资产评估结果进行账务调整的基本处理方法,请参阅《计学撮要(2011)》第14页的相关内容。

问题3-1-25 公司制改建时对子公司长期股权投资按评估值调整后与其享有子公司账面净资产之差的处理

问题:

国有非公司制企业改建为公司时,对其子公司长期股权投资按评估值调整后与其享有子公司账面净资产之间的差额应如何处理?

背景:

A企业性质为全民所有制企业,以2011年3月31日为基准日改制为A公司。改制之前A企业已执行企业会计制度,且其子公司均为有限公司。本次改制时对子公司投资有评估增减值,A公司按评估值调账后,其长期股权投资与享有子公司账面净资产之差如何处理?

解答:

1. 在改制后的A公司的个别报表层面,其对下属各子公司的长期股权投资应按各被投资单位净资产的基准日评估值和集团公司所占股权比例的乘积计量。

2. 在改制后的A公司的合并报表层面,各子公司的各项资产、负债均以其在各该子公司的原账面价值计量。母公司个别报表层面按上述1确定的长期股权投资成本与其在各子公司于母公司改制实施日的净资产账面价值中所享有的相应份额之间的差额,在改制后的A公司的合并报表层面作冲减资本公积处理。对在改制后的A公司而言,该交易是国有企业公司制改建而不是企业合并,所以该交易中无商誉或者负商誉产生。

具体处理请参阅《计学撮要(2011)》第25~28页"子公司净资产评估增值导致母公司长期股权投资评估增值的处理"。

权威指引:

《企业会计准则解释第2号》第二条(二):"企业进行公司制改制的,应以经评估确认的资产、负债价值作为认定成本,该成本与其账面价值的差额,应当调整所有者权益;企业的子公司进行公司制改制的,母公司通常应当按照《企业会计准则解释第1号》的相关规定确定对子公司长期股权投资的成本,该成本与长期股权投资账面价值的差额,应当调整所有者权益。"

问题 3-1-26　企业改制评估调账中的具体问题——已提足折旧的固定资产

问题：

企业改制时需根据评估值进行调账,但评估报告虽然对已提足折旧的固定资产给出了评估值,却并没有重新界定其剩余使用年限,其评估增值部分对应的折旧是否应在当期一次性提足？针对评估减值部分的固定资产还要在当期冲回折旧吗？对评估增值减值部分的固定资产在处置时,相关增值减值计入资本公积的部分是否也应一并转入处置损益？

背景：

A 公司原为某市国资委所属的国有企业,于 2011 年度改制重组,某军工单位以货币 3 000 万元出资入股,原股东某市国资委以 2011 年 6 月 30 日经审计评估的净资产作价 2 000 万元出资。改制后 A 公司的企业类型变更为有限公司。2012 年 1 月初,经相关政府部门批准,改制重组完成,A 公司按照评估值进行了账务调整。其中固定资产部分评估有增值和减值,且部分固定资产在评估基准日已提足折旧,达到原预计使用年限。

解答：

由于按照资产评估结果调整账务的理论依据是将新设立的公司制企业视为一个全新设立的企业(其组织机构代码通常与原企业不同),所以各项资产、负债也视为重新取得,此时其入账价值的确定应当遵循各相关会计准则中关于资产、负债初始确认和计量的规定。为此,在沿用旧账的情况下,应当将原企业账面上的各项资产计价备抵科目(包括各项资产减值准备、累计折旧、累计摊销、累计折耗等)的余额抵减相关资产的账面余额或原值,使相关资产科目的余额直接等于其评估净值,视同新设立的公司制企业以评估净值作为取得成本,取得原企业的各项资产和负债。即会计分录为：

借：各资产减值准备科目(或累计折旧、累计摊销、累计折耗等)
　　贷：相关资产科目

对于刚完成改制的公司制企业而言,其"所有者权益(或股东权益)"部分中通常应当只有两个项目,即"实收资本(或股本)"和"资本公积——股本溢价"。改制后的公司制企业的注册资本和实收资本(股本)与原企业的注册资本和实收资本没有必然的联系。由于此时新设立的公司制企业尚未进行任何导致产生盈利或亏损的活动,所以尚无留存收益。原企业的留存收益在后一步骤中已经一并折股,因此在新设立的公司制企业的账面上不反映为留存收益。

为了日常核算方便,固定资产可以在建账时按照原值和累计折旧分别建账,也可以将评估原值作为账面原值,将评估原值与评估净值之间的差额作为累计折旧,在评估原值及剩余使用年限的基础上计提折旧。但在报表披露时,对改制实施日转入的原企业固定资产,应当按照其评估净值作为原值披露(即,为了实务操作的方便,上述要求可以只体现在财务报表的列报和披露层面)。

针对本案例中的问题,我们的意见如下：

1. 根据《企业会计准则第 4 号——固定资产》的规定，折旧年限应当等于固定资产的使用寿命，即"指企业使用固定资产的预计期间，或者该固定资产所能生产产品或提供劳务的数量"，且需对折旧年限进行定期复核。因此，对于原先改制前在会计上已经提足折旧的固定资产，即使评估报告中没有对已提足折旧的资产重新界定剩余使用年限，但对其评估有价值，且目前实际仍处于正常使用状态的，也不应一次提足折旧，而应当要求评估机构或者由公司内部的设备管理部门对其成新率予以合理估计，合理确定其剩余使用寿命，将依据评估值确定的应折旧金额在重新确定的剩余使用寿命内提取折旧计入各该期间的损益。

2. 本案例中，对于评估减值的部分对应的折旧在入账时可以将相应的减值部分的折旧冲回，但这不会影响建账后的损益，原则就是保证每项资产的入账价值要与评估净值一致，同时以后每期折旧需要根据评估净值、根据评估净值测算的预计净残值和尚可使用年限重新计算。

3. 企业改制根据评估值调账，改制后的有限公司在改制完成时点的所有者权益只有"实收资本"与"资本公积——资本溢价"两个项目，故固定资产的评估增减值与有限公司的资本公积无直接对应关系，原先的评估增值事实上已经折合为有限公司的实收资本和资本溢价，构成股东对有限公司出资额的一部分，在有限公司处置固定资产时，其损益不能调整资本公积，与其他正常购入固定资产处置的处理是一致的。

问题 3-1-27 子公司公司制改制根据评估值调账对母公司及合并的影响

问题：

子公司进行公司制改制，根据评估价值调账后，母公司报表及合并报表是否进行相应调整？

背景：

A 公司为 B 公司的全资子公司，目前为全民所有制企业，拟改制为有限责任公司，目前账面净资产为负数，评估时其拥有的投资性房地产会增值，评估净资产为正数，并以评估净资产作为 B 公司的出资，改制为有限责任公司，在改制时点 A 公司按评估值重新建账。

解答：

在本案例中，A 公司由全民所有制企业改建为有限责任公司，按照后述权威指引中相关企业会计准则解释中的规定，其各项资产、负债的评估值作为改制实施日的认定成本，该认定成本不仅应当体现在改制后有限责任公司的账面，也应体现在改制后公司的母公司 B 公司的账面和报表中。

在 B 公司的个别报表中，其"长期股权投资——A 公司"应按 A 公司的基准日净资产评估值与相关税费（如有，但不含企业所得税）之和作为投资成本，作为后续成本法核算的基础。该计量金额与原先对改制前的 A 公司的长期股权投资的账面价值之差，应调整"资本公积——其他资本公积"科目。

在 B 公司的合并报表中,应把 A 公司的各项资产、负债以基准日评估值为基础纳入合并报表中(即,与改制后的 A 公司个别报表层面对 A 公司各项资产、负债的计量一致)。同时,对于评估增值部分对应的折旧和摊销,税法规定不能在税前扣除的,应当将其作为一项应纳税暂时性差异,确认递延所得税负债并抵减评估增值形成的资本公积。

权威指引:

《企业会计准则解释第 1 号》第十条:"企业引入新股东改制为股份有限公司,相关资产、负债应当按照公允价值计量,并以改制时确定的公允价值为基础持续核算的结果并入控股股东的合并财务报表。改制企业的控股股东在确认对股份有限公司的长期股权投资时,初始投资成本为投出资产的公允价值及相关费用之和。"

《企业会计准则解释第 2 号》第二条第(二)项:"企业进行公司制改制的,应以经评估确认的资产、负债价值作为认定成本,该成本与其账面价值的差额,应当调整所有者权益;企业的子公司进行公司制改制的,母公司通常应当按照《企业会计准则解释第 1 号》的相关规定确定对子公司长期股权投资的成本,该成本与长期股权投资账面价值的差额,应当调整所有者权益。"

问题 3-1-28 投资民间非营利性机构该如何核算

问题:

出资举办民间非营利性机构,举办者对于投入民间非营利性机构的开办资金应该如何核算?

背景:

A 公司开发产品生命医药孵化园项目,已出售部分,为引入更多的医药公司,A 公司拟投资 10 万元与其他公司一起成立医药协会(系民间非营利性机构),其运营经费来源于各会员公司交纳的会费。

解答:

一般理解,该社团组织应属于民间非营利机构,其结余不得分配给举办者,将来清算时的剩余财产也不能分配给举办者,而应当继续按照其设立时的宗旨和原定用途使用。因此,举办人一般不能从其所举办的民间非营利组织获取经济利益。据此,应当将该项出资额在投出时予以费用化处理。

问题 3-1-29 设立基金会的相关会计处理和关联方认定

问题:

企业向其所建立的基金会的原始基金投入和后续捐赠基金应如何进行账务处理?该基金会是否视作该企业的关联方?

背景:

A 公司准备成立一个非公募的基金会,其资金将全部来源于 A 公司。A 公司支付给基金会的原始基金应如何进行账务处理？是否可以认定为捐赠，计入营业外支出？在 A 公司 IPO 报告期内，如果 A 公司继续对基金会支付捐赠基金，是否会被视为关联交易，在申报报告中需要进行披露？

解答：

1. 根据《基金会管理条例》（国务院令第 400 号）规定：

第二条　本条例所称基金会，是指利用自然人、法人或者其他组织捐赠的财产，以从事公益事业为目的，按照本条例的规定成立的非营利性法人。

第十条　基金会章程必须明确基金会的公益性质，不得规定使特定自然人、法人或者其他组织受益的内容。

第二十七条　基金会的财产及其他收入受法律保护，任何单位和个人不得私分、侵占、挪用。

基金会应当根据章程规定的宗旨和公益活动的业务范围使用其财产；捐赠协议明确了具体使用方式的捐赠，根据捐赠协议的约定使用。

接受捐赠的物资无法用于符合其宗旨的用途时，基金会可以依法拍卖或者变卖，所得收入用于捐赠目的。

第三十三条　基金会注销后的剩余财产应当按照章程的规定用于公益目的；无法按照章程规定处理的，由登记管理机关组织捐赠给与该基金会性质、宗旨相同的社会公益组织，并向社会公告。

根据《基金会管理条例》的相关规定，我们可以看出基金会是一个非盈利性（公益性）法人组织，国务院民政部门和省、自治区、直辖市人民政府民政部门是基金会的登记管理机关。

基金会的原始基金一经到达基金会账户，即为该非盈利性组织所有，与原始基金缴入方无任何关系，原始基金缴入方对缴入款项既无所有权、又无使用权、收益权等。

在企业的会计核算中，"营业外支出"科目核算企业发生的各项营业外支出，包括非流动资产处置损失、非货币性资产交换损失、债务重组损失、公益性捐赠支出、非常损失、盘亏损失等。

如果该基金会完全符合《基金会管理条例》的规定，并依据《基金会管理条例》等相关规定在民政部门登记注册的，A 公司支付的原始资金不能为企业带来未来经济利益，不符合会计上对"资产"的定义，而是属于捐赠支出，应作为"营业外支出"核算。但该项捐赠支出能否在企业所得税前扣除，还应看该基金会是否由当地民政、税务部门确认为具有"公益性捐赠税前扣除资格"。

后续 A 公司及其子公司对该基金会投入的资金，应按上述同一原则处理。

2. 应根据《企业会计准则第 36 号——关联方披露》的规定，判断该基金会是否属于 A 公司的关联方。根据《企业会计准则第 36 号——关联方披露》的规定，关联方关系的存在是以控制、共同控制或者重大影响为前提的。而《企业会计准则第 2 号——长期股权投资》《企业会计准则第 36 号——关联方披露》等相关会计准则对"控制"、"共同控制"、"重大影响"的定义都强调了投资人从被投资企业中获取与其影响力相关的可变回报的权力。如前所述，基金会作为非营利性组织，其出资人或者举办人不能从其运营结余中取得回报，因而 A 公司及其子公司也就不会对该基金会具有控制、共同控制或者重大影响。也就很可能不会存在一般意义上的关联方关系。但是，基于提高信息披露有用性的考虑，A 公司在其财务报表中，应当在附注的"其他重大事项"部分中完整披露报告期内与该基金会发生的捐赠和其他交易情况，包括向其投入的公益性资金、向其销售商品或提供劳务的情况等。

问题 3-1-30　不要求取得合理回报的投资是否要全额计提减值准备

问题：

如果被投资单位（民办学校）的章程中规定"出资者不要求取得合理回报"，则出资者对这些投资是否可以作为长期股权投资核算？对这些投资是否需要全额计提减值准备？

解答：

目前新企业会计准则体系下对"投资"这一概念无专门定义。参照 2001 年版《企业会计准则——投资》的规定："投资，指企业为通过分配来增加财富，或为谋求其他利益，而将资产让渡给其他单位所获得的另一项资产。"

对于"不要求取得合理回报"的民办学校的投资，不能从所投资的学校分回股利，但仍可以通过向其提供服务收取服务费，或者将其权益转让而获取转让收益等方式取得经济利益。事实上，企业举办"不要求取得合理回报"的学校，其目的也在于此。因此，不能仅仅因为"出资者不要求取得合理回报"就否认该项出资具有资产的属性。

由于不能从被投资的学校分回股利，这一点与一般的对企业的股权投资不同，因此不建议将对"不要求取得合理回报"的单位的投资列报为"长期股权投资"，建议列报为"其他非流动资产"，并按"成本－减值准备"模式进行后续计量。期末，需对通过该出资可获取的管理费、转让收益等经济利益进行合理、谨慎的估计，以确定该项投资的可收回金额，并对可收回金额低于账面价值的差额计提减值准备（如有）。

问题 3-1-31　成本法下由于子公司减资导致的持股比例变动，是否需要调整长投账面价值

问题：

少数股东单方面减资导致控股股东对子公司的持股比例上升，控股股东是否应该调整长期股权投资的账面价值？

背景：

某国资委分别持 A 公司 100％股权，持 B 公司 60％股权。B 公司实收资本 1 500 万元。

2010 年 10 月，国资委将所持 B 公司 60％的股份 900 万元划转至 A 公司，

A公司根据相关文件按成本法核算作如下分录：

借：长期投资——B公司　　　　　　　　　　　　　37 380 000
　　贷：实收资本——国资委　　　　　　　　　　　　9 000 000
　　　　资本公积　　　　　　　　　　　　　　　　28 380 000

2012年，国资委文件通知B公司小股东(职工持股会)减资25%计375万元(借：实收资本，贷：银行存款)，A公司所持B公司股权比例变为80%，按2010年10月收购日的净资产和减资金额重新计算如下表。

收购日净资产和减资金额计算表　　　　　　单位：万元

项目	小计	实收资本	资本公积	盈余公积——法定	盈余公积——任意	未分配利润	少数股东权益
合并日B公司权益	6 230	1 500	2 300	50	2 400	−20	3
A公司享有60%权益金额	3 738	900	1 380	30	1 440	−12	
B公司减资后	5 855	1 125	2 300	50	2 400	−20	3
A公司享有80%权益金额	4 684	900	1 840	40	1 920	−16	
A公司享有权益差额	946						

解答：

本案例中，由于A公司对B公司持股60%(少数股东退出后变为80%)，因此如无特殊情况，B公司应当是A公司的子公司，A公司对B公司的长期股权投资应采用成本法核算。根据《企业会计准则第2号——长期股权投资》第七条规定："采用成本法核算的长期股权投资应当按照初始投资成本计价。追加或收回投资应当调整长期股权投资的成本"，即除了A公司对B公司的追加投资和收回投资，以及计提减值准备以外，其他情况下A公司对B公司的长期股权投资的账面价值应保持不变，即始终保持为其初始投资成本(3 738万元，即取得投资时对应的净资产份额)。虽然少数股东的减资款小于其对应享有的减资前B公司净资产份额，导致少数股东退出后A公司在B公司的净资产中所享有的份额增加，但这一过程并不涉及A公司向B公司的追加投资，因此基于成本法的核算原则，不应对长期股权投资的账面价值进行调整。

在A公司的合并报表层面，该情况构成了一项购买少数股权交易，A公司在少数股东减资后在B公司的净资产中增加享有的份额(应按减资时点即2012年时B公司的净资产计算)在A公司的合并报表层面应作为一项权益性交易，增加资本公积。

问题3-1-32　权益法核算中对被投资单位权益性交易的"视角调整"问题

问题：

合营、联营企业发生同一控制下企业合并时，对其具有共同控制或者重大影响的股东在对其进行权益法核算时,应如何处理该企业合并事项?

背景:

A 公司对 B 公司持股比例为 30%,对 B 公司具有重大影响,故采用权益法核算对 B 公司的长期股权投资。

2011 年 5 月 31 日,B 公司通过股权收购控股合并了两个子公司,并于 5 月首次编制合并财务报表。该项合并从 B 公司角度被界定为同一控制下的企业合并。B 公司在编制 2011 年度合并财务报表时,已按照同一控制下企业合并的原则,将被合并企业的期初资产负债表和上年度利润表调整了 2011 年度合并财务报表中的前期比较数据。

解答:

依据《企业会计准则第 33 号——合并财务报表》的规定,合并财务报表的编制应当遵循"实体理论"。实体理论的实质,是将合并集团看作一个独立的会计主体,在集团合并层面运用各项会计政策和会计估计。实体理论下合并财务报表的预期使用者除了母公司股东以外,还包括少数股东。

因为实体理论把合并集团看作一个独立会计主体,很多交易和事项站在母公司个别报表角度和合并角度看影响不同,因此实体理论下的合并报表不再仅仅是简单的"汇总+合并抵销",还需要就同一交易或事项站在不同会计主体角度的处理差异进行调整。最极端的例子是反向收购中的合并报表,母公司个别报表和合并报表的会计要素计量模式完全相反。目前,对企业会计准则的若干补充规定和解释中已经开始体现出对"视角差异"进行调整的要求,例如购买少数股权和在不丧失控制权的前提下部分处置子公司股权的交易、分步购买实现的非同一控制下企业合并、处置子公司股权导致丧失控制权的交易、对与以权益法核算的联营、合营企业等之间的内部交易未实现损益的按比例抵销在合并报表层面的不同处理方式等,在合并报表层面和个别报表层面已经作出了不同的处理规定,使得不同层面上的处理结果互相独立。

具体而言,在本案例中,实体理论导致的"视角差异调整"的问题具体体现在:如果 A 公司和 B 公司本身不是处于同一最终控制人的最终控制下(即,A 公司对 B 公司具有重大影响,但 B 公司的最终控制人与 A 公司并不属于同一集团,例如可能是与 A 公司无关联关系的外部第三方),则很多从 B 公司的角度而言是"同一控制下"的交易,站在 A 公司的权益法核算角度并不是"同一控制下的交易"。B 公司在其自身报表中,可以对这些对其而言属于同一控制下的交易采用账面价值入账,差额调整资本公积等等针对同一控制下企业合并的会计处理方式(即从 B 公司角度,这些交易是与其权益持有者进行的交易,所以采用类似于"权益性交易"的原则进行处理);但对于 A 公司的权益法核算角度而言,由于权益法核算只是把 A 企业在 B 企业的净资产和净利润中所享有的份额纳入 A 公司的财务报表,B 公司的其他股东所享有的权益和损益份额并未被纳入 A 公司的财务报表中,相应地,B 公司的其他股东不能被视为 A 公司财务报表中的"权益持有者"。因此,从 A 公司权益法核算的角度而言,可能要把该项企业合并交易视作一项与非权益持有者之间的交易。在权益法核算之前,A 公司要把作为核算依据的 B 公司合并报表按照其自己的视角进行调整。本年内 B 公司发生的同一控制下合并交易,对 B 公司自身报表而言是权益性交易,但对于 A 的权益法核算角度而言,并不是权益性交易。

因此,需要注意的问题是:尽管通常情况下可以认为权益法核算的依据是合营企业或者联营企业的合并财务报表,但当存在类似于本案例的"视角差异"时,就需要先从联营者或者合营者的视角,对合营企业或者联营企业的合并财务报表作出必要的调整后,才能作为权益法核算的依据。

就本案例而言,A 公司为了权益法核算的目的,需要对 B 公司的合并报表进行"视角调整",即将该项企业合并交易视同为一项非同一控制下的企业合并,按非同一控制下企业合并的会计处理原则对 B 公司自身合并报表层面原先作出的同一控制下合并会计处理进行调整后(包括:不能追溯调整前期比较数据以及合并日之前的数据;购买日取得被购买方各项资产、负债以购买日公允价值计量;确认商誉或者负商誉,而不是调整资本公积;等等),才能作为权益法核算的依据。在这种情况下,A 公司在其权益法核算中是不可能就该企业合并事项确认资本公积的。

上述处理方法为此类情况下会计处理的基本原则,但鉴于具体的调整操作较为复杂,实务中可考虑是否切实可行、被购买方公允价值和账面价值之间的差异情况(是否存在账面价值和公允价值可能存在重大差异的资产、负债)、购买对价的账面价值和公允价值之间的差异情况、商誉金额的大小等因素,基于重要性原则,在可接受的范围内作出一定的简化处理。

问题 3-1-33 对持股比例不到 20%,但派一名董事的参股公司能否按权益法核算

问题:

对持股比例不到 20%,但派 1 名董事的参股公司能否按权益法核算?

解答:

根据《企业会计准则第 2 号——长期股权投资》第五条规定:"重大影响,是指对一个企业的财务和经营政策有参与决策的权力,但并不能够控制或者与其他方一起共同控制这些政策的制定。"在实务操作中,重大影响是否存在的判断是需要综合考虑多方面因素所作出的综合判断,准则讲解中给出的考虑因素是通常情况下在考虑这一问题时通常会考虑到的因素,但不能过分强调其中某一因素在其中的"决定性作用",事实上没有一项参考因素的影响可以是决定性的,或者"一票否决"的。

在实务中,对于持股比例在 20% 以下的长期股权投资,要认可对被投资企业具有重大影响,通常不能仅仅依据派驻 1 名董事的事实,还需要收集其他方面的进一步证据,例如:双方之间重大的日常业务往来(或者互为战略合作伙伴关系等);派驻董事人数多于 1 名或者派驻重要的高级管理人员;被投资企业在技术、市场、原料供应渠道、管理等方面对本企业的重大依赖;被投资企业的股

权较为分散,本企业所持股权虽未达到控制程度,但仍显著高于其他股东;等等。

结论基础:

根据《企业会计准则讲解(2010)》第三章对"重大影响"的相关描述:"企业通常可以通过以下一种或几种情形来判断是否对被投资单位具有重大影响:(1)在被投资单位的董事会或类似权力机构中派有代表。这种情况下,由于在被投资单位的董事会或类似权力机构中派有代表,并享有相应的实质性的参与决策权,投资企业可以通过该代表参与被投资单位经营政策的制定,达到对被投资单位施加重大影响。……"

但是,不能简单地认为仅仅派驻一名董事即必然可对被投资单位施加重大影响。因为重大影响的定义是"对一个企业的财务和经营政策有参与决策的权力,但并不能够控制或者与其他方一起共同控制这些政策的制定",因此重大影响归根结底是要通过在董事会上提出议案和参与表决的方式,促使有利于自身利益的财务、经营政策方面的议案获得通过(但对所议事项不具有单方面的决定权或者否决权)。因此,虽然派驻了董事,但是如果不能单独提出议案,或者由其他原因导致影响或改变表决结果的潜在可能性较小的,则不能认为具有重大影响。例如:①被投资企业的股权高度分散(例如在一些金融企业中),且董事的总人数较多(根据《公司法》规定,有限责任公司的董事人数最多可为 13 人,股份有限公司的董事人数最多可为 19 人),此时如果只派驻 1 名董事,很可能无法对董事会的表决结果产生重大影响,也无权单独提出议案;②根据董事会的议事规则或者职责分工,本公司派驻的董事为非执行董事或者在某些方面的权限受到限制;③各方股东之间存在关联方关系(如集团财务公司,股东基本上都是同一集团的成员企业),最终都听命于其母公司,可能不能完全基于自身利益和立场作出决策和发表意见;④除本公司以外的其他股东存在关联方关系或者一致行动关系,对本公司派驻的董事形成较大的制约;等等。在此情况下,尽管派驻了董事,但很可能仍然不能对被投资单位的财务、经营决策产生实质性的影响力。

对于不同的被投资企业,应当根据每个公司的个案情况分析对其是否具有重大影响,不能一概而论。股权比例、是否派驻董事和是否具有重大影响这三者之间存在一定的相关关系,但不是必然的。关键还是要针对每个被投资企业的个案情况,在分析的基础上得出个案的结论。如果确有证据表明对一些被投资单位,因为持股比例较高、该公司董事人数较少等原因,确实对其财务、经营决策具有实质性的重大影响力,而对另外一些被投资企业不具有实质性的重大影响力的,则根据不同情况作出的不同处理结果应当是可以得到解释的。

问题 3-1-34 对超额亏损的联营企业未同比增资导致持股比例下降的处理

问题:

对超额亏损的联营企业未同比增资,导致持股比例下降时,投资者应如何进行会计处理？

背景：

A 公司为 B 公司的联营公司，B 公司持股比例 40%，截至 2012 年，该公司 A 公司资产总额 235 646 万元，负债总额 255 898 万元，所有者权益－20 252 万元。A 公司自 2007 年投产以来，连年亏损，累计亏损为 103 918 万元。B 公司按权益法核算（在投资期间，A 公司除损益变动外，无其他权益变动）。且在 2011 年将长期股权投资账面价值减计至零。

A 公司的另一股东 D 公司对 A 公司注资 2 亿元，B 公司放弃增资。增资完成后，A 公司注册资本增加至 83 666 万元，D 公司持股比例变更为 74.34%；B 公司持股比例变更为 25.66%。

解答：

在本案例中，B 公司对 A 公司的长期股权投资因被投资单位累计亏损，权益法核算已减至为零，剔除承担额外义务及其他实质上构成对 A 公司净投资的长期权益影响外，其他未确认的 B 公司应分担的 A 公司的损失，应做备查账登记。

《企业会计准则讲解（2010）》第 42 页指出："在确认了有关的投资损失以后，被投资单位于以后期间实现盈利的，应按以上相反顺序分别减记已确认的预计负债、恢复其他长期权益及长期股权投资的账面价值，同时确认投资收益。即应当按顺序分别借记'预计负债'、'长期应收款'、'长期股权投资'科目，贷记'投资收益'科目。"

对于联营企业接受其他股东单方面增资导致本企业股权比例被稀释，但仍为联营企业的处理，应依据中国证监会会计部《上市公司执行企业会计准则监管问题解答》(2011 年第 1 期)问题 1 所述原则处理。在本案例中，鉴于其他股东增资前该联营企业的净资产为负数，B 公司对其长期股权投资的账面价值已经减记至零，因此，应当根据该联营企业接受增资后的净资产是否恢复为正数，确定 B 公司在权益法核算中的处理（注：此处假设长期股权投资成本中不包含商誉因素，且该联营企业不是从外部购入，权益法核算中不存在对可辨认净资产账面价值和投资取得日公允价值之间的差额的调整问题。如果涉及这些问题的，则还应对这些问题作出相应的考虑和处理）：

（1）如果接受增资后，该联营企业的净资产仍为负数的，则 B 公司对其的长期股权投资账面价值仍然保持零值不变（但应进行明细调整，即根据 B 公司股权比例下降的情况，将与所下降的股权比例对应的这部分"投资成本"转入"损益调整"），B 公司账面也不确认投资收益，但应减少在备查簿中确认的未确认投资损失金额。

（2）如果接受增资后，该联营企业的净资产变为正数的，则应根据稀释后新的股权比例(25.66%)计算 B 公司在增资后该联营企业的净资产中所享有的份额，相应确认投资收益。同时对长期股权投资的明细科目进行调整，根据 B 公司股权比例下降的情况，将与所下降的股权比例对应的这部分"投资成本"转入"损益调整"。同时备查簿中不再有"未确认投资损失"。

问题 3-1-35 对小股东分配固定红利的相关问题

问题：

公司对部分股东每年分配固定红利是否符合法律规定？如果符合法律规定，则该公司应该如何进行会计处理？其控股股东应如何合并该公司的财务报表？

背景：

A 公司由 B 公司、C 公司、D 公司投资设立。2012 年三方股东签订如下协议：

1. 调整 A 公司股权结构。A 公司减资并调整股权，减资后的股本总额为 2 800 万元，其中 C 公司调整后实际投资股本为 100 万元，出资比例为 3.57%；D 公司调整后实际投资股本为 100 万元，出资比例为 3.57%；B 公司投资金额不变，调整后实际投资股本为 2 600 万元，出资比例为 92.86%。

2. 2011 年 12 月 31 日以前的未分配利润不分配。

3. A 公司今后的日常财务决策和经营管理权由 B 公司全权负责，C 公司及 D 公司不参与 A 公司的经营管理。利润分配方式为 A 公司每年向 C 公司及 D 公司各支付包干费人民币 2 000 元。

解答：

1. 根据《公司法》第三十五条"股东按照实缴的出资比例分取红利；公司新增资本时，股东有权优先按照实缴的出资比例认缴出资。但是，全体股东约定不按照出资比例分取红利或者不按照出资比例优先认缴出资的除外"的规定，在全体股东约定的情况下，可以不按持股比例分红。故在本案例中，两家小股东每年分取固定红利的决议应未违反相关法律规定。

2. 参考本书中《2012 年上市公司年度报告披露的最新要求对年审的影响》一文中关于"债权与股权的划分"的相关内容，应注意判断对于 A 公司而言，C 公司和 D 公司的出资额是构成一项负债还是权益。在本案例中，C 公司和 D 公司每年收取固定的收益，不承担企业经营的风险与额外报酬；但为了进行会计处理之目的，尚须确定在未来 A 公司清算时的安排。根据《公司法》第一百八十七条规定："公司财产在分别支付清算费用、职工的工资、社会保险费用和法定补偿金，缴纳所欠税款，清偿公司债务后的剩余财产，有限责任公司按照股东的出资比例分配，股份有限公司按照股东持有的股份比例分配"，因此，如果未来 A 公司清算时仍按股权比例分配剩余净资产，则可能表明 C 公司和 D 公司两者仍在一定程度上承担了剩余净资产上的风险和报酬，因此这两个小股东(C 公司和 D 公司)持有的可能是一项包含债务工具和权益工具的混合工具。但在本案例中，因为涉及金额较小(预计很可能低于重要性水平)，如果在可预见的未来没有清算 A 公司的计划，该协议将在一段较长时间内得到遵循，则其中涉及权益工具的影响金额很小，基于简化考虑，也可不单独确认该项权益工具。

如果不单独确认权益工具成分，则 C 公司和 D 公司的投资实质是一种债权投资，B 公司从 A 公司权益中扣除 C 公司和 D 公司的 200 万元投资及其享有的投资收益以后，按100%的比例进行合并，即在B公司的合并财务报表中不就A公司确认少数股东权益和少数股东损益。

3. 对于A公司每年支付给C公司和D公司的包干费用应视同为借款的利息支出，根据《企业会计准则第17号——借款费用》的相关规定进行会计处理。

问题3-1-36 处置联营企业股权收益的确认时点

问题：

企业处置所持联营企业股权时，在签订股权转让合同、修改章程和股东名册、办理工商变更登记三个时点中，选择哪一个作为股权转让时点较为妥当；或另有其他时点更为合理、准确？

解答：

会计上终止确认该项长期股权投资，相应确认股权转让收益的时点，应当是将该项投资资产所有权上的主要风险和报酬全部转移给购买方，不再对被投资企业享有股东权利和承担股东义务，相应地该项投资不再能够为本企业带来经济利益的时点。

《〈企业会计准则第20号——企业合并〉应用指南》（此处并非丧失对子公司的控制权，故仅是参照）第二条"合并日或购买日的确定"中所给出的合并日/购买日判断的五项标准中的第三项"参与合并各方已办理了必要的财产权转移手续"并不是仅指工商变更登记。根据《公司法》第三十三条的规定，"公司应当将股东的姓名或者名称及其出资额向公司登记机关登记；登记事项发生变更的，应当办理变更登记。未经登记或者变更登记的，不得对抗第三人"，即工商变更登记主要是用于确立该项股权变更对抗外部第三人的效力。但对于股权转让的双方——原股东和新股东而言，可以在股权转让协议中约定其他的"财产权转移手续"办理完毕的标志性事件（如被购买方的公章、账册等被移交给购买方派出的管理人员，等等），而不一定以标的企业办理完毕工商变更登记作为唯一的判断标准。如果新老股东在股权转让协议中约定以其他事件作为财产权转移生效的标志，则只要这种约定不违反法律法规的强制性、禁止性规定，在实践中也是可以获得认可的，关键是看与标的股权相关的剩余风险和报酬，以及相关的股东权利和义务从何时开始实质性地转移给新股东。

从法律角度而言，工商登记或者变更登记并非行政许可，而只是在相关交易或者事项发生后就发生后的事实情况向有关主管部门办理登记。根据《公司登记管理条例》第七十三条规定："公司登记事项发生变更时，未依照本条例规定办理有关变更登记的，由公司登记机关责令限期登记；逾期不登记的，处以1万元以上10万元以下的罚款。"因此，股东变更后不办理变更登记，并不必然导致相关交易或者事项不具有法律效力（但不具有对抗第三人的效力）。因此，在实务中，可能出现企业合并的合并日/购买日早于被合并方或者被购买方办妥工商变更登记之日的情况。但是，如果各方在股权转让协议中约定以工商变更登记完成日作为股权转让生效日的，则应遵循该等约定判断股权转让日。

但是，对于企业在股权转让和变更之前依法必须取得的行政许可，如外商投资企业股权变更时商务、外汇等主管部门的批准；涉及国有产权转让时国资委的审核批准；涉及金融企业的较大股权转让时相关金融监督管理机构的核准；涉及上市公司收购时中国证监会的核准等，是股权转让交易得以合法进行的前提，在应获得而未获得行政许可的情况下发生的相关股权转让交易不具有法律效力，不受法律保护。因此，企业合并的合并日/购买日不可能早于该交易事项依法应当申请的行政许可全部获得主管机关批准或核准的最晚日期。我们理解，这也是《〈企业会计准则第20号——企业合并〉应用指南》第二条把"企业合并事项需要经过国家有关主管部门审批的，已获得批准"作为确定合并日/购买日五项条件之一的主要原因。因此，企业管理层和注册会计师均应关注区分企业合并的股权变更过程中所涉及的行政许可事项和登记事项的区别，及其对判断合并日/购买日的可能影响。

根据《公司法》第三十三条规定，记载于股东名册的股东，可以依股东名册主张行使股东权利。因此股东名册可以视作企业内部证明股东身份的内部证据。其变更登记在判断股权转让日时应当予以考虑。

因此，建议以同时满足以下条件之日作为股权转让日：

1. 股权转让合同已经签署并生效。如果生效之前需经过有关主管部门批准的，应已完成相关批准手续并获得许可。

2. 已经通过产权交易所完成了产权交易手续，获取产权转让交割单。

3. 被投资企业已对其股东名册进行了变更记载。与标的股权对应的表决权、收益权等股东权利已经转移给受让方享有，原股东不再对此承担风险和享有收益。

4. 股权转让价款金额、支付方式和支付时间等已经确定，受让方已经按照约定的进度支付受让价款，且已对尚未支付的款项的付款来源作好安排，没有证据表明受让方会违约从而导致该项交易被撤销或者转回。

5. 预计最终完成工商变更登记不存在重大的法律障碍。

问题 3-1-37 与控股股东、关联方之间的股权收购和处置交易

问题：

根据下文"背景"资料分析：A 公司对其与 B 公司、C 集团之间进行的集团内部股权交易应如何进行处理？

背景：

A 公司与 B 公司同受 C 集团控制，2011 年至 2012 年，由 C 集团主导：

1. A 公司将控股子公司 D 的 51% 股权转让给 B 公司，协议价格 25 554.47 万元，D 公司账面净资产为 35 207.06 万元，A 公司该项投资成本 4 200 万元，转让投资溢价约 7 598.87 万元。

2. A 公司将对 E 公司 10.01% 的股权投资转让至 C 集团，协议价格 18 992.69 万元，E 公司账面净资产为 13 730.19 万元，A 公司该项投资成本

1 896.20万元。

3. A公司并收购C集团所持F公司40%股权。协议价格21 168.00万元，F公司账面净资产为17 124.84万元，投资溢价金额约14 318.06万元。

解答：

对于中国企业会计准则下规定的"同一控制下企业合并"和"权益性交易"概念，应当根据交易的实际背景情况确定其是否适用：

1. 对于向C集团收购其所持F公司40%股权的交易，如果在交易后F公司是A公司的联营企业，后续应按权益法核算的，则虽然股权收购的交易对手是本公司的控股股东，A公司仍应按《企业会计准则第2号——长期股权投资》第九条至第十三条规定的权益法进行核算。但需要关注该交易中收购价格的确定依据，有无经过核准或备案的评估报告等证据表明交易价格系按标的股权的公允价值成交。如果交易作价不同于公允价值且差异重大的，则对于交易作价与标的股权公允价值之间的差额部分，A公司应按权益性交易的原则处理，直接调整所有者权益。

对于收购价格和标的股权对应净资产账面价值之间的差额部分，应注意分析其形成原因，关注是否存在符合无形资产定义但F公司自身账面上未作单独确认的无形资产。如果有，则在进行购买对价分摊时应当予以充分考虑。

2. 对于向关联方处置D公司51%股权并导致丧失控制权的交易，A公司应按《企业会计准则解释第4号》第四条的规定，分别在个别报表和合并报表层面作出相应的处理。如果处置价款不同于标的股权的公允价值且差异重大的，则对于交易作价与标的股权公允价值之间的差额部分，A公司应按权益性交易的原则处理，直接调整所有者权益。

3. 对于向控股股东处置E公司10.01%股权的交易，A公司应关注该交易属于以下交易中的哪一类，分别按照适用的会计准则处理：

（1）在不丧失控制权的前提下部分处置子公司股权，应按财会便[2009]14号文的规定处理，在合并报表层面作为权益性交易处理。

（2）处置子公司部分股权导致丧失对其控制权，应按照《企业会计准则解释第4号》第四条的规定，分别在个别报表和合并报表层面作出相应的处理。

（3）处置前后均对E公司不具有控制权的，则按照《企业会计准则第2号——长期股权投资》第十六条的规定处理，处置价款与标的股权账面价值之间的差额计入损益。如果涉及核算方法转换（由权益法转为成本法）的，则按《企业会计准则讲解(2010)》第三章第四节所述的相关原则处理。

上述各项交易中，处置价款不同于标的股权的公允价值且差异重大的，则对于交易作价与标的股权公允价值之间的差额部分，A公司应按权益性交易的原则处理，直接调整所有者权益。

4. 注册会计师应关注这些交易之间是否存在关联，是否属于应作为一个整体进行处理的"一揽子交易"，即作为一个整体谈判达成、互为前提和条件，旨在实现同一项商业目的的交易。鉴于本案例中转让股权的溢价和受让股权的溢价都同样很高，因此注册会计师还应关注是否存在《企业会计准则解释第 5 号》第五条所指出的"一项交易单独看是不经济的,但是和其他交易一并考虑时是经济的"的情形。如果是,则应按一揽子交易的原则处理,其中一项交易中冲减净资产的金额可以部分与另一交易中增加净资产的金额相抵销。

问题 3-1-38 股权转让时转让方承担或有支出时的处理问题

问题:

股权转让时,转让方对依据股权转让协议承担的或有支出应如何进行核算和附注披露?

背景:

某 A 公司拟处置子公司 B,B 公司所拥有的土地尚未开发,其动工开发的期限即将到期,面临被认定为"闲置土地"而遭到处罚的风险。故 A 公司计划与受让方签订合同,约定如果到期无法开发,所面临处罚由 A 公司承担(预计该处罚金额约为人民币 1 000 万元左右),该笔处罚支出如何进行账务处理?

解答:

如果在股权转让协议中约定所受处罚由 A 公司承担,则可能分为两种情况:

1. 该笔补偿款直接由 A 公司支付给 B 公司股权的受让方,不通过 B 公司。此时 A 公司支付的该笔款项可作为对处置损益的调整。如果股权转让完成时罚款金额尚未确定,尚无法合理估计可能的罚款金额的,则鉴于该交易的最终结果仍存在重大不确定性,A 公司在股权转让完成时点尚不能确认股权转让损益;如果股权转让完成时罚款尚未实际支付,但金额已经基本确定的,则 A 公司可以确认股权转让损益,但需对未来很可能需承担的损失金额作出谨慎的估计,并依据《企业会计准则第 13 号——或有事项》的相关规定确认预计负债,并作为或有事项在财务报表附注中予以适当披露。

B 公司支付该笔处罚款项时,应计入当期损益处理。

2. 该笔补偿款由 A 公司支付给 B 公司。由于由 A 公司承担该损失的事项是在股权转让时一并约定的,是与股权转让直接相关的一揽子交易,因此虽然此时 A 公司已不再在 B 公司的净资产中享有权益,但 B 公司依据原《股权转让协议》中的相关约定收到补偿款时,仍作为权益性交易处理,在扣除须缴纳的相关所得税款(如有)后确认为资本公积。对于 A 公司而言,由于已不再在 B 公司的净资产中享有权益,所以 A 公司层面的处理与上述情况 1 中相同,即作为对处置损益的调整。

问题 3-1-39 转让上市公司股份交易完成日的确认

问题:

1. A 公司转让所持上市公司股权,受让方未按《股权转让协议》的约定期限支付价款,A公司能否确认该股权转让的投资收益?

2. A公司在资产负债表日后、财务报表批准报出日之前与受让方签署补充协议,调增转让价款,是否需要作为期后调整事项,补充确认投资收益?

背景:

A公司出资3 000万元,持有B银行股份为3 000万股(低于总股本的5%)。A公司于2011年5月9日与C公司签署《股权转让协议》,协议价格为3 270万元,约定签约协议7日内支付价款。截至目前,C公司尚未支付股权转让价款。B银行于2011年8月12日提出《关于部分法人股东对其持有股份实施转让的议案》,提请董事会审议;B银行于2011年8月12日董事会决议通过上述议案;截至目前,B银行对于A公司原持有的B银行股份,已登记为C公司。

2012年3月,A公司在其2011年度财务报表批准报出之前,与受让方C公司签署补充协议,调增转让价款,作为对其延迟付款的补偿。

解答:

1. 本案例中,B银行于2011年8月董事会会议通过该转让事项后,已在股东名册上作了相应变更登记,并且由于所转让的并非发起人股份,且涉及的股权比例低于B银行股份总数的5%,无需到工商部门办理变更登记,也无需获得银监会或者银监局的批准。同时,按照《公司法》第140条规定"记名股票,由股东以背书方式或者法律、行政法规规定的其他方式转让;转让后由公司将受让人的姓名或者名称及住所记载于股东名册";第33条"记载于股东名册的股东,可以依股东名册主张行使股东权利"的规定,在股权转让协议已生效并获得B银行董事会决议同意,且B银行已对其股东名册作出变更记载的情况下,受让方依据《公司法》的相关规定应可就受让的股份享有股东权利和承担相应的股东义务。

但是,鉴于C公司并未按照股权转让协议的约定,在股权转让协议签署之日起7日内支付股权转让款,则由此是否可能导致A公司最终无法收到股权转让款,或者导致股权转让交易被撤销等,存在不确定性,因此,注册会计师应当执行相关审计程序,对应收股权转让款的可收回性进行谨慎评价,以及对股权转让收益能否确认的问题予以谨慎评价,包括但不限于:向受让方函证该笔应付股权转让款余额;了解受让方的财务状况及其付款意愿和财务能力;了解还款计划的更新情况;就针对受让方的违约事实拟采取的行动向A公司管理层获取声明书;获取律师的法律意见函;等等。

2. 若A公司与C公司在2011年度财务报表批准报出日之前签署补充协议,调整转让价格,则该补充协议签署和价格调整并不是资产负债表日已存在的状况,因此不属于"对资产负债表日已经存在的情况提供了新的或进一步证据的事项",即不能作为2011年度的调整事项处理。同时,只有在根据上述问题1,原先的270万元(3 270-3 000)股权转让损益的确认条件已满足的前提下,才能就调整部分的转让价款调整应收股权转让款和股权转让损益(相关的股权转让损益调整数应确认在2012年度利润表中)。

问题 3-1-40 股权转让中涉及的代管资产权益由原股东享有时的处理

问题：

股权转让协议中约定标的企业的部分特定资产相关权益仍由原股东享有时，该标的企业和受让方应如何进行相关账务处理？

背景：

A 单位为民营企业，执行《企业会计制度》，所得税的会计处理采用应付税款法。2011 年内，B 单位(集体性质)收购 A 单位的股权，双方签订协议，约定：

1. A 单位的股东将 A 单位除股票投资、一栋房屋之外的资产和负债全部转让给 B 单位，B 单位成为 A 单位的唯一股东，A 单位继续经营；

2. 股票投资 2012 年处置完毕，处置收益归 A 单位的原股东；

3. 房屋的处置尚未达成协议，暂不处理。

问题是：B 单位已支付转让款后，A 单位是否需要进行账务处理？2012 年起 A 单位执行新的企业会计准则，期初数如何确定，股票是否确认递延所得税负债及公允价值变动损益？

解答：

1. 股权转让时点上 A 单位的处理。

对于 A 单位而言，在股权转让和股东变更的时点上，股票投资和房屋仍然是 A 单位的法人财产，新老股东对其归属的约定不影响其对抗外部第三方的效力；并且《企业会计制度》(以下简称"原制度")下的会计处理更为注重法律形式，对"实质重于形式"原则的运用较为有限。因此，在原制度下，可以考虑将股权变更时点上股票投资和房屋的账面价值从权益类科目转为负债类科目，即其他应付款，相应依次冲减资本公积、盈余公积、未分配利润。对于相应的资产价值，可以从"短期投资"和"固定资产"科目转入"其他流动资产——代管资产"科目，也可以不作该结转但在明细科目中予以单列。即账务处理为：

借：资本公积、盈余公积、未分配利润
　　贷：其他应付款——原股东
借：其他流动资产——代管资产
　　贷：短期投资、固定资产

2. A 单位转为执行新准则时的衔接处理。

在新准则下，A 单位实际上被视为两个不具有关联的经济主体的汇总体：①由原股东控制的股票投资和房屋建筑物；②由新股东 B 控制的其他资产、负债和业务。这两个部分应当分别单独设账和独立核算。只是为了编制法定报表的需要，才把这两个缺乏内在联系的部分汇总到一起，构成 A 单位的整体财务报表。在账套①中，原股东应当对其所控制的股票投资按新准则下的金融资产核算要求进行核算，确认公允价值变动损益和对应的递延所得税，并就首次执行日的累计公允价值变动调整期初留存收益或者资本公积。在 A 公司编制对外的法定财务报表时，账套①、②的股东权益的汇总数构成了法定财务报表中的股东权益总额。新老股东根据约定在该净资产中分别享有约定的份额。

3. B单位(股权受让方)的合并报表层面的处理。

在B单位编制合并报表时,仅把A单位的账套②中包含的资产、负债和损益,即可控制的部分,纳入其合并报表。仍由A单位控制并享有权益的股票投资和房屋建筑物及其增减变动金额不纳入B的合并报表。相应地,在B的合并报表中也不反映这些股票投资和房屋的处置情况。

问题3-1-41 股权转让后取得股利的会计处理

问题:

子公司于股权转让完成日之后宣告向原母公司分配利润,原母公司单户报表是否应当作为"投资收益——成本法股息红利收益"?合并层面是否应作为"投资收益——股权转让收益"?

背景:

上市公司转让下属全资子公司100%股权给控股股东。双方在股权转让协议中约定:

1. 转让价格将综合考虑子公司的净资产评估结果、业务及资产情况、可比公司估值水平、历次子公司转让估值倍数等因素,并扣除子公司在基准日至本协议签署日(不含本协议签署当日)期间宣告分派的利润加以确定。

2. 在上述原则基础上,经双方协商,本协议项下的转让价格为人民币×××元。股权转让价款由乙方在满足交易条件后10日内全部以人民币现金为对价一次性向甲方支付。乙方支付完毕股权转让价款后,双方应立即促使子公司办理本次交易项下的工商变更登记事项,并促使该等事项在乙方支付完毕股权转让价款后至迟30日内全部完成。

3. 双方约定,自基准日至交易完成日(不含交易完成日当日)期间内子公司所产生的任何可分配利润(及其他权益)或亏损由甲方享有或承担;该期间内子公司所产生的任何可分配利润(及其他权益)或亏损的具体金额应经专项审计后确定。

4. 交易完成日及以后,子公司所产生的任何可分配利润(及其他权益)或亏损应由乙方享有或承担。

子公司于2013年4月30日办理完毕工商变更登记手续,审计师以2013年4月30日为基准日进行专项审计,并于5月30日出具专项审计报告,子公司于5月30日依据上述条款3宣告向上市公司分配利润。

解答:

从上文"背景"资料中股权转让协议的条款看,"自基准日至交易完成日(不含交易完成日当日)期间内子公司所产生的任何可分配利润(及其他权益)或亏损由甲方享有或承担";"交易完成日及以后,子公司所产生的任何可分配利润(及其他权益)或亏损应由乙方享有或承担",据此,标的子公司截至交易完成日为止的损益和净资产变动情况都会影响到作为转让方的上市公司从整个交易

(包括以往的持股和目前的股权转让)中可获取的经济利益。在上市公司个别报表层面,需到交易完成日才能终止确认对标的公司的长期股权投资,并确认处置损益;在上市公司合并报表层面,则应继续将该子公司纳入合并范围直到交易完成日为止,即以交易完成日为处置日。据此:

1. 在上市公司个别报表层面,由于交易完成后(例如前述的 2013 年 5 月 30 日)从当时已不再持股的原子公司分得股利是基于股权转让协议中的约定,其金额取决于基准日到交易完成日期间标的子公司的盈利,且采用了股利分配的法律形式,因此可以在该原子公司宣告该项股利时确认为投资收益(成本法下股利收益)。

2. 在上市公司合并报表层面,需继续将该标的子公司纳入合并范围直到交易完成日,因此基准日至交易完成日期间的损益已经体现在上市公司合并利润表的收入、成本、费用等各个具体报表项目中,相应改变了交易完成日该标的子公司的净资产在上市公司合并报表层面的金额。根据《企业会计准则解释第 4 号》第四条规定:"在合并财务报表中,对于剩余股权,应当按照其在丧失控制权日的公允价值进行重新计量。处置股权取得的对价与剩余股权公允价值之和,减去按原持股比例计算应享有原有子公司自购买日开始持续计算的净资产的份额之间的差额,计入丧失控制权当期的投资收益",因此处置日(交易完成日)标的公司净资产的变动会影响到合并报表层面确认的"投资收益——处置子公司损益"。

第二节 企业合并和合并财务报表的相关问题

问题 3-2-1 收购"单一资产实体"是否购成业务合并

问题:

当被收购方属于"单一资产实体"时,该项收购交易应认定为业务合并交易还是资产购买交易?

背景:

所谓"单一资产实体"(single asset entity)是指某一实体的总资产额中,占据绝对比重的是一项具有不可替代性的特定可辨认资产的价值,除此以外的其他资产、负债的价值都是显著不重大的。相应地,该实体的未来现金流量也高度依赖于该项特定的可辨认资产。常见的"单一资产实体"的例子是为了特定的房地产开发项目、特定的投资性房地产或者特定区域、矿种的开采等而设立的项目公司。

A 企业为进行资源整合,采取资产收购方式,收购 B 企业(收购前无产权联系)的资产(不含负债),包括采矿权和经营性实物资产(包括土地、房屋、设备及巷道等)。此种收购行为,是否构成非同一控制下企业合并(业务合并)?如不购成为企业合并,企业收购价款与评估值的差异,是否计入当期营业外收支?

解答：

涉及"单一资产实体"的收购时，对于其中核心资产的收购，不构成一项业务合并。该项收购交易中不应存在独立于可辨认资产而单独存在的商誉。取得控制权时支付的对价在扣除其他可辨认资产的公允价值后，剩余金额全部应归属于该项特定的可辨认资产，如房地产开发项目或矿业权等，并随着该项特定可辨认资产经济利益的逐步消耗而转入损益。

对此类"单一资产实体"的收购在合并报表层面不确认递延所得税负债。

结论基础：

参照 IFRS 体系下《国际财务报告准则第 3 号——企业合并》的"结论基础"部分中第 BC313～BC314 段等段落中的说明，非同一控制下企业合并所形成的商誉，从概念上说应当包含两个主要组成部分：①被购买方现有业务的持续经营因素的公允价值；②通过将购买方和被购买方的净资产和业务加以整合而预计可获得的协同效应或者其他利益的公允价值。

在本案例中，如果被购买方单纯从事特定区域的采矿业务（经营性实物资产也是为该区域内的采矿服务的，即与采矿权同属一个资产组），则该业务在购买日之后仍将独立运营，与购买方的其他业务并无明显的整合协同效应；被购买方的主要资产是采矿权这一特定的资源资产，其他资产显著不重大，因此是否持续经营对其估值影响的差异并不显著（例如，储量、产能、品位、开采难易程度等因素类似的矿，处于生产状态和停产状态，其估值差异并不大）。在此情况下，我们倾向于认为：对采矿公司、房地产开发项目公司等具有"单一资产实体"特征的企业，其未来现金流量高度依赖于具有不可替代性的特定可辨认资产（如特定区域的矿业权、特定的房地产开发项目权益等），到该项特定可辨认资产所包含的经济利益因出售、年限届满或者开采等原因消耗完毕后，该企业的未来现金流量也将变为零。在此情况下，不应存在独立于可辨认资产而单独存在的商誉。取得控制权时支付的对价在扣除其他可辨认资产的公允价值后，剩余金额全部应归属于该项特定的可辨认资产，如房地产开发项目或矿业权等，并随着该项特定可辨认资产经济利益的逐步消耗而转入损益。

如果该矿山目前处于正常开采状态，则我们并不否认该矿山资产组（包含采矿权以及与之配套的土地、房屋、设备及巷道等经营性实物资产）整体上构成《企业会计准则第 20 号——企业合并》所指的"业务"。但是，即使构成"业务"，也基本上是没有商誉的（至少商誉价值不重大），因此其整体价值可以基本理解为其所包含的各单项可辨认资产、负债的公允价值之和，其中又以该特定资产的价值占绝大多数。基于这一推断，将购买总价扣除其他各项资产的公允价值之后，剩下的就应当等于该核心资产的公允价值。

在目前实务中，一些地方的煤炭资源整合中按照当地政府给出的指导价评估的矿权价值偏低，整合方为了取得相关的矿权资产只能在评估值以外支付额外的补偿，很明显这部分额外的补偿是为了取得矿权而支付的额外对价，在合并报表层面应计入矿权资产价值中。

对于合并报表层面的矿权资产价值高于其计税基础导致的暂时性差异是

否应确认递延所得税负债的问题,我们倾向于对此类"单一资产实体"的收购在合并报表层面不确认递延所得税负债。得出这一结论的原因是:如果承认该矿属于"业务"(例如正在开采中或者建设中),即构成一项业务合并,则按照《企业会计准则第 18 号——所得税》第十一条规定,应确认递延所得税负债,确认递延所得税负债的影响调整商誉;但如果这样做,又会与前面讨论的此类"单一资产实体"的收购不应形成商誉的结论相冲突,即得出矛盾的结果。而如果将确认递延所得税负债的影响计入矿权价值,又会引发死循环。鉴于根据前面的分析,"持续经营因素"和"协同效应因素"对矿权资产本身的价值影响不大,仅仅因为是否在开采或者建设中就导致对矿权确认或者不确认递延所得税负债的差异,也不合理。因此我们倾向于对此类"单一资产实体"的收购在合并报表层面不确认递延所得税负债。一个可行的解释是:此时同时存在一项业务合并和一项资产购买,其中构成业务合并的是除该项矿权以外的对应于建设和开采活动的资产和负债,构成资产购买的是矿权(资源)。即使被购买的矿整体上构成"业务",影响其是否构成业务的因素也是其他资产和负债,而不是矿权本身;并且矿权本身最多只能算是"投入",而不具备加工处理过程和产出,因此可以把矿权排除在"业务"的范围之外,看作一项不构成业务的单独资产。而除了矿权以外的其他资产虽然构成业务,按企业合并和所得税准则规定需确认递延所得税资产/负债,但由于其相对不重大,基于重要性原则,也可以简化处理。该问题的主要产生原因是由于所得税会计准则对不构成企业合并且交易发生时既不影响会计利润也不影响应纳税所得额的"初始确认豁免"存在理论缺陷导致,可能需要通过准则修订才能解决。

类似问题可参考中国会计视野论坛"CPA 业务探讨"板块中以下帖子的讨论:http://bbs.esnai.com/forum.php?mod=viewthread&tid=4840703&page=1#pid6541394。

问题 3-2-2 企业合并类型的判断问题

问题:

如何理解"同一控制下的企业合并"定义中的"非暂时性"标准?在判断一项企业合并是否构成同一控制下的企业合并时,是否必须同时满足参与合并各方在合并日之前和之后同处于同一最终控制方控制下的时间长度各不短于 1 年的要求?

背景:

根据国资委 2010 年 5 月 20 日《关于 A 集团公司与 B 集团公司重组的通知》,经国务院批准,A 集团公司与 B 集团公司(两者原均为直接由国资委行使出资人职责的集团公司)实行联合重组,依法新设立 C 集团公司,A 集团公司与 B 集团公司作为 C 集团公司的全资子公司。C 集团公司于 2010 年 7 月 28 日注册成立。

为进一步优化联合重组后 C 集团公司的各项资源配置,提升集团整体竞争力,C集团公司成立后,即对下属上市公司——D公司(在C集团成立前原属于A集团)进行资产重组,将D上市公司的原有业务及相关资产置换出D公司,并将C集团下属三家子公司(在C集团成立前原属于B集团)的100%股权置换入D公司。该项重组的完成日(合并日)为2011年6月30日,距离C集团公司的注册成立日不满1年。

解答:

根据本案例的具体情况,上市公司D在C集团的主导下,取得三家子公司的控制权,尽管参与合并各方在交易前处于同一最终控制方控制下的时间短于1年,但鉴于该交易是在相同的最终控制方主导下完成的,且合并后各方的同一控制关系预期将会长期稳定存在,因此仍应界定为一项同一控制下的企业合并。

结论基础:

《企业会计准则第20号——企业合并》第五条规定:"参与合并的企业在合并前后均受同一方或相同的多方最终控制且该控制并非暂时性的,为同一控制下的企业合并。"该准则讲解进一步指出:"控制并非暂时性,是指参与合并的各方在合并前后较长的时间内受同一方或相同的多方最终控制。较长的时间通常指1年以上(含1年)";"同一控制下企业合并的判断,应当遵循实质重于形式要求"。

本案例中,参与合并各方在交易前后均属于同一最终控制方——C集团控制,因此上市公司D取得三家子公司的控制权的合并事项属于同一控制还是非同一控制下的合并,关键在于界定是否符合会计准则对"同一控制下的企业合并"定义中的"控制并非暂时性"标准。对此我们认为,不应将《企业会计准则第20号——企业合并》及其应用指南对"同一控制下的企业合并"的定义中的"非暂时性"标准简单地理解为"合并日前后各一年",而应从对合并交易的经济实质的分析出发,体现出设置"同一控制下的企业合并"这一概念的本意。对于"同一控制下的企业合并"定义中的"非暂时性"(not transitory),应当理解为一项反规避条款,以防范将依据正常交易条款达成的企业合并通过故意构造交易的形式,将其"修饰"为一项同一控制下的企业合并交易,即参与合并各方只有在合并前后均很短的一段时间内是处于同一控制下的。相应地,对于控制是否为"非暂时性"的评估,应当同时考虑各方在交易前后均处于同一控制下的时间长短,而不能仅仅看交易之前或者交易之后各方处于同一控制下的时间长短。因此:①如果主体A将其已连续控制多年的主体B、C合并为主体D后,很快就把主体D予以出售,或者以其他方式丧失了对D的控制权,则该事实本身不能否认B、C合并为主体D不是一项同一控制下的企业合并;②如果主体A将其新近取得的主体B、C合并为主体D,但预计其后A对主体D的控制权将会长期稳定存续,则B和C合并为D也应视作一项同一控制下的企业合并。

上述结论与IFRIC的观点IFRIC Considerations - Item 3:"*Transitory*" *common control* 是一致的。IFRIC并未将"暂时性的同一控制"列入其议程,但得出结论认为:不能仅仅因为为了集团重组之目的设立一个新的主体,以便于将该集团的一部分予以出售,即认为该新主体的建立及其取得集团中拟出售的组成部分表明控制是"暂时性"的。尽管这一问题的关注点是在于有新主体参与这一事实,但这一决定确认了以下的观点,即意图出售并不意味着控制是暂时性的,并且"合并之前即已存在的对参与合并各方的控制"也是必须加以考虑的。

另外,2009年年末,当时的财政部会计司司长刘玉廷在署名文章《严格遵守会计准则 提供高质量财务报告 认真履行社会责任》中提到:"近年来,企业合并会计已经成为会计准则执行中较为普遍的热点难点问题,其核心是涉及到大量的职业判断。比如,如何认定同一控制下的企业合并与非同一控制下的企业合并,主要是看其是否完全按照公平公正的市场交易规则自愿达成,如果交易实质上属于符合市场交易规则自愿达成的,通常属于非同一控制下的企业合并;反之,如果交易不属于自愿达成的,就属于合并双方资产、负债的简单整合,一般应当认定为同一控制下的企业合并"。

在实务中,判断某项企业合并是否属于同一控制下的企业合并,主要考虑是在达成合并协议时,合并双方是否处于同一控制下,以及该合并协议是否系在双方共同母公司的主导下达成的,更多地体现双方共同母公司的意志,是双方共同母公司控制范围内的经济资源整合。同时,对于"非暂时性"的考虑,既要考虑合并之前处于同一控制下的时间,也要考虑合并之后预期将处于同一控制下的时间。

在本案例中,由于该项资产重组是在双方共同的母公司——C集团公司的主导下进行的,其目的是优化集团内部资源配置;同时在重组完成后可预期的未来,参与合并各方都将处于C集团公司的最终控制下,因此该控制是非暂时性的。因此,基于上述考虑,可以认可该项交易为同一控制下的企业合并。

问题3-2-3 家族内成员之间转让股权形成的企业合并是否可以认定为同一控制下合并

问题:

家族内成员之间转让股权形成的企业合并,是否可以认定为同一控制下合并?

背景:

2007年11月19日,A公司与自然人B签订股权转让协议,收购自然人B名下的C公司80%的股权,收购价格按C公司注册资本总额300万元的80%计算,共计240万元,并于当日支付了股权转让款。2007年11月20日,C公司完成工商变更登记手续。上述收购企业合并基准日为2007年11月20日,C公司80%股权对应的净资产账面价值为4 133 959.05元。自然人B为A公司实际控制人自然人D之母亲。

解答:

仅仅是购买方和被购买方的控股股东属于同一家族,尚不能表明两者必然属于同一控制。在认定属于同一家族的不同成员控股的企业之间的合并是否属于"同一控制下的企业合并"时,需考虑的因素包括但不限于:家族成员之间经济利益的相互独立程度;家族成员之间的关系和行为习惯;等等。

一般掌握的原则是:

1. 不能仅仅根据相关企业属于同一家族的成员所控制,就认为相关的企业合并属于同一控制下的企业合并。

2. 即使是夫妻分别控制的企业之间的合并,也可能由于夫妻之间就婚内财产关系的约定,导致双方在财产权属关系方面互相独立,导致不一定构成同一控制下的企业合并。

3. 必要时,相关家族成员可通过签订一致行动协议、表决权委托协议等明确同一控制关系。

4. 目前证监会和交易所通常要求对"实际控制人"披露到个人而不是一个家族,控制权在家族成员之间的转移也可能导致不符合《首次公开发行股票并上市管理办法》(证监会令第 32 号)、《首次公开发行股票并在创业板上市管理暂行办法》(证监会令第 61 号)中规定的"实际控制人没有发生变更"这一基本发行条件。

在本案例中,根据上文"背景"提供的信息,转让前后涉及的属于同一家族的股东主要是实际控制人的母亲。但通常理解,判断是否存在同一控制的主要依据是所涉及各方之间的经济利益互相独立的程度,而不是个人关系的亲疏远近。成年的家族成员之间经济利益彼此独立的可能性较大,因此不能仅仅因为 A 公司的实际控制人 D 和 C 公司的实际控制人 B 之间是母子关系,即认为 A 公司收购 C 公司的股权必然构成同一控制下的企业合并。

根据证监会发行监管部和创业板发行监管部目前的监管政策把握口径,对于"同一控制"的认定基本上是从严的。一般亲属、兄弟姐妹所控制的企业之间的合并,不作为同一控制下的企业合并。代持归位一般不认为是同一控制下的企业合并。

因此,在通常情况下,本案例被认定为非同一控制下合并的可能性显著大于被认定为同一控制下合并的可能性。

结论基础:

根据《企业会计准则第 20 号——企业合并》第五条规定:"参与合并的企业在合并前后均受同一方或相同的多方最终控制且该控制并非暂时性的,为同一控制下的企业合并。"该准则应用指南第三条对上述概念作了进一步阐述:"同一方,是指对参与合并的企业在合并前后均实施最终控制的投资者;相同的多方,通常是指根据投资者之间的协议约定,在对被投资单位的生产经营决策行使表决权时发表一致意见的两个或两个以上的投资者;控制并非暂时性,是指参与合并的各方在合并前后较长的时间内受同一方或相同的多方最终控制。较长的时间通常指 1 年以上(含 1 年)。"同时指出:"同一控制下企业合并的判断,应当遵循实质重于形式要求。"

在 IFRS 体系下,《国际财务报告准则第 3 号——企业合并》中认为,如果合同约定多个个人股东必须在表决时采取一致行动,则这些一致行动人作为一个整体可以同时对参与合并各方施加控制。此类一致行动约定通常以书面形式达成,但也可能以非书面形式达成。但是,如果该约定不采用书面形式,则必须有证据清楚地表明其存在,这在很大程度上取决于每个案例的事实和情况。

家庭成员之间基本不可能存在关于一致行动关系的书面协议。但是,对于《企业会计准则第 36 号——关联方披露》中定义的"关系密切的家庭成员"而言,他们之间的密切关系通常带来的影响可能表明非书面约定存在,但并不是必然的。如父亲可能基于其法定监护人身份代表其未成年子女采取行动;在家族中德高望重的家长可能可以利用其对家族内其他成员的高度影响力,保证已成年的家庭成员采取一致行动。但是,必须获取充分的证据以支持这一点。如果有证据表明家庭成员实际上分别采取不同行动(例如,在股东大会或董事会表决时投票不一致),由于他们未采取一致行动来控制参与合并各方,在这种情况下的企业合并就不是"同一控制下的企业合并"。

如果家庭成员不是"关系密切的家庭成员",他们之间的相互影响力就可能比"关系密切的家庭成员"之间小得多。如由于成年兄弟姐妹之间一般相互影响力较小,因此关于一致行动的非书面约定不大可能存在。因而可以假设不具有密切关系的家庭成员之间不存在一致行动关系,除非有充分证据表明他们并非互相独立,而是采取一致行动。

对于非关联方,必须有具备非常高度的证明力的证据表明他们采取一致行动,因而能够同时控制参与合并各方,从而证明非书面约定确实存在,以及该控制并非暂时性的。

《国际财务报告准则第 3 号——业务合并》附录 B 的 B2 段中指出:

如果根据合同安排,多人作为一个整体共同拥有控制企业财务和经营决策的权力,并能够据此从企业的活动中获取利益,则可以认定这些人作为一个整体拥有该企业的控制权。因此,当合同约定多人共同拥有决定每个参与合并实体的财务和经营政策的最终权力,并能够据此从各参与合并实体的活动中获取利益,而且该最终共同权力并非暂时性的时,则此情况下的企业合并不适用本准则。

关于"关系密切的家庭成员"的界定,《企业会计准则讲解(2010)》第三十七章第二节中给出了如下解释:"与主要投资者个人或关键管理人员关系密切的家庭成员,是指在处理与企业的交易时可能影响该个人或受该个人影响的家庭成员,例如父母、配偶、兄弟、姐妹和子女等。判断与主要投资者个人或关键管理人员关系密切的家庭成员是否为一个企业的关联方,应当视他们在处理与企业交易时的互相影响程度而定。对于这类关联方,应当根据主要投资者个人、关键管理人员或与其关系密切的家庭成员对两家企业的实际影响力具体分析判断。"(见原书第 632 页)

问题 3-2-4 非同一控制下企业合并的判断

问题：

根据下文"背景"资料分析，C公司从E公司收购四家子公司是否属于同一控制下企业合并？

背景：

A公司(实际协议执行方为其旗下上市子公司D公司)与B公司于2011年9月签订战略合作协议，由B公司于2011年10月出资2 000万元设立全资子公司C公司，拟通过以下运作后由D公司收购C公司51%的股权。A公司和B公司无任何关联方关系。

E公司系B公司的相对控股子公司(B公司持有41%的股权，其他两家信托公司合计持股59%，但B公司可以实质控制E公司)。按照A公司与B公司战略合作协议的安排，E公司与C公司与2011年10月下旬签订了股权转让协议，E公司将其持有的四家子公司股权转让给C公司，双方签订的股权转让协议中约定的对价款总计为11亿元，C公司账面对E公司形成负债。截至2011年10月31日，相关股权转让已办理工商变更登记。

2011年11月，D公司以C公司及其四家子公司净资产的评估结果(评估基准日为2011年10月31日)作为D公司收购C公司51%股权交易的定价依据，向B公司收购C公司的51%股权。该次收购完成后，D公司将取得对C公司(包括C公司原先向E公司收购的四家子公司)的控制权。

2012年2月26日，D公司与B公司进一步签订了《关于C公司股权转让及合资合作合同》，明确了双方资产重组的具体安排。

2012年2月29日，D公司按照协议支付了2亿元。

2012年4月11日，办理完工商变更手续。

解答：

在本案例中，设立C公司，以及以该公司为平台进行一系列后续的资产注入、股权转让等重组交易，都是在《战略合作协议》和《股权转让及合资合作合同》中约定的一揽子交易，旨在实现一个共同的战略合作目的(由D公司实现对B公司所拥有的煤炭资源的控股)，因此各步骤均属于互相关联的交易，应当作为一个整体进行会计处理。

在本案例中，虽然C公司设立时是B公司的全资子公司，B公司注入到C公司的相关矿产权益原先也都在B公司的控制之下，但是，该项资产注入是基于与A公司签订的协议进行的(实质上由非关联的双方共同决策)，并非由B公司单方面决定或者主导的行为，这一点与通常意义上的同一控制下合并是不同的。因此，虽然C公司在这一阶段从法律形式上讲是B公司的全资子公司，但是就经济实质而言，C公司应当视作A公司的延伸，基于该交易的一揽子目的而事实上处于A公司的控制下，实质上是A公司为了实现对B公司的煤炭资源的控制而设立的不具有商业实质的壳公司。相应地，基于实质重于形式的原则，C公司从B公司取得相关煤矿的股权不属于同一控制下的企业合并，而应当根据被购并的煤矿是否构成《企业会计准则第20号——企业合并》所指的"业务"，分别定性为资产购买或者非同一控制下的企业合并。C公司对该等煤矿企业的长期股权投资的初始计量不适用《企业会计准则第2号——长期股权投资》第三条第(一)项关于由同一控制下企业合并形成的长期股权投资的初始计量规定,而是适用该准则第三条第(二)项关于由非同一控制下企业合并形成的长期股权投资的初始计量规定,或者第四条关于由企业合并以外的其他原因形成的长期股权投资的初始计量规定,即按照实际支付的合并对价或者购买对价的公允价值(而不是取得的被合并企业的账面净资产份额)确认为长期股权投资,不冲减资本公积。

问题3-2-5 是否属于同一控制下企业合并,以及合并报表的编制基础问题

问题:

如下文"背景"资料所述,A公司取得B公司控制权是否属于同一控制下企业合并?如果为同一控制下企业合并,那么自然人C、自然人D持有B公司100%股权,A公司只取得B公司60%的股权,A公司合并报表应该如何处理?

背景:

B公司由自然人C、自然人D(夫妻二人,同时也是A公司的创始人和实际控制人,两者属于一致行动人)于2011年11月投资设立。2012年2月,A公司对B公司增资1 800万元,同时其他股东增资及转让股权后,B公司的注册资本为3 000万元。

截至2012年12月31日,A公司持有B公司60%股权,取得控制权。

B公司实收资本变化情况表　　　　　　　　　　　　单位:万元

科目名称	2012年年初余额		2012年累计发生额		2012年年末余额	
	借方	贷方	借方	贷方	借方	贷方
实收资本		6 000 000.00	6 000 000.00	30 000 000.00		30 000 000.00
自然人C		4 800 000.00	4 800 000.00			
自然人D		1 200 000.00	1 200 000.00			
A公司				18 000 000.00		18 000 000.00
其他股东1				7 500 000.00		7 500 000.00
其他股东2				600 000.00		600 000.00
其他股东3				2 700 000.00		2 700 000.00
其他股东4				1 200 000.00		1 200 000.00

解答:

1. 关于该交易对A公司而言是否构成同一控制下的企业合并。

根据《企业会计准则第20号——企业合并》及其应用指南规定,参与合并的企业在合并前后均受同一方或相同的多方最终控制且该控制并非暂时性的,为同一控制下的企业合并。其中,该定义中的"控制并非暂时性",是指参与合

并的各方在合并前后较长的时间内受同一方或相同的多方最终控制。较长的时间通常指 1 年以上(含 1 年)。

对于"同一控制下企业合并"定义中的"非暂时性"(not transitory),应当理解为一项反规避条款,以防范将依据正常交易条款达成的企业合并通过故意构造交易的形式,将其"修饰"为一项同一控制下的企业合并交易,即参与合并各方只有在合并前后均很短的一段时间内是处于同一控制下的。相应地,对于控制是否为"非暂时性"的评估,应当同时考虑各方在交易前后均处于同一控制下的时间长短,而不能仅仅看交易之前或者交易之后各方处于同一控制下的时间长短。因此:①如果主体 A 将其已连续控制多年的主体 B、C 合并为主体 D 后,很快就把主体 D 予以出售,或者以其他方式丧失了对 D 的控制权,则该事实本身不能否认 B、C 合并为主体 D 不是一项同一控制下的企业合并;②如果主体 A 将其新近取得的主体 B、C 合并为主体 D,但预计其后 A 对主体 D 的控制权将会长期稳定存续,则 B 和 C 合并为 D 也应视作一项同一控制下的企业合并。上述结论与 IFRIC 的观点 IFRIC Considerations-Item 3:"Transitory" common control 是一致的。

基于上述考虑,虽然本案例中被合并方 B 公司截至被合并时点设立尚不足 1 年,但由于被合并方 B 公司自其设立日起就始终处于实际控制人自然人 C、自然人 D 夫妻俩人的控制下,并且预计合并完成后该项控制关系仍将长期稳定存在;合并方 A 公司也已较长时间处于同一实际控制人的控制下,且该控制并非暂时性的,因此该合并事项符合会计准则对"同一控制下企业合并"的定义。

2. 关于本案例中同一控制下合并的合并报表编制基础。

本案例中,实际控制人最初持有被合并方 B 公司的 100% 股权,经过增资扩股和股权转让后,重组完成后,合并方 A 公司对该被合并方的持股比例为 60%。基于权益结合法的基本原理是站在最终控制方的角度考虑这一基本点,即同一控制下企业合并的权益结合法实质上是把最终控制方合并报表层面的相关会计处理"下推"到合并方的合并报表层面,本案例中按照同一控制下合并的原理对前期比较合并报表进行调整时,应视同合并日(2012 年 2 月)之前被合并方的股东权益和损益均归属于母公司股东(具体体现为实际控制人 C、D),无少数股权;到 2012 年 2 月增资扩股及股权转让后,引入了少数股东,占重组后被合并方股权的 40%,相当于在重组完成日部分处置被合并方的股权但不丧失控制权,在合并报表层面体现为权益性交易,在 A 公司的合并报表层面,"为该项权益性交易在合并方的合并报表层面调整资本公积的金额"应按下列公式计算:为该项权益性交易在合并方的合并报表层面调整资本公积的金额 = 重组后(2012 年 2 月)被合并方账面净资产 × 60% − 重组前(2012 年 2 月)被合并方账面净资产 × 100% − 本公司的增资款(1 800 万元)。其中,重组后被合并方账面净资产 = 重组前被合并方账面净资产 + 重组中各方股东投入的增资款合计。

问题 3-2-6 新设合并中新设公司的账务处理

问题：

1. 新公司设立财务账簿的时间是否应该是工商行政管理局核发的营业执照上的成立时间？

2. 根据下文"背景"资料分析，合并新设的 E 公司如何进行账务处理，各解散公司评估日后发生的业务如何进行账务处理？

背景：

某四个自然人作为发起人，根据 2010 年 11 月 12 日签署的《A 公司股东会关于公司合并设立股份有限公司的决议》、《B 公司股东会关于公司合并设立股份有限公司的决议》、《C 公司股东会关于公司合并设立股份有限公司的决议》、《D 公司股东会关于公司合并设立股份有限公司的决议》合并设立一家新股份公司，即 E 公司，合并各方解散，某评估所对截止 2010 年 9 月 30 日的各公司财务报表进行评估，评估净资产总额 2 564 万元，新设 E 公司的注册资本 2 458 万元，剩余部分计入资本公积，E 公司取得工商行政管理局核发的营业执照成立时间为 2010 年 12 月 31 日，E 公司于 2011 年度设置财务账簿。

解答：

1. 根据《税收征收管理法实施细则》第二十二条规定："从事生产、经营的纳税人应当自领取营业执照或者发生纳税义务之日起 15 日内，按照国家有关规定设置账簿。"因此本案例中 E 公司的建账日期不应晚于 2011 年 1 月 14 日。但无论建账日期为哪一天，其一旦建立账簿，就应在账簿中完整记载自其成立日起所真实发生的所有经济业务。

2. 被合并的各公司的账务核算，应一直延续到新设合并完成，不再以各该原公司名义从事经营活动之日为止。2010 年 9 月 30 日至合并完成日期间以原企业名义发生的经济业务，通常仍在原企业账面核算。

3. E 公司在对该新设合并事项进行会计处理时，应关注重组前后各公司的股权结构和决策机制、股东(发起人)之间是否存在一致行动协议等因素，以确定新设的 E 公司的最终控制方，进而确定在整个合并的过程中哪些被吸收公司属于同一控制下的企业合并，哪些属于非同一控制下的企业合并，分别依据会计准则中适用的原则进行会计处理。无论参与合并各方是否均没有子公司(会影响 E 公司是否需要编制合并报表)，E 公司的个别报表和合并报表均不应模拟包含其设立日之前各年度/期间的财务状况和经营成果；但对各公司构成同一控制/非同一控制下企业合并的判断会影响 E 公司个别报表和合并报表层面对所涉及的各项资产的入账价值的确定。

问题 3-2-7 合并日的判断

问题：

《企业会计准则第 20 号——企业合并》中规定的合并日五项条件中"参与合并各方已经办理必要的财产权办理手续"，该项条件如何理解，完成工商变更手续是否为唯一条件？

解答：

《〈企业会计准则第20号——企业合并〉应用指南》第二条"合并日或购买日的确定"中所给出的合并日/购买日判断的五项标准中的第三项"参与合并各方已办理了必要的财产权转移手续"并不是仅指工商变更登记。根据《公司法》第三十三条的规定，"公司应当将股东的姓名或者名称及其出资额向公司登记机关登记；登记事项发生变更的，应当办理变更登记。未经登记或者变更登记的，不得对抗第三人"，即工商变更登记主要是用于确立该项股权变更对抗外部第三人的效力。但对于股权转让的双方——原股东和新股东而言，可以在股权转让协议中约定其他的"财产权转移手续"办理完毕的标志性事件（如被购买方的公章、账册等被移交给购买方派出的管理人员等），而不一定以标的企业办理完毕工商变更登记作为唯一的判断标准。如果新老股东在股权转让协议中约定以其他事件作为财产权转移生效的标志，则只要这种约定不违反法律法规的强制性、禁止性规定，在实践中也是可以获得认可的，关键是看与标的股权相关的剩余风险和报酬，以及相关的股东权利和义务从何时开始实质性地转移给新股东。

从法律角度而言，工商登记或者变更登记并非行政许可，而只是在相关交易或者事项发生后就发生后的事实情况向有关主管部门办理登记。根据《公司登记管理条例》第七十三条规定："公司登记事项发生变更时，未依照本条例规定办理有关变更登记的，由公司登记机关责令限期登记；逾期不登记的，处以1万元以上10万元以下的罚款。"因此，股东变更后不办理变更登记，并不必然导致相关交易或者事项不具有法律效力（但不具有对抗第三人的效力）。因此，在实务中，可能出现企业合并的合并日/购买日早于被合并方或者被购买方办妥工商变更登记之日的情况。

但是，对于企业在股权转让和变更之前依法必须取得的行政许可，如外商投资企业股权变更时商务、外汇等主管部门的批准；涉及国有产权转让时国资委的审核批准；涉及金融企业的较大股权转让时相关金融监督管理机构的核准；涉及上市公司收购时中国证监会的核准等，是股权转让交易得以合法进行的前提，在应获得而未获得行政许可的情况下发生的相关股权转让交易不具有法律效力，不受法律保护。因此，企业合并的合并日/购买日不可能早于该交易事项依法应当申请的行政许可全部获得主管机关批准或核准的最晚日期。我们理解，这也是《〈企业会计准则第20号——企业合并〉应用指南》第二条把"企业合并事项需要经过国家有关主管部门审批的，已获得批准"作为确定合并日/购买日五项条件之一的主要原因。因此，企业管理层和注册会计师均应关注区分企业合并的股权变更过程中所涉及的行政许可事项和登记事项的区别，及其对判断合并日/购买日的可能影响。

问题 3-2-8 合并范围内各公司之间交换股权的会计处理

问题：

根据下文"背景"提供的资料判断，在合并日 2011 年 11 月 30 日，A 公司和

D公司对交换股权事项在各自母公司报表和合并报表层面分别如何处理？A公司和D公司各自合并报表的"归属母公司股东的净利润"应怎样计算？

背景：

A公司拥有B、C、D三家公司的控股权，持股比例均为60%，D公司拥有E、H、F三家公司的控股权，持股比例也均为60%，从而组成两个层级的合并体，其中E公司为香港H股上市公司，其他公司均为国内有限公司制企业。2011年，E公司向A公司和D公司定向增发和发行永久次级可换股证券，收购A公司、D公司所持有的B、C、H、F公司的全部股权，并在2011年11月30日完成相关股权的交割。《资产购买协议》约定"标的资产在相关期间产生的盈利及/或亏损由甲方享有或承担"。相关数据假设如下：

1. A公司持有B、C公司的净资产份额(权益法)分别为10亿元、22亿元，而对其长期股权投资(成本法)分别为9亿元、20亿元；

2. D公司持有H、F公司的净资产份额(权益法)分别为1亿元、10亿元，而对其长期股权投资(成本法)分别为0.8亿元、8亿元；持有E公司4.5亿股，净资产份额(权益法)为12亿元，而对其长期股权投资(成本法)为15亿元。

3. B、C、H、F公司在基准日2010年6月30日的资产评估值分别为12亿元、24亿元、1.2亿元、12亿元。

4. E公司根据股票价格确定以3元价格向A公司发行4亿股普通内资股、向D公司发行4亿股普通内资股分别收购B、F公司。以3元价格(约定的未来换股价)向A公司、D公司分别发行8亿股、0.4亿股永久次级可换股证券分别收购C、H公司。

5. A、D公司宣告，自2010年6月30日后所拥有B、C、H、F的归属净利润由E公司享有。A、D公司拥有B、C、H、F公司2010年7～12月的归属净利润分别为0.3亿元、1亿元、0.1亿元、0.5亿元；拥有B、C、H、F公司在2011年1～11月间的归属净利润分别为0.6亿元、2亿元、0.2亿元、1亿元。

6. E公司仍在D公司层面合并。A公司因换股持有了E公司4亿股股权。

解答：

1. 在本案例中，除了A公司以外的其他所涉及公司均受到A的控制，因此A虽然在重组后直接持有E的4亿股股份，直接持有E公司股权不足50%，但因为对E公司具有间接控制权，E公司是A公司的子公司，所以A公司持有E公司的股权应采用成本法核算。

2. A、D公司在各自个别报表层面的处理。

由于E公司之前已经是A、D公司的子公司，因此A、D公司增持E公司股权，不属于企业合并，而属于以一项非货币性资产(B、C、H、F公司的股权)换取另一项非货币性资产(E公司的增发股份和次级可换股证券)，在A、D公司各自的个别财务报表层面应适用《企业会计准则第7号——货币性资产交换》。故需要分析该交易从A公司和D公司角度是否具有商业实质。《企业会计准则第7号——非货币性资产交换》及其应用指南对"商业实质"的定义，一是从未来现金流量的金额、时间、风险程度出发;二是从换出资产和换入资产对换入企业而言的特定价值(即预计未来现金流量现值)是否存在明显差异出发。就本案例而言,如果预计将来将可以按照流通股市价转让该等增持的 E 公司股权,或者 B、C、H、F 公司的股权实现证券化后其未来股利政策与原先相比将有实质性差异的,则可能可以认为该交易具有商业实质,从而确认 B、C、H、F 公司股权的处置损益,并将增持的 E 公司股权按公允价值计量;反之,应作为无商业实质的非货币性资产交换,对换入的 E 公司股权按照原先对 B、C、H、F 公司的长期股权投资的账面价值(成本法下的初始成本)计量。

在实务中,由于该交易系以非上市公司的股权换取上市公司的股份,在经过一段时间的限售期后可以上市流通,而持有上市公司股份和持有非上市公司股权相比,其估值的结果和波动程度,以及资产的流通性等均存在重大差异,所以此类以集团整体上市为目的的资产证券化交易对于认购上市公司增发股份的投资者(本案例为 A、D 公司)而言具有商业实质的可能性较大。

3. A、D 公司合并报表层面的处理。

本次重组交易,对于 A、D 公司而言,均不改变其所能够控制的经济资源范围,因此合并报表的合并范围保持不变。于重组日(2011 年 11 月 30 日),该日重组前后在各子公司的净资产中所享有权益的变动额(相应也就是少数股权的变动额,只是方向相反)在合并报表层面按权益性交易原则(提高在 E 公司的持股比例,视同购买少数股权)调整资本公积。

4. A 公司和 D 公司各自合并报表的归属母公司净利润应怎样计算。

基本原则应当是以重组完成日(2011 年 11 月 30 日)为界分段计算:该日之前分别按照原先对各子公司的持股比例计算;该日之后应按照重组后持有 E 公司的股权比例和 E 公司合并报表所示的归属其母公司股东的净利润计算。尽管《资产购买协议》约定"标的资产在相关期间产生的盈利及/或亏损由甲方享有或承担",但在实际交割完成之前,交易并未完成,此时 E 尚不能就拟取得的增持股权股份享有相应的权益,因此交割日之前与增持股权相对应的各标的公司损益份额不计入 E 公司合并报表层面的"归属母公司股东的净利润",而是构成交割日净资产的一部分,与交易价格相比的差额按权益性交易原则调整,即调整合并报表层面的资本公积。

问题 3-2-9 合并范围内公司股权架构调整的处理

问题:

对集团架构重组,所涉及的各公司分别应如何进行会计处理?

背景:

基于下文资料分析,A、B、C 三方在本次股权架构调整中分别如何进行处理?

一级公司 A,二级公司 B,三级公司 C,A 公司 100% 控股 B 公司。2011 年度 B 公司设立 C 公司,持股 64%,2011 年 12 月底 B 公司将其所持的 C 公司股权(占 C 公司全部股权的 64%)全部转让给个人股东,同时 A 公司对 C 公司增资,对其控股。

重组前投资结构如下图 1;重组后投资结构如下图 2。

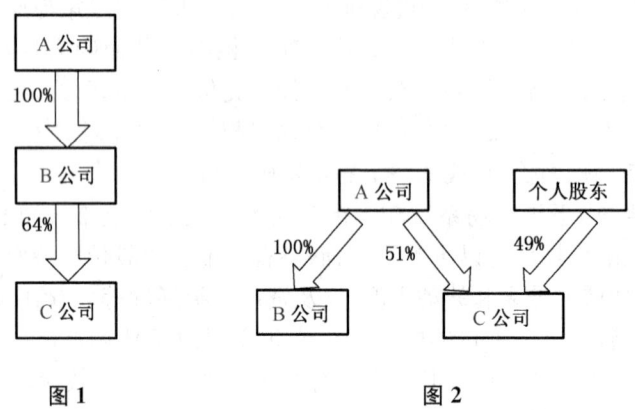

图 1　　　　　　　　图 2

解答:

本案例需要根据不同的事实背景进行分析,在 A 合并报表层面的处理可能有三种不同的情况:

情形 1:2011 年 12 月发生的"B 公司将其所持 C 公司全部股权转让给个人股东",以及"A 公司对 C 公司增资并控股"这两项交易步骤存在关联,整体上是为了实现同一商业目的,即 A 公司合并范围内部的架构重组,并引入自然人少数股东。在整个交易过程中,A 公司对 C 公司的控制权是延续的。在此种情况下,这两个步骤整体上体现为一项权益性交易,对 A 公司的合并报表层面不产生损益影响。所引入的自然人股东支付给 B 公司的受让价款与自然人少数股东于重组完成后在 C 公司的账面净资产中所享有份额的差额,调整 A 合并报表层面的资本公积。

情形 2:2011 年 12 月发生的"B 公司将其所持 C 公司全部股权转让给个人股东",以及"A 公司对 C 公司增资并控股"这两项交易步骤互相独立,其中先完成的是"A 公司对 C 公司增资并控股"这一交易,后完成的是"B 公司将其所持 C 公司全部股权转让给个人股东"这一交易。在这一情况下,尽管两个交易步骤互相独立,但由于 A 公司对 C 公司的控制权仍然是延续的,因此这种情况下对 A 公司合并报表层面的影响与情形 1 相同,即体现为权益性交易,没有损益影响。

情形 3:2011 年 12 月发生的"B 公司将其所持 C 公司全部股权转让给个人股东",以及"A 公司对 C 公司增资并控股"这两项交易步骤互相独立,其中先完成的是"B 公司将其所持 C 公司全部股权转让给个人股东"这一交易,后完成的是"A 公司对 C 公司增资并控股"这一交易。在这一情况下,A 公司在前一交易完成后到后一交易完成前这段时间内,将丧失对 C 公司的控制权(该期间内 C 的股权 100% 由自然人股东持有),尽管这一时间可能很短暂,但毕竟已经造成了控制的中断,因此在 A 公司的合并报表层面,前一交易应按《企业会计准则解释第 4 号》第四条关于处置子公司导致丧失对其控制权的规定处理;后一交易应当作为一项新的非同一控制下企业合并交易处理,即先通过前一交易丧失对 C 公司的控制权,再通过后一交易重新取得对 C 的控制权。导致的结果是:前一交易在合并报表层面确认处置损益,后一交易又导致 C 的各项可辨认资产、负债要按照购买日公允价值重新计量,并重新根据 2011 年 12 月后一交易完成时的状况确认商誉,不体现为权益性交易。

无论是上述三种情况中的哪一种情况,该事项对 A 而言均不会构成同一控制下的企业合并。因此,A 公司在其个别报表中,对 C 公司的长期股权投资均按其实际支付的增资价款作为投资成本,并采用成本法进行后续核算。

上述三种情况的区分也不影响 B 公司在其个别报表和合并报表层面对于处置 C 公司股权并丧失控制权的交易的处理方式。C 公司的利润表和现金流量表应当仍然纳入 B 公司的合并范围,直到处置日为止。在 B 公司的合并报表层面,将 C 公司股权处置给自然人的价款与处置日 C 公司的账面净资产之间的差额是确认为损益还是调整资本公积,应结合以下因素分析确定:引入自然人股东的目的;该等自然人股东与 A 公司、B 公司、C 公司的关系;作价依据及其理由;差额的方向等。

问题 3-2-10 上市公司向母公司增发实现同一控制下合并时各方的处理

问题:

如下文"背景"所述,A 公司以 C 公司股权换取控股子公司的股份,A 公司该如何处理?B 公司合并 C 公司是否属于同一控制下企业合并?

背景:

A 公司持 B 公司(系上市公司)30%的股份,能够对 B 公司实施控制。同时 A 公司持有 C 公司 100%股权。A 公司拟将所持 C 公司的股权全部投入 B 公司中(就是以其对 C 公司的长期股权投资,对 B 公司增资),以使对 B 公司持股比例上升,B 公司向 A 公司非公开发行股票以获取 C 公司的股权。

解答:

从本案例交易的经济实质看,A 公司以放弃其在全资子公司 C 中的部分权益为对价,提高其在控股子公司 B 中的股权比例。假设交易前 A 公司持有 B 公司 30%股权,交易后增持到 40%,则相当于 A 公司将 C 公司的 60%权益(重组前 A 公司享有 C 公司权益的比例 100%－重组后 A 公司通过 B 公司间接享有 C 公司权益的比例 40%)让渡给 B 公司的其他股东,换取了增持的 B 公司 10%权益。

1. A、B 公司个别报表层面的会计处理。

A 公司在其个别报表层面,以对 C 公司的长期股权投资换取了增持的 B 公司股权,但因为 B、C 公司在交易前后均在 A 公司的控制下,不构成企业合并,所以对 B 公司持股比例的上升构成了一项收购少数股权的交易,根据《企业会计准则解释第 2 号》第二条规定:"母公司购买子公司少数股权所形成的长期股权投资,应当按照《企业会计准则第 2 号——长期股权投资》第四条的规定确定其投资成本。"鉴于该交易在 A 公司个别报表层面表现为"以股权换股权",所以构成一项非货币性资产交换交易,适用《企业会计准则第 7 号——非货币性资产交换》。

根据《企业会计准则第 7 号——非货币性资产交换》及其应用指南的规定,应根据该项交易有无商业实质的判断,以及换出资产或者换入资产的公允价值能否可靠确定,来确定对该项非货币性交易的会计处理方法。对于 A 公司而言,其以一项非上市公司的股权投资换取了一项对上市公司的股权投资,实现了经营性资产的证券化。由于上市公司股权和非上市公司股权相比,其估值方法、估值结果、资产流通性、价值波动性等方面均存在实质性的差异,因此符合《企业会计准则第 7 号——非货币性资产交换》及其指南定义的"商业实质"判断的两项条件,应认定为有商业实质。并且 B 公司的股权有活跃市场,C 公司股权也经过评估,其公允价值可以可靠确定,因此对该项非货币性资产交换交易,在 A 公司个别报表层面应按公允价值模式处理,增持的 B 公司长期股权投资的初始成本按投出的 C 公司股权的公允价值确定,与对 C 公司长期股权投资的原账面价值之间的差额确认为投资收益。

B 公司在其母公司 A 公司的主导下,取得了原先的兄弟公司 C 公司的控制权,参与合并各方在交易前后均受同一个最终控制方控制,且控制并非暂时性的,所以构成一项同一控制下的企业合并。B 公司对 C 公司的长期股权投资成本,应按《企业会计准则第 2 号——长期股权投资》第三条第(一)项的规定,以合并日被合并方的账面净资产份额作为初始投资成本,该初始投资成本与增发股份的面值之间的差额调整资本公积。

2. A 公司合并报表层面的处理。

A 公司在编制合并报表时,应当首先抵销其个别报表层面就处置 C 公司股权确认的投资收益,以及其个别报表层面对 B 公司的长期股权投资成本中包含的相应增值部分,将对 B 公司的增持长期股权投资还原到原先的账面价值基础,在此基础上进行合并抵销。应注意根据《企业会计准则解释第 2 号》第二条关于购买少数股权交易在合并报表层面的处理规定:"母公司在编制合并财务报表时,因购买少数股权新取得的长期股权投资与按照新增持股比例计算应享有子公司自购买日(或合并日)开始持续计算的净资产份额之间的差额,应当调整所有者权益(资本公积),资本公积不足冲减的,调整留存收益"。即:A 公司合并报表层面就该交易事项调整资本公积的金额=[B 公司定向增发后账面净资产(注:指 B 公司合并报表层面所示的归属其母公司股东的净资产,下同)×定向增发后 A 公司持股比例-B 公司定向增发前净资产×定向增发前 A 公司持股比例]-C 公司合并日账面净资产×(1-定向增发后 A 公司对 B 公司持股比例)。

问题 3-2-11 母公司吸收合并子公司(或清算子公司并接收其全部资产和负债)在个别报表层面和合并报表层面的一般处理原则

问题：

母公司吸收合并子公司（或清算子公司并接收其全部资产和负债）在个别报表层面和合并报表层面分别如何进行处理？

背景：

A公司吸收合并全资子公司B公司。截至吸收合并完成日，B公司净资产中包含资本公积为749 554.89元。A公司销售给B公司产品净利10万且B公司尚未将该标的存货对外销售；B公司销售给A公司产品净利5万，且A公司尚未将该标的存货对外销售。

解答：

母公司吸收合并子公司并不是会计意义上的企业合并，而是以子公司净资产的形式收回投资。当母公司吸收合并子公司时，母公司个别报表层面的一般处理原则是：

（1）母公司吸收合并全资子公司，在母公司个别财务报表层面，应于吸收合并完成日，按照该子公司的各项资产、负债在母公司合并报表层面的账面价值（即以母公司原取得对该子公司控制权的购买日的公允价值为基础持续计算的金额，不仅包括可辨认资产和负债，也包括原先在购买日确认的商誉在内）对所取得的子公司各项资产、负债进行初始计量，同时终止确认原有的对该公司的长期股权投资。按上述原则确定的取得该子公司净资产初始确认金额与被终止确认的对该子公司长期股权投资账面价值之间的差额中，属于该子公司的可供出售金融资产公允价值变动等其他综合收益项目的部分，贷记或借记"资本公积——其他资本公积"科目，其他差额确认为投资收益。

（2）母公司吸收合并非全资子公司，应视作母公司先取得该子公司的少数股权，将其变为全资子公司后，再按上述原则处理。

本案例中，截至吸收合并日，A公司销售给B公司产品净利10万元且未对外销售（顺销交易），B公司销售给A公司净利5万元未对外销售（逆销交易）。根据上述处理原则：

（1）A公司销售给B公司（顺销交易）的标的存货，原先在B公司的账面上，本次通过吸收合并重新回到A公司账面上，该部分存货应按照在A公司的合并报表层面的价值（即原先的内部交易成本）入账。由此导致A公司取得B公司净资产的入账价值小于B公司净资产原账面价值的差额，在吸收合并完成时确认的投资收益中调整。

（2）B公司销售给A公司的存货（逆销交易）原先（吸收合并之前）即已在A公司的账面上，并非本次通过吸收合并重新获得，本次吸收合并不应改变该部分存货在A公司个别报表层面的计量基础。在吸收合并的账务处理中，对该部分存货及其未实现损益无需进行特殊处理。由此将导致该部分逆销交易的标的存货在A公司个别报表和合并报表层面的计量基础不一致，在合并报表层面应继续延续原先的内部购销业务抵销分录，直至该部分存货被A公司对外出售为止。

对于上述两个方向的内部交易，在A公司的合并报表层面应继续延续原先的合并抵销分录,确保该次母子公司之间的吸收合并事项对 A 公司的合并报表不产生影响。

(3) 本案例中所涉及的子公司资本公积 749 554.89 元如果属于其他综合收益性质,则母公司在吸收合并完成后的个别报表中应当继续将其确认为一项其他综合收益性质的资本公积,在"资本公积——其他资本公积"科目核算,直至对应的资产对外处置时,将该项其他综合收益转入当期损益,而不能在吸收合并完成时立即转入投资收益。如果子公司资本公积 749 554.89 元属于资本溢价等权益性交易形成,则在母公司个别报表中原先应当已经对应地包含于长期股权投资成本中,如该子公司的实收资本与该项资本公积之和与母公司原先的对该子公司的长期股权投资成本有差异的,则差额计入当期损益(投资收益)。

问题 3-2-12 公司吸收合并非公司制全资子企业的处理

问题:

A 公司拟吸收合并 B 企业(A、B 公司关系见下图),非公司制企业之间的合并适用于什么法规?是否必须对 B 企业先进行公司制改制后才能合并?工商登记方面有无特殊规定?如何进行相关会计处理?

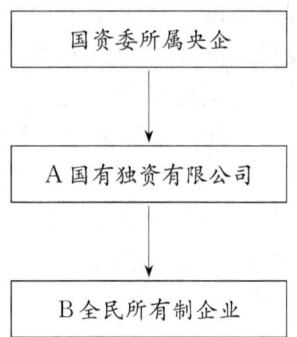

解答:

1. 关于适用的工商、国资管理方面的法律法规。

根据原国家工商行政管理局于 1998 年发布的《关于国有企业改革中登记管理若干问题的实施意见》(工商企字[1998]88 号)规定:"国有企业被公司兼并,该国有企业应同时改建为子公司或分公司,也可以参照公司兼并的有关规定,将国有企业撤销。申请登记时除提交《公司登记管理条例》规定的文件外,还应提交主管部门的批准文件。国有企业被非公司企业兼并而改变登记注册事项、隶属关系的,应按《企业法人登记管理条例》及其施行细则的有关规定办理变更登记或备案,登记主管机关应重新核定企业的登记注册事项。因兼并而终止的,应办理注销登记。"因此,可以选择以下两种方式之一:①在兼并的同时将 B 全民所有制企业改建为分公司;②在兼并的同时撤销 B 全民所有制企业。具体程序建议咨询主管的国资和工商登记管理机关。比较倾向性的做法是①,即在兼并的同时实施公司制改建,并按评估值进行账务调整,以调整后的账面价值并入 A 公司。

2. 关于会计处理。

会计上,A 合并 B 不属于企业合并(原先 B 就已经在 A 的控制之下,该次兼并并未改变 A 公司可控制的经济资源),而是作为收回投资处理。A 在吸收合并完成时应作如下会计处理:

借:B 全民企业各项资产(按评估值)
　　贷:B 全民企业各项负债(按评估值)
　　　　长期股权投资——B
　　　　资本公积——资产评估增值(B 企业净资产本次评估增值额)
　　　　投资收益(A 公司在 B 企业于吸收合并日的留存收益中
　　　　　　　　应享有的份额,但扣除应包含于上述投资成本中的部分)
　　　　资本公积——其他资本公积(A 公司在 B 企业于吸收合并日的
　　　　　　　　　　其他综合收益中应享有的份额,但
　　　　　　　　　　扣除应包含于上述投资成本中的部分)

问题 3-2-13　同一控制下吸收合并的账务处理

问题:

1. 同一控制下吸收合并中合并方如何进行账务处理?

2. 同一控制下吸收合并中合并双方的最终控制方母公司报表、合并报表分别如何进行处理?

背景:

A 公司和 B 公司都是 C 公司(上市主体)的全资子公司,且 A、B 两家公司最初都是通过非同一控制下企业合并被纳入最终控制方 C 公司的合并报表范围。A 公司注册资本 1 008 万元,B 公司注册资本 1 260 万元。A 公司和 B 公司于 2011 年 8 月 16 日签署吸收合并协议,A 公司吸收 B 公司而继续存在,B 公司依法注销。A、B 公司双方合并财务基准日为 2011 年 6 月 30 日,吸收合并协议主要条款约定:B 公司不需要进行清算。A、B 双方完成合并及完成所有与本次合并相关的工商变更手续之日起的所有财产及权利义务,均由 A 公司无条件承受。原 B 公司所有的债务由 A 公司承担,债权由 A 公司享有。与本次合并相关的对债权人、债务人的告知义务依法执行。

B 公司已经于 2011 年 11 月 18 日完成工商注销,相关税务注销由于涉及 2011 年度企业所得税尚未汇算清缴截至年底尚未办理完毕。A 公司已于 2011 年 11 月 30 日完成了工商变更登记手续(包括实收资本及注册资本由 1 008 万元变更为 2 268 万元、管理层变更、法定代表人变更)。

解答:

1. 在 A 公司的个别报表层面,被合并的 B 公司合并日之前的利润表等并未纳入合并,因此原 B 公司的留存收益等并不是 A 公司的经营积累,同时如果将其确认为 A 公司的留存收益也导致与 A 公司自身的报表不勾稽,故不应在吸收合并完成后 A 公司的个别报表中体现为留存收益。由于本案例中子公司 A 吸收合并子公司 B,虽然同一控制下的吸收合并,但两家公司最初都是通过非同一控制下企业合并被纳入最终控制方 C 公司的合并报表范围,故按照"下推会计"的原理,当初 C 公司取得对 B 的控制权时,在 C 公司的合并报表层面确认的商誉,也应当被"下推"到 A 公司的个别报表层面,因此在吸收合并完成后的 A 公司层面,也应当确认商誉,其金额与 C 公司合并报表层面确认的对原 B 公司的合并商誉的账面价值相同。

具体账务处理如下:

借:B 公司资产(按照 B 公司的各项可辨认资产在 C 公司合并报表层面体现的价值)
　　商誉(按照 C 公司合并报表层面体现的对 B 公司的合并商誉价值)
　贷:B 公司负债(按照 B 公司的各项可辨认负债在 C 公司合并报表
　　　　层面体现的价值)
　　实收资本(1 260 万元)
　　资本公积(合并对价与净资产差额)

2. (1) 在 C 公司(上市主体)的个别报表层面,于吸收合并完成日,按照其原先对 B 公司的长期股权投资的账面价值(成本法下)并入对 A 公司的长期股权投资的账面价值中,借记"长期股权投资——A"科目,贷记"长期股权投资——B"科目。

(2) 在 C(上市主体)的合并报表层面,因为全资子公司之间的吸收合并不改变母公司所能控制的经济资源,不影响整个合并集团对外的财务状况、经营成果和现金流量,因此对合并报表不应产生影响。子公司 A 个别报表层面的所有者权益内部结转(子公司 B 的留存收益转换为子公司 A 的资本公积)在合并报表层面不体现,仍然按股东权益项目的原始来源列示于其原先所属的项目中。C 在编制合并报表时对合并完成后的存续公司 A 的模拟权益法的具体账务处理如下:

借:长期股权投资
　贷:年初未分配利润(投资后 B 公司以前年度实现的净利润中
　　　　属于母公司享有的份额)
　　年初未分配利润(投资后 A 公司以前年度实现的净利润中
　　　　属于母公司享有的份额)
　　投资收益(2011 年度 A 公司实现的净利润中属于母公司享有的份额)
　　投资收益(2011 年度 B 公司被吸收合并前实现的净利润吸收合
　　　　并后形成 A 公司资本公积部分)

问题 3-2-14　同一控制下企业合并合并报表中关于恢复被合并方留存收益、专项储备的处理

问题:

关于同一控制下企业合并情况下合并报表中关于恢复被合并方留存收益、专项储备的处理的若干问题:

1. 在编制合并报表时能否使用合并方股东增资形成的资本公积——资本溢价去还原被合并方购买日的专项储备、留存收益？

2. 下文"背景"资料中 A 公司 2010 年年报资本公积全部用于还原专项储备和留存收益，A 公司（母公司）在 2011 年用资本公积转增股本后，合并报表的资本公积将会成负数，2011 年是否需要将 2010 年已还原的留存收益（未分配利润）转回资本公积？

3. A 公司在 7 月初收到增资款并验资，但 11 月 3 日方完成工商变更登记手续，在计算 2010 年每股收益的分母（加权平均股份数量）时，新增的股份加权月份数是该为 5 个月还是 1 个月？

4. 同一控制下企业合并要视同最终控制方在实施控制时即以目前的状态存在，需要将申报期 3 年 1 期的报表全部纳入合并，申报期的第 1 年合并调整分录需要冲回被合并方的盈余公积，是冲回被合并方当年的盈余公积还是被合并方的全部盈余公积？

背景：

1. 2008 年 7 月 9 日，A 公司（拟上市主体）向 B 公司购买其持有 C 公司 28% 的股权，支付的购买价款为 2 800 万元，C 公司注册资本 1 亿元。A 公司和 C 公司均受 D 集团控制。2010 年 6 月 9 日与 B 公司签订股权转让协议，A 公司受让 B 公司持有 C 公司 72% 的股权，股权转让后 A 公司持有 C 公司 100% 的股权。2010 年 7 月 8 日 C 公司办妥工商变更登记手续。

2. 2010 年 7 月 7 日，A 公司增资 156 390 000 元，其中 117 390 000 元记入"资本公积——资本溢价"科目，2010 年 11 月 3 日办妥工商变更登记手续。A 公司 2010 年年度股东大会拟决议使用资本公积转增股本。

解答：

1. 同一控制下合并的合并报表编制应当在可行的前提下尽可能完全地恢复子公司的留存收益和专项储备。因此 A 公司股东增资形成的资本公积（无论该次增资与企业合并交易是否直接相关）也应可以用于恢复 C 公司合并日之前的留存收益和专项储备（事实上很可能用不到 A 公司股东 2010 年 7 月增资形成的资本公积，因为在编制合并日之前的合并报表时，被合并方自身的全部净资产都先增加合并报表层面的资本公积，然后再从中恢复留存收益和专项储备，所以实际上是从被合并方自身净资产中在恢复）。

2. 合并日，因支付的股权购买价款在合并报表层面直接冲减权益（资本公积，视作对股东的一项分配），可能导致 A 公司以资本公积转增股本和以合并对价款冲减资本公积后的资本公积出现负数。这种情况下建议在合并股东权益变动表上的列报方法为：先按照合并日实际支付的股权购买价款全部冲减合并资本公积（所有者投入和减少资本——其他），然后如果由此造成资本公积出现负数余额的，再通过所有者权益内部结转的方式从留存收益中转回部分到资本公积以弥补该负数余额，即作为两项交易分别反映。

3. 根据证监会《公开发行证券的公司信息披露编报规则第 9 号——净资产收益率和每股收益的计算及披露（2010 年修订）》，每股收益计算公式中"Mi 为增加股份次月起至报告期期末的累计月数"。我们理解,由于与新增股份相关的经济资源在 2010 年 7 月已经完成流入过程,事实上已经满足了确认股本增加的条件,因此应当将这部分新增股份数在 2010 年内的权数确定为 5 个月。

4. 如果该被合并方自其成立日开始即一直处于 B 公司及其实际控制人的最终控制下,则应当恢复的被合并方合并日盈余公积余额应为全额,不仅仅是在申报期开始日之后计提的部分。

结论基础:

根据《企业会计准则讲解(2010)》第 312 页中的相关表述:

在合并资产负债表中,对于被合并方在企业合并前实现的留存收益(盈余公积和未分配利润之和)中归属于合并方的部分,应按以下原则,自合并方的资本公积转入留存收益和未分配利润:

① 确认企业合并形成的长期股权投资后,合并方账面资本公积(资本溢价或股本溢价)贷方余额大于被合并方在合并前实现的留存收益中归属于合并方的部分,在合并资产负债表中,应将被合并方在合并前实现的留存收益中归属于合并方的部分自"资本公积"转入"盈余公积"和"未分配利润"。在合并工作底稿中,借记"资本公积"项目,贷记"盈余公积"和"未分配利润"项目。

② 确认企业合并形成的长期股权投资后,合并方账面资本公积(资本溢价或股本溢价)贷方余额小于被合并方在合并前实现的留存收益中归属于合并方的部分的,在合并资产负债表中,应以合并方资本公积(资本溢价或股本溢价)的贷方余额为限,将被合并方在企业合并前实现的留存收益中归属于合并方的部分自"资本公积"转入"盈余公积"和"未分配利润"。在合并工作底稿中,借记"资本公积"项目,贷记"盈余公积"和"未分配利润"项目。

因合并方的资本公积(资本溢价或股本溢价)余额不足,被合并方在合并前实现的留存收益中归属于合并方的部分在合并资产负债表中未予全额恢复的,合并方应当在会计报表附注中对这一情况进行说明。

对于上述"恢复"要求,我们理解,其实质是在权益结合法下,合并报表层面由于将被合并方在合并日之前的利润表纳入合并范围并调整合并利润表的前期比较数据,从而导致被合并方在合并日之前形成的留存收益相应滚存下来的结果,即把被合并方的留存收益(含盈余公积和未分配利润)以及由其他综合收益形成的"资本公积——其他资本公积"中按股权比例计算归属于合并方的份额并入合并资产负债表的留存收益和资本公积项目中,以便体现因将被合并方合并日之前各年度/期间的利润表纳入合并利润表而相应带入的留存收益和其他综合收益的滚存影响。

合并资产负债表中恢复被合并方的留存收益和其他综合收益,是由将被合并方合并日之前各年度/期间的利润表纳入合并范围并调整合并利润表的前期比较数据的结果,因此需与被合并方的利润表纳入合并范围的情况相对应。在某些特殊情况下,例如当同一控制下企业合并交易中的被合并方最初是通过非同一控制下企业合并被纳入其最终控制方的合并报表范围时,其利润表纳入合并范围是以"参与合并各方均处于同一控制下的期间"为限的,即其利润表只能自最终控制方取得其控制权之日起才能纳入合并范围,因而其留存收益也不能全额恢复,而是只有能自最终控制方取得其控制权之日起累积的留存收益才能在合并报表层面予以恢复。

问题 3-2-15 同一控制下企业合并中被合并方的其他综合收益性质的资本公积的恢复问题

问题:

1. 在同一控制下的控股合并中,合并方将所取得的被合并方净资产账面价值与作为合并对价发行的股份面值之间的差额扣除相关股票发行费用后全部转入"资本公积——股本溢价"是否正确?

2. 涉及权益法核算的被投资企业(合营、联营企业)的其他综合收益性质的资本公积减少或者转出时,投资方在权益法核算时,是否可以将相应的在被投资单位其他综合收益中所享有的份额自"资本公积——股本溢价"中减少?

3. 接上述问题2,如果自"资本公积——其他资本公积"中减少,则"资本公积——其他资本公积"期末余额出现负数是否合理?

背景:

2010年1月11日,经中国证监会核准,B公司向C公司非公开发行169 900 747股股份用于购买其拥有的A公司100%的股权。因A公司与B公司同受C公司控制,故该合并作为同一控制下企业合并,A公司净资产账面价值与B公司作为合并对价所发行的股份的面值之间的差额扣除发行费用后计入"资本公积——股本溢价"。

恢复A公司同一控制企业合并前的留存收益后,2011年B公司合并报表"资本公积——股本溢价"113 856万元,"资本公积——其他资本公积"497万元。

A公司权益法核算的对外投资形成的"资本公积——其他资本公积",本期因处置部分投资,应将权益法核算形成的"资本公积——其他资本公积"1 578万元转入"投资收益"。

解答:

1. 根据《企业会计准则第2号——长期股权投资》第三条第(一)项规定:"同一控制下的企业合并,……合并方以发行权益性证券作为合并对价的,应当在合并日按照取得被合并方所有者权益账面价值的份额作为长期股权投资的初始投资成本。按照发行股份的面值总额作为股本,长期股权投资初始投资成本与所发行股份面值总额之间的差额,应当调整资本公积;资本公积不足冲减的,调整留存收益。"

因此,在合并方个别报表层面上,将合并日A公司账面净资产大于所发行股份面值的差额,扣除相关可冲减权益的发行费用后,均计入"资本公积——股本溢价"是恰当的。在合并报表层面,应按《企业会计准则讲解(2010)》第二十一章中相关表述(见原书第312页):"在合并资产负债表中,对于被合并方在企业合并前实现的留存收益(盈余公积和未分配利润之和)中归属于合并方的部分,应按以下原则,自合并方的资本公积转入留存收益和未分配利润:①确认企业合并形成的长期股权投资后,合并方账面资本公积(资本溢价或股本溢价)贷方余额大于被合并方在合并前实现的留存收益中归属于合并方的部分,在合并资产负债表中,应将被合并方在合并前实现的留存收益中归属于合并方的部分自'资本公积'转入'盈余公积'和'未分配利润'。在合并工作底稿中,借记'资本公积'项目,贷记'盈余公积'和'未分配利润'项目。②确认企业合并形成的长期股权投资后,合并方账面资本公积(资本溢价或股本溢价)贷方余额小于被合并方在合并前实现的留存收益中归属于合并方的部分的,在合并资产负债表中,应以合并方资本公积(资本溢价或股本溢价)的贷方余额为限,将被合并方在企业合并前实现的留存收益中归属于合并方的部分自'资本公积'转入'盈余公积'和'未分配利润'。在合并工作底稿中,借记'资本公积'项目,贷记'盈余公积'和'未分配利润'项目。因合并方的资本公积(资本溢价或股本溢价)余额不足,被合并方在合并前实现的留存收益中归属于合并方的部分在合并资产负债表中未予全额恢复的,合并方应当在会计报表附注中对这一情况进行说明。"从该项资本公积中还原出被合并方于合并日之前的留存收益。同时,A公司合并日属于其他综合收益性质的"资本公积——其他资本公积"余额,在B公司合并报表层面,也应比照被购买方留存收益的处理原则,从"资本公积——股本溢价"恢复到"资本公积——其他资本公积",等待未来实现时转入损益。

2. A公司本年度因处置部分以权益法核算的股权投资而转入损益的资本公积(在权益法核算的被投资企业的其他综合收益中所占份额)属于其他综合收益性质,应在"资本公积——其他资本公积"中核算,不能与由增发股份形成的股本溢价(属于权益性交易性质,在"资本公积——股本溢价"明细科目中核算)混淆,因此,即使在转出"资本公积——其他资本公积"时,因为原有余额小于应转出数而造成转出后的"资本公积——其他资本公积"为负数,也不应将该负数余额冲减"股本溢价"明细科目。转出后剩余的"资本公积——其他资本公积"要能够代表等待在未来期间转入损益的其他综合收益余额,与相关的资产、负债科目(如可供出售金融资产、长期股权投资等)有明确的对应关系,可以勾稽验证。

问题 3-2-16 同一控制下企业合并中,合并方以被合并方评估价值增资时的账务处理

问题:

同一控制下企业合并中,被合并方的原股东以其原持有的被合并方股权按其评估价值作价,对合并方增资时,合并方的长期股权投资如何进行账务处理?

背景:

某国有公司P拥有全资子公司A公司、B公司。P公司以其持有的A公司的100%股权对B公司进行增资,同时还有其他2家公司(非关联方)以货币资

金对B公司进行增资。B公司合并A公司属于同一控制下企业合并,按照相关会计准则规定,B公司对A公司的长期股权投资应以A公司净资产账面价值进行初始计量,但B公司注册资本和实收资本的增加金额是以A公司净资产的评估价值确定的。

解答:

按照《企业会计准则第2号——长期股权投资》第三条第(一)项规定,同一控制下企业合并形成的长期股权投资,应当在合并日按照取得被合并方所有者权益账面价值的份额作为长期股权投资的初始投资成本。但在实务中,如果各方股东约定按被合并方净资产评估值增加合并方的注册资本和实收资本,则为了避免出现在会计处理中用于出资的资产计价低于实收资本增加额从而导致资本公积为负数的情况,也可以在此情况下在合并方的个别报表中按被合并方净资产的评估值对长期股权投资进行初始计量;但在合并方编制合并报表时,其合并报表应当严格遵循《企业会计准则第20号——企业合并》所规定的同一控制下企业合并的会计处理原则,即被合并方的各项资产、负债按原账面价值计量,合并日被合并方净资产账面价值与由此增加的合并方实收资本之间的差额在合并报表层面冲减资本公积,如资本公积不足冲减的则冲减合并报表中的留存收益。

上述做法仅为为了解决《公司法》等相关法律法规规定与会计准则规定的潜在不一致而采用的实务变通方法,仅可在合并方以其自身股份作为合并对价的支付方式,且新增的注册资本和实收资本超出了被合并方净资产账面价值中所享有的相应份额时,才可在合并方的个别报表层面上应用。

问题3-2-17 同一控制范围内母子公司颠倒重组的处理

问题:

同一控制下的集团重组中,原母公司变为子公司,原子公司变为母公司,应如何进行会计处理和编制合并财务报表?

背景:

A自然人通过B、C公司控制D公司,C公司为D公司的母公司,A公司为D公司的实际控制人,控制图如下。

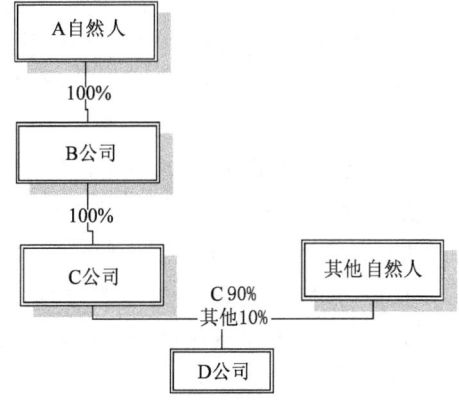

2011年5月,C公司将所持D公司的90%股权转让给A自然人,转让后A自然人直接持有D公司90%股权,其他自然人持有D公司10%的股权。

2011年6月,B公司将持有C公司的股权对D公司进行增资,增资后,自然人A持有D公司的85%股权,B公司持有D公司8%股权,其他自然人持有D公司7%股权,增资后,C公司成为D公司的全资子公司,D公司对C公司实施控制。股权结构图如下。

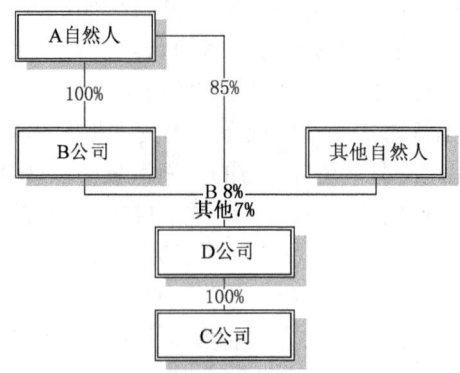

因此,本案例中重组的特点是:重组前,C公司是D公司的母公司;重组后,D公司变为C公司的母公司。

解答:

本案例中"母子颠倒"的合并重组可以这样理解:把C公司分解为两部分:一部分是其原先持有的D公司90%股权;另一部分是C公司其余的自身经营业务。在2011年6月的第二步骤重组中,B公司将持有C公司的股权对D公司进行增资,实际上对于发行人D而言,属于对C公司的后一部分(除了其所持D公司90%股权以外的其他经营业务)的同一控制下业务合并。

由于根据《企业会计准则第20号——企业合并》等相关会计准则规定,同一控制下企业合并在合并报表层面的处理原则是假设合并后形成的投资和控制架构在最早期间期初即已存在并一直持续至今,因此D公司编制合并报表时,对于C公司历史上属于其自身经营业务的部分,应通过对C公司的报表进行适当的剥离调整(这种剥离调整的难度相对较低,也比较客观,只需将C公司原先报表中与所持D公司90%的长期股权投资、相关的投资收益和股利分配等事项的影响剥离掉即可)得到C公司自身经营业务的报表,将C公司自身经营业务的财务状况、经营成果和现金流量按同一控制下合并的原则自始纳入发行人D公司的合并报表范围。

对于2011年5月C公司将所持D公司90%股权转让给A自然人的交易,在D公司的合并报表层面应把该交易中的股权转让款视同A自然人对合并会计主体的资本性投入,于收到时计入合并报表中的资本公积处理。这是因为在合并报表层面,并未显示出在2011年5、6月的重组过程中合并会计主体的资产、负债发生增加或处置,所以在合并报表层面不能确认处置收益,只能将A支付的股权受让款确认为资本公积。

问题 3-2-18 关于同一控制下企业合并交易中相关税费的处理

问题：

在同一控制下企业合并交易（暨资产置换）中：

1. 有关转出资产涉及的所得税、营业税、土地增值税、契税等相关税费，是否属于合并交易的直接费用？上述税费如果不属于直接费用，可否从资本公积中溢价中抵减？

2. 如果可从资本公积中溢价中抵减。但母公司的资本公积——股本溢价不够冲减的（即转出资产的账面价值大），是否直接计入当期损益？

解答：

在同一控制下企业合并交易（暨资产置换）中，由于转出资产是合并对价支付的一种方式，即换出资产和换入资产实质上是一并谈判达成、同时实施、互为条件的一揽子交易，因此应当作为一个整体进行会计处理。在这一过程中，转出资产涉及的处置环节相关税费，如所得税、营业税、土地增值税等，也应当视作《企业会计准则第 20 号——企业合并》第八条所指的"直接相关费用"，即假定不发生此类交易就不会发生的可直接归属的增量费用，因此应当计入发生当期的损益。其中：

1. 营业税、土地增值税等流转税，计入当期管理费用。

2. 换出资产的增值按所得税法的相关规定计算缴纳的企业所得税，与会计上就同一控制下企业合并确认的资本公积在金额上没有联系，因此不属于"与直接计入权益的项目相关的当期所得税"。虽然《企业会计准则第 18 号——所得税》第二十一条规定："企业当期所得税和递延所得税应当作为所得税费用或收益计入当期损益，但不包括下列情况产生的所得税：（一）企业合并。（二）直接在所有者权益中确认的交易或者事项。"但对照《国际会计准则第 12 号——所得税》第 58、61A、66～68 各段的规定看，我们理解《国际会计准则第 12 号——所得税》中讨论的"企业合并"仅是《国际财务报告准则第 3 号——企业合并》规范范围内的企业合并，即仅指非同一控制下的企业合并，不含同一控制下的企业合并。即此时的与换出资产在税法上应确认的处置收益相关的企业所得税应当计入当期所得税费用，而不是冲减资本公积。

问题 3-2-19 同一控制下合并中合并报表比较数据追溯调整的期间范围

问题：

2009 年 12 月，A 公司受最终控制人控制，其子公司 B 于 2008 年 10 月受最终控制人控制（收购），子公司 C 2009 年 10 月受最终控制人控制（新设），A 公司编制 2009 年合并财务报表时是否需要对 2008 年的数据进行重述？

解答：

根据《企业会计准则讲解（2010）》第三十四章"合并财务报表"的相关表述："因同一控制下企业合并增加的子公司，视同该子公司从设立起就被母公司控制,编制合并资产负债表时,应当调整合并资产负债表所有相关项目的期初数,相应地,合并资产负债表的留存收益项目应当反映母公司如果一直作为一个整体运行至合并日应实现的盈余公积和未分配利润的情况。"(第581页)

"因同一控制下企业合并增加的子公司,应视同合并后形成的报告主体自最终控制方开始实施控制时一直是一体化存续下来的,经营成果应持续计算。"(第588页)

"因同一控制下企业合并增加的子公司,在编制合并现金流量表时,应当将该子公司合并当期期初至报告期末的现金流量纳入合并现金流量表。"(第594页)

尽管有上述规定,但实践中使用权益结合法并重述比较数据时,应当从权益结合法的实质和主要精神出发加以分析。权益结合法背后的逻辑是"控制权未发生变化",因为最终控制方持续性地保持对参与合并各方的控制权,从最终控制方的角度,其所能控制的经济资源及其风险和报酬特征在重组前后并未发生变化,仅仅是资源的所在地发生了位移。因此,如果最终控制方在比较期间对参与合并各方均具有控制权,则需要对合并方的合并报表中的前期比较数据进行重述。

但是,如果在报告期内最终控制方对参与合并的一方或多方的控制权发生过变化,即目前的最终控制方并非在整个比较期间都持续控制参与合并各方,则在权益结合法下对前期比较数据的重述也应当反映出这一事实,即此时对前期比较数据的追溯重述,应当以参与合并各方均处于目前的最终控制方控制下的期间为限。在合并方的合并报表中,对"同一控制"尚不存在的期间不能进行重述。

根据上述原则,在本案例中,最终控制方自2009年12月起控制合并方A公司,子公司B于2008年10月受最终控制人控制(收购),子公司C于2009年10月受最终控制人控制(新设),因此在A公司的2009年度合并报表中,只能把B公司和C公司自A公司被最终控制方控制之日(2009年12月某日)后的经营成果和现金流量纳入,之前不处于同一控制下的期间内的被合并方财务信息不能被纳入A公司2009年度的合并报表中。

另外,被合并方之一B公司于2008年10月受最终控制人控制(收购),假设该次收购构成非同一控制下企业合并,即B公司最早是通过非同一控制下企业合并于2008年10月某日被最终控制方取得控制权的。因此,基于"下推会计"的原理,纳入A公司合并报表的C公司各项资产、负债和损益的金额不是其自身个别报表上的账面价值,而是以2008年10月的公允价值为基础,调整历年折旧、摊销、成本结转等因素后得到的"持续计算的金额",即对于最终控制方的合并报表层面而言的账面价值(consolidated value)。

问题3-2-20 同一控制下企业合并中被合并方原非同一控制下合并产生的商誉的处理

问题:

被合并方通过非同一控制下企业合并进入最终控制方合并范围时,在最终控制方的合并财务报表层面产生的商誉,在其以后通过同一控制下企业合并成为最终控制方控制的其他企业的子公司时,在该次同一控制下企业合并的合并方层面,应如何处理?

背景:

A 公司系 B 集团于 2009 年 11 月份以非同一控制下企业合并的方式收购的子公司,B 集团持有其 73.8%的股份,收购时点合并成本大于 A 公司可辨认净资产公允价值的份额,即合并产生商誉 8 265 万元;2011 年 7 月,根据 B 集团与 C 公司、D 公司等签订的投资协议,将 B 集团持有 A 公司的 73.8%股权注入 C 公司,C 公司以增资扩股的形式支付对价,该交易完成后,B 集团持有 C 公司 57.6%股份,能够对其实施控制,C 公司持有 A 公司 73.8%股份,亦能够对其实施控制。上述各公司最终控制方均为 D 公司,故上述企业合并系同一控制下的企业合并。

解答:

根据《企业会计准则第 2 号——长期股权投资》第三条规定:"同一控制下的企业合并,合并方以支付现金、转让非现金资产或承担债务方式作为合并对价的,应当在合并日按照取得被合并方所有者权益账面价值的份额作为长期股权投资的初始投资成本。长期股权投资初始投资成本与支付的现金、转让的非现金资产以及所承担债务账面价值之间的差额,应当调整资本公积;资本公积不足冲减的,调整留存收益"。据此,B 集团和 C 公司在确认对被合并方长期股权投资时,应当在合并日按照取得被合并方所有者权益账面价值的份额作为长期股权投资的初始投资成本。

但对于 C 公司而言,虽然该交易属于同一控制下企业合并,但被合并方 A 公司最早是通过一次非同一控制下企业合并被纳入其最终控制方 D 公司的控制范围的。由于权益结合法的实质是站在最终控制方的立场,认为在该交易前后,最终控制方所能控制的经济资源并未发生变化,仅仅是从"左口袋"移到了"右口袋",相应地,作为同一控制下会计处理基础的"账面价值"是指被合并方的各项资产、负债在最终控制方合并报表层面显示的账面价值,即对最终控制方而言的账面价值("consolidated value")。即,如果原先该被合并方是通过非同一控制下企业合并方式进入到最终控制方的合并范围内的,则此处的"账面价值"将是以原先非同一控制下合并购买日的公允价值为基础持续计算的金额。即此时同一控制下合并的会计处理就是将原先最终控制方合并报表层面的处理"下推"(push down)到同一控制下合并的合并方的合并报表层面。如果原先最终控制方通过非同一控制下企业合并取得该被合并方控制权时,在购买日产生了商誉的,则该商誉也应当一并"下推"到同一控制下企业合并的合并方的合并报表层面。但此时合并方在编制合并报表时需要注意:虽然这是同一控制下合并,但基于上述"下推会计"处理原则,合并方不能假设自最早期间期初起即把被合并方纳入其合并范围,而是只能将该被合并方被纳入最终控制方合并报表范围之日(即原先的非同一控制下合并的购买日)起纳入合并报表范围。

对于 B 集团而言,如果原先不控制 C 公司,现在重组后控制 C 公司了,则也构成一项同一控制下的企业合并。但在其合并报表层面,由于 A 公司在本次重组前后均在其合并范围内,所以不应改变 A 公司的各项资产、负债在其合并报表层面的计量基础,只是把原先属于 C 公司的各项资产、负债按其原账面价值并入 B 集团的合并报表。

问题 3-2-21 同一控制下企业合并中被合并方净资产为负数时的处理

问题:

同一控制下企业合并中,当被合并方净资产为负数时,合并方在其个别报表和合并报表中分别应该如何处理?

背景:

A 股份公司持有 B 公司 100% 股权,于 2011 年 11 月份将持有 B 公司的全部股权无偿转让给 C 有限公司(A 股份公司持有 C 有限公司 66.19% 的股份),B 公司 2011 年 11 月底的资产总额 679.18 万元,负债总额 1 555.16 万元,所有者权益－875.98 万元(其中实收资本 120 万元,未分配利润－995.98 万元)。

解答:

本案例中,如果被转让的 B 公司构成《企业会计准则第 20 号——企业合并》及其应用指南和讲解所指的"业务"的,则对接受股权的受让方 C 有限公司而言,构成一项同一控制下的控股合并。

由于合并日被合并方 B 公司的净资产为负数,基于有限责任原则,如果 C 有限公司无需对 B 公司承担超过《公司法》规定的股东对公司的有限责任范围的其他额外责任(例如提供债务担保、同步注资以消除被合并方净资产赤字等),则 C 有限公司的处理如下:

(1) C 有限公司个别报表层面:确认对 B 公司的长期股权投资成本为零。(注:如果 C 公司对 B 公司承担了超过《公司法》规定的股东对公司的有限责任范围的其他额外责任的,则 B 公司应当依据《企业会计准则第 13 号——或有事项》等有关规定,基于对很可能承担的损失金额的最佳估计确认预计负债,该预计负债金额与对应的长期股权投资初始成本[零]之间的差额调整资本公积)

(2) C 有限公司合并报表层面:按同一控制下企业合并中合并报表层面的处理原则,自最早期间期初(或者,如果母公司系在比较期间取得对 B 公司的控制权的,则为母公司 A 股份取得对 B 公司控制权的日期)起将其纳入合并范围,这样需要把其合并日之前的累计亏损额纳入合并报表。

就母公司 A 股份有限公司而言,该交易属于合并报表范围内的内部交易,其影响在 A 股份有限公司合并报表层面应予以抵销,对合并报表层面不产生影响。

问题 3-2-22 同一控制下企业合并中取得被合并方的资产入账价值与计税基础之间的差异是否确认递延所得税

问题：

同一控制下企业合并中取得被合并方的资产账面价值与计税基础之间的差异是否确认递延所得税资产或递延所得税负债？

解答：

对于在同一控制下企业合并中所取得的资产、负债账面价值与计税基础之间是否需确认递延所得税资产/负债的问题，现行会计准则无明确规定。我们认为，鉴于该事项的处理涉及"企业合并"和"所得税"两项会计准则，但目前情况下这两项会计准则之间并未实现理论体系上的一贯性和一致性，因此以下两种做法都是可接受的，但一旦选择其中一种方法，即构成该会计主体的一项会计政策，即应一贯性地将其运用于所有的同类或类似交易：

方法1： 就合并日所取得的被合并方各项资产/负债的入账价值和计税基础之间的差额确认递延所得税资产/负债（较为倾向的处理方法）

该种做法的理论依据是：①同一控制下企业合并中所取得的被合并方资产、负债按其在被合并方的原账面价值入账，但因为税务方面系采用《财政部、国家税务总局关于企业重组业务企业所得税处理若干问题的通知》（财税[2009]59号）所规定的一般性税务处理方式，计税基础为其公允价值，因而账面价值和计税基础之间存在暂时性差异；②《企业会计准则第18号——所得税》第十一条和第十三条都规定了可豁免确认递延所得税资产、负债的例外情形，其中规定对于不是企业合并，且交易发生时既不影响会计利润也不影响应纳税所得额（或可抵扣亏损）的交易中产生的资产或负债的初始确认不会导致确认递延所得税资产或递延所得税负债（通称为"初始确认豁免"），但该两条对"初始确认豁免"的规定都明确不适用于企业合并交易，即企业合并交易中对于所取得的被合并方或被购买方各项可辨认资产、负债的账面价值和计税基础之间的暂时性差异均应确认递延所得税资产或递延所得税负债。

根据《企业会计准则第18号——所得税》第二十一条规定，企业当期所得税和递延所得税应当作为所得税费用或收益计入当期损益，但由企业合并和直接在所有者权益中确认的交易或者事项产生的所得税除外。因此，如果采用此方法，则在同一控制下企业合并中，就被合并方可辨认资产、负债的账面价值和计税基础之间的暂时性差异确认递延所得税资产/负债的影响，应当调整合并日所确认的资本公积。同时，尽管在编制合并报表时，需假设同一控制下企业合并交易在最早报告期期初即已完成，但鉴于导致计税基础改变的事项是企业合并的发生（在合并日之前，这些资产和负债的计税基础并不是其公允价值，合并日之后计税基础才变为公允价值），因此相关的递延所得税资产/负债应当在合并日才能确认，不能追溯到以前年度或期间。

方法2： 就合并日所取得的被合并方各项资产/负债的入账价值和计税基础之间的差额不确认递延所得税资产/负债（可接受的另一种处理方法）

该种做法的理论依据是：①同一控制下企业合并会计处理的基本原则是按原账面价值计量所取得的被合并方资产和负债，除了被合并方原已确认的资产和负债以外，不能确认新的资产和负债；②《企业会计准则第18号——所得税》

的制定蓝本是 IFRS 体系下的《国际会计准则第 12 号——所得税》,但鉴于 IFRS 体系下并未讨论同一控制下企业合并的会计处理,因此可以合理推论《国际会计准则第 12 号——所得税》中所讨论的"企业合并"仅指《国际财务报告准则第 3 号——企业合并》所规范的非同一控制下企业合并,不能将其中对企业合并中所得税的会计处理原则推广到同一控制下企业合并中。

问题 3-2-23 同一控制下合并完成后,被合并方注销的后续处理

问题:

以前年度通过同一控制下企业合并取得的子公司于本年度内注销(被母公司吸收合并),母公司在编制合并报表时,是否需对以前年度编制合并报表时的调整、还原事项进行持续的调整和还原?

背景:

A 公司在以前年度从其母公司处收购其子公司 B、C。于本年度内,B、C 公司均已经注销(被 A 公司吸收合并),在合并报表层次是否需要就原来的调整、还原事项(如 B、C 公司以前在合并日之前的累积留存收益等)继续进行调整和还原?

解答:

合并报表是反映由母公司及其所控制的所有子公司所构成的经济主体的整体对外财务状况、经营成果和现金流量的财务报表。因此,如果此处所指的"注销"是指 A 公司吸收合并 B、C 公司,则该吸收合并事项不改变整个合并集团对外的财务状况、经营成果和现金流量,对合并报表不应产生影响,故在合并报表层面,尽管原先的母子公司关系已经不再存在(可能已经变为总分公司关系),但仍应继续延续以前年度编制合并报表时对 B、C 公司的留存收益等事项所做的调整和恢复处理。如果 B、C 公司的注销是采用处置资产、清偿负债、遣散人员后予以关闭注销的方式,则在 A 的合并报表层面也需要继续延续原先的恢复和调整处理,以便确保 B、C 公司关闭注销后的合并报表与之前的衔接。

因此,合并报表层面在被合并方注销完成后,应继续进行还原。原先 A 公司因该次同一控制下企业合并导致的资本公积,在 B、C 公司注销后应继续在个别报表和合并报表层面的"资本公积"项目中分别保留其在各该层面上原有的金额,不能转入留存收益。

关于母公司吸收合并子公司的交易在母公司个别报表层面的一般原则,请参阅本书中关于"母公司吸收合并子公司(或清算子公司并接收其全部资产和负债)在个别报表层面和合并报表层面的一般处理原则"的内容。

问题 3-2-24 IFRS 下集团重组的会计处理问题

问题:

在 IFRS 下,同一控制下企业合并应如何进行会计处理?

背景：

A 公司于 2011 年 8 月成立，B 公司于 2009 年 1 月成立。A、B 公司的股东人数（股东均为境内个人）与投资比例相同。2012 年 6 月，A 公司收购 B 公司，B 公司变为 A 公司的全资子公司。目前股东拟在香港成立 C 公司，全资收购 A 公司。原 A、B 公司系同一控制人。

解答：

根据上文"背景"资料所提供的信息，在 A、B、C 公司各方属于同一控制的判断成立的前提下：

IFRS 下并未对同一控制下企业合并如何进行会计处理予以规范，同一控制下企业合并不属于《国际财务报告准则第 3 号——企业合并》（"IFRS 3"）的规范范围。但对此也有一定的约定俗成的处理惯例。在 IFRS 下，首先应当判断该项同一控制下合并交易对于合并方这一特定会计主体而言是否具有商业实质。对从合并方这一会计主体角度而言具有商业实质的同一控制下企业合并交易的会计处理方法在购买法和权益结合法之间作出选择（偏向于采用购买法），对不具有商业实质的同一控制下企业合并交易应当采用权益结合法。对于采用购买法处理的企业合并交易，被合并方自合并日起纳入合并范围，不调整合并报表中的前期比较数据，也不将被合并方自合并当期期初至合并日的净利润、现金流量纳入合并报表；对于采用权益结合法处理的企业合并交易，应要求调整合并报表中前期比较数据的列报，并将被合并方自合并当期期初至合并日的净利润、现金流量纳入合并报表。一旦企业选定了其中一种方法作为对具有商业实质的同一控制下企业合并的会计处理原则，就应当将其作为会计政策，一贯地运用于所有从合并方而言具有商业实质的同一控制下企业合并交易。

通常情况下，在判断一项同一控制下企业合并交易对合并方这一特定会计主体而言是否具有商业实质时，应当对所有可获得的信息进行综合分析和评价。可以纳入考虑的因素包括（但不限于）：

（1）交易的目的。

（2）交易是否涉及外部第三方（如少数股权或者外部第三方）。

（3）交易定价是否依据公允价值。

（4）交易所涉及的各主体的现有活动；是否系将两个或多个企业合并为一个原先不存在的"报告主体"。

（5）对价的支付方式是否采用合并方自身的权益工具；该交易是合并方与被合并方的原股东自主谈判的结果，旨在实现合并方和被合并方的微观利益最大化，还是系由各方共同的控股股东、实际控制人主导的、旨在在一个较大的层面上实现资产重组配置的一揽子交易的组成部分。

（6）当设立新公司作为合并方时，该新公司的设立是否构成一项 IPO、分拆、其他控制权变动或者重大的所有权变动的一个内在组成部分；等等。

根据本案例的情况看，如果各步骤都是彼此关联、互为前提和条件的一揽子交易，旨在实现 A＋B 的境内资产和业务的海外上市或者发债融资等目的，在交易前后各方股东在(A+B+C)集团中所占的权益份额和比例未发生变化,则该交易不具有商业实质的可能性相对较大。根据前面讨论,此时 B 公司在其自身报表中对其合并 A 公司的事项,以及 C 公司在其自身报表中对其合并(A+B)的事项,均为采用权益结合法处理的可能性相对较大。

对于 C 公司而言,由于 C 公司是新设的主体,因此为了海外 IPO 或发债等目的编制的 C 公司三年一期合并报表中,针对 C 公司设立之前时点或期间的部分应称为"汇总财务报表"(combined financial statements)。

问题 3-2-25 不直接支付购买价款的企业合并成本确认问题

问题:

以承担被合并方企业改造成本等,不直接支付购买价款的企业合并如何确定企业合并成本?

背景:

2011 年 3 月 19 日,A 公司、B 公司、C 公司三方签署股权转让协议书,前两方分别将其所拥有的 D 公司的 51%、49%的股权全部转让给 C 公司,转让价格不以货币或非货币资产等形式支付,而是 C 公司用于支付 D 公司全部改革成本和电网建设改造所需资金。按照协议约定的义务,C 公司承诺在 2011 年投资 4 000 万元启动农网改造,并按照国家批准的农网改造计划,在 2 年内基本完成网改任务。2011 年 5 月 20 日,股权转让的工商变更手续已办理完毕。截至 2011 年 12 月 31 日,C 公司如约投资 4 000 万元启动农网改造。

该股权受(转)让行为不存在关联方交易情况,股权受让后,C 公司能够对 D 公司形成控制。

解答:

1. 本案例在被购买的 D 公司构成业务的前提下,鉴于各方之间原无关联方关系,该交易应当属于非同一控制下的企业合并。

2. 该交易的合并成本:由于承诺投资的 4 000 万元属于对被投资企业增资扩股性质,农网改造形成的相关资产的所有权也将继续属于购买方或者被购买方,因此这部分承诺的资本性投入不构成合并成本(如果该 4 000 万元投资所形成的某些资产的产权按规定不属于购买方或者被购买方所有,则这些资产的成本将构成合并成本的组成部分)。

同时,购买方取得被购买方 100%股权的约定条件之一是承担被购买方的全部企业改革成本,如企业改制中的"三类人员费用"等。这些支出并不能形成企业的资产。对于购买方承诺负担的被购买方"三类人员费用"等改革成本,应按其折现值(参考财企[2009]117 号文和财企[2010]84 号文等相关规定计提和折现)计入合并成本。

即:本次交易的合并成本=按协议约定应承担的被购买方改革成本的折现值+农网改造投资所形成的资产中产权将不属于购买方或被购买方的部分的预计成本。该合并成本与所获得的 D 公司可辨认净资产于购买日的公允价值之间的差额,应按照《企业会计准则第20号——企业合并》及其应用指南、讲解的规定,确认为商誉或者计入营业外收入。

该4 000万元中形成企业自有资产的部分,属于取得控制权之后的追加投资成本,不属于企业合并成本。

问题3-2-26 非同一控制下企业合并系列问题

问题:

如下文"背景"资料所述:

1. 是否可以以A公司发行的股票于证券登记公司登记日作为购买日,还是以B公司工商变更日期作为购买日?

2. A公司收购B公司100%股权成本可否确认为:支付现金对价、增发股票前一日收市价值及相关发行费用三者之和?

3. 编制购买日的合并财务报表时,计算商誉时是否应扣除人力资源及渠道资产价值,并于合并报表层面作其他资产单独确认并摊销?

4. A公司将B公司股权转让给C公司,对C公司而言是否适用非同一控制下企业合并? 如果是,如何具体进行会计处理?

5. 计算商誉时"被收购方可辨认资产的公允价值"采用评估报告中收益法下的评估价值还是成本法下的评估价值?

背景:

根据相关重组协议,A公司拟收购B公司(被收购方)100%股权,收购对价为32 440万元,支付方式如下:其中现金支付金额9 310万元,发行股票1 000万股(拟发行价格23.13元/股)。该次交易对A公司而言构成一项非同一控制下的企业合并。

被收购方B公司2011年12月31日按成本法评估的资产价值为22 622.18万元(含未入账的专利权价值,评估单独列示)。

此次购买日可辨认净资产的公允价值以2011年12月31日资产基础法评估数为基础,对评估基准日至购买日资产变化进行调整。基于此,以下问题假设购买日B公司可辨认净资产的公允价值为仍为22 622.18万元。

A公司基于架构战略性调整的考虑,拟在收购B公司事项完成后,将持有的B公司100%的股权以当初收购实际支付价款转让给其全资子公司C公司,转让完成后B公司将成为A公司的全资子公司。

解答:

1. 购买日的判断标准应当以《〈企业会计准则第20号——企业合并〉应用指南》第二条"合并日或购买日的确定"规定的条件为依据进行判断,即实际取得被购买方控制权,并可据此享有或承担被购买方的经营损益和风险之日。由于被购买方就股东变更事项向其主管工商登记机关申请办理的变更登记并非行政许可,其主要作用是使该次股权转让获取可对抗外部第三人的效力(见《公司法》第三十三条),并不影响新股东(购买方)和原股东之间的权利义务关系,因此被购买方完成股东变更事项的工商变更登记并非认定"购买日"的必要条件。基于实务考虑,本案例可以以增发股票在证券登记结算机构的初始登记日(同时应已完成现金对价的支付)为购买日。

2. (1) 根据《企业会计准则解释第 4 号》第一条规定:"非同一控制下的企业合并中,购买方为企业合并发生的审计、法律服务、评估咨询等中介费用以及其他相关管理费用,应当于发生时计入当期损益;购买方作为合并对价发行的权益性证券或债务性证券的交易费用,应当计入权益性证券或债务性证券的初始确认金额。"因此发行费用不能计入合并成本。符合《计学撮要(2011)》第 319~320 页所述条件的发行费用,即发行申请获得中国证监会等有关监管部门核准后,在发行阶段发生的与新发行的权益性证券或债务性证券直接相关的费用,包括为履行法定的信息披露义务而发生的相关费用、承销费、上网发行费、募集资金的验资费、新发行股份或债券在证券登记结算机构的初始登记费等,可作为发行证券的直接交易费用,冲减发行股票产生的溢价。

(2) 根据证监会公告[2011]41 号规定:"非同一控制下企业合并中,作为购买方的上市公司以发行本公司股票作为合并对价的,一般情况下,企业合并成本应以上市公司股票在购买日的公开市场价格为基础计算确定。在董事会就企业合并事项的决议公告日到购买日之间时间间隔较长,且在此期间公司股票价格出现较大幅度波动的情况下,如果作为合并对价发行的股票同时附有一定限售期和限售条件的,可以采用适当的估值技术确定公司发行股票的价值,并据此计算企业合并成本。在极特殊的情况下,如果上市公司能够证明被购买方的公允价值可以更为可靠地确定,也可以以被购买方在购买日的公允价值为基础计算确定企业合并成本。"因此,本案例需要考虑本次定向增发的股票是否附有限售条件。如果是,则应在发行时无限售条件股份收盘价的基础上,运用估值技术进行适当调整,以确定所发行股份于购买日的公允价值。

3. 在对非同一控制下企业合并进行会计处理时,可参照《国际财务报告准则第 3 号——企业合并(2008 年修订)》第 B31~B34 段的规定,识别应当予以单独确认和计量的无形资产。根据该规定,非同一控制下的企业合并中,购买方在对企业合并中取得的被购买方资产进行初始确认时,应当对被购买方拥有的但在其财务报表中未确认的无形资产进行充分辨认和合理判断。购买方在非同一控制下企业合并中所取得的被购买方的不具有实物形态的非货币资产满足以下条件之一的,应确认为无形资产:

(1) 源于合同性权利或其他法定权利,即使该项资产不能转让,或者不能从被购买方中分离出来,或者不能和其他权利、义务相分离。

(2) 能够从被购买方中分离或者划分出来,并能单独或与相关合同、可辨认资产和负债一起,用于出售、转移、授予许可、租赁或交换。

(3) 能够和与相关合同、可辨认资产或负债一起,一并从被购买方或合并后的实体中相分离,即使其不能单独从被购买方或合并后的实体中相分离。

在目前实务中,客户资源等商业渠道资产(有合作协议等客观证据支持的),如果能够合理确定其购买日公允价值,则可以在购买日单独确认为一项无形资产。但是对于被购买方的人力资源,通常不符合上述单独确认为可辨认无形资产的条件。

如果购买方为了留住被购买方的核心人员而向其支付额外的对价的,则为了换取原所有者或关键员工继续提供服务的支付,不属于企业合并对价的组成部分,应当单独进行会计处理[此类问题的主要会计准则依据是《国际财务报告准则第3号——企业合并(2008年修订)》的第51、52段和B55段]。在很多情况下,这两者之间的区分都可能涉及复杂的专业判断。

4. 根据《企业会计准则第20号——企业合并》及其应用指南的规定,参与合并的企业在合并前后均受同一方或相同的多方最终控制且该控制并非暂时性的,为同一控制下的企业合并。其中,"控制并非暂时性",是指参与合并的各方在合并前后较长的时间内受同一方或相同的多方最终控制,"较长的时间"通常指1年以上(含1年)。

在实务操作中,不少企业和注册会计师将"非暂时性"问题的判断简单化,仅仅依据是否满足"合并前后各一年"的标准即作出判断,而没有关注交易的经济实质。但我们理解,上述理解并未完全体现出设置"同一控制下企业合并"这一概念的本意。对于"同一控制下企业合并"定义中的"非暂时性"(not transitory),应当理解为一项反规避条款,以防范将依据正常交易条款达成的企业合并通过故意构造交易的形式,将其"修饰"为一项同一控制下的企业合并交易,即参与合并各方只有在合并前后均很短的一段时间内是处于同一控制下的。相应地,对于控制是否为"非暂时性"的评估,应当同时考虑各方在交易前后均处于同一控制下的时间长短,而不能仅仅看交易之前或者交易之后各方处于同一控制下的时间长短。

上述结论与国际财务报告准则解释委员会的观点 IFRIC Considerations - Item 3:*"Transitory" common control* 是一致的。国际财务报告准则解释委员会并未将"暂时性的同一控制"列入其议程,但得出结论认为:不能仅仅因为为了集团重组之目的设立一个新的主体,以便于将该集团的一部分予以出售,即认为该新主体的建立及其取得集团中拟出售的组成部分表明控制是"暂时性"的。尽管这一问题的关注点是在于有新主体参与这一事实,但这一决定确认了以下的观点,即意图出售并不意味着控制是暂时性的,并且"合并之前即已存在的对参与合并各方的控制"也是必须加以考虑的。

因此,借鉴IFRS体系下的上述观点,我们倾向于认为:本案例中,A公司在取得B公司的100%股权后,又将其出售给C公司,这一合并集团内部的重组过程(C公司取得B公司100%股权的交易)是在A公司的主导下进行的,并且重组完成后C公司和B公司将长期稳定地处于A公司及其实际控制人的同一控制下,因此对于C公司而言,该项交易属于同一控制下的企业合并。但与普通的同一控制下企业合并会计处理相比,其会计处理具有一定的特殊性。

最初A公司是通过非同一控制下企业合并取得对B公司的控制权的。据此,根据企业会计准则的相关规定,C公司在编制其合并财务报表时,对该项交易的处理原则将与A公司合并财务报表层面对收购B公司并取得其控制权的交易的处理原则相同,即视同 C 公司于 2012 年内 A 公司取得 B 公司控制权的购买日,通过非同一控制下合并的方式取得了 B 公司的 100%股权,并据此自该日起将 B 公司纳入 C 公司的合并财务报表。在 C 公司的合并财务报表中,B 公司的各项可辨认资产、负债应以 2012 年内 A 公司取得 B 公司控制权的购买日的公允价值为基础持续计算的金额计量,相应地对 B 公司的利润表中相关项目(如折旧、摊销等)的金额进行调整,因此纳入 C 公司合并财务报表中的 B 公司的净利润的计量基础将不同于 B 公司自身财务报表所列的净利润额。

上述重组事项发生于 A 公司的合并报表范围内部,不影响 A 公司合并报表所示的合并集团整体对外财务状况、经营成果和现金流量。

5. 一般情况下可以接受以成本法下的评估价值作为购买日可辨认净资产的评估值。但需要注意的是:对于被收购方 B 公司个别报表层面未确认的可辨认无形资产,符合《企业会计准则第 20 号——企业合并》和《国际财务报告准则第 3 号——企业合并(2008 年修订)》所规定的单独确认条件的,应当合理确定其公允价值,并在购买方合并报表层面单独确认为一项无形资产,作为可辨认净资产的组成部分。

根据《〈企业会计准则第 20 号——企业合并〉应用指南》的规定,非同一控制下合并中取得被购买方无形资产的计量原则为:"存在活跃市场的,应以购买日的市场价格为基础确定其公允价值;不存在活跃市场,但同类或类似资产存在活跃市场的,应参照同类或类似资产的市场价格确定其公允价值;同类或类似资产也不存在活跃市场的,应采用估值技术确定其公允价值。"

问题 3-2-27 非同一控制下收购药品企业中对被购买方持有的药品批文等特许资质的处理

问题:

非同一控制下企业合并中,被收购方拥有的特许资质(如药品生产批文)在合并报表层面确认为无形资产时,应如何考虑其递延所得税和商誉影响?

背景:

A 公司于 2011 年通过一项非同一控制下控股合并交易(购买 65%股权),控制了 B 公司,A 公司委托评估公司对 B 公司截至购买日的净资产进行了评估,分别采用了成本法和收益法。

成本法评估增值 1 954 万元,主要的评估增值为房屋建筑物增值 800 万元,土地使用权增值 820 万元,长期股权投资增值 300 万元。

收益法评估增值 2 380 万元,与成本法评估的主要差异为 B 公司持有的由药品监督管理部门核发的药品生产批文的内含价值。

最后的成交价格是以收益法的评估结果作为参考依据。

解答:

参照《国际财务报告准则第 3 号(2008 年修订)——企业合并》第 B31~B34 段的规定:"非同一控制下的企业合并中,购买方在对企业合并中取得的被购买方资产进行初始确认时,应当对被购买方拥有的但在其财务报表中未确认的无形资产进行充分辨认和合理判断。购买方在非同一控制下企业合并中所取得的被购买方的不具有实物形态的非货币资产满足以下条件之一的,应确认为无形资产:

(一) 源于合同性权利或其他法定权利,即使该项资产不能转让,或者不能从被购买方中分离出来,或者不能和其他权利、义务相分离;

(二) 能够从被购买方中分离或者划分出来,并能单独或与相关合同、可辨认资产和负债一起,用于出售、转移、授予许可、租赁或交换;

(三) 能够和与相关合同、可辨认资产或负债一起,一并从被购买方或合并后的实体中相分离,即使其不能单独从被购买方或合并后的实体中相分离。"

本案例在合并报表层面能否将所获得的被购买方药品批文等特许资质单独确认为一项可辨认无形资产,也应参照上述规定。在此基础上,还需要根据以下不同情形分别处理:

1. 如果这些药品批文所涉及的药品,被购买方截至购买日已经实际投入生产,则这些无形资产就构成了被购买方整体业务资产的一部分,而不是不构成业务的单独资产。这时,基于"收益法评估结果与成本法评估结果的主要差异为药品生产批文的内含价值"这一基本判断,即被购买方整体经营业务的价值等于其可辨认净资产价值,这时在购买方的合并报表层面,应当把购买对价款减去被购买方可辨认净资产按成本法的评估值之后的差额部分作为所取得的药品批文这一无形资产的初始计量金额,即购买日取得的被购买方所有可辨认净资产(包括药品批文在内)都按照购买日公允价值予以计量。同时,根据《企业会计准则第18号——所得税》的规定,应当就购买日取得的被购买方所有可辨认净资产(包括药品批文在内)的初始计量金额(购买日公允价值)与其计税基础(一般为原账面价值)之间的差额确认递延所得税资产/负债,相应确认等额的合并商誉。(即,此时的合并商誉完全是由企业合并中产生的递延所得税资产/负债的影响所导致的)

2. 如果这些药品批文所涉及的药品,被购买方截至购买日尚未投入生产,则这些无形资产与被购买方现有的业务没有直接关系,属于一项与企业合并同时取得的、不构成业务的单独资产。即此时同时发生了一项企业合并交易和一项资产购买交易。其中,基于被购买的业务部分本身不具有商誉的假设,可以认为归属于企业合并交易的对价等于被购买方可辨认净资产(药品批文除外)按成本法确定的公允价值,对价总额减去归属于企业合并交易的对价的差额可认为是购买无形资产这一资产交易的对价金额。相应地,在购买方的合并报表层面,构成业务的各项可辨认净资产以及药品批文均按照各自公允价值予以初始计量。同时,就构成业务的可辨认净资产的评估增值确认递延所得税负债以及相应的合并商誉;对于单独取得的无形资产的公允价值与其计税基础(零)之间的差额,基于《企业会计准则第18号——所得税》第十一条关于"初始确认豁免"的规定,不确认递延所得税负债[参阅《计学撮要(2011)》第263~265页"由确认一组不构成业务的资产或净资产所产生的暂时性差异,能否确认递延所得税负债或递延所得税资产"]。

上述两种情形下的处理结果相比较,对购买方合并报表的直接影响就是确认商誉和递延所得税负债的金额不同,其他对各项可辨认资产、负债的初始确认金额应当是相同的。由于合并报表中不确认少数股权对应的商誉,因此上述两种情形的处理结果不影响购买方合并报表层面确认的少数股东权益。少数股东权益的金额按照包含该药品批文的被购买方可辨认净资产公允价值乘以少数股东持股比例计算确定。

问题 3-2-28 非同一控制下企业合并中商誉问题

问题:

如下文"背景"资料所述,非同一控制下合并的商誉如何确认?

背景:

2011年,A公司与一个技术团队成立B公司开发NFC项目,采用技术团队出技术(无专利、非专利技术等),A公司出资金的方式合作。由于法律上不允许用尚未开发完成的技术进行出资,也无法进行评估,因此2011年10月先由技术团队成员个人以现金出资9.8万元设立B公司,2011年11月,A公司出资2 200万元对B公司进行增资,其中10.2万元作为实收资本,2 189.8万元作为资本公积,经此增资后,B公司注册资本为人民币20万元,其中A公司出资占注册资本的51%,其他自然人占注册资本的49%。2011年12月,B公司将资本公积2 180万元转增资本,变更后的注册资本为人民币2 200万元。本次转增资本后,各股东持股比例不发生变化,即A公司持股51%,技术团队成员持股49%。

A公司在该合作事项之前与该技术团队无关联方关系。另外在该交易完成后,B公司是A公司的子公司。

解答:

在本案例中,A公司和技术团队合作设立合资公司B公司的目的是获取该技术团队所掌握的技术和研发能力,由于所获取的并非静态的现有技术,而是技术团队的研发经验和能力,所以构成了一项非同一控制下的企业合并,被购买方为技术团队所掌握的技术等无形资产。在本案例中,A公司实际出资2 200万元,在合资公司中占51%股权,并能够控制合资公司,因此,技术团队的无形出资的公允价值可以计算为:

B公司的整体公允价值=2 200÷51%= 43 137 254.90(元)
技术团队的无形投入的公允价值=43 137 254.90×49%−98 000.00= 21 039 254.90(元)

根据上文"背景"资料提供的信息,技术团队的投入没有专利或者非专利技术,实质上是以其成员的专业技能和研发能力作为对B公司的投入,以期在未来获得研发成果,因此上述21 039 254.90元的无形投入均认定为商誉性质,不含在合并报表层面应单独确认的可辨认无形资产。如是,则基于现行企业合并准则"只确认与母公司的持股比例对应的商誉,不确认少数股权对应的商誉"这一基本原则,该部分无形投入的价值在合并财务报表中不体现,即 B 公司的可辨认净资产在 A 公司合并财务报表层面的价值仅包含双方的货币出资部分,即 2 209.8 万元,其中 A 公司享有 11 269 980.00 元,少数股东享有 10 828 020.00 元。由此 A 公司在其合并报表层面应确认商誉为 10 730 020.00 元(22 000 000.00 －11 269 980.00)。

由于 A 公司对 B 公司出资的 2 200 万元在交易前后均在合并报表范围内,从合并报表层面看实际并未发生现金流出,反而取得了技术团队的 9.8 万元现金,所以合并现金流量表中"取得子公司和其他营业单位支付的现金净额"为零,"吸收投资收到的现金"及其中"子公司吸收少数股东投资收到的现金"为 98 000.00 元。

问题 3-2-29 非同一控制下企业合并中被购买方可辨认资产公允价值的确认问题

问题:

非同一控制下企业合并中,被购买方可辨认资产的公允价值如何确认?

背景:

A 公司以 18.57 元/股的价格定向增发 15 885 835 股收购 B 公司 100%股权,收益法评估结果为 29 527.42 万元,最终作价 29 500 万元。B 公司净资产账面价值 2 011.28 万元,资产基础法评估值 4 199.84 万元。本次收购为非同一控制下企业合并。B 公司属于 IT 行业,拥有不少行业内领先的技术,但在 B 公司自身财务报表中确认的无形资产金额并不大。

解答:

收益现值法更能代表包括商誉在内的企业整体价值,因此最终交易定价以收益现值法评估结果为基础,是通常较为常见的做法。但是,在本案例中能否直接以资产基础法下的评估结果作为被购买方各项可辨认资产、负债于购买日的公允价值,从而认为两个评估结果之差就是商誉,是一个值得关注和探讨的问题。一般理解,资产基础法是基于会计上已经确认的资产和负债的重置成本进行评估的方法,通常不会去识别那些虽有未来经济利益但由于成本不能单独识别和计量等原因未在会计上确认的资产。

根据《企业会计准则第 20 号——企业合并》第十四条:"合并中取得的无形资产,其公允价值能够可靠地计量的,应当单独确认为无形资产并按照公允价值计量"。也就是说,非同一控制下合并中取得的被购买方无形资产,只要其公允价值可以可靠计量,无论原先被购买方自身账面上是否单独将其确认为一项无形资产,购买方在编制合并报表时都应将其作为一项可辨认的无形资产单独予以确认,其初始计量金额为购买日的公允价值。具体可以参照《国际财务报告准则第 3 号(2008 年修订)——企业合并》第 B31~B34 段的规定:"非同一控制下的企业合并中,购买方在对企业合并中取得的被购买方资产进行初始确认时,应当对被购买方拥有的但在其财务报表中未确认的无形资产进行充分辨认和合理判断。购买方在非同一控制下企业合并中所取得的被购买方的不具有实物形态的非货币资产满足以下条件之一的,应确认为无形资产:

(一)源于合同性权利或其他法定权利,即使该项资产不能转让,或者不能从被购买方中分离出来,或者不能和其他权利、义务相分离;

(二)能够从被购买方中分离或者划分出来,并能单独或与相关合同、可辨认资产和负债一起,用于出售、转移、授予许可、租赁或交换;

(三)能够和与相关合同、可辨认资产或负债一起,一并从被购买方或合并后的实体中相分离,即使其不能单独从被购买方或合并后的实体中相分离。"

因此,不能简单地将资产基础法下单项资产、负债的评估值即认为是被购买方可辨认净资产于购买日的公允价值,而需要聘请评估机构以会计上的购买日作为评估基准日,进行以"购买对价分摊"(purchase price allocation, PPA)为目的的评估。在该项评估中,除了按照资产基础法或者市场法,对被购买方自身账面上原已确认的各项资产、负债进行评估以外,还要注意识别是否存在具有未来经济利益但被购买方自身账面上原先并未单独予以确认的项目(尤其是无形资产和或有负债),对这些项目也需要进行评估以确定其于购买日的公允价值,并在购买方的合并财务报表上作为一项可辨认资产或可辨认负债予以单独确认。

如果能够按照这一方法处理,本案例中可确认的无形资产可能会大幅度增加,相应地商誉将会减少,这样后期商誉的减值测试压力将可以减轻。但是,由于知识产权类无形资产的使用寿命都是有限的,因此无形资产成本在未来一定期限内的摊销将对上市公司形成较大的持续性业绩压力,并且使用寿命有限的无形资产也存在减值问题,需在出现减值迹象时进行减值测试。

问题 3-2-30 非同一控制下企业合并的被购买方公允价值确认问题

问题:

如以下文"背景"资料所述,A 公司是否必须对 B 公司在收购日的价值进行评估以取得公允价值?

背景:

注册会计师在对 A 公司 2011 年度财务报表进行审计(该会计师事务所系首次承接 A 公司的审计业务)时注意到:2007 年 11 月 19 日,A 公司与自然人 A 签订股权转让协议,收购自然人 A 名下的 B 公司(生物技术公司)80%的股权,收购价格按注册资本总额 300 万元的 80%计算,共计 240 万元,并于当日支付了股权转让价款。2007 年 11 月 20 日,B 公司完成工商变更登记手续。此次收购后,B 公司成为 A 公司持股 80%的子公司。上述收购业务的合并日为 2007 年 11 月 20 日,B 公司 80%股权对应的净资产账面价值为 4 133 959.05 元,A 公司支付了收购款 2 400 000.00 元。本次收购为非同一控制下企业合并。

A 公司在收购 B 公司 80%股权时,未对收购日 B 公司的资产、负债进行审计、评估,企业收购日合并时按其账面价值对应份额进行合并计算的。

B 公司收购日资产组成情况主要为流动资产(占 97.71%),少量固定资产系办公电子设备,无土地使用权及专利技术。

解答:

根据《企业会计准则第 20 号——企业合并》的规定,对于非同一控制下企业合并中被购买方的各项可辨认资产、负债,应当在购买日按公允价值进行初始计量。该准则的应用指南中对各类可辨认资产、负债的购买日公允价值的确定方式作出了规定。在实务中,通常是以购买日为基准日,通过执行"以购买对价分摊(PPA)为目的的评估"来取得被购买方各项可辨认资产、负债于购买日的公允价值。在 IFRS 体系下,2008 年修订后的《国际财务报告准则第 3 号——企业合并》明确规定允许自购买日起有最长为 12 个月的"计量期"以便给予购买方足够的时间以收集关于购买日存在状态的信息(目前《企业会计准则解释第 4 号》第五条关于购买日递延所得税资产确认的内容就是部分引入了此处"计量期"的规定),而确定被购买方的各项可辨认净资产于购买日的公允价值是"计量期"内的一项重要工作任务。

但是,在实务中,任何会计政策的执行和运用都要考虑重要性原则和成本效益原则,以及考虑是否切实可行。在本案例中,如果有足够证据表明可辨认净资产在当初购买日的公允价值与账面价值之间不存在重大差异(以审计重要性水平为参照判断),或者要确定数年前的公允价值已经不再切实可行的,则也可以不进行评估,直接以账面价值为基础进行会计处理,但应在附注中充分说明这样做的理由和主要考虑。

在本案例中,根据"背景"部分提供的信息,企业和注册会计师在对这一问题作出判断时,应重点考虑无形资产和存货这两个项目是否可能存在未确认项目或者增值幅度较大的情形:

1. 关于无形资产,应关注:被购买方为生物技术公司,则是否存在其自身账面上未确认为资产但在企业合并中应当予以确认的专利技术、非专利技术等无形资产?(如果被购买方的盈利能力较强,则很可能存在此类资产,在购买方的合并财务报表层面应当对其予以"显化")

根据《企业会计准则第 20 号——无形资产》第十四条规定,"合并中取得的无形资产,其公允价值能够可靠地计量的,应当单独确认为无形资产并按照公允价值计量。"《〈企业会计准则第 20 号——企业合并〉应用指南》规定:"房屋建筑物、机器设备、无形资产,存在活跃市场的,应以购买日的市场价格为基础确定其公允价值;不存在活跃市场,但同类或类似资产存在活跃市场的,应参照同类或类似资产的市场价格确定其公允价值;同类或类似资产也不存在活跃市场的,应采用估值技术确定其公允价值。"

参照 2008 年 1 月修订后的《国际财务报告准则第 3 号——企业合并》第 B31~B34 段的规定,"非同一控制下的企业合并中,购买方在对企业合并中取得的被购买方资产进行初始确认时,应当对被购买方拥有的但在其财务报表中未确认的无形资产进行充分辨认和合理判断。购买方在非同一控制下企业合并中所取得的被购买方的不具有实物形态的非货币资产满足以下条件之一的,应确认为无形资产:(一)源于合同性权利或其他法定权利,即使该项资产不能转让,或者不能从被购买方中分离出来,或者不能和其他权利、义务相分离;(二)能够从被购买方中分离或者划分出来,并能单独或与相关合同、可辨认资产和负债一起,用于出售、转移、授予许可、租赁或交换;(三)能够和与相关合同、可辨认资产或负债一起,一并从被购买方或合并后的实体中相分离,即使其不能单独从被购买方或合并后的实体中相分离。"A公司和注册会计师应关注是否存在这样的无形资产,如果有,应考虑确定其购买日公允价值,对其单独予以确认。

2. 关于存货,应关注被购买方在原购买日前后一段时间内存货的销售毛利率情况。根据《〈企业会计准则第20号——企业合并〉应用指南》第四条第(四)项规定:购买日对所取得的被购买方存货的计量原则是:"对其中的产成品和商品按其估计售价减去估计的销售费用、相关税费以及购买方出售类似产成品或商品估计可能实现的利润确定;在产品按完工产品的估计售价减去至完工仍将发生的成本、估计的销售费用、相关税费以及基于同类或类似产成品的基础上估计出售可能实现的利润确定;原材料按现行重置成本确定。"因此,如果被购买方存货的销售毛利率较高,则按此处要求的方法确定的存货公允价值可能显著高于其原账面价值。

如果能够排除上述两种情形,并且该被购买方的总资产、净资产规模相对于购买方合并财务报表整体而言不重大,则可以基本确定被购买方的各项可辨认资产、负债于购买日的公允价值和账面价值之间的差额预计不会对被审计财务报表整体产生重大的影响,潜在的评估增值不单独确认和调整也是可以接受的。但必须在购买方合并财务报表附注中充分披露这一事实,以及管理层判断对购买方合并财务报表整体不会发生重大的影响的主要判断依据和理由。

问题3-2-31 非同一控制下企业合并中购买日公允价值确认问题

问题:

1. 在非同一控制下企业合并中,根据基准日评估值确认被购买方可辨认净资产于购买日的公允价值时,通常情况下评估基准日与购买日不是同一天,则被购买方在这两个日期之间的过渡期内产生相关损益、资产、负债的变动应如何处理?

2. 如果评估报告只能用收益法测算(如被收购方资产大部分为租赁且价值低,收购目的主要是客户资源及资质),在做企业合并时,无法往各项资产项目中进行公允价值的分配,这种情况是否可以按收购成本与评估公允价值的差额在合并报表中确认商誉或营业外收入,并且如何往资产、负债中分配收益法测算与投资成本的差额。还是有其他可行的处理方法?

解答:

1. 在非同一控制下企业合并中,一般以被购买方净资产的基准日评估值为基础,考虑基准日到购买日期间("过渡期")的净资产变动,并依据基准日各项资产的评估值对过渡期间的折旧、摊销、成本结转等进行重新计算和调整,以确定以基准日净资产评估值为基础的购买日净资产价值。如果在过渡期间内资产、负债的公允价值未发生重大变动,可以以上述方法确定的购买日净资产价值作为可辨认净资产公允价值的模拟。

企业应当关注相关购买协议中对过渡期间净资产变动(包括损益)的归属问题的约定。

(1) 如果约定过渡期间的损益和其他净资产变动由购买方承担的(例如,双方约定交易对价按照基准日净资产评估值确定,不再就后续净资产变动作出调整),则该期间的净资产变动表明购买方以相同的对价取得了较多或者较少的被购买方净资产,并进而作为商誉或负商誉的调整因素。

(2) 如果约定过渡期间损益和其他净资产变动仍归属原股东享有或承担的,又可分为两种情况:

第一,协议约定根据过渡期间净资产变动情况相应调整购买对价的,则由于合并成本与所取得的被购买方于购买日净资产金额同步变动,故不影响商誉或者负商誉。此时于购买日确认的商誉或负商誉金额与根据评估基准日的存在状况计算的商誉或负商誉金额相同。

第二,协议约定应由被购买方就过渡期间的净资产变动向原股东作出特别股利分配的,则应当由双方共同认可的会计师事务所对被购买方过渡期间的净资产变动状况进行审计,经双方共同确认后,被购买方账面上将该期间内净增加的净资产转为对原股东的一项特别应付股利,并在合理期限内支付完毕。同样,也不影响商誉或者负商誉的计算确定。

2. 如果"被收购方资产大部分为租赁且价值低,收购目的主要是客户资源及资质",则应考虑被收购方是否构成"业务"的问题,例如除了客户资源及资质以外的其他资产是否重大;是否同时接收了被购买方的服务团队等。

如果被购买方构成业务的,则购买方应对被购买方实施以购买日为基准日、以"购买对价分摊"(PPA)为目的的评估,以确定被购买方的各项可辨认资产和负债于购买日的公允价值,并且合理计算购买日应确认的商誉金额。在该评估报告最终出具之前,如果恰逢资产负债表日,则购买方可以依据企业合并会计准则中关于"计量期"的规定(见《企业会计准则解释第 4 号》第五条,并可参考 IFRS 体系下的《国际财务报告准则第 3 号——企业合并》第 45~49 段的相关规定),先依据当时可获得的信息对企业合并事项作出暂时性的会计处理,购买日起 1 年内获取了关于购买日存在状态的新的或者进一步信息的,再进行调整,视同在购买日确认和计量。

问题 3-2-32 对非同一控制下企业合并的被购买方账面上的递延收益或专项应付款的处理

问题:

1. 在编制非同一控制下企业合并完成后的合并财务报表时,被购买方执行新准则的日期是否需要追溯至购买方的新企业会计准则首次执行日?

2. 被购买方账面上原有的递延收益或专项应付款等留待以后年度转入收益的项目在购买方的合并报表中应如何列示?

背景:

A 公司自 2007 年 1 月 1 日开始执行新企业会计准则,被购买方 B 公司自 2011 年 1 月 1 日开始执行新企业会计准则。2012 年 7 月,A 公司完成了对 B 公司的重组工作,B 公司成为 A 公司的子公司。

截至 2012 年 7 月(购买日),B 公司执行新准则之前因政府补助形成的专项应付款尚有余额 440 万元。对照《企业会计准则第 16 号——政府补助》的规定,这部分专项应付款属于与资产相关的政府补助,并已符合转入递延收益并按其摊销的条件。

在上述案例中,被重组方 B 公司期末专项应付款 440 万元对应的政府补助是否需要自 2007 年 1 月 1 日起按照新企业会计准则确认为递延收益并开始摊销,确认相应的营业外收入?若在编制购买日后的合并财务报表时,B 公司专项应付款 440 万元不根据新准则追溯调整为递延收益,则该项专项应付款余额在合并报表中哪个科目列示?

解答:

1. 根据《企业会计准则第 33 号——合并财务报表》第十二条规定,"母公司应当统一子公司所采用的会计政策,使子公司采用的会计政策与母公司保持一致。子公司所采用的会计政策与母公司不一致的,应当按照母公司的会计政策对子公司财务报表进行必要的调整;或者要求子公司按照母公司的会计政策另行编报财务报表",即合并报表应当在统一母子公司会计政策的基础上编制。在购买日对被购买方各项资产、负债按照购买日公允价值进行初始计量的基础上,被购买方自购买日起执行与购买方相同的会计政策。被购买方自身法定财务报表中的新企业会计准则首次执行日的确定问题对合并报表层面的处理不产生影响。

2. 根据《企业会计准则第 20 号——企业合并》的规定,在非同一控制下企业合并中,被购买方的各项资产、负债在购买日应按照公允价值进行初始计量。根据《〈企业会计准则第 20 号——企业合并〉应用指南》的规定,对于负债在购买日的公允价值的确定原则如下:"短期负债,一般按照应支付的金额确定其公允价值;长期负债,应按适当的折现率折现后的现值作为其公允价值"。因此,如果截至购买日,被购买方的该笔专项应付款已经基本确定无需返还给政府,则该项专项应付款在合并报表层面的购买日公允价值为零(相应增加购买日取得的被购买方可辨认净资产公允价值,减少商誉)。在购买方合并报表层面,不再确认该笔专项应付款或者递延收益。相应地,以后年度合并报表层面也不再有由该项专项应付款或者递延收益摊销所形成的营业外收入。

在被购买方自身的法定财务报表层面,可以按照实际情况将 2011 年 1 月 1 日确定为新企业会计准则的首次执行日,并按照《企业会计准则讲解(2010)》第十七章"政府补助"最后部分"新旧比较与衔接"中的提示,对该项专项应付款于首次执行日转为递延收益,在剩余受益期间内摊销计入各年度营业外收入。但在购买方的合并报表层面,应以购买日公允价值为基础作出相应的调整。具体调整如上段所述。

从根本上说,本案例中的问题 2 所反映的实际上是"资产负债表观"和"利润表观"两大理念的冲突。政府补助准则是比较典型的遵循"利润表观"的准则,而企业合并准则是比较典型的遵循"资产负债表观"的准则。由于理念的差异,两者的侧重点不同:政府补助准则侧重于实现政府补助与作为补助对象的支出在利润表中的合理配比,由此导致的后果之一就是所确认的递延收益或专项应付款等在很多情况下不符合《企业会计准则——基本准则》对"负债"这一会计要素的定义和确认条件的规定(因为,能够确认为递延收益,就说明已经满足"企业能够收到政府补助"的条件,确认负债所需的"很可能导致经济利益流出企业"的条件就不满足,因此递延收益严格来说并不是一项负债,而是一项"等待计入损益的权益");企业合并准则侧重于对合并所取得的被购买方各项资产、负债和商誉的确认和计量[例如,企业合并准则中要求将负商誉计入当期损益的规定,如果从传统的利润表观出发,是很难理解的,因为传统的利润表观认为只有在相应的交易过程完成之后,即利润已经"赚得"(earned)的情况下,才能确认收益]。鉴于这两种理念存在冲突,在非同一控制下企业合并交易中,对于被购买方账面上由尚未摊销完毕的政府补助所形成的递延收益,基于其不符合"负债"定义的情况,其购买日公允价值应当评估为零,相应调整购买日所取得的被购买方可辨认净资产的公允价值,并相应调整购买日所确认的商誉或者负商誉。相应地,以后在合并报表层面也不会再有由该项递延收益摊销形成的营业外收入。由此导致被购买方个别报表层面和购买方合并报表层面对购买日之前形成的递延收益的会计处理存在差异,在编制合并报表时应当注意进行该项"视角差异"调整。

问题 3-2-33 反向购买相关会计问题

问题:

在为反向购买目的而编制的 1 年一期备考合并财务报表中,所有者权益各项目应如何反映?

背景:

根据中国证监会发布的上市公司重大资产重组的有关规定,上市公司拟进行《上市公司重大资产重组管理办法》(证监会令第 73 号)第二十八条第一款第(一)至(三)项规定的重大资产重组的,应当提供依据重组完成后的资产架构编制的上市公司最近 1 年的备考财务报告和审计报告;存在《公开发行证券的公司信息披露内容与格式准则第 26 号——上市公司重大资产重组申请文件》(证监会公告[2008]13 号)第六条规定情况的,还应当提供最近一期的备考财务报告和审计报告。

解答：

备考财务报表属于基于特定假设的财务信息，并非真实发生交易的反映。所以在备考财务报表中可以不将归属母公司股东的权益区分为股本、资本公积、盈余公积、未分配利润等明细，只列出"归属母公司股东的权益"和"少数股东权益"两个总数。

如果确实需要在备考财务报表中模拟拆分股东权益各项目的，则在涉及反向购买的情况下，一般可按以下原则处理：

1. 股本：按法律上上市公司股本＋本次拟增发的股份，即增发完成后的上市公司股本金额模拟。

2. 留存收益（盈余公积、未分配利润、专项储备）和其他综合收益性质的资本公积：由于备考报表编制的基本假设之一是自最早报告期期初已完成反向购买，即备考财务报表报告期内应包含上市公司原有资产、负债和业务，以及发行股份购买的（会计上作为购买方）资产、负债和业务，因此，对于留存收益和其他综合收益性质的资本公积，期末的模拟金额应当等于：$\sum$（会计上作为购买方的法律上子公司的期末留存收益和其他综合收益×重组完成后上市公司对该法律上子公司持股比例）＋（上市公司在备考财务报表报告期内的留存收益和其他综合收益净增加额）。

在确定上述"上市公司在备考财务报表报告期内的留存收益和其他综合收益净增加额"时，需要注意：由于在反向购买交易的合并报表层面，上市公司的原有资产和业务是作为被购买方，自购买完成日开始纳入上市公司合并财务报表的，而按照《企业会计准则第20号——企业合并》规定，非同一控制下企业合并中取得被购买方的各项可辨认资产和负债，要以购买日公允价值为基础计量，所以此处的"上市公司在备考财务报表报告期内的留存收益和其他综合收益净增加额"可能与上市公司年报中的账面数不同，而是要在上市公司账面数的基础上，以最早报告期期初各项可辨认净资产的公允价值为基础，对利润表中的折旧、摊销、成本结转等金额进行调整。

如果由于无法获得最早报告期期初各项可辨认净资产的公允价值等原因，无法进行前段所述调整的，则应在备考合并财务报表附注的"编制基础"部分中明确予以说明。

3. 资本公积（系股本溢价等非其他综合收益性质）：在确定归属母公司股东的权益总额和上述1、2两项的金额后，倒减得出。

需要特别说明的是：此处所述仅为一般情况下可供选用的方法，可能并非适用于所有情况；而在个案中，也完全可能存在较此处所述更适合于特定个案具体情况的处理方式。因此，在实务中遇到此类问题时，项目组应当根据本所《技术部技术支持制度（试行）》的有关规定，向技术部咨询基于特定个案情况的最适当处理方式。

问题 3-2-34 通过共同投资设立公司的方式转让土地使用权的相关问题

问题：

通过共同投资设立公司的方式转让土地使用权的交易应如何进行处理？

背景：

2011年5月16日，A公司与B公司签订《投资合作协议》，约定双方共同出资设立C公司，注册资本2 750万元，其中A公司现金出资850万元，占比30.9%；B公司以一宗土地使用权评估作价1 900万元出资，占比69.1%。并且同时约定，C公司设立后，B公司将其所持股权以1 900万元转让给A公司。2011年11月28日，双方就C公司的该股权转让事项签署了相关协议。

协议执行过程中，B公司以该种操作模式存在税务风险，当地税务有可能认定上述行为系逃避税收的非正常交易，可能需要补交土地增值税等为由，要求A公司多支付121万元，即股权转让款增加到2 021万元。截至2011年年末，上述交易行为已经完成，A公司实际支付转让款2 021万元，双方未就121万元的超付款再次签订补充协议。

解答：

本案例中各项交易系为了达成同一项商业目的（A公司获取土地使用权）而达成和实施、互为前提和条件的一揽子交易，其实质是为了取得土地使用权，只是出于税收筹划考虑而采取了股权转让的法律形式。多付款项实际上是A公司承担的交易税费，应作为其所获取的该项土地使用权的价值组成部分，而不应认定为商誉。

另外，C公司设立时，其资产仅包括土地使用权（由转让方B公司投入）和现金（由A公司投入），并不具备投入、加工处理过程和产出能力，因此并不构成企业合并会计准则所指的"业务"。所以，A公司取得B公司的控制权不属于企业合并，而是一项资产购买交易，所以不会有商誉产生。此类交易中，合并报表层面确认的土地使用权价值即使与计税基础存在暂时性差异，该暂时性差异也不应确认递延所得税资产或负债。

具体请参阅：《计学撮要(2011)》第296～299页"在被购买方不构成业务的情况下，取得其部分股权并对其形成控制时，购买方的会计处理"和《计学撮要(2011)》第263～265页"由确认一组不构成业务的资产或净资产所产生的暂时性差异，能否确认递延所得税负债或递延所得税资产"。

问题3-2-35 通过分步购买取得被购买方100%股权时，被购买方能否评估调账问题

问题：

通过分步购买取得被购买方100%股权时，被购买方是否根据评估价值调账？

背景：

2009年6月以前，B公司持有C公司65%股权，A集团公司持有C公司35%股权。

2009年6月,A集团公司全资购买了B公司,从而间接控制了C公司100%股权。

解答:

通过分步购买取得被购买方100%股权时,被购买方不应根据评估价值调账。

结论基础:

《企业会计准则讲解(2010)》第二十一章第三节第六点(原书第338页)规定:"非同一控制下的企业合并中,购买方通过企业合并取得被购买方100%股权的,被购买方可以按照合并中确定的可辨认资产、负债的公允价值调整其账面价值。除此之外,其他情况下被购买方不应因企业合并改记有关资产、负债的账面价值。"

上述规定系最初来源于财政部1998年发布的《财政部关于股份有限公司有关会计问题解答》(财会字[1998]16号),在新准则体系下继续被保留下来。财会字[1998]16号中相关规定的原文是:

一、公司购买其他企业的全部或部分股权,被购买企业是否需要按照评估确认的价值调账?

答:公司购买其他企业的全部股权时,被购买企业保留法人资格的,被购买企业应当按照评估确认的价值调账;被购买企业丧失法人资格的,公司应按被购买企业评估确认后的价值入账。

公司购买其他企业的部分股权时,被购买企业的账面价值应当保持不变。

《企业会计准则讲解(2010)》第二十一章第三节第六点的上述规定,主要意图是减轻购买方编制合并报表时对被购买方各项资产、负债和损益按购买日公允价值进行调整时的工作量。但该做法毕竟是对历史成本原则的例外,因此需要严格控制其适用范围。

从财会字[1998]16号文的原文可以看出,只有当"公司购买其他企业的全部股权时",被购买企业才能按评估值调账。从《企业会计准则讲解(2010)》的规定中也可以看出,只有当企业合并环节(于购买日)一次性购买被购买方的100%股权的,被购买方才能按评估值调账;而且此时的调账是"可以"而不是"必需"。类似于本案例中这样通过分步购买取得被购买方100%股权的情形,被购买方自身报表中不能按评估值调账。

问题3-2-36 分步购买实现非同一控制下企业合并的会计处理

问题:

在分步购买实现的非同一控制下企业合并中,购买方应如何进行账务处理?

背景:

A公司(非上市公司)原持有B公司12.01%的股份,两公司进行换股,使A公司持有B公司100%的股份,B公司股东进入A公司。评估基准日2011年4

月 30 日，B 公司净资产评估值 374 686 200 元，每股净资产评估值 3.9 元；A 公司净资产评估值 402 491 100 元，每股净资产评估值 4.02 元。

2011 年 9 月 8 日，B 公司新增注册资本 2 564 100 元、资本公积 7 435 900 元，由 A 公司投入，变更后 B 公司注册资本为 98 718 522 元，A 公司出资 14 108 748元，持股比例 14.29%，其他全部为个人股东。

2011 年 7 月，A 公司将资本公积转增实收资本，股本由 1 亿股变为 126 600 000 股。

2011 年 12 月 29 日，A 公司、B 公司换股成功。A 公司验资时，以 B 公司 2011 年 4 月 30 日的净资产评估值为参考价值，个人股东将 321 143 542 元 [374 686 200×(1−14.29%)]投入 A 公司，其中 101 014 534 元入实收资本、220 129 008 元入资本公积，A 公司以 321 143 542 元作为长期股权投资的入账成本。A 公司股本变为 227 614 534 股。

解答：

在本案例中，A 公司是非同一控制下企业合并交易中的购买方。其持有 B 公司 100% 股权是通过分次购买交易实现的(原持有 12.01% 股权，2011 年 9 月增持 2.28%，2011 年 12 月 29 日通过换股取得剩余的 85.71%)。因此，其个别报表和合并报表层面的会计处理，应当遵循《企业会计准则解释第 4 号》第三条关于分步购买实现非同一控制下企业合并的会计处理规定。

1. 个别报表层面长期股权投资成本的确定。

根据《企业会计准则解释第 4 号》第三条规定，企业通过多次交易分步实现非同一控制下企业合并的，在个别财务报表中，应当以购买日之前所持被购买方的股权投资的账面价值与购买日新增投资成本之和，作为该项投资的初始投资成本；购买日之前持有的被购买方的股权涉及其他综合收益的，应当在处置该项投资时将与其相关的其他综合收益(例如，可供出售金融资产公允价值变动计入资本公积的部分，下同)转入当期投资收益。

根据《企业会计准则第 2 号——长期股权投资》第三条第(二)项规定，非同一控制下的企业合并，购买方在购买日应当按照《企业会计准则第 20 号——企业合并》确定的合并成本作为长期股权投资的初始投资成本。

根据《企业会计准则第 20 号——企业合并》规定，非同一控制下企业合并中，合并成本为购买方在购买日为取得对被购买方的控制权而付出的资产、发生或承担的负债以及发行的权益性证券的公允价值。因此，就最后一步导致取得控制权的换股交易而言，该步交易中的合并成本应当为 A 所发行的权益性证券(10 101.453 4 万股)于购买日(2011 年 12 月 29 日)的公允价值。由于 A 公司目前还不是上市公司，所以其于购买日的每股公允价值，可以以基准日评估值(每股 4.02 元)为基础，就 2011 年 5～12 月期间其因经营积累等原因导致的净资产变动因素作出调整后确定(在测算 2011 年 5～12 月期间其因经营积累等原因导致的净资产变动因素的影响时，也应考虑在基准日各项可辨认资产的评估增减值在该期间的折旧、摊销等影响予以调整)。

根据《企业会计准则解释第 4 号》第三条的规定，A 公司个别报表层面对 B

公司长期股权投资的期末账面价值＝原取得 12.01％股权的成本＋原增持 2.28％股权的成本(1 000 万元)＋按上述方法确定的本次增发股份于购买日的公允价值。

2. 合并报表层面的处理原则。

根据《企业会计准则解释第 4 号》第三条规定,企业通过多次交易分步实现非同一控制下企业合并的,在合并财务报表中,对于购买日之前持有的被购买方的股权,应当按照该股权在购买日的公允价值进行重新计量,公允价值与其账面价值的差额计入当期投资收益;购买日之前持有的被购买方的股权涉及其他综合收益的,与其相关的其他综合收益应当转为购买日所属当期投资收益。购买方应当在附注中披露其在购买日之前持有的被购买方的股权在购买日的公允价值、按照公允价值重新计量产生的相关利得或损失的金额。

因此,在 A 公司的合并报表层面,应对购买日前原持有的 14.29％股权按照购买日公允价值(以基准日评估值每股 4.02 元为基础,按上一部分所述方法就其于 2011 年 5～12 月期间因经营积累等原因导致的净资产变动因素作出调整后确定)重新计量,该公允价值与原投资账面价值之间的差额计入当期投资收益;以该公允价值和按照前一部分方法确定的新发股份公允价值之和为非同一控制下企业合并的合并成本,该合并成本与 2011 年年末 B 公司可辨认净资产公允价值之间的差额(需调整评估增减值对应的递延税项影响)确认为商誉或者负商誉。

问题 3-2-37 企业通过多次交易分步实现非同一控制下企业合并时购买日公允价值确认问题

问题:

A 公司通过两次交易收购了子公司 B 公司,根据《企业会计准则解释第 4 号》的规定,在合并报表层面,"对于购买日之前持有的被购买方的股权,应当按照该股权在购买日的公允价值进行重新计量,公允价值与其账面价值的差额计入当期投资收益。"上述规定中所述的公允价值是指在收购日被收购单位经评估的净资产公允价值还是指购买日收购方购买股权所支付的收购价格(股权公允价值)？如果是后者,应如何判定购买方在收购日支付的对价是否是公允的？

解答:

《企业会计准则解释第 4 号》第三个问题中"(二)在合并财务报表中,对于购买日之前持有的被购买方的股权,应当按照该股权在购买日的公允价值进行重新计量,公允价值与其账面价值的差额计入当期投资收益;购买日之前持有的被购买方的股权涉及其他综合收益的,与其相关的其他综合收益应当转为购买日所属当期投资收益。购买方应当在附注中披露其在购买日之前持有的被购买方的股权在购买日的公允价值、按照公允价值重新计量产生的相关利得或损失的金额。"的"股权在购买日的公允价值"是指购买方所购买的股权的公允价值,不是指被收购方的可辨认净资产的公允价值。

对于购买日前原持有的权益于购买日的公允价值的确定问题,通常的做法是按购买日增持股权时所支付的对价金额按比例推算;但也需要关注购买日增持股权所支付的对价中可能包含"控制权溢价"因素的影响,如果认为"控制权溢价"因素的影响可能重大,或者有其他迹象表明基于购买日增持股权时所支付的对价金额按比例推算的方法可能不能客观反映原持有股权于购买日的公允价值的,可提请公司聘请相关的专业评估机构恰当考虑该因素的影响。

因此,在本案例中,如果确认"控制权溢价"的影响不重大的(多数企业的"控制权溢价"影响都不重大,除非获利能力特强,或者对于购买方而言有特殊的战略布局上的意义),则对于股权的公允价值确认,可以采用本次购买的股权的公允价值折算以前购买股权在购买日的公允价值。例如:以前持有被购买方20%股权,本次购买40%的支付价款8 000万元(交易完成后持股比例为60%,对被购买方具有控制权),推算100%的股权公允价值为20 000万元,则以前购买的20%股权在购买日的公允价值为4 000万元。

一般情况下,如果股权收购发生于非关联方之间,且该交易系独立达成的交易,不存在与之相关联(因而需作为一个整体一揽子进行处理)的其他交易,则一般认为购买价格应是公允的,代表了标的股权于购买日的公允价值。

根据《企业会计准则解释第4号》第三条规定,在分步购买达到控制的情况下,购买日应确认的合并商誉计算如下:购买方在购买日确认的商誉(或计入损益的金额)应按以下公式计算:购买方在购买日确认的商誉(或计入损益的金额)=所转移的对价于购买日的公允价值+分步购买中购买方原在被购买方中持有的权益于购买日的公允价值-被购买方可辨认净资产于购买日的公允价值×购买方增持股权后的持股比例。

问题3-2-38 分步收购股权并有选择权的处理

问题:

如下文"背景"资料所述,A公司在第一次收购股权时,是否需要确认附带的后续购买股权和增资的选择权?

背景:

A公司拟收购一家公司B的股权,协议中约定分步收购,在第一次收购27.50%股权的同时,A公司享有一项附带选择权利,即在第一次股权收购完成日起12个月内,如果B公司提供的商业地产计划能够得到A公司的认可,那么A公司将以每股5.7元的价格向B公司原股东收购B公司20.22%的股权,并以每股4.67元的价格向B公司单独增资280 510 843元,交易完成后,A公司持有选择权行使完毕后的B公司总股本的67%。另外协议中约定:如果A公司行使了该项选择权,那么A公司能够按照收购后新的股比享有被投资单位自该交易定价基准日起形成的净资产。

解答:

根据上文"背景"资料分析,A公司所获得的选择权类似一项"期权",即授予A公司后续以5.70元价格向原股东收购股份和以4.67元价格向B公司增资,并相应达到控股的权利,因此在股权收购的第一次时点应确认该"期权"。

该期权属于一项《企业会计准则第 22 号——金融工具确认和计量》(以下简称"CAS 22")第三条所定义的衍生工具,且不属于 CAS 22 第九条第(三)项规定的例外情形,因此应属于以公允价值计量且其变动计入当期损益的金融工具。由于该期权本身无活跃市场,活跃市场中也无与之同类或类似的期权可作为参考,因此应当以估值技术(期权定价模型)确定其于被授予日的公允价值,作为初始计量金额。后续期权有效期内的每个资产负债表日,应运用估值技术确定该项期权的公允价值,并把公允价值的变动额计入当期损益。

相应地,应从 A 公司的首次投资成本中扣除该项期权的公允价值后,将剩余部分作为首次投资取得 B 公司股权的初始投资成本。对于所取得的 B 公司股权应按《企业会计准则第 2 号——长期股权投资》的相关规定进行核算。

问题 3-2-39 联营企业变为间接持股的子公司

问题:

联营公司通过股权置换成为间接持股子公司时,投资方应如何进行会计处理?

背景:

A 公司权益法核算的联营公司 B 的股权结构如下表。

B 公司股权结构

A 公司	31%
C 公司	35%
个人股东 D	34%
合　计	100%

B 公司 2012 年 12 月 31 日净资产账面价值为 7 742.6 万元,评估值为 9 474.18 万元。

2013 年,A 公司、C 公司、个人股东 D 共同用 B 公司股权对新公司 E 进行出资,另外 A 公司还对 E 公司投入 8 000 万元货币资金。E 公司设立时的注册资本和实收资本总额为 B 公司净资产评估值和 A 公司的货币出资额之和,即 17 474.18 万元。E 公司股权结构如下表。

E 公司股权结构　　　　　　　　　　　　　　单位:万元

A 公司	2 937.00①	63%
	8 000.00②	
C 公司	3 315.96	19%
个人股东 D	3 221.22	18%
合　计	17 474.18	100%

注:①为股权;②为货币资金。

交易完成后,B公司为E公司的全资子公司。

解答:

本案例中,原联营企业B公司的各方股东A公司、C公司、个人股东D分别以其在该联营企业中所享有的权益份额经评估后作为出资设立持股公司E,同时A额外向E公司出资8 000万元,取得了E公司63%的股权,并取得了对E公司及其全资子公司B的控制权。

在A公司层面,该交易的经济实质可以理解为对原联营企业B通过分步购买方式实现的企业合并。由于新设立的E公司的资产就是持有B公司(原联营企业)的100%股权加上A公司投入的8 000万元货币资金,该E公司自身并不具有商业实质,仅是一个壳公司,该交易的经济意义在于A公司就此获取了对B公司的控制权,通过中间层持股公司E间接享有B公司的63%权益,并就此通过E公司控制了B公司。对A公司而言,该交易的经济实质与直接以8 000万元货币资金对B公司增资是完全相同的。因此,该交易的经济实质是通过分步购买实现非同一控制下企业合并的交易,应按照《企业会计准则解释第4号》第二条的规定处理。

(1)个别报表层面,按原先权益法下对B公司31%股权权益法核算到重组日(也就是购买日)的原账面价值和新增货币出资额8 000万元之和作为对E公司63%长期股权投资成本,不确认损益。后续按成本法核算对E公司的63%长期股权投资。

借:长期股权投资　　　　　　　　　　　　　　　　80 000 000
　　贷:货币资金　　　　　　　　　　　　　　　　　80 000 000

(2)合并报表层面,对于原先持有的B公司31%股权按购买日公允价值(可以理解为评估值,即以重组基准日B公司股权的评估值为基础计算的金额)进行重新计量,该公允价值和原权益法下对B公司31%长期股权投资的账面价值之差在合并报表层面确认为投资收益;同时重新计算确认购买日应确认的商誉金额:购买日应确认的商誉金额=(原持有31%股权的评估值2 937万元+货币增资8 000万元)-重组后持有E公司的63%可辨认净资产公允价值份额。

问题3-2-40　取得国企资产并承接其人员的处理

问题:

如下文"背景"资料所述,A公司承接B公司职工并补缴以前年度社保,同时承接B公司部分资产时应如何进行处理?

背景:

某中央企业的子公司A承接当地一家地方国有企业B的职工并补缴该企业职工以前年度欠缴的社保统筹,作为补偿,同时承接了B公司的部分资产,具体情况如下:

1. A公司接收B公司所有职工并负责安置(包括退休职工);并同意由A

公司补缴B公司职工养老保险金和医疗保险金1 600万元。

2. A公司支付土地出让金1 753.92万元,取得B公司的土地使用权。该土地出让金的地方留存部分1 400万元由当地政府划给A公司用于该企业补缴B公司职工养老保险金的费用。

3. A公司取得B公司"3.5万伏供电线路及设备所有权"。

4. B公司土地上的房屋建筑物、机器设备,随土地无偿划归A公司所有。

5. A公司无偿取得B公司的煤炭经营资质中的铁路发运资格。

解答：

在本案例中,如果上文"背景"资料所述的各交易步骤(取得B公司的相关资产、人员；支付土地出让金和人员安置成本)是作为一个整体谈判确定、互为前提条件的一揽子交易,并且所取得的资产(土地使用权、供电线路及设备所有权、地上房屋建筑物和机器设备、铁路发运资格)构成《企业会计准则第20号——企业合并》及其应用指南和讲解所定义的"业务",则该交易整体上构成一项非同一控制下的企业合并。具体分析如下：

1. 被合并方：

由B公司的土地使用权、供电线路及设备所有权、地上房屋建筑物和机器设备、铁路发运资格等有形和无形资产(包括相关人员)所构成的业务。

2. 合并成本：

由A公司承担B公司职工养老保险金和医疗保险金1 600万元的补缴义务,以及支付的土地出让金1 753.92万元,合计3 352.92万元。(政府承诺的土地出让金返还1 400万元作为一项单独的政府补助交易处理,不构成企业合并业务的组成部分)

3. 会计处理要点：

(1) A公司将按照约定应承担的合并成本,即B公司职工社保1 600万元和应缴纳的土地出让金1 753.92万元,合计3 353.92万元,确认为负债。

在取得B公司各项资产的过程中发生的、且由A公司支付和负担的相关税费,如契税等,也计入合并成本,相应增加取得A公司相关可辨认资产的入账价值。

(2) A公司取得B公司的土地使用权、供电线路及设备所有权、地上房屋建筑物和机器设备、铁路发运资格等可辨认资产,应按购买日的公允价值入账。其中：

对于土地使用权,其公允价值应当以已变性为出让地后的状态和规定的用途为基础评估确定。

对于"供电线路及设备所有权",应关注相关的供电线路和设备是否实际上由供电企业管理和维护,企业是否实质上仅仅获得了一项用电权,如果企业实质上仅获得了一项用电权,而并未实质上享有或承担相关资产所有权上的主要风险和报酬的,则建议确认为长期待摊费用而不是固定资产。

对于经营资质中的"铁路发运资格",理论上是符合一项"无形资产"的定义的,如果其公允价值可以可靠确定,则应当单列为一项无形资产；如果公允价值不能可靠确定的,则不单独确认为一项无形资产,其价值并入商誉或者负商誉的计算。

(3) 上述(1)和(2)两项之间的差额,在 A 公司的财务报表中确认为商誉或者负商誉。

(4) 关注该项交易的税务处理,是适用《财政部、国家税务总局关于企业重组业务企业所得税处理若干问题的通知》(财税[2009]59 号)和《国家税务总局关于发布〈企业重组业务企业所得税管理办法〉的公告》(国家税务总局公告[2010]4 号)中的"一般性税务处理"还是"特殊性税务处理",以及是否履行了所要求的备案程序。如果适用特殊性税务处理的,则计税基础延续原先在 B 公司的计税基础,由此形成的暂时性差异应确认递延所得税资产或者递延所得税负债,并作为对(3)中确认的商誉或者负商誉的调整。

(5) 对于政府承诺的 1 400 万元土地出让金返还款,根据《企业会计准则第 16 号——政府补助》及其应用指南第四条"政府补助的计量"的相关规定,应当按照收付实现制原则进行确认和计量,即只有在实际收到后才能予以确认,计入递延收益。该笔款项实际上是对 A 公司发生合并成本的补助,但由于其来源于土地出让金,因此应理解为对取得被购买方土地使用权的成本的补助,自实际收到之日起在该土地使用权的剩余年限内按直线法分摊,计入各该年度的营业外收入。

问题 3-2-41 以子公司控股股权对被购买方增资实现对被购买方非同一控制下合并的处理

问题:

以子公司控股股权对被购买方增资,实现对被购买方非同一控制下合并,应如何进行会计处理?

背景:

母公司 A,原持有子公司 B 的 80%股权,投资成本 8 000 万元(B 公司注册资本为 10 000 万元),B 公司的净资产在母公司 A 的合并报表层面的价值(如 A 原先系以非同一控制下合并方式取得 B 的控制权,则为以原购买日公允价值为基础持续计算的金额;其他情况为 B 公司自身的账面价值)为 12 500 万元,该 B 公司 80%股权的整体公允价值为 20 000 万元(按比例推算,B 公司的整体公允价值为 25 000 万元(20 000÷80%)。

另有非关联公司 C,可辨认净资产公允价值为 11 000 万元,整体公允价值(包含商誉因素在内)为 12 000 万元。A 公司和 B 公司原先与 C 无关联方关系,A 公司原先并不持有 C 的股份。

现 A 公司以其所持有的 B 公司 80%股权作价 20 000 万元,对 C 公司增资。由于 C 公司原先的整体公允价值为 12 000 万元,而 B 公司 80%股权的公允价值为 20 000 万元,因此增资后 A 公司持有 C 公司的 62.5%股权[20 000÷(12 000+20 000)×100%],A 公司由此可以对 C 公司实施控制,构成一项非同一控制下企业合并。重组完成后,B公司成为C公司的子公司,C公司持有B公司的80%股权。

解答:

本案例实质上是A公司以放弃其在子公司B中的部分权益为代价(原先享有权益的比例为80%,现在享有权益的比例变为50%(62.5%×80%),减少了30%),换取了C公司(重组前原有部分)62.5%的权益。C公司62.5%权益的公允价值为7 500万元(12 000×62.5%);所放弃的B公司30%权益的公允价值为7 500万元(25 000×30%),两者相等,说明该交易是公允的等价交换交易。相关的会计处理和合并报表层面抵销方法具体说明如下:

1. A公司个别报表层面。

在本案例中,A公司取得C公司的控制权,构成了一项非同一控制下的企业合并。根据《企业会计准则第2号——长期股权投资》第三条第(二)项规定:"非同一控制下的企业合并,购买方在购买日应当按照《企业会计准则第20号——企业合并》确定的合并成本作为长期股权投资的初始投资成本",而《企业会计准则第20号——企业合并》第十一条第(一)项规定:"一次交换交易实现的企业合并,合并成本为购买方在购买日为取得对被购买方的控制权而付出的资产、发生或承担的负债以及发行的权益性证券的公允价值。"

如前面的计算,本案例中,A公司放弃的对价的公允价值为7 500万元,所放弃的B公司30%权益对应的长期股权投资账面价值(成本法下)为3 000万元(8 000×30%÷80%),所以个别报表层面应确认的投资收益为4 500万元(7 500−3 000)。对于仍然通过C公司间接享有的B公司50%权益对应的投资成本5 000万元不作调整,但从"长期股权投资——B"转入"长期股权投资——C"。即A公司个别报表层面会计分录为:

借:长期股权投资——C[交换部分的公允价值(7 500万元) 125 000 000
　　　　＋仍享有权益部分的原账面价值(5 000万元)]
　贷:长期股权投资——B(全部转销) 80 000 000
　　　投资收益 45 000 000

2. A公司合并报表层面。

A公司的合并报表层面,应看作两项交易:一是通过非同一控制下企业合并取得了C公司原有部分的62.5%的控股权益(同时产生37.5%的少数股权);二是对B公司所享有的权益比例由80%下降到50%,下降了30%,但仍保持控制权,视同在不丧失控制权的前提下,部分处置子公司股权。

(1)通过非同一控制下企业合并交易取得的C公司可辨认净资产公允价值为11 000万元,C公司的整体公允价值为12 000万元,所以应确认的合并商誉为625万元[(12 000−11 000)×62.5%](对应少数股权的商誉不确认),少数股东权益价值为4 125万元(11 000×37.5%)。

(2)在不丧失控制权的前提下部分处置子公司股权的交易,根据《财政部会计司关于不丧失控制权情况下处置部分对子公司投资会计处理的复函》(财会便[2009]14号)规定:"母公司在不丧失控制权的情况下部分处置对子公司的长期股权投资,在合并财务报表中处置价款与处置长期股权投资相对应享有子公司净资产的差额应当计入所有者权益。"

本案例中,处置 B 公司 30% 股权的对价为 7 500 万元,该 30% 股权对应的 B 公司可辨认净资产在 A 公司合并报表层面的价值金额为 3 750 万元(12 500×30%)(将构成少数股东权益),故在合并报表层面应调整资本公积的金额为 3 750 万元(7 500－3 750)。再加上 B 公司在重组前原有的 20% 少数股权,B 公司的可辨认净资产中归属少数股东的份额为 50%,即 6 250 万元[12 500×(30%＋20%)]。

上述(1)、(2)两步骤中确认的少数股东权益合计为 10 375 万元(4 125＋6 250)。其中原有金额为 2 500 万元(12 500×20%),新增部分为 7 875 万元。

综上,上述重组交易对 A 公司合并报表层面的影响如下:(此处系假设 A 公司合并报表主体是一个单独的账务核算主体,所编制的账务处理分录。实务中应在各公司个别报表的基础上,通过编制抵销分录实现这一效果)

借:C 公司可辨认净资产　　　　　　　　　　　　　　110 000 000
　　商誉　　　　　　　　　　　　　　　　　　　　　　6 250 000
　贷:资本公积　　　　　　　　　　　　　　　　　　　37 500 000
　　少数股东权益　　　　　　　　　　　　　　　　　　78 750 000

验算:合并报表层面的少数股东权益 10 375＝C 公司原有部分的可辨认净资产的 37.5%＋B 公司可辨认净资产的 50%＝11 000×37.5%＋12 500×50%＝4 125＋6 250＝10 375(万元)。

在合并报表层面,由于 B 公司的各项可辨认资产、负债和商誉在交易前后一直保留在 A 公司的合并报表范围内,并未被处置到合并范围之外,因此 B 公司的各项可辨认资产、负债和商誉在合并报表层面的计量保持不变,并不按照公允价值对其重新进行计量;C 公司的各项资产、负债和商誉应以购买日公允价值为基础持续计算的金额计量。

问题 3-2-42　非同一控制下合并完成后,对被购买方的可辨认净资产能否按照后续日期的公允价值进行调整

问题:

非同一控制下合并完成后,对被购买方的可辨认净资产能否按照后续日期的公允价值进行调整?

背景:

2011 年 12 月 31 日,A 公司以 B 公司 55% 的股权作为出资,投入 C 公司,并办妥工商登记手续,由此 A 公司持有 C 公司 40% 股权,C 公司为 A 公司的联营企业;同时 C 公司持有 B 公司 55% 的股权,B 公司为 C 公司的子公司。本次股权整合行为以 2011 年 3 月 31 日为评估审计基准日,以评估值作为出资金额,同时约定评估基准日 2011 年 3 月 31 日至股权交割日 2011 年 12 月 31 日的

过渡期损益归A公司所有。本次交易对于C公司而言构成一项非同一控制下企业合并。

根据估算,B公司的2011年12月31日存货增值约3亿元(包括原材料、在制品、库存商品)。到2012年年末,该部分存货仍有部分尚未对外销售,由于2012年度内市场环境的变化,这部分存货在2012年年末的公允价值与2011年年末相比已有较大变化。

C公司在编制2012年度合并财务报表时,是否可以对B公司的2012年12月31日账面存货在原2011年12月31日股权交割日数量范围内按2012年12月31日公允价值进行调整?或都按2011年12月31日和2012年12月31日孰低价格进行调整?

解答:

对非同一控制下企业合并,购买方在编制购买日合并报表时,应将被购买方各项可辨认资产、负债以其在购买日的公允价值计量。本案例中,评估基准日为2011年3月31日,购买日为2011年12月31日,所以C公司在编制购买日合并报表时,应以2011年12月31日被购买方相关净资产公允价值计量。

如果在购买日或合并当期期末,因各种因素影响无法合理确定其公允价值,则在合并当期期末,购买方应以暂时确定的价值为基础进行核算。同时,参照《企业会计准则解释第4号》第五条以及《企业会计准则讲解(2010)》第二十一章第三节规定,"自购买日算起12个月内取得进一步的信息表明需对原暂时确定的企业合并成本或所取得的可辨认资产、负债的暂时性价值进行调整的,应视同在购买日发生,进行追溯调整,同时对以暂时性价值为基础提供的比较报表信息,也应进行相关的调整。""自购买日算起12个月以后对企业合并成本或合并中取得的可辨认资产、负债价值的调整,应当按照《企业会计准则第28号——会计政策、会计估计变更和会计差错更正》的原则进行处理,即对于企业合并成本、合并中取得可辨认资产、负债公允价值等进行的调整,应作为前期差错处理。"[见《企业会计准则讲解(2010)》第328页]

上述可对购买日被购买方可辨认净资产公允价值进行调整的理由,应仅限于"暂时无法合理确定"购买日公允价值。本案例中,2012年末和购买日相比,存货公允价值的较大变化原因为市场环境的变化,而不是在购买日时"暂时无法合理确定"公允价值,因此不属于可以调整购买日公允价值的情形,不能再对存货按照2012年年末的公允价值进行调整。

即使购销双方根据市场变化情况,就合并对价重新约定,也应不影响被购买方购买日可辨认净资产的公允价值确认,仅影响合并报表中的"商誉"或"营业外收入"金额。

在购买日后的每一个资产负债表日,购买方在编制合并报表时应以购买日确认的被购买方可辨认净资产公允价值为基础持续计量(包括根据购买日的公允价值对购买日后的折旧、摊销、销售成本结转等进行调整)。在本案例中,在C公司的合并报表中,2011年年末B公司存货的增值额应按这些存货实现销售的情况,对应予以逐步结转,调整合并报表层面的营业成本。

在 A 公司的合并报表层面,由于通过该次交易,于 2011 年 12 月 31 日丧失了对原子公司——B 公司的控制权,变为持股 40%的联营企业——C 公司的子公司(对 A 公司而言,也是联营企业),因此应按照《企业会计准则解释第 4 号》第四条规定,并参照《计学撮要(2011)》第 322~325 页"丧失对子公司控制权但仍保留共同控制或重大影响的处理"的要求处理。在 A 公司合并报表层面的处理效果是:取得对 C 公司的 40%股权按公允价值计量,并作为后续权益法核算的投资成本基础;对 C 公司的 40%股权投资的公允价值与原持有 B 公司 55%股权对应的 B 公司净资产在合并报表层面的价值(以原取得控制权日的公允价值为基础持续计算到处置日的金额)之间的差额确认为子公司处置损益(计入合并报表层面的投资收益)。如 B 公司股权原先有对应的商誉或者其他综合收益的,也一并转出计入合并报表层面的子公司处置损益中。

B 公司 55%股权转让并丧失对其控制权后,A 公司合并报表层面在对所持 C 公司 40%股权投资进行权益法核算时,如果彼此之间存在 2011 年年末丧失控制权后新发生的未实现内部交易损益,应当按照《企业会计准则解释第 1 号》第七条规定,按比例予以抵销。但对于 2011 年年末丧失控制权之前的内部交易损益,因为在处置日已视同全部实现,故在后续的合并报表层面权益法核算中无需再进行抵销处理。

问题 3-2-43 已经进入清算程序的子公司是否纳入合并范围

问题:

已经进入清算程序的子公司是否纳入合并范围?

背景:

A 公司下属控股子公司 B 常年亏损,净资产已为负数,2011 年 12 月,A 公司决定对 B 终止经营并进行清算。A 公司 2010 年年初以前即对长期投资计提了全额减值准备,其 2010 年年末长期投资报表余额为零。

由于 B 已经开始清算(2011 年 12 月 10 日股东会决定成立清算组,决定公司终止经营,进行清算),因此 2011 年度未纳入合并范围。

解答:

对于已经进入清算程序的子公司是否需纳入合并报表范围的判断标准,也是根据《企业会计准则第 33 号——合并财务报表》的规定,以对被投资单位是否具有控制权作为是否纳入合并范围的判断标准。根据《企业会计准则第 33 号——合并财务报表》第六条规定:"控制,是指一个企业能够决定另一个企业的财务和经营政策,并能据以从另一个企业的经营活动中获取利益的权力"。

对于处于清算期间的子公司是否纳入母公司合并范围的问题,一般按以下原则掌握:

1. 已依据《企业破产法》相关规定进入破产程序的子公司,由于已被法院指定的破产管理人接管,原母公司不再能够决定其财务和经营政策;且此类子公司一般资不抵债,破产程序的主要目标是保证各类债权人公平受偿,清算完成后通常并没有剩余财产可供分配给股东,即清算结果不会影响其股东的经济利益,所以进入破产程序的子公司不应纳入其原母公司的合并范围。

2. 对于股东自行组织清算(非破产清算)的子公司,根据《公司法》第一百八十四条的规定,有限责任公司的清算组由股东组成,股份有限公司的清算组由董事或者股东大会确定的人员组成,即其母公司仍可决定清算组成员任免事项和决定清算过程中的重大事项;同时清算的结果(清算结束后的剩余财产分配)将直接影响母公司可从中获取的经济利益,所以母公司对于处于此类清算期间的子公司仍然具有控制权,应继续将其纳入合并范围。在合并报表层面,此类子公司其实就是一堆待处置的资产和待清偿的负债。

需要说明的是:尽管《公司法》规定公司在清算期间不得开展与清算无关的经营活动,但这是法律法规对资产使用的限制(这种限制与法律法规对任何企业经营活动的监管和限制没有本质区别,只是因为此处限制较多,其状况显得较为"极端"),并不表明母公司不具有在法律法规的框架内决定被清算子公司的重大事项的权力,也不表明母公司因此在子公司的剩余净资产中不再承担相关的风险和报酬。所以这一条对正常清算期间的子公司是否纳入合并范围的判断不产生影响。另外,《企业会计第33号——合并财务报表》准则讲解中有"已被清理整顿的子公司不再纳入合并范围"的提法,但现行的《企业破产法》下并无"清理整顿"一说,只有重整程序,而且重整程序与原先的清理整顿存在本质区别,因此这一条在新破产法实施后事实上不再适用。

在本案例中,该子公司并未进入破产清算程序,所以正常清算期间仍应纳入合并范围。但需要关注:根据《公司法》第一百八十八条规定:"清算组在清理公司财产、编制资产负债表和财产清单后,发现公司财产不足清偿债务的,应当依法向人民法院申请宣告破产。公司经人民法院裁定宣告破产后,清算组应当将清算事务移交给人民法院。"因此需关注该子公司是否应当依法进入破产程序。一旦进入破产程序,该子公司即不应纳入合并范围。

如果确实因为要进入破产程序等原因,年末不应继续纳入合并范围的,则长期股权投资应当减记至零为止,长期股权投资不应出现贷方余额。如果对该子公司承担了借款担保等超出有限责任范围的额外责任的,则母公司应根据《企业会计准则第13号——或有事项》等有关规定,按很可能承担的额外责任的金额确认预计负债,也不应导致所确认的长期股权投资出现负数余额。

由于该子公司长期处于资不抵债状态,以往年度合并报表时应当已经把其超额亏损纳入,并相应冲减合并留存收益。本期内应将其年初至处置日期间的利润表纳入合并范围,相应已冲减合并留存收益的超额亏损转回。年末不再纳入合并范围时,应把历史上该子公司冲减合并留存收益的累计超额亏损转回,作为处置收益计入合并投资收益。

问题 3-2-44 股东拥有被投资公司半数以下股权,但在董事会中占多数席位时,是否可控制该被投资公司的判断

问题：

股东拥有被投资公司半数以下股权，但在董事会中占多数席位时，如何判断其对该被投资公司是否具有控制权？

背景：

A公司与自然人B、C公司、D公司共同出资成立E公司，其中A公司占49%股份，其余三个股东的持股比例分别为20%、16%、15%。E公司章程规定股东会普通决议需由半数以上表决权股东通过，特殊决议需由2/3以上表决权股东决议通过，股东会以特别决议的形式任命或撤换公司董事。E公司董事会由5名董事组成，其中持有20%、16%股份股东各有权提名1名董事，即3名董事为A公司提名，董事会决议需3/5(含)以上董事成员同意。

解答：

根据《企业会计准则讲解(2010)》第三十四章第一节(原书第556页)：

"2. 母公司拥有其半数以下的表决权的被投资单位纳入合并财务报表的合并范围的条件

在母公司拥有被控制单位半数以下表决权的情况下，如果母公司通过其他方式对被投资单位的财务和经营政策能够实施控制时，这些被投资单位也应作为子公司纳入其合并范围。

……(4)在被投资单位董事会或类似机构占多数表决权。这种情况是指母公司能够控制董事会或类似机构的会议，从而主导公司董事会的经营决策，使该公司的生产经营活动在母公司的控制下进行，使被投资单位成为事实上的子公司。因此，也应当将其纳入母公司的合并财务报表的合并范围。这里的'多数'是指超过半数以上(不包括半数)。**在这种情况下，董事会或类似机构也必须是能够控制被投资单位，否则，该条件不适用。**"

这一段中的加粗内容表明：对"被投资单位的董事会或类似权力机构"的控制，应理解为对被投资单位中对财务、经营决策具有最终决定权的权力机构(一般为公司的最高权力机构)的控制。

根据《公司法》的规定，有限责任公司的股东会和股份有限公司的股东大会是公司的最高权力机构，有权最终决定公司的一切重大问题，董事会对股东会或股东大会负责，其权限系由股东会或股东大会授予。"背景"部分所列信息看，虽然在董事会席位中占3/5，在董事会表决规则为"董事会决议需3/5(含)以上董事成员同意"的情况下，A公司可以控制E公司的董事会，但是完全可能出现董事会通过的涉及财务、经营政策的决议被股东会否决的情况。因此，假设E公司的股东会、董事会议事规则除了背景中已提供的信息以外，没有其他特殊约定，均按照公司法的一般规定办理，也没有表决权委托、一致行动协议等安排，则A公司不具有单方面决定E公司的财务、经营政策的权力，不能将其纳入合并范围，只能作为具有重大影响的联营企业，采用权益法核算。

问题 3-2-45 城镇集体企业纳入合并范围的问题

问题：

城镇集体企业是否应该纳入其主办企业的合并范围？

解答：

本问题需要分析城镇集体企业是否属于"厂办大集体"。目前关于厂办大集体的政策文件主要包括：《国务院办公厅关于在全国范围内开展厂办大集体改革工作的指导意见》（国办发[2011]18号）、《国务院国有资产监督管理委员会办公厅关于调查中央企业厂办大集体有关情况的通知》（国资厅分配[2011]339号）、《关于中央企业厂办大集体改革中央财政专项补助资金管理问题的通知》（财企[2011]231号）等。

如果属于"厂办大集体"（20世纪七八十年代，一些国有企业资助兴办的向主办企业提供配套产品或劳务服务、主要用于安置职工家属和回城知青等的企业，名义上注册为城镇集体企业），当初的举办资金主要来自国有企业而不是职工个人出资，其业务范围主要系向主办企业提供配套产品或劳务服务，占用较多的主办企业固定资产，经营盈亏均由主办企业享有或承担，主要管理人员系主办国有企业委派，经营活动纳入主办国有企业统一协调管理的，则可以认为主办国有企业控制了厂办大集体企业的财务、经营政策并据此享有相应利益，应当纳入合并汇总范围。

目前全国范围的厂办大集体改革已经开始，相关的改制政策按上述所列各文件执行。但是，基于控制判断的"实质性"标准，并不是只有在厂办大集体完成改制后才能纳入汇总合并范围。

对于不属于"厂办大集体"的其他城镇集体企业，应当按照控制权判断的标准（有权决定财务和经营政策，并据此获取经济利益的权力）确定是否对其具有控制权，对于具有控制权的集体企业仍应纳入合并范围。以往少数上市公司也有合并范围内的子公司为集体企业的例子，如数年前的海立股份（600 619.SH）下属的子公司金旋房产就是集体企业，直到2007年才完成公司制改制，但此前一直作为全资子企业纳入海立股份的合并范围。

问题3-2-46 有限合伙形式的私募基金的主要投资人能否将私募基金纳入合并范围

问题：

根据下文"背景"资料所述，资本公司对A、B公司的投资如何核算？如果按长期股权投资，是成本法还是权益法？能否纳入合并范围？或者作为以公允价值计量的金融资产？

背景：

资本公司是一家境内设立的投资控股公司，基金公司是资本公司100%出资成立的基金管理公司，A、B是两个有限合伙企业形式的私募投资基金。基金管理公司分别占A、B合伙企业的1%的出资份额，是普通合伙人（GP），执行企业的合伙事务，如：以合伙企业名义对外签订合同、寻找投资项目、合伙企业日常运营工作等;资本公司分别占 A、B 合伙企业 25% 出资份额,与其他 39 名出资人均为有限合伙人(LP),不执行合伙事务,对外不代带合伙企业,主要权利包括:对经营管理提出建议、决定新合伙人入伙和退伙、参与选择会计师、获取财务报告、查阅账目、督促执行合伙事务的合伙人行使权利等。

解答:

在本案例中,合伙企业 A、B 属于特殊目的主体,资本公司和基金公司应按照《企业会计准则讲解(2010)》第三十四章(第 557~558 页)"4. 判断母公司能否控制特殊目的主体应当考虑的因素"中给出的四项标准,确定对其是否具有控制权以及是否应当将其纳入合并范围。由于合伙企业的组织结构与公司制企业相比具有更大的灵活性,因此在判断是否具有控制、共同控制或者重大影响时,应当更加看重合伙协议中的表决权和收益分配条款的作用,权益比例和权益份额在其中所起的影响相对较小。

此处所列的架构是有限合伙形式的私募基金经常采用的架构。对此情况下 GP(权益份额 1%)能否控制该私募基金的问题,一般认为:根据"4. 判断母公司能否控制特殊目的主体应当考虑的因素"中给出的四项标准,更加注重与该合伙制私募基金相关的剩余风险和报酬的享有和承担情况。因此,如果 GP(普通合伙人)并不对 LP(有限合伙人)承诺保障投资本金安全和固定收益,并且即使在考虑到可能获得的超额收益分成之后,大部分剩余风险和报酬(收益或亏损)仍然由 LP 享有或承担,则此时 GP 的性质更接近于利用自身掌握的专业知识、技能和资源,受托为他人理财的职业经理人,这种情况下 GP 虽然有权对外代表合伙企业,执行合伙事务,但对合伙企业不具有控制权,该合伙企业不应纳入 GP 的合并报表范围。

就本案例中的资本公司而言,在 A、B 两个私募基金中占 25% 的出资份额(如果计入 GP 的出资份额,则为 26%),并且控制作为 GP 的基金公司,但如上所述,如果并未由其最终享有或者承担 A、B 的大部分剩余风险和报酬(例如由资本公司对 A、B 的其他有限合伙人提供保本和保底收益的承诺),则也对 A、B 不具有控制权。但其所占的权益份额较大,并且控制了作为 GP 的基金公司,因此可以对 A、B 基金的财务和经营决策事项施加重大影响,采用权益法核算其在基金中所占份额可能性相对较大。但此时在权益法核算中,应特别注意根据合伙协议的约定恰当地确定归属于其的权益份额(很可能不能简单地按照基金的期末净资产乘以权益比例)。

问题 3-2-47 合伙企业纳入合并范围的问题

问题:

A 公司分别是 B 合伙企业、C 合伙企业的有限合伙人、普通合伙人。A 公司能否将出 B、C 纳入合并范围?

解答:

会计上判断是否存在控制(相应是否应将另一主体纳入合并范围)的标准,

是本主体是否有权决定另一主体的财务、经营政策,并据此从该主体的活动中获取经济利益,不应仅仅因为另一主体没有采取公司制组织形式这一事实本身,就认为不应将另一主体纳入合并范围。

当然,由于适用的法律法规不同,判断公司对合伙企业是否具有控制权时所考虑的因素,可能与被投资企业为公司时有所不同。总体而言,由于普通合伙企业的"人合"特性,以及有限合伙企业的"人合兼资合"特性,在判断公司对合伙企业是否具有控制权时,更应关注合伙协议等合同、契约性质的文件的作用;同时由于合伙组织形式较公司具有更大的灵活性,因此判断是否具有控制的情况也更为复杂。

对于有限合伙企业中的有限合伙人,尽管《合伙企业法》规定有限合伙人不得执行合伙事务,不得对外代表有限合伙企业,但由于《合伙企业法》并未对何谓"执行合伙事务"作出明确的定义,因此实务中也可能存在有限合伙人对有限合伙企业具有控制权的情况,尤其是当单一有限合伙人在有限合伙企业中所占权益比例较大,享有或承担有限合伙企业的绝大部分风险和报酬时的情形。当被投资企业是有限合伙企业时,不能仅仅以"《合伙企业法》规定有限合伙人不能执行合伙事务,不能对外代表合伙企业"为由,即认为有限合伙人必然不能控制该有限合伙企业。

在某些有限合伙企业(尤其是采用有限合伙组织形式的私募基金)中,其组织结构通常具有以下特点:

1. 从出资额角度看,绝大部分出资额均由有限合伙人缴纳,普通合伙人的出资比例很低(有的仅为1%,甚至更低),据此分得的资本性收益并不是普通合伙人收益的主要来源。普通合伙人的主要收益来源是管理费和业绩分成。

2. 从收益分配比例看,通过业绩分成条款,普通合伙人一般最多可分得的收益比例为20%~30%,大部分剩余风险和报酬仍然由有限合伙人享有或承担。

3. 从有限合伙企业设立的基础看,有限合伙设立的基础是特定的管理团队,合伙协议中可能约定:在有限合伙存续期间,该管理团队关键人士不得变动,否则,经合计持有实缴出资总额达到一定比例的有限合伙人同意,可解散有限合伙。这些情况表明:该有限合伙企业设立的主要基础是利用特定管理团队及其关键人士的投资行业经验和人脉资源,以实现有限合伙人利益的最大化为主要目标(在有限合伙人出资占绝大部分,普通合伙人自身的出资几乎可以忽略不计的情况下,实际上是为有限合伙人争取利益最大化)。该有限合伙企业是为了实现该目的而组建的特殊目的主体(SPE),其本身的存续和解散更多地具有法律形式上而不是实质上的意义,更多的是代表双方之间的合作关系(即普通合伙人作为有限合伙人的代理人的委托代理关系)的存在。

4. 从普通合伙人的除名和更换机制看,往往约定有限合伙人可单方面决定普通合伙人的除名或更换,例如"因普通合伙人故意、人为误导、虚假性陈述或重大过失行为,致使有限合伙受到重大损害或承担有限合伙无力偿还或解决的重大债务、责任时,有限合伙可将普通合伙人除名",而除名可以只经过合伙人会议程序。有限合伙人单方面决定普通合伙人的除名和更换,可理解为更换职业经理人(代理人)和投资管理团队。尽管在普通合伙人被除名的情况下,合伙企业将进入清算程序而不再存续,但如前所述,该合伙企业仅为一个 SPE,合伙协议中的清算条款不会对有限合伙人的权益产生实质性的损害。

另外,普通合伙人对其权益的处分要受到比有限合伙人更严格的限制,例如,可能约定普通合伙人不得转让其在合伙企业中享有的权益,而有限合伙人可以有条件转让其权益。

5. 从内部治理结构看,合伙人会议名义上仍然是有限合伙企业的最高权力机构,但其权限受到较为严格的限制,通常年度合伙人会议的内容仅限于听取普通合伙人的工作报告,而不具备作出投资决策等实质性的经营管理决策权力,因而其形式上的意义大于实质上的意义。此类私募基金一般会设置"投资决策委员会"之类的机构负责投资管理等经营决策方面的事宜,"投资决策委员会"包含来自普通合伙人和有限合伙人的代表,且有限合伙人派驻的代表在其中的话语权通常较大,并可能被赋予否决权。由于投资是该类有限合伙企业形式的私募基金的最核心业务活动,作为对投资拥有最终决策权的"投资决策委员会"是该合伙企业最重要的经营决策机构,该项人事和决策机制安排表明持有权益份额较大的有限合伙人要在关键问题上保留否决权(至少是较大的话语权),避免管理人单方面作出的行为损害自身利益,这类似于公司制企业中股东对管理层的监督机制,也是双方的关系本质上属于委托代理关系的证据之一。

在上述特点之下,普通合伙人的地位更接近于有限合伙人聘请的职业经理人(代理人),运用其在私募投资方面的专业经验和人脉资源等进行投资管理,其主要目的是实现有限合伙人利益的最大化,其所实施的执行合伙事务的行为不能视为对合伙企业的控制。与此同时,持有合伙权益份额较大(因而享有或承担了该有限合伙企业运作中的大部分剩余风险和报酬)的有限合伙人应把该有限合伙基金纳入其合并报表范围。在该有限合伙人的合并财务报表中,普通合伙人的出资及其依据出资额应分得的收益作为少数股东权益,普通合伙人收取的管理费、业绩分成等在该有限合伙人的合并报表中列报为费用。

问题 3-2-48 关于同一控制下合并范围问题——被合并方曾经有子公司,但在合并日前处置

问题:

在同一控制下企业合并中,在编制 IPO 申报报表时对于被合并方在合并日前已经处置的子公司是否需要将其处置前的报表纳入合并范围?

背景:

2011 年 7 月,A 公司处置了 B 公司 100%的股权;2011 年 8 月,C 公司通过同一控制下合并取得了 A 公司 100%的股权。A 公司财务报表自 2010 年 4 月 1 日开始将 A 公司纳入合并范围,其中包括 B 公司 2010 年 4~12 月,2011 年 1~7 月的会计报表。

解答：

对于同一控制下的企业合并，会计准则将其看做是两个或多个参与合并企业权益的重新整合，由于最终控制方的存在，从最终控制方的角度，该类企业合并一定程度上并不会造成构成企业集团整体的经济利益流入和流出，最终控制方在合并前后实际控制的经济资源并没有发生变化。

比较报表主体"以目前的状态存在"，我们理解准则的这一规定是指对于同一控制下的控股合并，在合并当期编制合并财务报表时，应当对合并资产负债表的期初数进行调整，同时应当对比较报表的相关项目进行调整，视同合并后的报告主体（即C公司的合并报表主体）在以前会计期间一直存在。即，此处的"目前的状态"，特指同一控制下的企业合并完成后合并方对被合并方的控制关系及由此形成的母子公司关系，但对于被合并方自身的财务状况、经营成果和现金流量（包括历史上被合并方对其自己的子公司的控制状况），应遵循真实性原则，按照历史上真实发生的交易和事项，纳入合并方的合并财务报表中。

2010年4月至2011年7月，A公司拥有对B公司的控制权，并按照企业会计准则的相关规定将其纳入合并财务报表的合并范围。C公司在编制3年一期申报财务报表时，纳入A公司的财务报表应当是历史真实的财务报表，即A公司基于历史上控制B公司而编制的合并财务报表，而不是剥离B公司报表后的模拟财务报表。

问题3-2-49　子公司清算期间的合并报表问题

问题：

如下文"背景"资料所述，A公司是否需要合并已经出具清算报告的B公司？出具清算报告之后B公司产生的利息收入如何处理？

背景：

A公司的子公司B于2012年7月23日（财务报表截止日）进入清算期，2012年8月1日由会计师事务所出具清算报告。由于截至2012年11月银行账户尚未注销，账户存款又产生了利息收入，B公司将利息收入记在财务账册中，财务账册反映为2012年10月份的利息收入。截至2012年11月底，B公司尚未完成工商注销登记手续。

解答：

1. 如果清算公司根据清算组出具的清算报告对债务进行了清偿，对剩余资产（如有）进行了分配，被清算公司已不再拥有和控制资产、负债，不再发生收入和支出，则可算作清算完成，虽然尚未完成工商注销，但公司实体实际上已不存在，母公司相应对其失去控制，可不再将其纳入合并范围。

清算报告出具后，如果被清算的子公司仍有银行账户未注销，继续取得利息收入的，则这部分利息收入及其对应增加的银行存款仍然属于母公司控制范围内的经济资源及其变动，故仍应在合并报表层面予以体现，确认为合并报表中的利息收入。

2. 如果期末清算尚未完成,假设不是依据《企业破产法》相关规定进入破产程序,则仍应当将其纳入合并范围,直至清算全部完成、被清算公司已不再拥有和控制资产、负债,不再发生收入和支出为止。不能简单地以清算财务报表的截止日作为将其财务报表纳入母公司合并报表的时间界限。

被清算子公司自身的清算报表应按非持续经营基础编制,但在将处于正常清算期间的子公司的财务报表纳入其母公司的合并报表时,由于合并集团整体上仍适用持续经营假设,子公司的清算过程在母公司的合并报表层面体现为资产的处置、债务的清偿和对少数股东的分配,故需对其按非持续经营基础编制的清算报表进行适当调整[包括报表项目的重分类(如清算损益分别归入营业外支出和管理费用,合并报表层面不能出现"清算损益"项目)以及部分资产、负债、损益计量基础的调整]后纳入其母公司的合并报表。

如是按照《企业破产法》进入破产程序,由法院指定的破产管理人接管清算公司,母公司对其失去控制,则自清算公司被法院指定的破产管理人接管之日起不再纳入合并范围。

3. 如期末不再合并清算子公司,视同报告期处置子公司,应将其期初至清算开始日的利润表和现金流量表仍按照常规方式纳入合并报表。清算期间发生的资产处置损益、债务清偿损益等在合并利润表中列入营业外收入或支出;发生的清算费用在合并利润表上列报为管理费用。归属于少数股东的清算前利润和清算期间损益在合并利润表中仍列示为"少数股东损益"。将归属少数股东的剩余净资产份额分配给少数股东时,体现为少数股东权益的减少,在合并股东权益变动表中列入"所有者投入和减少资本——其他"项目。

4. 截至期末,如果债务未全部清偿,那么之后银行账户产生的利息收入按照分配比例继续清偿债务;假设债务已全部清偿,应将利息收入按照股东的持股比例继续分配,归属于母公司的部分应计入母公司"银行存款"。

如果截至期末清算尚未完成,则该利息应作为利息收入纳入母公司合并报表。

问题 3-2-50 子公司进入破产程序后纳入合并报表的相关合并抵销

问题:

子公司进入破产程序后,母公司对子公司往来以及投资计提的减值准备在合并报表中是否应该抵销?

背景:

A 公司为 B 公司的控股子公司,由于亏损严重,不能清偿到期债务。根据 B 公司董事会决议(2010 年 9 月作出),拟对其破产。本年度 B 公司以债权人身份向人民法院申请 A 公司破产还债,该破产案件已由人民法院受理。经过了解,由于各种原因,人民法院最终是否会宣布 A 公司破产尚存在不确定性,因此,在编制合并报表时还须将其纳入合并报表范围。

B 公司对与 A 公司的往来及投资全额计提了减值准备。

解答:

按照合并财务报表的一般原理,纳入合并财务报表范围的各企业之间的内部投资和内部往来余额均应予以抵销。相应地,内部往来款的坏账准备和针对内部投资计提的投资减值准备也应当予以抵销,在合并报表层面不再出现与内部投资、内部往来相关的资产减值准备。

B公司在编制合并报表时,整体上仍应适用持续经营的基本假设,其中A公司的各项资产和负债应被视为一组待处置的资产和待清偿的负债。为了恰当地对A公司的资产和负债进行计量,B公司应对A公司的各项剩余资产的可回收金额作出谨慎的估计,对其各项资产按照预计可收回金额和原账面价值孰低计量,充分计提减值准备;同时基于该子公司已经进入破产程序的实际情况,对破产过程中尚须发生的负债(如有)进行谨慎的估计,合理确定在A公司的破产清算过程中,本合并主体(即B公司母公司和所有纳入合并范围的子公司作为一个整体)尚需发生的对外经济资源流出金额,在合并报表层面抵销各项内部往来坏账准备和内部投资减值准备的基础上,使合并报表能够合理反映A公司的破产很可能导致的经济资源流出和剩余资产可收回金额。

问题 3-2-51 通过变更子公司公司章程实现控制导致合并范围变更的处理

问题:

通过变更子公司公司章程实现控制导致合并范围变更时应如何处理?

解答:

通过修改章程(而不是股权交易)取得对合资企业控制权的,按照《财政部关于执行企业会计准则的上市公司和非上市企业做好2010年年报工作的通知》(财会[2010]25号)规定:"仅通过合同而不是所有权份额将两个或者两个以上单独的企业(或特殊目的主体)合并形成一个报告主体的企业合并,也应当按照《企业会计准则第20号——企业合并》第五条至第十九条的规定进行会计处理",因此属于企业合并准则的规范范围,应按《企业会计准则解释第4号》第三条关于分步交易取得控制权的非同一控制下企业合并处理原则,在合并报表和单独报表层面分别按各自适用的原则进行处理。具体而言:

1. 在母公司的个别报表层面,应当在取得控制权之日,由原先的权益法核算改为成本法核算。根据《企业会计准则解释第4号》第三条的规定,以该日之前所持该子公司的股权投资的账面价值(原先的权益法下核算的长期股权投资账面价值),作为该项投资的初始投资成本;该日之前持有的该子公司的股权涉及其他综合收益的,应当在处置该项投资时将与其相关的其他综合收益(例如,可供出售金融资产公允价值变动计入资本公积的部分,下同)转入当期投资收益。

2. 在合并报表层面,对于取得控制权日之前持有的子公司的股权,应当按照该股权在取得控制权之日的公允价值进行重新计量,公允价值与其账面价值的差额计入当期投资收益;该日之前持有的该子公司的股权涉及其他综合收益的,与其相关的其他综合收益应当转为取得控制权之日所属当期投资收益。

问题 3-2-52　交叉持股下合并报表问题

问题:

交叉持股下编制合并报表时应如何进行抵销?

背景:

A 公司持有 B 股权 70%、持有 C 股权 70.8%。同时,C 公司持有 B 公司股权 30%;B 公司持有 D 公司股权 60%;C 公司持有 D 公司股权 20%。

解答:

在编制合并报表时,合并范围内各公司之间的互相投资应全部抵销,合并报表中不应保留合并范围内部企业之间的长期股权投资,以及相对应的投资收益。

如果不考虑子公司之间互相投资时的增资价格与增资前被投资企业每股账面净资产之间可能存在差异的影响,在出资环节,子公司之间的互相投资不会导致少数股东权益发生变化(因为被投资子公司接受的投资并非来自合并集团以外),即子公司之间的投资成本不会导致整个合并集团对外少数股东权益的增加。因此,在涉及中间层持股子公司(如本案例中的 C 公司持有其他子公司 B、D 的股权;B 公司持有其他子公司 D 的股权)的情况下,整个合并集团的少数股东权益不能直接按照"子公司净资产×(1－母公司最终享有权益比例)"计算。

只有当后续该被投资子公司产生经营盈亏,其各直接股东(包括母公司、作为其股东的中间层子公司、合并集团外的少数股东)按比例享有或承担该盈亏时,才会导致少数股东权益的变化。其中,作为其股东的中间层子公司如果不是母公司的全资子公司,则因在被投资子公司的净利润中享有或承担相应份额导致该中间层子公司自身的净资产变动,该中间层子公司自己的少数股东按比例享有,也会相应导致合并报表层面少数股东权益的变动。

就本案例而言,由母公司 A 及其子公司 B、C、D 所构成的合并集团(合并报表主体)中,由少数股东持有的子公司权益包括 C 公司股权的 29.2% 和 D 公司股权的 20%(B 公司的实收资本均由合并范围内的 A 公司和 C 公司出资,无外部股东)。其中,C 公司又持有 B 公司的 30% 股权和 D 公司的 20% 股权,而 B 公司持有 D 公司的 60% 股权。因此,本案例中 A 公司合并报表层面的少数股东权益和少数股东损益应按以下方法计算(注:为简便起见,假设:各子公司自成立以来的实收资本和股权结构未发生过变化,各子公司的股东对其出资时均系按每 1 元注册资本缴付出资 1 元,无资本溢价;各子公司在进行利润分配时,均按其直接股东的持股比例将股利分配给其各直接股东)。

1. 少数股东权益的计算。

少数股东权益包括两部分:①由投资(少数股东对子公司的资本性投入)形成的少数股东权益;②由少数股东在子公司的净利润和其他综合收益中所享有

的份额形成的少数股东权益。

(1) 由投资(少数股东对子公司的资本性投入)形成的少数股东权益＝各少数股东对子公司的出资额＝C公司实收资本×29.2％＋D公司实收资本×20％。

(2) 由少数股东在子公司的净利润和其他综合收益中所享有的份额形成的少数股东权益。

首先，各子公司之间均应对互相投资采用权益法核算，即：

第一，B公司按照其对D公司的60％股权比例，对D公司的长期股权投资进行权益法核算，确认投资收益和其他净资产变动份额。

第二，C公司按照其对D公司的20％股权比例，对D公司的长期股权投资进行权益法核算，确认投资收益和其他净资产变动份额。

第三，在B公司已对其对D公司的长期股权投资采用权益法核算的基础上，C公司按照其对B公司的30％股权比例，对B公司的长期股权投资进行权益法核算，确认投资收益和其他净资产变动份额。

(注：实务中如果子公司之间的互相投资采用成本法核算的，为了合并报表之目的，中间层子公司对其他子公司的长期股权投资也应按权益法模拟调整，而不论实际持股比例高低和影响力大小。)

在已经按照上述要求，对子公司之间的股权投资采用权益法核算的基础上，由少数股东在子公司的净利润和其他综合收益中所享有的份额形成的少数股东权益＝C公司的留存收益和由其他综合收益形成的资本公积余额×29.2％＋D公司的留存收益和由其他综合收益形成的资本公积余额×20％。

在计算出少数股东权益的基础上，以合并资产负债表中所列的股东权益总额减去少数股东权益，即应等于归属母公司股东的权益总额。

2. 少数股东损益的计算。

同理，在已经按照上述要求，对子公司之间的股权投资采用权益法核算的基础上，A公司合并报表中的少数股东损益＝C公司的当期净利润×29.2％＋D公司的当期净利润×20％。

在计算出少数股东损益的基础上，以合并利润表所示的净利润减去少数股东损益，即得到归属母公司股东的净利润额。

问题 3-2-53 合并范围内子公司之间交叉投资及持股的合并抵销处理

问题：

如下文"背景"资料所述：

1. A公司收购C公司剩余49％的股权是属于非同一控制下分步实现企业合并还是属于购买子公司少数股权？

2. 在子公司之间互相投资及持股的情况下，编制合并报表时应如何对交叉投资和持股进行抵销处理？

背景：

A公司持有B公司51%的股权，A公司持有C公司15%的股权，B公司持有C公司36%的股权，A公司直接加间接合计拥有C公司51%的股权，但因A公司在C公司的董事会成员不足，未达到控制，不合并其报表，一直采用权益法核算。2012年A公司又出资购买C公司剩余49%的股权，同时加派董事会成员，购买日确定为2012年8月31日，A、B公司与原持有C公司49%股权的股东之间不存在关联方关系。

2012年8月31日编制合并报表时，持有B公司49%股权的少数股东间接享有C公司17.64%（＝49%×36%）的收益，相应地A公司最终享有权益的比例应为82.36%（＝100%－17.64%），按该比例确定的长投与C公司权益抵销时会出现差异，此项差异需要如何调整？2012年12月31日编制年度合并报表时，对于C公司的未分配利润是否应以2012年8月31日为界线分别按新、旧持股比例抵销？

解答：

本案例中，因为原先A公司不能控制C公司，本次增持并改选董事会后才控制C公司，因此应作为分步交易实现的非同一控制下企业合并，其会计处理和报表列报应适用《企业会计准则解释第4号》第三条的规定。在合并报表层面，需对原先享有的权益（51%）进行重新计量，重新计量的差额计入合并报表层面的损益[其中对应于少数股东享有权益的17.64%的部分重新计量差额，应计入少数股东损益；对应于A公司原先享有权益的33.36%（15%＋18.36%）的部分重新计量差额，应计入归属A公司股东的损益]。此时需要对C公司的购买日净资产重新进行评估，确定其各项可辨认资产、负债于购买日的公允价值。

2012年8月31日编制合并报表时，由于存在合并范围内交叉投资的因素，C公司的100%股权均由合并范围内的A、B公司持有（分别为64%和36%），没有外部少数股东，唯一的少数股东是持有B公司49%股权的少数股东，因此A公司合并报表层面的少数股东权益并不等于B公司净资产乘以49%加上C公司净资产乘以17.64%，而是应当等于B公司对其持有的C公司36%股权作权益法核算后的B公司净资产乘以少数股东对B公司的持股比例（49%）。即，纳入少数股东权益计算的C公司权益仅包含其留存收益和其他综合收益部分，不含投入资本部分。

因为本案例中A公司收购C公司49%股权构成了一项非同一控制下企业合并，故在编制合并报表时，对B公司原持有C公司的36%股权也要按购买日公允价值重新计量，重新计量的差额需按比例分配给少数股东权益（对应于少数股东间接享有权益的17.64%股权比例的部分），2012年8月31日，A公司合并报表中的少数股权按照确认上述重新计量损益后的B公司净资产乘以49%计算。

A公司2012年度合并报表中的少数股东损益可按以下公式计算：2012年全年的少数股东损益＝B公司对其所持C公司36%股权进行权益法核算后的B公司净利润×49%（注意：购买日前后作为权益法核算基础的C公司可辨认

373

净资产公允价值基础不同,虽然比例相同但仍应分段计算)+购买日B公司原持有C公司36%股权应确认的重新计量损益×49%。

问题3-2-54 被收购公司收到原股东相关补偿款的会计处理

问题:

被收购公司收到原股东依据股权转让协议约定支付的相关补偿款时,应如何进行处理?

背景:

某国有企业甲(简称收购方),2011年从乙公司(简称转让方)收购其持有的丙公司(目标公司)51%股权。目标公司持有丁公司(目标公司之子公司)56%股权,收购完成时点为2011年7月31日。股权转让协议中约定条款如下:

1. 转让方承诺目标公司在基准日所拥有的探矿权,在缴纳国家法律法规规定的探矿权价款后,未来取得采矿权时无须再缴纳采矿权价款,若有关监管机构要求缴纳采矿权价款的,该价款将由乙方承担。

2. 目标公司应按相关批复(2008年4月28日作出)的规定缴纳矿业权成果价款(含以前年度欠缴款)。协议中约定目标企业被责令补缴资源价款或成果价款,则由转让方承担该等补缴义务。

该成果价款是目标企业重组丁公司时与当地政府签订协议要缴纳的款项。由于矿业权成果价款不是法定需要交纳的款项,截至收购基准日,是否需要缴纳尚不能确定。

对于上述第1、2事项,目标公司均在收购完成后被有关政府部门要求补缴采矿权价款和矿权成果价款。为此,转让方履行了其在股权转让合同中承诺的相应责任,具体方法为:转让方将款项打入目标公司,由目标公司缴纳上述款项,其中:①缴纳采矿权价款1.4亿元;②矿权成果价款9 000万元。

解答:

因为本案例中讨论的会计主体为目标公司,而目标公司收到原股东(转让方)支付的补偿款,是与目标公司股权转让相关联的事项(系依据在股权转让协议中的约定作出的补偿。假设没有发生该次股权转让,在目标公司被主管部门要求支付这些款项时,其股东很可能是不会给予补偿的)。因此,尽管目标公司在实际收到该2.3亿元补偿款时,该笔补偿款的提供方——原股东已经不再具有目标公司股东的身份,但可以理解为该项补偿款是与转让方作为目标公司股东期间发生的事项相关的。

因此,目标公司应当基于股权转让日(2011年7月31日)实际存在的状态和情况,以及截至该日为止可取得的信息,合理确定在该日所获得的信息是否已经表明支付这两笔款项已经成为一项很可能导致经济利益流出的现时义务(需针对上述第1、2两项分别独立分析)。一般情况下,实际支付款项的日期距离股权转让日越近,则表明这笔付款义务在股权转让日已构成现时义务的可能性越大。

如果经过谨慎分析之后,认为在股权转让日已经形成一项现时义务的,则目标公司应在该项现时义务形成时作出如下会计处理：

借：无形资产/长期股权投资
　　贷：其他应付款——主管部门（采矿权价款或矿业权成果价款）

同时在股权转让日，依据股权转让协议的约定，就应向转让方乙公司收取的补偿款作以下会计处理：

借：其他应收款——乙公司
　　贷：资本公积

即，如果在股权转让日或之前已经符合负债确认条件的，则应收乙公司的补偿款在目标公司应计入资本公积，然后再进行股东变更（实收资本明细调整）的会计处理。

如果在经过谨慎分析考虑之后，认为在股权转让日，目标公司确实无需将应支付的矿权价款（或资源价款、成果价款，需对上述两项分别分析）确认为负债的，则股权转让日之后实际应确认负债时，目标公司应作如下会计处理：

借：无形资产/长期股权投资
　　贷：其他应付款——主管部门
借：其他应收款——乙公司
　　贷：资本公积

在本案例中，由于该补偿事项是在股权转让协议中约定的、与股权转让直接相关的事项，因此无论转让方是否仍保留了目标公司的部分股权，是否继续作为被收购企业（目标公司）的小股东，被收购企业收到的转让方（乙公司）的补偿款均应计入资本公积。

在购买方（甲公司）编制合并报表时，应当把转让方支付的补偿价款视作对企业合并成本（或者取得"无形资产——采矿权"的成本）的一项调整因素，调整合并报表层面对"无形资产——采矿权"的计量金额。

问题 3-2-55 合并报表中对合营、联营企业所持子公司股权的处理问题

问题：

当合营企业或者联营企业持有子公司股权时，母公司编制合并报表时少数股东权益、少数股东损益应如何确认？

背景：

A公司为母公司，持有子公司B公司75%的股权。A公司持有C公司30%的股权，可对C公司施加重大影响，因此C公司是A公司的联营企业。C公司持有B公司20%的股权。B公司的另外5%股权由非关联股东持有。A公司在编制合并财务报表时，确定B公司的少数股东权益比例应该是25%还是19%（25%－20%×30%）？

解答：

1. 按照《企业会计准则第33号——合并财务报表》第十六条的规定，并参

考 IFRS 体系下《国际会计准则第 27 号——合并与单独财务报表(2008 年修订)》和《国际财务报告准则第 10 号——合并财务报表》对"非控制权益"的定义,合并报表中对"少数股东权益"的界定是"子公司的权益中不能直接或者间接归属于母公司的部分",同时基于"合并财务报表的合并范围应当以控制为基础予以确定"这一基本原则,可以推导出:"少数股东"是指不在母公司可控制范围内的股东(即,该股东自身不能被纳入母公司的合并报表范围)。因此,母公司按照权益法核算的联营或合营企业所持有的子公司股权,在合并报表层面也作为少数股权看待,不能按照母公司对该合营、联营企业的股权比例将部分股权调整到"归属母公司股东的权益",因为母公司仅仅是间接享有权益,但不能控制这部分权益及其所代表的在子公司股东会、董事会上的表决权。

在本案例中,A 公司在编制合并财务报表时,B 公司的少数股东权益比例应为 25%,而不是 19%。

2. 对联营企业作为少数股东在子公司的净利润中所占的份额,应全部作为少数股东损益,不能按照母公司在该联营企业中的持股比例将部分调整到归属母公司股东的权益和损益。

3. 对于子公司分配给作为少数股东的联营企业的股利,如果该联营企业对该子公司的长期股权投资采用成本法核算的(即分得股利确认投资收益),则该部分投资收益就与合并净利润中的少数股东损益存在重复,母公司在对该联营企业的长期股权投资进行权益法核算时,应作为内部交易予以抵销,即需从其净利润中扣除该部分因从子公司分得股利而确认的投资收益;如果该联营企业对该子公司的长期股权投资采用权益法核算的,则该联营企业收到子公司分配的股利不影响其净资产和净利润,但因为该联营企业的净利润中已经包含了按权益法核算的在该子公司净利润中所享有的份额,与合并报表层面已确认的少数股东损益存在重复情况,所以母公司在对该联营企业进行权益法核算时需从其净利润中扣除该部分对子公司进行权益法核算而确认的投资收益。

问题 3-2-56 子公司计提和使用专项储备在合并报表中的列报

问题:

子公司对专项储备的计提和使用,在合并财务报表中应如何列报?

背景:

企业持股情况如下图:

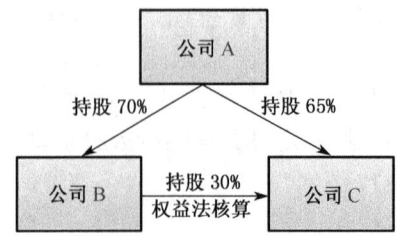

如上图所示：C 公司本年提取专项储备 500 万元，使用专项储备 400 万元，专项储备余额 100 万元。

解答：

为简化起见，假设本案例中只有 C 公司需计提和使用专项储备，A 公司和 B 公司均不计提专项储备。

1. B 公司对其所占 C 公司 30% 股权对应的专项储备本期净增加额 30 万元在 B 的报表中列报为"资本公积——其他资本公积"，但专项储备是留存收益的组成部分，并非其他综合收益，因此 B 公司在 C 公司的专项储备中所享有的份额 30 万元不计入 B 公司当期的"其他综合收益"。

2. 在 A 公司的合并报表层面，由于 B 公司和 C 公司均需纳入 A 的合并报表范围，因此 C 所计提的专项储备中按比例应归属 A 公司股东的部分，在合并报表层面应计入"专项储备"项目；按比例计算归属于少数股权的部分，在合并报表层面计入"少数股东权益"项目。本案例中，A 公司直接、间接享有 C 公司的权益比例是 86%(65%＋30%×70%)，因此 C 公司本期专项储备净增加额 100 万元中，有 86 万元增加合并资产负债表中"归属母公司股东权益"大类下的"专项储备"项目，剩余 14 万元增加少数股东权益。在计入少数股东权益的专项储备净增加额 14 万元中，5 万元归属于直接持有 C 公司 5% 股权的少数股东；9 万元归属于持有 B 公司 30% 股权的少数股东(C 公司的专项储备净增加额 100 万元×B 公司对 C 公司的股权比例 30%×少数股东对 B 公司的股权比例 30%)。

在合并利润表中，C 公司因本期计提专项储备导致本期净利润减少 500 万元，其中归属母公司股东的净利润减少 430 万元(86%)，少数股东损益减少 70 万元(14%)，但计提数不影响股东权益。在合并股东权益变动表中，本期使用专项储备 400 万元，其中减少归属母公司股东的净资产 344 万元，减少少数股东权益 56 万元。即合并报表附注"专项储备"项目的披露为：归属母公司股东的专项储备期末余额 86 万元＝期初余额 0＋本期计提数 430 万元－本期使用数 344 万元。

在合并现金流量表的"间接法补充资料"中，因本期计提专项储备减少净利润 500 万元；本期专项储备的计提数大于使用数的差额(即净增加额)100 万元列入"其他"项目；本期使用数 400 万元中，用于费用性支出的部分在补充资料中无需特别调整；用于资本性支出(购置安全设备等)的部分，因为在现金流量表正表中列入投资活动的现金流出，且在达到预定可使用状态时一次提足折旧(借：专项储备，贷：累计折旧)，故通过"固定资产和投资性房地产折旧"项目调整加回。

问题 3-2-57 子公司持有母公司股权的合并抵销问题

问题：

母子公司交叉持股时合并报表中应如何合并抵销？

背景：

A公司持有子公司B公司100%股权，并将B公司一直纳入其合并报表范围。

B公司分三次从A公司股东处受让A公司共20.47%股权，从而形成交叉持股。B公司受让该股权支付价款16 773 387.82元，购买A公司股份3 071 174股。

A公司2012年12月31日经审计后的净资产为92 221 022.53元，其中：实收资本15 000 000.00元，盈余公积7 934 519.40元，未分配利润69 286 503.13元。

B公司2012年12月31日经审计后的净资产为11 988 296.61元，其中：实收资本5 180 000.00元，盈余公积1 059 238.69元，未分配利润5 749 057.92元。

在A公司和B公司的个别会计报表中，A公司对B公司的长期股权投资按成本法核算，B公司对A公司的长期股权投资也按成本法核算，且本年度A公司对B公司分配股利44 046.72元。

解答：

母公司能够控制子公司，在合并报表范围内，子公司持有的母公司股权也可视为母公司自己持有自己的股权，因此需要将子公司的"长期股权投资——母公司"与母公司的"实收资本"进行抵销；将子公司从母公司取得的股利收入与母公司对子公司的利润分配进行抵销。

基于编制合并报表所依据的"实体理论"，合并报表层面应把母公司和所有其能够控制的子公司看作一个整体，反映母子公司作为一个整体的对外财务状况、经营成果和现金流量状况。子公司持有母公司的股份，在合并报表层面也就等同于合并集团持有自身的权益工具，在合并报表层面应列报为"库存股"；子公司将其所持有的母公司对外出售时，在合并报表层面应视作库存股的对外重新发行。

本案例中，在合并报表层面的抵销处理，应遵循《企业会计准则第37号——金融工具列报》第十一条的下列规定："企业发行权益工具收到的对价扣除交易费用……后，应当增加所有者权益；回购自身权益工具支付的对价和交易费用，应当减少所有者权益。企业在发行、回购、出售或注销自身权益工具时，不应当确认利得或损失。"

在本案例中，由于是全资子公司持有母公司股权，整个交易抵销后不会导致合并报表层面少数股东权益和少数股东损益的变动，因此相对处理还是较为简单的。在合并报表层面，应当达到以下处理要求：

1. 在合并资产负债表中，按照子公司实际支付给母公司股东的股权购买价款(16 773 387.82元)作为库存股的成本，列报为"库存股"，作为股东权益的减项。即编制的抵销分录为借记"库存股"项目，贷记子公司账面上对母公司的长期股权投资。

截至期末，母子公司之间如有应收、应付股利等内部往来余额的，则该内部往来余额也应予以抵销。

2. 在合并利润表和合并股东权益变动表中，将子公司个别报表层面确认的来源于母公司的股利收益和母公司个别报表层面确认的利润分配中对应于子公司所持股份的部分相抵销。合并股东权益变动表中体现的利润分配仅为母公司向除了该子公司以外的其他股东的分配。

3. 鉴于子公司支付给母公司股东的股权购买价款在合并报表层面对应于取得库存股的业务,代表合并集团的权益规模和结构的变动,符合《企业会计准则第31号——现金流量表》第十四条对"筹资活动"的定义,故在合并现金流量表中,将子公司支付给母公司股东的股权购买价款列报为"支付的其他与筹资活动有关的现金"(子公司个别报表层面仍列报为"投资支付的现金")。

后续子公司如果将其所持母公司股份的全部或部分转让给外部,则在其个别报表层面按照长期股权投资处置处理,出售价款与长期股权投资成本之间的差额确认为投资收益;但在合并报表层面,该交易的性质是库存股的重新对外发行,应当按照出售价款金额增加股东权益,不确认为损益。

问题 3-2-58 子公司出售母公司股份的处理

问题:

子公司出售母公司股份时取得的收益在合并报表中应如何列示?子公司出售母公司股份所得现金在合并现金流量表中应如何列示?

背景:

2010年12月31日,A上市公司之全资子公司持有上市公司股份,在编制合并报表时,该股份由子公司的交易性金融资产调至库存股进行核算(同时冲回累计的公允价值变动,即库存股以取得成本计量),金额6 936 000元。2011年度子公司将这部分股票通过上海证券交易所出售取得货币资金9 615 107.58元,在子公司个别报表层面,该次出售产生投资收益2 679 107.58元(包括原先累计的公允价值变动损益转入投资收益的金额在内)。

解答:

根据《企业会计准则第37号——金融工具列报》第十一条规定:"企业发行权益工具收到的对价扣除交易费用……后,应当增加所有者权益;回购自身权益工具支付的对价和交易费用,应当减少所有者权益。企业在发行、回购、出售或注销自身权益工具时,不应当确认利得或损失。"

基于编制合并财务报表所依据的实体理论,要求将合并集团看作一个独立的会计主体,在集团合并层面运用各项会计政策和会计估计。因为实体理论把合并集团看作一个独立会计主体,很多交易和事项站在母公司或子公司的个别报表角度和合并报表角度看影响不同,因此实体理论下的合并报表不再仅仅是简单的"汇总+合并抵销",还需要就同一交易或事项站在不同会计主体角度的处理差异进行调整。

子公司从外部证券市场上购入母公司的股票,在合并报表层面应视作合并集团回购自身权益工具,由此形成库存股;子公司出售其所持的母公司股票,在合并报表层面属于库存股对外重新发行,也是一项权益性交易,因此其发行所得款项在合并股东权益变动表上应列在"所有者投入和减少资本——其他"一行中。其中,原成本 693.6 万元填列在"库存股"列;差额 267.91 万元按照该子公司的权益结构分别填入"资本公积"列和"少数股东权益"列(本案例中因系全资子公司,所以差额全部计入资本公积,不影响少数股权),如果该子公司的该项股权出售所得需缴纳所得税的,则合并报表层面计入资本公积的金额为扣税后的净额。

在合并现金流量表中,出售库存股所得到的现金属于筹资活动的现金流量,可列报为"吸收投资收到的现金"或者"收到的其他与筹资活动有关的现金"。

问题 3-2-59 母公司从子公司购入固定资产,子公司清算注销后未实现内部交易损益应如何处理

问题:

母公司从子公司购入固定资产,子公司清算注销后未实现内部交易损益应如何处理?

背景:

2010 年,A 公司经过批准,以 2010 年 6 月 30 日为评估基准日,对公司整体进行资产评估,其房产及土地评估增值 3 000 万元,评估后净值为 5 000 万元。

2011 年年底,A 公司进入清算程序,并于 2011 年 12 月 28 日出具了清算报告。在 2011 年 11 月 A 公司将其房产及土地进行评估,按照评估价出售给其母公司 B 公司,售价为 3 500 万元(此处不考虑 2011 年计提的折旧),A 公司确认了 1 500 万元的清理损失,且清理损失税务机关也已认定为损失,同意其在税前列支。

A 公司在 2011 年取得了工商注销证明,税务注销证明正在办理当中,预计本月可以完成。

解答:

从 B 公司的合并报表角度考虑,该项交易属于逆销交易(子公司对母公司销售),虽然后续子公司已经注销,但交易的标的固定资产仍然保留在合并集团内,应当在合并报表层面继续保持其原先在 B 公司合并报表层面的成本基础。

假如同时满足以下条件,则在 B 的合并报表层面,应当把 A 个别报表层面的资产处置损益予以抵销,将该标的固定资产在合并报表层面的计量恢复到以原先 2010 年的评估值为基础持续计算的金额,并且在 A 公司注销后延续该笔抵销分录的影响,直到标的固定资产提足折旧或者对外处置为止:

(1) 2010 年 6 月的评估调账,以及把调整后的账面价值反映到 B 公司的合并报表层面,有相应的会计准则规定作为其合理依据,例如 A 公司进行公司制改建。

(2) 2010 年 6 月的评估结果(5 000 万元)客观地反映了该标的资产于当初的评估基准日(2010 年 6 月 30 日)的公允价值。

(3) 截至 2011 年 11 月内部交易日，该项固定资产并未发生减值（将可收回金额与以 5 000 万元为基础持续计算的金额作为账面价值相比较）。

在上述条件均成立的前提下，后续虽然不再将 A 公司纳入合并范围，但 B 公司在编制合并报表时需延续该笔抵销分录的影响，直到该资产未来被处置或者提足折旧为止。

问题 3-2-60　处置子公司时逆销交易标的资产价值在母公司报表和合并报表的调整问题

问题：

当处置子公司时，原逆销交易形成的内部未实现利润截至处置日尚未实现的金额应该如何处理？

背景：

按照国资委要求，A 公司本年度主辅分离将下属子公司 B 划出，以前年度子公司 B 为 A 公司提供服务形成内部未实现利润（在建工程或固定资产）在编制以前年度的合并报表时已抵销。截至 2011 年 12 月 31 日已抵销的内部未实现利润尚未转回金额为 0.58 亿元。

解答：

在 A 公司的合并财务报表层面，不应因为原先在逆销交易中作为"卖方"的子公司不再纳入合并范围，就不再对原先截至处置日尚未实现的内部交易损益不再予以抵销。A 公司应当继续对该项未实现内部交易损益予以抵销，直到相关的标的资产已被耗用或者出售，其所涉及的内部交易未实现损益已全部实现为止。

结论基础：

《企业会计准则第 33 号——合并财务报表》对"合并财务报表"的定义是："反映母公司和其全部子公司形成的企业集团整体财务状况、经营成果和现金流量的财务报表"。新企业会计准则下的合并报表编制采用实体理论，即将合并集团看作一个独立的会计主体，在集团合并层面运用各项会计政策和会计估计。实体理论下合并财务报表的使用者除了母公司股东以外，还包括少数股东。因为实体理论把合并集团看作一个独立会计主体，很多交易和事项站在母公司个别报表角度和合并角度看影响不同，因此实体理论下的合并报表不再仅仅是简单的"汇总＋合并抵销"，还需要就同一交易或事项站在不同会计主体角度的处理差异进行调整（即"视角调整"）。

母子公司之间的"逆销交易"即以子公司为卖方，母公司为买方的合并集团内部交易，在该交易完成后直至相关的内部未实现交易损益实现之前，该内部交易的标的资产都是在作为买方的母公司的账面上，由母公司实际占有和使用。相应地，当母公司处置其所持子公司股权导致丧失对该子公司的控制权时，该标的资产并未一并对外处置，仍然处于合并集团范围之内（被处置的是截至处置日为止该子公司的各项资产和负债，而逆销交易的标的资产在处置日并不属于子公司)。相应地,在合并报表层面,不应在处置日对该等资产的计量进行调整(如果自处置日起不再抵销内部未实现损益,则在合并报表层面将体现为标的资产计量金额的增加,这不符合《企业会计准则第 4 号——固定资产》、《企业会计准则第 1 号——存货》等相关会计准则对标的资产后续计量调整的规定),而是应当继续保持其原先在合并报表层面的计量基础,继续抵销该项内部交易未实现损益,并随着标的资产的折旧、摊销或者耗用逐步实现内部交易损益,直至其被实际耗用或处置为止。

上述做法将导致同一项资产在合并报表层面和母公司个别报表层面的计量不同,需在编制合并报表时进行调整。这种调整也是实体理论下"视角调整"的一种类型。

问题 3-2-61 下属上市公司被重组时,作为原控股股东如何处理

问题:

如下文"背景"资料所述,A 公司对下属上市子公司 B 进行重组,重组得的子公司 C 是否属于同一控制下企业合并？C 公司置换获得的 B 公司的资产负债应如何入账？A 公司原持 B 公司 30%股权,重组后持有 C 公司 70%股权,应如何进行处理？

背景:

A 公司的子公司 B 为上市公司,B 公司因连续亏损面临退市风险,因此 A 公司决定对 B 公司进行重组。重组主要步骤如下:

第一步:A 公司将持有的 B 公司股份转让给无关联关系的受让方。

第二步:受让方以自己的优质资产(D 公司)与原上市公司的资产置换,实现 D 公司借壳上市。

第三步:受让方将置换出的资产作为对价支付给 A 公司。同时向 A 公司支付现金 1.7 亿元。

前述资产是指净资产额,受让方在重组过程中将以现金出资方式新设一个全资子公司 C,再将置出资产装入 C 公司中(或者也可能利用其原有的一个子公司 C,将从 B 公司置出的原有资产和负债装入 C 公司中,但 C 公司原有的资产和负债与从 B 公司置出的资产和负债之间并不存在经济上的联系),A 公司最终收到的是经济价值与 B 公司等值的 C 公司股权。C 公司与 A 公司、B 公司之前无任何关系。

前述资产置换,置换前后资产与业务属于不同行业,原先也没有业务往来。

重组前,A 公司拥有 B 公司 30%的股权(但具有控制权,对 B 公司的长期股权投资按成本法核算,账面价值为 1.5 亿元),重组后,A 公司持有 C 公司股权 70%,C 公司的所有资产与负债系从 B 公司置出的资产与负债,并无任何变化。

解答:

参照《企业会计准则解释 5 号》第五条以及《国际会计准则第 27 号——合

并和单独财务报表(2008年修订)》第33段中判断多个交易或事项是否存在关联的指引:"当存在以下因素中的一项或多项时,可能表明两项或多项交易在经济实质上存在关联,因而应当把该两项或多项交易作为一个整体进行会计处理:

(1) 该两项或多项交易系同时谈判达成或计划,互为前提的一揽子交易;

(2) 该两项或多项交易系用以实现一项整体经济利益,本质上是同一项交易的两个或多个组成部分;

(3) 其中一项交易必须依赖于至少一项其他交易;

(4) 该两项或多项交易单独看均不具有经济实质,而只有作为一个整体来考虑时才是具有经济实质的(例如,其中一项交易的作价低于市场价格,但该低价交易的损失可通过以后另一项或几项交易的作价高于市场价格而得到弥补)。"

在本案例中,虽然本次重组业务将分三项交易进行,包括股权转让、资产置换和资产划转,从实际操作层面而言,三项交易将按照先后顺序实施,但是,这三项交易是一揽子达成的,其目的均为实现重组方对B上市公司进行重组,以达到拟置入资产和业务上市之目的,其中任何一项交易单独实施均无法实现重组的目的;与此同时,该三项交易均互为前提,其中任一交易未获通过或批准,则上述其他交易均自动失效并终止实施。因此,我们认为本次业务重组中的三项交易属于一揽子交易,应当作为一个整体考虑其会计影响。

在本案例中,C公司最终将由B上市公司的原控股股东A公司所控制,其所包含的资产也是上市公司B在重组前原持有的资产。因此,C公司在法律形式上由重组方的控制是暂时性和过渡性的,C公司在整个交易中的实质作用是作为对上市公司B的原有资产、负债和业务的一项延伸。也就是在重组前后,上市公司B的原有资产和业务均处于A公司的控制之下。因此,基于实质重于形式原则,C公司取得上市公司B的原有资产和负债,应基于同一控制下企业合并的处理原则,按照该等资产和负债在B公司的原账面价值入账。

A公司取得对C公司的长期股权投资时,应当根据C公司所持有的资产、负债的不同构成分别处理。当A公司取得对C公司的控制权时,C公司所持有的资产、负债可分为两部分:①C公司原有的资产和负债(如有);②在重组过程中被装入C公司的、原先归属重组前的B上市公司的资产和负债。而这两部分之间并不存在内在的联系。因此,A公司应当基于实质重于形式的原则,将C公司视作两个互相独立的实体:一是由其重组前原有资产、负债构成的实体(实体1);二是由原属于上市公司B的置出资产、负债构成的实体(实体2)。对于实体2,基于控制的延续性,应按这些资产、负债在重组前上市公司B的原账面价值计量(注意不是同一控制下的合并,因为这些资产和负债在重组前后都在A公司的控制下,并不是新取得控制权,所以会计上不将其视作一项企业合并);对于实体1,应进一步区分实体1中所包含的资产、负债是否构成业务,如果构成业务,则A公司取得实体1的控制权应按非同一控制下企业合并处理;如果不构成业务的,则A公司取得实体1的控制权应按不构成业务的资产购买处理。

在重组前后,A 公司在 B 公司原有资产和负债中所享有份额的增加(从 30%增加到 70%),作为购买少数股权进行会计处理。

在 A 公司的个别报表层面,原先 A 公司持有的是对上市公司 B 的股权投资,重组后改为持有非上市公司 C 的股权投资(对两者均具有控制权),但 B 公司、C 公司所包含的资产和业务完全相同,因此未来现金流量的时间、金额、风险程度等均与重组前无实质性区别。在此情况下,在个别报表层面作为不具有商业实质的非货币性资产交换处理,以原先对 B 公司的长期股权投资的账面价值作为换入的对 C 的长期股权投资的成本基础。这是由于:非货币性资产交换准则所依据的"商业实质"原则具有普遍适用性。因此,即使因为本次重组中的货币性对价所占比例超过 25%而导致不能适用《企业会计准则第 7 号——非货币性资产交换》,但仍可基于商业实质原则考虑会计处理方案。本案例中,在个别报表层面,原先 A 公司持有的是对上市公司 B 的股权投资,重组后改为持有非上市公司 C 的股权投资,但 B 公司、C 公司所包含的资产和业务完全相同,因此未来现金流量的时间、金额、风险程度等均与重组前无实质性区别,因此对换入的 C 公司股权中对应于原上市公司 B 置出资产的部分,应按原账面价值计量,不确认损益;对于额外获得的 1.7 亿元现金,可以看作 A 公司出售其所持有上市公司"壳资源"的对价,因此可以确认收益。因此,A 公司确认对 C 公司的长期股权投资,应按其原先对上市公司 B 的股权投资的账面价值为基础确认,即 1.5 亿元;同时对于额外取得的 1.7 亿元现金对价,可以确认处置损益。即,从经济实质分析,该交易应当分解为两项互相独立的交易:一是收回上市公司(壳公司)的原有经营性净资产;二是"卖壳"。其中第一项不具有商业实质,按账面价值确认;第二项是额外取得的收益,可以确认损益。

A 在编制合并报表时,对于 A 在原上市公司的经营性净资产中所占份额的增加(从 30%上升到 70%),应按购买少数股权处理;对于额外收到的 1.7 亿元现金,在合并报表层面也可确认投资收益。对于原上市公司 B 的经营性净资产,在重组前后都在 A 公司的实际控制下,所以在 A 的合并报表层面,重组前后对这部分经营性净资产的计量基础应当保持不变。

问题 3-2-62　因放弃增资丧失对原子公司控制权时的处理

问题:

因放弃增资丧失对原子公司控制权,母公司个别报表和合并报表分别应如何处理?

背景:

A 公司成立于 2009 年 9 月,由 B 公司、C 公司共同出资设立。截至 2010 年 12 月 31 日,A 公司股权结构为:B 公司出资 700 万元,占 70%;C 公司出资 300 万元,占 30%。B 公司对 A 公司具有控制权,2009 年度、2010 年度将其纳入合并范围。

A公司于2011年11月引进新股东,增资4 000万元。B公司放弃本次增资。增资后B公司股权结构如下表。

增资后B公司股权结构

股东名称	出资金额(万元)	持股比例
B公司	700	14%
C公司	300	6%
D公司	1 800	36%
自然人1	550	11%
自然人2	550	11%
自然人3	550	11%
自然人4	550	11%
合计	5 000	100%

因放弃增资,B公司对A公司的持股比例由70%变为14%,丧失对A公司的控制权,丧失控制权日为2011年11月30日。但由于增资后在A公司董事会8名成员中,B公司仍委派3名,对A公司具有重大影响。

假设B公司在2011年11月30日丧失控制权之前(即新股东对A公司增资之前)凭借其70%的股权比例在A公司的净资产中所享有的份额为x。

解答:

1. 个别报表层面,B公司原先持股比例为70%,对A公司具有控制权,应按成本法核算。被投资企业单方面增资后丧失控制权,仅保留重大影响,应改为权益法核算。即以目前的700万元出资额(对应的权益比例为14%)为依据,以当初取得该700万元投资时被投资企业的可辨认净资产公允价值为基础,进行追溯的权益法核算。具体举例详见《企业会计准则讲解(2010)》例题[3-16](第46~47页)。

2. 根据《企业会计准则解释第4号》第四条关于合并报表层面会计处理的规定,合并报表层面对于剩余的14%股权需按处置日的公允价值重新计量。在合并报表层面,可以把该项丧失控制权的交易分解为两个步骤:第一步是由原先的两个股东按原先的股权比例分别对A公司同比例增资,增资总额等于本次引入新股东的出资额(为举例方便,此处假设新股东按面值出资,合计4 000万元,无溢价,下同),即B公司在这一步骤中出资2 800万元,相应其在标的企业净资产中所占份额变为(x+2 800万元);第二步是将第一步完成后B公司在A公司所持的56%(70%-14%)股权以2 800万元价格出售给新股东(保留14%)从而丧失控制权,被出售的股权在处置日对应的净资产份额为(x+2 800万元)×56%÷70%。

因此,此时在合并报表层面确认的处置损益=2 800万元+剩余14%股权于处置日的公允价值-(x+2 800万元)(如B公司原先对A公司有商誉的,需一并转销;如果原先有对应的其他综合收益的,一并转为处置当期投资收益)。

这里需注意：上面公式中"剩余14%股权于处置日的公允价值"很可能并不等于对应享有的 A 公司可辨认净资产公允价值份额，一般可以按照新股东入资的价格按比例推算。但如果其中"控制权溢价"的影响较大，导致按比例推算不可靠的，则应当单独评估剩余14%股权的整体公允价值(不仅仅是其所对应的可辨认净资产份额的公允价值，还要包括其中的商誉因素)。

3. 合并报表层面，后续对14%剩余股权的权益法核算应当以处置日各项可辨认净资产公允价值为基础进行，从而与个别报表层面的权益法核算基础(原取得70%投资时的各项可辨认净资产公允价值)不一致。详见本所2010年10月的"《企业会计准则解释第4号》培训课件(一)"和《计学撮要(2011)》第322~325页的问答。

问题3-2-63 全部处置子公司股权时，在合并报表层面原因购买少数股权调减的资本公积是否需要恢复

问题：

全部处置子公司股权时，在合并报表层面原因购买少数股权调减的资本公积是否需要恢复？

解答：

根据《企业会计准则解释第2号》第二条的规定，母公司购买子公司少数股权时，母公司在编制合并财务报表时，因购买少数股权新取得的长期股权投资与按照新增持股比例计算应享有子公司自购买日(或合并日)开始持续计算的净资产份额之间的差额，应当调整所有者权益(资本公积)，资本公积不足冲减的，调整留存收益。该规定冲减的资本公积属于权益性交易性质，即本会计主体(合并集团)与权益持有者(少数股东)之间基于其作为权益持有者的身份而进行交易导致本主体的权益发生的增减变动。按照会计原理，对于此类由权益性交易形成的资本公积，一旦形成即与导致其形成的资产或交易相分离，将会永久性保留在合并报表层面的资本公积中。由于不属于其他综合收益性质，所以在处置子公司时不转出到损益，不适用《企业会计准则解释第4号》第四条关于处置子公司股权导致丧失控制权时将与该被处置子公司相关的其他综合收益转入损益的规定。由此产生的影响是：后续每一年度编制合并报表时，都需要对该项资本公积予以恢复处理，通常采用的合并报表层面的恢复分录是：借记或者贷记"未分配利润"项目，相应贷记或者借记"资本公积"项目。

问题3-2-64 子公司进入破产程序或被母公司吸收合并后，母公司收购其少数股权时形成资本公积的处理

问题：

子公司进入破产程序或被母公司吸收合并后，母公司收购其少数股权时形成的资本公积应该如何处理？

背景：

A 公司在 2010 年收购三家子公司少数股东投资，其中收购 B 公司 19.27% 的股权，出资金额 5 005 650.00 元，收购后 B 公司变为 A 公司的全资子公司；收购 C 公司 21.6% 的股权，出资金额 1 080 000.00 元，收购后 C 公司变为 A 公司的全资子公司；收购 D 公司 10.31% 的股权，出资金额 1 500 000.00 元，收购后股权比例由 68.73% 增加到 79.04%。由于该次收购，在 2010 年合并报表过程中，按照投资单位净资产与 A 公司享有上述三家单位股权比例计算的 A 公司应享有净资产份额和投资成本比较，投资成本大于应享有净资产金额 24 181 933.49 元，该金额冲减了资本公积。

2011 年 12 月，B 公司由于被法院宣告破产并将资产移交给破产管理人，本年度仅将截至资产移交日前损益和现金流量并入合并报表，C 公司和 D 公司注销并将其业务和账务并入 A 公司。

解答：

在合并报表层面将收购少数股权的对价款与所取得的少数股权份额之间的差额调整权益，是基于权益性交易的原理，即把购买少数股权视同为少数股东的撤资。因此，由此形成的资本公积调整数，一旦形成即与当初导致其形成的长期股权投资相分离，以后即使该子公司因被处置（或者如本"背景"资料中所述的进入破产程序）而不再纳入合并范围，这部分资本公积都将一直保留在合并报表中，不能转销。

对于本案例中的子公司 C、D，于 2011 年 12 月注销并将其业务和账务并入母公司 A 公司，相当于被母公司吸收合并。在 A 公司的合并报表层面，C、D 公司的资产、负债都继续保留在 A 的合并报表中，所以对 A 的合并报表所列的资产、负债和损益都不产生影响。但在 A 公司的个别报表层面，需要对原先对 C、D 公司的长期股权投资终止确认，并对所取得的 C、D 公司资产、负债进行初始确认和计量。

在母公司吸收合并子公司的情况下，子公司的资产、负债和业务原先就受到母公司的控制，母公司并未因此而增加其可控制的经济资源，因此不构成会计意义上的"企业合并"或"业务合并"。对于母公司吸收合并子公司的交易，在母公司个别报表层面的一般处理原则如下：

（1）母公司吸收合并全资子公司，在母公司个别财务报表层面，应于吸收合并完成日，按照该子公司的各项资产、负债在母公司合并报表层面的账面价值（即以母公司原取得对该子公司控制权的购买日的公允价值为基础持续计算的金额，不仅包括可辨认资产和负债，也包括原先在购买日确认的商誉在内）对所取得的子公司各项资产、负债进行初始计量，同时终止确认原有的对该公司的长期股权投资。按上述原则确定的取得该子公司净资产初始确认金额与被终止确认的对该子公司长期股权投资账面价值之间的差额中，属于该子公司的可供出售金融资产公允价值变动等其他综合收益项目的部分，贷记或借记"资本公积——其他资本公积"项目，其他差额确认为投资收益。

(2) 母公司吸收合并非全资子公司,应视作母公司先取得该子公司的少数股权,将其变为全资子公司后,再按上述原则处理。

问题 3-2-65 处置唯一子公司后的报表列报

问题:

处置唯一子公司后的当期是否需要编制合并报表?

背景:

A 公司持有 B 公司 100％的股权,且 A 公司仅有 B 公司一家子公司。上年度 A 公司处置了 B 公司部分股权,处置后丧失了对 B 公司的控制权,但仍对 B 具有重大影响。

解答:

如《计学撮要(2011)》第 273 页所述,"对于权益法的本质主要是作为长期股权投资的一种后续计量方法还是一种合并报表方法的问题,素来存在争议,《企业会计准则第 2 号——长期股权投资》和《国际会计准则第 28 号——对联营企业的投资》对此问题均未予以明确。"但是,尽管存在上述争议,但有一点是明确的:如果将权益法看做一种"合并报表的编制方法",则对其实质的该项理解只可能体现在合并报表层面,个别报表层面的权益法核算只能作"长期股权投资的一种后续计量方法"理解,否则与该报表属于"个别报表"就存在逻辑上的矛盾。

《企业会计准则第 32 号——中期财务报告》第四条规定:"上年度财务报告包括了合并财务报表,但报告中期内处置了所有应当纳入合并范围的子公司的,中期财务报告只需提供母公司财务报表,但上年度比较财务报表仍应当包括合并财务报表,上年度可比中期没有子公司的除外。"参照中期报告准则的上述规定,由于本期已无子公司,因此本期 A 公司无需编制合并报表,只需编制个别报表,相应地,只需要在个别报表层面按照《企业会计准则解释第 4 号》第四条对丧失控制权时个别报表层面的处理原则处理即可,无需按照合并报表层面的处理原则对剩余股权按处置日的公允价值重新计量。即,无需考虑现在的个别报表和以往的合并报表层面如何衔接的问题。

问题 3-2-66 处置子公司股权后原有商誉的处理

问题:

根据下文"背景"资料分析,A 公司处置子公司股权后原有商誉应如何进行处理?

背景:

A 公司于 2008 年 1 月 1 日收购 B 公司 100％股权,投资成本 97 930 000.00 元,超过购买日被收购方可辨认净资产公允价值 56 124 392.11 元的部分 41 805 607.89 元,合并时形成商誉,体现在合并报表中。

根据 A 公司 2011 年 5 月 4 日董事会决议,A 公司与 C 公司签订股权转让协议,将持有的子公司 B 公司(以下简称"目标企业")的 100％股权全部转让。双方同意按截至转让定价基准日经双方认可的目标企业的所有者权益加上人民币 1 500 万元作为转让价格,A 公司需在交接日之前对目标企业的资产、负债等进行清理。清理后目标企业应仅包括应收 C 公司款项和所有者权益项目。其中,目标企业应收 C 公司的款项可直接在股权转让款中抵扣,C 公司无需再支付相关款项。两者相抵后,C 公司实际应付 A 公司股权转让款人民币 1 500 万元,此次转让公司共产生投资收益 1 500 万元。

解答:

本案例中,由于合并报表层面的商誉是对应于业务和资产组的(而不是对应于被转让子公司这一特定法人主体的),因此如果 A 公司通过股权转让前对标的企业的重组和清理,将构成业务的经营性资产、负债和人员等全部保留在 A 公司或其控制范围内的其他子公司,则对应于该商誉的业务并未被处置到合并报表范围以外。相应地,该商誉在合并报表层面仍然保留。但是否在 A 公司的个别报表层面即体现出该等商誉,取决于原先在该标的子公司层面的业务是否直接转入 A 公司这一法人主体,以 A 公司的名义继续对外经营。

就 A 公司的个别报表而言,如果原先在标的子公司的经营性资产、负债和人员今后直接在 A 公司从事原有的业务活动,则 A 公司个别报表层面对所接受的构成业务的资产、负债(包括原先收购时形成的与该等业务相关联的商誉)的处理可参照本书"母公司吸收合并子公司(或清算子公司并接收其全部资产和负债)在个别报表层面和合并报表层面的一般处理原则";剩余不接收的往来款等净资产与从受让方额外收到的 1 500 万元现金之间的差额则构成处置损益的组成部分。在合并报表层面的最终处理效果是将该 1 500 万元确认为处置子公司"壳资源"的收益。

问题 3-2-67 以子公司股权向合营企业投资时,在个别报表和合并报表层面的处理

问题:

当母公司以子公司股权对合营企业投资,导致该子公司也变为合营企业时,母公司是否需要确认损益? 如果需要确认,应如何计算损益金额?

(注:本问题的解答仅适用于将子公司股权对合营企业出资,导致该子公司变为合营企业的情形,但不适用于将子公司股权对联营企业出资导致该子公司变为联营企业的情形。)

背景:

A、B 两家公司组建一个合营企业 C 公司。A 公司持有 C 公司 40％的股权,B 公司持有 C 公司 60％的股权。C 公司的公允价值总计 250 万元。

A 公司将其一个子公司投资于 C 公司,其公允价值是 100 万元(为 C 公司公允价值总额 250 万元的 40％)。在向 C 公司投资之前,该子公司在 A 公司的合并财务报表中确认了如下金额。

投资前子公司在合并财务报表中的确认金额

项　目	在 A 公司合并报表层面的账面价值(万元)	公允价值(万元)
可辨认净资产	60	80
商　誉	0	20
合　计		100

B 公司也将其一个子公司投资于 C 公司,其公允价值是 150 万元(为 C 公司公允价值总额 250 万元的 60%)。在向 C 公司投资之前,该子公司在 B 公司的合并财务报表中确认了如下金额。

投资前子公司在合并财务报表中的确认金额

项　目	在 B 公司合并报表层面的账面价值(万元)	公允价值(万元)
可辨认净资产	85	120
商　誉	15	30
合　计		150

解答:

参考 IFRS 体系下的相关规定,当由于投资、出售部分股权或股权被稀释(其他股东单方面增资)使得子公司成为合营企业时,可选择的会计政策有《IAS 27——合并财务报表和单独财务报表(2008 年修订)》(方法 1),或者《SIC 13——共同控制主体—合营者的非货币性出资》(方法 2)。这两种方法在中国企业会计准则体系下也都可以运用。其中,在中国企业会计准则体系下,方法 1 的准则依据是《企业会计准则解释第 4 号》第四条关于处置子公司股权导致丧失对其控制权的会计处理规定;方法 2 的准则依据是《企业会计准则讲解(2010)》第 43 页中"(七)合营方向合营企业投出非货币性资产产生损益的处理"部分的相关表述。

方法 1: IAS 27 和《企业会计准则解释第 4 号》第四条(推荐方法)

根据 IAS 27 第 34 段和《企业会计准则解释第 4 号》第四条,丧失对子公司的控制权时,应全额确认其收益。因此,对于丧失控制权确认的收益不限于归属于合营企业另一合营方的金额。根据上述"背景"资料,如果 A 公司对合营企业采用比例合并法,则 A 公司在其合并财务报表中确认以下项目:

	借方(万元)	贷方(万元)
应占合营企业可辨认净资产公允价值份额(1)	80	
已终止确认的投资于合营企业的可辨认净资产账面价值(2)		60
已确认商誉(3)	20	
处置收益(4)		40

(1) 合营企业可辨认净资产公允价值 200 万元(80+120)的 40%。不扣减处置收益的 40%。如果 A 公司采用比例合并法对 C 公司进行会计处理,这 80 万元应被分配到合并资产负债表中的各相关项目中。

(2) A 公司不再按账面价值合并该子公司(这 60 万元的原账面价值是将原子公司的净资产从合并资产负债表中的相关项目中逐项分拆所得的金额)。

(3) 投出公允价值 60 万元(被投出的子公司公允价值 100 万元的 60%)加上留存权益公允价值 40 万元(合营企业整体公允价值 100 万元的 40%)减去应占合营企业可辨认净资产公允价值的 40%,即 80 万元[见上面注释(1)]。

(4) 收到对价的公允价值 60 万元(合营企业另一合营方投入的子公司公允价值 150 万元的 40%)加上留存权益的公允价值 40 万元(被投出子公司公允价值 100 万元的 40%)减去被投出子公司的账面价值 60 万元。

类似地,如果 A 公司对合营企业采用权益法核算,则 A 公司在其合并财务报表中确认以下项目:

	借方(万元)	贷方(万元)
对合营企业的长期股权投资	100	
已终止确认的投资于合营企业的可辨认净资产账面价值		60
处置收益		40

方法 2:SIC-13 和《企业会计准则讲解(2010)》第 43 页之(七)

投出资产确认的收益仅限于归属于合营企业另一合营方的金额。

根据上述"背景"资料,如果 A 公司对合营企业采用比例合并法,则 A 公司在其合并财务报表中确认以下项目:

	借方(万元)	贷方(万元)
应占合营企业可辨认净资产公允价值份额(1)	72	
终止确认投资给合营企业的子公司可辨认净资产账面价值(2)		60
已确认商誉(3)	12	
处置收益(4)		24

(1) 如方法 1 确认的 80 万元,减去可辨认净资产增值收益 20 万元(80-60)的 40%。

(2) 与方法 1 一致。

(3) 方法 1 确认的 20 万元的商誉,减去归属于子公司商誉的 40%[商誉的公允价值与账面价值差额 20 万元(20-0)的 40%]。

(4) 方法 1 计算的 40 万元处置收益,减去该处置收益的 40%,即只确认对应于另一合营方所持有的合营企业 60%股权的处置收益。

如果 A 公司对合营企业采用权益法核算,则 A 公司在其合并财务报表中确认以下项目:

	借方(万元)	贷方(万元)
应占合营企业可辨认净资产公允价值份额	84	
终止确认投资给合营企业的子公司可辨认净资产账面价值		60
处置收益		24

结论基础：

2008年1月对IAS 27的修订和2010年《企业会计准则解释第4号》的发布导致对丧失对子公司控制的会计处理发生了很多变化，这些变化与SIC-13和《企业会计准则讲解（2010）》第43页要求的处理方法不一致。

根据SIC-13第5段和《企业会计准则讲解（2010）》第43页对"合营方向合营企业投出非货币性资产产生损益的处理"的表述，投入非货币性资产的合营者所确认的资产交换损益应当仅限于归属于其他合营者权益的利得，这将导致对合营企业资产账面价值的调整。

然而，根据IAS 27第37段和《企业会计准则解释第4号》第四条的规定，如果母公司丧失了对子公司的控制权，但仍保留了部分剩余权益（该剩余权益按照共同控制主体进行会计处理），则该剩余权益必须按照其公允价值重新计量，并包含在处置子公司损益的计算中。该公允价值成为对合营企业投资的初始确认成本，即后续长期股权投资核算的成本基础。无论对合营企业采用权益法核算还是采用比例合并法，这一点都是适用的。因此，根据IAS 27和《企业会计准则解释第4号》第四条规定，收益不限于归属于其他合营者的收益，也不需要调减归属于合营企业的净资产公允价值。

2011年5月，IFRIC指出："委员会注意到IAS27、IAS31和SIC-13对于母公司将其子公司投资于合营企业并导致母公司丧失对该子公司的控制权的交易事项存在不同的处理。"

解释委员会并没有把该项目添加到其议程中，而是将其作为一个更大的项目的一部分，提交到理事会以供考虑。

SIC-13和《企业会计准则讲解（2010）》第43页中提及的"投资"，与子公司通过向第三方出售股份或发行新股（即稀释股权）而导致母公司丧失对其控制权并成为合营企业具有相同的经济实质。因此，以上情形应采用相同的会计政策。

权威指引：

SIC 13第5段：

在运用IAS 31第48段对为换取合营企业权益而对合营企业的非货币性投入进行会计处理时，合营者应在当期损益中确认归属于其他合营者权益的利得或损失，但以下情况例外：

（a）与投入的非货币性资产所有权有关的重大风险和报酬没有转移给合营企业；或者

（b）非货币性投入的利得或损失不能可靠地计量；或者

（c）投入交易缺乏IAS 16中所规定的商业实质。

如果符合上述（a）、（b）、（c）所指的任何一种例外情况，那么除非同时适用第6段，否则利得或损失应视为未实现，进而不应在损益中确认。

IAS 27第37段：

在原子公司中的剩余投资在丧失控制权日的公允价值，应按照《国际会计准则第39号——金融工具：确认与计量》作为金融资产初始确认的公允价值，或者在适当的情况下,作为在联营或合营企业中投资的初始确认成本。

《企业会计准则讲解(2010)》第43页"(七)合营方向合营企业投出非货币性资产产生损益的处理":

合营方向合营企业投出或出售非货币性资产的相关损益,应当按照以下原则处理:

1. 符合下列情况之一的,合营方不应确认该类交易的损益:

(1) 与投出非货币性资产所有权有关的重大风险和报酬没有转移给合营企业;

(2) 投出非货币性资产的损益无法可靠计量;

(3) 投出非货币性资产交易不具有商业实质。

2. 合营方转移了与投出非货币性资产所有权有关的重大风险和报酬并且投出资产留给合营企业使用,应在该项交易中确认归属于合营企业其他合营方的利得和损失。交易表明投出或出售的非货币性资产发生减值损失的,合营方应当全额确认该部分损失。

3. 在投出非货币性资产的过程中,合营方除了取得合营企业长期股权投资外还取得了其他货币性资产或非货币性资产,应当确认该项交易中与所取得其他货币性、非货币性资产相关的损益。

《企业会计准则解释第4号》第四条:

四、企业因处置部分股权投资或其他原因丧失了对原有子公司控制权的,对于处置后的剩余股权应当如何进行会计处理?

答:企业因处置部分股权投资或其他原因丧失了对原有子公司控制权的,应当区分个别财务报表和合并财务报表进行相关会计处理:

……

(二) 在合并财务报表中,对于剩余股权,应当按照其在丧失控制权日的公允价值进行重新计量。处置股权取得的对价与剩余股权公允价值之和,减去按原持股比例计算应享有原有子公司自购买日开始持续计算的净资产的份额之间的差额,计入丧失控制权当期的投资收益。与原有子公司股权投资相关的其他综合收益,应当在丧失控制权时转为当期投资收益。企业应当在附注中披露处置后的剩余股权在丧失控制权日的公允价值、按照公允价值重新计量产生的相关利得或损失的金额。

2011年5月,IFRIC指出:

解释委员会收到三份申请,要求澄清在母公司丧失对子公司的控制权,以子公司股权对其他企业出资使得该子公司成为合营企业(的一部分)或联营企业的情况下的会计处理。特别地,母公司是确认交易导致的全部利得或损失,还是仅确认归属于其他合营者或联营者权益的利得或损失部分?

委员会注意到,IAS27、IAS31和SIC-13中对于母公司将其子公司投资于合营企业并丧失对子公司的控制权的交易的指引不一致。SIC-13第5段规定对合营企业的非货币性投入时可确认的损益仅限于归属于其他合营者权益的利得或损失部分,但IAS27第34段要求确认因丧失控制权形成的全部利得或损失。

委员会注意到,理事会早在2009年12月就已经决定不处理关于合营企业项目内存在不一致的问题,而是将其单独予以处理。委员会还注意到,总体来看,关于对合营企业或联营企业的投资,特别是涉及当子公司成为合营企业或联营企业时母公司丧失对子公司的控制权,存在更广泛的问题。因此,委员会认为,最好的解决办法是将这个问题提交到理事会作为有关权益法会计的更大项目的一部分。委员会不建议理事会将这个问题添加到年度改进计划中。

问题 3-2-68 涉及配股和同一控制下业务合并情况下每股收益、净资产收益率指标的计算

问题:

在同时涉及配股和将配股所获得资金用于支付同一控制下业务合并的对价款时,计算每股收益和净资产收益率需注意什么问题?

背景:

A上市公司于2011年4月配股约22亿股,募集资金约83亿元,用于收购的资产(构成同一控制下的业务合并)交割价值59.2亿元,其他资金(23.8亿元)用于补充流动资金。如何计算每股收益、净资产收益率指标?

解答:

1. 根据《企业会计准则讲解(2010)》第三十五章第四节的相关描述:

"配股在计算每股收益时比较特殊,因为它是向全部现有股东以低于当前股票市价的价格发行普通股,实际上可以理解为按市价发行股票和无对价送股的混合体。也就是说,配股中包含的送股因素具有与股票股利相同的效果,导致发行在外普通股股数增加的同时,却没有相应的经济资源流入。因此,计算基本每股收益时,应当考虑配股中的送股因素,将这部分无对价的送股(不是全部配发的普通股)视同列报最早期间期初就已发行在外,并据以调整各列报期间发行在外普通股的加权平均数,计算各列报期间的每股收益。

为此,企业首先应当计算出一个调整系数,再用配股前发行在外普通股的股数乘以该调整系数,得出计算每股收益时应采用的普通股股数。

$$\text{每股理论除权价格} = \left(\text{行权前发行在外普通股的公允价值总额} + \text{配股收到的款项} \right) \div \text{行权后发行在外的普通股股数}$$

$$\text{调整系数} = \text{行权前发行在外普通股的每股公允价值} \div \text{每股理论除权价格}"$$

本案例中不扣除非经常性损益的每股收益的计算需要对配股进行重新分配,根据调整系数计算出该22亿股中所包含的无对价送股数,对这部分股份数视同在年初即已发行在外。

2. 将22亿股扣除前述配股成分后,得出本次按市场公允价格发行的股份数。将本次用于收购资产交割价值59.2亿元除以市场公允价格,得出本次用于收购资产(同一控制下业务合并)的募集资金对应的按市场公允价格新发行的股份数。根据《企业会计准则第34号——每股收益》第六条第(三)项规定:

"同一控制下的企业合并,作为对价发行的普通股股数,应当计入各列报期间普通股的加权平均数",即按照同一控制下合并的处理原则,这部分股份也视同年初即已发行在外。

3. 将22亿股扣除前述1中的配股成分和2中的"本次用于收购资产(同一控制下企业合并或业务合并)的募集资金对应的按市场公允价格新发行的股份数",剩余部分为用于补充流动资金的23.8亿元募集资金所对应的按照市场公允价格发行的股份数。这部分股份数按照实际发行在外的月份数纳入每股收益计算公式中分母的加权计算。

4. 在计算扣除非经常性损益后的每股收益时,对于上述1中的配股成分,仍应视同自年初起即已发行在外(权重为1),对于上述2、3中的股份自发行之日起纳入加权计算。

第四章

特殊业务问答

第一节 金融工具和套期会计的相关问题

问题 4-1-1 远期外汇合约是否可以采用套期保值方式核算

问题：

如下文"背景"资料所述，A 公司是否可以对远期外汇合约采用套期保值模式进行确认计量？

背景：

A 公司与银行签订单位存单最高额质押贷款合同，以人民币定期存单作质押，借入最高额度不超过一定金额的外币贷款。具体每笔贷款均有约定的存款利率和贷款利率，另外 B 银行的合同中约定了到期交割的汇率，而 C 银行的合同中未约定结算汇率而按到期日的汇率结算。合同到期日按约定的存贷款利率按折算汇率支付差额。在该交易中，A 公司以人民币存款抵押、外汇贷款，未约定汇率的部分由远期汇率锁定，从而赚取利率及汇率差，但是远期汇率与存贷款协议不能一一对应。

每个报表日，银行会提供相关的估值报告。

解答：

《企业会计准则第 24 号——套期保值》第十七条对套期会计的运用给出了严格的前提条件，包括对文档、套期关系的清晰指定、过去和预计未来套期关系的高度有效性等方面的要求。在实务中，能够完全满足此处要求的严格条件的企业并不多见；而且套期会计方法的运用需发生较高的成本（如每期末的套期有效性评价）；并且即使符合套期有效性标准，也是"可以选择"而不是"必需"采用该准则规定的套期会计方法，因此实务中套期会计方法的运用较为少见。

在本案例中，"公司以人民币存款抵押、外汇贷款，未约定汇率的部分由远期汇率锁定，从而赚取利率及汇率差"，但是"远期汇率与存贷款协议不能一一对应"，因而不能在可能成为套期工具的衍生工具（远期外汇合约）和被套期项目之间建立清晰的对应关系，因此不能满足套期会计的运用条件。

对于与 B 银行签订的《单位存单最高额质押贷款合同》，其中约定了远期汇率，在相关文档符合《企业会计准则第 24 号——套期保值》第十七条各项要求的假设下，可能可以符合套期会计的运用条件，但是如前所述，实务中使用套期会计方法还是比较少见的,一般还是将其作为人民币定期存款、外币质押借款、远期外汇合约三项金融工具分别进行核算和列报。其中,人民币定期存款和外币质押借款分别采用实际利率法,以摊余成本进行后续计量,外币借款本息在期末还应进行汇兑损益调整;远期外汇合约作为一项衍生金融工具,期末按公允价值进行后续计量,其公允价值的变动计入当期损益。此处涉及的人民币存款和外币借款,在资产负债表上应分别作为资产和负债列报,不应抵销后以净额列报。这是因为以人民币定期存款和外币借款互相抵销的操作(直接以人民币存款归还外币贷款)只有在存款和借款的到期日才能发生,在到期日之前企业和银行双方均无按照净额结算这两个金融合同的当前可执行的法定或者合同权利,因此不符合《企业会计准则第37号——金融工具列报》第十三条及其相关应用指南、准则讲解所规定的将金融资产和金融负债抵销后以净额列报的条件。

在不采用套期会计方法的情况下,在财务报表中,人民币存款和外币借款的本息,以及外币借款本息的汇兑差额,按常规方式予以列报;远期外汇合约这一衍生工具的期末公允价值列报为一项交易性金融资产或交易性金融负债,其公允价值的变动计入当期损益。期末对远期外汇合约衍生工具的公允价值进行测算,根据公允价值变动情况调整交易性金融资产或交易性金融负债的账面价值,调整金额计入公允价值变动损益。

一般远期外汇合约的衍生工具于资产负债表日的公允价值可按以下方法测算:

远期外汇衍生工具于资产负债表日的公允价值=合约买卖的外币金额×(合同约定的远期交割汇率-资产负债表日签订的期限与该远期合约的剩余期限相同的远期合约上注明的交割汇率)。

例如,2011年10月1日签订6个月期限的远期合约,约定于2012年3月31日卖出100万美元,约定远期汇率为6.3;2011年12月31日的即期汇率为6.4,但2011年12月31日签订的3个月期限的远期合约上注明的交割汇率为6.25,则:2011年10月1日签订6个月期限的远期合约于2011年12月31日的公允价值=100万美元×(6.3-6.25)=人民币50 000(元)。2011年10~12月累计确认公允价值变动收益50 000元(借记"交易性金融资产"科目,贷记"公允价值变动损益"科目)。

在财务和外汇交易理论上,上述汇率6.25表明了站在资产负债表日(2011年12月31日)这一特定时点的立场上,对交割日(2012年3月31日)即期汇率的估计。需要强调的是:不能用资产负债表日(2011年12月31日)的即期汇率测算远期外汇合约的公允价值变动损益。

到期交割时,除了进行购入外币、偿还外币借款等常规会计处理以外,需同时将衍生工具形成的金融资产或金融负债的账面价值结零(转入投资收益),并把累计的公允价值变动损益也转入投资收益。

对于已签订但尚未到期结算的《单位存单最高额质押贷款合同》,应在财务报表附注中披露其主要条款、到期日、约定汇率、涉及本金金额、期末公允价值和本期公允价值变动额等信息。

问题 4-1-2 黄金 T+D 持仓盈亏的处理

问题：

如下文"背景"资料所述，企业对于持有的黄金 T+D 业务合约应如何进行账务处理？

背景：

黄金现货延期交收(T+D)业务：以分期付款方式进行买卖，交易者可以选择合约交易日当天交割，也可以延期交割，同时引入延期补偿费机制来平抑供求矛盾的一种期货交易模式。这种交易模式能够为产金与用金企业提供套期保值功能，还能够满足投资者的投资需求，并且投资成本小，市场流动性高；同时还为投资者提供了卖空机制，为投资者提供了一个交易平台，较宜适合投资理财。

交易所为了有利于风险控制，每日进行结算。每日交易结束后，按照全部持仓计算应冻结的首付款。并根据当日结算价，计算当日持仓的全部盈亏，当日持仓盈亏发生实际的资金划转，盈亏金额划入或划出投资者资金账户。盈利者可以提取利润，亏损者要在规定时间内，补足资金。

A 公司 2011 年度从事黄金现货延期交收(T+D)业务，其账务处理如下：多头持仓(买开仓)，当日持仓盈亏(已发生资金账户的实际流入或流出)，A 公司不进行账务处理，待实际交割时(卖出)，产生黄金销售行为，A 公司确认主营业务收入和主营业务成本，持仓盈亏一次性计入主营业务成本。空头持仓(卖开仓)，反向同理。

如：A 公司买入 100 手(1 千克/手)黄金 T+D，开仓金额 350 元/克；次日收盘金价 340 元，则次日持仓亏损为 100 万元[(350－340)×1 000×100]，此部分亏损已从 A 贵公司账户划出资金。第三日，市场价为 345 元，A 公司以其持有的黄金实物(实物账面成本为 3 200 万元)，将 100 手黄金 T+D 卖出。A 公司发生持仓亏损的持仓日(次日)不进行账务处理，第三日，确认主营业务收入 3 450 万元，确认主营业务成本 3 300 万元(实物成本 3 200 万元＋持仓亏损 100 万元)。

2011 年年末，A 公司多头持仓手数 300 手，持仓亏损 900 万元(持仓亏损已发生资金账户的资金流出)。由于年末持仓数，未交割或未平仓，A 公司未进行账务处理。

解答：

由于交易所采用逐日结算方式，当日持仓盈亏发生实际的资金划转，盈亏金额划入或划出投资者资金账户，相应地，A 公司也应当逐日对持仓损益以及由此导致的账户内资金变动进行核算。

由于没有严格的套期关系指定和符合要求的文档，因此 A 公司从事的该项 T+D 业务很可能不符合《企业会计准则第 24 号——套期保值》第十七条规定的运用套期会计方法的条件。在此情况下,持有的T+D合约构成了一项交易性金融资产或交易性金融负债,但由于逐日结算,所以在报表上不会反映出交易性金融资产或交易性金融负债的余额,但会在利润表上体现出交易性金融资产或者交易性金融负债的结算损益。

对于此类结算损益在利润表上反映的项目,按通常理解应当使用"公允价值变动损益"和"投资收益"项目。但如果该类型的交易确实与A公司日常出售黄金的交易密切相关,是其实现黄金出售的重要交易形式,并且在业绩管理和考核中将相关的浮动(持仓)盈亏与交易损益一并考核的,则可以接受在平仓时将累计的持仓损益转入主营业务成本的做法,即:

(1) 持仓期间,逐日计算持仓浮动盈亏和资金变动:

借/贷:公允价值变动损益
　　　贷/借:其他货币资金(或其他应收款——存出保证金)

(2) 平仓时,将累计公允价值变动损益转入营业成本:

借:银行存款/应收账款等
　　贷:主营业务收入
　　　　应交税费——应交增值税(销项税额)
借:主营业务成本
　　贷:库存商品
　　　贷/借:公允价值变动损益

问题4-1-3 不满足套期保值准则规定条件的期货买卖业务
问题:
不满足套期保值准则规定条件的期货买卖业务应如何进行账务处理?
背景:
A公司于2011年4月开始在期货公司开立期货交易账户,从事期货买卖交易。在套期开始时,A公司没有对套期关系进行正式指定,也未准备关于套期关系、风险管理目标和套期策略的正式书面文件,对套期预期是否高度有效也未进行评价。

交易所为了有利于风险控制,每日进行结算。每日交易结束后,按照全部持仓计算应冻结的保证金款。并根据当日结算价,计算当日持仓的全部盈亏,当日持仓盈亏进行实际的资金划转,盈亏金额划入或划出投资者资金账户。

解答:
A公司持有的期货合约属于衍生工具。运用套期会计方法需满足《企业会计准则第24号——套期保值》第十七条规定的各项条件。在本案例中,由于没有严格的套期关系指定和符合要求的文档,因此A公司从事的期货交易不满足运用套期会计方法的条件,公司的期货买卖纯属投机行为。在此情况下,A公司持有的期货合约构成了一项交易性金融资产或交易性金融负债,应按照《企业会计准则第22号——金融工具确认和计量》的规定进行账务处理(但鉴于采用"逐日结算"的制度,因此期末"交易性金融资产/负债"应无余额)。

但应注意:根据"背景"资料中描述的交易所规则,"每日交易结束后,交易所按照客户全部持仓计算应冻结的保证金款,并根据当日结算价,计算客户当日持仓的全部盈亏,当日持仓盈亏进行实际的资金划转,盈亏金额划入或划出投资者资金账户",则该部分盈亏实质上是已实现的盈亏,不属于持仓浮动盈亏,因为该部分盈亏会直接导致其他货币资金账户金额的增减变动,故此时的会计分录应为:借/贷记"投资收益"科目,贷/借记"其他货币资金"科目(注意:在逐日结算制度下,可不通过"交易性金融资产"、"交易性金融负债"、"公允价值变动损益"科目核算)。

同时,企业应把保证金中被冻结的部分和可自由使用(包括收回)的部分分别核算,并将期末被冻结的保证金作为所有权受到限制的资产,在附注中作出相应披露。在现金流量表中,期末被冻结(因而不能随时不受限制地用于支付用途)的保证金不能作为"现金"。

问题 4-1-4 远期结售汇提前平盘汇兑损失部分是否应该全部计入当期

问题:

远期结售汇提前平盘汇兑损失部分是否应该全部计入当期?

背景:

A 公司在 2012 年 7 月叙做 7 笔超远期结售汇业务,A 公司对该项结售汇业已经平盘,根据合同约定的结售汇汇率和本金计算,A 公司可确定亏损 59 634 917.96 元。

A 公司管理层认为该笔业务亏损可以由叙做远期结售汇业务衍生的其他业务所产生的收益弥补,因此将因叙做超远期结售汇业务产生的亏损 59 634 917.96 元在合同期间内摊销(2012 年 8 月至 2015 年 7 月),摊销采取直线法,每月计入汇兑损益:

借:汇兑损益
　　贷:预计负债

截至 2012 年 12 月 31 日,A 公司该笔业务确认损益金额为 800 万元,尚有 5 000 万元损失未在报表内进行确认。

解答:

本案例需要分析 A 公司的该类超远期结售汇业务与由其衍生的其他业务是否是一揽子交易。

《国际财务报告准则第 9 号——金融工具:确认和计量》应用指南 B.6 段提到:"以下迹象表明应当将两项金融工具合并为一项金融工具进行处理:

- 两项合同同时且一并考虑后签订;
- 两项合同具有相同的交易对方;
- 两项金融工具与同一风险有关;
- 没有明显的经济需要或实质的商业目的是单项交易不能实现而必须分为

若干交易才能实现的。"

中国企业会计准则解释第五号第五条也提到："各项交易的条款、条件以及经济影响符合以下一种或多种情况,通常表明应将多次交易事项作为一揽子交易进行会计处理:

(1) 这些交易是同时或者在考虑了彼此影响的情况下订立的;
(2) 这些交易整体才能达成一项完整的商业结果;
(3) 一项交易的发生取决于其他至少一项交易的发生;
(4) 一项交易单独看是不经济的,但是和其他交易一并考虑时是经济的。"

从"背景"资料的描述和提供的相关信息看,未发现A公司是将该等超远期结售汇交易作为套期工具使用,也未发现该类交易可以与由其衍生的其他业务作为一揽子交易。故我们认为该类远期结售汇交易属于衍生工具,即以公允价值计量且其变动计入当期损益的金融资产或者金融负债。因此我们理解,A公司对这些超远期结售汇交易应当是作为一般性的交易性金融资产/负债进行会计处理的,即期末采用公允价值计量其浮动盈亏,其变动(浮动盈亏)计入当期损益。

超远期结售汇的平盘属于对金融资产/负债的终止确认。根据《企业会计准则第22号——金融工具确认和计量》相关规定:

第二十八条 金融负债全部或部分终止确认的,企业应当将终止确认部分的账面价值与支付的对价(包括转出的非现金资产或承担的新金融负债)之间的差额,计入当期损益。

《企业会计准则第23号——金融资产转移》相关规定:

第十二条 金融资产整体转移满足终止确认条件的,应当将下列两项金额的差额计入当期损益:

(一) 所转移金融资产的账面价值;
(二) 因转移而收到的对价,与原直接计入所有者权益的公允价值变动累计额(涉及转移的金融资产为可供出售金融资产的情形)之和。

因金融资产转移获得了新金融资产或承担了新金融负债的,应当在转移日按照公允价值确认该金融资产或金融负债(包括看涨期权、看跌期权、担保负债、远期合同、互换等),并将该金融资产扣除金融负债后的净额作为上述对价的组成部分。

企业与金融资产转入方签订服务合同提供相关服务的(包括收取该金融资产的现金流量,并将所收取的现金流量交付给指定的资金保管机构等),应当就该服务合同确认一项服务资产或服务负债。服务负债应当按照公允价值进行初始计量,并作为上述对价的组成部分。

因此,无论该等超远期结售汇交易在平盘前对A公司而言属于金融资产还是金融负债,其终止确认的损益均应一次性计入当期损益,不得递延到以后期间。

我们理解,A公司管理层认为"该笔业务亏损可以由叙做远期结售汇业务衍生的其他业务所产生的收益弥补"是从商业角度说明选择在现时对该交易进行平盘的理由,即把该等超远期结售汇业务和其他衍生业务作为一个整体看,仍是盈利的。我们不排除从商业角度,各笔业务的取得之间会存在一定的因果关系和关联关系,即因为承接了业务 A,所以带来了后续业务 B,而公司内部对业务的盈亏可能是把所有相关联的业务看作一个整体进行考核的。但是,由于 A 公司在会计处理中是将各笔业务各自作为独立的业务进行会计处理,从会计处理角度并未体现出各业务之间的联系,并未把各笔业务作为互相关联的一揽子交易看待(事实上也不是一揽子交易),因此依据会计准则的上述规定,超远期结售汇交易的平盘损失应当一次性计入 2012 年度的损益,不能为了和以后相关衍生业务的可能盈利"配比"而递延到以后期间,将损失予以递延的做法在会计准则层面是没有依据的。

另一方面,如果有证据表明各项业务之间的联系符合前述"一揽子交易"特征或者符合前述"合并为一项金融工具处理"的条件的,则 A 公司将其作为该金融交易成本或对实际利率的调整项,我们认为在会计处理上是可以接受的,但应当采用更为系统、合理的摊销方式(直线法在很多情况下并不是最合理的摊销方法)。具体而言,至少应同时满足以下条件:

(1) 目前的超远期结售汇业务与后续业务是同时谈判达成的、互为前提和条件,两者在金额、期限等条款方面存在直接对应关系;各项合同同时成立,其效力互相关联。

(2) 交易各方均无权单独提前终止该项远期结售汇协议或解除后续业务合同。

(3) A 公司及其所属集团的其他成员企业未就上述交易向客户及/或其他交易对手方达成其他协议或安排。

(4) A 公司承担当前已结算业务的亏损是为了获取后续关联业务的收益,且后续关联业务的收益足以弥补目前已结算业务的亏损。

问题 4-1-5 以人民币定期存款质押从银行取得外币借款的账务处理问题

问题:

如下文"背景"资料所述,A 公司以人民币定期存款质押取得外币借款,同时签订利率互换合同、远期外汇合约时该如何进行账务处理?人民币定期存款与外币借款是否可以抵销以净额列示?

背景:

2011 年 8 月 5 日,A 公司向 B 银行借入一笔本金为美元 76 692 479.06、利率为伦敦银行同业拆借利率(LIBOR)加 1.5% 的 3 年期借款;同时,A 公司向 B 银行存入金额为人民币 500 000 000 元的 3 年定期存款,作为该借款的质押。同日,A 公司与 B 银行就以上借款本金美元 76 692 479.06 签订了利率互换协议。双方约定自 2011 年 8 月 5 日至 2014 年 8 月 5 日期间,A 公司向 B 银行按固定利率 2.35% 支付利息,B 银行则向 A 公司支付以浮动利率(LIBOR+1.5%)所计算的利息。同日,A 公司与 B 银行达成远期外汇交易协议。双方约定,A 公司于 2014 年 8 月 5 日,以 1 美元折合人民币 6.32 元的汇率,向 B 银行买入美元 82 179 399.86 元。同时约定到期日存款与借款以净额结算。根据这些合同测算,在到期结算后,A 公司将可以获得人民币 10 792 822 元的固定收益。

A 公司财务报表中将以上三笔交易确认为金融衍生工具,分别为货币互换工具、利率互换工具及远期外汇合同,并按其年末公允价值确认了交易性金融资产 20 894 082.62 元人民币和交易性金融负债 4 105 035.40 元人民币,并确认了公允价值变动收益人民币 16 789 047.22 元。

利率互换工具及远期外汇合同为根据 B 银行提供的公允价值评估。货币互换工具由评估师评估,根据未来现金流计算。

解答:

1. 《企业会计准则》对此类交易和事项的会计处理系由《企业会计准则第 22 号——金融工具确认和计量》加以规范,该准则所规定的确认和计量原则基本与 IFRS 体系下的《国际会计准则第 39 号——金融工具:确认和计量》一致。

根据《企业会计准则第 22 号——金融工具确认和计量》第九条规定:"金融资产或金融负债满足下列条件之一的,应当划分为交易性金融资产或金融负债:……(三)属于衍生工具。但是,被指定且为有效套期工具的衍生工具、属于财务担保合同的衍生工具、与在活跃市场中没有报价且其公允价值不能可靠计量的权益工具投资挂钩并须通过交付该权益工具结算的衍生工具除外。"由于在本案例中 A 公司并未采用套期会计方法,且该衍生工具不属于财务担保合同,也不属于"与在活跃市场中没有报价且其公允价值不能可靠计量的权益工具投资挂钩并须通过交付该权益工具结算的衍生工具",因此对于该三项远期合同所包含的衍生工具(货币互换工具、利率互换工具及远期外汇合同)均属于以公允价值计量且其变动计入当期损益的金融工具,期末其累积公允价值变动在资产负债表上列报为"交易性金融资产"或者"交易性金融负债",本期内发生的浮动盈亏列报为"公允价值变动损益",并可能需依据税法的规定,就该等衍生工具的期末公允价值与计税基础之间的差额确认递延所得税负债或者递延所得税资产。

由于此类衍生工具的没有直接可从活跃市场取得的同类或类似金融工具的报价作为公允价值,需要采用估值技术确定其公允价值。

2. 本案例中美元贷款和作为质押的人民币定期存款能否抵销后以净额列报的问题,应根据《企业会计准则第 37 号——金融工具确认和计量》及其应用指南、讲解中关于金融资产、金融负债抵销列报应满足条件的规定确定。

《企业会计准则第 37 号——金融工具列报》第十三条规定:"金融资产和金融负债应当在资产负债表内分别列示,不得相互抵销。但是,同时满足下列条件的,应当以相互抵销后的净额在资产负债表内列示:(一)企业具有抵销已确认金额的法定权利,且该种法定权利现在是可执行的;(二)企业计划以净额结算,或同时变现该金融资产和清偿该金融负债。"即把金融资产和金融负债抵销后按净额列报需同时满足两项条件:一是具有当前可执行的按净额抵销的法定权利;二是具有抵销后以净额结算的意图。其中"(一)企业具有抵销已确认金额的法定权利,且该种法定权利现在是可执行的"的规定在《国际财务报告准则》体系下对应于《国际会计准则第 32 号——金融工具:列报》第 42(a)段"currently has a legally enforceable right to set off the recognised amounts"。

根据《国际会计准则第 32 号——金融工具:列报》第 AG39 段:The Standard does not provide special treatment for so-called "synthetic instruments", which are groups of separate financial instruments acquired and held to emulate the characteristics of another instrument. For example, a floating rate long-term debt combined with an interest rate swap that involves receiving floating payments and making fixed payments synthesises a fixed rate long-term debt. Each of the individual financial instruments that together constitute a "synthetic instrument" represents a contractual right or obligation with its own terms and conditions and each may be transferred or settled separately. Each financial instrument is exposed to risks that may differ from the risks to which other financial instruments are exposed. Accordingly, when one financial instrument in a "synthetic instrument" is an asset and another is a liability, they are not offset and presented in an entity's statement of financial position on a net basis unless they meet the criteria for offsetting in paragraph 42. 《企业会计准则讲解(2010)》中的对应表述为:"将几项金融工具组合在一起模仿成某项金融资产或金融负债,例如将浮动利率长期债券与收取浮动利息、支付固定利息的互换组合在一起,模仿或'合成'为一项固定利率长期债券。这种组合内的各单项金融工具形成的金融资产或金融负债不能相互抵销。"

在本案例中,尽管最终到期日将实现净额结算,但金融资产和金融负债互抵的权利只有在约定的到期日才可行使,在该日期之前银行和企业双方都不拥有随时提前抵销后以净额结算的权利,也并不打算提前结算。银行提供给企业的固定收益(人民币 10 792 822 元)是存款利率、贷款利率、远期约定汇率三者共同作用的结果,只有在到期结算时才能体现,如果提前结算则是无法取得该固定收益的。在合同约定的 3 年期限内,银企双方都会就此处涉及的贷款、存款和远期外汇合约分别承担利率、汇率和信用风险等不同性质的风险。随着利息的确认和衍生工具公允价值的变动,这三项金融工具各自的账面价值或公允价值处于不断变动中,该固定收益是在合同约定期限内逐步实现的。如果出现因某些特殊原因导致这三个合同在到期日之前提前解除的情况(例如双方或一方进入破产程序),这些风险仍然会体现出来。

根据上述规定及分析,如果 A 公司城与 B 银行签订的合同中没有约定在到期日之前双方有权选择以净额提前结算的条款,或者虽有该等条款但双方均无提前以净额结算的意图,则相应的人民币存款和美元贷款应当分别列报为一项金融资产和一项金融负债,同时远期外汇合约的期末公允价值变动确认为一项交易性金融资产/负债且其变动计入当期损益(公允价值变动损益),而不予以抵销列报。

问题4-1-6 控股股东授予子公司少数股东看跌期权(卖出期权)的处理

问题：

对于授予少数股东的看跌期权，控股股东在合并财务报表中应当如何进行会计处理？

背景：

A公司为了补充流动资金，降低资产负债率，经股东B公司(控股股东，原持股比例70%)、C公司(非控股股东，原持股比例30%)与债权人D公司协商，B公司、C公司、D公司和A公司于2012年8月31日签署《增资扩股合作协议》，D公司对A公司的6 000万元委托贷款转为对其的股权投资，增加A公司注册资本和实收资本5 000万元，D公司对A公司的持股比例为16.13%，并可在A公司董事会中推荐1名执行董事(A公司董事会共有7名董事)，相应母公司B在A公司中所占的股权比例下降至58.71%。根据合作协议书，B公司和C公司承诺：本次增资扩股完成之日起满2年时，D公司有权选择转让或继续持有A公司股权。如果D公司选择转让目标公司股权时，由B公司全部受让，C公司同意放弃优先认购权。股权转让价款由如下几部分组成：①本次增资的6 000万投资额；②本次增资验资之日起至股权转让变更登记完成之日止，按照6 000万元投资本金和银行同期贷款基准利率计算的投资利息；③扣除D公司持股期间从A公司能获得的现金分红(预计A公司在此期间分红的可能性不大)。

解答：

在本案例中，A公司接受D公司的债转股出资，增加注册资本5 000万元，但同时B公司作为控股股东，承诺在本次增资扩股完成之日起满2年时，D公司有权选择按固定金额(本次增资的6 000万元＋银行同期贷款基准利率计算的投资利息，因为预计A公司在此期间分红的可能性不大，且是否分红受到B公司的控制，故不考虑可能的分红事项)将该等股权出售给B公司。即，该交易构成一项赋予少数股东的卖出期权。对于该项金融工具，在现行的中国企业会计准则体系下没有明确规定，但在IFRS体系下，对此问题有专门的讨论(见于《国际会计准则第32号——金融工具：列报》中)。鉴于中国企业会计准则和IFRS已经实现实质性趋同，因此我们理解对此项金融工具应参照IAS 32的相关规定处理。

任何授予少数股东的看跌期权将形成一项金融负债，该负债在数量上等于赎回价格的现值。当这一金融负债进行初始确认时，期权行权时应付金额的现值应从权益中扣除并重分类为负债。随后，金融负债应根据《国际会计准则第39号——金融工具：确认和计量》或《企业会计准则第22号——金融工具确认和计量》在每个报告期末进行重新计量。

看跌期权剩余部分的会计处理在某种程度上取决于对交易条款的评估，在某些方面涉及对会计政策的选择，会计政策一旦确定，必须一贯应用于所有同类或类似交易。由于IFRS中没有明确的指引，并且《国际会计准则第27号——合并和单独财务报表》以及《国际会计准则第32号——金融工具：列报》这两个准则之间可能存在不一致，因而出现了以下不同的选择。

如果交易条款使母公司事实上取得了对该看跌期权所对应的股票的当前所有权(present ownership interest)，则母公司的会计处理方法应是视同现在已经取得标的股份。但是，如果交易条款并没有使母公司取得当前所有权，则存在三种可供选择的会计方法。为了得出应使用何种会计方法的结论，管理层必须作出以下关键决策：

1. 由于 IAS 32 和 IAS 27 存在不一致，应优先采取哪项准则？
2. 如果在初始取得时确认了少数股东权益——那么是否持续确认该少数股东权益。

下图汇总了需要进行的分析、提出的问题和所采用的方法（随后将进一步讨论）。

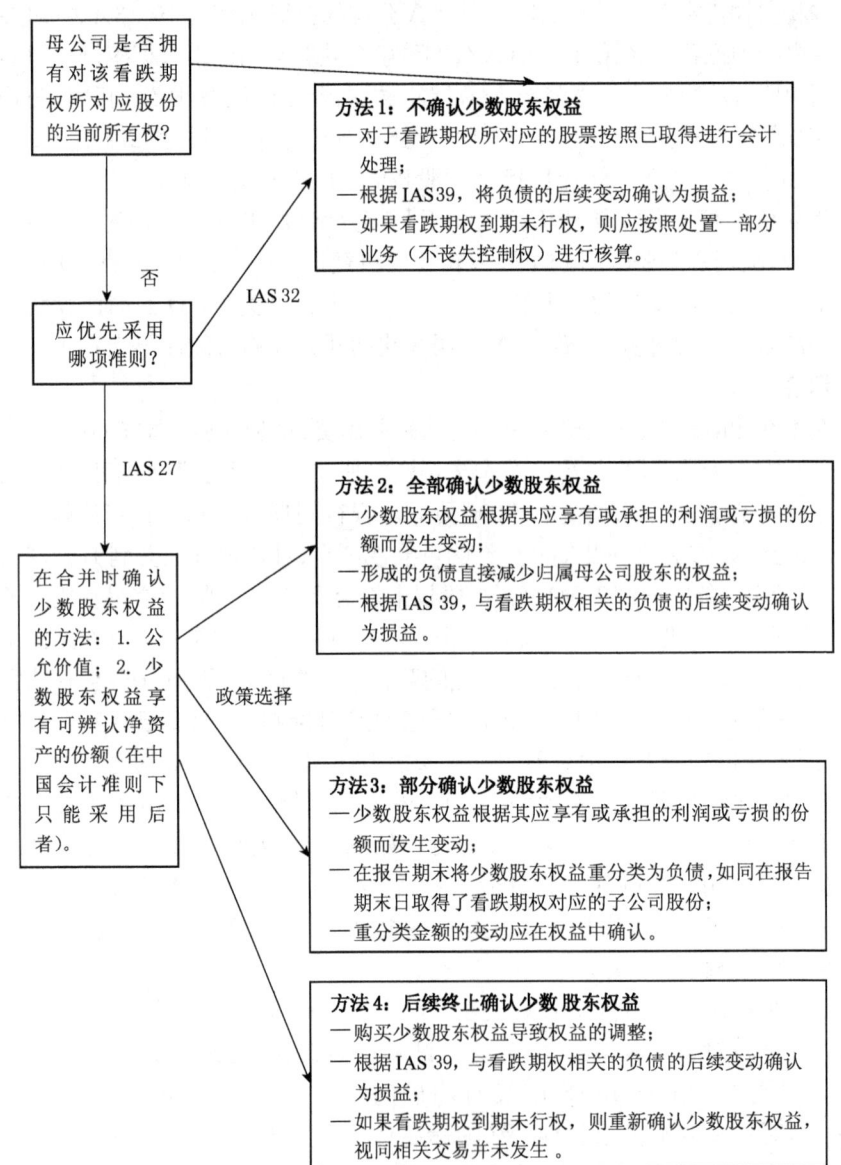

母公司是否拥有看跌期权所对应股份的当前所有权?

管理层应通过对期权的所有条款和条件的分析,评估它们能否使得母公司拥有对看跌期权所对应的股份(以下简称"标的股份")的当前所有权。在评估母公司是否具有当前所有权的过程中,需要考虑的因素包括如下方面:

行权价格——如果行权价格是固定或可确定的,而不是按照行权时的标的股份公允价值,则表明母公司很可能已经具有当前所有权;

表决权和决策权——如果与标的股份相关的表决权或决策权受限,则表明母公司很可能已经具有当前所有权;

分红权——如果与标的股份相关的分红权(即取得股利的权利)受限,则表明母公司很可能已经被授予了当前的所有权;

同时发行看涨期权——具有相同行权期和相同或相似行权价格的看涨期权和看跌期权的组合,可能表明该合同安排属于远期合同,因而母公司已经取得当前所有权。

(一)母公司拥有当前的所有权

方法1——不确认少数股东权益。

如果母公司拥有对标的股份的当前所有权,即应按照已取得标的股份进行相关会计处理,因而不确认少数股东权益。对应于标的股份的已付股利被确认为企业的一项费用,除非这些已付股利代表了对负债的偿还(例如,当行权价格依据已付股利进行调整时)。

与看跌期权相关的负债应按照《国际会计准则第39号——金融工具:确认和计量》中关于金融负债的相关规定进行会计处理。

如果期权到期行权,则在行权日,确认为金融负债的金额通过按照行权价格支付相应款项而偿还。

如果期权到期未行权,则按照在不丧失控制权的情况下处置一部分业务来进行会计处理。收到的对价是所免于偿还的负债的金额,该金额与少数股东权益的账面价值的差额确认为权益。

(二)母公司不拥有当前所有权

如果母公司不拥有对标的股份的当前所有权,应考虑优先选择 IAS 32 和 IAS 27 中哪项会计准则。也就是说,负债的分类是否会导致权益中不存在少数股东权益?

1. 方法1——优先采用 IAS 32。

如果 IAS 32 优先于 IAS 27,对期权的会计处理相当于在当日已取得标的股份,这和以上提到的母公司拥有当前所有权时采取的方式一致。

2. 方法2~4——IAS 27 优先于 IAS 32。

如果 IAS 27 优先于 IAS 32,则应当在交易日(本案例中即为 D 公司完成债转股之日)确认少数股东权益。在 IFRS 下,企业可以选择按照公允价值或少数股东权益享有被购买方可辨认净资产的份额来计量被购买方的少数股东权益,但在中国企业会计准则下只能根据少数股东所享有的可辨认净资产份额确认少数股东权益(如果选择后者,在企业合并中确认的少数股东权益和商誉的金额很可能低于按照公允价值计量的少数股东权益的金额)。

关于初始确认的少数股东权益是否持续进行确认,随后将讨论进一步可选择的会计政策。

(1) 方法2——全部确认少数股东权益。

根据IAS 27,少数股东权益持续确认为权益,并且以下因素可能导致少数股东权益账面价值的变动:①当年获取的利润或亏损中归属于少数股东的份额;②少数股东在留存收益和其他综合收益中所享有的份额;③已宣告的股利。

负债的初始确认导致归属母公司股东的权益的减少。由于对行权时应付金额的现值的重新计量所导致的负债账面价值的所有后续变动都在母公司的利润表中进行确认。

如果期权到期行权,则按照购买少数股东权益进行会计处理,原先所确认的负债金额与行权时应付金额如存在差异的,该差异应进一步作为对权益项目的调整。

如果期权到期未行权,则无需偿还的负债金额应当直接计入权益(恢复原先确认该项负债时所冲减的权益项目)。

(2) 方法3——部分确认少数股东权益。

少数股东权益应持续确认为权益,并且以下因素可能导致少数股东权益账面价值的变动:①当年获取的利润或亏损中归属于少数股东的份额;②少数股东在留存收益和其他综合收益中所享有的份额;③在报告期末之前已宣告的股利。在每个报告期末,应对少数股东权益进行终止确认,如同在该日购买了少数股东权益。

在报告期末按照公允价值确认负债,并且将已终止确认的少数股东权益和该负债的差额确认为权益。

对于时间推移形成的折现问题,并不进行单独的会计处理。

如果期权到期行权,则应按照上述讨论的方式更新会计处理,行权当日现有的负债通过支付行权价款的方式得以结算。

如果期权到期未行权,应视同从未授予看跌期权,转回上述与负债的初始确认和后续计量相关的会计处理,并在期权失效日按照少数股东应享有的权益份额重新确认少数股东权益。

(3) 方法4——少数股东权益的终止确认。

后续应终止确认少数股东权益。对此具有两种观点,但两者会计计量效果相同。

观点一:该交易事项是立即购买少数股东权益。少数股东权益被视为在授予看跌期权时已经取得(如同方法1)。根据IAS 27,按照公允价值确认的负债和终止确认的少数股东权益的差额应直接确认为权益。

观点二:该交易事项被视为将一项权益工具重分类为一项金融负债。根据IAS 32,对金融工具进行确认时,其公允价值应从权益中扣除并重分类,带来的影响是少数股东权益被终止确认。并就少数股东权益账面价值和所确认的负债的公允价值之间差额调整权益。

负债根据 IAS 39 进行后续计量,其账面价值的所有变动计入损益。已向股份持有者支付的股利是企业的一项费用,除非它们代表对负债的偿还(例如,当行权价格依据已付股利金额相应调整降低时)。

如果期权到期行权,则行权当日现有的负债通过支付行权价款的方式得以结算。

如果期权到期未行权,则将负债予以终止确认,并视同从未授予看跌期权,在期权失效日按照少数股东应享有的权益份额重新确认少数股东权益。终止确认的负债金额与所确认的少数股东权益金额之间的差额调整权益(恢复原先确认该项负债时所冲减的权益项目)。

从本案例情况看,未来如 D 公司要求赎回,则赎回价格是按"本金+利息"计算的固定价格,因此倾向于认为 B 公司已经取得对法律上由 D 公司持有的 16.13% 股权的"现时所有权"。(尽管 D 公司作为少数股东,在持股期间享有表决权和分红权,但鉴于其仅是一个小股东,在 A 公司的董事会中仅占 1/7 表决权,不具有重大影响,且预计未来 2 年内 A 公司分红的可能性不大,因此这两者不作为实质性权利看待,在考虑是否存在"现时所有权"时不作为主要考虑因素)。

基于母公司对卖出期权所涉及的少数股权存在现时所有权的判断,本案例应采用"方法 1——不确认少数股东权益"的方式处理,即不把 D 公司持有的 16.13% 权益确认为少数股权,而是将其视为由 B 公司享有的子公司股东权益的一部分,即交易前母公司权益比例为 70%,少数股东权益为 30%;交易后母公司权益为 74.84%,少数股东权益为 25.16%。在合并报表层面体现为一项购买少数股权的交易,同时把 2 年后如 D 公司行使卖出期权则应支付的购买价款的现值(目前即为投资本金 6 000 万元)确认为负债。对该项负债按期计提利息并计入损益。如果 2 年内 A 公司对 D 公司分配股利的,则所分配的股利抵减该负债。如果 2 年后 D 公司没有行使卖出期权,该卖出期权失效,则在合并报表层面,相当于届时以该项负债的账面价值(本息合计)出售 16.13% 的少数股权给少数股东,D 公司自那时起正式成为 B 公司合并报表层面的剩余权益持有者,母公司权益比例变为 58.71%,少数股权比例变为 41.29%。

问题 4-1-7 购买关联方股票的列报问题

问题:

如下文"背景"资料所述,A 公司对购入 C 公司股票计入可供出售金融资产是否合适?A 公司与 B 公司是一致行动人,到 B 公司大合并层面,需与 B 公司持有的 C 公司股票进行合并抵销,则该项投资是否应计入长期股权投资?

背景:

本年度 A 公司将经营积累 99 763 387.32 元委托其母公司 B 公司购买 B 公司旗下上市子公司 C 公司的股票,购买 C 公司股票 11 288 487 股。A 公司所持股份尚不足以对 C 公司形成控制、共同控制或者重大影响,因此 X 公司将其计入可供出售金融资产。

解答：

任何会计处理和报表列报都应当以明确会计主体为前提，基于该会计主体的立场考虑适当的会计处理方法。在本案例中，尽管 A 公司作为 B 公司的子公司，事实上与 B 公司在上市公司的董事会、股东会表决中具有一致行动关系，但 A 公司本身并不能对上市公司施加控制、共同控制或者重大影响。根据《〈企业会计准则第 2 号——长期股权投资〉应用指南》第一条规定，站在 A 公司角度，其持有的 C 公司股票不能对上市公司施加控制、共同控制或者重大影响，且其公允价值能够可靠确定，因此不属于《企业会计准则第 2 号——长期股权投资》的适用范围，而应当按照《企业会计准则第 22 号——金融工具确认和计量》的规定处理。如果 A 公司持有 C 公司股票的目的并非在短期内通过二级市场买卖获取价差收益，则在 A 公司自身的财务报表中将该项投资归类为可供出售金融资产应当是恰当的。

在 B 公司合并报表层面，应当把集团母公司及其各子公司所持有的 C 公司合并计算权益比例，并且冲回各子公司报表中就其所持 C 公司股票确认的公允价值变动，恢复到原始投资成本后，再进行合并抵销处理。由于在合并财务报表中，母公司直接在二级市场上买卖上市子公司的股票，和由其他子公司在二级市场上买卖上市子公司的股票，其经济效果是相同的，因此具体处理方式也可参阅《计学撮要(2011)》第 341~343 页"母公司在二级市场买卖上市子公司流通股份的处理"中的相关指引。

问题 4-1-8 买断式回购债券卖出后的账务处理

问题：

买断式回购债券业务中，逆回购方（在交易中取得债券作为质押的一方）应如何进行账务处理？

背景：

债券质押式回购是指交易双方以债券为权利质押所进行的短期资金融通业务，又被称为封闭式回购。在质押式回购交易中，资金融入方（正回购方）在将债券出质给资金融出方（逆回购方）融入资金的同时，双方约定在将来某一日期由正回购方向逆回购方返还本金和按约定回购利率计算的利息，逆回购方向正回购方返还原出质债券。质押式回购实质上是以债券作为质押的融资业务。交易双方除了解决资金头寸或处理闲置资金（债券）的功能外，尚承担债券的利差收益或是利差支出。

债券买断式回购除了具备质押式回购的业务特点之外，与质押式回购的主要区别在于买断式回购在首次交易时，正回购方会将债券的产权过户至逆回购方，债券所有权发生两次转移，而不体现为质押形式。

解答：

在买断式债券回购模式下，回购债券出售时应作为交易性金融负债核算。

在具体核算方法方面：

1. 在买断式回购业务中，逆回购方取得债券产权后，在逆回购期间可以按照自身的意愿对其进行处置，只需要确保在到期前重新购入相同的债券，以备到期时归还给正回购方即可，因而逆回购方在这一过程中承担了标的债券所有权上的风险和报酬，尤其是公允价值变动的风险和收益，故逆回购方应将在此类回购中取得的债券确认为其自身的资产。鉴于在首次购入债券(逆回购方取得债券的产权)时，实际上"买入返售金融资产"本身也是一项以公允价值计量且其变动计入当期损益的金融资产，在将其出售之前可以作为交易性金融资产，公允价值变动计入当期损益，回购未到期前将该债券出售取得资金时，本金部分无损益影响。债券出售时，相应终止确认该买入返售金融资产。

2. 自取得债券之日起，逆回购方实际上承担了标的债券公允价值变动的风险(只是其影响在债券持有期间可以与买入返售金融资产的公允价值变动相抵销)，由此应当确认一项衍生工具性质的交易性金融负债，其公允价值的变动也计入损益。该负债的公允价值变动影响无论是否持有债券都是存在的。

对于以买断式回购方式融出的资金，逆回购方应按照常规的融出资金业务进行会计处理，将融出资金确认为一项以摊余成本进行后续计量的"贷款和应收款项"类的金融资产，在回购期间内逐期按实际利率法确认利息收入。

通常对该类业务，逆回购方可采用如下方法处理：

(1) 购入债券时：

借：交易性金融资产——成本
　　贷：银行存款等

同时，在回购开始日，按照融出资金金额确认一项对正回购方的债权，该债权属于"贷款和应收款项"类别的金融资产，将在回购期内按摊余成本进行后续计量；并就约定的于既定到期日偿还这些债券的义务，确认一项交易性金融负债：

借：买入返售金融资产——成本(以摊余成本进行后续计量)
　　贷：交易性金融负债——成本

(2) 持有债券期间逐期确认公允价值变动损益：(以公允价值上升为例，如下降则作相反分录，下同)

借：交易性金融资产——公允价值变动
　　贷：公允价值变动损益

(3) 持有期间出售债券时：

借：银行存款等
　　贷：交易性金融资产——成本、公允价值变动
　　　　投资收益
借：公允价值变动损益
　　贷：投资收益

(4) 逐期确认所承担的债券公允价值变动风险导致的金融负债公允价值变动：

借：公允价值变动损益
　　贷：交易性金融负债——公允价值变动

(5) 逐期对买入返售金融资产计提利息收入：

借：买入返售金融资产——应计利息
　　贷：利息收入

(6) 到期日前购入债券，准备归还：

借：交易性金融资产
　　贷：银行存款等

后续直至偿还日止，逐期确认所持有的债券的公允价值变动，计入损益。

(7) 到期偿还时：

借：交易性金融负债——成本、公允价值变动
　　贷：交易性金融资产——成本、公允价值变动
借/贷：公允价值变动损益
　　贷/借：投资收益
借：银行存款
　　贷：买入返售金融资产——成本、应计利息

问题 4-1-9 可转换债券利息收入的确认问题

问题：

根据下文"背景"资料，对于 A 公司持有可转换企业债券未转股前的利息收入应该如何确认？

背景：

A 公司投资 5 亿元人民币购买 B 公司发行的附带转股权利的债权。该产品发行主体为 B 公司，发行方式通过 C 信托的"贷款资金信托产品"实施。即 A 公司与 C 信托签订《单一资金信托合同》，三方共同签订有关该项目的《框架协议》、《信托贷款合同》、《认股选择权协议》、《售股选择权协议》。

可转债本金 5 亿元人民币，购买日即贷款发放日为 2010 年 1 月 12 日。期限约定分以下情况：如不转股，债权部分至 2012 年 12 月 31 日到期；如实施转股但未成功上市，则自投资该信托产品之日起持有 5 年；如转股并成功上市，预计 2012 年 12 月 31 日可获流通。利率约定如下：购买该产品后 B 公司按 5.76% 的年利率向 C 信托支付利息，并分以下情况进行调整：若转股，利率下调至 3.52%，转股时扣减息差；若未转股，持有至到期按 8% 年利率补偿息差。C 信托按年利率 3.52% 向 A 公司支付利息。因实施转股需将息差退还给 B 公司，为了避免产生税费支付，A 公司与 C 信托采取了将差额部分在信托账户挂账的处理方式。还本付息方式为到期一次还本，按季付息。

解答：

假设该转换权对发行方而言构成一项权益工具,且该可转债的转换部分与债务部分不可分离。

根据本案例的具体情况,持有方对该可转债核算时,可以根据《企业会计准则第22号——金融工具确认和计量》第二十一条至第二十三条的规定,或者将其整体指定为一项以公允价值计量且其变动计入当期损益的金融资产或金融负债,或者将其分拆为一项债务工具和一项衍生工具,对前者按摊余成本计量,对后者按公允价值计量且其变动计入损益。

在本案例中,持有该可转债的最终后果总是以下两者之一:

1. 在贷款期限内行使认股选择权,此时获得本金偿还,并根据实际债券存续期的长度按3.52%计息,并按规定的转换价格取得既定数量的发行人股份。

2. 在贷款期限内未行使认股选择权,而是持有至到期,此时获得本金偿还,并根据实际债券存续期的长度按8%计息。

即,5.76%的利率是名义上的,无论何种结果下获得的利息都不会是按5.76%计算的。

如果以上述结果2为基准,则结果1与结果2相比,如果在持有至到期(贷款期限内的最后1日)行使转换权,则也可以理解为:结果1相当于:获得本金偿还,并根据实际债券存续期的长度按8%计息,但实际支付的转股价格比合同约定的名义价格高,差额=行使转股权的债券本金份额×持有期间长度×(8%-3.52%)。另外,选择结果1还是结果2,主动权在持有人手中,持有人完全可以选择对自己最有利的方案。

在本案例中,持有人可以选择将可转债的债务部分(年利率8%)按摊余成本法计量,并在持有期间按8%计息,同时对转换权这一衍生工具按公允价值计量,其变动计入当期损益(该衍生工具的价值可能为负值,取决于调整后的实际转换价格与标的股票市价之间的关系,可采用内在价值法测算)。

权威指引：

《企业会计准则第37号——金融工具列报》第十条:企业发行的非衍生金融工具包含负债和权益成份的,应当在初始确认时将负债和权益成份进行分拆,分别进行处理。在进行分拆时,应当先确定负债成份的公允价值并以此作为其初始确认金额,再按照该金融工具整体的发行价格扣除负债成份初始确认金额后的金额确定权益成份的初始确认金额。发行该非衍生金融工具发生的交易费用,应当在负债成份和权益成份之间按照各自的相对公允价值进行分摊。

《〈企业会计准则第37号——金融工具列报〉应用指南》第一条(五):企业发行的某些非衍生金融工具(如可转换公司债券等)既含有负债成份,又含有权益成份。对这些金融工具,应在初始确认时,将相关负债和权益成份进行分拆,先对负债成份的未来现金流量进行折现确定负债成份的初始确认金额,再按发行收入扣除负债成份初始金额的差额确认权益成份的初始确认金额。发行非衍生金融工具发生的交易费用,应当在负债成份和权益成份之间按其初始确认金额的相对比例进行分摊。

问题 4-1-10 财务公司对于客户长期存放且期末未支取的通知存款是否应该按权责发生制预提利息支出

问题:

财务公司对于客户长期存放且期末未支取的通知存款是否应该按权责发生制预提利息支出？

背景:

通知存款是一种不约定存期、支取时需提前通知银行、约定支取日期和金额方能支取的存款。A 财务公司业务系统一般在企业支出通知存款时，才为其结算存款期间的利息，企业尚未提取通知存款时，年末也不为其结算利息。A 财务公司认为，通知存款账面期末根据人民银行颁布的《通知存款管理办法》不能确定利息支出，应该客户提取或支用通知存款时(如 7 天通知提取)利随本清时，才计入利息支出中。

中国人民银行"关于印发《通知存款管理办法》的通知"中与计息相关的规定主要如下：

第八条 通知存款存入时，存款人自由选择通知存款品种(一天通知存款或七天通知存款)，但存单或存款凭证上不注明存期和利率，金融机构按支取日挂牌公告的相应利率水平和实际存期计息，利随本清。

第九条 通知存款如遇以下情况，按活期存款利率计息：

（一）实际存期不足通知期限的，按活期存款利率计息；

（二）未提前通知而支取的，支取部分按活期存款利率计息；

（三）已办理通知手续而提前支取或逾期支取的，支取部分按活期存款利率计息；

（四）支取金额不足或超过约定金额的，不足或超过部分按活期存款利率计息；

（五）支取金额不足最低支取金额的，按活期存款利率计息。

第十条 通知存款如已办理通知手续而不支取或在通知期限内取消通知的，通知期限内不计息。

解答:

财务公司开办通知存款业务的目的，并非是为了近期内出售或回购，也不属于进行集中管理的可辨认金融工具组合的一部分(且有客观证据表明企业近期采用短期获利方式对该组合进行管理)，也不属于衍生工具。因此，该项金融负债应属于《企业会计准则第 22 号——金融工具确认和计量》(以下简称"CAS 22")第八条所指的"其他金融负债"。根据 CAS 22 第三十三条规定，该类金融负债应当按照摊余成本进行后续计量。期末摊余成本计量应按照 CAS 22 第十四条规定的实际利率法确定，即金融负债的计量金额中应当包含自起始日到资产负债表日为止按实际利率法计提的利息(在本案例中，通知存款的实际利率等于约定的票面利率)。

至于《通知存款管理办法》规定的按活期利率计息的情形,均是由于存款人的行为所导致,这些情况是否发生完全处于存款人的控制之下,也只有在发生了这些情况之后,才能免除财务公司就约定利率和活期利率之间的利差支付利息的责任。正常情况下,财务公司所负有的合同义务是按照通知存款的约定利率支付利息,因此按照约定利率和占用资金的天数计提利息支出并计入当期损益是恰当的。

权威指引:

《企业会计准则第22号——金融工具确认和计量》:

第八条 金融负债应当在初始确认时划分为下列两类:

(一)以公允价值计量且其变动计入当期损益的金融负债,包括交易性金融负债和指定为以公允价值计量且其变动计入当期损益的金融负债;

(二)其他金融负债。

第九条 金融资产或金融负债满足下列条件之一的,应当划分为交易性金融资产或金融负债:

(一)取得该金融资产或承担该金融负债的目的,主要是为了近期内出售或回购。

(二)属于进行集中管理的可辨认金融工具组合的一部分,且有客观证据表明企业近期采用短期获利方式对该组合进行管理。

(三)属于衍生工具。但是,被指定且为有效套期工具的衍生工具、属于财务担保合同的衍生工具、与在活跃市场中没有报价且其公允价值不能可靠计量的权益工具投资挂钩并须通过交付该权益工具结算的衍生工具除外。

第十三条 金融资产或金融负债的摊余成本,是指该金融资产或金融负债的初始确认金额经下列调整后的结果:

(一)扣除已偿还的本金;

(二)加上或减去采用实际利率法将该初始确认金额与到期日金额之间的差额进行摊销形成的累计摊销额;

(三)扣除已发生的减值损失(仅适用于金融资产)。

第十四条(节选) 实际利率法,是指按照金融资产或金融负债(含一组金融资产或金融负债)的实际利率计算其摊余成本及各期利息收入或利息费用的方法。

实际利率,是指将金融资产或金融负债在预期存续期间或适用的更短期间内的未来现金流量,折现为该金融资产或金融负债当前账面价值所使用的利率。

第三十三条 企业应当采用实际利率法,按摊余成本对金融负债进行后续计量。但是,下列情况除外:

(一)以公允价值计量且其变动计入当期损益的金融负债,应当按照公允价值计量,且不扣除将来结清金融负债时可能发生的交易费用。

(二)与在活跃市场中没有报价、公允价值不能可靠计量的权益工具挂钩并须通过交付该权益工具结算的衍生金融负债,应当按照成本计量。

(三)不属于指定为以公允价值计量且其变动计入当期损益的金融负债的财务担保合同,或没有指定为以公允价值计量且其变动计入当期损益并将以低于市场利率贷款的贷款承诺,应当在初始确认后按照下列两项金额之中的较高者进行后续计量:

1. 按照《企业会计准则第13号——或有事项》确定的金额;

2. 初始确认金额扣除按照《企业会计准则第14号——收入》的原则确定的累计摊销额后的余额。

问题4-1-11 应收票据贴现利息能否在贴现期间进行分摊

问题:

应收票据贴现利息能否在贴现期间(即贴现日至票据到期日之间的期间,下同)进行分摊,分期计入财务费用,而不是在贴现时点一次性计入损益?

解答:

此问题的处理方式应当与相应的应收票据在贴现时是否从资产负债表上终止确认的处理方式相对应。

1. 如果相应的应收票据贴现时,由于被贴现的应收票据系由信誉较好的大型上市商业银行开具的银行承兑汇票等原因,实际信用风险可以忽略不计,因而在贴现时就直接终止确认相关的应收票据,而未确认为短期借款的,则被贴现应收票据的账面价值和所收到的贴现款项之间的差额的性质属于金融资产的终止确认损益,而不是债务的利息。根据《企业会计准则第23号——金融资产转移》第十二条规定:"金融资产整体转移满足终止确认条件的,应当将下列两项金额的差额计入当期损益:(一)所转移金融资产的账面价值;(二)因转移而收到的对价,与原直接计入所有者权益的公允价值变动累计额(涉及转移的金融资产为可供出售金融资产的情形)之和",即此时应把该差额于贴现时(即应收票据终止确认时)一次性计入当期损益,不能在后续的票据剩余期限内按月分摊。

2. 如果相应的应收票据贴现时,未终止确认应收票据,而是按实际收到的贴现款净额确认为一项短期借款(即以应收票据为质押的短期借款)的,则被贴现应收票据的账面价值和所收到的贴现款项之间的差额的性质属于金融负债初始确认金额的组成部分(相当于折价),该项金融负债后续应以摊余成本计量。根据《企业会计准则第22号——金融工具确认和计量》的相关规定,对该折价金额应当在后续的金融负债存续期内(即贴现日到票据原到期日期间)按实际利率法分摊,确认为各期的利息支出(由于影响金额较小,期限较短,实务中一般简化为直线法分摊)。即此时将该差额按月分摊计入各月份的"财务费用——利息支出"是恰当的做法。

问题4-1-12 融资融券业务的账务处理

问题:

融资融券业务应如何进行账务处理?

背景:

A 公司 12 月份融资融券交易如下:

1. 将 2011 年度买入的股票 A 30 万股(240 万元),股票 B 10 万股(60 万元),均转至于 2012 年 7 月在某证券公司开立的一个信用账户(该账户给了融资融券的额度)上,作为抵押。

2. 融资又买入股票 A 10 万股(120 万元),股票 C 5 万股(30 万元)。

3. 卖出股票 A 5 万股(65 万元),股票 C 5 万股(60 万元)。

4. 用处置款偿还融入证券股票 C 的全部本息(33 万元),股票 A 的部分本金和利息共计(2 万元)。

5. 融入证券股票 D,卖出 D 股票 2 万股(42 万元)。

6. 计提融资融券利息 8 万元。

解答:

根据《企业会计准则解释第 4 号》第九条关于融资融券会计处理的规定:

"1. 关于融资业务,证券公司及其客户均应当按照《企业会计准则第 22 号——金融工具确认和计量》有关规定进行会计处理。客户融入的资金,应当确认应付债务,并确认相应利息费用。

2. 关于融券业务,客户融入的证券,应当按照《企业会计准则第 22 号——金融工具确认和计量》有关规定进行会计处理,并确认相应利息费用。"

在本案例中,假设所持有的股票投资均分类为交易性金融资产,并假设所有业务均发生于一个报告期内,则其会计处理如下:

(1) 融资 150 万元买入股票 A 10 万股,股票 B 5 万股:

借:其他货币资金　　　　　　　　　　　　　　　　1 500 000
　　贷:短期借款　　　　　　　　　　　　　　　　　1 500 000
借:交易性金融资产——股票 A　　　　　　　　　　1 200 000
　　交易性金融资产——股票 B　　　　　　　　　　　300 000
　　贷:其他货币资金　　　　　　　　　　　　　　　1 500 000

(2) 确认持有的股票 A、B 的公允价值变动(包括原持有的 2011 年度买入的部分和 2012 年度内利用融资买入的部分)(分录略)。

(3) 卖出股票 A 5 万股,C 5 万股(不考虑交易费用和相关税费):

借:其他货币资金　　　　　　　　　　　　　　　　1 250 000
　　贷:交易性金融资产——股票 A(按卖出交易日所持股票 A 的
　　　　　　账面价值×5/40)
　　　　交易性金融资产——股票 C(按卖出交易日所持股票 C 的账面价值)
　　　　投资收益(差额)

同时将所卖出的股票 A、C 对应的累计公允价值变动损益转入投资收益。

(4) 对融资额按照约定的利率计提利息,确认利息费用和应付利息(分录略)。

(5) 用处置款偿还融资本息 35 万元：

借：短期借款、应付利息　　　　　　　　　　　　　　　350 000
　　贷：其他货币资金　　　　　　　　　　　　　　　　　350 000

(6) 融入股票 D，假设在融入当天即卖出，当天公允价值 42 万元：

借：交易性金融资产——股票 D　　　　　　　　　　　　420 000
　　贷：交易性金融负债　　　　　　　　　　　　　　　　420 000
借：其他货币资金　　　　　　　　　　　　　　　　　　420 000
　　贷：交易性金融资产——股票 D　　　　　　　　　　　420 000

期末如果该融券负债尚未偿还的，需按照届时股票 D 的公允价值变动情况，确认该 2 万股股票 D 对应的交易性金融负债的公允价值变动额（因为到期需偿还的金额与股票 D 的市价相挂钩）。

(7) 计提融资融券利息 8 万元：

借：利息支出　　　　　　　　　　　　　　　　　　　　80 000
　　贷：应付利息　　　　　　　　　　　　　　　　　　　80 000

问题 4-1-13　购入不良债权及其后续处置问题

问题：

收购不良债权作为投资时应如何确认？收回收购的不良债权时是否可以确认投资收益？

背景：

2009 年 12 月 30 日，A 公司与 B 银行签订《债权转让合同》，以 175 000 000.00 元的价格收购 B 银行对 C 公司的债权 285 225 850.00 元，A 公司确认为可供出售金融资产；2009 年 12 月 31 日；A 公司与某地方国资委签订《债权转让合同》，以 36 000 000.00 元的价格收购某地方国资委对 D 公司的债权 50 000 000.00 元，A 公司确认为可供出售金融资产；2010 年 9 月 3 日，A 公司与 E 银行签订《资产转让合同》，以 143 938 724.99 元的价格收购 E 银行对 C 公司的等额债权，A 公司确认为可供出售金融资产。

经法院裁决，C 公司将其持有的某上市公司限售股 2 277 万股抵偿欠 A 公司收购的上述债权中的 51 225 850.00 元，A 公司按照股权变更日的收盘价 122 733 900.00 元计入可供出售金融资产，公允价值与抵偿债务（51 225 850.00 元）的差额 71 508 050.00 元确认为投资收益。

2010 年 4 月，A 公司收回了上述债权中的 110 000 000.00 元，收回的债权对应收购成本为 65 076 011.31 元，收款额超过债权收购成本 44 923 988.69 元，A 公司确认为投资收益。

解答：

1. 关于"不良债权投资"这一金融资产的分类问题。

在已知所收购的是不良债权，最终可收回金额存在较大不确定性的情况下,所收购的债权的可收回金额不是固定或者可确定的,而是存在较大的不确定性;并且此类不良债权在很多情况下已经逾期,何时能收回也具有相当大的不确定性,因此不属于贷款或应收款项类的金融资产或者持有至到期投资。由于此类资产的持有目的并不是在短期内出售以获取价差收益,因而也不是交易性金融资产。因此,对于不良债权的投资,作为可供出售金融资产较为妥当。

2. C公司以限售股抵偿部分债务,A公司的账务处理。

C公司将其持有的某上市公司限售股2 277万股抵偿欠A公司收购的上述债权中的51 225 850.00元,对A公司而言,属于初始确认一项新的金融资产(限售股投资),同时终止确认一项原有的金融资产(被确认为可供出售金融资产的不良债权)。根据《企业会计准则第22号——金融工具确认和计量》第三十条规定,初始确认金融资产应按公允价值进行初始计量。而可供出售金融资产后续公允价值变动计入资本公积的规定属于后续计量范畴,不适用于初始计量。本案例中初始确认的某ST上市公司限售股的初始计量金额与原债权账面价值之间的差额称为"首日利润"("day 1 profit"),应计入当期损益(投资收益)。

关于上市公司限售股权的计量问题,一般理解,对于限售股权,由于其流通受到限制,因此其公允价值一般低于无限售条件股份的收盘价,通常可采用期权定价模型估计流通股收盘价中所包含的流通权的价值,从流通股收盘价中扣除流通权价值后即为限售股的公允价值。

由于该不良债权(归类为可供出售金融资产)属于投资性质,所以将收回的款项超过原账面价值所形成的损益计入投资收益是恰当的。

就本案例而言,需要特别关注以下两个问题:

1. 关于所取得的限售股权的初始计量问题。通常理解,可以在初始确认金融资产或者金融负债的同时确认"首日利润"的情况是很罕见的,因为这意味着所付出的对价和所获取的金融工具两者的公允价值不对等。而限售股权没有活跃市场,需要使用估值模型确定其公允价值,可靠性相对较低。因此,A公司对于所取得的限售股权,应当以当前可获得的信息为基础,运用适当的估值模型,对其中可能涉及的不确定性要予以充分、谨慎的考虑,在此基础上合理确定限售股权的公允价值。只有当有确凿证据表明限售股权的公允价值不同于所偿还的债权对应的初始取得成本时,才能确认该项"首日利润"。

2. 对于剩余尚未偿还部分的债权,A公司需在期末对其最终可收回金额作出合理、谨慎的估计。当出现了《企业会计准则第22号——金融工具确认和计量》第四十一条所列举的表明该项可供金融资产已发生减值的客观证据时,应对其计提减值准备。

问题4-1-14 持有限售股的估值和核算问题

问题:

持有上市公司限售股应如何核算?

背景：

2007年，A公司以战略投资者身份对B公司投资4 960万元，持有其13.33%股权（计1 500万股）。A公司因其当时对B公司派有董事，对被投资单位的财务和经营决策有重大影响，因此对该投资采用了权益法核算。

2010年12月31日，B公司在深交所上市成功，当日收盘价为34.66元/股，A公司承诺自B公司股票上市之日起1年内，不转让所持有的该公司公开发行股票前已发行的股份。因B公司上市，根据国家规定社保基金转持扣划A公司350万股后，A公司仍持B公司1 050万股，账面价值为7 304.15万元，每股账面价值（即每股投资成本）约6.96元，按2010年12月31日收盘价计算股票市值36 393.00万元。

A公司持有的B公司股票限售解禁期终止日为2012年1月4日。B公司上市时，A公司管理层考虑，其中500万股拟在解禁时出售，其余550万股视解禁后的情况再考虑是出售还是继续长期持有。于是，2010年12月31日，A公司将持有的B公司500万股转入交易性金融资产，550万股转入可供出售金融资产，并对上述划分为可供出售金融资产的550万股，按当日上市流通股的收盘34.66元/股确认公允价值变动损益及资本公积。

2011年，B公司每10股送配股10股，A公司持有B公司的股票由1 050万股变为2 100万股。2011年年末，A公司根据B公司已上市流通股股票的收盘价（8.62元/股）调整了其股票的账面价值。

解答：

1. 关于长期股权投资的分类和适用的会计准则。

根据《〈企业会计准则第2号——长期股权投资〉应用指南》第一条以及《企业会计准则讲解》第三章第一节规定，如果对被投资单位具有控制、共同控制或者重大影响的，则无论该项长期股权投资有无活跃市场，公允价值能否可靠确定，均应采用《企业会计准则第2号——长期股权投资》规定的权益法或成本法核算，而不能采用金融工具模式核算。但是，长期股权投资准则规范的权益性投资不包括风险投资机构、共同基金以及类似主体（如投资连接保险产品）持有的、在初始确认时按照《企业会计准则第22号——金融工具确认和计量》的规定指定为以公允价值计量且其变动计入当期损益的金融资产或者分类为交易性金融资产的投资。

在本案例中，原先被投资企业（B公司）上市之前，A公司持有其13.33%股权，因具有重大影响（派驻董事）而采用权益法核算。因此，在被投资企业上市后，也应当考虑该重大影响是否继续得以保持。如果是，则应继续采用权益法核算。在继续采用权益法核算（即，B公司上市后，仍然是A公司的联营企业）的情况下，对于B公司在IPO过程中因引入社会公众股东导致A公司持股比例被稀释但增加享有的权益份额，A公司应当按照中国证监会会计部《上市公司执行企业会计准则监管问题解答（2011年第1期，总第5期）》第一条的有关规定，视同处置部分股权投资处理，计入投资收益。

如果B公司上市后，A公司不再对其具有重大影响的，则A公司应根据《企业会计准则解释第 3 号》第二条的规定,自 B 公司上市之日起将该项长期股权投资转为金融资产模式核算,即将该限售股权划分为可供出售金融资产或以公允价值计量且其变动计入当期损益的金融资产。在采用金融资产模式核算的前提下,对于管理层明确表示了不同持有意图的不同组成部分,可以分别指定为不同的类别,即把有明确意图将在解锁后尽快出售的部分指定为交易性金融资产,而把持有意图不明确或者拟长期持有的部分指定为可供出售金融资产。根据金融工具准则的相关规定,金融资产的分类一经确定,不得再在交易性金融资产和可供出售金融资产这两者之间进行重分类。

2. 关于限售期间限售股权公允价值的确定。

根据《企业会计准则解释第 3 号》第二条规定:"企业在确定上市公司限售股权公允价值时,应当按照《企业会计准则第 22 号——金融工具确认和计量》有关公允价值确定的规定执行,不得改变企业会计准则规定的公允价值确定原则和方法"。由于限售股在限售期内的流通受到限制,因此不能直接依据对应的无限售条件股份的收盘价作为限售股的公允价值,而是应当采用估值技术加以确定。其中,在本案例中,2010 年年末,限售期刚刚开始,该日限售股公允价值与无限售条件股份的市场价格可能存在较大差异(2010 年年末转为金融资产时,因为被投资单位的上市首日恰好为 2010 年 12 月 31 日,故也是应当依据估值技术确定的年末限售股公允价值转为金融资产);2011 年年末,限售期已经非常临近结束,此时限售股的公允价值应当已经与无限售条件股份在 2011 年年末的收盘价基本一致。

问题 4-1-15 非公开发行限售股的划分类别问题

问题:

如下文"背景"资料所述,非公开发行的股票在购入时划分至交易性金融资产是否合理?其限售期内公允价值如何确定?对后续购入的同种股票,由于管理层持有意图发生变动,是否可以划分至可供出售金融资产?

背景:

A 公司 2010 年 11 月 9 日购买 B 公司非公开股票 555 840 000.00 元,限售期为 1 年。A 公司在取得 B 公司非公开发行股票后将其在"交易性金融资产"科目下核算;同时 A 公司在限售期内截止到一个会计年度内(2010 年 12 月 31 日)对其公允价值的确认按照 2010 年 12 月 31 日的收盘价为依据确认其公允价值。

A 公司 2011 年改变投资策略,将 2011 年 2 月以后从二级市场买卖的股票全部划分至"可供出售金融资产"科目下核算。

解答:

1. 根据《企业会计准则解释第 3 号》第二条规定:"企业持有上市公司限售股权(不包括股权分置改革中持有的限售股权),对上市公司不具有控制、共同控制或重大影响的,应当按照《企业会计准则第 22 号——金融工具确认和计量》的规定,将该限售股权划分为可供出售金融资产或以公允价值计量且其变动计入当期损益的金融资产。"因此,对于 A 公司于 2010 年 11 月购入的 B 公司非公开发行的股票,应当根据当时管理层的持有意图(如当初参与 B 公司非公开增发的相关可行性研究、请示、审批等内部文件)并结合相关证券监管法规对此类非公开增发股份限售期的规定,确定其应归属的金融资产类别。从实务惯例看,此类限售股权被归类为可供出售金融资产的情况较为多见,但也不能完全排除其归类为交易性金融资产的可能性。但如果归类为交易性金融资产的,则 A 公司管理层应提供关于其持有意图和限售期满后出售能力的确凿、充分证据。

2.《企业会计准则实施问题专家工作组意见(2008 年 1 月 21 日)》第一条规定:"企业在确定上市公司限售股权公允价值时,应当遵循《企业会计准则第22 号——金融工具确认和计量》的相关规定,对于存在活跃市场的,应当根据活跃市场的报价确定其公允价值;不存在活跃市场的,应当采用估值技术确定其公允价值,估值技术应当是市场参与者普遍认同且被以往市场实际交易价格验证具有可靠性的估值技术,采用估值技术时应当尽可能使用市场参与者在金融工具定价时所使用的所有市场参数。上市公司限售股权的公允价值通常应当以其公开交易的流通股股票的公开报价为基础确定,除非有足够的证据表明该公开报价不是公允价值的,应当对该公开报价作适当调整,以确定其公允价值。"

因此,鉴于限售股权和无限售条件股权在可流通性和当前公允价值方面存在实质性的重大差异,企业按照 2010 年年末的无限售条件股份的收盘价作为整个限售期间的公允价值是不恰当的,在 2010 年年末,应采用估值技术确定这些有限售条件股份的公允价值。

3. 根据《企业会计准则第 22 号——金融工具确认和计量》,在投资方对被投资方不具有控制、共同控制或重大影响这一基本前提下,该项投资的分类取决于持有方管理层的持有意图。因此,在管理层具有明确的不同持有意图,且持有意图不同的部分可以明确界定和清楚划分的前提下,可以接受将对同一权益性证券的投资部分归类为可供出售金融资产,部分归类为交易性金融资产的处理方式。但划分口径一经确定不得随意变动,包括对以后新购入的部分也应当按照同样的标准对其作出恰当的归类,对归属于不同金融资产类别的同一种权益性证券投资,应严格区分,各自独立核算;在后续出售该权益性证券时,通常应当首先出售被界定为交易性金融资产的部分。

问题 4-1-16 公司持有的资产管理计划份额的账务处理问题

问题:

如下文"背景"资料所述,A 公司所持资产管理计划份额应如何进行账务处理?

背景:

A 公司从 B 公司购买收益增强集合资产管理计划 3 000 万元,折合份额

2 998.8万份,该计划为B公司收益互换集合资产管理计划之子计划。封闭期内,每周一(非交易日除外)披露上周末的单位净值、累计净值;开放期内,集合计划每个工作日的单位净值、累计净值在T＋1日披露,该信息可通过B公司官方网站查询。该集合计划自成立之日起3个月为封闭期,封闭期内不接受委托人的申购和退出申请,封闭期满后,每个工作日开放,委托人可在开放日申请参与或退出本集合计划。退出集合计划采取"未知价"原则,即委托人退出价格为退出当天的集合计划单位净值,当发生巨额退出、大额退出并延缓办理时,退出价格为延缓办理日集合计划的单位净值。

A公司申购取得该理财产品的目的是为将闲置的资金取得较高的收益,以获利为持有的目的,而非交易目的。

A公司认为该集合计划目前为开放期,每个工作日均为开放日,且开放期内,集合计划每个工作日的单位净值、累计净值在T＋1日披露,公允价值能够取得,故将其计入"交易性金融资产"科目,会计期末根据该集合计划份额持有数量及公布的单位净值计入该项资产公允价值。

解答:

《企业会计准则第22号——金融工具确认和计量》(以下简称"CAS 22")相关规定:

第九条 金融资产或金融负债满足下列条件之一的,应当划分为交易性金融资产或金融负债:

(一)取得该金融资产或承担该金融负债的目的,主要是为了近期内出售或回购。

(二)属于进行集中管理的可辨认金融工具组合的一部分,且有客观证据表明企业近期采用短期获利方式对该组合进行管理。

(三)属于衍生工具。但是,被指定且为有效套期工具的衍生工具、属于财务担保合同的衍生工具、与在活跃市场中没有报价且其公允价值不能可靠计量的权益工具投资挂钩并须通过交付该权益工具结算的衍生工具除外。

第十条 除本准则第二十一条和第二十二条的规定外,只有符合下列条件之一的金融资产或金融负债,才可以在初始确认时指定为以公允价值计量且其变动计入当期损益的金融资产或金融负债:

(一)该指定可以消除或明显减少由于该金融资产或金融负债的计量基础不同所导致的相关利得或损失在确认或计量方面不一致的情况。

(二)企业风险管理或投资策略的正式书面文件已载明,该金融资产组合、该金融负债组合、或该金融资产和金融负债组合,以公允价值为基础进行管理、评价并向关键管理人员报告。

在活跃市场中没有报价、公允价值不能可靠计量的权益工具投资,不得指定为以公允价值计量且其变动计入当期损益的金融资产。

活跃市场,是指同时具有下列特征的市场:

(一)市场内交易的对象具有同质性;

(二)可随时找到自愿交易的买方和卖方;

(三)市场价格信息是公开的。

依据上述规定,A 公司持有 B 公司发行的非保本且不承诺固定收益的理财产品,由于其未来可收取的现金流量并非金额固定或可确定,所以归类为"持有至到期投资"或者"贷款和应收款项"的可能性首先可以排除。需要讨论的问题是,该理财计划应作为"交易性金融资产"还是"可供出售金融资产"。

由于 A 公司申购取得该理财产品的目的是为将闲置的资金取得较高的收益,以获利为持有的目的,而非交易(赚取买卖差价收益),因此不符合 CAS 22 第九条第(一)、第(二)两项条件;同时理财计划份额并非 CAS 22 第三条所定义的衍生工具,而是使其持有人承担理财计划运作中剩余风险和报酬的权益性投资。另外,该理财计划也不符合 CAS 22 第十条关于指定为以公允价值计量且其变动计入当期损益的金融资产的条件,因为此处并不存在需要消除的"会计不匹配",同时也不存在载明"该金融资产组合、该金融负债组合、或该金融资产和金融负债组合,以公允价值为基础进行管理、评价并向关键管理人员报告"的正式书面文件。

同时,尽管该理财产品的净值每天都在变化,管理人每天公布净值作为申购和赎回的定价依据,但退出集合计划采取"未知价"原则,并可能存在退出计划被管理人延期办理的情况,并非随时可以自主退出,因此与严格意义上的"活跃市场"尚有距离。根据 CAS 22 第十条规定,此类无活跃市场的权益性投资工具不得指定为交易性金融资产。

因此,A 公司在其报表中,对于其认购并持有的该资产管理计划份额应确认为"可供出售金融资产",而不能作为"交易性金融资产"。期末对所持有的该资产管理计划份额按公允价值(管理人公告的当日净值)计量,其净值的变动计入其他综合收益,到赎回或者计划清算时转入损益。

问题 4-1-17 银行理财产品的列报
问题:
如下文"背景"资料所述,A 公司所购买的理财产品应如何核算?
背景:
甲方:A 公司
乙方:银行
理财协议主要条款:
(1) 甲方在起息日前向指定专户存入足额资金,甲方并授权乙方于起息日当日将甲方账户内相应的理财资金划转至乙方指定账户。
(2) 理财产品类型:人民币保本浮动收益型。
(3) 期限:3 个月。
(4) 参考年化收益率:××%。
(5) 理财产品业务管理费:实际理财收益超过参考收益时,超过部分由乙方作为理财业务管理费收取,实际理财收益低于参考收益时,乙方不收取理财业务管理费。

（6）提前赎回约定：甲方不得提前赎回。

甲方购买该理财产品的意图：获得一定收益。

解答：

根据《企业会计准则第22号——金融工具确认和计量》的规定，确认为持有至到期投资，必须同时满足以下条件：①未来现金流量固定或者可确定；②具备持有至到期的明确意图和财务能力；③该金融资产具有活跃市场。所以，该理财产品由于收益不固定且无活跃市场，不属于持有至到期投资。

由于该理财产品约定保本，企业可以根据该理财产品的投资对象的风险和报酬特征（例如，是否用于向特定单位发放贷款等收益可预期的用途）考虑是否在存续期内计提利息收益。如果虽然没有承诺固定收益，但预计可获得稳定的固定收益的（例如，理财产品说明书约定资金用途仅限于向特定企业发放固定利率的委托贷款），则该理财产品可归类为贷款和应收款项类，按实际利率法计提利息（如果是否计提尚未到期利息收入对损益和净资产的影响不重大的，也可在实际收到时计提利息收入）；如果收益不固定的，则作为可供出售金融资产类别（但因为公允价值不能可靠确定且与成本预计差异不大，也可按成本计量），在实际收到时确认利息收益。

无论在金融资产分类中归属于何种类别，由于其期限在1年以内，资产负债表上均可列报为"其他流动资产"。

问题 4-1-18 证券公司购买的自己发行的集合计划产品的列报、计量及承担亏损的处理

问题：

证券公司购买的自己发行的集合计划产品应如何列报、计量？预计承担的亏损应如何进行核算？

背景：

某证券公司于2012年3月推出一项集合资产管理计划，管理人（即A证券公司）以自有资金1 000万元参与该集合计划，相关规定如下：

1. A证券公司以自有资金参与集合计划，管理人的自有资金在集合计划存续期间内不得退出。

2. 当本集合计划在估值日出现亏损时，管理人将以参与的自有资金对本集合计划的亏损进行弥补。管理人用自有资金进行弥补亏损的最大金额以估值当日管理人持有本集合计划总份额为限。

3. 管理人自有资金参与本集合计划所形成的份额在本集合计划进行收益分配时与其他委托人的份额享有同等权益。

4. 本集合计划的存续期限为2年，存续期的起始日期为本集合计划成立日，存续期满可展期。但当本集合计划出现应当终止的情形时，本集合计划将终止并进行清算。

解答：

1. 关于金融资产的归类和核算原则。

根据《企业会计准则讲解(2010)》第二十三章中对"可供出售金融资产"的定义(原书第 367 页)：

四、可供出售金融资产

对于公允价值能够可靠计量的金融资产,企业可以将其直接指定为可供出售金融资产。例如,在活跃市场上有报价的股票投资、债券投资等。如企业没有将其划分为其他三类金融资产,则应将其作为可供出售金融资产处理。相对于交易性金融资产而言,可供出售金融资产的持有意图不明确。……

对于集合管理资产,属于独立于公司之外的一项资产管理计划(与基金的投资形式相类似,但要求限制更严格),公司在到期清算日前不得退出计划,与持有上市公司限售股类似,且也是以公允价值计量,因而可作为"可供出售金融资产"核算。

根据《证券公司客户资产管理业务管理办法(2013 年修订)》(证监会令第 93 号)第二十五条规定,"券公司可以自有资金参与本公司设立的集合资产管理计划。募集推广期投入且按照合同约定承担责任的自有资金,在约定责任解除前不得退出;存续期间自有资金参与、退出的,应当符合相关规定。"即不再强制性规定这部分自有资金参与额在计划存续期间不得退出。但鉴于相关产品合同中仍按原先的规定,约定了此类参与金额不得提前退出的条款,在合同相应修改之前,仍应按原合同的约定执行。

2. 关于后续核算原则和亏损承担问题。

针对"可供出售金融资产"的后续核算在《企业会计准则讲解(2010)》明确如下(原书第 377 页)：

(2) 可供出售金融资产公允价值变动形成的利得或损失,除减值损失和外币货币性金融资产形成的汇兑差额外,应当直接计入所有者权益(资本公积),在该金融资产终止确认时转出,计入当期损益。

对于 A 证券公司持有并作为可供出售金融资产核算的理财产品份额本身而言,其作为可供出售金融资产的核算原则与一般的可供出售金融资产无异。

对于"以自有资金参与公司发行的集合计划的亏损承担问题",A 证券公司应当在集合理财计划存续期间内的每个资产负债表日,根据相关理财产品的净值表现、近期预计赎回量等因素,根据相关条款,对很可能应当承担的与已发生损失相关的亏损弥补义务进行预计,如果符合《企业会计准则第 13 号——或有事项》规定的预计负债确认条件的(同时满足下列条件：该义务是企业承担的现时义务；履行该义务很可能导致经济利益流出企业；该义务的金额能够可靠地计量),则应确认一项预计负债,并在财务报表附注中作出相应披露。

在本案例中,A 证券公司对于以自有资金参与本公司设立的集合资产管理计划所相应确认的可供出售金融资产,在出现《企业会计准则第 22 号——金融工具确认和计量》第四十一条所规定的"表明金融资产发生减值的客观证据"中的一项或者多项[尤其是其中的第(八)项"权益工具投资的公允价值发生严重或非暂时性下跌"]时,应当对其计提减值准备,所计提的减值准备相当于这部分即合资产管理计划份额的公允价值低于成本的差额。与此同时,鉴于此时《企业会计准则第13号——或有事项》规定的预计负债确认条件很可能已经满足,故A证券公司还应当根据当时可获得的信息以及相关规定的条款测算该计划期满时很可能需承担的亏损弥补责任的金额,并就此确认预计负债(注:根据"管理人用自有资金进行弥补亏损的最大金额以估值当日管理人持有本集合计划总份额为限"的约定,该预计负债的期末余额应不超过同一时点A证券公司所持有的上述可供出售金融资产的公允价值)。上述可供出售金融资产减值和预计负债两个事项存在一定的联系,但是两者的含义和金额不同,所适用的会计准则也不同,故不能加以合并或者互相替代。

问题 4-1-19 理财产品的核算与披露

问题:

公司购买的短期理财产品应如何确认、计量及列报?

背景:

A公司于2012年11月9日向中国银行北京分行购买了2 518.10万元的理财产品,产品名称为"中银日积月累—日计划"。

说明书上显示,该产品无固定存续期限、无固定收益率、可随时申购及赎回的开放式理财产品。该理财产品主要投资对象为国债、金融债、公司债等固定收益工具。

A公司签订风险揭示书上注明:本产品为非保本浮动收益,投资者本金亏损和预期收益不能实现的概率较低的产品。

但在说明书的申购和赎回条款中注明:申购和赎回价格:每份理财份额面值1元,申购和赎回价格均为1元。且每个交易日均可申购和赎回。收益按天计算,按月支付。

解答:

1. 关于该理财产品的确认、计量及披露。

根据《企业会计准则第22号——金融工具确认和计量》第九条规定:

金融资产或金融负债满足下列条件之一的,应当划分为交易性金融资产或金融负债:

(一)取得该金融资产或承担该金融负债的目的,主要是为了近期内出售或回购。

(二)属于进行集中管理的可辨认金融工具组合的一部分,且有客观证据表明企业近期采用短期获利方式对该组合进行管理。

(三)属于衍生工具。但是,被指定且为有效套期工具的衍生工具、属于财务担保合同的衍生工具、与在活跃市场中没有报价且其公允价值不能可靠计量的权益工具投资挂钩并须通过交付该权益工具结算的衍生工具除外。

该准则第十条规定:

除本准则第二十一条和第二十二条的规定外,只有符合下列条件之一的金融资产或金融负债,才可以在初始确认时指定为以公允价值计量且其变动计入当期损益的金融资产或金融负债:

(一)该指定可以消除或明显减少由于该金融资产或金融负债的计量基础不同所导致的相关利得或损失在确认或计量方面不一致的情况。

(二)企业风险管理或投资策略的正式书面文件已载明,该金融资产组合、该金融负债组合、或该金融资产和金融负债组合,以公允价值为基础进行管理、评价并向关键管理人员报告。

根据上述规定,对照该理财产品的持有情况,如果管理层具有明确的将在近期内出售或回购的意图,可能可以归类为交易性金融资产。但鉴于该产品的申购和赎回价格均为1元,无法通过申购和赎回赚取差价收益,因此为了近期内出售或回购而持有的可能性不大。更大的可能性是企业为了获取低风险的稳定收益而持有,同时兼作流动性管理工具使用(可在需要资金时赎回),因此不符合"交易性金融资产"的定义和特征。同时,我们也理解,公司持有该理财产品符合《企业会计准则第22号——金融工具确认和计量》第十条"在初始确认时指定为以公允价值计量且其变动计入当期损益的金融资产或金融负债"的可能性也不大。

参照市场上对此类理财产品会计处理的惯例,按照可供出售金融资产的会计模式对其进行确认和计量,其公允价值的变动在持有期间计入资本公积,赎回时转入投资收益;报表上列报为"其他流动资产"。

2. 关于能否作为现金等价物。

根据《企业会计准则第31号——现金流量表》第二条规定,"现金等价物"是指企业持有的期限短、流动性强、易于转换为已知金额现金、价值变动风险很小的投资。《企业会计准则讲解(2010)》第三十二章第一节对现金等价物的特征作了如下阐述:

现金等价物,是指企业持有的期限短、流动性强、易于转换为已知金额现金、价值变动风险很小的投资。其中,"期限短"一般是指从购买日起3个月内到期。例如可在证券市场上流通的3个月内到期的短期债券等。

现金等价物虽然不是现金,但其支付能力与现金的差别不大,可视为现金。例如,企业为保证支付能力,手持必要的现金,为了不使现金闲置,可以购买短期债券,在需要现金时,随时可以变现。

现金等价物的定义,本身包含了判断一项投资是否属于现金等价物的四个条件,即,①期限短;②流动性强;③易于转换为已知金额的现金;④价值变动风险很小。其中,期限短、流动性强,强调了变现能力,而易于转换为已知金额的现金、价值变动风险很小,则强调了支付能力的大小。现金等价物通常包括3个月内到期的短期债券投资。权益性投资变现的金额通常不确定,因而不属于现金等价物。

根据上述表述,由于该理财产品的存续期限为不定期,并不是在购入后3个月内到期,并且其收益浮动,因此可转换为现金的金额并不固定,因此不属于现金流量表中的现金等价物。其购入、赎回的相关现金流量均列报为投资活动的现金流量。

问题 4-1-20 应收账款保理业务中应收账款终止确认的问题

问题：

如下文"背景"资料所述，买断式保理合同中的"交叉违约条款"和"预防性违约条款"是否可能导致保理项下的应收款项不能终止确认？

背景：

A 公司(甲方)与 B 银行(乙方)于 2011 年 11 月签订了《国内保理业务合同》，约定以甲方与购货方(C 公司)的应收账款向乙方办理买断式(无追索权)保理业务。

其中第八条"违约及违约责任"规定如下：

8.1 一般原则：

8.1.1 甲乙双方中的任何一方违反本合同的约定，视为该方违约，违约方应当依法或依本合同的约定承担相应的违约责任。

8.2 下述任一事项均构成甲方的违约：

8.2.1 甲方未履行本合同项下义务或未被其在本合同项下所作的陈述或保证；

8.2.2 交叉违约事件，包括下述任一情形：

甲方任何其他债务在规定的到期日之前需要支付或被宣布为应付；

甲方任何其他债务在约定的到期日未能支付；

任何其他债权人取得甲方的全部或任何部分业务或资产的所有权，或针对甲方任何资产的裁决或判决被强制执行，从而实质性地影响甲方履行本合同项下义务的能力。

8.2.3 预期违约事件，包括下述任一情形：

甲方停止或可能停止经营其业务或其业务的任何重要部分，或甲方处置其业务或资产的全部或任何重要部分，从而重大实质性地影响甲方履行本合同项下义务的能力；

甲方的财务状况发生任何重大实质性的不利变化，或其在本合同项下履约能力发生重大实质性的不利变化；

甲方涉及或可能涉及重大经济纠纷，或资产被查封、扣押或被强制执行，从而对其履行本合同项下义务的能力产生重大不利影响的；

甲方发生下列情形之一，影响或可能影响其在本合同项下义务的履行或对乙方权益产生严重影响：甲方或其关联方被司法机关或税务、工商等行政执法机关和行政管理机关依法立案查处或依法采取处罚措施；甲方与其关联方之间的控制或被控制关系发生变化；甲方的关联方涉及或可能涉及重大经济纠纷、诉讼、仲裁；甲方的主要投资者个人、关键管理人员异常变动或涉嫌违法犯罪行为而被司法机关依法调查或限制人身自由；甲方的关联方发生的可能对甲方产

生不利影响的其他事项;

甲方利用与关联方之间的虚假合同,以无实际贸易背景的应收票据、应收账款等债权办理保理业务,套取乙方资金或授信的,或甲方通过关联交易,有意逃废乙方债权的。

8.3 发生上述任一违约事件,乙方有权自行决定采取下列一项或多项措施:

8.3.1 要求甲方纠正其违约行为;

8.3.2 停止对甲方办理保理业务,解除本合同;

8.3.3 宣布已办理的保理业务即刻到期,从保理账户中扣收相应款项以清偿全部融资款项本息和其他应付费用;

8.3.4 应收账款到期时,直接向购货方追索。

8.4 甲方未本合同约定用途使用借款的,乙方有权自借款挪用之日起,在原借款利率基础上加收50%计收罚息,借款被挪用期间未按时支付的利息,按本条约定的罚息利率计收复利。

解答:

根据《企业会计准则第23号——金融资产转移》第七条规定,企业已将金融资产所有权上几乎所有的风险和报酬转移给转入方的,应当终止确认该金融资产;保留了金融资产所有权上几乎所有的风险和报酬的,不应当终止确认该金融资产。

就本案例中的买断式(无追索权)保理合同条款看,其中的"交叉违约条款"和"预期违约条款"不是导致保理申请人不能终止确认相关应收账款的实质性条款,而是一项"一般保护条款"。因为虽然银行是向保理申请人提供融资,但是最终影响银行融资本金安全的是债务人(而不是在商务合同中作为债权人的保理申请人)的财务状况。在绝大多数情况下,债权人自身的信用状况与银行的融资本金的安全没有直接联系。

在应收款项的保理合同中通常都会约定,当商务合同项下出现履约纠纷等情况,导致标的应收账款不能成为法律上具有强制执行效力的债权时,保理银行有权将其反转让给保理申请人(该条款通常不认为会导致标的应收款项不能终止确认)。银行设置此类"交叉违约条款"和"预期违约条款"的主要目的,是防止以下情况出现:在万一出现甲方(商务合同中的卖方、债权人)因其在商务合同项下发生履约瑕疵,导致标的应收账款不能成为法律上具有强制执行效力的债权,因而需将其"反转让"给甲方时,甲方因为其自身信用状况出现问题而无力承接被反转让的标的应收款项,从而导致银行承担商务合同项下的履约风险。

因此,该"交叉违约条款"和"预期违约条款"更多的是一项与标的应收款项的信用质量无直接关系的一般保护条款。如果保理申请人可以合理估计在保理期间发生此类情况的可能性很低,则该等一般保护条款不会构成不能终止确认标的应收款项的实质性障碍。即,不能仅仅因为该等"一般保护条款"的存在,就认为标的应收款项不能终止确认。

在本案例中，背景资料中的保理合同并未约定在债务人因信用风险或者其他原因(包括不可抗力等不能归属于买方信用风险的原因)无力付款的情况下，保理银行有权向债权人追索的条款。因此，如果银行仅仅在此处的"一般保护条款"被触发时有权将应收款项反转让给 A 公司，则该等"一般保护条款"本身不会成为 A 公司在无追索权保理合同中不能终止确认保理项下应收款项的理由。

问题 4-1-21 关联方之间开具的商业承兑汇票背书转让后能否终止确认应收票据

问题：

关联方之间开具的商业承兑汇票背书转让后，能否终止确认应收票据？

背景：

A 公司西安分公司向子公司 B 公司开具 400 万元的商业承兑汇票，B 公司将该张票据背书转让给 A 公司长沙分公司，长沙分公司又将该张商业承兑汇票背书转让，该张承兑汇票的出票日期为 2012 年 8 月 20 日，到期日为 2013 年 2 月 20 日，期末 A 公司长沙分公司将该笔承兑汇票终止确认。

解答：

关于商业承兑汇票的背书转让，背书人能否将其终止确认的问题，可参照《企业会计准则解释第 5 号》第三条的相关规定处理(尽管《企业会计准则解释第 5 号》在 2012 年度内尚未生效，但其基本原则和基本精神与现行的会计准则并不矛盾)：

三、企业采用附追索权方式出售金融资产，或将持有的金融资产背书转让，是否应当终止确认该金融资产？

答：企业对采用附追索权方式出售的金融资产，或将持有的金融资产背书转让，应当根据《企业会计准则第 23 号——金融资产转移》的规定，确定该金融资产所有权上几乎所有的风险和报酬是否已经转移。企业已将该金融资产所有权上几乎所有的风险和报酬转移给转入方的，应当终止确认该金融资产；保留了金融资产所有权上几乎所有的风险和报酬的，不应当终止确认该金融资产；既没有转移也没有保留金融资产所有权上几乎所有的风险和报酬的，应当继续判断企业是否对该资产保留了控制，并根据《企业会计准则第 23 号——金融资产转移》的规定进行会计处理。

即，判断金融资产是否终止确认的条件明确为"金融资产所有权上几乎所有的风险和报酬是否已经转移"。即使采用附追索权方式出售的金融资产，如果经过判断企业已将该金融资产所有权上几乎所有的风险和报酬转移给转入方的，仍旧应当终止确认该金融资产。即，与此前的规定相比，《企业会计准则解释第 5 号》的本条规定更注重对风险和报酬的承担和转移情况的实质性判断，而不是以法律形式上是否附有追索权作为唯一的判断标准。另外，证监会公告[2010]37 号也明确"对于已贴现应收票据等金融资产应以风险和报酬的转移作为终止确认的主要依据,公司已将金融资产所有权上几乎所有的风险和报酬转移给了转入方,应当终止确认金融资产。"证监会公告[2011]41号和证监会公告[2012]42号都要求运用"实质重于形式"原则处理"风险实质性转移与形式上追溯权的关系"。

在本案例中,由于之前的转让均在A公司的分公司和子公司之间进行,最后由长沙分公司将其对外转让,因此,需要根据票据承兑方(出票人)的情况进行判断。如商业承兑票据出具方商业信用良好,从其支付能力来看不存在不能兑付的情况,则可以视同相关资产风险和报酬实质可以实现完全转移,作为持票人的长沙分公司在将票据背书转让出去时就可以终止确认该应收票据(在本案例中,出票人的票据责任最终由作为一个法人的A公司承担,我们理解出现不能兑付情况的可能性应当是可以忽略不计的)。

就A公司的汇总报表(将各分公司纳入汇总范围,即年报中披露的个别财务报表)而言,作为最终承担出票人票据责任的法律主体,其个别报表层面在期末总是会列报该项400万元的应付票据。因此本案例中长沙分公司能否终止确认该应收票据的问题对最终的年报披露没有任何影响。

问题4-1-22 金融资产、金融负债的抵销列报问题

问题:

根据"背景"部分的信息,买断"代付达"业务所涉及的金融资产和金融负债是否可以抵销后以净额列报?

背景:

A集团(甲方)与某银行(乙方)签订买断"代付达"合同,合同约定,甲方向乙方银行账户内存一定保证金,同时以保证金购买理财产品,乙方以贷款的形式向甲方的供应商支付货款。同时,在甲方获得贷款和理财交易完成的同时,乙方将获得用甲方的保证金账户内的人民币存款购买的理财产品的本金及收益,并同时承担理财、贷款交易项下的所有义务并放弃其在理财、贷款交易项下对甲方的全部追索权;相应地,甲方在理财、贷款交易项下不承担任何义务。A集团在报表中只确认了该事项产生的损益,未确认相关理财产品的金融资产和银行贷款的金融负债。

买断"代付达"合同主要相关条款如下:

第一条3、"3. 在甲方获得贷款和理财交易完成的同时,乙方将获得用甲方的保证金账户内的人民币存款购买的理财产品的本金及收益,并同时承担理财、贷款交易项下的所有义务并放弃其在理财、贷款交易项下对甲方的全部追索权;相应地,甲方在理财、贷款交易项下不承担任何义务。"

第二条6、"6. 乙方应于甲方获得前述第5段的贷款同时('买断时点'),买断甲方在前述第4段的理财本息以及第5段的贷款项下的所有权利和义务,即自买断时点1)乙方取得甲方在第4段所述理财本息的所有权,据此甲方已清偿贷款项下的本息及其他全部义务和责任;并且2)乙方不可撤销地和无追索地放

弃乙方在第5段所述的贷款项下对甲方的全部权利和追索权,以至于达到自买断时点起乙方免除甲方在贷款项下的任何义务。"

第二条7、"7. 为避免疑义,自生效日起乙方应承担支付相关应付账款并自买断时点起履行/承担必要贷款安排的唯一责任,甲方无需承担与下列事项有关或由之引起的义务或责任:(1)贷款;(2)申请表下的应付账款;或(3)交易的其他部分(合称为'事项')。乙方同意为甲方和其关联公司辩护、赔偿并使其免受损害于任何索赔、行动、损失、费用、损害或其他责任,包括合理的为任一前述事项支出的律师费,但以以上索赔等由'事项'引起为限。"

客户端流程包括:"1. 甲方向乙方提交汇出汇款材料及代付达业务申请书;2. 乙方从甲方保证金账户扣划汇出汇款对应的自有资金后将代付达业务申请书中约定的甲方收益划至甲方保证金账户,至此涉及甲方的交易全部结束。"

解答:

根据"背景"部分买断"代付达"产品合同的相关条款,本案例中需要A集团明确(必要时可聘请律师出具法律意见):在合同所定义的"生效日"之后,A集团(甲方)是否不再对所涉及的贷款、应付账款以及其他负债承担清偿责任和其他任何责任,同时不再对相应的保证金及利用保证金购买的理财产品等享有任何权利(除了乙方约定支付给甲方的预先确定的收益以外),相应地,不再承担金融资产信用风险、利率风险和公允价值变动风险等与金融资产、金融负债相关的风险和报酬。如果是,则表明在资产负债表中可以以抵销后的净额列报该买断"代付达"产品所涉及的金融资产和金融负债。

权威指引:

1.《企业会计准则第37号——金融工具列报》第十三条规定:

金融资产和金融负债应当在资产负债表内分别列示,不得相互抵销。但是,同时满足下列条件的,应当以相互抵销后的净额在资产负债表内列示:

(一)企业具有抵销已确认金额的法定权利,且该种法定权利现在是可执行的;

(二)企业计划以净额结算,或同时变现该金融资产和清偿该金融负债。

不满足终止确认条件的金融资产转移,转出方不得将已转移的金融资产和相关负债进行抵销。

2.《〈企业会计准则第37号——金融工具列报〉应用指南》第二条"金融资产和金融负债的相互抵销"规定:

根据本准则第十三条规定,金融资产和金融负债应当在资产负债表内分别列示,通常不得相互抵销。

以下列举了金融资产和金融负债不应相互抵销的交易或事项:

(一)企业将浮动利率长期债券与收取浮动利息、支付固定利息的互换组合在一起,合成为一项固定利率长期债券。这种组合的各单项金融工具形成的金融资产或金融负债不能相互抵销。

(二)企业将某项金融资产充作金融负债的担保物,该金融资产不能与被担保的金融负债抵销。

(三)企业与外部交易对手进行多项金融工具交易,同时签订"总抵销协议"。根据该协议,一旦某单项金融工具交易发生违约或解约,企业可以将所有金融工具交易以单一净额进行结算,以减少交易对手可能无法履约造成损失的风险。在这种情况下,只有交易对手违约或解约时,相关的金融资产和金融负债可以相互抵销;否则,不得相互抵销。

(四)保险公司在保险合同下的应收分保保险责任准备金,不能与相关保险责任准备金抵销。

《企业会计准则讲解(2010)》第三十八章第三节第一点(原书第644~645页)对金融资产和金融负债的相互抵销给出了更详细的指引,并列举了7种金融资产和金融负债不能互相抵销的情形。

1. 将几项金融工具组合在一起模仿成某项金融资产或金融负债,例如将浮动利率长期债券与收取浮动利息、支付固定利息的互换组合在一起,模仿或"合成"为一项固定利率长期债券。这种组合内的各单项金融工具形成的金融资产或金融负债不能相互抵销。

2. 作为某金融负债担保物的金融资产,不能与被担保的金融负债抵销。

3. 企业与外部交易对手进行多项金融工具交易,同时签订"总抵销协议"。根据该协议,一旦某单项金融工具交易发生违约或解约,企业可以将所有金融工具交易以单一净额进行结算,以减少交易对手可能无法履约造成损失的风险。如果只是存在这种总抵销协议,而交易对手尚没有违约或解约,则不能说明企业已满足金融资产和金融负债相互抵销的条件。

4. 保险公司在保险合同下的应收分保保险责任准备金,不能与相关保险责任准备金抵销。

5. 金融工具所形成的金融资产和金融负债具有同样的基础风险(例如,远期合同或其他衍生工具组合中的资产和负债),但涉及不同的交易对手,不能相互抵销。

6. 债务人为解除某项负债将一定的金融资产进行托管,但债权人尚未接受以这些资产清偿负债,例如偿债基金安排,不能将相关金融资产和负债相互抵销。

7. 导致企业发生损失的事项而承担的义务,预期可根据保险合同向第三方索赔而得以补偿,不能相互抵销。

另外,此问题还涉及《企业会计准则第22号——金融工具确认和计量》、《企业会计准则第23号——金融资产转移》所涉及的金融资产、金融负债终止确认条件问题。

《企业会计准则第22号——金融工具确认和计量》第二十五条规定:

金融资产满足下列条件之一的,应当终止确认:(一)收取该金融资产现金流量的合同权利终止。(二)该金融资产已转移,且符合《企业会计准则第23号——金融资产转移》规定的金融资产终止确认条件。

第二十六条规定:

金融负债的现时义务全部或部分已经解除的,才能终止确认该金融负债或其一部分。企业将用于偿付金融负债的资产转入某个机构或设立信托,偿付债务的现时义务仍存在的,不应当终止确认该金融负债,也不能终止确认转出的资产。

第二十七条规定:

企业(债务人)与债权人之间签订协议,以承担新金融负债方式替换现存金融负债,且新金融负债与现存金融负债的合同条款实质上不同的,应当终止确认现存金融负债,并同时确认新金融负债。企业对现存金融负债全部或部分的合同条款作出实质性修改的,应当终止确认现存金融负债或其一部分,同时将修改条款后的金融负债确认为一项新金融负债。

问题 4-1-23 应收、应付票据能否按抵销后的净额列报的问题

问题:

依据"背景"部分的信息,该企业的应收、应付票据是否可以抵销以净额列报?

背景:

A公司存在"票易票"业务,即以一张大额银行承兑汇票作为质押,开具同等金额多笔小金额银行承兑汇票用于支付供应商款项。A公司的账务处理为:以开出的票据直接冲减应收票据(借:应付账款,贷:应收票据)。

解答:

A公司的做法不恰当。即应收票据和应付票据"背对背"分别核算,在财务报表中列报时不能予以抵销。

根据《企业会计准则第37号——金融工具列报》第十三条规定:"金融资产和金融负债应当在资产负债表内分别列示,不得相互抵销。但是,同时满足下列条件的,应当以相互抵销后的净额在资产负债表内列示:

(一)企业具有抵销已确认金额的法定权利,且该种法定权利现在是可执行的;

(二)企业计划以净额结算,或同时变现该金融资产和清偿该金融负债。

不满足终止确认条件的金融资产转移,转出方不得将已转移的金融资产和相关负债进行抵销。"

《〈企业会计准则第37号——金融工具列报〉应用指南》第二条"金融资产和金融负债的相互抵销"规定:

"根据本准则第十三条规定,金融资产和金融负债应当在资产负债表内分别列示,通常不得相互抵销。

以下列举了金融资产和金融负债不应相互抵销的交易或事项:

(一)企业将浮动利率长期债券与收取浮动利息、支付固定利息的互换组合在一起,合成为一项固定利率长期债券。这种组合的各单项金融工具形成的金融资产或金融负债不能相互抵销。

(二)企业将某项金融资产充作金融负债的担保物,该金融资产不能与被担

保的金融负债抵销。

（三）企业与外部交易对手进行多项金融工具交易,同时签订'总抵销协议'。根据该协议,一旦某单项金融工具交易发生违约或解约,企业可以将所有金融工具交易以单一净额进行结算,以减少交易对手可能无法履约造成损失的风险。在这种情况下,只有交易对手违约或解约时,相关的金融资产和金融负债可以相互抵销;否则,不得相互抵销。

（四）保险公司在保险合同下的应收分保保险责任准备金,不能与相关保险责任准备金抵销。"

根据"背景"资料中提供的信息,"票易票"业务即以一张大额银行承兑汇票质押,开具同等金额多笔小金额银行承兑汇票用于支付供应商款项,前一张应收票据是后续开出应付票据的质押物,应收票据针对的债务人(出票人或承兑人)和应付票据针对的债权人(持票人)并非同一人,各方不可能具有以净额结算的法定权利,也不可能选择将应收、应付票据抵销后结算。如果应收票据到期被拒付,企业仍应独立地对应付票据的债权人承担到期付款的责任。因此,本案例中的应收票据和应付票据不符合抵销后以净额列报的条件,应分别列报为应收票据和应付票据。

问题 4-1-24　无限期次级债券或者优先股的确认问题

问题：

对于只有发行人可以选择赎回,平时只在支付普通股股利时才向其持有人支付固定(也可能设定一个逐期增长率)的利息或者股利的次级债券或者优先股,应分类为债务工具还是权益工具？

背景：

次级债券/优先股具有如下特征：

(1) 如果是债券,则不设定期限,但发行人有回购选择权；或者如果是优先股,则只能按照发行人的意愿赎回。不管哪种情况,投资者都无权要求发行人赎回或者回购该等金融工具。

(2) 如果发行人行使回购选择权,则该金融工具将按照票面价值偿还。

(3) 利息、股利是固定的,或基于某项基准利率(如伦敦同业拆借利率),可能是累积的(即本期未支付的利息或股利可滚动到下一付息期一并支付),也可能是非累积的。

(4) 当且仅当发行人或其母公司宣告或实际发放上一年度的普通股股利时,才能向持有人支付利息或股利。

(5) 行使回购选择权后,还应偿还累积递延股利。

(6) 在发行人能够赎回或回购该金融工具的当日,通常会适用加息条款,导致利息、股利率上升,使得利息、股利的金额远大于发行人的正常融资成本。

(7) 一旦清算,可能出现以下两种情形：

第一,该金融工具的本金(和累积递延利息/股利)支付应优先于普通股,但

次于普通债券;或者

第二,该金融工具的本金支付不仅优先于普通股,还优先于分类为负债的其他次级债务工具。

解答:

对发行人而言,同时具备上述各项特征的金融工具应归类为权益工具。

结论基础:

1.《企业会计准则第 37 号——金融工具列报》和《IAS 32——金融工具:列报》对"权益工具"的定义。

《企业会计准则第 37 号——金融工具列报》第五条规定:"企业发行金融工具,应当按照该金融工具的实质,以及金融资产、金融负债和权益工具的定义,在初始确认时将该金融工具或其组成部分确认为金融资产、金融负债或权益工具。"IAS 32 第 15 段也有类似规定。

《企业会计准则第 22 号——金融工具确认和计量》第五十八条以及 IAS 32 第 11 段中对权益工具的定义为:"能证明拥有某个企业在扣除所有负债后的资产中的剩余权益的合同。"

以上分别提及"实质"并将权益定义为"剩余权益",在某种程度上这可以将企业会计准则和 IAS 32 理解为要求分类为权益的任何金融工具具有"类似于权益"的特征。因此,权益工具的定义可以从以下两个角度进行测试:

(1) 该金融工具不符合负债的定义。

(2) 该金融工具代表了在主体的资产中所享有的剩余权益。

通过剩余权益,该解释主要关注该工具持有者(通过派发股利或清算)享有主体净资产增值的能力,因而作为补偿,权益工具的偿还顺序应次于所有其他负债。

在企业会计准则和 IAS 32 中有很多看似可以支持该解释的规定内容和参考资料。例如,IAS32 中第 21 段指出,当主体以可变数量的自身权益工具来结算合同时,该合同不应分类为权益工具。"……因此,该合同不能证明存在主体在扣除所有负债后的资产中的剩余权益。"在《企业会计准则第 37 号——金融工具列报》第七条和《企业会计准则解释第 1 号》第四条中也有类似的规定。

但是,我们认为该解释是无效的。《企业会计准则第 22 号——金融工具确认和计量》和 IAS 32 中对"权益工具"的定义仅仅旨在表明扣除负债后剩余了什么。这种狭义的解释与《企业会计准则——基本准则》和 IFRS 下《财务报告的概念框架》相一致,在《企业会计准则——基本准则》第二十六条和《财务报告的概念框架》第 4.5 段中,权益被定义为"剩余"项目,即"企业资产扣除负债后由所有者享有的剩余权益"。这表明像享有主体资产增值之类的特征并不是判断一项金融工具是否为权益工具的一部分时应考虑的因素,而只能基于它是否符合负债的定义来作出判断。与此同时,IAS 32 应用指南第 26 段中指出,对于一项不可赎回的优先股而言,即使投资者无法参与除指定股利以外的股利分配,或者无法获取除股票票面价值以外的资本回报,但当是否对优先股持有者发放股利完全取决于发行人的意愿时,该不可赎回的优先股应分类为权益工具。因此，对权益工具的"实质"应当放到这一特定的上下文中来理解，即它只代表扣除所有负债后的剩余权益。

还需要注意的是，如果上述两个角度的测试适用于权益工具（即该金融工具不是负债，且享有剩余权益），那么该测试可能表明存在既不是权益又不是负债的金融工具。《概念框架》第4.7段已承认存在这些问题，但表示将在IFRS（如基于《概念框架》第4.4段的IAS 32）的未来复核中删除它们，且不能容许存在介于负债和权益之间的"中间地带"。因此，IFRS中定义的权益工具不一定与经济学家所认为的权益或者在市场中交易的权益工具（与债务相比）相同。

然而，需要注意的是，如果金融工具的支付完全取决于发行人的意愿，那么该金融工具基本不可能对投资者有吸引力，除非投资者还持有普通股，或持有能够赋予其从以上金融工具中获取利益的控制的金融工具，或该金融工具的某些特征能够使得投资者相信发行人将会按照其意愿进行支付，这些特征包括利息递增条款和对支付普通股股利的限制性条款（即只有在对该项金融工具支付利息或者股利之后，才能向普通股股东支付股利）。

2. 经济上的强制性。

以前版本的IAS 32中第22段指出："……没有包含强制性赎回条款或持有者有权卖回给发行人的条款的优先股，可能具有合同规定的加速股利，在可预见的将来，股利收益率预计很高，使得发行人在经济上被迫要赎回该工具"。这种措辞使得本案例所考虑形式的交易应当分类为一项负债。

在2004年修订IAS 32时删除了以上示例，并替换为第20段的以下内容："没有明确地确立交付现金或其他金融资产义务的金融工具有可能通过其条款和条件间接地形成合同义务……"

IAS 32的结论基础的第9段指出，由于加速股利的示例并不十分明确，因而替换为理事会认为更清楚，并且可以对实务中已被证明存在问题的领域提供指导的其他示例，并删除了以上第22段的内容。理事会保留了原有的看法，认为工具可以通过其条款和条件间接地建立一项义务，这表明旧版本中第22段的删除并不表明理事会改变了对这部分的看法。

但是，在修订IAS 32时，IAS 32应用指南第26段也在修订范围内。这一段有一定难度，因为它提及对优先股的分类应根据对合同实质的评估，将此项内容与发行人是否有意愿支付股利这一问题联系起来，然后列出了不会影响主体支付股利的意愿的若干因素。

其中最相关的部分是以下内容："……将一项优先股归类为权益工具还是金融负债，不受下列因素影响：

(c) 没有发放优先股股利对发行人普通股的价格可能产生的负面影响（因为如果不向优先股支付股利将限制向普通股支付股利）；……"

IAS 32应用指南第26段是准则的内在组成部分，它明确地要求我们得出以下结论：即使存在以上第22段指出的加速股利的特征，只要此类金融工具的股利/利息支付系基于主体支付普通股股利，该因素可以忽略不计（即使利息/股利随递增利息而递增，主体仍没有偿还义务，因而不存在经济上的强制赎回）。

这个结论并不令人满意,因为它似乎与第20段相冲突,而且它要求将一些通常并不被视作权益的项目分类为权益工具。但是,在 IAS 32 应用指南第 26 段(c)删除或修订之前,仍应按照该要求进行会计处理。

3. 清算中的优先权。

一旦清算,如果该金融工具优先于另一次级工具受偿,那么按照《企业会计准则第 37 号——金融工具列报》和 IAS 32 的规定,应将其分类为负债。《企业会计准则第 22 号——金融工具确认和计量》第五十八条和 IAS 32 第 11 段表明,金融负债不代表"主体的资产扣除所有负债后的剩余权益"。但是,《企业会计准则解释第 1 号》第四条应当看作陈述了准则的核心原则:"企业将发行的金融工具确认为权益性工具,应当同时满足下列条件:

(一) 该金融工具应当不包括交付现金或其他金融资产给其他单位,或在潜在不利条件下与其他单位交换金融资产或金融负债的合同义务……"

在 IAS 32 的第 16 段中也有类似的表述,并特别强调,只有"当且仅当"此处所列条件同时满足时,一项金融工具才能被归类为权益工具。

在本段中并未提及发生清算时的优先受偿权。我们必须得出以下结论,即对金融工具是否为负债的相关测试仅为其是否强制交付现金。如果没有偿还义务,则该工具为权益工具,即使在实务中它在清算时比负债优先受偿。《企业会计准则第 37 号——金融工具列报》第八条和 IAS32 第 25(b)段已表明,只有发行人清算时才能够要求发行人履行交付现金和其他金融资产的义务(或者通过形成主体的一项金融负债来结算这一合同)时,该金融工具不是发行人的一项金融负债。因此,在应用《企业会计准则解释第 1 号》第四条和 IAS 32 第 16(a)段的过程中,应忽略清算时强制交付现金的要求。

问题 4-1-25 或有结算条款:考虑各类条款以确定其是否在主体的控制范围内

问题:

一项金融工具中存在的哪些或有结算条款不在发行者的控制范围内,从而导致发行者在其财务报表中将其分类为金融负债?

背景:

某主体(发行者)拟新发行证券,除了或有结算条款的潜在影响以外,这些证券将满足《企业会计准则第 22 号——金融工具确认和计量》和《企业会计准则第 37 号——金融工具列报》对"权益工具"的定义。或有结算条款可能被多种事件触发,这些事件将导致该证券的持有者能够在特定情形下要求对债券本息进行结算。

解答:

以下表格列出了常见的或有结算条款(但不可能涵盖所有可能的情形),并从发行者的角度对其进行分析,以确定相关或有结算条款的触发事件是否在发行者的控制范围内,因而不代表向另一主体交付现金或其他金融资产的合同义务。

需要注意的是，即使下表中所列的某个事件被认为不在发行者的可控制范围内，但如果该事件是不现实的（即认定某个事件不会发生），则存在由该事件触发的或有结算条款不会导致该金融工具被分类为金融负债。其中，"认定某个事件不会发生"是指该事件的发生概率基本为零。

假设下表所列出的各种或有结算条款是互相独立的。

从发行者角度对或有结算条款的分析

	或有结算条款	发行者是否能够控制该事件
1	发行者分配普通股股利。	是。股东大会可自主决定是否分配普通股股利。
2	发行者被成功接管（即发行者的控制权被转移）。	视情况而定。由于受让方（通过证券市场上的交易购买股票等方式）获取对发行者充分的控制权，该类接管不在主体的控制范围内。但是，如果或有结算条款仅限于股东必须在年度或临时股东大会上就接管事宜进行投票表决的情形下的接管，或者该接管事宜系完全基于董事的建议，则该接管被认为在主体的控制范围内。
3	发行者的债务工具下存在违约事项（即"交叉违约"，包括违反债务协议中的财务指标条款）。	否。
4	发行者开始进行清算。	否。但根据《企业会计准则第37号——金融工具列报》第八条规定，由于"只有在发行方发生企业清算的情况下才需以现金、其他金融资产进行结算"，该金融工具并不构成发行者的一项金融负债。
5	发行者进入破产保护或者重整程序，由破产管理人接管，并达成一系列重整安排。	否。该事件将导致金融工具被分类为权益工具还是债务工具将取决于各司法管辖区的法律法规规定。如果这些事件并不一定导致发行者进行清算，则该情况不满足《企业会计准则第三十七号——金融工具列报》第八条第（二）项中提及的"清算豁免"。
6	发行者被处以大于一定金额的罚款，或政府机关、金融监管机构开始对发行者进行调查。	否。该事件不在发行者的控制范围内。
7	会计、税务政策和监管法规的变化预计将对发行者的财务状况产生不利影响。	否。该事件不在发行者的控制范围内。
8	发行者的股票在证券交易所停牌超过若干天。	该事件很可能不在发行者的控制范围内。但这取决于各司法管辖区的具体情况以及导致停牌的原因是否在主体的可控制范围内。

(续表)

	或有结算条款	发行者是否能够控制该事件
9	证券发行地区发生战争或武装冲突。	否。该事件不在发行者的控制范围内。
10	当该证券尚有未偿付的本金或利息时,对普通股进行利润分配或回购。	是。利润分配由发行者自行决定。
11	在该证券发行后的头12个月内发行与该证券具有相同级别或优先于该证券的次级证券。	是。可认为在发行者的控制范围内。
12	决定在转换日之前发布IPO招股说明书。	参见以上情形2,通常发行者能够控制该事件,除非发行者可能出于某些处于其可控制范围以外的原因(如监管者的要求),而被迫启动IPO。
13	无法在转换日之前有效执行IPO。	否。该事件不在发行者的控制范围内。
14	发行者处置其全部或实质上全部的经营业务或资产。	是。
15	发行者的信用等级发生改变。	否。该事件不在发行者的控制范围内。

权威指引:

1.《企业会计准则第37号——金融工具列报》第八条规定:

对于是否通过交付现金、其他金融资产进行结算,需要由发行方和持有方均不能控制的未来不确定事项(如股价指数、消费价格指数变动等)的发生或不发生来确定的金融工具(即附或有结算条款的金融工具),发行方应当将其确认为金融负债。但是,满足下列条件之一的,发行方应当确认为权益工具:

(一)可认定要求以现金、其他金融资产结算的或有结算条款相关的事项不会发生。

(二)只有在发行方发生企业清算的情况下才需以现金、其他金融资产进行结算。

2.《企业会计准则讲解(2010)》第三十八章第二节之"三、权益工具和金融负债的区分"中的相关内容(节选自原书第639页):

(五)金融工具列报准则规定,如果可认定合同中要求以现金、其他金融资产结算的或有结算条款相关的事项不会发生,发行方应当将相关金融工具合同确认为权益工具。只在发生了极端罕见、显著异常和几乎不可能发生的事件的情况下才能以现金或可变数量的企业自身股份进行结算时,就属于这种情形。与之相类似,合同可能规定在企业无法控制的情况发生时,不能以固定数量的企业自身股份进行结算。但是,只有这些情况的发生不具有现时可能性,企业才能将这一合同划分为权益工具。

3.《企业会计准则解释第1号》第四条:

企业发行的金融工具应当在满足何种条件时确认为权益工具?

答:企业将发行的金融工具确认为权益性工具,应当同时满足下列条件:

(一)该金融工具应当不包括交付现金或其他金融资产给其他单位,或在潜在不利条件下与其他单位交换金融资产或金融负债的合同义务。

(二)该金融工具须用或可用发行方自身权益工具进行结算的,如为非衍生工具,该金融工具应当不包括交付非固定数量的发行方自身权益工具进行结算的合同义务;如为衍生工具,该金融工具只能通过交付固定数量的发行方自身权益工具换取固定数额的现金或其他金融资产进行结算。其中,所指的发行方自身权益工具不包括本身通过收取或交付企业自身权益工具进行结算的合同。

4.《国际会计准则第32号——金融工具:列报》第25段中指出:

一项金融工具可能要求主体根据未来发生或不发生某种合同双方均不能控制的不确定事项(或某种不确定状况的结果)交付现金或其他金融资产,或者通过形成主体的一项金融负债来结算这一合同,以上不确定事项可能包括股票市场指数的变动,消费者价格指数的变动,利率或税收要求的变动,发行人收入、净收益或债务权益比率的变动等。

这类金融工具的发行人不拥有无条件避免交付现金或其他金融资产(或者通过形成主体的一项金融负债来结算这一合同)的权利。因此,它是发行人的一项金融负债,除非:

a)能够要求交付现金或其他金融资产(或者通过形成主体的一项金融负债来结算这一合同)的或有结算条款部分是不现实的;

b)只有发行人清算时才能够要求发行人履行交付现金或其他金融资产的义务(或者通过形成主体的一项金融负债来结算这一合同);或者

c)该金融工具具有本准则第16A和16B段中的所有特征并满足其中的条件。

第二节 租赁会计的相关问题

问题4-2-1 期租业务是否作为固定资产租赁业务披露

问题:

航运企业报告附注披露对外经营租赁租出固定资产的账面价值时,是否需包括期租租赁资产价值?

背景:

航运业有关定义:

光租:指远洋运输企业将船舶在约定的时间内出租给他人使用,不配备操作人员,不承担运输过程中发生的各种费用,只收取固定租赁费的业务。

期租:指远洋运输企业将配备有操作人员的船舶承租给他人使用一定期限,承租期内听候承租方调遣,不论是否经营,均按天向承租方收取租赁费,发生的固定费用均由船东负担的业务。期租业务中船东负责配备船员,负担船舶修理及船舶备品备件费用。

程租：是指远洋运输企业为租船人完成某一特定航次的运输任务并收取租赁费的业务。租入方从起运港开始租用船舶，直到卸载港。程租通常以航次为单位，由船东支付船舶的运营费用（佣金、港口和燃油）。

根据航运行业惯例，期租收入属于运输收入，在计缴营业税时也按照运输业务3%缴纳营业税。

解答：

根据《企业会计准则第21号——租赁》第二条规定：

租赁，是指在约定的期间内，出租人将资产使用权让与承租人，以获取租金的协议。

《企业会计准则讲解（2010）》指出：确定一项协议是否属于或包含租赁业务，应重点考虑以下两个因素：一是履行该协议是否依赖某特定资产；二是协议是否转移了资产的使用权。（见原书第340页）

上述规定系来源于IFRS体系下的IFRIC 4《确定一项交易安排中是否包含租赁》。根据该解释公告第9段规定，"如果一项安排授予购买方（承租人）对标的资产使用的控制权，则可以认为该协议转移了资产的使用权。当出现以下三种情况之一时，应认为对标的资产使用的控制权已经转移：

（1）购买方有能力或有权利运作该资产，或者指示他人以该购买方决定的模式运作该资产，并且取得或控制该资产的产出或者效用中的并非不重大的部分。

（2）购买方有能力或有权利控制对该资产的实物接触，并且取得或控制该资产的产出或者效用中的并非不重大的部分。

（3）相关事实和因素表明：除该购买方以外的一方或多方取得该资产在该安排期间内生产或者产生的产出或者其他效用中的并非不重大的部分的可能性很小，并且购买方为该等产出所支付的价款既不是合同约定的每单位固定金额，也不同于产出交付时该等产出的每单位现行市场价格。"

从租赁业务的定义和相关合同条款上看，期租业务转移了船舶的使用权（IFRIC 4第9段中的三项标准基本上均符合），且该期租业务的履行依赖某个特定船舶（一般在协议中规定船名等），在租赁期间内，船舶及出租人配备的人员均听从承租人的调遣，出租人不对租赁期间相关船舶及人员进行管理。

运输业务提供的是一项运输服务，无论承运人使用哪个具体运输工具（在合同规定类别范围内），配备何种人员，只要将货物运输至目的地即认为合同履行完毕，整个运输过程由承运人进行管理和控制，即运输合同的履行并不依赖于特定资产，也没有把特定资产的使用权转移给合同对方。

通过上面的分析，可以看出，运输业务与期租业务有本质的区别。期租业务更符合《企业会计准则第21号——租赁》的相关规定，因此，航运企业财务报表附注中披露对外经营租赁租出固定资产的账面价值时，应包括期租租赁资产的情况。

另外，还需注意的是：期租业务实际上包含了提供船舶（租赁）和提供人员这两部分业务，前者属于租赁准则的规范范围，而后者属于《企业会计准则第14

号——收入》所规范的提供劳务收入。按照 IFRIC 4 的规定,对这两部分应当以适当的方式予以分拆(例如,针对同一条船或者类似的船舶,如果在类似的时间或者条件下同时存在具有可比性的光租和期租业务,则这两类业务租金的差额即可认为是对应于提供人员的劳务收入),前者列报为一项租赁交易,后者按提供劳务收入的原则进行会计处理和报表列报。

问题 4-2-2 股权收购后一定期间再回购被收购公司全部资产有关的会计问题

问题:

如下文"背景"资料所述,A 公司用股权偿还债务,同时约定若干年后可以以确定金额回购股权公司全部资产,该业务应该如何进行处理?

背景:

A 公司在 2011 年以前是 B 公司最大客户,其主要从事太阳能多晶硅的生产销售。从 2011 年下半年开始,受欧债危机及欧美对中国光伏产品征收高额反倾销反补贴税影响,A 公司经营十分困难,财务状况恶化,截至 2011 年年末,A 公司共欠 B 公司货款约 1.4 亿元。经双方于 2012 年 11 月底协商,A 公司以其持有的 C 公司 100% 股权抵偿应付 B 公司 1.06 亿货款,冲抵之后,A 公司尚欠 B 公司 3 500 余万元待以后期间偿还。

2012 年 12 月,B 公司又与 A 公司签订资产回购协议,回购协议主要条款如下:

1. 回购标的:本合同约定的回购标的为在回购时 C 公司拥有的运行状态正常的某光伏电站 5 MW 的全部资产。

2. 回购价格:本合同约定的回购价格为回购标的在目标公司账面净值,即当前估值人民币 107 045 770.88 元减去每年 520 万元的资产折旧×年限。

3. 回购方式:在 2012 年 11 月起 6 年内(至 2018 年 11 月止),A 公司可以选择是否购买回购标的;在 2018 年 11 月至 2018 年年底前期间,如 B 公司选择要求 A 公司购买回购标的,A 公司有义务向 C 公司购买回购标的。

C 公司系 2010 年新建的一家从事光伏发电的企业,目前装机容量为 5 兆瓦,电站从 2011 年 7 月 28 日开始并网发电,年发电量约 500 万度,虽然国家发改委对光伏发电上网电价已有明确规定,但由于 C 公司所在地区的相关价格配套政策及补贴政策尚未最终确定,因此 C 公司账面未能确认发电收入,相应发电成本亦体现在生产成本中。C 公司资产主要是固定资产和土地,年总体经营成本费用不低于 500 万元。

解答:

在本案例中,根据"背景"提供的相关资料,B 公司从债务人 A 公司受让 C 公司全部股权,并约定在未来 6 年时间内 A 公司有权提出回购,期满时 B 公司有权要求对方回购,回购价格按照"当前估值人民币 107 045 770.88 元减去每年 520 万元的资产折旧×年限"计算,即回购标的在 C 公司的账面净值。

根据 IFRS 体系下的 IFRIC 4《确定一项交易安排中是否包含租赁》第 6 段规定,确定一项协议是否属于或包含租赁业务,应重点考虑以下两个因素:一是履行该协议是否依赖某特定资产;二是协议是否转移了资产的使用权。属于租赁业务的,按租赁准则进行会计处理;其他部分按相关会计准则处理。

根据该解释公告第 9 段规定,"如果一项安排授予购买方(承租人)对标的资产使用的控制权,则可以认为该协议转移了资产的使用权。当出现以下三种情况之一时,应认为对标的资产使用的控制权已经转移:

(1) 购买方有能力或有权利运作该资产,或者指示他人以该购买方决定的模式运作该资产,并且取得或控制该资产的产出或者效用中的并非不重大的部分。

(2) 购买方有能力或有权利控制对该资产的实物接触,并且取得或控制该资产的产出或者效用中的并非不重大的部分。

(3) 相关事实和因素表明:除该购买方以外的一方或多方取得该资产在该安排期间内生产或者产生的产出或者其他效用中的并非不重大的部分的可能性很小,并且购买方为该等产出所支付的价款既不是合同约定的每单位固定金额,也不同于产出交付时该等产出的每单位现行市场价格。"

在本案例中,双方签订的协议安排的履行依赖于特定资产(C 公司运营的光伏电站);并且 C 公司依法办理变更登记后,B 公司即成为 C 公司的股东,按章程规定分享公司利润与分担亏损,因而满足 IFRIC 4 第 9 段中的各项标准,因而应当认为通过该承包协议,该光伏电站的使用权已经被转移给 B 公司。因而该项交易中存在租赁安排,应按照《企业会计准则第 21 号——租赁》的规定进行会计处理。

根据《企业会计准则第 21 号——租赁》第五条的规定,应当依据是否实质转移了与资产所有权有关的全部风险和报酬,来判断该项租赁是融资租赁还是经营租赁,作为对该项租赁业务进行会计处理的基础。假设本案例中的当前资产估值 1.07 亿元和每年的折旧费 520 万元都是合理的,则该光伏电站资产的剩余折旧年限在 20 年以上,但目前签订的协议仅转移了最多 6 年的使用权,并且"在未来 6 年时间内对方有权提出回购",即对方可随时要求解除该项租赁关系,即使该 6 年内的租赁关系也并非不可撤销;同时,租赁关系结束时的回购价格是按照资产的账面净值而不是届时 C 公司净资产的账面价值或者公允价值,因此,可以认为本案例中与 C 公司的光伏电站资产所有权相关的全部风险和报酬并未转移给 B 公司,因此应当界定为一项经营租赁。

总之,我们判断该交易的经济实质是:①A 公司将 C 公司的股权提供给 B 公司作为履行其 1.06 亿元还款义务的质押物;②同时与 B 公司达成一项经营租赁安排,B 公司以经营租赁方式运营 C 公司的光伏电站,每年固定租金为 520 万元,该项租金可以与上述 1.06 亿元欠款部分抵销。

根据对交易经济实质的上述判断,我们建议对本案例的基本处理原则如下:

1. 除了协议中明确约定日后偿还的 3 500 万元以外,原先的 1.06 亿元应收款项虽然形式上以 C 公司的股权抵偿,但就经济实质而言,C 公司的股权仅仅是履行该项债务的担保物。根据《〈企业会计准则第 37 号——金融工具列报〉应用指南》第二条关于"企业将某项金融资产充作金融负债的担保物,该金融资产不能与被担保的金融负债抵销"的规定,原先的 1.06 亿元应收款项不能终止确认。

2. 虽然在法律形式上,B 公司拥有 C 公司的全部股权,但是如前面所分析的,就经济实质而言,B 公司仅仅是基于经营租赁关系获取了一定年限内的使用权,并未享有或承担其剩余净资产上的主要风险和报酬,因此 B 公司在持有 C 公司股权内不能控制 C 公司,不能将其作为子公司纳入合并报表。但是,C 公司在此期间的经营收入、成本和每年的租金费用 520 万元(即利用经营租赁方式租入的资产从事经营活动的损益)均应纳入 B 公司的合并利润表。在确认租金费用时,按照净额结算的约定同步冲减对 A 公司的应收款项。

同理,在租赁关系存续期间,B 公司在个别报表层面也不应确认对 C 公司的长期股权投资,而仅将其作为本公司收到的质押物,进行账外备查登记。即,B 公司账面上不能作借记"长期股权投资——C 公司"科目,贷记"应收账款——A 公司"科目的会计分录。

3. 后续租赁关系存续期间,由于该项应收账款是有担保的,因此在对该项应收款项计提坏账准备时,应考虑该担保事项的影响,与另外的 3 500 万元无担保应收账款分别归属于不同的信用风险组合。在考虑该 1.06 亿元的坏账准备问题时,应关注的因素包括但不限于:作为担保物的光伏电站的运营盈亏情况;A 公司的现金流量状况(用以衡量 6 年期满后履行回购义务的能力)等。如果预计 A 公司届时很可能无力回购 C 公司股份(因而 B 公司最终很可能会取得对 C 公司的控制权)的,则还应考虑 C 公司的净资产价值情况。

4. 由于在 6 年期间内,作为承租人的 B 公司不能提出提前解除租约,因此如果该光伏电站经营状况不佳,则 B 公司需要按照《企业会计准则第 13 号——或有事项》关于亏损合同的相关规定计提预计负债。

5. 如果在租赁期内 A 公司回购了 C 公司的股权,则相当于其归还了欠款。根据《企业会计准则第 23 号——金融资产转移》第十二条等相关规定,应收账款余额应相应终止确认,相关的应收款项终止确认损益计入回购当期的损益。

6. 如果在租赁期内双方均未提出回购 C 公司的股权,则补充协议结束 (2018 年 10 月),B 公司取得对 C 公司的控制权,C 公司合并进 B 公司,同时终止确认相关应收款项。这时,该合并事项按照非同一控制下企业合并处理,合并成本为届时的该部分应收款项账面价值,即 1.06 亿元减去累计的租金和坏账准备。

问题 4-2-3 提供数据处理终端是否属于租赁业务

问题:

A 公司提供数据处理终端是否属于租赁业务? 应该如何进行会计处理?

背景：

A 公司有一项业务系为各商户安装刷卡终端，商户一次性支付服务费（含数据处理服务费）给 A 公司，收取的该服务费覆盖终端的成本。同时，以后期间按照结算额收取交易手续费。根据合同的规定，刷卡终端属于 A 公司，A 公司负责对终端的维修、保养等工作。

解答：

根据 IFRS 体系下的 IFRIC 4《确定一项交易安排中是否包含租赁》第 6 段规定，确定一项协议是否属于或包含租赁业务，应重点考虑以下两个因素：一是履行该协议是否依赖某特定资产；二是协议是否转移了资产的使用权。属于租赁业务的，按租赁准则进行会计处理；其他部分按相关会计准则处理。

根据该解释公告第 9 段规定，"如果一项安排授予购买方（承租人）对标的资产使用的控制权，则可以认为该协议转移了资产的使用权。当出现以下三种情况之一时，应认为对标的资产使用的控制权已经转移：

（1）购买方有能力或有权利运作该资产，或者指示他人以该购买方决定的模式运作该资产，并且取得或控制该资产的产出或者效用中的并非不重大的部分。

（2）购买方有能力或有权利控制对该资产的实物接触，并且取得或控制该资产的产出或者效用中的并非不重大的部分。

（3）相关事实和因素表明：除该购买方以外的一方或多方取得该资产在该安排期间内生产或者产生的产出或者其他效用中的并非不重大的部分的可能性很小，并且购买方为该等产出所支付的价款既不是合同约定的每单位固定金额，也不同于产出交付时该等产出的每单位现行市场价格。"

在本案例中，该项安排的履行依赖于特定的资产（A 公司提供的终端设备），客户将该终端设备用于其自身经营活动中的日常刷卡结算交易，并承担相应交易的法律后果和享有其经济利益，因而至少满足 IFRIC 4 第 9 段中的（1）、（2）两项标准，因而应当认为通过相关协议安排，A 公司提供的终端设备的使用权已经被转移给客户（商户）。因而该项交易中存在租赁安排，应按照《企业会计准则第 21 号——租赁》的规定进行会计处理。

根据《企业会计准则第 21 号——租赁》第五条的规定，应当依据是否实质转移了与资产所有权有关的全部风险和报酬，来判断该项租赁是融资租赁还是经营租赁，作为对该项租赁业务进行会计处理的基础。就本案例而言，判断资产所有权上的所有风险和报酬是否已经转移给承租人，主要的判断依据是在合同约定的租赁期限内，A 公司能否通过收取金额固定的费用（相当于租金，可能一次收取或者分次收取）收回该等终端设备的成本。如果通过合同约定的固定收费已经基本可以收回设备成本，则该项租赁属于融资租赁；如果通过合同约定的固定收费尚不足以收回设备的成本，而是通过在后续提供数据传输、耗材配送等相关服务时通过提升该等后续服务的价格赚取利润以收回设备投资，则该项租赁属于经营租赁。

根据"背景"资料可知，A 公司收取的数据处理服务费是初装时一次性收取的,以后不再收取,并且该金额能够收回设备成本(后续的交易手续费是另一项单独的提供劳务交易),故 A 公司应该将该交易作为融资租赁核算。

根据《〈企业会计准则第 21 号——租赁〉应用指南》第三条"融资租赁中出租人的初始确认"规定:"根据本准则第十八条规定,在租赁期开始日,出租人应当将租赁开始日最低租赁收款额与初始直接费用之和作为应收融资租赁款的入账价值,同时记录未担保余值;将最低租赁收款额、初始直接费用及未担保余值之和与其现值之和的差额确认为未实现融资收益。出租人在租赁期开始日按照上述规定转出租赁资产,租赁资产公允价值与其账面价值如有差额,应当计入当期损益。"即融资租赁的出租人在租赁期开始日应当终止确认租赁资产。另外,对于租赁资产公允价值与其账面价值差额的具体归属科目,在《企业会计准则——应用指南》的附录《会计科目和主要账务处理》中表述为"融资租赁资产的公允价值与其账面价值有差额的,还应借记'营业外支出'科目或贷记'营业外收入'科目"。对此我们理解,此处对租赁资产公允价值和账面价值之间差额计入营业外收支的规定是针对专业的融资租赁公司等不从事商品销售业务的企业。对于以产品的销售或者交易为主业的企业(本案例中的 A 公司就属于这种情况),参照 IAS 17 中的有关段落:

42 Manufacturer or dealer lessors shall recognise selling profit or loss in the period, in accordance with the policy followed by the entity for outright sales. If artificially low rates of interest are quoted, selling profit shall be restricted to that which would apply if a market rate of interest were charged. Costs incurred by manufacturer or dealer lessors in connection with negotiating and arranging a lease shall be recognised as an expense when the selling profit is recognised.

43 Manufacturers or dealers often offer to customers the choice of either buying or leasing an asset. A finance lease of an asset by a manufacturer or dealer lessor gives rise to two types of income:

(a) profit or loss equivalent to the profit or loss resulting from an outright sale of the asset being leased, at normal selling prices, reflecting any applicable volume or trade discounts; and

(b) finance income over the lease term.

44 The sales revenue recognised at the commencement of the lease term by a manufacturer or dealer lessor is the fair value of the asset, or, if lower, the present value of the minimum lease payments accruing to the lessor, computed at a market rate of interest. The cost of sale recognised at the commencement of the lease term is the cost, or carrying amount if different, of the leased property less the present value of the unguaranteed residual value. The difference between the sales revenue and the cost of sale is the selling profit, which is recognised in accordance with the entity's policy for outright sales.

即,对于以租赁物的生产和贸易为主业的企业从事融资租赁业务时,对于销售利润(即租赁资产的公允价值和账面价值之间的差额)的确认,应遵循与其常规销售业务相一致的会计政策,即按照公允价值确认营业收入,同时结转营业成本。这与该业务整体上适用租赁准则并不矛盾。并不是必须在所有情况下都必须把该差额直接确认为营业外收入或者营业外支出。另外,本案例还有一项特殊之处在于:所有租金均在开始时一次性收取,拉卡拉公司并不向商户提供融资,因此拉卡拉公司没有融资收入。因此,尽管应当适用租赁准则处理该项交易,但从账务处理的效果(对财务状况、经营成果的影响)而言,实质上与商品销售无本质区别。

在融资租赁模式下,租赁资产应当于租赁期开始日终止确认,因此不可能从库存商品转为固定资产,而是应当从库存商品转入营业成本,与所确认的营业收入配比。

本案例中,A 公司在将终端交付给商户时,的具体会计处理为:

借:应收账款/银行存款等　　(租赁开始日最低租赁收款额与初始直接费用之和)
　　未担保余值
　　　贷:主营业务收入　　(差额,整笔分录的平衡数)
　　　　　未确认融资收益　(初始直接费用及未担保余值之和与其现值之和的差额。由于本案例中所有租金在开始时一次性收取,所以该项目的金额为零)
　　　　　应交税费——应交增值税(销项税额)(按税法规定应计算的增值税销项税额)

借:主营业务成本
　　贷:库存商品　　(按设备成本)

如果按照相关约定,在后续合作期间内 A 公司需承担的维修、数据传输等后续服务成本较大的,则应从开始时一次性收取的款项中递延一部分到后期提供服务时(计入预收账款),按实际提供的服务相应从预收款项转为营业收入。

相关说明:

本案例中就所提供的终端设备在交付时一次性确认收入,与提供供水、供电、电信等公用事业服务的企业将所收取的"一次性入网费"分期摊销计入营业收入的做法是不同的。主要原因是:公用事业企业对一次性入网费采用递延摊销的方式,是因为向用户收取的入网费金额通常远远高于提供给用户的终端设备(如电话机等)的价值,因而此类"一次性入网费"更多地并不是对应于直接提供给用户的终端设备,而是作为管网、电网、通讯网络等基础设施建设支出的补偿,这部分基础设施投资所形成的固定资产需在较长年限内计提折旧,因此将一次性入网费在较长的年限内摊销体现了配比原则。但在本案例中,所收取的服务费主要对应于所提供的终端设备,A 公司并不存在其他方面的重大一次性投入,因此其实质是商品销售收入,应按照《企业会计准则第 14 号——收入》规定的销售商品模式确认收入。

问题 4-2-4　广告经营权应作为租赁还是特许经营权的判断

问题：

公司取得政府授权在有限的时间范围内使用广告位经营权或者租赁其他公司 LED 特定时间段用于经营户外广告时，支付的授权使用费或者租赁费应该如何核算？

背景：

A 公司属传播与文化产业，主要从事户外电子广告媒体的运营业务（LED户外广告）。

A 公司的 LED 户外广告经营模式分为两种：一种自建自用自营，另一种是租赁有相关资质公司的屏或者取得相关资质授权自建屏经营。后一种取得对方公司授权在有限的时间范围内使用广告经营权。分为以下几种情况：

(1) 政府市容市政部门授权使用。
(2) 受让显示屏的广告经营权。
(3) 承包对方公司广告播放时间。
(4) 广告阵地使用权。
(5) 户外媒体场地租赁。
(6) 合作经营，独家代理。

由于播放户外广告，需要取得设置许可证，广告发布许可证，对方公司或政府机关取得设置许可证，将已经建好的 LED 屏租赁给公司使用，或者由 A 公司建屏，取得租赁权经营后分成。

上述协议都是承租，支付租赁费后经营。

上述协议涉及租用或承包 LED 屏的广告播放时间的，租用或承包经营期限长短不一，有 3 年、5 年、6 年等多种情况，但通常仅涉及该期限内该 LED 屏的 50% 亮屏时间，而不是全部。

解答：

参照 IFRS 体系下的 IFRIC 4《确定一项交易安排中是否包含租赁》第 6 段规定，确定一项协议是否属于或包含租赁业务，应重点考虑以下两个因素：一是履行该协议是否依赖某特定资产；二是协议是否转移了资产的使用权。属于租赁业务的，按租赁准则进行会计处理；其他部分按相关会计准则处理。

根据该解释公告第 9 段规定，"如果一项安排授予购买方（承租人）对标的资产使用的控制权，则可以认为该协议转移了资产的使用权。当出现以下三种情况之一时，应认为对标的资产使用的控制权已经转移：

(1) 购买方有能力或有权利运作该资产，或者指示他人以该购买方决定的模式运作该资产，并且取得或控制该资产的产出或者效用中的并非不重大的部分。

(2) 购买方有能力或有权利控制对该资产的实物接触，并且取得或控制该资产的产出或者效用中的并非不重大的部分。

(3) 相关事实和因素表明：除该购买方以外的一方或多方取得该资产在该安排期间内生产或者产生的产出或者其他效用中的并非不重大的部分的可能性很小，并且购买方为该等产出所支付的价款既不是合同约定的每单位固定金额,也不同于产出交付时该等产出的每单位现行市场价格。"

在此处涉及的各案例中,所涉及的合同可区分为以下两种不同情况讨论:

1. 如果为租用对方现有 LED 屏的特定亮屏时间用于广告发布的合同。尽管合同的名称不同,但双方签订的合同的履行依赖于特定资产(对方所有的特定 LED 屏的指定亮屏时间);并且 A 公司可以在相关法律法规和合同的框架内独立运作和支配由其所承包的广告时间,因而至少满足 IFRIC 4 第 9 段中的(1)、(2)两项标准,因而应当认为通过该承包协议,对方所有的 LED 屏的指定亮屏时间的使用权已经被转移给 A 公司。因而该项交易中存在租赁安排,应按照《企业会计准则第 21 号——租赁》的规定进行会计处理。

本案例中的标的实质上是 LED 屏的特定亮屏时间的使用权,并不是无形资产的特许使用,因此不属于《企业会计准则第 6 号——无形资产》的规范范围。[参阅:《计学撮要(2011)》第 347~349 页"无形资产、许可使用协议和可产生特许权使用费的资产"]

根据《企业会计准则第 21 号——租赁》第五条的规定,应当依据是否实质转移了与资产所有权有关的全部风险和报酬,来判断该项租赁是融资租赁还是经营租赁,作为对该项租赁业务进行会计处理的基础。在本案例中,因为承包经营期限仅涉及租赁期限内该 LED 屏的部分亮屏时间,而不是全部,故较大的可能性是 A 公司并不享有或承担标的资产所有权上的几乎所有风险和报酬,即构成经营租赁的可能性相对较大。如果合同有租金按季递增的条款,在构成经营租赁的情况下,根据《企业会计准则解释第 1 号》第三条规定,应把全部租金在整个租赁期限内按直线法均摊,计入各期费用。如果存在预付租金的情况,则预付的租金应确认为长期待摊费用。

2. 如果与对方签订的合同是户外广告点位经营权特许经营权合同。该合同的标的并不是现有的 LED 屏的使用权,而是授予 A 公司在特定区域、特定期限内按照特定要求设置户外广告设施,并拥有相关的广告发布经营自主权。基于其标的并不是特定的资产,而是一项权利的授予,因此不适用《企业会计准则第 21 号——租赁》。该合同所授予的特许经营权符合《企业会计准则第 6 号——无形资产》第三条对"可辨认性"判断标准的规定之(二),即"源自合同性权利或其他法定权利,无论这些权利是否可以从企业或其他权利和义务中转移或者分离",因而符合该条对"无形资产"的定义,即"企业拥有或者控制的没有实物形态的可辨认非货币性资产"。同时,该项特许经营权也符合该准则第四条对确认无形资产应满足条件的规定(与该无形资产有关的经济利益很可能流入企业,且该无形资产的成本能够可靠地计量),因此可以确认为一项"无形资产——特许经营权"。该特许经营权是使用寿命有限的无形资产,应在合同约定的经营权有效期限内按直线法摊销。

问题 4-2-5 售后回租构成融资租赁的情况下,卖方兼承租人支付的手续费的会计处理

问题：

在售后回租构成融资租赁的情况下，卖方兼承租人支付的手续费，应如何进行账务处理？

解答：

在售后回租构成融资租赁的情况下，卖方兼承租人支付的手续费，应视作对所确认的长期应付款账面价值的调整，属于"未确认融资费用"的组成部分，应当在租赁期内按照实际利率法摊销，计入各期的利息支出。卖方兼承租人不应将其计入"融资租入固定资产"的价值中。

与之相对应，买方兼出租人对于收到的手续费应当作为对所确认的长期应收款账面价值的调整，属于"未确认融资收益"的组成部分，应当在租赁期内按照实际利率法摊销，计入各期的利息收入。

结论基础：

参照 IFRS 体系下《国际会计准则第 17 号——租赁》第 60 段的规定："If the leaseback is a finance lease, the transaction is a means whereby the lessor provides finance to the lessee, with the asset as security."即，当售后回租构成融资租赁时，该交易实质上是卖方兼承租人以标的资产为抵押从买方兼出租人处取得融资的行为。根据对售后回租构成融资租赁的交易经济实质的上述分析，实务中对售后回租构成融资租赁的交易，在卖方兼承租人方面的会计处理方法，除了《企业会计准则讲解（2010）》中所介绍的作为固定资产处置和重新取得处理，售价和固定资产账面价值之间的差额确认为递延收益的处理方法以外，实务中对该类交易还有另一种可使用的会计处理方法：即不在账面上体现标的资产的出售及其相关的递延收益，而是把所获得的融资作为一项担保借款列报（但在"长期应付款"科目中列报），以后年度支付的租金和留购价款视作还本付息，按照实际利率法以摊余成本对该长期应付款进行后续计量，确认利息支出。该种处理方法与《企业会计准则讲解（2010）》中介绍的处理方法相比，对租赁期内各年度以及租赁期结束后的净资产、净利润均无影响。

《企业会计准则第 21 号——租赁》第十一条第二款规定，在融资租赁交易中，"承租人在租赁谈判和签订租赁合同过程中发生的，可归属于租赁项目的手续费、律师费、差旅费、印花税等初始直接费用，应当计入租入资产价值。"我们理解，这一规定是针对普通融资租赁而不是售后回租构成的融资租赁而言的。因为普通融资租赁是兼有"融资"和"融物"双重属性的行为，即企业实际上是在取得实物的同时取得融资，因此，将普通融资租赁中发生的相关手续费，在无法准确划分其是更多地与"融资"有关还是与"融物"有关的情况下，作为一种简化处理方法，将其视作均与取得固定资产相关，计入融资租入固定资产的初始计量金额中，与《企业会计准则第 4 号——固定资产》要求将可归属于固定资产取得的直接交易费用计入固定资产初始计量金额（原值）的规定也是一致的。

但是，如前所述，售后回租构成的融资租赁与普通融资租赁的最大区别在于：售后回租构成的融资租赁是单纯的融资行为，不涉及"融物"，即，作为标的物的固定资产之前已经由卖方兼承租人使用，并且在售后回租交易的租赁期间将继续承担其所有权上的主要风险和报酬,因此售后回租构成的融资租赁事实上不包含资产取得过程。并且,售后回租交易并不改变资产的技术状态,在售后回租交易过程中卖方兼承租人支付的手续费并不会导致该项标的固定资产的未来经济利益流入增加,不符合《企业会计准则第4号——固定资产》第六条规定的后续支出资本化条件,不应计入标的资产的账面价值。基于对此类交易经济实质的分析,在售后回租构成的融资租赁交易中卖方兼承租人支付的手续费完全与"融资"相关,所以应当视作对所确认的长期应付款账面价值的调整,属于"未确认融资费用"的组成部分,应当在租赁期内按照实际利率法摊销,计入各期的利息支出。

问题4-2-6 租赁农村集体土地的会计处理

问题:

租赁农村集体土地的租赁费及管护费应如何进行账务处理?

背景:

A公司租用某行政村的11.29亩的土地作为金银花种植示范基地,租期为2009年7月1日至2019年6月30日,年租金为每亩地476元,每亩年管护费为240元。A公司在租赁当期对未来需要支付的费用折现进入长期待摊费用,同时将租金和管护费作为负债,两者差额进入未确认融资费用。

解答:

根据《企业会计准则第21号——租赁》第五条规定:"融资租赁,是指实质上转移了与资产所有权有关的全部风险和报酬的租赁。其所有权最终可能转移,也可能不转移。"第十条规定:"经营租赁是指除融资租赁以外的其他租赁。"

在本案例中,由于租赁期为10年,而土地的所有权和产出经济利益的能力几乎是永久性的,企业在10年的租赁期内基本上不可能承接该土地所有权上的主要风险和报酬;另外由于法律法规的限制,农村集体土地的所有权和使用权是不能转让的,与融资租赁需按"销售/购买"进行会计处理的要求也不一致。因此,该项土地租赁应归类为经营租赁。

根据《企业会计准则第21号——租赁》第二十二条规定:"对于经营租赁的租金,承租人应当在租赁期内各个期间按照直线法计入相关资产成本或当期损益;其他方法更为系统合理的,也可以采用其他方法。"因此,公司应当于每年将本年度的租金支出确认为费用或者生物资产种植成本,而不应当采用"在租赁开始日对未来需要支付的费用折现进入长期待摊费用,同时将租金和管护费作为负债,两者差额进入未确认融资费用,在后期进行摊销"的处理方式。

从另一方面讲,已签订的经营租赁合同,就其中尚未执行的租赁期而言,属于《企业会计准则第13号——或有事项》所定义的"待执行合同",即"合同各方尚未履行任何合同义务,或部分地履行了同等义务的合同"。根据会计准则,企业不应就待执行合同本身确认资产和负债,只有当待执行合同成为亏损合同时,才需要就其预计亏损额产生的义务确认预计负债。

问题 4-2-7 经营租赁收入、成本计量问题

问题：

在经营租赁交易中，如果租赁合同约定了每年固定的租金增长率或者递增额，同时又存在免租期的情况下，承租人计入各期成本、费用的租赁成本和出租人确认的各期租赁收入应如何计算确定？如果租金采用的是分成模式，出租人又提供免租期时，双方应如何确定免租期的租赁成本和租赁收入？

解答：

1. 租金逐年定率增长或者定额增长模式下，经营租赁免租期租赁收入和租赁成本的确定。

在租约中已经事先约定了各期固定增长率或者增长额的租金，其未来金额的确定不具有不确定性，因此不属于"或有租金"，不适用"或有租金在实际发生时计入损益"的规定，而应适用租赁费用或者租赁收入确认的一般原则，即将租金总额在租赁期内按直线法分摊，除非其他方法更为系统、合理。

我们认为：对于租赁标的物相同，约定每年固定的租金增长额或者增长率的经营租赁合同，其租赁收入和租赁成本的确认仍应当采用直线法，将租金总额在整个租赁期内按照直线法分摊，即租赁期内每年确认等额的租赁收入和租赁费用，而不是逐年确认递增的租赁费用和租赁收入。理由是：因为在整个租赁期内，由租赁资产产生的经济利益都是相同的(因为面积、质量等均相同)，因此仍然是直线法最能代表租赁资产所含经济利益的实现在各期间之间的分布情况。因此，将租金总额在整个租赁期内按直线法分摊是最为合理的方法。这一原则同时适用于该类经营租赁交易中的承租人和出租人。

根据《企业会计准则第 21 号——租赁》第二十五条、第二十六条的规定，经营租赁的出租人应当按资产的性质，将用作经营租赁的资产包括在资产负债表中的相关项目内；对于经营租赁的租金，出租人应当在租赁期内各个期间按照直线法确认为当期损益；其他方法更为系统合理的，也可以采用其他方法。参照 IFRS 体系下《企业会计准则第 17 号——租赁》第 49 段、50 段的规定，此处的"其他方法更为系统合理"，是指其他系统性的方法与默认的直线法相比，更能代表从租赁资产中获取的利益递减的时间形态(another systematic basis is more representative of the time pattern in which use benefit derived from the leased asset is diminished)。我们理解，在实务中，可接受的"其他更为系统合理的方法"通常仅限于按产量单位(而不是时间单位)计算租金的情形，因而是较为少见的。

在直线法模式下，对于免租期内的租赁收入或租赁费用，应根据《企业会计准则解释第 1 号》第三条的相关规定，按照直线法的原则，按照免租期占整个租赁期间的时间长度的比例，将租金总额分摊到该免租期，确认为该免租期的租赁收入或者租赁成本。

2. 分成模式下免租期租赁成本的确定。

分成模式是一种典型的或有租金安排。按照《企业会计准则第 21 号——租

赁》规定,或有租金应当于实际发生时计入损益。因此在计算免租期应确认的租赁费用和租赁收入时,不应考虑剩余租赁期内可能产生的或有租金的影响。需要注意的是:对于或有租金,会计处理首先应当遵循的是可靠性和稳健性原则,配比原则相对处于次要地位,因此,不建议为了实现"收入与成本的配比"而运用大量假设和判断去估计整个租赁期内可能发生的或有租金金额,以免削弱会计计量的客观性和可靠性。

权威指引:

《企业会计准则第21号——租赁》:

第二十六条 对于经营租赁的租金,出租人应当在租赁期内各个期间按照直线法确认为当期损益;其他方法更为系统合理的,也可以采用其他方法。

第二十九条 或有租金应当在实际发生时计入当期损益。

《企业会计准则解释第1号》第三条(节选):

三、经营租赁中出租人发生的初始直接费用以及融资租赁中承租人发生的融资费用应当如何处理？出租人对经营租赁提供激励措施的,如提供免租期或承担承租人的某些费用等,承租人和出租人应当如何处理？

答:(一)经营租赁中出租人发生的初始直接费用,是指在租赁谈判和签订租赁合同过程中发生的可归属于租赁项目的手续费、律师费、差旅费、印花税等,应当计入当期损益;金额较大的应当资本化,在整个经营租赁期间内按照与确认租金收入相同的基础分期计入当期损益。

承租人在融资租赁中发生的融资费用应予资本化或是费用化,应按《企业会计准则第17号——借款费用》处理,并按《企业会计准则第21号——租赁》进行计量。

(二)出租人对经营租赁提供激励措施的,出租人与承租人应当分别下列情况进行处理:

1. 出租人提供免租期的,承租人应将租金总额在不扣除免租期的整个租赁期内,按直线法或其他合理的方法进行分摊,免租期内应当确认租金费用;出租人应将租金总额在不扣除免租期的整个租赁期内,按直线法或其他合理的方法进行分配,免租期内出租人应当确认租金收入。

2. 出租人承担了承租人某些费用的,出租人应将该费用自租金收入总额中扣除,按扣除后的租金收入余额在租赁期内进行分配;承租人应将该费用从租金费用总额中扣除,按扣除后的租金费用余额在租赁期内进行分摊。

问题4-2-8 承租显示屏设备并支付数据传输服务费的处理

问题:

基于下文背景资料信息,A公司对承租显示屏设备并支付数据传输服务费的业务应如何进行处理？

背景:

A公司经营出租车显示屏广告业务。与B通讯公司签署如下协议:

协议约定，B 公司出资购进 2 000 台出租车显示屏设备，移交给 A 公司使用。双方签约 10 年，从协议第 5 年起，设备所有权归 A 公司。

B 公司享有收取数据通讯费权利，其中第 1 年至第 4 年按照 1 920 元/台/年收取；第 5 年至第 10 年按照 720 元/台/年收取。不附该服务条款的正常数据通讯费为 240 元/台/年，远低于其协议约定的 720～1 920 元。

上述协议，不因为出租设备损坏或报废而终止。即：无论上述设备是否在运营中损坏，10 年协议的数据通讯费要保证执行。该合同在该 10 年期限内属于不可撤销合同。

此类移动显示屏通常的使用寿命为 5 年。

解答：

对 A 公司而言，该交易应当可以分解为两个组成部分：①取得显示屏设备；②获取未来 10 年内的数据通讯服务。这两者并非不可分割的组成部分，因为市场上对显示屏和数据传输服务都有多个提供商，且显示屏和数据传输服务之间并不存在一一对应关系（例如，显示屏并未被设置为只能接受 B 公司提供的数据传输服务）。所以，应当把合同约定的未来现金流量（第 1 年至第 4 年 1 920 元/台/年；第 5 年至第 10 年 720 元/台/年）按照适当的基础分拆到这两个组成部分，分别按各自适用的原则处理。

1. 设备提供。

提供显示屏 10 年使用权的合同尽管在法律形式上没有被称为租赁，但是履行该协议依赖特定资产（显示屏），同时该协议转移了资产（显示屏）的使用权，因此参照 IFRS 体系下的《国际财务报告解释公告第 4 号——判断一项交易安排是否包含租赁》的规定，应当被认定为一项租赁，按照《企业会计准则第 21 号——租赁》进行会计处理。

按照《企业会计准则第 21 号——租赁》第四条"承租人和出租人应当在租赁开始日将租赁分为融资租赁和经营租赁"及第五条"融资租赁，是指实质上转移了与资产所有权有关的全部风险和报酬的租赁。其所有权最终可能转移，也可能不转移"的规定，租赁应当根据租赁资产使用权上的主要风险和报酬是否转移给承租人，区分为融资租赁和经营租赁。在本案例中，不可撤销的租赁期包含了显示屏设备几乎全部的使用寿命，且租金是固定的，可以视作显示屏所有权上的主要风险和报酬已经转移给作为承租人的 A 公司，因此构成一项融资租赁。

根据《企业会计准则第 21 号——租赁》第十一条"在租赁开始日，承租人应当将租赁开始日租赁资产公允价值与最低租赁付款额现值两者中较低者作为租入资产的入账价值……"的规定，融资租入固定资产的初始入账价值应当是租赁开始日租赁资产公允价值与最低租赁付款额现值两者中较低者。在本案例中，由于合同约定的未来现金流量包含了以后期间为了取得数据传输服务的支出，因此不能以合同约定的未来现金流量的折现值作为最低租赁付款额，而是应当将该设备于租赁开始日的公允价值（市场上的现销售价）作为入账价值，并按公司的折旧政策，在其使用寿命内计提折旧。

背景信息提到"正常数据通讯费,1年240元",因此,可以把合同约定的未来现金流量扣除该正常数据通讯费后的差额部分(第1年至第4年为1 680元/台/年;第5年至第10年为480元/台/年,合计1 680×4+480×6=9 600元/台)作为设备租金(假设B公司不负责在租赁期内免费更换损坏或者报废的设备),该租赁的内含利率就是使该未来租金现金流折现到租赁期开始日的折现值等于前面所述的设备入账价值的折现率。在该10年内,按照该折现率对长期应付款进行后续计量,确认利息支出。

该设备的减值迹象判断、减值测试和减值准备计提问题,按照《企业会计准则第8号——资产减值》及其应用指南和讲解的相关规定办理。

2. 数据传输服务提供。

对于每年240元的数据传输服务费,应当在每年按照接受服务的进度确认为企业的营业成本(借:营业成本,贷:应付账款),不包含在融资租赁的最低租赁付款额中,也无需在租赁期开始日按照其折现值确认一项长期应付款。

由于合同约定了10年的不可撤销合作期限,在此期间内,如果A公司由于某些原因要停止接受B公司提供的数据传输服务,但仍须按约定支付后续的每年240元服务费的,或者A公司该业务的运营处于亏损状态的,则应按照《企业会计准则第13号——或有事项》第八条"待执行合同变成亏损合同的,该亏损合同产生的义务满足本准则第四条规定的,应当确认为预计负债"的规定,就未来期间需支付的数据传输服务费等不可避免的履约损失计提合同亏损准备。

问题 4-2-9 节能减排服务中用能单位的会计处理

问题:

在"节能效益分享型"的合同能源管理业务中,用能单位通过在一定期限内按照节能效益的一定比例向节能服务公司支付分成款,取得相关技术和设备的使用权(并且可能在该期限届满后获得节能设备的所有权),应如何进行会计处理?

背景:

A航运公司与B技术公司达成一项协议,B公司向A公司提供一项节能减排技术服务,实现运输船舶节油。在未来3年,A公司以实际节约的燃油价款作为回报支付给B公司。3年期满以后,A公司不再向B公司支付费用。

解答:

由于此类节能服务合同一般不包含技术转让的成分,合同约定的服务期满后可能不能继续脱离节能服务公司而单独使用该技术,并且该技术的实现通常需要借助于专门的设备和软件等,因此对于用能单位而言,一般做法是将其作为一项租赁业务进行会计处理(符合IFRS体系下的IFRIC 4《确定一项交易安排中是否包含租赁》所规定的判断一项交易安排中是否包含租赁成分的判断指引,即该交易安排依赖于特定资产,并且转移了特定资产的使用权)。

根据《企业会计准则第21号——租赁》的规定,应当根据租赁资产所有权上主要风险和报酬的享有或承担情况,将租赁业务归类为经营租赁或融资租赁,分别按照适用的原则进行会计处理。所支付的节能收益分享款作为租金。

1. 若在项目合同执行期间该节能设备和相关技术基于所有权上的主要风险和报酬未转移至用能单位(A 航运公司)(例如,由于节能设备的自身特点、技术成熟度、缺乏历史资料等原因,最终的节能效益存在较大的不确定性,且并未约定用能单位有义务支付足以确保节能服务公司收回成本的保底款项,因而无法合理估计能否收回节能设施投资并取得合理回报),则建议采用经营租赁的处理方式,支付节油款时直接计入费用。

2. 若在项目合同执行期间该节能设备和相关技术基于所有权上的主要风险和报酬已实质上转移给用能单位(A 航运公司)的情形(例如,可以较为准确地预计未来合作年限内可分得的节能收益分成金额,实际分成额与该预计金额之间出现重大偏离的可能性预计很小;且该金额足以使节能服务公司(B 公司)收回节能设施的投资成本,并取得合理回报),则建议采用融资租赁方式的会计处理。

问题 4-2-10 合同能源管理的会计处理

问题:

合同能源管理项目中的节能服务公司应采取何种模式进行会计处理?

背景:

合同能源管理(EMC)是近年来比较创新的业务模式,其业务特点大致为:节能服务公司与客户(用能单位)签订合同,向用能单位提供节能设备,并负责设备的运行维护。在合同期内,用能单位基于产生的节能效益按约定比例支付给节能服务公司。节能服务公司在合同期内享有节能设备的所有权,合同期满后设备的所有权无偿转移给用能单位。

根据《国务院办公厅转发发展改革委等部门关于加快推行合同能源管理促进节能服务产业发展意见的通知》(国办发[2010]25 号)提供的信息,"合同能源管理是发达国家普遍推行的、运用市场手段促进节能的服务机制。节能服务公司与用户签订能源管理合同,为用户提供节能诊断、融资、改造等服务,并以节能效益分享方式回收投资和获得合理利润,可以大大降低用能单位节能改造的资金和技术风险,充分调动用能单位节能改造的积极性,是行之有效的节能措施。我国 20 世纪 90 年代末引进合同能源管理机制以来,通过示范、引导和推广,节能服务产业迅速发展,专业化的节能服务公司不断增多,服务范围已扩展到工业、建筑、交通、公共机构等多个领域。2009 年,全国节能服务公司达 502 家,完成总产值 580 多亿元,形成年节能能力 1 350 万吨标准煤,对推动节能改造、减少能源消耗、增加社会就业发挥了积极作用。"

解答:

对于目前的"节能效益分享型"合同能源管理(EMC)业务,我们认为,节能服务公司可以选择以下两种会计模式之一对其进行会计处理:①按照《企业会计准则第 21 号——租赁》处理的"租赁模式";②按照《企业会计准则解释第 2 号》第五条处理的"服务特许权(BOT)模式"。无论选择其中哪一种会计模式,一旦选择就应当成为节能服务公司的一项会计政策,应当一贯地运用于所有同类或类似交易的会计处理,不得随意变更(但一般理解,租赁模式比较适合于在后续合同期间无需发生大额后续服务成本的项目)。对于租赁模式,应注意区分该租赁的性质是融资租赁还是经营租赁;对于 BOT 模式,要注意区分所形成的是金融资产还是无形资产。

1. 租赁模式下的处理。

由于合同能源管理交易依赖于特定资产(节能设备及依附于该设备的专有技术等),且授予用能单位对该资产使用的控制权,所以符合 IFRS 体系下的 IFRIC 4《确定一项交易安排中是否包含租赁》所规定的判断一项交易安排中是否包含租赁成分的判断指引,可运用《企业会计准则第 21 号——租赁》规定的"租赁会计模式"进行会计处理。

如果采用租赁模式,则应按照《企业会计准则第 21 号——租赁》的要求,依据"租赁资产上的主要风险和报酬是否已经转移给承租人(用能单位)"为标准,将该项租赁区分为融资租赁或者经营租赁。如果每年可得到的金额已经固定下来,与实际节能效益无关,或者虽然采用节能效益分成的方式,但可对合同期间的可获得的分成收益作出可靠的估计(实际与预计之间的偏差很小),则说明出租人(节能服务公司)已经把该租赁资产(节能设备)上的主要风险和报酬转移给承租人(用能单位),该租赁应归类为融资租赁,应按照《企业会计准则第 21 号——租赁》第四章"融资租赁中出租人的会计处理"的规定进行会计处理;如果采用节能效益分成的方式,且无法对预计合同期间可获得的分成收益作出合理估计的,则属于经营租赁,应按照《企业会计准则第 21 号——租赁》第六章"经营租赁中出租人的会计处理"的规定进行会计处理。

在约定保底收益的情况下,应根据该保底收益金额是否足以保证节能服务公司收回绝大部分投资额,来分析其所有权上的主要风险和报酬的享有、承担和转移情况。如果保底收费额可以确保节能服务公司收回节能服务设施的投资成本,则标的资产所有权上的主要风险和报酬已经转移给用能单位,节能服务公司如果选择采用租赁会计模式的,应作为融资租赁处理;反之,则说明标的资产所有权上的主要风险和报酬尚未转移给用能单位,节能服务公司如果选择采用租赁会计模式的,应作为经营租赁处理。

2. 服务特许权(BOT)模式下的处理。

如果拟采用 BOT 会计模式,则应对照《企业会计准则解释第 2 号》第五条和 IFRS 体系下的 IFRIC 12《服务特许权安排》规定的该模式适用条件,判断是否相符。

在一般情况下,EMC 合同中多数包含"运营期结束后项目财产无偿转让给甲方,乙方应保证项目财产正常运行"、"未经甲方同意,乙方不得将项目财产进行抵押、转让或其他资本运作"、"项目改进、拆除或其他实质性变动需经甲方书面同意"、"甲方有监督检查项目建设运营"等条款,因此可以判断与建设资产所有权相关的主要风险和报酬由甲方承担,甲方作为合同授予方控制了该安排结束时该设施上的重大剩余权益。据此,乙方(节能服务公司)在节能收益分享期内对所建造的相关设施本身的权利很可能受到严格的限制,因此相关设施本身不应确认为节能服务公司的资产。尽管节能服务合同授予方可能是企业而不是"政府及其有关部门或政府授权进行招标的企业",也没有设立单独的项目公司,所建造的标的也不是公共基础设施,但是相关合同对节能服务公司的经济影响与典型的 BOT 合同完全一致,这些差异只是形式上的,不影响对交易经济实质的判断。因此,绝大部分 EMC 合同均可参照 BOT 模式核算。

其中,建设期金融资产的公允价值可按照项目保底收入按照一定的折现率折现后确定,成本超过金融资产公允价值的部分确认为无形资产。运营期收入按照《企业会计准则第 14 号——收入》确认。

3. 相关说明。

我们认为,同一业务可能同时适用两种会计模式,看似矛盾,实质上并不存在本质的冲突。这主要是由于 IFRIC 4 和 IFRIC 12 采用不同的思路和模型所导致的。在实务中,完全可能存在这样的情况:合同授予方从整体上控制了需提供的服务,同时也控制了相关资产所有权上的重大剩余利益,但如果按照 IFRIC 4 的标准衡量,也可以得出该安排中包含租赁因素的结论。换言之,对于同一标的资产和同一项交易,合同授予方可能既"有权控制对该资产的使用"(IFRIC 4 第 9 段),也具有"接触"同一资产的权利(假设该资产在 IFRIC 12 的适用范围之内),因而同时适用这两种会计模式。不同的会计模式导致的处理结果可能存在重大的差异。使用 IFRIC 4 的"风险和报酬模型"和 IFRIC 12 的"控制模型"可能导致运营方和合同授予方的财务报表中确认不同的资产。例如,运营方对一项安排可以按照 IFRIC 12 确认一项金融资产(应收款项),也可能基于 IFRIC 4 认为存在一项经营租赁安排,因而将该资产确认为其自身的固定资产。运营方可能同时与公共部门(政府、事业单位)和私营部门(企业)存在条款类似的安排,而无论合同对方是私营部门还是公共部门,对于运营方而言其经济效果是完全相同的,因此不能仅仅依据服务对象是私营部门还是公共部门,就要求运营方作出不同的会计处理。

因此,在同时符合两种模式适用条件的前提下,选择其中哪一种会计模式,取决于管理层的判断,并且在实务中可能存在不同的观点。我们理解这两种模式在实务中并存的情况很可能会持续,但对于某一特定的节能服务公司而言,一旦选择了其中一种会计模式,就构成其一项会计政策,应当持续地运用于所有同类或类似交易,且不得随意变更。在财务报表附注中,应当对其所采用的会计政策作出充分披露。

4. 关于 EMC 业务在现金流量表上的列报。

关于 EMC 业务在现金流量表上的列示,应根据会计处理是采用租赁模式还是 BOT 模式,予以相应考虑:

(1) 如果确定采用经营租赁模式:则公司初始建设时,记入"购建固定资产、无形资产和其他长期资产支付的现金"项目;投入运行取得收入时,记入"销售商品、提供劳务收到的现金"项目;投入运行发生的维护等费用,记入"购买商品、接受劳务支付的现金"项目;合同期满处置时,记入"处置固定资产、无形资产和其他长期资产收回的现金净额"项目。

(2) 如果选择采用 BOT 会计模式,则在建造期间应确认建造合同收入,此时的购建支出实际上是为了建造合同而发生的,对应于营业成本,所以建议按其性质分别列报为"购买商品、接受劳务支付的现金"或者"支付的其他与经营活动有关的现金"。

第三节 建设经营移交方式(BOT)参与公共基础设施建设业务的相关问题

问题 4-3-1 企业代建市政道路的会计处理

问题:

如下文"背景"资料所述,E 公司建设的市政道路及收到的市政道路建设补助应如何进行账务处理?

背景:

2007 年 1 月,A 经济技术开发区管委会、B 国有资产经营有限责任公司、C 经济技术开发区投资有限责任公司及 D 路桥房地产开发有限公司四方签订《战略合作框架协议》,组建 E 公司对当地出口加工区进行整体开发经营。同时,E 公司在通过"招拍挂"获得当地出口加工区约 3 000 亩土地时,如价格高于每亩 22 万元的结算价格(该价格包含征地费、规费、契税及其他费用)的部分,由 A 经济技术开发区管委会以代建形式支付,作为对 E 公司进行市政设施建设的投资补助。

根据 E 公司估算 12 条道路的建设投资约为 3.08 亿元,截至 2008 年 9 月实际收到当地财政局拨付的市政道路基础设施配套补助 2.78 亿元,在"其他应付款"科目核算。

E 公司取得土地后,根据协议陆续开工修建区内的 12 条市政道路。完工道路根据《战略合作框架协议》已交由 A 经济技术开发区管委会管理,维护费由 A 经济技术开发区管委会承担。剩余道路将配合区内地块的开发建设相继完工。目前,E 公司对区内的 12 条市政道路的建设投资已达 1.5 亿元,在"开发成本"科目核算,已完工道路没有进行结转。

解答:

本案例中,如果该 12 条市政道路均在 E 公司获得的出口加工区 3 000 亩土地上,则道路建设成本构成了该 3 000 亩土地开发成本的组成部分。因此,实际发生的 12 条市政道路建设成本计入该 3 000 亩土地的开发成本,从政府收到的道路建设基础设施专项配套补助款在道路完工时冲减开发成本(相当于将企业负担的成本净额计入该 3 000 亩土地的开发成本),在结转土地成本时按一定方式分摊到单位面积土地的开发成本中,予以结转。如果实际计入开发成本的为道路建设发生的自筹资金净额较小的,也可采用简化处理方法,将该净额一次性转入当期损益(这里需要说明的是:为何可以把补助款冲减对应的道路建设成本?这是因为政府承担道路建设成本是在《战略合作框架协议》中一并约定的事项,因此可以与该框架协议下约定的市政道路建设等事项作为一个整体进行处理,即作为对开发成本的调整。这与并非和相关支出在一揽子协议中一并约定的普通政府补助事项是存在差异的)。

市政道路本身并不为开发企业自身直接使用,也不能给企业带来通行费收入等可直接以货币计量的经济利益。但是,便利的交通条件有助于提升周边土地的价值,可以为开发企业带来增加土地出让收益等未来经济利益,同时也是土地达到出让条件所必须满足的一项基本条件;并且这些道路的建设成本是可以可靠计量的。因此,土地上市政道路建设支出符合《企业会计准则——基本准则》对资产的定义和确认条件,应当确认为开发企业的一项资产。

但是,该项资产并不符合《企业会计准则第4号——固定资产》对"固定资产"的定义和确认条件,即并不是"为生产商品、提供劳务、出租或经营管理而持有的"。所以,不应确认为开发企业的固定资产,而应当将相关土地的开发作为一个整体考虑,计入相关土地的开发成本,在资产负债表上列报为存货的一部分。

如果该12条道路在最初该3 000亩土地的规划中即已有,并且自最初规划以来其建设标准和造价预算并未发生重大调整,则当初企业在编制该3 000亩土地的开发成本预算时,应当已经将其纳入,并按其原先的预算成本分摊到已售土地的单位成本中。在相关道路完工后,只需将实际成本与预算之间的差额调整开发成本,并相应调整后续出让土地的成本结转即可。如果该12条道路是后来新增的规划,或者经历过规划变更,提升建设标准和追加预算的过程,则规划变更导致的新增成本应调整该3 000亩土地的开发总成本预算,并由规划变更后新出让土地的转让成本负担。

如前所述,如果道路建设成本和政府专项补助之间的差额(即企业自身实际负担的道路建设成本)较小的,基于重要性原则,也可在完工时将该差额一次性计入完工当期的营业成本处理。

对于此类开发区内基础建设事项的会计处理,也可参阅《计学撮要(2011)》第202~203页"具有政府融资平台性质的公司投资建设具有公益性的基础设施的会计处理"。但要注意:对此类问题,应当详细分析所有相关合同、协议的条款及其实际执行情况,才能在相关会计准则的框架内确定最适合于该项目特定事实背景的会计处理方案,不可简单照搬。

问题4-3-2　基础设施投资建设业务的会计核算模式

问题:

如下文"背景"资料所述,A公司应如何确定其承接的基础设施投资建设业务应采用何种会计核算模式?能否采用"建造合同+融资"的"BT"核算模式?

背景：

1. 关于"BT"模式。

BT(building-transfer)模式：即建设—转让，是政府利用非政府资金来进行基础非经营性设施建设项目的一种融资模式。项目工程由投资人负责进行投融资，具体落实项目投资、建设、管理。工程项目建成后，经政府组织竣工验收合格后，资产交付政府；政府根据回购协议向投资人分期支付资金或者以土地抵资，投资人确保在质保期内的工程质量。（据百度百科 http：//baike.baidu.com/view/822.htm#sub5404227）

2. 本案例的具体事实背景。

A 公司主要从事某地港口作业区、港口综合配套服务区及其东港防波堤、港内疏港大通道等围海造地工程建设，根据 A 公司与当地市政府签订的《投资建设开发合同》，由 A 公司负责围海造地工程(其中主体工程主要分包给 B 公司)，合同约定由 A 公司围海造地工程完工后，凭海域使用权证向当地政府无偿办理土地登记和换发国有土地使用权证手续，然后由当地政府履行招拍挂手续后将收取土地出让金扣除手续费后返还给 A 公司。主要约定如下：

当地政府保证在办理完毕土地登记后 3 个月内出让该项土地，并与受让方签订土地成交确认书和土地使用权出让合同，约定土地使用权受让方在土地成交确认书签订后 60 日内支付完毕土地出让金；并在合同中明确如因土地使用权受让方未能及时支付土地出让金而违约，当地政府应解除土地使用权出让合同并收回土地。应 A 公司要求，当地政府将收回的土地重新进行招拍挂，或将土地直接出让给 A 公司。

在土地出让收入入库后 10 日内，当地政府将土地出让收入扣减土地出让业务费后的剩余土地出让收入全额支付给 A 公司。

解答：

根据《企业会计准则第 15 号——建造合同》和《企业会计准则解释第 3 号》第六条"企业自行建造或通过分包商建造房地产，应当遵循哪项会计准则确认与房地产建造协议相关的收入"的规定，建造合同通常具有以下特征：①先有买主(即客户)，后有标底(即资产)。建造资产的造价在签订合同时已经确定；②资产的建设期长，一般都要跨越一个会计年度，有的长达数年；③所建造的资产体积大，造价高；④建造合同一般为不可取消的合同；⑤建造合同的标的资产通常是按照客户的要求定制的非标准资产，如不做较大改动，可能只有该客户可以使用；⑥承接建造合同的企业(施工方)仅仅就其提供的施工劳务、材料和设备等获取相关报酬，不承担标的资产所有权上的剩余风险和报酬，标的资产所有权上的剩余风险和报酬(如建造完成后，标的资产本身的公允价值变动风险)始终由客户承担，因此在整个交易过程中，并不存在标的物所有权上主要风险和报酬由施工企业转移给客户的过程。

在本案例中，企业与政府签订《投资建设开发合同》，对当地港口作业区、港口综合配套服务区及其东港防波堤、港内疏港大通道等围海造地工程的投资、建设、土地开发、资金回收等全部过程作出了约定。其中约定的成本回收和收益取得方式为"在土地出让收入入库后 10 日内,甲方(注:当地政府)将土地出让收入扣减甲方计提土地出让业务费后的剩余土地出让收入全额支付给乙方(A 公司)",其中并未对保证本金收回和取得合理回报,以及何时收回予以保证(甲方仅仅承诺"甲方保证在办理完毕土地登记后 3 个月内出让该项土地"),但如果甲方出让土地使用权形成流拍,应乙方要求,甲方将土地重新进行招拍挂,或将土地直接出让给乙方,并未承诺何时可以拍出;同时乙方所得的款项在很大程度上取决于拍卖结果,因此企业在很大程度上承担了开发产品的公允价值变动风险(例如,如果土地价值下跌导致流拍,则企业或者因为一直无法成交而不能收回成本,或者自己受让该土地从而承担公允价值下跌风险),这种风险与其所提供的建造劳务并无直接关联。因此,该项目就其风险和报酬的承担而言,不符合建造合同或者 BT 项目的一般特征。A 公司对于此类开发项目应当比照尚未拍出的一级土地开发成本,或者尚未售出的商品房开发项目进行会计处理,按其实际发生的成本计入存货,不能采用建造合同方式随着完工进度逐期确认收入。

BT 项目是建造合同和融资两类交易的组合,即 BT 模式中必然包含建造合同成分。如前所述,本合同不适合于采用建造合同模式进行会计处理,相应地,也就不应采用 BT 模式。

问题 4-3-3 供热企业建造供热设施并从开发商收取款项的处理

问题:

如下文"背景"资料所述,供热企业建造供热系统,并向用户提供供热接入服务,是否可以采用"BOT"模式进行核算?

背景:

A 供热企业与房地产开发商签订供热系统合同,A 供热企业负责建造供热系统,建设完成后由 A 供热企业进行运营管理。

A 供热企业与房地产开发商签订合同目前存在以下情况:

1. A 供热企业建造供热系统,房地产开发商支付建造费用。合同约定在供热系统建造完成后的资产使用寿命期限内(一般为合同约定的经营年限)资产所有权归 A 供热公司所有,同时,A 公司取得 15~20 年的经营权。

2. 同 1,但合同中约定资产所有权归属房地产开发商所有。

3. 同 1,但合同中未约定资产所有权归属。

4. A 供热企业与房地产开发商共同投资建设供热系统。供热系统资产所有权归 A 供热公司所有,同时 A 公司取得 15~20 年的供热经营权。

5. 同 4,合同中约定资产所有权归属房地产开发商所有。

6. 同 4,合同中未约定资产所有权归属。

7. A 供热企业负责投资建设供热系统,建成后的资产所有权归房地产开发商所有,A 公司取得供热系统经营权。

无论采用上述何种模式,运营期间的供热收费由政府统一定价,不受相关房地产开发商是否负责建设和无偿移交供热设施(或者承担供热设施建造成本)的影响。

解答：

根据《企业会计准则解释第 2 号》第五条规定，该条规定的 BOT 核算模式适用于同时满足以下条件的 BOT 业务：①合同授予方为政府及其有关部门或政府授权进行招标的企业；②合同投资方为按照有关程序取得该特许经营权合同的企业(以下简称合同投资方)。合同投资方按照规定设立项目公司(以下简称项目公司)进行项目建设和运营。项目公司除取得建造有关基础设施的权利以外，在基础设施建造完成以后的一定期间内负责提供后续经营服务；③特许经营权合同中对所建造基础设施的质量标准、工期、开始经营后提供服务的对象、收费标准及后续调整作出约定，同时在合同期满，合同投资方负有将有关基础设施移交给合同授予方的义务，并对基础设施在移交时的性能、状态等作出明确规定。

本案例中此类合同与一般意义上的"BOT"还是存在差异的。主要区别是：A 供热企业作为资产的建造方和运营方，同时也是资产的实际使用人(A 公司需通过该设施为用户提供供热服务；同时，由于此类设施的专用属性，事实上只有专门的供热企业才具备运营管理此类设施的能力)。这与一般 BOT 合同下资产的实际使用人和受益人是社会公众，而不是运营方，是不同的。并且，会计上确认资产，其主要标准是所有权上的主要风险和报酬的实际承担情况。在这一过程中，由于合同约定的经营年限基本等于资产的使用寿命，并且此类供热系统(如管网等)又是公司提供供热服务所必需的基础设施，因此实际上公司很可能仍然承担了这些供热系统资产的所有权上的主要风险和报酬，因此不论合同中对供热系统资产在法律上的所有权如何约定，都应当按照实际建造成本确认为供热企业自身的固定资产。

对于建造过程中房地产开发商或者供热用户的出资，可比照 IFRS 下的解释公告 IFRIC 18"接收由顾客转移而来的资产"(Transfers of Assets from Customers)处理。IFRIC 18 后附的示例 1 描述如下：

IE1 A real estate company is building a residential development in an area that is not connected to the electricity network. In order to have access to the electricity network, the real estate company is required to construct an electricity substation that is then transferred to the network company responsible for the transmission of electricity. It is assumed in this example that the network company concludes that the transferred substation meets the definition of an asset. The network company then uses the substation to connect each house of the residential development to its electricity network. In this case, it is the homeowners that will eventually use the network to access the supply of electricity, although they did not initially transfer the substation. By regulation, the network company has an obligation to provide ongoing access to the network to all users of the network at the same price, regardless of whether they transferred an asset. Therefore, users of the network that transfer an asset to the network company pay the same price for the use of the network as those that do not. Users of the network can choose to purchase their electricity from distributors other than the network company but must use the company's network to access the supply of electricity.

IE2 Alternatively, the network company could have constructed the substation and received a transfer of an amount of cash from the real estate company that had to be used only for the construction of the substation. The amount of cash transferred would not necessarily equal the entire cost of the substation. It is assumed that the substation remains an asset of the network company.

IE3 In this example, the Interpretation applies to the network company that receives the electricity substation from the real estate company. The network company recognises the substation as an item of property, plant and equipment and measures its cost on initial recognition at its fair value (or at its construction cost in the circumstances described in paragraph IE2) in accordance with IAS 16 Property, Plant and Equipment. The fact that users of the network that transfer an asset to the network company pay the same price for the use of the electricity network as those that do not indicates that the obligation to provide ongoing access to the network is not a separately identifiable service of the transaction. Rather, connecting the house to the network is the only service to be delivered in exchange for the substation. Therefore, the network company should recognise revenue from the exchange transaction at the fair value of the substation (or at the amount of the cash received from the real estate company in the circumstances described in paragraph IE2) when the houses are connected to the network in accordance with paragraph 20 of IAS 18 Revenue.

参照该示例，供热企业应该在设施建设完成并完成连接时，一次性地将从房地产开发商接收的供热设施的公允价值（或者应向房地产开发商收取的款项）确认为收入。如果从房地产开发商接收供热设施的，则该供热设施可确认为供热企业的固定资产；如果供热企业自建供热设施并向房地产开发商收取成本补偿的，则供热企业自建的供热设施也应确认为供热企业的固定资产。

问题 4-3-4 合并报表层面对 BOT 项目收入的确认问题

问题：

在 BOT 项目中，项目公司（自身不提供建造服务）将建造服务分包给合并范围内其他公司时，在合并报表层面是否可以按 BOT 模式确认收入？

背景：

A公司主要从事环境产业投资及相关资产管理、环境卫生、环境保护咨询服务、环境污染治理(甲级)、环境技术开发。A公司下设C公司等子公司。

目前主要投资经营业务为垃圾焚烧发电，先由A公司与项目所在地政府签订BOT协议，获取垃圾焚烧发电在一定期间内的特许经营权，特许经营期结束后无偿向所在地政府移交项目。

A公司为此设立了项目公司D公司、E公司、F公司、G公司、H公司，负责各项目的建设和运营。各项目建设期间由A公司的子公司——C公司提供实际提供建造服务。

解答：

根据下文"权威指引"中《企业会计准则解释第2号》第五条的规定，并参照《计学撮要》中的相关说明，鉴于该BOT项目的项目公司——D公司、E公司、F公司、G公司、H公司等(以下合称"项目公司"，这些项目公司自身不提供建造服务)和提供建造服务的建造承包商——C公司(以下简称"建造公司")均已被纳入A公司的合并财务报表的合并范围，所以在A公司的合并财务报表层面，可以视同由本合并主体自行提供了基础设施建造服务，所以在A公司的合并财务报表层面可以按照《企业会计准则第15号——建造合同》的规定，在建设期内确认建造合同收入。一般情况下，A在编制合并报表过程中对内部交易进行抵销调整时，无需抵销C公司个别报表层面就各该项目确认的建造合同收入，仅需抵销C与各项目公司之间的内部资金往来及往来款项余额即可。

在合并报表层面进行具体调整时，需关注C公司向各项目公司收取的建造合同价款是否体现了建造合同的公允价值，即是否因为关联方关系的存在而导致内部建造服务的交易定价存在不公允情况。如果存在不公允情况的，应在A公司的合并财务报表层面对内部交易确认的建造合同收入进行调整，使之反映建造合同劳务的公允价值，作为后续确认金融资产和/或无形资产的成本基础。另外，如果除了C公司之外，各BOT项目还有其他承包商的(由C公司聘用的分包商除外)，则由其他承包商完成的部分也可能导致A公司合并财务报表层面确定的完工百分比与C的个别报表层面就同一项目确定的完工百分比不同，需要作出调整。

权威指引：

《企业会计准则解释第2号》(财会[2008]11号)第五条规定：BOT业务应当同时满足以下条件：①合同授予方为政府及其有关部门或政府授权进行招标的企业。②合同投资方为按照有关程序取得该特许经营权合同的企业(以下简称合同投资方)。合同投资方按照规定设立项目公司(以下简称项目公司)进行项目建设和运营。项目公司除取得建造有关基础设施的权利以外，在基础设施建造完成以后的一定期间内负责提供后续经营服务。建造期间，项目公司对于所提供的建造服务应当按照《企业会计准则第15号——建造合同》确认相关的收入和费用。

《计学撮要(2011)》中对相关问题的解答:

《计学撮要》"建设经营移交方式(BOT)参与公共基础设施建设业务的相关问题"之问题 5 对此问题的解答为:如果项目公司和建造承包商同受一个母公司控制,则该母公司在编制包含项目公司和建造承包商的合并财务报表时,可以认为该合并财务报表主体自身提供了建造服务,可以在合并报表层面确认建造合同收入。[另可参阅《计学撮要(2011)》第 363 页]

第四节　会计政策、会计估计变更及会计差错更正相关问题

问题 4-4-1　坏账准备计提方法的变更是否属于会计估计变更

问题:

坏账准备计提方式的变化是属于会计政策变更还是会计估计变更?

解答:

坏账准备计提方法的变化(如由账龄分析法变为个别认定法)导致坏账准备的计提金额发生变更,应属于会计估计变更,而不是会计政策变更。

结论基础:

根据《企业会计准则讲解(2010)》第二十九章第一节:"会计估计,是指企业对结果不确定的交易或者事项以最近可利用的信息为基础所作的判断。由于商业活动中内在的不确定因素影响,许多财务报表中的项目不能精确地计量,而只能加以估计。估计涉及以最近可利用的、可靠的信息为基础所作的判断。"会计估计具有以下特点:① 会计估计的存在是由于经济活动中内在的不确定性因素的影响;② 进行会计估计时,往往以最近可利用的信息或资料为基础;③ 进行会计估计并不会削弱会计确认和计量的可靠性。该节同时指出:"与金融工具相关的公允价值的确定、摊余成本的确定、金融减值损失的确定"属于会计估计。

根据《企业会计准则讲解(2010)》第二十九章第一节中的相关说明,会计政策变更与会计估计变更的划分基础,应考虑以下因素:① 以会计确认是否发生变更作为判断基础;② 以计量基础是否发生变更作为判断基础;③ 以列报项目是否发生变更作为判断基础;④ 根据会计确认、计量基础和列报项目所选择的、为取得与该项目有关的金额或数值所采用的处理方法,不是会计政策,而是会计估计,其相应的变更是会计估计变更。总之,在单个会计期间,会计政策决定了财务报表所列报的会计信息和列报方式;会计估计是用来确定与财务报表所列报的会计信息有关的金额和数值。(见该书第 476~477 页)

根据上述规定,变更坏账准备的计提方法是为了更客观地衡量应收账款的可回收性,而在其他条件不变的情况下,应收账款的可回收性只取决于债务人的信用风险因素,如果采用的估计方法是适当的,则所有估计方法得出的结果应当相同或者大体接近。因此,坏账准备的计提方法应属于会计估计而不是会

计政策,其计提方法的变更导致坏账准备金额估计的变化应属于会计估计变更,应采用未来适用法进行衔接处理。

问题 4-4-2 固定资产确认的金额标准发生变化属于会计估计变更还是会计政策变更

问题:

固定资产确认的单位价值金额标准发生变化,应属于会计政策变更还是会计估计变更?

解答:

固定资产确认的单位价值金额标准发生变化,应属于会计估计变更。

结论基础:

现行的《企业会计准则第 4 号——固定资产》将固定资产定义为"同时具有下列特征的有形资产:(一)为生产商品、提供劳务、出租或经营管理而持有的;(二)使用寿命超过一个会计年度";固定资产的确认条件为同时符合以下两个条件:"(一)与该固定资产有关的经济利益很可能流入企业;(二)该固定资产的成本能够可靠地计量。"即,会计准则本身并未将"单位价值较高"这一条件纳入固定资产的定义和确认标准的规定中。在实务中,企业规定固定资产入账的最低金额标准,以及在固定资产和低值易耗品之间进行区分,主要是基于重要性原则的考虑,即认为单位价值低于某一标准的使用寿命超过一个会计年度的有形资产,其后续计量即使采取简化处理方式,也不会对财务报表整体产生误导性的影响,不至于影响真实、公允列报目标的实现。

根据《中国注册会计师审计准则第 1221 号——计划和执行审计工作时的重要性(2010 年 11 月 1 日修订)》第三条对"重要性"的定义:

财务报告编制基础通常从编制和列报财务报表的角度阐释重要性概念。财务报告编制基础可能以不同的术语解释重要性,但通常而言,重要性概念可从下列方面进行理解:

(一)如果合理预期错报(包括漏报)单独或汇总起来可能影响财务报表使用者依据财务报表作出的经济决策,则通常认为错报是重大的;

(二)对重要性的判断是根据具体环境作出的,并受错报的金额或性质的影响,或受两者共同作用的影响;

(三)判断某事项对财务报表使用者是否重大,是在考虑财务报表使用者整体共同的财务信息需求的基础上作出的。由于不同财务报表使用者对财务信息的需求可能差异很大,因此不考虑错报对个别财务报表使用者可能产生的影响。

根据上述规定,重要性水平本质上是管理层和注册会计师作出的一项估计,即对可能对报表使用者依据财务报表信息作出的经济决策产生实质性影响的金额。

因此,如果企业随着规模的扩张,可接受的重要性水平相应提高,导致相应提高固定资产确认的单位价值标准的,应认为属于《企业会计准则第28号——会计政策、会计估计变更和差错更正》第八条所指的"企业据以进行估计的基础发生了变化,或者由于取得新信息、积累更多经验以及后来的发展变化,可能需要对会计估计进行修订",即属于会计估计变更,即"由于资产和负债的当前状况及预期经济利益和义务发生了变化,从而对资产或负债的账面价值或者资产的定期消耗金额进行调整"。

问题4-4-3 对绩效奖金计提方法的改变属于会计政策变更、会计估计变更还是前期差错更正

问题:

对绩效奖金改用权责发生制计提,属于会计政策变更、会计估计变更还是前期差错更正?是否需要进行追溯?

背景:

A公司历年绩效奖均在次年计提、计入次年损益、并在次年发放。本期A公司计划按照权责发生制对奖金进行滚动调整,因此涉及对本年和历年期初数的调整。

解答:

1. 绩效奖在被考核年度末确认为负债应满足的条件。

根据《企业会计准则——基本准则》第二十三条规定:"负债是指企业过去的交易或者事项形成的、预期会导致经济利益流出企业的现时义务"。第二十四条规定:"符合本准则第二十三条规定的负债定义的义务,在同时满足以下条件时,确认为负债:(一)与该义务有关的经济利益很可能流出企业;(二)未来流出的经济利益的金额能够可靠地计量。"

一般情况下,如果考核年度与会计年度是一致的,并且绩效奖金(或者称为"考核奖")完全取决于考核对象在考核年度内的业绩表现,则在考核年度结束后,根据该年度内的业绩表现应发放的考核奖也就成为了企业的一项现时义务。但根据《企业会计准则——基本准则》第二十四条的规定,确认负债除了要满足"符合本准则第二十三条规定的负债定义的义务"和"与该义务有关的经济利益很可能流出企业"两个条件以外,还需要考虑未来流出的经济利益的金额能否可靠计量。因此,如果企业的考核机制较为细化和透明,考核指标都可以客观衡量,并且提供了清晰的计算公式,使得企业和考核对象都可以依据可客观衡量的考核标准(通常为定量的标准)合理估计应当发放的绩效奖金额的,则满足"未来流出的经济利益的金额能够可靠地计量"这一条件(这一条件并不排斥公司的管理层、董事会或股东会对应发放的考核奖金额的确认,但此时的确认应当主要限于复查奖金的计算是否符合既有的规定,而不是运用管理层、治理层的自由裁量权对应发奖金总额等进行调节);反之,如果公布的考核指标较粗和不透明,导致公司和考核对象在期末资产负债表日都尚不能合理估计考核奖金额,需要由高层在经过主观评价和综合平衡后才能最终确定的,则鉴于资

产负债表日仍存在重大不确定性,可能导致并不能满足"截至资产负债表日,未来流出的经济利益的金额能够可靠地计量"这一条件,相应地应把奖金相关的损益影响计入下一年度的损益中。

通常情况下,即使在同一企业内,不同人员的考核标准和考核方法不同,可能导致对不同的人员,其考核奖在期末能否确认为负债作出不同的判断。一般而言,被考核者的级别越高,承担的管理职责越大,其考核标准中的定性成分所占比重就越大,对管理层、治理层的自由裁量权和综合平衡的依赖程度越高,相应地,在被考核年度末可靠估计高级别人员应取得的绩效奖金的难度也就越大,这部分考核奖符合在年末确认为负债条件的可能性也就越小。

2. 绩效奖计提方式改变的性质认定。

权责发生制是会计的一项基本原则,并且会计准则对负债定义和确认条件的规定和判断标准也是一贯的,因此,该项变更不涉及对"企业在会计确认、计量和报告中所采用的原则、基础和会计处理方法"进行变更,因此不属于会计政策变更。

如果以前年度的资产负债表日,因为企业当时实施的考核指标和考核方法等方面的原因,该年度的考核奖金确实不符合确认为预计负债的条件,而本年度内由于考核标准的修改或者计量方法的改进等原因,在年末即可对本年度相关的考核奖金支付义务可靠计量的,则属于"企业据以进行估计的基础发生了变化,或者由于取得新信息、积累更多经验以及后来的发展变化"而导致的情形,应认定为会计估计变更。

如果在以前年度的资产负债表日,就当时可获得的信息而言,确实已经满足了确认为负债的条件,但以前年度编制报表时并未对其在以前年度的年末作出预提处理的,则构成一项前期差错。此时应考虑其对以前年度已审计财务报表影响的重大性(实际对净利润的影响数应扣除对递延所得税的影响数后,以税后净额确定),如果影响重大的,从会计技术角度应构成了一项重大的前期差错,应按照《企业会计准则第28号——会计政策、会计估计变更和差错更正》规定的追溯重述法予以更正。

关于如何恰当区分会计估计变更和前期差错更正的相关指引,请参阅《计学撮要(2011)》第388~391页"会计估计变更和前期会计差错更正的区分"。

问题 4-4-4　成本核算方法的调整是否为会计估计变更

问题:

成本核算方法的调整是否为会计估计变更?

背景:

A公司主要生产工艺是对石英材料进行加工,按客户要求加工成各种尺寸和形态的石英容器。如对原材料石英管进行加热,同时做扩管处理,以加工成粗细程度不一的石英保温桶。由于客户的要求差别较大,公司产品基本按订单生产,产品种类多达百种。同类产品,公司通常会根据客户需要生产出6寸以下、6寸、8寸、10寸等不同直径的产品。

由于公司产品的通用性差,且各类繁多,故企业采用了变形的品种法核算产品成本。即在核算成本时,按产品的大类(如石英保温筒、石英水平管等)及销售地域(如新加坡、欧洲、国内等)进行成本核算,而未细分至尺寸规格。例如石英保温桶产品,公司仅能按销售地域分设为"新加坡保温筒"、"欧洲保温筒"、"国内保温筒",而未对不同尺寸的保温筒分别进行核算。公司不同尺寸规格的产品所消耗的材料成本差异较大,大尺寸产品消耗的材料成本通常会高于小尺寸的产品消耗。由此分析,不同规格的同种产品,其制造成本应存在较大差异。

目前 A 公司使用了 ERP 软件,并打算从 2012 年 4 月起实现产品成本的精细核算。即核算至每一个订单中的每一个规格的不同产品,以保证产品成本的准确性及销售成本与销售收入的可比。

解答:

根据《企业会计准则第 28 号——会计政策、会计估计变更和差错更正》的规定,"会计政策"是指"企业在会计确认、计量和报告中所采用的原则、基础和会计处理方法"。企业所采用的成本计算方法也是一项会计政策。

根据《企业会计准则第 28 号——会计政策、会计估计变更和差错更正》第四条规定,会计政策变更包括两种情形,即法定变更(法律、行政法规或者国家统一的会计制度等要求变更)和自主变更(会计政策变更能够提供更可靠、更相关的会计信息)。对于会计政策的自主变更,一个基本前提就是相关会计准则在此问题上允许企业在不同的会计政策之间作出选择(例如《企业会计准则第 1 号——存货》允许企业在确定发出存货的成本时,在加权平均、个别认定、先进先出等方法之间选择;《企业会计准则第 3 号——投资性房地产》允许企业选择将投资性房地产的后续计量模式由成本模式变更为公允价值模式等),并且变更前后的会计政策均符合相关会计准则的规定。在本案例中,企业原先采用的成本计算方法("变形的品种法")导致求得的不同规格的同种产品的单位成本相同,不符合实际情况,因此严格来说变更前的会计政策并不符合会计准则的规定,以前年度采用的成本核算方法应属于会计差错,本次自 2012 年 4 月起的规范化应属于前期差错更正。但是,由于本案例中确定前期差错的累积影响数不切实可行,所以按照《企业会计准则第 28 号——会计政策、会计估计变更和差错更正》第十三条规定采用未来适用法进行更正的衔接处理,即"确定前期差错影响数不切实可行的,可以从可追溯重述的最早期间开始调整留存收益的期初余额,财务报表其他相关项目的期初余额也应当一并调整,也可以采用未来适用法"。

问题 4-4-5 资产重组中拟注入上市公司的主体与上市公司统一会计估计问题

问题:

根据"背景"部分的信息,在资产重组中拟注入上市公司的主体是否必须与上市公司采用一致的坏账准备会计估计？如果统一坏账准备会计估计应如何进行账务处理？

背景：

A 上市公司的母公司为 B 集团。2012 年 2 月，A 公司开始策划实施重大资产重组事项，拟将 B 集团的全资子公司 C 公司纳入 A 公司资产重组范围。但 A 公司和拟注入的 C 公司对于应收款项坏账准备计提的方法和比例不同，C 公司拟将坏账准备的计提方法和比例变更为与 A 公司一致。

解答：

《企业会计准则第 33 号——合并财务报表》第十二条规定："母公司应当统一子公司所采用的会计政策，使子公司采用的会计政策与母公司保持一致。子公司所采用的会计政策与母公司不一致的，应当按照母公司的会计政策对子公司财务报表进行必要的调整；或者要求子公司按照母公司的会计政策另行编报财务报表。"但是坏账准备的计提方法和比例属于会计估计范畴，并非会计政策，在集团编制合并报表时并没有必须一致的要求。《企业会计准则讲解 2010》第 474 页提到："会计政策，是指企业在会计确认、计量和报告中所采用的原则、基础和会计处理方法。会计政策包括的会计原则、基础和处理方法"；第 475 页表述"会计估计，是指企业对结果不确定的交易或者事项以最近可利用的信息为基础所作的判断。"

本案例中，C 公司如果将坏账准备相关估计变更为与 A 公司一致，可从两方面考虑：

如果 C 公司原先采用的坏账准备相关会计估计并不恰当，而 A 公司采用的坏账准备相关会计估计更适合于 C 公司的具体情况，则 C 公司对此次变更应作为前期差错更正予以处理，如果影响重大的，应采用追溯重述法更正。

如果以前年度 C 公司的坏账准备相关会计估计并无不妥（充分考虑和合理利用了当时所获得的各方面信息，符合 C 公司当时的内外部具体情况），2012 年度拟调整为与 A 公司一致（即，拟实施会计估计变更），则此类问题的处理关键在于三点：

一是变更后会计估计的合理性（即，变更后的会计估计相对于目前的内外部因素和状况而言是合适的）。这可以通过本企业的历史数据及其变化趋势、同行业内对此事项的通常估计水平、变更后会计估计在集团内同类企业之间运用的一致性等因素加以佐证。

二是能否为本次会计估计变更给出合理的解释，即确实是由于相关的内外部因素变化导致了该项估计变更，符合《企业会计准则第 28 号——会计政策、会计估计变更和差错更正》第八条中对会计估计变更条件的规定，即"企业据以进行估计的基础发生了变化，或者由于取得新信息、积累更多经验以及后来的发展变化"，以便把会计估计变更和差错更正区分开来，并论证这应当是会计估计变更而不是差错更正。

三是会计估计变更期间的合理性。即在通过对前两点的分析，认可其作为会计估计变更的基础上，进一步分析为何企业选择在 2012 年度进行会计估计变更，把相关的变更影响数计入本年度的损益中。

如果经过谨慎的分析、比较和专业判断，C公司管理层认为上述三个条件能够同时得到满足的，则C公司可以将该项变化作为会计估计变更处理，并按照相关会计准则的规定，采用未来适用法进行衔接处理，把其影响按照准则规定计入变更当期损益中。

问题 4-4-6 安全生产费提取比例、使用方向等的变化是否属于会计政策变更

问题：

财企[2012]16号"关于印发《企业安全生产费用提取和使用管理办法》的通知"导致的安全生产费提取比例和使用方向等的变化是否属于会计政策变更？

背景：

A公司系武器装备研制生产与试验企业，根据财企[2012]16号文，属于新增计提安全生产费用的单位（原先根据财企[2006]478号文，A公司不属于计提安全生产费的范围内），目前A公司尚未制定提取安全生产费的会计政策，拟在制定相应会计政策后采用追溯重述法进行账务处理。

解答：

此问题需要把握"财务政策变更"和"会计政策变更"两者的区别。财企[2012]16号文是关于安全生产费提取和使用的财务管理政策方面的文件，并非会计处理的文件。该文件发布前后，适用于安全生产费的会计处理规定并未发生变化（均适用《企业会计准则解释第3号》第三条的规定），所以财企[2012]16号文的发布导致的提取比例、使用方向等方面规定的变化属于财务政策变更而不是会计政策变更。对于财务管理政策方面的变更，应比照一般法律法规修订情况下"不溯及既往"的处理原则。即，企业应自新规定生效之日起按新规定确定的比例计提安全生产费，并按新规定明确的用途使用；但对于新规定生效之日之前的安全生产费用财务处理仍按当时的规定处理，无需按照新规定进行补提。

财企[2012]16号文《企业安全生产费用提取和使用管理办法》扩大了计提安全生产费用的范围，要求冶金企业、机械制造企业、武器装备研制生产与试验企业计提安全生产费用。A公司属于武器装备研制生产与试验企业，则应于2012年及以后年度按照该文件相关规定计提安全生产费；在2012年及以后年度对安全生产费的计提和使用，应按照《企业会计准则解释第3号》第三条的规定进行相关会计处理；2011年及以前年度用于安全生产方面的支出，仍按当时的会计规定进行相关处理。

问题 4-4-7 对连续变更会计估计事项的处理

问题：

注册会计师针对上市公司连续变更资产折旧年限应如何考虑和应对？

背景：

B注册会计师在对A公司(深交所上市公司)2012年度财务报表进行审计，发现A公司自2012年4月1日起延长了部分固定资产的折旧年限，影响2012年度净利润增加2亿元。2012年12月，A公司管理层拟从2013年1月1日起再次延长部分固定资产的折旧年限，预计将影响2013年净利润增加1.5亿元。

B注册会计师认为A公司管理层频繁调整折旧年限，其调节利润的用意非常明显，必将引起公众的质疑。拟提请A公司聘请专业人员论证折旧年限调整的合理性，并就此事项与交易所进行沟通。

解答：

根据后附"权威指引"部分的规定可知，固定资产折旧年限的确定属于会计估计，而会计估计变更的合理理由只能是"赖以进行估计的基础发生了变化"或者"取得了新的信息、积累了更多的经验"。同时，《企业会计准则第4号——固定资产》第十五条、第十六条规定了在确定折旧年限时应当考虑的主要因素。即，只有当这些"确定固定资产使用寿命时应当考虑的因素"发生变化时，才能为固定资产折旧年限这一重要会计估计的变更提供合理的理由。从实际情况看，这些考虑因素在短期内连续发生变化的可能性很小(无论是由企业内外部因素的变化还是获取新的信息所导致)，因而很难证明在短期内连续变更折旧年限的合理性。尤其当第二次变更的生效日发生在前一年年报的编制和披露期间时，更容易招致质疑。

因此，B注册会计师对此事项的应对方法比较恰当。除了应从会计准则的技术角度分析如此操作可能存在的违反准则规定之处以外，还需要关注交易所的相关监管和信息披露规定，并注意利用相关监管规定说服被审计单位，必要时可提请A公司向交易所请示以解决此问题。

权威指引：

1.《企业会计准则讲解(2010)》相关规定：

(1) 第二十九章"会计政策、会计估计变更和差错更正"第二节(第478~479页)：

需要注意的是，除法律、行政法规以及国家统一的会计制度要求变更会计政策的，应当按照国家的相关规定执行外，企业因满足上述第2个条件变更会计政策时，必须有充分、合理的证据表明其变更的合理性，并说明变更会计政策后，能够提供关于企业财务状况、经营成果和现金流量等更可靠、更相关的会计信息的理由。对会计政策的变更，企业仍应经股东大会或董事会、经理(厂长)会议或类似机构批准，并按照法律、行政法规等的规定报送有关各方备案。如无充分、合理的证据表明会计政策变更的合理性，或者未重新经股东大会或董事会、经理(厂长)会议或类似机构批准擅自变更会计政策的，或者连续、反复地自行变更会计政策的，视为滥用会计政策，按照前期差错更正的方法进行处理。

上市公司的会计政策目录及变更会计政策后重新制定的会计政策目录，除应当按照信息披露的要求对外公布外，还应当报公司上市地交易所备案。未报公司上市地交易所备案的,视为滥用会计政策,按照前期差错更正的方法进行处理。

(2) 第二十九章第三节(第483页):

会计估计变更,是指由于资产和负债的当前状况及预期经济利益和义务发生了变化,从而对资产或负债的账面价值或者资产的定期消耗金额进行调整。

由于企业经营活动中内在的不确定因素,许多财务报表项目不能准确地计量,只能加以估计,估计过程涉及以最近可以得到的信息为基础所作的判断。但是,估计毕竟是就现有资料对未来所作的判断,随着时间的推移,如果赖以进行估计的基础发生变化,或者由于取得了新的信息、积累了更多的经验或后来的发展可能不得不对估计进行修订,但会计估计变更的依据应当真实、可靠。会计估计变更的情形包括:

1. 赖以进行估计的基础发生了变化。企业进行会计估计,总是依赖于一定的基础。如果其所依赖的基础发生了变化,则会计估计也应相应发生变化。

2. 取得了新的信息、积累了更多的经验。企业进行会计估计是就现有资料对未来所做的判断,随着时间的推移,企业有可能取得新的信息、积累更多的经验,在这种情况下,企业可能不得不对会计估计进行修订,即发生会计估计变更。

2.《企业会计准则第4号——固定资产》相关规定:

第十五条 企业应当根据固定资产的性质和使用情况,合理确定固定资产的使用寿命和预计净残值。

固定资产的使用寿命、预计净残值一经确定,不得随意变更。但是,符合本准则第十九条规定的除外。

第十六条 企业确定固定资产使用寿命,应当考虑下列因素:

(一) 预计生产能力或实物产量;

(二) 预计有形损耗和无形损耗;

(三) 法律或者类似规定对资产使用的限制。

3. 深圳证券交易所的相关规定(以主板上市公司为例,中小板、创业板上市公司的"规范运作指引"等相关规定中也有类似规定):

(1)《深圳证券交易所主板上市公司规范运作指引》(深证上[2010]243号):

2.2.7 上市公司应当健全股东大会表决制度。股东大会审议下列事项之一的,公司应当通过网络投票等方式为中小股东参加股东大会提供便利:

……

(八) 根据有关规定应当提交股东大会审议的自主会计政策变更、会计估计变更;

……

3.3.10 董事在审议涉及会计政策变更、会计估计变更、重大会计差错更正等议案时,应当关注变更或更正的合理性、对上市公司定期报告会计数据的影响、是否涉及追溯调整、是否导致公司相关年度盈亏性质改变、是否存在利用该等事项调节各期利润误导投资者的情形。

(2)《信息披露业务备忘录第 28 号——会计政策及会计估计变更》(2010 年 8 月 31 日):

三、会计估计变更

上市公司变更重要会计估计的,应在董事会审议批准后比照自主变更会计政策履行披露义务;达到以下标准之一的,应当提交专项审计报告并在定期报告披露前提交股东大会审议:

(一) 会计估计变更对定期报告的净利润的影响比例超过 50%的;

(二) 会计估计变更对定期报告的所有者权益的影响比例超过 50%的;

(三) 会计估计变更对定期报告的影响致使公司的盈亏性质发生变化。

上市公司在召开前述股东大会期间,必须向投资者提供网络投票渠道。

其中,上述"重要会计估计"是指公司依据《企业会计准则》等的规定,应当在财务报表附注中披露的重要的会计估计,包括:

1. 存货可变现净值的确定;

2. 采用公允价值模式下的投资性房地产公允价值的确定;

3. 固定资产的预计使用寿命与净残值;固定资产的折旧方法;

4. 生物资产的预计使用寿命与净残值;各类生产性生物资产的折旧方法;

5. 使用寿命有限的无形资产的预计使用寿命与净残值;

6. 可收回金额按照资产组的公允价值减去处置费用后的净额确定的,确定公允价值减去处置费用后的净额的方法;

可收回金额按照资产组预计未来现金流量的现值确定的,预计未来现金流量及其折现率的确定;

7. 合同完工进度的确定;

8. 权益工具公允价值的确定;

9. 债务人债务重组中转让的非现金资产的公允价值、由债务转成的股份的公允价值和修改其他债务条件后债务的公允价值的确定;

债权人债务重组中受让的非现金资产的公允价值、由债权转成的股份的公允价值和修改其他债务条件后债权的公允价值的确定;

10. 预计负债初始计量的最佳估计数的确定;

11. 金融资产公允价值的确定;

12. 承租人对未确认融资费用的分摊;出租人对未实现融资收益的分配;

13. 探明矿区权益、井及相关设施的折耗方法。与油气开采活动相关的辅助设备及设施的折旧方法;

14. 非同一控制下企业合并成本的公允价值的确定;

15. 其他重要会计估计。

"会计估计变更对定期报告的影响比例",是指上市公司变更会计估计后,定期报告现有披露数据与假定不变更会计估计定期报告原有披露数据的差额的绝对值除以假定不变更会计估计定期报告原有披露数据的绝对值。

第五章

信息披露和列报业务问答

第一节 报表列报和披露的相关问题

问题 5-1-1 地方教育费附加等税费的报表列报问题

问题：

企业按照地方政府的规定缴纳的地方教育费附加、地方水利建设基金、河道工程修建维护管理费等，应记入"营业税金及附加"科目，还是记入"管理费用"科目？

解答：

地方教育费附加、地方水利建设基金、河道工程修建维护管理费等地方性税费，通常是按照应纳增值税、营业税、消费税(以下简称"三税")税额的一定比例附征的(某些地方可能是按照销售收入的一定比例计征的，因此同应纳"三税"税额也存在较为固定的比例关系)。就此类费项的经济实质而言，属于随同"三税"附征的税费项目，其经济实质上与目前在"营业税金及附加"科目核算的城建税、教育费附加没有区别，所以记入"营业税金及附加"科目应当是最能反映其经济实质的处理方式。尤其是 2%的地方教育费附加，是以《财政部关于统一地方教育附加政策有关问题的通知》(财综[2010]98 号)作为政策依据的，因此计入"营业税金及附加"是恰当的。

对于地方水利建设基金、河道工程修建维护管理费等地方政府性基金，因为涉及金额较小，对财务报表通常不具有重大影响(只是利润表上的重分类问题)，因此如果当地财政部门出台了关于此类费项会计处理的明确规定的，也可照其规定执行。

问题 5-1-2 财务公司委托贷款业务中的委托存款和受托贷款列报问题

问题：

财务公司委托贷款业务中的委托存款和受托贷款是否可以在表内列报？

背景：

A 公司(以下简称"财务公司")主要是为 B 集团资金集中管理和产品销售提供金融服务。财务公司的委托贷款业务主要是 B 公司(集团核心企业，同时也是财务公司的母公司)以公司为平台,通过委托贷款的方式实行内部资金的调剂使用而产生的,该项业务是财务公司的主要业务之一,因而,无论是业务量还是业务占比委托贷款都占有较大的份额,2011年年末委托贷款余额占财务公司资产总额约60%。为全面完整反映财务公司资产负债情况,财务公司拟在表内列示委托贷款业务。

解答:

根据《贷款通则》(中国人民银行令1996年第2号)第七条规定:"委托贷款,系指由政府部门、企事业单位及个人等委托人提供资金,由贷款人(即受托人)根据委托人确定的贷款对象、用途、金额、期限、利率等代为发放、监督使用并协助收回的贷款。贷款人(受托人)只收取手续费,不承担贷款风险。"第二十四条"对贷款人的限制"规定:"自营贷款和特定贷款,除按中国人民银行规定计收利息之外,不得收取其他任何费用;委托贷款,除按中国人民银行规定计收手续费之外,不得收取其他任何费用。"

根据《贷款通则》的上述规定,财务公司在委托贷款业务中实际上仅起到居间作用,并就其所提供的相关服务收取合同约定的手续费,但并不承担借款本金和利息上的信用风险和其他风险,也不能直接获取本金、利息等经济利益。因此,委托贷款中的委托存款和受托发放的贷款都不符合会计准则对资产和负债的定义(即,该项本金和利息本质上属于代管资产和代管负债,既不能导致经济利益流入财务公司,也不会导致经济利益流出财务公司),不应确认为财务公司的资产和负债,相应地,双方之间的利息收支也不确认为财务公司的收入和费用。

为了内部管理需要,财务公司可以对委托贷款等中间业务中受托管理的资金在表外建立备查账核算,并编制表外业务报表,用于报送管理层等用途。另外,在财务报表附注中,财务公司可对委托贷款和对应的委托存款的余额、本期发生的相关利息金额等作为一项"补充资料"予以表外披露。

问题5-1-3 本年收回以前年度核销坏账,资产减值准备明细表列报问题

问题:

本年收回以前年度核销的坏账,在资产减值准备明细表中应如何列示?

解答:

财务报表附注中"财务报表项目注释"部分的"资产减值准备明细表"的基本栏次包括:年初数、本年计提、本年减少(又细分为"转回数"和"转销数"两栏)、年末数。其中,"转回数"栏所反映的是在对应资产未发生处置等增减变动的情况下,因对应资产的可收回金额或者可变现净值回升而导致的资产减值准备减少金额(注意:由于《企业会计准则第8号——资产减值》禁止转回非流动非金融资产的减值准备,所以对于各非流动非金融资产的行次而言,"转回数"一栏不应有数字);"转销数"栏所反映的是因资产处置等原因相应转出并计入资产处置损益的减值准备金额。

通常理解，资产减值准备明细表的"本年计提"和"转回数"两栏的金额之差，与利润表中"资产减值损失"项目的金额应存在勾稽关系。

资产减值准备明细表的"本年计提"栏目通常不应为负数。就本问题而言，本期收回以前年度核销的坏账，严格来说属于"转销"的逆操作，即应当以负数列入"本年减少——转销数"一栏，或者在"本期计提"和"本期减少"之间增设一列"本期其他增加"予以反映。

问题 5-1-4 递延所得税资产、递延所得税负债披露问题

问题：

递延所得税资产、递延所得税负债抵销后以净额列报，在实务中应如何具体操作？

解答：

根据下文"权威指引"中《企业会计准则讲解 2010》的表述分析，递延所得税资产和负债的抵销列报属于在满足所列条件的情况下即"应当"进行抵销列报，而不是可以选择是否进行抵销列报。但目前实务中不采用抵销列报而分别列报递延所得税资产和负债的情况较为多见。因此可以认为抵销列报和不抵销列报这两种做法在实务中都是可接受的，但应注意保持列报方式在各年度之间，以及同一财务报表的各比较期间之间的一致性。

如果采用抵销列报的方式，则根据下文"权威指引"部分中所引用的《企业会计准则讲解 2010》的表述以及结合 IFRS 下对此类事项的处理惯例，应当是把符合条件的递延所得税资产作为一个整体，与符合同样条件的递延所得税负债作为一个整体进行抵销列报，即抵销应当在递延所得税资产/负债整体层面上进行，而不仅仅限于性质相同的可抵扣/应纳税暂时性差异明细项目层次。

目前，上市公司的财务报表附注列报格式主要是由证监会在《公开发行证券的公司信息披露编报规则第 15 号——财务报告的一般规定（2010 年修订）》中规定的（见下文权威指引之 2），其中的做法与《企业会计准则讲解 2010》中的规定和 IFRS 下通常的实务惯例并不一致。

鉴于在目前情况下净额列报方式可能引起与会计准则规定的不一致，存在潜在的违反会计准则问题，考虑到在实务中允许采用总额列报方式，所以建议选择采用总额列报方式以避免可能的歧义。如果要采用净额列报方式，则请注意抵销是在纳税主体层面进行的，而不是针对暂时性差异项目是否属于同类。

权威指引：

1.《企业会计准则讲解（2010）》第十九章第四节第五大点"所得税的列报"（节选）。

（一）同时满足下列条件时，企业应当将当期所得税资产及当期所得税负债以抵销后的净额列示。

1. 企业拥有以净额结算的法定权利；
2. 意图以净额结算或取得资产清偿债务同时进行。

对于当期所得税资产及当期所得税负债以净额列示是指,当企业实际交纳的所得税税款大于按照税法规定计算的应交税时,超过部分在资产负债表中应当列示为"其他流动资产";当企业实际交纳的所得税税款小于按照税法规定计算的应交税时,差额部分应当作为资产负债表中的"应交税费"项目列示。

(二)同时满足下列条件时,企业应当将递延所得税资产及递延所得税负债以抵销后的净额列示。

1. 企业拥有以净额结算当期所得税资产及当期所得税负债的法定权利;

2. 递延所得税资产和递延所得税负债是与同一税收征管部门对同一纳税主体征收的所得税相关或者对不同的纳税主体相关,但在未来每一具有重要性的递延所得税资产和递延所得税负债转回的期间内,涉及的纳税主体体意图以净额结算当期所得税资产及当期所得税负债或是同时取得资产、清偿债务。

一般情况下,在个别财务报表中,当期所得税资产与负债及递延所得税资产及递延所得税负债可以以抵销后的净额列示。在合并财务报表中,纳入合并范围的企业中,一方的当期所得税资产或递延所得税资产与另一方的当期所得税负债或递延所得税负债一般不能予以抵销,除非所涉及的企业具有以净额结算的法定权利并且意图以净额结算。

2.《公开发行证券的公司信息披露编报规则第15号——财务报告的一般规定(2010年修订)》第三十四条第(二十四)项:

递延所得税资产和递延所得税负债以抵销后的净额列示的,应列示互抵后的递延所得税资产或递延所得税负债期初、期末金额,以及与互抵后的递延所得税资产或递延所得税负债对应的、互抵后的可抵扣暂时性差异或应纳税暂时性差异的期初、期末金额。递延所得税资产和递延所得税负债未以抵销后的净额列示的,应分项列示递延所得税资产和递延所得税负债的期初、期末金额。未确认为递延所得税资产的可抵扣暂时性差异和可抵扣亏损,应分项列示其金额,如果存在到期日,还应披露到期日。

该编报规则附件(2010年年末再次修订)规定的递延所得税资产/负债以净额抵销列报的参考格式:

对15号编报规则附件"27.递延所得税资产/递延所得税负债"中"(二)递延所得税资产和递延所得税负债以抵销后的净额列示"的"(1)互抵后的递延所得税资产及负债的组成项目"表格,修订为以下格式:

(1)互抵后的递延所得税资产或负债及对应的互抵后可抵扣或应纳税暂时性差异

单位:　　币种:

项　目	报告期末互抵后的递延所得税资产或负债	报告期末互抵后的可抵扣或应纳税暂时性差异	报告期初互抵后的递延所得税资产或负债	报告期初互抵后的可抵扣或应纳税暂时性差异
递延所得税资产				
递延所得税负债				

问题 5-1-5　拟清算经营活动，但不予以注销的公司，是否可以以持续经营假设编制财务报表

问题：

如下文"背景"资料所述，A 公司拟于 2012 年停止经营活动，但公司名称不注销（即"壳"资源仍在），相关的业务资质仍然保留，是否仍属于持续经营？其财务报表仍以持续经营假设为基础编制是否恰当？

背景：

A 公司股权结构为 B 公司与 C 公司各持其 50%的股权。A 公司实质由 C 公司控制。

2011 年 10 月 11 日，B 公司与 C 公司、A 公司三方签订协议，拟对 A 公司进行重组：B 提出采取类似清算的方式对 A 的资产负债等进行清理，C 公司购买 A 公司的土地、厂房和设备等，清理完成后由 B 公司的子公司对 A 的全部股权进行收购，保留 A 公司的名称和发动机生产资质。

A 公司的大部分存货与生产线为专用，公司生产的产品主要用于汽车。2010 年，A 公司的生产线已基本调试完成，并进行试生产，已达到可正式生产的状态。

截至 2011 年 12 月 31 日，重组方案尚未最后确定。

解答：

根据《企业会计准则第 29 号——资产负债表日后事项》第三条规定："资产负债表日后事项表明持续经营假设不再适用的，企业不应当在持续经营基础上编制财务报表"。根据该条规定，即使在 2011 年年末，A 公司的清算关闭方案尚未确定，但如果方案在 2011 年度财务报表批准报出日之前实质上制订完毕的，则 A 公司 2011 年度财务报表仍不能按照持续经营假设编制。

根据"背景"资料提供的信息，"B 提出采取类似清算的方式对 A 的资产负债等进行清理，C 公司购买 A 公司的土地厂房和设备等，清理完成后由 B 公司的子公司对 A 的全部股权进行收购，保留 A 公司的名称和发动机生产资质"，即法律上不一定会终止和注销该公司，而是把现有资产、业务清理完毕后择机注入新的资产和业务，类似于上市公司的"净壳重组"式重大资产重组。但是，将来可能新注入该"壳"的资产和业务很可能与 A 公司现有的资产和业务并没有经济上的联系，A 公司的现有业务将在清理后停止经营，仅保留相关的企业名称和资质。在此情况下，基于实质重于形式的原则，应当以"业务经营的持续性"而不是"法人主体的持续性"作为判断持续经营假设适用性的最主要标准。如果 A 公司的现有业务在未来 12 个月内很可能缩减规模直至停止，则该公司 2011 年度的财务报表仍然不能基于持续经营假设编制。对此情况下的财务报表编制，请参考本所 2011 年 10 月"中高级审计技术远程培训班"中的相应案例。

如果可以确定 C 公司是 A 公司的控股股东，并且根据资产负债表日后制订的重组方案，A 公司现有的资产、业务、人员等将整体转移到 C 公司的其他子公

司继续经营的,则基于未来 C 公司的其他子公司自 A 公司取得该等资产和业务将构成一项同一控制下的业务合并,因而该等资产和负债的原账面价值基础将继续得以延续的考虑,可以认为 A 公司 2011 年度财务报表可以继续按照持续经营假设编制(但应在财务报表附注中对资产负债表日后制订的重组方案,以及持续经营假设仍然适用的原因作出充分披露)。除此之外,如果拟采用变现资产、清偿负债、遣散人员的清理方式,即原先的业务将停止经营的,则不能采用持续经营基础编制 A 公司 2011 年度的财务报表。

在明确持续经营假设适用性的基础上,注册会计师应根据《中国注册会计师审计准则第 1324 号——持续经营(2010 年 11 月 1 日修订)》的规定,合理确定审计报告的意见类型,尤其需要注意严格遵循相关审计准则中对强调事项段适用范围的规定,不能滥用强调事项段。根据审计准则规定,涉及持续经营的强调事项段适用的前提是:"注册会计师认为运用持续经营假设适合具体情况,但存在重大不确定性,且财务报表已充分描述可能导致对持续经营能力产生重大疑虑的主要事项或情况,以及管理层针对这些事项或情况的应对计划"。当持续经营假设已不再适用时,是不能使用强调事项段代替发表非无保留审计意见的。

权威指引:

1.《企业会计准则——基本准则》第六条:

企业会计确认、计量和报告应当以持续经营为前提。

2.《企业会计准则讲解(2010)》第一章"基本准则"第二节"财务报告目标、会计基本假设和会计基础"之"二、会计基本假设"中的相关内容:

(二) 持续经营

持续经营,是指在可以预见的将来,企业将会按当前的规模和状态继续经营下去,不会停业,也不会大规模削减业务。在持续经营前提下,会计确认、计量和报告应当以企业持续、正常的生产经营活动为前提。会计准则体系是以企业持续经营为前提加以制定和规范的,涵盖了从企业成立到清算(包括破产)的整个期间的交易或者事项的会计处理。一个企业在不能持续经营时就应当停止使用这个假设,否则如仍按持续经营基本假设选择会计确认、计量和报告原则与方法,就不能客观地反映企业的财务状况、经营成果和现金流量,会误导会计信息使用者的经济决策。

3.《企业会计准则第 29 号——资产负债表日后事项》第三条:

资产负债表日后事项表明持续经营假设不再适用的,企业不应当在持续经营基础上编制财务报表。

4.《中国注册会计师审计准则第 1324 号——持续经营(2010 年 11 月 1 日修订)》第二条:

在持续经营假设下,被审计单位被视为在可预见的将来会继续经营下去。

通用目的财务报表是在持续经营基础上编制的,除非管理层计划将被审计单位予以清算或终止经营,或者除此之外没有其他现实可行的选择。特殊目的财务报表可以根据需要按照(或不按照)以持续经营为基础的财务报告编制基础编制(例如,在特定国家或地区,持续经营基础与某些按照计税核算基础编制的财务报表无关)。

如果运用持续经营假设是适当的,则被审计单位对其资产和负债的记录是建立在正常经营过程中能够变现资产、清偿债务的基础上的。

5.《中国注册会计师审计准则第1324号——持续经营(2010年11月1日修订)》第三条:

某些适用的财务报告编制基础明确要求管理层对持续经营能力作出评估,并规定了与此相关的需要考虑的事项和作出的披露。相关法律法规还可能对管理层评估持续经营能力的责任和相关财务报表披露作出具体规定。

问题5-1-6 拟在1年以后的某个时间终止经营的公司是否可以按持续经营基础编制财务报表

问题:

目前无实质性经营活动,拟在1年以后的某个时间进入清算程序的公司是否可以按持续经营基础编制财务报表?

背景:

A公司董事会对下属子公司B公司作出决议,由于无法取得发改委的批准,原先为投资建设某发电机组项目之目的而设立的B公司终止经营。B公司主要资产"无形资产——土地使用权"为支付的土地出让金,已与当地政府达成协议分3年三期按原价退回该土地出让金,2011年已收到政府退回的第一笔土地出让金。预计未来12个月不会对B公司进行清算。

解答:

根据《中国注册会计师审计准则第1324号——持续经营(2010年11月1日修订)》第二条规定:"在持续经营假设下,被审计单位被视为在可预见的将来会继续经营下去。通用目的财务报表是在持续经营基础上编制的,除非管理层计划将被审计单位予以清算或终止经营,或者除此之外没有其他现实可行的选择。"

因此,鉴于在本案例中,B公司目前并无实质性经营活动,但其母公司已作出终止经营的决议,在可预见的未来将不会继续经营下去,因此尽管预计未来12个月内不会进入清算程序,但该公司实际上已经丧失持续经营能力,不应继续按持续经营假设编制2011年度财务报表。

鉴于B公司目前的财务状况并未出现资不抵债情形,负债金额较小,其偿还能力应当不存在重大不确定性,在B公司2011年度按持续经营假设以外的其他编制基础编制财务报表的情况下,就其母公司(A公司)的合并报表层面而言,其母公司仍然保持对其的控制权,因此应当继续纳入其母公司的合并报表范围(参阅本书问题3-2-43"已经进入清算程序的子公司是否纳入合并范围")。在合并报表层面,该公司就体现为一系列待处置的资产和待清偿的负债。

问题 5-1-7 非公开发行相关费用能否冲减发行溢价

问题：

股份公司实施定向增发，相关中间机构（券商、注册会计师、评估师）费用是否可以从发行溢价中扣减？

解答：

股份公司非公开发行股份，各认购对象以现金作为对价认购新增发的股份。根据《企业会计准则第 37 号——财务报表列报》第十一条规定："企业发行权益工具收到的对价扣除交易费用（不涉及企业合并中合并方发行权益工具发生的交易费用）后，应当增加所有者权益"。对此处所述的可从发行溢价中扣减的"交易费用"，通常理解为可直接归属于本次增发交易的增量费用，即假设不发生本次增发交易就不会发生、且为本次增发交易的成功实施所必需的交易费用。

基于上述原则，对于相关的券商费用、审计费用、验资费用、评估费用能否冲减发行溢价的问题，分析如下：

1. 券商费用：一般是直接从募集资金中扣收的，而且券商的活动与非公开增发直接相关，因此券商费用可以从发行溢价中扣减。

2. 审计费和评估费：在确保相关的审计、评估是以本次非公开增发为首要目的而实施的情况下，相关审计费和评估费可以从发行溢价中扣减。例如，根据中国证券业协会《关于做好股份报价公司 2011 年半年度报告披露工作的通知》（中证协发[2011]89 号）规定，股份报价公司 2011 年半年度财务会计报告可以不经审计，但有下列情形之一的公司，应当提交经审计半年度财务会计报告：①拟在下半年进行利润分配、公积金转增股本或弥补亏损（仅以现金分红方式的除外）；②拟在下半年进行定向增资；③协会认为应当进行审计的其他情形。因此，如果公司不存在必须进行中期审计的其他情形，就是为了本次实施定向增资的目的而实施中期审计，并且在审计业务约定书中对这一委托目的作出了明确说明的，则相关审计费可作为发行费用的组成部分，从发行溢价中扣减。

需注意的是：如果在非公开发行中，发行对象以非货币资产作为对价认购增发的股份，按规定需聘请审计机构对拟购买资产的相关历史财务报表进行审计，以及在必要时对其盈利预测进行审核的，则鉴于此时取得非货币资产对上市公司而言通常构成一项企业合并交易，因此聘请审计机构对拟购买资产的审计、盈利预测审核等费用应按照《企业会计准则第 20 号——企业合并》和《企业会计准则解释第 4 号》第一条等相关规定，于发生时计入损益，不能冲减发行股份形成的股本溢价。

对于评估费能否从发行溢价中扣减的问题，比照上述原则处理。

3. 验资费：由于验资业务就是审验新增注册资本（股本）的认缴情况，因此可以认为验资费属于可以从发行溢价中扣减的直接交易费用。

问题 5-1-8 融资性担保公司利润表中"已赚保费"项目的列报

问题：

融资性担保公司利润表中的"已赚保费"项目是否按照"保费收入"扣除"提取未到期责任准备金"后的金额列报？

解答：

融资性担保公司利润表中的"已赚保费"项目应按照保费收入扣除"提取未到期责任准备金"后的金额列报。

结论基础：

根据《企业会计准则解释第 4 号》第八条规定，"融资性担保公司发生的担保业务，应当按照《企业会计准则第 25 号——原保险合同》、《企业会计准则第 26 号——再保险合同》、《保险合同相关会计处理规定》(财会[2009]15 号)等有关保险合同的相关规定进行会计处理。"即融资性担保公司的担保合同应当执行保险合同会计模式，并按保险公司的财务报表格式填列。《企业会计准则讲解(2010)》第 512~513 页规定："担保公司应当执行保险公司利润表格式和附注规定，如有特别需要，可以结合本企业的实际情况，进行必要调整和补充。"

《企业会计准则讲解(2010)》第 513 页关于保险公司利润表的列报说明规定："营业收入"项目，反映"已赚保费"、"投资收益"、"公允价值变动收益"、"汇兑收益"、"其他业务收入"等科目的发生额合计填列。"已赚保费"项目，应根据"保险业务收入"、"分出保费"、"提取未到期责任准备金"科目的发生额分析填列。

即，保险公司利润表中的"已赚保费"项目，应按扣除"提取未到期责任准备金"后的净额填列。

"2012 年度金融企业财务决算报表[保险类]"的详细编制说明可查阅财政部发布的《关于印发 2012 年度金融企业财务决算报表[保险类]的通知》(财金[2012]144 号)的附件；"2012 年度金融企业财务决算报表[担保类]"的详细编制说明可查阅财政部发布的《关于印发 2012 年度金融企业财务决算报表[担保类]的通知》(财金[2012]145 号)的附件。

问题 5-1-9 境外子公司记账本位币的确定和外币报表折算问题

问题：

根据下文"背景"提供的资料，公司境外子公司的记账本位币变更是否恰当？在编制合并报表时其记账本位币变更对外币报表折算有何影响？

背景：

中国 A 公司于 2010 年 6 月并购了一家位于俄罗斯的境外 B 公司，B 公司主要经营业务为房地产出租，主要经济业务流通货币为卢布。在 2010 年之前，B 公司以卢布作为记账本位币。2010 年 6 月被 A 公司并购后直至 2011 年年末，B 公司出于货币稳定性考虑，选用了美元作为记账本位币，将发生的卢布业务均折算为美元,并编制美元报表;2012年,B公司又将记账本位币由美元改回卢布。

解答:

根据《企业会计准则第19号——外币折算》第四条规定:"记账本位币是指企业经营所处的主要经济环境中的货币。"根据该准则第五条规定:"企业选定记账本位币,应当考虑下列因素:(一)该货币主要影响商品和劳务的销售价格,通常以该货币进行商品和劳务的计价和结算;(二)该货币主要影响商品和劳务所需人工、材料和其他费用,通常以该货币进行上述费用的计价和结算;(三)融资活动获得的货币以及保存从经营活动中收取款项所使用的货币。"因此,在新企业会计准则下,记账本位币的确定取决于企业经营所处的主要经济环境,具有唯一性,并非企业可以任意选择。《企业会计准则第19号——外币折算》第八条规定:"企业记账本位币一经确定,不得随意变更,除非企业经营所处的主要经济环境发生重大变化",即"企业经营所处的主要经济环境发生重大变化"是变更记账本位币的唯一合理理由。从这一点来看,新企业会计准则下的记账本位币类似于一项会计估计,而不是会计政策。

鉴于B公司的经营地点在俄罗斯,主要经营业务为房地产出租业务,且B公司主要经济业务流通货币为卢布,因此B公司2010年前以卢布作为记账本位币是比较恰当的。而2010年度及2011年度,B公司仍然持续从事其在俄罗斯境内物业的出租业务,其经营所处的主要经济环境并未发生变化,在此情况下B公司基于"货币稳定性考虑"将记账本位币变更为美元的做法很可能是不恰当的。因为尽管以往卢布的汇率波动较大,但俄罗斯当前并非恶性通货膨胀经济体,不能参照适用IFRS下的《国际会计准则第29号——恶性通货膨胀经济中的财务报告》等准则中对记账本位币系恶性通货膨胀经济中的货币时的财务报表重述的规定;且卢布至少符合《企业会计准则第19号——外币折算》第五条第(一)、第(二)两项标准。据此,B公司的正确做法是始终以卢布作为记账本位币。B公司2012年度变更记账本位币应属于对前期记账本位币确定错误的更正,而不是会计政策的变更。

基于上述考虑,B公司应当根据以往的卢布辅助核算资料和可获得的其他资料,对2010年6月被A公司并购以来的账务资料进行梳理,尽可能还原出假设当初即以卢布为记账本位币情况下各科目的卢布余额或发生额,然后再将该企业以卢布编制的原币报表(其中"外币报表折算差额"项目应为零)按照《企业会计准则第19号——外币折算》规定的外币报表折算程序折算为人民币报表,供国内母公司合并报表之用。

问题5-1-10 外币报表折算汇率问题

问题:

通过非同一控制下企业合并取得的境外子公司,在编制供母公司合并报表目的使用的财务报表时,其实收资本项目可采用何种折算汇率?

背景：

A公司所属境外子公司B公司成立于1945年，当时的汇率已无法取得，现在最早可取得的是该公司1998年4月2日的汇率。2011年10月17日，A公司收购了B公司60%的股权（构成一项非同一控制下的企业合并），在B公司为了供A公司编制合并报表之目的而编制的财务报表中，对于前期比较数据中的实收资本采用什么时候的汇率折合到人民币？

解答：

鉴于A公司收购B公司股权构成了一项非同一控制下的企业合并，购买日为2011年10月17日，自该日起将其纳入合并报表。按照非同一控制下企业合并的合并财务报表编制原则，购买日取得被购买方可辨认净资产的公允价值与合并成本（两者均以购买日汇率折算到人民币）之间的差额确认为商誉或者负商誉，即购买日或之前是不会产生外币报表折算差额的，只有购买日以后被购买方的净利润和其他综合收益（包含外币报表折算差额）才会体现在购买方的合并报表中。

另外，A公司获取B公司的财务报表主要是为了编制合并报表使用，因此针对这一信息需求，采用特殊编制基础编制的B公司财务报表可能更具有决策相关性，也更便于操作。故在该特殊编制基础财务报表中，被购买方在购买日的各净资产项目余额均按购买日（2011年10月17日）的现行汇率折算到人民币，这样，在被购买方2011年末折算后的人民币财务报表上的"外币报表折算差额"就完全是从购买日以后重新开始累计的，并作为该期间其他综合收益的组成部分，与列报在购买方合并财务报表中的"外币报表折算差额"的口径比较接近，有利于编制合并财务报表。被购买方在购买日之前的外币报表折算差额对购买方而言无实际用途，且受到客观因素限制而难以合理确定，因此可以不用计算和提供。

问题5-1-11 外商投资企业的母公司对其提取的三项基金在合并报表中的列报

问题：

外商投资企业的母公司对其提取的三项基金在合并报表中应如何列报？境内外准则对此的要求有何不同？

解答：

《中外合资经营企业法实施条例》第七十六条规定："合营企业按照《中华人民共和国外商投资企业和外国企业所得税法》缴纳所得税后的利润分配原则如下：（一）提取储备基金、职工奖励及福利基金、企业发展基金，提取比例由董事会确定……"

《外资企业法实施细则》第五十八条规定："外资企业依照中国税法规定缴纳所得税后的利润，应当提取储备基金和职工奖励及福利基金。储备基金的提取比例不得低于税后利润的10%，当累计提取金额达到注册资本的50%时，可以不再提取。职工奖励及福利基金的提取比例由外资企业自行确定。"

《企业会计准则——应用指南》的附录《会计科目和主要账务处理》对"4104利润分配"科目的使用说明中规定:"外商投资企业按规定提取的储备基金、企业发展基金、职工奖励及福利基金,借记本科目(提取储备基金、提取企业发展基金、提取职工奖励及福利基金),贷记'盈余公积——储备基金、企业发展基金'、'应付职工薪酬'等科目。"

因此中外合资企业和外资企业提取三项基金属于利润分配的性质,提取的储备基金、企业发展基金在中外合资企业和外资企业的股东权益变动表中列示为"提取盈余公积",职工奖励及福利基金列示为"利润分配——其他"。

作为子公司的外商投资企业如从税后利润中提取职工奖福基金的,其控股股东在中国企业会计准则下编制的合并利润表所示的合并净利润仍应等于"归属母公司股东的净利润"和"少数股东本期损益"之和,即外商投资子公司提取职工奖福基金之前的税后利润先按股权比例归属于母公司股东和少数股东,再分别由母公司股东和少数股东从各自分得的利润中提取出一部分作为职工奖福基金,在股东权益变动表上作为利润分配反映(列示于"利润分配——其他"一行中),分别减少未分配利润和少数股东权益[参阅《计学撮要(2011)》第370页]。

境内外会计准则对外商投资子公司的职工奖福基金提取的列报规定是存在差异的。在 IFRS 下,基于该项基金的受益人是员工而不是股东,其本质上构成职工薪酬的组成部分,因此将其在利润表上列报为一项费用;但在中国企业会计准则下,基于采用了"税后利润分配"的法律形式,而将其认定为一项利润分配,从税后利润中列支,且在执行新准则后继续保留了该项准则差异。该差异属于准则具体执行层面的差异,将导致境内外会计准则下所显示的合并净利润金额出现差异,但对合并资产负债表所示的归属母公司股东和少数股东的净资产不产生影响。

问题 5-1-12 资产负债表日对子公司的增资尚未完成验资时的报表列报

问题:

如"背景"资料提供的信息,资产负债表日母公司对子公司的增资尚未完成验资,母子公司对该增资款在报表中应如何列报?

背景:

母公司对子公司增资,2012 年 12 月,母公司将增资款 2 亿元汇入子公司账户,2013 年 1 月 6 日完成验资。在编制 2012 年度财务报告时,因资产负债表日尚未完成验资,母公司将增资款在"其他应收款"中列报,现金流量表列报为"投资支付的现金",子公司将收到的增资款在"其他应付款"中列报,现金流量表列报为"吸收投资收到的现金"。

解答:

母子公司将增资款列报在往来款项中的做法都不恰当。母公司在 2012 年

12月内将投资款汇出,并确认到达子公司的银行账户后,即应确认对子公司的长期股权投资;子公司在收到该笔增资款后,即应增加实收资本。双方在2012年年末互挂往来的做法是不恰当的(但在现金流量表中的列报是恰当的)。

结论基础:

公司只有在已经实际收到用于出资的财产,并且出资的所有相关法律手续(包括财产权转移手续)全部办理完毕之后,才能确认实收资本(股本)的增加。即:实收资本(股本)增加的确认应当遵循"法律形式优先"的原则。但需掌握的一个基本原则是:做完验资并办理完毕增资的工商变更登记,并不是在会计上确认实收资本和长期股权投资的前提条件。公司在会计上确认实收资本(股本)的增加应当先于办理验资,而不是在验资之后才能确认实收资本(股本)的增加。因为验资属于鉴证业务。根据《中国注册会计师鉴证业务基本准则》第五条规定:"鉴证业务是指注册会计师对鉴证对象信息提出结论,以增强除责任方之外的预期使用者对鉴证对象信息信任程度的业务"。即,鉴证业务并不是创造一个原本不存在的事实,而是对已经发生的事实(鉴证对象信息)进行核实,以提高该信息的可信任程度。被鉴证的事项(本案例中为增资的实际缴纳)在鉴证之前已经存在和完成,并不是在验资完成以后新出现的。相应地,母子公司双方在出资完成后,应分别作出相应的增加长期股权投资和实收资本的账务处理。另一方面,《〈中国注册会计师审计准则第1602号——验资〉指南》要求变更验资业务中审验的内容之一就是实收资本变更的"相关会计处理",这也说明被审验单位对于接受增资的账务处理应当在验资之前就已作出。

另外,从法律角度而言,工商登记或者变更登记并非行政许可,而只是在相关交易或者事项发生后就发生后的事实情况向有关主管部门办理登记。根据《公司登记管理条例》第七十三条规定:"公司登记事项发生变更时,未依照本条例规定办理有关变更登记的,由公司登记机关责令限期登记;逾期不登记的,处以1万元以上10万元以下的罚款。"因此,股东变更后不办理变更登记,并不必然导致相关交易或者事项不具有法律效力(但不具有对抗第三人的效力)。因此也不能以"增资尚未经过工商变更登记"为由,不作出增加长期股权投资和实收资本的账务处理。

如果截至资产负债表日,公司出资的所有相关法律手续(包括财产权转移手续)全部办理完毕,在会计上确认了实收资本(股本)的增加,但尚未办理验资(或者已经办理验资但尚未办理工商变更登记)的,应当在财务报表附注中对此情况予以必要的说明。

问题5-1-13 由第三方代收的款项在报表中的列报

问题:

在期末资产负债表中,已由快钱、支付宝、易宝等第三方机构代为收取的销售款项列报为"应收账款"还是"其他应收款"? 在现金流量表中如何列报?

解答：

1. 企业期末应收第三方支付平台的款项应界定为"其他应收款"还是"应收账款"，主要取决于：企业能否就这些已由第三方机构代收的款项，继续向其应收账款的原债务人（客户）主张债权？还是其与客户之间原先的应收账款的债权债务关系已经了结，转而成为企业与第三方支付平台之间的债权债务关系。这涉及相关权利和义务关系的产生、终止时点的确定问题。

如果截至期末，企业仍可就这些尚未收回的款项直接向其客户主张债权的，则应列报为应收账款；如果其客户在支付成功后对该笔支付业务已不再有进一步的涉入，后续问题与客户无关，而转变为企业与第三方支付平台之间的债权债务关系的，则应列报为其他应收款。

另外，在某些情况下，第三方支付平台为了提高交易的安全性，可能会规定所代收的货款先存入（或者说冻结于）一个特定的账户中，买方确认收货后，相应的货款才解冻，此时卖方才能从该账户中提款。如果存在这样的支付安排，则卖方应谨慎考虑该项安排对收入确认时点的影响。如果认为在此情况下只有在买方确认收货后才能确认收入的，则收入确认时点之前已经预收并冻结的款项不构成卖方的一项无条件收款的合同权利，不能确认为卖方的资产（包括应收款项）。

2. 该款项虽然是通过第三方平台收取，但是其性质仍然是企业为客户提供商品或服务而应向客户收取的款项，结算方式的改变并未改变该项现金流的性质，因此在从第三方支付平台实际收回该等款项时，现金流量表上仍应列报为"销售商品、提供劳务收到的现金"。

问题 5-1-14 应交税费借方余额重分类问题

问题：

未纳入"营改增"试点地区或试点行业的企业应交增值税借方余额是否也需列报为"其他流动资产"或"其他非流动资产"？应如何考虑重分类后的减值问题？

解答：

1. 未纳入营业税改征增值税（"营改增"）试点地区或试点行业的企业应交增值税借方余额也应根据其流动性在资产负债表中的"其他流动资产"项目或"其他非流动资产"项目列示。这一规定虽然是出现于"营改增"的会计处理规定（财会〔2012〕13号）中，但其基本原理也完全适用于不涉及"营改增"的其他现有增值税一般纳税人。（见"结论基础"部分）

2. 关于增值税借方余额列报为资产后的减值测试问题。

对于增值税借方余额，除了根据流动性（预计留抵税额可获得抵扣的时间）分别在"其他流动资产"或者"其他非流动资产"列报以外，在实务操作中还要关注借方余额作为一项资产是否可能发生减值。某些企业由于行业特点等原因，可能进项税额大于销项税额是常态（如报业、印刷业、农业等），因此在其目前的业务模式不发生重大变化的情况下,有一部分进项税额预计在可预见的未来很可能不能获得抵扣。而依据《财政部、国家税务总局关于增值税若干政策的通知》(财税[2005]165号)第六条规定:"一般纳税人注销或被取消辅导期一般纳税人资格,转为小规模纳税人时,其存货不作进项税额转出处理,其留抵税额也不予以退税。"因此,企业应当根据其预计的未来采购和销售计划等因素,谨慎估计其在可预见的未来获得退还、抵扣或抵顶的可能性。对于预计在可预见的未来很可能无法获得退还、抵扣或抵顶的此类税项,应当计提减值准备,相关减值损失计入当期损益(资产减值损失)。后续如因情况发生变化等原因,改变了对留抵税额可抵扣性的会计估计,即原先预计很可能不能获得抵扣的留抵税额现在预计很可能获得抵扣,则原先计提的减值准备可以相应全部或部分转回。

在测算现有的待抵扣进项税额余额在未来获得抵扣的可能性时,不能简单地依据毛利率测算,因为在构成营业成本的"料、工、费"三要素中,人工成本也同样不属于可抵扣增值税的范围,因此依据采购额和销售额(均为不含增值税金额)之比为依据测算更能符合实际情况。例如,当可获得增值税专用发票的采购额与增值税应税销售额之比(可计算一段较长时间内的平均比例以尽可能剔除偶发性因素的影响)超过100%时,则超过部分对应的进项税额将很可能不能获得抵扣,应考虑对其计提减值准备。如果同时涉及视同销售、免税和非应税项目的进项税额转出等特殊因素的影响,则在测算时也应当将其纳入考虑。

结论基础:

根据《财政部关于印发〈营业税改征增值税试点有关企业会计处理规定〉的通知》(财会[2012]13号)规定:"'应交税费——应交增值税'科目期末如为借方余额,应根据其流动性在资产负债表中的'其他流动资产'项目或'其他非流动资产'项目列示;如为贷方余额,应在资产负债表中的'应交税费'项目列示。"

将待抵扣增值税进项税额形成的"应交税费——应交增值税"科目借方余额列报为一项资产,其逻辑是:增值税进项税额实际上是纳税人对国家的一项债权,将在未来通过抵顶销项税额的方式予以结算,因此可以减少未来因缴纳增值税导致的经济利益流出,因此与其他债权一样具有资产的属性。此处所述的"其他流动资产"和"其他非流动资产"的区分,是就预计可获得抵扣的时间距离资产负债表日的时间长短而言的。

实务中应注意的其他问题:

1. "应交税费"科目借方余额列报为资产的原则的推广。

此处对留抵税额作为资产列报的规定,虽然是出现于"营改增"的会计处理规定中,但其基本原则也同样适用于其他一贯适用增值税的企业,并可推广到"应交税费"科目中其他税、费的借方余额。企业按照税法规定缴纳的所得税、增值税等税费,应按照《企业会计准则第30号——财务报表列报》及其应用指南的规定,根据其余额性质和流动性,在财务报表中进行列报和披露。对于以下项目,应当在资产负债表中列报为"其他流动资产":

(1) 企业按照《企业会计准则第18号——所得税》的相关规定确认的当期所得税资产;

(2) 按照增值税相关规定应结转未来期间抵扣的增值税进项税额;

(3) 相关税收法规明确承认属于预缴,可在未来纳税义务发生时抵顶相应的应纳税额的预缴税款;

(4) 等待退还或抵顶以后期间应纳税款的多缴税款。

上述(2)、(3)、(4)各项中,如有证据表明其未来获得退还、抵扣或抵顶的时间距离资产负债表日将在1年或者一个正常营业周期(以孰长为准)以上的,则应列报为"其他非流动资产"。

对于上述列入"其他流动资产"或"其他非流动资产"的项目,企业应当谨慎估计其在可预见的未来获得退还、抵扣或抵顶的可能性。对于预计在可预见的未来很可能无法获得退还、抵扣或抵顶的此类税项,应当计提资产减值准备。

当期所得税资产和当期所得税负债抵销列报的条件,按照《企业会计准则讲解(2010)》第十九章第四节中"五、所得税的列报"(原书第285~286页)的相关规定处理:

同时满足下列条件时,企业应当将当期所得税资产及当期所得税负债以抵销后的净额列示。

1. 企业拥有以净额结算的法定权利;

2. 意图以净额结算或取得资产清偿债务同时进行。

对于当期所得税资产及当期所得税负债以净额列示是指,当企业实际交纳的所得税税款大于按照税法规定计算的应交税时,超过部分在资产负债表中应当列示为"其他流动资产";当企业实际缴纳的所得税税款小于按照税法规定计算的应交税时,差额部分应当作为资产负债表中的"应交税费"项目列示。

其他税种的应缴数和多缴数(或预缴数、待抵扣数)的抵销列报,可比照该原则处理。

上述处理意见的理论依据是:预缴、多缴或者待抵扣的税额可以在以后退还或者抵顶以后年度的应纳税额,从而减少今后因履行纳税义务而导致的经济资源净流出,所以符合会计准则对资产的定义和确认条件。

2. 中期财务报告中当期所得税资产和递延所得税资产的确认、计量和列报。

虽然根据现行的企业所得税预缴相关规定,在按月或者按季预缴企业所得税时直接按照当月或者当季会计上的利润总额预缴,无需进行纳税调整(纳税调整在年末汇算清缴时统一进行),但基于权责发生制原则的要求,企业在年度中间编制中期财务报告时,应当按照所得税法规定的年度汇算清缴中应纳税所得额的计算规定,将当期会计利润调整为应纳税所得额,据此确认本中期的"所得税费用——当期所得税费用",并根据《企业会计准则第18号——所得税》、《企业会计准则第32号——中期财务报告》和相关税收法律法规规定测算各项资产、负债的期末账面价值和计税基础之间的暂时性差异,确定本中期末递延所得税资产、负债的应有余额以及本中期应确认的"所得税费用——递延所得税费用"金额。对于年初至本中期末按照税法规定累计已按月或者按季实际预缴的企业所得税超出年初至本中期末累计确认的应有纳税义务(年初至本中期末累计应纳税所得额×适用税率)的部分,确认为当期所得税资产,在资产负债表上列报为"其他流动资产"。

问题 5-1-15 预收账款应缴纳的营业税的列报

问题:

会计上确认收入之前已经根据预收款项缴纳的营业税在财务报表中应如何列报?

解答:

本案例中对会计上确认收入之前已经缴纳的营业税在财务报表中的列报问题,首先需要明确的一个问题是:这是否属于在税法规定的营业税纳税义务发生之前预交的税款?

如果在税法上认为纳税义务已经发生,后续即使该笔预收款项未被在会计上确认为收入而退还原付款人,相关的税款也已不能退回(包括采用开红票的方式冲抵营业额),则应在发生纳税义务时直接计入"营业税金及附加"。如果属于在税法上的纳税义务发生之前提前预缴的税款,则应在报表上列报为"其他流动资产",后续会计上将预收款项转为收入时,相应将对应的预缴税款从其他流动资产转入"营业税金及附加",与会计上确认的收入相配比。

结论基础:

根据《营业税暂行条例》第十二条的规定:"营业税纳税义务发生时间为纳税人提供应税劳务、转让无形资产或者销售不动产并收讫营业收入款项或者取得索取营业收入款项凭据的当天。国务院财政、税务主管部门另有规定的,从其规定。"原先《财政部、国家税务总局关于营业税若干政策问题的通知》(财税[2003]16号)第五条曾经规定:"单位和个人提供应税劳务、转让专利权、非专利技术、商标权、著作权和商誉时,向对方收取的预收性质的价款(包括预收款、预付款、预存费用、预收定金等,下同),其营业税纳税义务发生时间以按照财务会计制度的规定,该项预收性质的价款被确认为收入的时间为准",但该条规定在2009年《营业税暂行条例》修改后已被废止[见《关于公布若干废止和失效的营业税规范性文件的通知》(财税[2009]61号)]。因此,公司应注意结合当地的纳税实务做法,判断在就预收款开票时,纳税义务是否已经发生,还是属于税法上承认的"预缴税款"。

一般理解,企业按照税法规定缴纳的所得税、增值税等税费,应按照《企业会计准则第30号——财务报表列报》及其应用指南的规定,根据其余额性质和流动性,在财务报表中进行列报和披露。对于以下项目,应当在资产负债表中列报为"其他流动资产":

(1) 企业按照《企业会计准则第18号——所得税》的相关规定确认的当期所得税资产;

(2) 按照增值税相关规定应结转未来期间抵扣的增值税进项税额;

(3) 相关税收法规明确承认属于预缴,可在未来纳税义务发生时抵顶相应的应纳税额的预缴税款；

（4）等待退还或抵顶以后期间应纳税款的多缴税款。

上述(2)、(3)、(4)各项中，如有证据表明其未来获得退还、抵扣或抵顶的时间距离资产负债表日将在1年或者一个正常营业周期(以孰长为准)以上的，则应列报为"其他非流动资产"。

问题 5-1-16 客户交纳的履约保证金的列报及其对坏账准备的计提基数的影响

问题：

资产负债表日客户缴纳的履约保证金能否冲抵该客户的应收款项以净额列报？履约保证金对应收款项坏账准备的计提有何影响？

背景：

A广告公司代理B公司的媒体资源发布广告，需要向B公司交付履约保证金。B公司在2011年12月31日前将收到的保证金记入"预收账款"科目核算，自2012年1月1日开始记入"其他应付款"科目核算。B公司在报表列报时将履约保证金冲抵了A广告公司的应收账款，并且按照冲抵后的应收账款金额计提坏账准备。在A广告公司与B公司的合同中约定期满后退回履约保证金，但是在实际执行时，保证金通常都冲抵了应收账款以净额结算。

解答：

1. 在A广告公司与B公司签订的合同中没有约定以保证金冲抵应收账款的条款（而是约定期满后退回履约保证金），后续实际执行中出于简化操作的考虑采用两者相抵的结算方式，相当于在实际结算时签订了一份补充协议，对原协议中的结算条款进行修正。

对于尚无此类补充协议的往来款项而言，由于B公司没有自行选择以保证金抵销应收款项的权利（这种抵销是只有在发生欠款等特殊情况下才有权实施的，而当前并未出现导致可以行使抵销权的情况），只能在到期后全额退回该保证金，因此只能列报为其他应付款(货币性负债)而不能列报为预收账款(非货币性负债)。

对于该其他应付款能否与应收账款抵销后以净额列报的问题，按照《企业会计准则第37号——金融工具列报》第十三条规定：

"金融资产和金融负债应当在资产负债表内分别列示，不得相互抵销。但是，同时满足下列条件的，应当以相互抵销后的净额在资产负债表内列示：

（一）企业具有抵销已确认金额的法定权利，且该种法定权利现在是可执行的；

（二）企业计划以净额结算，或同时变现该金融资产和清偿该金融负债。

不满足终止确认条件的金融资产转移，转出方不得将已转移的金融资产和相关负债进行抵销。"

《〈企业会计准则第37号——金融工具列报〉应用指南》第二条"金融资产和金融负债的相互抵销"规定：

"根据本准则第十三条规定,金融资产和金融负债应当在资产负债表内分别列示,通常不得相互抵销。

以下列举了金融资产和金融负债不应相互抵销的交易或事项:

(一)企业将浮动利率长期债券与收取浮动利息、支付固定利息的互换组合在一起,合成为一项固定利率长期债券。这种组合的各单项金融工具形成的金融资产或金融负债不能相互抵销。

(二)企业将某项金融资产充作金融负债的担保物,该金融资产不能与被担保的金融负债抵销。

(三)企业与外部交易对手进行多项金融工具交易,同时签订'总抵销协议'。根据该协议,一旦某单项金融工具交易发生违约或解约,企业可以将所有金融工具交易以单一净额进行结算,以减少交易对手可能无法履约造成损失的风险。在这种情况下,只有交易对手违约或解约时,相关的金融资产和金融负债可以相互抵销;否则,不得相互抵销。

(四)保险公司在保险合同下的应收分保保险责任准备金,不能与相关保险责任准备金抵销。"

参照上述规定,由于本案例中的履约保证金是A广告公司拟提交的履约担保物,但只有在发生违约(如欠款)的情况下,B公司才能行使将该项金融负债(其他应付款)与金融资产(应收款项)相抵销的权利,因此两者在报表列报时不应互相抵销。

如果在资产负债表日,B公司和A广告公司已经就以保证金和应收款项轧抵后以净额结算的问题达成了一致意见,并签订了补充协议,则对于已经明确将以净额结算的款项,可以抵销后以净额在资产负债表上列报。

2. 由于A广告公司以履约保证金的方式为其应收款项的可回收性提供了担保,使得对应的应收款项的回收较有保证,一旦A广告公司发生信用风险,B公司可以选择以抵销的方式结算,事实上这部分有担保的应收账款不会发生坏账损失,因此,在按照账龄分析法计提坏账准备时,可以从计提基数中减去对应的履约保证金,按照扣减履约保证金后的净额作为计提坏账准备的基数。

问题 5-1-17　同一控制下合并中被合并方于合并日前净利润的列报

问题:

同一控制下的企业合并完成当年,在合并方的合并财务报表中,应如何计算和列报"归属于母公司所有者的净利润"和"少数股东损益"这两个财务指标?

背景:

A公司于2012年3月28日收购了B公司51%股权,并由此取得对B公司的控制权。由于B公司以前年度受A公司的大股东控制(大股东原持有其51%股权),故该交易为同一控制下的企业合并。

2012年度合并利润表中列示的合并净利润为包含B公司2012年全年的净利润。是否需要先减去"被合并方在合并前实现的净利润"再分别计算"归属于母公司所有者的净利润"和"少数股东损益"？

解答：

"同一控制下合并中被合并方在合并日之前实现的净利润"作为合并利润表的一项脚注，与表内的"归属母公司股东的净利润"、"少数股东损益"是平级的，即：

（1）无论是否在报告期内有同一控制下合并发生，合并净利润始终等于归属母公司股东的净利润加少数股东损益（而不是等于"归属母公司股东的净利润＋少数股东损益＋同一控制下合并中的被合并方在合并日之前的净利润"）。

（2）"同一控制下合并中被合并方在合并日之前实现的净利润"项目应反映被合并方自本年年初到合并日止期间内的全部（100％）净利润额，而不仅仅是对应于本次收购的51％股权的净利润额。

（3）在计算合并利润表中"归属母公司股东的净利润"和"少数股东损益"这两个项目的金额时，"同一控制下合并中被合并方在合并日之前实现的净利润"也应当按照本次收购的股权比例（51％）在"归属母公司股东的净利润"和"少数股东损益"之间分摊，分别列入"归属母公司股东的净利润"和"少数股东损益"这两个项目中。

因此，"同一控制下合并中被合并方在合并日之前实现的净利润"仅仅是合并利润表的一项脚注，但在合并股东权益变动表中是不单列的，也不会出现合并利润表和合并股东权益变动表的不一致情况。

问题 5-1-18 母子公司之间转让土地缴纳的土地增值税和营业税在合并报表中的列报

问题：

A公司将土地转让给子公司时缴纳土地增值税和营业税费等相关在合并报表时怎么列报？即计入合并报表层面的当期损益还是在"无形资产"列报？

背景：

A公司2012年7～9月将其使用的未在账面反映价值的国有划拨土地通过招拍挂方式转让给其下属非上市子公司B（占51％股权，该子公司正计划申报上市后备企业），按协议规定，B公司应缴纳土地出让金约3 000万元给当地国土资源管理部门，另支付土地转让费约4 000万元给A公司。因该交易，A公司要到当要税务部门代开发票，并另缴纳土地增值税和营业税等直接税费约2 450万元（不含税务部门因该交易将要征收的企业所得税200万元）。

解答：

1. 合并财务报表中对于内部交易中母公司承担的营业税的处理。

相关土地增值税和营业税的缴纳，是整个合并集团的一项对外经济资源流出（而不是经济资源在集团内部的转移），且其中涉及的营业税无法在以后年度获得抵扣，因此本质上符合《企业会计准则——基本准则》对"费用"的定义，即导致所有者权益减少的经济资源流出。

在相关内部交易收入已被抵销的情况下,如果继续保留在合并利润表的"营业外收入"的冲减项目中(事实上构成一项负数的"营业外收入"),则没有对应的对外交易收益与之对应,因此这种列示方式不恰当。并且土地增值税和营业税的支付并不导致集团土地使用权价值的增加,并不能构成内部交易中的"无形资产"金额予以确认。

站在整个合并集团角度,该笔营业税实际上是由于集团内部经济资源转移引起的对外经济资源流出,本质上可以归因于集团管理层的决策,因此在合并报表上应当列示为一项管理费用,该笔营业税在合并利润表上应列示为"管理费用"。

2. 内部交易产生的未来可抵扣的税金处理。

内部交易相关的土地增值税等流转税费如在内部交易的标的资产未来对外出售或者在生产使用过程中能够被消耗时可以作为转让成本或者生产成本、管理费用的一部分而获得抵扣,则从合并集团角度看相当于一项预缴税金,在同时满足以下条件的前提下,可以将可抵扣税金单独确认为一项资产(类似于递延所得税资产的确认条件):

(1) 预计内部交易的标的资产在可预见的未来很可能对外出售或者在企业生产使用过程中能够被消耗。

(2) 预计该标的资产未来对外出售或者被消耗时,将产生足够大的纳税义务,以使该项预缴税金中所包含的未来税收抵免利益得以实现。

需要注意:由于内部交易标的资产未来产生经济利益流入的能力并未因为该次内部转移而增加,并且该部分预缴税金所包含的经济利益的未来实现方式与内部交易的标的资产不同,对于可抵扣税金符合资产确认条件的,应当就该项预缴税金单独确认一项资产(例如,其他流动资产或其他非流动资产),不应增加到内部交易标的资产在合并报表层面的价值中。

因此,需要谨慎判断 B 公司是否有在可预见的未来将该土地(或者在该土地上建造的房屋建筑物)予以出售的明确计划,以及在未来出售时本次 A 公司缴纳的土地增值税所对应的 B 公司土地取得成本能否作为扣除项目从增值额中予以扣除。如果符合该条件的,则 A 公司本次缴纳的土地增值税在合并资产负债表上可列报为一项资产(其他流动资产或者其他非流动资产,取决于 B 公司预计出售该土地的时间是否在资产负债表日起 1 年内);如果不符合上述条件的,则 A 公司本次缴纳的土地增值税在合并报表层面也应当比照前段所述营业税的处理原则,确认为一项管理费用。

3. 合并报表底稿中的抵销分录。

内部交易发生时的抵销处理:

借:营业外收入　　　　　　　　　　　　　　　　　　　　15 500 000
　　其他流动/非流动资产(为简化起见,假设营业税按母公司所
　　　　得价款的5%计算为200万元,其余2 250
　　　　万元均为土地增值税,且符合前述
　　　　在合并报表层面确认为资产的条件)　　　　　　　22 500 000
　　管理费用　　　　　　　　　　　　　　　　　　　　　2 000 000
　贷:无形资产(或存货)　　　　　　　　　　　　　　　40 000 000

同时,由于合并报表层面抵销无形资产价值导致该项无形资产在合并报表层面的账面价值低于其计税基础,形成可抵扣暂时性差异,根据《企业会计准则实施问题专家组意见(2007年4月30日)》第七问的要求,在B公司预计未来可产生足够的应纳税所得额的前提下,应就该项可抵扣暂时性差异按照B公司的适用税率确认递延所得税资产。如该项土地在子公司确认为无形资产的,则后续各年度应按照无形资产使用年限逐年转回此处所确认的递延所得税资产;如果确认为存货则在实现对外销售时转回,具体分录略。

第二节 现金流量表的相关问题

问题 5-2-1 未超过3个月的银行承兑汇票保证金存款在现金流量表中的列示问题

问题:

期限不超过3个月的银行承兑汇票保证金存款在现金流量表中如何列示?

解答:

1. 相关指引可参阅《计学撮要(2011)》第392~395页。

首先明确一个问题:即现金流量表中的"现金"和"现金等价物"概念与资产负债表项目的对应关系问题。根据《企业会计准则第31号——现金流量表》的规定,现金是指企业库存现金以及可以随时用于支付的存款;现金等价物是指企业持有的期限短、流动性强、易于转换为已知金额现金、价值变动风险很小的投资。《企业会计准则讲解(2008)》进一步指出:现金流量表意义上的"现金"主要包括库存现金、银行存款、其他货币资金;现金等价物通常包括3个月内到期的短期债券投资。由此可见:

1. 现金流量表中的"现金"概念是与资产负债表的"货币资金"项目相对应的;而"现金等价物"概念是与资产负债表的"交易性金融资产"项目相对应的。交易性金融资产不可能成为现金流量表意义上的"现金",而货币资金(包括库存现金、银行存款和其他货币资金)不可能成为现金流量表意义上的"现金等价物"。

2. 只有在判断某项交易性金融资产是否属于现金等价物时,才需要考虑其是否具备"期限短"的特征;在判断定期存款是否可作为现金流量表意义上的"现金"时,所需考虑的因素是它是否可以不受限制地用于对外支付,而不考虑其剩余期限是否在3个月以内。

因此,由于定期存款通常是在"银行存款"科目中核算的,因此定期存款不可能成为现金等价物;而不能提前支取(或者由于受到其他方面的限制导致不能随时不受限制地用于对外支付)的定期存款肯定不属于现金。换言之,"可以提前支取"是定期存款构成现金流量表意义上的"现金"的一项基本前提。

银行承兑汇票保证金在票据到期日前处于冻结状态,不能随时支取用于满足支付用途。因此,即使对于期限在3个月内的银行承兑汇票保证金,也不能在现金流量表中作为"现金"。当然,更不是"现金等价物"。

2. 银行承兑汇票的保证金在现金流量表上的列报,应区分以下两种情况分别处理:

(1) 票据到期后直接从保证金支付票据款的,则直接按照开具票据的用途,将其归入相应的现金流量项目,例如"购买商品、接受劳务支付的现金"或者"购建固定资产、无形资产和其他长期资产支付的现金"。

(2) 票据到期后,原保证金解冻退回,以其他来源的资金支付票据款的,则票据保证金被冻结时,作为"支付的其他与筹资活动有关的现金",解冻时作为"收到的其他与筹资活动有关的现金"。

此类保证金的冻结和解冻,不符合《企业会计准则第 31 号——现金流量表》第五条所规定的现金流量净额列报的条件,即"代客户收取或支付的现金"、"周转快、金额大、期限短项目的现金流入和现金流出"或者"金融企业的有关项目",所以不能按净额反映,应当分别列报其流入和流出数。

问题 5-2-2 关于定期存款能否作为现金以及在期末能否计提利息收入

问题:

企业的定期存款能否作为现金流量表的现金,并同时按定期存款利率计提利息?定期存款在现金流量表中能否作为投资活动?

解答:

1. 定期存款是否在现金流量表上可作为"现金",在很大程度上取决于管理层的持有意图。

如《计学撮要(2011)》第 392~395 页"可随时提前支取的期限在 3 个月以上的定期存款能否在现金流量表上作为现金及现金等价物"所述,参照《国际会计准则第 7 号——现金流量表》第七条的规定,结合国内习惯上对"现金"和"现金等价物"概念的分类,无论是现金还是现金等价物,持有目的都是为了满足短期内对外支付的流动性需求,而不是以获取利息收入或投资收益为主要目的(are held for the purpose of meeting short-term cash commitments rather than for investment or other purposes)。也就是说,一项定期存款要成为"现金"或"现金等价物",最关键的一点是其持有目的应当是为了满足短期内对外支付对现金的需求。国际财务报告解释委员会(IFRIC)在 2009 年 7 月曾经讨论过是否可以将货币市场基金投资视作现金等价物的问题,当时对这一点予以了重申。

即,IFRS 下对此问题的观点是:定期存款是否在现金流量表上可作为"现金等价物",在很大程度上取决于管理层的持有意图。用于满足短期内对外支付对现金的需求的定期存款才可能作为"现金等价物",而具有明确的持有至到期的意图(其目的是获取相对较高的利息收入)的定期存款不能作为"现金等价物"。

我们理解,IFRS 下通常不会认为定期存款是"现金",符合条件的定期存款可作为"现金等价物",这一点与国内的一般理解可能有所差异。但鉴于 IFRS 和中国企业会计准则已实现实质性趋同,且"现金"和"现金等价物"概念在某些情况下有共通性,再者这一点与中国企业会计准则下的现有规定也不矛盾,因此 IFRS 下对于定期存款能否构成现金等价物的讨论,也适用于中国企业会计准则下对定期存款是否构成"现金"的讨论。

2. 未到期的定期存款能否在期末按照定期存款利率计提利息收入,应当与其持有意图相适应。

存款利息收入属于《企业会计准则第 14 号——收入》所定义的让渡资产使用权收入。关于让渡资产使用权收入的确认和计量原则问题,根据《企业会计准则第 14 号——收入》第十七条规定,"让渡资产使用权收入同时满足下列条件的,才能予以确认:(一)相关的经济利益很可能流入企业;(二)收入的金额能够可靠地计量。"第十八条规定:利息收入金额,按照他人使用本企业货币资金的时间和实际利率计算确定。

根据上述规定,如果管理层没有将定期存款持有至到期的明确意图,则在到期日之前,并不能保证其最终可以获得按定期存款利率计算的利息收入(因为在通常情况下,定期存款一旦提前支取,则只能按照活期存款利率计息),即尚不满足"相关的经济利益很可能流入企业"和"收入的金额能够可靠地计量"这两项确认标准。因此,对于管理层没有明确意图持有至到期的定期存款,在其到期日之前不能按照定期存款利率计提确认利息收入。

3. 定期存款在现金流量表上归类为"现金"和期末按照定期存款利率计提利息收入这两者的关系。

如前所述,定期存款在现金流量表上能否归类为"现金",以及期末能否对未到期的定期存款按照定期存款利率计提确认利息收入,都是取决于管理层的持有意图。而对于同一笔定期存款,在同一时点或者期间,同一管理层只能有一个持有意图。因而这两个问题就会存在关联。具体而言:

(1) 如果管理层具有明确的将某项定期存款持有至到期的意图,且可以证明企业确实具有所需的财务能力,无需在其到期日之前将其提前支取用于满足现金支付用途,则该项定期存款在现金流量表中不能作为"现金",但期末可以按照定期存款利率对其计提确认利息收入。

(2) 如果管理层没有明确的将某项定期存款持有至到期的意图,或者虽有此意图但无法证明具备所需的财务能力,则意味着存在在到期日之前提前支取的较大可能性。在此情况下,该项定期存款在现金流量表中可以作为"现金",但期末不可以按照定期存款利率对其计提确认利息收入。

问题 5-2-3 注销清算子公司的现金流量表问题

问题:

子公司注销清算是否属于《企业会计准则第 31 号——现金流量表》中规定的"处置子公司"?注销时向子公司少数股东分配其应得的剩余净资产份额所

支付的现金在合并现金流量表中是否也列于"支付的其他与投资活动有关的现金"中？

解答：

子公司注销清算是否属于《企业会计准则第31号——现金流量表》中规定的"处置子公司"，应取决于具体的注销方式：

（1）如果采用变卖资产、清偿负债、遣散人员后由股东以现金形式收回其剩余净资产的方式，则实质上与处置子公司相同，即把子公司的剩余净资产换回现金。此时基于"实质重于形式"的原则，在母公司的合并现金流量表中，可把注销清算后收回的剩余现金填列在"处置子公司或其他营业单位收到的现金净额"项目中。

（2）如果采用注销子公司后将其原有资产、负债、人员、业务均并入母公司（或母公司所控制的其他子公司）继续经营的方式，则母公司可控制的经济资源并未发生变化，不属于"处置子公司"。

根据《企业会计准则第31号——现金流量表》第十四条规定："筹资活动，是指导致企业资本及债务规模和构成发生变化的活动"。由于向少数股东分配其应得的剩余净资产份额后，合并资产负债表中的权益总额将因此减少，"归属母公司股东的权益"和"少数股东权益"的相对结构也将发生变化，所以注销子公司时分配给少数股东的现金属于筹资活动的现金流量，应填入合并现金流量表的"支付的其他与筹资活动有关的现金"项目中。

问题 5-2-4 生产人员培训及提前进厂费用是属于经营活动还是投资活动

问题：

"生产人员培训及提前进厂费"应如何进行会计处理？在编制现金流量表时，"生产人员培训及提前进厂费"属于经营活动还是投资活动？

背景：

某企业的主要经营用固定资产尚在建设过程中。在进行固定资产购建的同时，企业从外部招聘的职工（培训后将主要作为生产人员）已经开始入职培训。

解答：

"生产人员培训及提前进厂费"通常应当在发生时直接费用化处理，不应计入资产价值（即使是暂时性的），相应地，在现金流量表上，应在支付时直接列报为"支付的其他与经营活动有关的现金"。

结论基础：

企业发生此类"生产人员培训及提前进厂费"的目的是通过提高员工的熟练程度获取未来经济利益，但这部分未来经济利益并非企业可控制（员工可能随时提前离职，导致这部分支出成为无法收回的沉没成本）。并且，根据《企业会计准则第4号——固定资产》第九条规定，"自行建造固定资产的成本，由建造该项资产达到预定可使用状态前所发生的必要支出构成"。而对员工的培训并不改变固定资产的状态,所以不属于为了使固定资产达到预定可使用状态而发生的必要支出,不应计入固定资产的价值。

如果同时符合下列条件,则企业可以将发生的金额较大的"生产人员培训及提前进厂费"计入长期待摊费用,确认为一项单独的资产,并在劳动合同约定的服务期限内摊销:

1. 培训内容为本企业专用的内容,即如果培训对象离开本企业,对其并无价值(因而员工接受该项培训给企业带来的未来经济利益是企业可控制的);

2. 企业在与培训对象签订的劳动合同中根据《劳动合同法》第二十二条及其实施条例第十六条的规定,明确约定了服务期,并约定如提前离职,则培训对象应按《劳动合同法》第二十二条规定的最高限额支付违约金,以作为企业为其发生的培训费的补偿(因而该项培训费很可能为企业带来未来经济利益流入)。

相关法律法规规定:

《劳动合同法》第二十二条:

用人单位为劳动者提供专项培训费用,对其进行专业技术培训的,可以与该劳动者订立协议,约定服务期。

劳动者违反服务期约定的,应当按照约定向用人单位支付违约金。违约金的数额不得超过用人单位提供的培训费用。用人单位要求劳动者支付的违约金不得超过服务期尚未履行部分所应分摊的培训费用。

用人单位与劳动者约定服务期的,不影响按照正常的工资调整机制提高劳动者在服务期期间的劳动报酬。

《劳动合同法实施条例》第十六条:

劳动合同法第二十二条第二款规定的培训费用,包括用人单位为了对劳动者进行专业技术培训而支付的有凭证的培训费用、培训期间的差旅费用以及因培训产生的用于该劳动者的其他直接费用。

问题5-2-5 投资款汇出与子公司成立跨期时现金流量表的列示问题

问题:

投资款汇出与子公司成立跨期时,该投资款在现金流量表中应如何列示?

背景:

A公司于2011年计划投资设立全资子公司B公司,于2011年12月份将注册资本金5 000万元汇入以拟成立的子公司名义开立的验资临时账户,B公司于2012年1月完成工商登记并取得营业执照。

B公司2011年并未设账,于2012年将收到的注册资本金入账,在B公司个别现金流量表中作为"吸收投资收到的现金"列报。

解答:

严格来说,截至2011年年末,尽管新设的全资子公司尚未完成工商登记,但是该笔出资款5 000万元仍然在A公司的可控制范围之内,因此该笔款项仍应在2011年年末的合并资产负债表上列报为货币资金。

就对合并现金流量表的影响而言,鉴于截至 2011 年年末,该笔资金尚在以新设子公司(筹)的名义开立的验资临时账户中,则由于《人民币银行结算账户管理办法》及其实施细则对"验资户在验资期间只收不付"的规定,事实上处于被冻结状态,不能随时不受限制地支取用于支付用途,因此该笔出资款在 2011 年年末不属于现金及现金等价物(尽管如前所述,在 2011 年年末的合并资产负债表上仍应列报为货币资金)。但是就合并报表层面而言,出资设立子公司并不构成一项投资活动(不改变母公司所能控制的经济资源),所以该笔款项在 2011 年度的现金流量表中应列报为"支付的其他与经营活动有关的现金";到 2012 年新设的子公司完成工商登记,该笔资金从验资临时账户转入新设子公司的基本户时,在 2012 年度的合并现金流量表中列报为"收到的其他与经营活动有关的现金"。即,在合并报表层面,该事项的处理效果与资金的临时性冻结和解冻相似。

如果在某些特殊情况下,该笔出资款在 2011 年年末并未处于被冻结状态,则在合并现金流量表中仍列报为现金及现金等价物。在此情况下,2011 年度和 2012 年度的合并现金流量表上均不体现出该项内部拨付投资款交易的影响。

问题 5-2-6 房地产开发公司将开发项目转为自用时的现金流量归类问题

问题:

房地产开发企业将开发项目转为自用时,对现金流量表有何影响?

背景:

A 公司为房地产开发企业。本期固定资产(房屋建筑物)增加 11.7 亿元、投资性房地产成本增加 16.8 亿元、无形资产增加 1.2 亿元,系从公司本期完工开发产品根据使用用途分别转出,对于该部分资产当时购建时支付的现金,原已归入了"购买商品、接受劳务支付的现金",而非"购建固定资产、无形资产和其他长期资产支付的现金"。现在随着资产归类的调整,是否有必要对当初的现金流量分类进行相应调整?

解答:

现金流量表上对现金流量的列报项目归类并不是一个孤立的问题,它需要与相关项目开发或者固定资产购建支出在资产负债表上的列报方式综合起来考虑,并使得这两者实现最大限度的协调和一致。尤其是,相关项目支出在资产负债表上是列入存货、投资性房地产还是固定资产,还涉及资产负债表上资产的流动/非流动划分,从而影响流动比率等重要财务指标。

总体上,资产负债表项目和现金流量表项目归类的原则,取决于这些支出发生时管理层对这些项目的未来持有/处置意图(其中,资产负债表上的项目支出是权责发生制口径,现金流量表上的支出则是收付实现制口径)。具体可以分为以下几种情形分别讨论:

1. 在项目立项时,即可明确其持有意图为出售/出租/自用的,应当根据已明确的持有意图,将相关项目开发支出分别在"存货——开发成本"、"投资性房地产——在建"、"在建工程"等科目核算,相应地,其现金流量可分别归入"购买商品、接受劳务支付的现金"或者"购建固定资产、无形资产和其他长期资产支付的现金"项目。

2. 在项目立项时,尚不明确其持有意图,但预计其中大部分将用于出售的,可以将所发生的相关开发支出暂在"存货——开发成本"中核算,相应的现金流量表归入"购买商品、接受劳务支付的现金"项目。待明确具体用途后,把将用于出租/自用部分的成本转入"投资性房地产——在建"或"在建工程"项目核算。用途明确后,后续再发生的支出按照已明确的用途分配到出售部分和出租/自用部分,分别记入(直接记入或分配记入)相应科目,现金流量也采用相同方式直接记入或者分配记入"购买商品、接受劳务支付的现金"或者"购建固定资产、无形资产和其他长期资产支付的现金"项目。

3. 在项目立项时,尚不明确其持有意图,但预计其中大部分将用于出租/自用的,可以将所发生的相关开发支出暂在"在建工程"中核算,相应的现金流量表归入"购建固定资产、无形资产和其他非流动资产支付的现金"项目。待明确具体用途后,把将用于出租/出售部分的成本转入"投资性房地产——在建"或"存货——开发成本"项目核算。用途明确后,后续再发生的支出按照已明确的用途分配到出售部分和出租/自用部分,分别记入(直接记入或分配记入)相应科目,现金流量也采用相同方式直接记入或者分配记入"购买商品、接受劳务支付的现金"或者"购建固定资产、无形资产和其他长期资产支付的现金"项目。

在上述情形2、3中,对于用途明确之前已发生的现金流出的归属项目,在明确用途(相应地在资产负债表上进行重分类)之后,在现金流量表上可不再调整。

问题5-2-7 整合主体垫付的"一停四不停"费用和支付的资源整合价款的现金流量表列报问题

问题:

整合主体垫付的"一停四不停"费用和支付的资源整合价款,在编制现金流量表时应该在哪里反映?

背景:

近年来,各地开始对辖区内煤炭资源进行整合。根据国家安全生产监督管理总局、国家煤矿安全监察局等部委《关于加强煤矿安全生产工作规范煤炭资源整合的若干意见》(安监总煤矿[2006]48号)等文件规定,煤炭资源整合是指合法矿井之间对煤炭资源、资金、资产、技术、管理、人才等生产要素的优化重组,以及合法矿井对已关闭煤矿尚有开采价值资源的整合。煤炭资源整合是淘汰落后、优化布局,提高产业集中度的重要手段;是提高矿井安全保障能力的有效途径;是落实全国人大常委会安全生产法执法检查提出、国务院确定的"争取用3年左右的时间完成小煤矿的整顿工作"目标任务的重要举措;是提高小煤矿本质安全水平、确保煤炭资源合理开发的必然选择;是煤炭工业节约发展、安全发展、实现可持续发展的重大举措。通过资源整合,可大幅度减少小煤矿数量,提高办矿规模和安全、装备、技术管理水平,从源头上减少和控制煤矿事故。煤炭资源整合工作由省级人民政府统一组织和领导。

"一停四不停"费用是指被整合矿井在整合期间(尚未完成资产收购或股权收购之前)停产不停电、不停风、不停瓦斯检测、不停排水而发生的费用。根据山西省政府要求此项费用由整合完成后的新公司(矿井)负担,先由各整合主体垫付。费用主要有相关人员的工资,水电费、材料费等(相关水电费发票开给原矿井)。

解答:

对于已停产的小煤矿而言,其具有经济价值的主要资产是采矿权等矿区权益资产,故资源整合价款将形成采矿权、长期股权投资等非流动资产,因此在现金流量表上列报为投资活动的现金流量(根据整合对象是资产还是股权,分别列报为"购建固定资产、无形资产和其他长期资产支付的现金"或者"投资支付的现金")。

"一停四不停"相关费用主要是依据相关的安全监管法规支付的,主要目的是为了保证停产矿井仍具备最基本的安全条件(即为维持其原有的产出能力提供必要保障),并不增加额外经济利益流入,属于费用性质的支出,因此应作为"支付的其他与经营活动有关的现金"。

问题5-2-8 委托贷款现金流量表列示问题

问题:

委托贷款的本金及利息在借入、借出双方的现金流量表中分别应如何列示?

解答:

在委托贷款中,对于借出方而言,贷款本金的发放可列报为"支付的其他与投资活动有关的现金",收回可作为"收到的其他与投资活动有关的现金";对于借入方而言,收到借款本金可作为"取得借款收到的现金",偿还借款本金可作为"偿还债务支付的现金"。

借入方支付的利息,可作为"分配股利、利润或偿付利息支付的现金"。

对于委托贷款借出方的利息收入,此问题没有统一规定,以下两种做法应当都是可以接受的,企业一旦选择其中一种,即应保持一贯性:①与利润表上将利息收入作为"其他业务收入"的做法一致,列报为"收到的其他与经营活动有关的现金";②考虑到本金的发放和收回在现金流量表上作为投资活动,所以将利息收入列报为"收到的其他与投资活动有关的现金"。

问题5-2-9 关联方之间资金拆借在现金流量表上的列报问题

问题:

母公司借给子公司(处于基建期,无经营活动)资金,双方未签订借款协议,不收取利息,也没有约定还款期限。在此种情况下,子公司在现金流量表中将收到的款项列报为"收到其他与投资活动有关的现金",母公司将支付的资金列报为"支付的其他与投资活动有关的现金",是否恰当?

解答:

对于关联方之间的资金拆借在借入、借出双方各自现金流量表上的列报方式问题,在实务中没有统一的做法,可能作为投资或筹资活动,也可能作为经营活动,主要考虑以下因素:

(1) 有无明确的偿还期限约定。
(2) 报告期内借出和收回交易的发生频率。
(3) 涉及本金金额的大小。
(4) 实际借款期限的长短。

在未签订借款协议,借款期限事先不确定,拆出和归还交易发生频繁且涉及金额较大,且不带利息的情况下,更接近于作为经营活动现金流量;反之,借出一方更接近于作为投资活动的现金流量,借入一方更接近于作为筹资活动的现金流量。借入一方将收到借款的现金流量作为投资活动产生的现金流量,虽然可以简化其母公司编制合并现金流量表时的合并抵销,但对其单独现金流量表的列报而言是不恰当的。

因此,在本案例中,子公司将所借入的资金作为"收到其他与投资活动有关的现金"是不恰当的,应根据具体情况作为"收到的其他与经营活动有关的现金"或者"收到的其他与筹资活动有关的现金";相应地,借出方母公司相应作为"支付的其他与经营活动有关的现金"或者"支付的其他与投资活动有关的现金"。

另外,借入方在其财务报表中,应对照《计学撮要(2011)》第 331~338 页的相关指引,判断该资金是应作为权益还是负债项目列示,以及如何计量的问题。

问题 5-2-10 保理业务在现金流量表的列报问题

问题:

1. 应收账款保理业务收到银行支付的保理款项在现金流量表中如何列报?

2. 根据"背景"部分提供的信息,公司收到债务人偿还的已办理保理业务的款项在尚未偿付银行之前应如何进行账务处理?在现金流量表中应如何列报?

背景:

A 公司于 2012 年 12 月 25 日与某银行签订了不附追索权的应收账款保理合同,将应收账款 8 000 万元转让给银行,并于当日获得银行的保理资金 8 000 万元。

2012 年 12 月 31 日,A 公司收到了已经办理保理业务的应收账款债务人偿还的款项 4 000 万元,A 公司于 2013 年 1 月 5 日将该款项划转给保理银行。

解答:

1.《企业会计准则解释第 5 号》第三条规定:

"企业采用附追索权方式出售金融资产,或将持有的金融资产背书转让,是否应当终止确认该金融资产？

答：企业对采用附追索权方式出售的金融资产，或将持有的金融资产背书转让，应当根据《企业会计准则第 23 号——金融资产转移》的规定，确定该金融资产所有权上几乎所有的风险和报酬是否已经转移。企业已将该金融资产所有权上几乎所有的风险和报酬转移给转入方的，应当终止确认该金融资产；保留了金融资产所有权上几乎所有的风险和报酬的，不应当终止确认该金融资产；既没有转移也没有保留金融资产所有权上几乎所有的风险和报酬的，应当继续判断企业是否对该资产保留了控制，并根据《企业会计准则第 23 号——金融资产转移》的规定进行会计处理。"

参照上述规定，如果 A 公司应收账款保理业务可以满足终止确认相关应收款项的条件，即，A 公司已经将标的应收账款所有权上几乎所有风险和报酬都转移给了保理银行，因而可以于保理生效时终止确认对应的应收账款的，则收到的银行保理资金 8 000 万元可以视同"销售商品、提供劳务收到的现金"；如果不能终止确认标的应收账款，需要把收到的保理款项确认为借款的，则相应的现金流量应作为"借款收到的现金"列报。

2. 一般的保理合同都有企业作为"无报酬受托人"的条款，即通常情况下，在保理合同生效后，企业应当通知保理所涉及的标的应收账款的债务人，通知其直接向银行付款。如果债务人仍然直接付款给企业，则企业即自动就该笔款项成为银行的"无报酬受托人"，承担妥善保管该笔款项并在合理期限内将其尽快转付给银行的义务。如果年末恰好收到债务人的付款，但尚未转付给银行的，可以在资产负债表中列报为"其他应付款——银行"以体现企业就该笔款项承担的受托责任。该项受托责任相关的法律关系不同于企业和银行之间通常的存贷款法律关系，因此不适合于列报为一项"借款"。

由于收到款项之后必须在一个较短的期限内转付给银行，否则就构成企业在保理合同项下的违约，因此通常相应的款项只能在企业的银行账户中停留很短时间。此时企业收到债务人的付款并将其转付给银行应理解为代收代付性质。如果收款和转付发生在同一会计期间内，则根据《企业会计准则第 31 号——现金流量表》第五条第（一）、（二）两项关于"代客户收取或支付的现金"和"周转快、金额大、期限短项目的现金流入和现金流出"可以以净额列报的规定，直接按抵减后的净额列报于现金流量表中（事实上在现金流量表中的列报金额为零）；如果收到和支付出现跨期情况（如本案例中的 A 公司），则在收到年度的现金流量表中列报为"收到的其他与经营活动有关的现金"，下一年初支付给银行时列报为"支付的其他与经营活动有关的现金"。

问题 5-2-11　企业收到的"与资产相关的政府补助"在现金流量表的列报问题

问题：

企业收到的"与资产相关的政府补助"在现金流量表中应如何列报？

解答：

收到与资产相关的政府补助款项，是符合《企业会计准则第 31 号——现金流量表》对"筹资活动"的定义的（即"导致企业资本及债务规模和构成发生变化"），因此应记入"收到其他与筹资活动有关的现金"项目中。

结论基础：

根据《企业会计准则第 31 号——现金流量表》对现金流量表中"三类活动"的定义："投资活动是指企业长期资产的购建和不包括在现金等价物范围的投资及其处置活动"；"筹资活动是指导致企业资本及债务规模和构成发生变化的活动"；"经营活动是指企业投资活动和筹资活动以外的所有交易和事项"。因此，"经营活动"是一个剩余类别，是所有交易和事项扣除应归属于投资、筹资活动的交易和事项之后的剩余类别。

根据《企业会计准则第 16 号——政府补助》第七条的规定"与资产相关的政府补助，应当确认为递延收益，并在相关资产使用寿命内平均分配，计入当期损益"，递延收益在资产负债表上列报为"其他非流动负债"。由于与资产相关的政府补助结转损益的期限相对较长，而且通常金额较大，递延收益的确认导致企业的长期负债和权益结构发生变化，因此严格来说，收到与资产相关的政府补助款项，是符合上述"筹资活动"的定义的（即"导致企业资本及债务规模和构成发生变化"），记入"收到其他与筹资活动有关的现金"项目较为适合。而且，鉴于"经营活动现金流量净额"指标日益受到报表使用者重视，而购建非流动资产的支出是作为投资活动现金流出反映的，将与资产相关的政府补助对应的现金流入列报为筹资活动，可以提高"经营活动现金流量净额"指标计算的合理性。

问题 5-2-12 研究开发支出相关现金流量

问题：

公司开发支出发生的现金流是在经营活动还是在投资活动？

解答：

首先，需要对相关研究开发项目所处阶段以及符合资本化条件进行详细的分析判断，在期末时，应对相关研究开发项目是处于研究阶段还是开发阶段，以及（如果在期末已经进入开发阶段）是否满足、何时满足《企业会计准则第 6 号——无形资产》第九条规定的资本化条件形成结论。

其次，在明确研究开发支出的会计处理是应当费用化还是资本化之后，对于对应于费用化研究开发支出的现金流量，应列报为经营活动的现金流量；对于对应于资本化开发支出的现金流量，应列报为投资活动的现金流量。

结论基础：

根据《企业会计准则第 31 号——现金流量表》对"经营活动"和"投资活动"的定义，投资活动是指"企业长期资产的购建和不包括在现金等价物范围的投资及其处置活动"，而经营活动是指"企业投资活动和筹资活动以外的所有交易和事项"(即经营活动属于"剩余类别")。由于资本化的开发支出将形成非流动资产(先在"开发支出——资本化支出"中归集,研发完成后转入无形资产,在资产负债表上列报为非流动资产),因此与资本化开发支出对应的现金流量符合"投资活动"的定义,应列报为投资活动的现金流量;反之,费用化的研究开发支出并不形成长期资产,其对应的现金流量不符合"投资活动"的定义,明显也不是筹资活动("导致企业资本及债务规模和构成发生变化的活动"),因此应列报为经营活动的现金流量。

问题 5-2-13 核销应收款项转销的坏账准备在现金流量表上的列报

问题:

核销应收款项转销的坏账准备在现金流量表补充资料中是否体现在"资产减值准备"项目中?

解答:

参阅《企业会计准则讲解(2010)》第 535 页。

"1. 资产减值准备

这里所指的资产减值准备是指当期计提扣除转回的减值准备,包括:坏账准备、存货跌价准备、投资性房地产减值准备、长期股权投资减值准备、持有至到期投资减值准备、固定资产减值准备、在建工程减值准备、工程物资减值准备、生物性资产减值准备、无形资产减值准备、商誉减值准备等。企业当期计提和按规定转回的各项资产减值准备,包括在利润表中,属于利润的减除项目,但没有发生现金流出。所以,在将净利润调节为经营活动现金流量时,需要加回。本项目可根据'资产减值损失'科目的记录分析填列。"

根据上述内容分析,计入现金流量表补充资料的"资产减值准备"金额实质是计入资产减值损失的金额,即本期计提扣除本期转回的金额,一般情况下与计入利润表"资产减值损失"科目的金额一致。由于核销坏账损失时,并不通过"资产减值损失"科目核算,所以,核销应收账款转销金额不应列入现金流量表补充资料中"资产减值损失"项目,通常的做法是在计算"经营性应收项目的减少(减增加)"项目的金额时,将因核销坏账导致的应收款项减少额从该项目中剔除。

问题 5-2-14 外币现金流量表的折算

问题:

外币现金流量表折算为本位币报表时,主表和补充资料分别使用何种折算汇率?

解答:

《企业会计准则第31号——现金流量表》第七条规定:"外币现金流量以及境外子公司的现金流量,应当采用现金流量发生日的即期汇率或按照系统合理的方法确定的、与现金流量发生日即期汇率近似的汇率折算。汇率变动对现金的影响额应当作为调节项目,在现金流量表中单独列报。"根据上述规定,实务中外币现金流量表的折算汇率可按下列办法确定。

1. 主表的折算汇率确定。

由于现金流量表的主表中的各流入流出项目都是发生额概念,因此各现金流入、流出项目应按《企业会计准则第31号——现金流量表》第七条的要求,采用现金流量发生日的即期汇率或按照系统合理的方法确定的、与现金流量发生日即期汇率近似的汇率(实务中通常采用全年平均汇率)折算。

"现金及现金等价物期初余额"和"现金及现金等价物项目的期末余额"两个项目分别按照期初、期末时点的即期汇率折算,以折算后这两个项目的差额作为折算后现金流量表"现金及现金等价物净增加额"项目的列报金额。该金额与各流入、流出项目的折算后净额之间的差额,通过"汇率变动对现金的影响"项目的调节来平衡。

2. 补充资料(间接法)折算汇率的确定。

由于补充资料与资产负债表、利润表项目之间通常有较为密切的勾稽关系,所以一般做法是:

(1) 对于与利润表及其附注有直接对应关系的间接法项目,如"净利润"、"资产减值损失"、"投资收益"等,一般直接按照折算后利润表上的相应金额填列。

(2) "递延所得税资产的减少"和"递延所得税负债的增加"项目与"所得税费用"附注中的"递延所得税费用"项目有勾稽关系,应确保在折算后报表中该勾稽关系仍然成立。

(3) 其余与利润表关系密切的项目,如"固定资产报废损失"、"处置非流动资产损失"、"财务费用"、"固定资产折旧"、"无形资产摊销"等,也应按照与利润表项目相一致的原则确定折算汇率。

(4) 属于通过资产、负债的年初和年末余额相减确定的项目,与资产负债表项目之间的勾稽关系更为明显,建议按照折算后的资产负债表上的年初数、年末数为基础重新计算确定这些项目的金额。

第三节　关联方关系及其交易认定与披露的相关问题

问题 5-3-1　母公司的联营公司是否为关联方

问题:

本公司之母公司的联营企业是否与公司构成关联方?

解答:

在判断关联方关系时,应当把某一实体连同受其控制或者其能够控制的实体作为一个整体予以考虑,因为控制是可以传递的。因此,本公司受母公司控制,因此在判断本公司与母公司的联营企业之间是否属于关联方时,应当把本公司和母公司(以及母公司可控制的其他所有子公司)看作一个整体,由于母公司的联营企业和母公司是关联方,因此母公司的该联营企业与本公司也是关联方。这一点在《企业会计准则讲解 2010》中也是有所体现的,例如明确规定联营企业的子公司也是本企业的关联方。

另外,参照 2009 年 11 月修订后的《国际会计准则第 24 号——对关联者的揭示》9(b)(ii)段:An entity is related to a reporting entity if any of the following conditions applies: … (ii) One entity is an associate or joint venture of the other entity (or an associate or joint venture of a member of a group of which the other entity is a member). 即:存在以下情况之一的主体应作为报告主体的关联方:……(2)其中一个主体是另一主体的合营企业或者联营企业(或者另一主体所属集团的其他成员企业的联营企业或合营企业)。

问题 5-3-2 合并报表中对重要子公司的少数股东、关键管理人员等特定关联方关系和交易的认定和披露

问题:

合并财务报表附注中对于重要子公司的少数股东、关键管理人员、主要投资者个人及与其关系密切的家庭成员及其控制和共同控制的企业之间是否认定为关联方?对于与其之间的关联交易如何披露?

解答:

1. 根据《企业会计准则第 36 号——关联方披露》第二条规定:"企业财务报表中应当披露所有关联方关系及其交易的相关信息。对外提供合并财务报表的,对于已经包括在合并范围内各企业之间的交易不予披露,但应当披露与合并范围外的各关联方的关系及其交易。"

编制合并报表的集团是合并报表的会计主体,因此应当基于该会计主体的立场界定关联方及其交易的范围。因此,在合并财务报表附注中,重要子公司的少数股东(限于对该重要子公司可施加重大影响的)、关键管理人员、主要投资者个人及与其关系密切的家庭成员及其控制和共同控制的企业之间应作为关联方披露。

2. 关联方关系是以控制、共同控制和重大影响关系的存在为基础的。对于重要子公司的少数股东、关键管理人员、主要投资者个人及与其关系密切的家庭成员及其控制和共同控制的企业(以下统称"特定关联方")而言,在集团合并报表的附注中披露的关联方交易,仅限于该等特定关联方与其可施加重大影响的本集团内组成部分(即其持股或担任关键管理人员的子公司及其子公司、合营企业和联营企业)之间的交易和往来余额,不含与集团内其无法实施重大影响的组成部分之间的交易和往来余额。对于这一点,应当在集团合并财务报表附注的"关联方关系及其交易"部分中予以明确说明。

问题 5-3-3 母公司从子公司采购商品高于市场价格的会计处理

问题：

母公司从子公司采购商品高于市场价格时应如何处理？

背景：

2010年度，A公司利用现有的厂房屋顶投资建设3兆瓦屋顶光伏电站，主要使用B公司生产的薄膜太阳能电池组件，截至2011年12月31日，共从B公司采购176.72瓦电池组件，采购单价34.32元，采购金额6 066万元，该项目累计已投资6 564万元。

B公司为A公司全资子公司，主要从事薄膜太阳能电池组件的生产销售。2011年6月，B公司开始正式投产。初期投产后，未能达到预计产能，产品单位成本较高，薄膜太阳能电池组件每瓦生产成本为41.79元，根据A公司申请"金太阳示范工程"财政补助资金过程中提供的合同价格每瓦为10.50元（基本与2010年上半年市场晶体硅电池价格相近），实际销售未使用合同价格，实际销售单价为34.32元。B公司实际确认销售给母公司产品收入6 066万元，确认销售亏损1 320万元。

解答：

在本案例中，A公司以高于市场价格的采购价格向B公司采购电池组件，由此导致额外的交易差额4 210万元（假设不考虑相关税费，下同）。就B公司而言，根据《企业会计准则第14号——收入》第五条"企业应当按照从购货方已收或应收的合同或协议价款确定销售商品收入金额，但已收或者应收的合同或协议价款不公允的除外"的规定，该差额不应确认为B公司的销售商品收入，而是母公司A公司对其的额外资本性投入，B公司应把该4 210万元确认为资本公积。相应地，在母公司A公司的个别报表层面，仅应按照该等电池组件的市场公允价值（10.5元/瓦）计入在建工程成本，而把因实际售价高于公允价值而额外支付给B公司的4 210万元[6 066÷34.32×(34.32－10.50)]作为对子公司的资本性投入，借记"长期股权投资——B公司"科目。

就A公司的合并报表层面而言，应当抵销内部销售和内部资本性投入的交易，在合并报表层面上，恢复到按照B公司的实际生产成本（41.79元/瓦）计入在建工程成本。但由于其成本高于同类资产的市场公允价值，这将被视作一项资产减值迹象，应当在期末对该项在建工程（其中电池组件按41.79元/瓦计入）进行减值测试（在减值测试时可以考虑将基本确定可收到的政府补贴款项计入未来现金流量），如果可收回金额低于账面价值的，则应计提减值准备。不能仅仅因为电池组件的成本高于其公允价值，就认为必然在合并报表层面要按照两者的差额确认减值损失，而是要按照《企业会计准则第8号——资产减值》规定的方法确定未来可收回金额（即按照资产公允价值减去处置费用之差和未来使用中的现金流量现值两者中的较高者，未来可收回金额中可包含基本确定可收到的政府补助款项），作为计提减值准备的基础。

问题5-3-4 为关联方担保导致承担担保责任的会计处理

问题：

如下文"背景"资料所述，代关联方偿还贷款应如何进行账务处理？

背景：

A 公司作为 B 公司向 C 银行借款的担保人，因 B 公司到期无力归还贷款，根据 2011 年年初法院作出的判决，认定 B 公司负有 7 189.4 万元本金及相关利息罚息等债务，A 公司对上述债务承担连带担保责任。2011 年 8 月 10 日，C 银行、B 公司以及 A 公司签订了《减免利息协议》，根据协议约定 A 公司需支付的本金及利息罚息合计 66 176 101.52 元。2011 年 10 月，A 公司之子公司 D 公司替 B 公司还清所欠贷款。A 公司为 B 公司之母公司。

解答：

本案例中，由于 A 公司是 B 公司和 D 公司的母公司，后两者为互相之间无投资关系的兄弟公司，则在 A 公司，应当考虑要求各公司之间比照非关联方之间的独立交易原则互相确认债权债务关系，尽可能进行资金的往来结算。

如果 A 公司仍然在法律上保留向被担保人 B 公司的追偿权利，则根据《企业会计准则第 22 号——金融工具确认和计量》第二十四条规定："企业成为金融工具合同的一方时，应当确认一项金融资产或金融负债"；第三十条规定："企业初始确认金融资产或金融负债，应当按照公允价值计量"，即 A 公司在其子公司 D 公司代为履行担保责任后，应当就其向被担保方 B 公司享有的追偿权确认一项金融资产，其初始计量金额为预计可收回金额(为了加强应收款项管理，也可以在账面记录中分别确认其他应收款和坏账准备，但在报表列报中应互相抵销)。如果因为 B 公司财务状况很差，明显无偿还能力，因而 A 公司预计可从 B 公司收回的追偿款为零，则最终在 A 公司个别报表上体现的处理效果就是"对 B 公司的债权价值为零，将实际归还的款项与企业原计提负债的差额调整营业外收入"。即 A 公司个别报表层面的账务处理为：

借：其他应付款——B 公司借款担保案件　　　　　71 894 000.00
　　贷：其他应付款——D 公司　　　　　　　　　66 176 101.52
　　　　营业外收入　　　　　　　　　　　　　　 5 717 898.48
借：其他应收款——B 公司　　　　　　　　　　　66 176 101.52
　　贷：坏账准备　　　　　　　　　　　　　　　66 176 101.52

如果 A 公司不再要求被担保人 B 公司返还代偿款项，并且 A 公司是 B 公司的母公司，则 A 公司应将代偿款项增加对 B 公司的长期股权投资成本，借记"长期股权投资——B 公司"科目，贷记"其他应付款——D 公司"科目，并对长期股权投资进行减值测试，计提减值准备。

问题 5-3-5　从关联方购入用以研究的设备核算问题

问题：

如下文"背景"资料所述，A 公司从关联方购入的用以研究的设备是否可以转入固定资产核算？

背景：

A公司于2008年成立的中外合资企业，主要生产除雪设备，所生产除雪设备的技术所有权由外方所有。成立时，外方拟以技术出资，但程序办理上存在一定困难，后改用货币资金出资。A公司成立后，以高于市场价的价格从外方购入一套除雪设备，A公司据此仿制出产品，并在国内市场上销售。作为技术样品购入的除雪设备在A公司挂账，至今一直未对外销售。

2010年8月31日股份制改制时，该除雪设备按照A公司该类产品当时的市场销售价格计算提取了存货跌价准备。购买设备成本400万元，提取存货跌价准备138万元。

解答：

首先要考虑该设备是否符合会计准则对"存货"和"固定资产"的定义。根据《企业会计准则第1号——存货》第三条规定："存货，是指企业在日常活动中持有以备出售的产成品或商品、处在生产过程中的在产品、在生产过程或提供劳务过程中耗用的材料和物料等"；《企业会计准则第4号——固定资产》第三条规定："固定资产，是指同时具有下列特征的有形资产：（一）为生产商品、提供劳务、出租或经营管理而持有的；（二）使用寿命超过一个会计年度。使用寿命，是指企业使用固定资产的预计期间，或者该固定资产所能生产产品或提供劳务的数量。"

对于上述存货定义中的"日常活动"概念，《〈企业会计准则第14号——收入〉应用指南》作出了如下解释。

一、日常活动的认定

本准则第二条规定，收入是指企业在日常活动中形成的、会导致所有者权益增加的、与所有者投入资本无关的经济利益的总流入。其中"日常活动"，是指企业为完成其经营目标所从事的经常性活动以及与之相关的活动。

比如，工业企业制造并销售产品、商品流通企业销售商品、保险公司签发保单、咨询公司提供咨询服务、软件企业为客户开发软件、安装公司提供安装服务、商业银行对外贷款、租赁公司出租资产等，均属于企业为完成其经营目标所从事的经常性活动，由此产生的经济利益的总流入构成收入。

工业企业转让无形资产使用权、出售不需用原材料等，属于与经常性活动相关的活动，由此产生的经济利益的总流入也构成收入。

企业处置固定资产、无形资产等活动，不是企业为完成其经营目标所从事的经常性活动，也不属于与经常性活动相关的活动，由此产生的经济利益的总流入不构成收入，应当确认为营业外收入。

就本案例而言，购入该设备的目的是为了仿制出自己的产品，属于产品研发过程，因此并不是企业的日常活动，不符合"存货"的定义；目前处于闲置状态，并未在生产经营过程中实际使用，也不是生产产品所使用的生产工具等劳动手段，所以也不符合"固定资产"的定义，应按其持有意图（例如，择机出售）考虑列报为其他流动资产。如果预计难以出售变现的，则建议将该资产的账面价值从账面上核销。

从"背景"资料所述情况看,当初 A 公司之所以愿意以高于市场价的价格向外方购买一套产品作为样机,其主要目的是为了研发自己的产品,即其购买价格高于当时(购入时)的市价的差额部分相当于技术转让费,最终形成了该公司自己的产品的研发费的一部分(但只适用于该种特定的仿制产品),与该种仿制产品所发生的其他研发费一并进行会计处理。也就是说,购买价格高于当时(购入时)该设备的市价的差额部分属于产品研发支出,不应构成该设备账面成本的组成部分。该设备购入后目前的市价如果低于购入时的市价,则这两者的差额部分(购入后的市价下跌)才是真正的资产减值准备和资产减值损失。

总之,A 公司应根据该交易的经济实质,合理地将该设备的购买价格区分为设备本身的价值和技术转让费两部分,分别按照适用的原则进行会计处理;相应地,期末对该设备计提跌价准备时,应当把该设备的现时市场价格与购入当时的正常市场价格(而不是实际从外方购入的、包含技术转让费的价格)相比较,将前者低于后者的差额确认为跌价准备。

问题 5-3-6 关联方非经营性资金占用的界定问题

问题:

如下文"背景"资料所述,A 公司下述关联方非经营性资金占用如何列示?

背景:

A 公司为深交所主板上市公司。

(1) A 公司以 10.70 亿元的价格向关联方 B 公司转让公司所属 5 家水电企业资产(股权),2011 年 12 月 15 日,公司收到 B 公司按照上述转让协议约定支付的第一笔资产(股权)转让价款共计 58 850 万元,尚余 48 150 万元未支付,报告期末结余 48 150 万元,根据转让协议的约定,对其余转让价款,B 公司将于 2012 年 6 月 30 日前付清。

(2) A 公司 2009 年 8 月 24 日召开的第五届董事会第十七次会议审议批准,于 2009 年 9 月以 4 000 万元收购 C 公司 51%的股权,成为其控股股东。股权收购完成后,A 公司分别于 2009 年 12 月 8 日和 2010 年 2 月 25 日向 C 公司发放委托贷款合计 8 000 万元,贷款期限为 3 年,贷款利率为 5.13%。2010 年 6 月,A 公司以 C 公司 51%的股权为出资,向 D 公司进行增资扩股,增资后,C 公司成为 D 公司的控股子公司。报告期内,该笔委托贷款继续正常履行。2011 年 12 月,A 公司以 10.7 亿元的价格将包括 D 公司在内的 5 家水电企业的资产(股权)转让给关联方 E 公司,上述转让完成后,C 公司成为 E 公司所属企业,其与 A 公司之间构成关联关系。截至本报告期末,上述委托贷款尚未到期,应收本息共计 8 012.54 万元。

解答:

由于 A 公司属于深交所主板上市公司,因此对于"非经营性资金占用"的界定应遵循深圳证券交易所《信息披露业务备忘录第 21 号——年度报告披露相关事宜(2011 年 3 月 12 日修订)》第十条"同业竞争、关联交易及资金占用"的有关规定。

根据该条规定,"非经营性资金占用"的界定标准为:"根据《关于集中解决上市公司资金被占用和违规担保问题的通知》(证监公司字[2005]37号),非经营性占用资金是指上市公司为大股东及其附属企业垫付的工资、福利、保险、广告等费用和其他支出;代大股东及其附属企业偿还债务而支付的资金;有偿或无偿、直接或间接拆借给大股东及其附属企业的资金;为大股东及其附属企业承担担保责任而形成的债权;其他在没有商品和劳务对价情况下提供给大股东及其附属企业使用的资金或证券监管机构认定的其他非经营性占用资金。"

"大股东及其附属企业"的界定标准为:"大股东及其附属企业指控股股东或实际控制人及其附属企业、前控股股东或实际控制人及其附属企业。附属企业是指控股股东、实际控制人直接控制的企业。"具体包括:①实际控制人;②实际控制人直接控制的法人;③控股股东;④控股股东直接控制的法人;⑤控股股东、实际控制人直接控制的其他附属企业;⑥原控股股东、原实际控制人及其附属企业。

根据上述规定:

1. "背景"资料第(1)项中的股权转让价款48 150万元,因为系资产转让的关联交易形成,且截至2011年年末尚未逾期,在没有证据表明受让方将无力支付或者逾期支付的情况下,不构成非经营性资金占用,但应在"其他关联资金往来"大类下填报。

2. "背景"资料第(2)项中的委托贷款,原系母子公司之间的资金往来,后来在委托贷款到期前,因为作为借款人的子公司股权被转让到上市公司合并报表范围之外,就形成了关联方非经营性资金占用,应作为非经营性资金占用填报,并尽快采取措施予以解决(需要注意的是:根据中国证监会、国务院国资委《关于规范上市公司与关联方资金往来及上市公司对外担保若干问题的通知》(证监发[2003]56号)规定,"通过银行或非银行金融机构向关联方提供委托贷款"是禁止的关联方资金占用行为。尽管本案例中的该项资金占用并非由于上市公司及其关联方的主动违规行为造成,但是同样属于违规的关联方资金占用,需要在情况形成后的合理期限内予以妥善解决)。例如,上市公司可以把其在该委托贷款合同项下的债权转让给该借款人的现大股东,从而解除该项委托贷款关系。

问题5-3-7 母公司从外部借款后转借给子公司的利息资本化问题

问题:

母公司从外部借款后转借给子公司,子公司将其利息资本化,在合并报表层面能否将子公司层面已资本化的利息不作抵销处理?

解答:

对于"母公司从外部借款后转借给子公司,子公司将其利息资本化"的情况在合并报表层面能否将子公司层面已资本化的利息不作抵销处理的问题,应关注以下条件是否同时满足：

1. 母公司将款项借给子公司时，应明确为专用于符合资本化条件的资产的购置和建造的专门借款。

2. 在以下各环节之间，能够建立直接、明确的、可跟踪和可验证的对应关系：①母公司从外部借入的款项；②母公司转借给子公司的款项；③子公司投入符合资本化条件资产的资本性支出。子公司应把从母公司借入的资金专户存储、专款专用于符合资本化条件资产的购建支出。

如果上述条件均符合，则可以认为在合并报表层面，就是合并集团借入专门借款用于符合资本化条件的资产的购建。相应地，在合并财务报表层面所确认的相关在建工程或固定资产价值中，仍应保留该项资本化的利息。但是对于本金的借入、偿还和利息收付等环节在母子公司之间产生的资金流动和内部往来余额，在母公司编制合并财务报表时，仍应按照常规方法予以抵销处理。

如果上述条件均符合，但母公司转借给子公司的借款与母公司从外部借入的款项之间存在利息差的，则在编制合并报表时，应将利息差部分对应的资本化利息作为内部交易未实现损益予以抵销。

第四节 非经常性损益认定的相关问题

问题 5-4-1 关于地方性财政"扶持基金"是否能作为经常性损益

问题：

企业在各年度取得了当地地方政府的税费返还和"扶持基金"是否可以作为经常性损益？

背景：

目前，各地方政府和开发区为了招商引资，在引入投资项目时往往会承诺在一定期限内，按照企业实际缴纳税费的地方留成部分的一定比例，以"扶持基金"等名义予以返还。

解答：

根据《公开发行证券的公司信息披露解释性公告第 1 号——非经常性损益（2008）》（证监会公告[2008]43 号）的规定，"非经常性损益是指与公司正常经营业务无直接关系，以及虽与正常经营业务相关，但由于其性质特殊和偶发性，影响报表使用人对公司经营业绩和盈利能力做出正常判断的各项交易和事项产生的损益"，其特点包括"偶发性"、"与正常经营业务无关性"、"影响重大性"。

尽管本案例中的这类扶持资金的金额是根据企业每年缴纳的税款的一定比例计算的，在企业经营正常且该政策保持稳定的情况下，预计可以成为一段时间内稳定的收益来源，但是，这种扶持资金存在违规嫌疑，存在随时被审计、上级财政等部门责令终止的风险，并且《公开发行证券的公司信息披露解释性公告第 1 号——非经常性损益（2008）》也明确规定"计入当期损益的政府补助，但与公司正常经营业务密切相关，符合国家政策规定、按照一定标准定额或定量持续享受的政府补助除外"应属于非经常性损益。在实务中,普遍的做法是把企业享受地方政府的此类财政扶持均作为非经常性损益,并按照收付实现制原则进行确认和计量,即仅把实际收到的金额确认为政府补助。

问题 5-4-2 增值税返还收入确认基础及是否应确认为非经常性损益

问题:

废旧物资回收单位的增值税返还收入是否为经常性损益?其确认是否可以采用权责发生制?

背景:

A 公司系废旧物资回收单位,主营废钢的回收利用等,2008 年前执行的是"废旧物资回收经营单位销售其收购的废旧物资免征增值税"和"生产企业增值税一般纳税人购入废旧物资回收经营单位销售的废旧物资,可按废旧物资回收经营单位开具的由税务机关监制的普通发票上注明的金额,按 10% 计算抵扣进项税额"的政策。但是根据《财政部、国家税务总局关于再生资源增值税政策的通知》(财税[2008]157 号)的规定,2009 年取消了这一政策,根据新文件规定"对符合退税条件的纳税人 2009 年销售再生资源实现的增值税,按 70% 的比例退回给纳税人;对其 2010 年销售再生资源实现的增值税,按 50% 的比例退回给纳税人"。但文件未对 2011 年及以后年度是否退回增值税作出规定,根据目前执行的情况,2011 年已按 17% 全额计缴增值税,也没有按 10% 抵扣增值税的规定。

A 公司拟上市,IPO 申报期为 2009、2010、2011 年三个会计年度。

解答:

1. 关于 2009、2010 年度的增值税返还在申报财务报表中是否列报为非经常性损益的问题。

根据《公开发行证券的公司信息披露解释性公告第 1 号——非经常性损益(2008)》的规定,判断是否作为非经常性损益项目,首要的依据是该特定项目是否符合该公告中对"非经常性损益"的定义和基本特征的规定。根据该公告规定,"非经常性损益是指与公司正常经营业务无直接关系,以及虽与正常经营业务相关,但由于其性质特殊和偶发性,影响报表使用人对公司经营业绩和盈利能力做出正常判断的各项交易和事项产生的损益"。因此,非经常性损益所具备的特征主要是"与正常经营业务无关性"、"偶发性"、"金额重大性"。同时,监管机构设置该监管指标的目的,是为了帮助财务信息使用者更合理、可靠地预测公司未来的正常持续盈利能力。

在本案例中,该项增值税返还与正常经营业务是相关的。但是由于返还政策仅在 2009、2010 年度生效,在申报期的最后 1 年(2011 年)并不执行,并且事实上已经导致"根据目前执行的情况,2011 年已按 17% 全额计缴增值税,也没有按 10% 抵扣增值税的规定",在以后年度预计也不会再享受到该项优惠,由此可能导致增值税税负的重大增加,可能导致按照前 3 年的平均盈利水平预测以后年度盈利能力产生较大偏差。所以需要分析 2009、2010 年所取得的税收返还对该两年盈利的贡献程度。如果涉及金额较大或者占该 2 年净利润比重较大的,基于其不可持续性,应当认定其具有"偶发性"和"金额重大性"的特征,应认定为非经常性损益(相比之下,如果 2009、2010 年无该优惠政策,2011 年开始享受该优惠政策,且该优惠政策有财政部、国家税务总局层面的文件作为支持,预计在可预见的未来将可持续享有的,则可以不作为非经常性损益)。

2. 关于退税款计入营业外收入是按照权责发生制还是收付实现制的问题。

根据《〈企业会计准则第 16 号——政府补助〉应用指南》第四条"政府补助的计量"规定:"根据本准则第六条规定,企业取得的各种政府补助为货币性资产的,如通过银行转账等方式拨付的补助,通常按照实际收到的金额计量;存在确凿证据表明该项补助是按照固定的定额标准拨付的,如按照实际销量或储备量与单位补贴定额计算的补助等,可以按照应收的金额计量。"

根据上述规定,鉴于按实缴增值税的一定比例返还的增值税税款是按照所缴纳税款的一定比例计算的,并不是"存在确凿证据表明该项补助是按照固定的定额标准拨付的"(一般理解这类情况是按照所完成的工作量和规定的定额标准计算拨付的定额补助,例如特准储备物资补助,"家电下乡"、"汽车下乡"、"节能产品惠民工程"等项目中按照指定产品的销量和单位产品补贴标准给予的补助等),因此应当按照实际收到的补助款计入营业外收入,即按照收付实现制原则确认。

问题 5-4-3 企业享有的所得税优惠是否属于非经常性损益

问题:

根据"背景"资料提供的信息,高新技术企业享有的 15% 税率的所得税优惠是否属于非经常性损益?享受的"三免三减半"所得税优惠是否属于非经常性损益?

背景:

A 公司是位于北京市高新试验区的高新技术企业,2009—2011 年作为 IPO 申报期。根据《国务院关于〈北京市新技术产业开发试验区暂行条例〉的批复》(国函[1988]74 号)及《国家税务总局关于实施高新技术企业所得税优惠有关问题的通知》(国税函[2009]203 号),A 公司自开办之日起,3 年内(2006—2008 年)免征所得税,经北京市人民政府指定的部门批准,第 4~6 年(2009—2011 年,即申报期)按 15% 的税率减半(即 7.5%)征收所得税。

解答:

高新技术企业适用的 15% 优惠税率是《企业所得税法》及其实施条例明确规定的、长期有效的税收优惠政策。企业只需要能够预计其在可预见的未来将持续满足《科学技术部、财政部、国家税务总局关于印发〈高新技术企业认定管理办法〉的通知》(国科发火[2008]172 号)、《科学技术部、财政部、国家税务总局关于印发〈高新技术企业认定管理工作指引〉的通知》(国科发火[2008]362 号)

文件等相关规定的认定条件,即可认为其在可预见的未来将长期享有该项税收优惠,因此高新技术企业的适用税率15%和法定的基本税率25%之间的10%税率差对净利润的影响不属于非经常性损益。但是,依据《北京市新技术产业开发试验区暂行条例》享受的"三免三减半"优惠属于时段性优惠,仅可在2011年以前享受,以后年度将不会享受,因此不会成为可预见未来的稳定收益来源。因此,在申报期内(2009—2011年)因该条例规定享受的减半税率优惠7.5%(15%-7.5%)对净利润的影响应作为非经常性损益。

结论基础:

根据《公开发行证券的公司信息披露解释性公告第1号——非经常性损益(2008)》(证监会公告[2008]43号)的规定,非经常性损益是指"与公司正常经营业务无直接关系,以及虽与正常经营业务相关,但由于其性质特殊和偶发性,影响报表使用人对公司经营业绩和盈利能力做出正常判断的各项交易和事项产生的损益"。该公告要求:"公司在编报招股说明书、定期报告或发行证券的申报材料时,应对照非经常性损益的定义,综合考虑相关损益同公司正常经营业务的关联程度以及可持续性,结合自身实际情况做出合理判断,并做出充分披露"。非经常性损益的三项基本特征是"与正常经营业务无关性"、"偶发性"和"金额重大性"。

根据"非经常性损益"这一监管指标的设置目的,在判断某一项目是否构成非经常性损益时,除了判断其是否与正常经营业务无关以外,一个很重要的考虑因素就是该项损益项目能否在可预见的未来成为可预期的稳定收益来源,从而为报表使用者预测企业的未来收益状况提供依据。因此,预计在可预见的未来不会重复发生、具有偶发性的项目,作为非经常性损益的可能性相对较大。

问题5-4-4 关于非经常性损益的所得税影响金额

问题:

某公司于2010、2011年因为处于亏损弥补期间而不计缴所得税,则这2年内实际收到的政府补助作为非经常性损益是否要考虑所得税的影响?

解答:

所得税费用包括当期所得税费用和递延所得税费用,因此非经常性损益项目的所得税影响要区分当期所得税和递延所得税分别讨论:

1. 如果该非经常性损益项目所在的法人(企业所得税纳税主体,可能是母公司或某一子公司)在本年度内因亏损而无需缴纳企业所得税,则该非经常性损益项目可以认为对当期所得税没有影响。

2. 就递延所得税的影响而言,如果该项目属于在本期内确认过对应的递延所得税费用的,则该非经常性损益项目对递延所得税费用的影响金额应列入其所得税影响数。

问题 5-4-5 非经常性损益项目所得税影响数的计算

问题：

非经常性损益项目所得税影响数是否可以不考虑企业亏损与否，直接以非经常性损益合计金额×适用税率计算？在"背景"部分描述的各种情形中，非经常性损益项目所得税影响数该如何计算？

背景：

情形1：税前利润总额－100万元，非经常性损益1 000万元，年末可弥补亏损－100万元，企业未就可弥补亏损确认递延所得税资产；

情形2：税前利润总额－100万元，非经常性损益1 000万元，年末可弥补亏损－100万元，企业就可弥补亏损确认了递延所得税资产25万元；

情形3：税前利润总额－100万元，非经常性损益－1 000万元，年末可弥补亏损－100万元，企业未就可弥补亏损确认递延所得税资产；

情形4：税前利润总额－100万元，非经常性损益－1 000万元，年末可弥补亏损－100万元，企业就可弥补亏损确认递延所得税资产25万元。

以上情形均假设会计利润和应纳税所得额一致。

解答：

非经常性损益的所得税影响数，即非经常性损益项目对合并利润表中"所得税费用"项目（包括当期所得税费用和递延所得税费用，下同）的影响金额，即以下两项目之间的差额：

(1) 合并利润表中实际列示的所得税费用金额（包括当期所得税费用和递延所得税费用）。

(2) 假设不存在非经常性损益项目的情况下，合并利润表中"所得税费用"项目的列报金额。

（注：报告期内如发生同一控制下企业合并的，由于"同一控制下企业合并产生的子公司期初至合并日的当期净损益"整体上构成一项非经常性损益项目，因此与被合并方合并日前利润对应的所得税费用直接作为"同一控制下企业合并产生的子公司期初至合并日的当期净损益"的构成因素纳入考虑，该项非经常性损益项目的"所得税影响数"为零。）

因此，在确定非经常性损益项目的所得税影响数时，不能采用"不考虑企业亏损与否，直接按照非经常性损益合计金额×适用税率考虑"的方法，而是要考虑相关纳税主体（即该项非经常性损益项目所属的企业所得税纳税人）的盈亏情况。即，同样性质和金额的非经常性损益项目，在不同纳税主体的背景下（需考虑纳税主体的盈亏状况，在纳税主体亏损的情况下还需进一步考虑其可抵扣亏损是否确认了递延所得税资产），其"非经常性损益的所得税影响数"也可能有所不同。

对于"背景"资料的各情形，分析如下：

情形1：税前利润总额－100万元，非经常性损益1 000万元，所以在无非经常性损益影响的情况下，税前利润为－1 100万元。企业没有就可弥补亏损确认递延所得税资产,因此无论是否确认该项非经常性损益,合并利润表中的所得税费用均为零,即该项非经常性损益对所得税的影响数为零。

情形2:税前利润总额-100万元,非经常性损益1 000万元,企业就可弥补亏损-100万元确认了递延所得税资产25万元(相应地,递延所得税费用为-25万元)。在无非经常性损益影响的情况下,税前利润为-1 100万元,假设根据企业未来的盈利预测,最多可就此确认递延所得税资产275万元(即,足额确认与可弥补亏损相关的递延所得税资产),相应所得税费用为-275万元,则非经常性损益的所得税影响数为250万元[(-275)-(-25)]。假设仅就可弥补亏损确认了部分递延所得税资产而没有足额确认,则相应的"非经常性损益项目所得税影响数"也会不同。例如,假设依据未来盈利预测,仅可确认250万元的与可弥补亏损相关的递延所得税资产,则相应的"非经常性损益项目所得税影响数"将变为225万元[(-250)-(-25)]。

情形3:税前利润总额-100万元,非经常性损益-1 000万元,所以在无非经常性损益影响的情况下,税前利润总额为900万元,当期需发生225万元的所得税费用,但由于非经常性损益的抵税影响,并不需要实际缴纳。因企业未就可弥补亏-100万元亏损确认递延所得税资产,合并利润表上的所得税费用为零,则非经常性损益项目的所得税影响数为225万元。

情形4:同情形3的分析,在无非经常性损益影响的情况下,当期需发生225万元的所得税费用。企业期末就-100万元的可弥补亏损确认了递延所得税资产25万元,相应地递延所得税费用为-25万元,则非经常性损益项目的所得税影响数为250万元[225-(-25)]。

第六章

其他会计技术和审计技术问答

第一节 其他会计技术问题

问题 6-1-1 A+H 股上市公司境内外准则差异的处理

问题：

基于下文"背景"资料，A 公司 A 股、H 股报表由于执行准则不同导致的差异应如何处理？

背景：

A 公司为 A+H 上市公司。两地执行的准则存在以下差异：

根据中国会计准则，A 公司实施住房分配货币化方案，所发放给 1998 年 12 月 31 日前参加工作的无房老职工的一次性住房补贴经过股东大会审议批准后从未分配利润以及法定盈余公积中列支。根据国际财务报告准则，该等住房补贴应计入递延资产并在职工平均剩余服务年限内按直线法分期摊销。

根据中国会计准则，固定资产自投产后的下个月开始计提折旧。根据国际财务报告准则，固定资产自投产当日开始计提折旧。由此形成差异。

根据中国会计准则，计提的安全生产费及维简费与使用之差，增加专项储备余额。在国际准则中，此项费用还未实际支出，不能列在支出中，要予以调回。使用安全生产费及维简费购建固定资产的，在国内准则下，购建时结转专项储备，同时全额计提折旧。国际准则认为，折旧应当按资产的使用年限内平均分配。由此形成差异。

解答：

1. 关于发放给 1998 年 12 月 31 日前参加工作的无房老职工的一次性住房补贴的处理问题。

2001 年 1 月 7 日，财政部发布了《关于印发〈企业住房制度改革中有关会计处理问题的规定〉的通知》(财会[2001]5 号)，其中规定："企业按规定发给 1998 年 12 月 31 日以前参加工作的无房老职工的一次性住房补贴和住房未达标老职工补差的一次性住房补贴，按实际发放的金额，借记'利润分配——未分配利润'科目，贷记'其他应交款'等科目；由此造成未分配利润负数的，按本规定一的原则处理。企业按规定将应发给职工的住房补贴专户存储时，借记'其他应交款'科目，贷记'银行存款'科目。"

在实务中,有些国有及国有控股企业由于发放方案和金额在以往一直未确定下来等原因,存在将此类一次性住房补贴拖到现在才发放的情况,但现在这些企业均已执行新企业会计准则。鉴于财会[2001]5号文件截至目前尚未被废止,如果相应款项主要系用于补偿该等职工在以前年度已经为企业提供的服务(尤其是当该等职工已经退休或离职时),则还是可以接受将其作前期追溯处理(但这并非首选的处理方式,我们首选的方式应该是在企业确定发放的方案、金额、时间表等确定下来之后,计入当期损益)。

在IFRS体系下,对此类补贴不能追溯调整前期报表(因为既不属于会计政策变更也不属于前期差错更正),而应当在企业确定发放的方案、金额、时间表等确定下来之后,计入当期损益;如果发放时约定职工需在未来继续为企业服务一段时间才能最终享有该补贴的,则可将该补贴在约定的服务期限内摊销。

2. 关于固定资产折旧问题。

在中国《企业会计准则》下,固定资产自达到预定可使用状态的次月开始计提折旧,这是一项约定俗成的惯例。IFRS体系下没有明确的规定。因此差异是可能存在的。但该项差异对多数企业的影响应当并不重大。企业可以在IFRS下的报表中对此问题作出调整,消除该项差异。

3. 关于专项储备问题。

《企业会计准则解释第3号》第三条对专项储备的会计处理方法的规定,与IFRS下的通常处理方式存在较大差异。IFRS下对专项储备的会计处理方法基本接近于原先《企业会计准则讲解(2008)》第65~69页所述的处理方法,因此该项境内外准则差异客观存在,且在现行准则规定的框架内无法消除,尤其是当涉及金额的影响较大时。

问题6-1-2 境内外会计准则的差异处理

问题:

对境内外会计准则的差异应如何理解?注册会计师如何针对编制基础不同的两套财务报表出具审计报告?

背景:

A公司于2000年在上海证券交易所公开发行社会公众股,成为A股上市公司。2006年11月,A公司的母公司在香港联合交易所上市,2012年3月,A公司被母公司吸收合并而退市。

A公司自2007年1月1日起开始实施财政部于2006年2月15日颁布的《企业会计准则》,并按照《企业会计准则第38号——首次执行企业会计准则》对首次执行日新旧准则进行衔接,其选择的会计政策和会计估计符合公司的实际情况,亦经过证监会和上交所的审核认可,在上市期间A公司对外信息披露、缴纳税款等均以A股报告及与之相关的资料为依据。

A公司的母公司于2006年11月在香港联合交易所上市后,A公司在编制对外公告的A股报告的同时,基于母公司编制H股合并报表统一会计政策的需要,又按照母公司的会计政策另行编制了财务报表。A 股报表与提供给母公司的报表主要差异在于应收账款折现、坏账准备提取、固定资产折旧等会计处理方面,进而导致自 2006 年起 A 公司的成本、收入、利润以及其他相关科目在 A 股报告中披露的金额与提供给母公司的财务报表均存在一定的差异。A 公司的年报审计师针对 A 公司的 A 股报表和提供给母公司的财务报表分别出具了审计报告。

解答:

A 公司自身是一个独立的会计主体,其本身仅在 A 股上市,并未在 A+H 同时上市。因此,其不符合《企业会计准则解释第 1 号》第一条所指的"原同时按照国内及国际财务报告准则对外提供财务报告的 B 股、H 股等上市公司"。其在境内公告的 A 股财务报表的首次执行日新旧准则衔接仍按《企业会计准则第 38 号——首次执行企业会计准则》的规定,仅就该准则第五条至第十九条等相关规定要求在首次执行日需要追溯调整的部分新旧准则差异事项进行追溯调整,其他新旧准则差异采用未来适用法衔接。

1. 对于 A 公司自身在境内公告的 A 股财务信息和提交给其母公司用于编制 IFRS 下的 H 股合并报表的财务信息之间的差异问题,要从以下两方面理解:

(1) 从总体原则上,尽管《企业会计准则解释第 2 号》第一条规定"内地企业会计准则和香港财务报告准则实现等效后,同时发行 A 股和 H 股的上市公司,除部分长期资产减值损失的转回以及关联方披露两项差异外,对于同一交易事项,应当在 A 股和 H 股财务报告中采用相同的会计政策、运用相同的会计估计进行确认、计量和报告,不得在 A 股和 H 股财务报告中采用不同的会计处理",并且财政部在 2008—2011 各年度的年报工作通知中都对这一点予以重申和强调,但在实务中,由于境内外会计准则的规定和实际操作中的实务惯例在客观上存在差异,因此境内外财务信息之间的差异只能是逐步缩小,至今也尚未完全消除[可参考:2009 年 3 月香港会计师公会发布的"更新文件第 1 号(2009 年 3 月)——中国企业会计准则与香港会计准则持续等效文本"]。因此,理论上不能要求同一公司在中国新会计准则和 IFRS 下编制的报表完全无差异。当然,该"更新文件第 1 号"中所列的部分"执行差异",后来已经通过发布准则解释等方式予以消除。

另外,目前讨论的境内外会计准则差异,主要是体现在确认和计量领域,其最直观的表现就是净利润和净资产这两项核心财务指标的差异。但是,除了确认和计量领域的差异以外,列报和披露领域的差异也同样客观存在,表现为报表项目的名称和包含的内容范围不同、附注信息披露的内容和格式要求不同等,例如 H 股报表中通常将软件计入固定资产而不是无形资产、将土地使用权视作预付租金而不是无形资产、将流转税冲减收入而不是计入营业税金及附加、"其他收入"和"其他支出"项目的包含内容范围的差异等。

(2) 就可接受的境内外准则差异的具体项目而言,一般不超出附件"更新文件第 1 号"所列的"执行差异"的范围。早在 2001 年,中国证监会在《公开发行证券的公司信息披露规范问答第 5 号——分别按国内外会计准则编制的财务报告差异及其披露》(证监会计字[2001]60 号)中就已经规定:"同一管理层对同一会计期间内的同一事项不能作出不同的会计估计。因而就同一事项,两份财务报告不应存在会计估计差异",因此,同一企业、同一年度的境内外财务报表之间不应存在会计估计差异,但可接受存在部分"执行差异"。

就本案例情况而言,"A 股报表与提供给母公司的报表主要差异在于应收账款折现、坏账准备提取、固定资产折旧等会计处理方面",这些事项均属于会计估计范畴,按照上述要求,境内外报表之间不应存在会计估计差异。对于目前实际存在的差异,公司管理层应对此作出解释和纠正。

2. 为了提高对信息使用者而言的披露明晰性,防止误导,同一家会计师事务所在对同一企业采用不同编制基础编制的财务报表发表审计意见时,应当分别出具两份审计报告,将不同编制基础的报表分别附在不同的审计报告之后,并且对于 A 公司按照其母公司会计政策编制、供母公司编制 H 股合并报表使用的报表作为特殊编制基础财务报表,按照《中国注册会计师审计准则第 1601 号——对按照特殊目的编制基础编制的财务报表审计的特殊考虑》出具审计报告,发表的审计意见仅可针对是否符合附注所述的编制基础,不能直接表述为是否符合企业会计准则。

附件:

《更新文件第 1 号(2009 年 3 月)——中国企业会计准则与香港会计准则持续等效文本》(不含原文附件)

等效背景资料

2005 年 11 月 8 日,中国会计准则委员会与国际会计准则理事会签署了联合声明,确认除极少的差异外,中国企业会计准则与国际财务报告准则实现了实质性趋同。根据财政部有关的规定,企业会计准则自 2007 年 1 月 1 日起在内地上市公司范围内施行。

香港会计师公会(以下简称公会)与中国会计准则委员会经过 1 年多的两地准则比较工作后,于 2007 年 12 月 6 日签署内地会计准则与香港财务报告准则等效的联合声明(以下简称《联合声明》)。

(http://www.hkicpa.org.hk/professionaltechnical/mainland_standards_convergence/financial_reporting_standard.php),确认于 2007 年 12 月 6 日当日有效的内地企业会计准则与同日有效的香港财务报告准则,除资产减值损失的转回以及关联方披露两项准则差异外,两地准则实现等效。

有关两地会计准则的比较背景及比较过程,请参阅《联合声明》附件一。在《联合声明》附件一指出,在比较两地准则的过程中揭示了于 2007 年 12 月 6 日有效的内地会计准则省略的准则要求,中国会计准则委员会已采取积极步骤作出补充修订。在《联合声明》签署前,即 2007 年 11 月中旬发布了《企业会计准则解释第 1 号》(www.casc.gov.cn/gnxw/200711/t20071126_615895.htm),

并通过《企业会计准则讲解 2008》加进补充修订。

持续等效

为了消除两地会计准则的差异和继续保持两地准则的等效,自 2008 年开始,双方已按《联合声明》附件二的机制开展工作。

企业会计准则的基本准则凌驾于中国企业准则的其他部分,而具体会计准则、准则应用指南和解释公告具备相同的法律地位,当产生冲突时,以较晚发布的文件为准。

对于企业会计准则的修订,当国际会计准则理事会颁布新的财务报告准则或对原来的准则进行大幅度修改时,中国会计准则委员会会根据中国实际和应循既定程序,颁布新的具体准则或通过解释公告对有关的准则作出相关的修订。至于其他轻微的准则修改,中国会计准则委员会会于每年重新修订的企业会计准则讲解中作出相应的调整。

为了方便企业对会计准则的运用,中国会计准则委员会将择机对内地企业会计准则的体系作重新编制,把原本的基本准则、38 项的具体准则、应用指南及解释公告编为一册,而会计准则讲解则编为另一册。公会理解香港与内地准则制定的既定程序及颁发时间均有差异。香港的准则颁发日期与生效日期都有一定时间上的差距,而内地的准则于颁布后即时生效。双方协议虽内地与香港在颁布准则的时间上有差异,但两地准则的生效日期必须一致,始能维持准则的持续等效。

经以上机制,于 2007 年 12 月 6 日后生效并适用于自 2008 年 1 月 1 日或以后日期开始的年度期间的新出台或经修订的香港财务报告准则均已纳入 2008 年 8 月制定的《企业会计准则解释第 2 号》(以下简称《解释第 2 号》)。

(http://www.casc.gov.cn/gnxw/200809/t20080912_791162.htm)和/或 2008 年 11 月出台的《企业会计准则讲解 2008》。而于 2009 年 1 月 1 日或以后日期开始的年度期间才生效的新出台或经修订的香港财务报告准则,内地准则将于 2009 年上半年才作出相应的修改,并确保有关的准则将被应用于内地企业在 2009 年发布的中期业绩报告,以维持两地准则的等效。

除此之外,为了全面贯彻实施企业会计准则,落实会计准则趋同与等效,中国会计准则委员会亦于 2008 年 8 月制定的《解释第 2 号》中,为 2007 年企业会计准则执行情况和有关问题,提供了解释。

《企业会计准则讲解 2008》亦于 2008 年 11 月出台,为中国会计准则委员会编写。内容除涵盖了联合声明签署时同意加增的指引部分及 2008 年生效准则相关指引外,亦为解决 2007 年准则实施过程中遇到的各种疑难问题,提供指引,具有重要的指导意义。

为了更有效地维持中国会计准则与国际财务报告准则和香港财务报告准则的持续等效,中国会计准则委员会、国际会计准则理事会及香港会计师公会达成共识,同意建立三方持续趋同及等效机制,每年举行两次三方会议,以确保三项准则的持续等效,并加强三方彼此的合作和交流。第一次三方会议在 2008 年 10 月已经进行。

2007年实施的问题

在评估内地上市公司实施企业会计准则的情况,中国会计准则委员会在2008年经过5个多月的努力,分析了1570家于沪、深两地上市公司公布的2007年度的年报,了解上市公司在实施企业会计准则的实际情况,以下简称《分析报告》。

根据《分析报告》,企业会计准则在上市公司得到了平稳有效的实施,而且对于同时发行A股和H股的上市公司,在执行了企业会计准则后,内地与香港披露的年报差异基本消除。在该1570家内地上市公司中,共有53家上市公司同时在香港发行了H股,这些公司除了按企业会计准则在A股市场披露年报外,同时亦需按照香港财务报告准则在H股市场提供年报。

《分析报告》指出,根据该53家A+H上市公司年报显示,导致A+H股上市公司净利润和净资产存在差异的主要因素为:

(i) 企业改制资产评估产生的差异——按内地相关法律法规,企业进行公司制改制时对资产和负债进行评估,并以评估价值为基础确认为相关资产和负债的认定成本;在H股报告中,有的调整为改制前的原账面值,有的按重估价值报告,形成A股和H股报告的差异。

(ii) 同一控制下企业合并产生的差异——按照企业会计准则规定,同一控制下的企业合并采用类似权益结合法进行会计处理;国际报告准则没有特定的准则规范,有些公司采用购买法进行处理。由于公司在两地采用的会计政策不一致,财务报告出现差异。

(iii) 资产折耗方法产生的差异——按照企业会计准则,特定企业的油气资产应当采用产量法或年限平均法计提折耗。在实际执行中,公司在A股财务报告中采用了年限平均法计提油气资产折耗,在H股报告中则采用了产量法计提折耗。

除了在《分析报告》指出以上三个项目外,其他产生数字差异的因素包括:

(iv) 投资企业对合营企业的会计处理——根据企业会计准则规定,A股报告内投资企业对合营企业应采用权益法而不容许比例合并法,而根据香港/国际财务报告准则规定,两种处理方法均可,因此部分H股报告选择比例合并法,由于公司在两地采用的会计政策不一致,财务报告出现差异。

(v) 投资性房地产的后续计量模式——企业会计准则及香港财务报告准则都规定,公司应该选择成本法或公允价值法,并应将该政策运用于其所有投资性房地产。企业若在A股报告中采用成本法而于H股报告中采用公允价值法,财务报告便会出现差异。

(vi) 安全生产费的会计处理——从事矿山开采、建筑施工、危险品生产、道路交通运输以及煤炭生产和烟花爆竹生产等公司按照国家法律法规规定提取安全生产费准备。在H股报告中,这些安全生产费准备不符合香港财务报告准则中对"负债"的定义,只能作留存收益的拨备而不是费用。由于在A股报告中,此准备会当作费用,引致差异。

(vii) 保险合同的获取成本会计处理——企业会计准则规定,包括在获取原保险合同或再保险合同过程中发生的费用和手续费的成本应计入发生当期的损益。在香港/国际财务报告准则没有特定的具体准则规定,因此大部分公司的 H 股报告中采用了公认行业会计实务,即递延购买成本的会计政策。由于公司在两地采用的会计政策不一致,财务报告出现差异。

(viii) 保险合同准备金计提办法——中国保监会规定,所有与原保险合同和再保险合同相关的准备应根据中国保监会发布的相关精算规定计算,而香港/国际财务报告准则没有相关规定,因此大部分公司的 H 股报告中与原保险合同或再保险合同相关的准备金,通常会遵循公认行业实务来计算。由于公司在两地采用的会计政策不一致,财务报告出现差异。

2007 年实施问题的解决方案

对于上述的差异,公会与中国会计准则委员会已按《联合声明》附件二的持续等

机制进行多番讨论研究,于本年 8 月份出台的《解释第 2 号》要求同时发行 A 股和 H 股的上市公司,除部分长期资产减值损失的转回以及关联方披露两项准则差异外,对于同一交易事项,应当在 A 股和 H 股财务报告中采用相同的会计政策,运用相同的会计估计进行确认、计量和报告,不得在 A 股和 H 股财务报告中采用不同的会计处理。

在《解释第 2 号》出台后,公会向中国会计准则委员会提出多项建议,并于十月双方达成以下共识:

(i) 企业改制资产评估产生的差异——《解释第 2 号》重申要求以经评估确认的资产、负债价值作为认定成本,该成本与其账面价值的差额,应当在所有者权益作出调整。鉴于企业改制过程涉及多种会计处理情况,双方同意此项为执行准则中的问题,需要征询国际会计准则理事会的意见后,再作进一步确定消除此差异的可行性。

(ii) 同一控制下企业合并产生的差异——对于从未涉及同一控制下企业合并的公司,A 股和 H 股财务报告应采用相同的会计政策。至于以前已涉及同一控制下企业合并的公司,对于新产生的同一控制下企业合并,A 股和 H 股财务报告的处理能一致的应当一致。而在以往的 A 股和 H 股财务报告中经已存在的差异,有关公司应逐步消除这些差异,而在更改上存在实际困难的,亦应以分步到位的方式达成一致。

(iii) 资产折耗方法产生的差异——中国会计准则委员会已于本年出版的《企业会计准则讲解 2008》进行修订,指出油气资产按照产量法计提折耗比较符合该类资产价值损耗的特点,鼓励 A 股报告采用产量法计提折耗。经此修订后,这差异应不再存在。

(iv) 投资企业对合营企业的会计处理——对于企业从未投资合营企业,A 股报告和 H 股报告应采用相同的会计政策。以前已投资合营企业的企业,对于新投资的合营企业,A 股报告和 H 股报告的处理能一致的应当一致。对于在以往的 A 股报告和 H 股报告中经已存在的差异,中国会计准则委员会表示将要求有关企业逐步消除这些差异,而在更改上存在实际困难的,亦应以分步到位的方式达成一致。此外,国际会计准则理事会对国际会计准则第 31 号——

"合营中的权益"作出修订,把比例合并法除消后,将不再存在。

(v) 投资性房地产的后续计量模式——对于从未持有投资性房地产的企业,A股报告和H股报告应采用相同的会计政策。以前已持有投资性房地产的企业,对于新添置的投资性房地产后续计量模式,A股报告和H股报告的处理能一致的应当一致。对于在以往的A股报告和H股报告中经已存在的差异,中国会计准则委员会表示将要求有关企业逐步消除这些差异,而在更改上存在实际困难的,亦应以分步到位的方式达成一致。

(vi) 安全生产费的会计处理——中国会计准则委员会已于本年出版的《企业会计准则讲解2008》进行修订。根据该讲解,安全生产费准备将计入所有者权益中的"盈余公积"。经此修订后,这差异应不再存在。

(vii) 保险合同的获取成本会计处理——对于从未涉及保险业务的企业,A股报告和H股报告应采用相同的会计政策。对于在以往的A股报告和H股报告中经已存在的差异,中国会计准则委员会表示将要求有关企业逐步消除这些差异,而在更改上存在实际困难的,亦应以分步到位的方式达成一致。

(viii) 保险合同准备金计提办法——对于从未涉及保险业务的企业,A股报告H股报告应采用相同的会计政策。对于在以往的A股报告和H股报告中经已存在的差异,中国会计准则委员会表示将要求有关企业逐步消除这些差异,而在更改上存在实际困难的,亦应以分步到位的方式达成一致。

总结

总括而言在《解释第2号》出台后,《企业会计准则讲解2008》修订后及十月与财政部的会议后,公会与中国会计准则委员会重申确认内地的企业会计准则与香港/国际财务报告准则的持续等效,但也同意两地准则存在以下的准则性及其他非准则性的差异,列举如下:

(1) 准则差异

除某些资产减值损失的转回以及关联方披露两项准则差异,内地及香港的会计准则已实现持续等效。前者,截至本文件的发布日,该项差异仍然存在,公会、中国会计准则委员会及国际会计准则理事会将继续讨论消除该项差异的其他方法。后者,据公会、中国会计准则委员会及国际会计准则理事会的理解,国际会计准则理事会将参照中国准则对国际会计准则第24号——"关联方披露"进行修改。届时,关联方披露的准则差异将随之消除。

(2) 选择差异

公会与中国会计准则委员会同意两地准则中如涉及财务报告编制的选择权差异,不被视为准则差异。此项目的差异包括以上(iv)投资企业对合营企业的会计处理方法的差异;及(v)投资性房地产的后续计量模式的差异。

(3) 执行差异

由于这项差异是在实务中出现的,双方同意不属于准则差异。执行差异包括以上(i)企业改制资产评估产生的差异;(ii)同一控制下企业合并产生的差异;(vii)保险合同的获取成本会计处理的差异;及(viii)保险合同准备金计提办法的差异。

最后,公会与中国会计准则委员会同意,同一企业今后在处理上述的选择差异及执行差异时,其A、H股报告必须采用相同的会计处理方法。在以往的A、H股报告中已经存在的差异,能一致的尽量更改为一致,而在更改上存在实际困难的,亦应以分步到位方式达成一致。

问题6-1-3 煤矿生产企业转产,专项储备余额应如何处理

问题:

煤矿企业转产,不再需要计提安全生产费和维简费,则其原先依据安全生产费和维简费的相关规定计提的专项储备余额应如何处理?

解答:

对于转产时的"专项储备——安全生产费"结余,根据财政部、国家安全生产监督管理总局《关于印发〈企业安全生产费用提取和使用管理办法〉的通知》(财企[2012]16号)第二十九条规定:"企业调整业务、终止经营或者依法清算,其结余的安全费用应当结转本期收益或者清算收益。"

对于转产时的"专项储备——维简费"结余,现有的关于煤矿企业维简费的相关规定(特别是以"财建[2004]119号"文件印发的《关于规范煤矿维简费管理问题的若干规定》)中并无明确规定,对此我们认为,鉴于安全生产费和维简费计提的来源和财务会计处理方法类似,因此也可比照财企[2012]16号文第二十九条规定的上述方法处理。

鉴于这些专项储备当初计提时,已经计入生产成本或者当期损益,即在计提时已经减少了以前期间的净利润,且现在该企业仅仅是转产,并未清算,因此在专项储备转回时应当增加当期净利润,一般可计入转产当期营业外收入处理。

问题6-1-4 煤矿企业提取的煤管费、煤炭价格调节基金及矿产资源补偿费的列报

问题:

煤矿企业提取的煤管费、煤炭价格调节基金及矿产资源补偿费在利润表中应列报为"营业税金及附加"还是"管理费用"?

解答:

如果仅从会计原理和基本理论的角度考虑,此处涉及的矿产资源补偿费、价格调节基金和煤管费与企业的销售收入和销售量密切相关,均应在利润表中列报于"营业税金及附加"项目中。

但是,对于矿产资源补偿费,其计征依据为1994年国务院发布的《矿产资源补偿费征收管理规定》(国务院令第150号),其第三条明确规定:"矿产资源补偿费按照矿产品销售收入的一定比例计征。企业缴纳的矿产资源补偿费列入管理费用。"相应地,财政部在《关于企业缴纳矿产资源补偿费会计处理规定的通知》([94]财会字第20号)中规定:"企业销售矿产品和对矿产品自行加工

的,应按照《矿产资源补偿费征收管理规定》的有关规定,定期计算缴纳矿资源补偿费。为了均衡各会计期间的费用,企业应在缴纳矿产资源补偿费之前,根据各月矿产品销售收入和开采回收率系数(对矿产品自行加工的,根据国家规定价格计算的销售收入,国家没有规定价格的,根据征收时矿产品的市场价格计算的销售收入)等资料,按月计提矿产资源补偿费,计提时,借记'管理费用——矿产资源补偿费'科目,贷记'其他应缴款——应缴矿产资源补偿费'科目。"在新企业会计准则体系下,这一规定仍然得到了延续。《企业会计准则——应用指南》的附录《会计科目和主要账务处理》对"2221 应交税费"科目的使用说明规定:"企业按规定计算应交的房产税、土地使用税、车船税、矿产资源补偿费,借记'管理费用'科目,贷记本科目。实际缴纳时,借记本科目,贷记'银行存款'等科目。"鉴于现行会计处理规定已明确规定矿产资源补偿费计入管理费用,所以对于矿产资源补偿费应按照现有的明确规定执行。

对于价格调节基金和煤管费,尚没有全国统一的会计处理规定,但确有某些地方规定"企业缴纳的价格调节基金在管理费用中列支"(例如《湖南省价格调节基金征收管理实施细则》)。因此如果企业所在地对此有专门的会计处理规定,则从其规定;没有明确规定的,可将其在利润表中列报为"营业税金及附加"。

问题 6-1-5 代扣个人所得税手续费返还的账务处理

问题:

扣缴义务人收到代扣代缴个人所得税手续费返还时应如何进行账务处理?

解答:

对于代扣代缴个人所得税手续费的账务处理问题,根据财政部、中国人民银行、国家税务总局《关于进一步加强代扣代收代征税款手续费管理的通知》(财行[2005]365 号)第六条规定:

"六、手续费支付管理

(一) 税务机关应按照本通知规定的比例支付'三代'税款手续费。

(二) 税务机关对单位和个人未按照法律、行政法规或者委托代征协议规定履行代扣、代收、代征义务的,不得支付'三代'税款手续费。

(三) 税务机关应在'三代'单位和个人申报并结报票款后,按有关规定支付'三代'税款手续费。对不能及时支付的,应予说明,并在一个季度内结清,最长不得超过 6 个月。

(四) 因税务机关的原因,未领或少领'三代'手续费的单位和个人,有权要求税务机关按照规定及时支付手续费。因'三代'单位和个人自己的原因,三年不到税务机关领取'三代'税款手续费的,税务机关将停止支付手续费。

(五) 税务机关之间委托代征税款,不得支付手续费。

(六) '三代'单位所取得的手续费收入应该单独核算,计入本单位收入,用于'三代'管理支出,也可以适当奖励相关工作人员。"

因此,企业对于收到的代扣代缴手续费,应按上述规定确认为企业的收入,对于其中支付给个人的部分,作为职工薪酬费用计入管理费用。某些企业将所收到的"三代"手续费暂挂往来,后从中支付有关奖励支出时冲减该往来的做法是不恰当的,应予以更正。

在实务中,多数企业将此类"三代"手续费计入"营业外收入"。但因为该手续费是企业为国家提供法定的代扣代缴税款的劳务,国家相应给予的劳务报酬,因此我们认为应作为提供劳务收入,确认为"其他业务收入"更为恰当。

问题 6-1-6 同一控制下企业合并每股收益的计算问题

问题:

根据"背景"资料提供的信息,A 公司在编制 2012 年度及 2013 年度财务报表时应如何考虑新增股权对每股收益计算的影响?

背景:

A 上市公司于 2012 年 8 月 31 日完成重大资产重组的资产交割(构成同一控制下企业合并);2012 年 11 月 22 日,完成股权预登记手续;2012 年 12 月 31 日,产权过户手续尚未办理完毕,该部分股份在 2012 年年末暂计入资本公积;2013 年 2 月 18 日,完成相关产权登记过户手续,并经会计师事务所审验,出具了验资报告;2013 年 3 月 13 日(2012 年度财务报告批准报出之前),深交所核准了该部分股份上市。

解答:

在本案例中,用作出资的财产已经在 2012 年 8 月 31 日完成交割,但由于财产权转移手续办理方面的原因,到 2013 年 2 月 18 日才具备作为股本确认的形式要件,因此新增股份在 2012 年年末的资产负债表上暂时计入资本公积。

1. 编制 2013 年度财务报表时每股收益的计算。

由于该次资产重组构成同一控制下的企业合并,在编制 2013 年度财务报表时,相关资产、损益等需从最早比较期间期初(即 2012 年年初)起即纳入合并报表范围。根据《企业会计准则第 34 号——每股收益》第六条第(三)项规定:"非同一控制下的企业合并,作为对价发行的普通股股数,从购买日起计算;同一控制下的企业合并,作为对价发行的普通股股数,应当计入各列报期间普通股的加权平均数";《公开发行证券的公司信息披露编报规则第 9 号——净资产收益率和每股收益的计算及披露(2010 年修订)》第八条规定:"报告期内发生同一控制下企业合并,合并方在合并日发行新股份并作为对价的,计算报告期末的基本每股收益时,应把该股份视同在合并期初即已发行在外的普通股处理(按权重为 1 进行加权平均)。计算比较期间的基本每股收益时,应把该股份视同在比较期间期初即已发行在外的普通股处理。计算报告期末扣除非经常性损益后的每股收益时,合并方在合并日发行的新股份从合并日起次月进行加权。计算比较期间扣除非经常性损益后的每股收益时,合并方在合并日发行的新股份不予加权计算(权重为零)",因此应当视同本次新增股份在 2012 年初即已发行在外,不能自实际发行日起才纳入加权平均计算。

2. 编制2012年度财务报表时每股收益的计算。

由于本次股份的增加系在2012年度资产负债表日后、2012年度财务报表批准报出日之间的这段时间内发生的事项,而按照《企业会计准则第34号——每股收益》第十三条规定:"发行在外普通股或潜在普通股的数量因派发股票股利、公积金转增资本、拆股而增加或因并股而减少,但不影响所有者权益金额的,应当按调整后的股数重新计算各列报期间的每股收益。上述变化发生于资产负债表日至财务报告批准报出日之间的,应当以调整后的股数重新计算各列报期间的每股收益。"《公开发行证券的公司信息披露编报规则第9号——净资产收益率和每股收益的计算及披露(2010年修订)》第七条规定:"在资产负债表日至财务报告批准报出日之间发生派发股票股利、公积金转增股本、拆股或并股,影响发行在外普通股或潜在普通股数量,但不影响所有者权益金额的,应当按调整后的股数重新计算各比较期间的每股收益。"据此,A公司在编制2012年度财务报表时,对于该项在资产负债表日后完成的股份新增,也应当按照完成增发后的股份数计算2012年度(及其各比较期间)的每股收益,而不能只在编制2013年度财务报表时才作出此项调整。

问题 6-1-7　房地产开发企业土地使用税的列支

问题:

房地产开发企业针对尚未开发的土地缴纳的土地使用税应计入"开发成本"还是"管理费用"?

解答:

从会计核算的角度看,土地使用税和土地出让金是不同的。如果不支付土地出让金,则不能取得土地使用权,也就不具备项目开发的基本条件,所以土地出让金是使开发项目达到预定的可使用或可销售状态的必要、合理的支出,应计入开发成本。但土地使用税是针对"在城市、县城、建制镇、工矿区范围内使用土地的单位和个人"的一项财产税,如果房地产开发企业不缴纳土地使用税,则只能由税务部门按照《税收征收管理法》规定予以处罚,但不能由国土资源部门和建设部门给予收回土地、责令停工、不予发放预售许可证等处罚(即不影响到开发产品本身的实体建造和销售),因此缴纳土地使用税并非使开发产品达到预定可销售或可使用状态的必要、合理的支出,不应计入"开发成本"中。

《企业会计准则——应用指南》的附录《会计科目和主要账务处理》对"6602管理费用"科目的使用说明规定:"按规定计算确定的应交矿产资源补偿费、房产税、车船税、土地使用税、印花税,借记本科目,贷记'应交税费'科目。"即,企业缴纳的土地使用税应计入管理费用。

问题 6-1-8　股改后第1年年末未分配利润为负数对IPO申报的影响

问题：

根据"背景"资料提供的信息，A 公司股改后第 1 年年末未分配利润出现负数是否影响其 IPO 申报？能否以撤销股改前实施的利润分配方案来弥补该亏损？

背景：

A 有限责任公司以 2012 年 6 月 30 日为基准日改制为股份有限公司，并计划在 2014 年进行 IPO 申报。股改后，2012 年 7~12 月 A 公司经营亏损，未分配利润出现负数。A 公司在股改前实施了利润分配 2 000 万元，A 公司为避免股改后第 1 年年末未分配利润出现负数影响 IPO 申报，拟撤销股改前的利润分配方案以弥补股改后出现的经营亏损。

解答：

1. 证监会《首次公开发行股票并上市管理办法》（证监会令第 32 号）第三十三条规定：

发行人应当符合下列条件：

（一）最近 3 个会计年度净利润均为正数且累计超过人民币 3 000 万元，净利润以扣除非经常性损益前后较低者为计算依据；

（二）最近 3 个会计年度经营活动产生的现金流量净额累计超过人民币 5 000 万元；或者最近 3 个会计年度营业收入累计超过人民币 3 亿元；

（三）发行前股本总额不少于人民币 3 000 万元；

（四）最近一期末无形资产（扣除土地使用权、水面养殖权和采矿权等后）占净资产的比例不高于 20%；

（五）最近一期末不存在未弥补亏损。

根据上述规定，对于发行人的要求只是"最近一期末不存在未弥补亏损"，因此如果是在申报期中间的某一时点出现未分配利润负数，但到最近一期末已经得到弥补的，应不违反该条规定。

2. 股改前的利润分配是以原有限责任公司的未分配利润为基础进行的分配。鉴于原有限责任公司的整体净资产已经折合为股份有限公司的股本和资本公积，尽管股改时点上原有限责任公司和股份有限公司的净资产总额相同，但权益项目的结构不同。因此，即使全体股东一致同意放弃股改前原有限责任公司宣告分配的股利，并由股份有限公司的股东大会撤销原有限责任公司股东会作出的该项利润分配决议，所转回的应付股利也应当是计入股份有限公司的资本公积，而不是未分配利润。因此 A 公司拟撤销股改前利润分配决议来弥补股改后出现亏损的方案是不可行的。

问题 6-1-9 集团内部应收票据贴现后在合并报表层面的列报

问题：

集团内部应收票据贴现后在合并报表层面应如何列报？

背景：

A 集团范围内的两家子公司 B 公司和 C 公司存在业务往来，B 公司开出银行承兑汇票给 C 公司，在个别报表层面 B 公司计入"应付票据"，C 公司计入"应收票据"。C 公司在取得银行承兑汇票后通常会到银行进行贴现，假设对 C 公司而言票据贴现符合终止确认的条件，在 C 公司个别报表层面终止确认了"应收票据"。在 A 集团编制合并报表进行内部债权债务抵销时，B、C 公司个别报表层面的"应付票据"和"应收票据"金额不等。

解答：

从 A 集团合并报表层面看，在 C 公司将票据向银行贴现后，此时 B 公司开出的银行承兑汇票是对持票银行的负债，实质上是 A 集团从银行取得的融资，因此在合并报表层面应将"应付票据"大于"应收票据"的金额重分类到"短期借款"。相应地，该类已贴现的内部应付票据期初、期末之间的余额变动，在合并现金流量表层面应通过"借款收到的现金"或者"偿还债务支付的现金"项目反映，即作为筹资活动的现金流量列报。

问题 6-1-10 对特殊编制基础财务报告出具审计报告的注意事项

问题：

对特殊编制基础财务报告出具审计报告时应注意哪些事项？

解答：

对于特殊编制基础的财务报告出具审计报告，注册会计师应当遵循《中国注册会计师审计准则第 1601 号——对按照特殊目的编制基础编制的财务报表审计的特殊考虑》，而不是《中国注册会计师审计准则第 1501 号——对财务报表形成审计意见和出具审计报告》。

1. 财务报表附注注意事项。

（1）附注中不能声明遵循了企业会计准则。可以把附注三"遵循企业会计准则的声明"部分改为"遵循附注二所述编制基础的声明"，声明本财务报表遵循了附注二所述的编制基础，而不能直接声明"遵循了企业会计准则"。

（2）在附注"财务报表的编制基础"部分中详细说明所采用的编制基础及其与企业会计准则规定的差异。

2. 审计报告注意事项。

（1）在引言段和管理层责任段中均提及财务报表系按照"附注二所述编制基础"编制，意见段中也针对财务报表是否符合"附注二所述编制基础"发表审计意见。

（2）最后根据实际情况增加用途限制段，例如：如后附的财务报表附注二所述，后附的公司财务报表系仅供贵公司向主管工商、税务等机关按有关规定申报 2012 年度财务报表之用，不作其他用途。相应地，本报告仅供贵公司向主管工商、税务等机关按有关规定申报 2012 年度财务报表之用，不作其他用途。

结论基础：

根据《企业会计准则讲解(2010)》第三十一章第二节中的表述："企业应当根据实际发生的交易和事项，遵循各项具体会计准则的规定进行确认和计量，并在此基础上编制财务报表。企业应当在附注中对这一情况作出声明，只有遵循了企业会计准则的所有规定时，财务报表才应当被称为'遵循了企业会计准则'。"

企业会计准则的规范内容包括会计要素的确认、计量、列报和披露。根据上述规定，如果未完全遵循企业会计准则对于列报和披露方面的规定，即使确认和计量完全符合企业会计准则中的相关规定，也不能声明"遵循了企业会计准则"，相应地不能直接表述为按照企业会计准则编制财务报表。常见的导致不能声明"遵循了企业会计准则"的列报和披露方面的问题主要有：①未列报前期比较数据，或者比较期间不符合规定(例如，1年一期报表)；②缺少关联交易、或有事项和承诺事项、其他重大事项披露内容；③未提供现金流量表和/或股东权益变动表；④在存在子公司的情况下，未编制和提供合并财务报表，但并未将母公司个别报表作为全套完整法定财务报表使用；等等。

对于未能遵循企业会计准则的所有规定的财务报表，均应视作特殊编制基础财务报表。对于特殊编制基础的财务报表出具的审计报告，应当遵循《中国注册会计师审计准则第1601号——对按照特殊目的编制基础编制的财务报表审计的特殊考虑》，而不是《中国注册会计师审计准则第1501号——对财务报表形成审计意见和出具审计报告》。

根据《中国注册会计师审计准则第1601号——对按照特殊目的编制基础编制的财务报表审计的特殊考虑》第十四条规定："《中国注册会计师审计准则第1501号——对财务报表形成审计意见和出具审计报告》规定了审计报告的格式和内容。

对于特殊目的财务报表审计，审计报告的内容还应当包括：(一)说明财务报表的编制目的，并在必要时说明财务报表预期使用者，或者提及含有这些信息的特殊目的财务报表附注；(二)如果管理层在编制特殊目的财务报表时可以选择财务报告编制基础，在说明管理层对财务报表的责任时，提及管理层负责确定适用的财务报告编制基础在具体情况下的可接受性。"

第十五条规定"注册会计师对特殊目的财务报表出具的审计报告应当增加强调事项段，以提醒审计报告使用者关注财务报表按照特殊目的编制基础编制，因此，财务报表可能不适用于其他目的。注册会计师应当将强调事项段置于适当的标题下。"

(上述两条审计准则规定的具体运用，可参考《中国注册会计师审计准则第1601号——对按照特殊目的编制基础编制的财务报表审计的特殊考虑》指南的相关内容。)

问题6-1-11 与出口免抵税额相关的附加税费的确认时点

问题：

根据"背景"资料提供的信息，讨论：

1. 企业是否可以在"免抵退税"申报获得审批之前根据当期实际出口销售情况自行测算并计提免抵税额应缴纳的附加税？

2. 企业是否可以根据税务机关"免抵退税"最终审批结果对前期计提的附加税进行追溯调整？

3. 如果企业之前采用的是在获得税务机关对"免抵退税"审批后才计提附加税的方法，2012年拟改为在获得审批之前根据实际出口销售情况自行测算计提，是否涉及会计估计变更？

背景：

A公司系实行出口货物"免、抵、退"税收管理办法的生产企业，因在出口销售发生的当月单证不齐，同时税务机关对免抵退税申报的审批也需要一个审核过程，因此获得税务机关审批的时间往往滞后于销售期间3个月左右，即A公司在2012年12月获得的申报审批为2012年9月的出口销售对应的免抵退税，而2012年12月的出口销售免抵退税申报审批在2013年4月方能获得。根据《财政部、国家税务总局关于生产企业出口货物实行免抵退税办法后有关城市维护建设税教育费附加政策的通知》（财税[2005]25号）的规定，当期免抵的增值税税额应征收城市维护建设税和教育费附加。

解答：

1. 鉴于导致企业可以享受免抵退税的原因是实现出口销售，相关免抵退税额的计算和申报也都是基于截至出口销售收入确认当期期末为止已实际存在的状态和情况进行，相应地，也表明就该等免抵税额缴纳城建税和教育费附加已成为一项现时义务（属于推定义务，尽管尚未到法定的纳税义务发生时间），且未来将很可能因为缴纳该等附加税费而导致经济利益流出企业。在此情况下，如果根据历史经验，在确认出口销售收入时，与该期内出口销售收入相关的免抵税额是可以可靠估计（甚至基本确定）的，则对照《企业会计准则——基本准则》关于"负债"这一会计要素的定义和确认条件的规定（由过去的交易或事项导致的、很可能导致经济利益流出企业的现时义务，且未来流出的经济利益的金额能够可靠地计量），相关的城建税和教育费附加缴纳义务应当在确认出口销售收入当期的期末确认为一项负债。

这一做法与"结论基础"部分上海市财政局沪财会[2004]59号文中对应退税额和"免抵退税不得免征和抵扣税额"确认时点的规定并不矛盾，前述分析只是针对与免抵税额相关的附加税费的缴纳义务确认时点问题，而不是针对应收出口退税和"免抵退税不得免征和抵扣税额"和免抵税额的确认时点问题。

2. 如果在2012年12月末，公司根据当时可获取的信息对免抵税额以及对应的附加税额进行了自行测算，最终审批结果与自行测算结果之间存在差异的，应考虑该差异影响的重大程度和产生原因。如果系由于在2012年年末资产负债表日后新出台了关于出口货物和劳务免抵退税的规定导致计算结果发生调整（应不存在此类情况），则调整的影响不应作为资产负债表日后调整事项调整 2012 年年末的估计值;如果审核过程涉及主管税务机关的大量主观判断导致批文下达前企业无法合理估计审批结果(这种情况预计也比较少见),则调整的影响不应作为资产负债表日后调整事项调整 2012 年年末的估计值(此时免抵税额也应到批文下达时才能够确认);除此之外,可以把资产负债表日后获得 2012 年 12 月免抵退税的批复文件作为资产负债表日后调整事项,对原先的附加税费预计金额进行相应调整。

3. 如果企业以往年度满足前述问题 1 的答复中所述条件,但未在期末对相关附加税额的缴纳义务进行预提的,应构成一项前期会计差错。企业管理层应考虑其对以往年度和本年度财务报表而言是否构成了一项重大前期差错[参照《企业会计准则讲解(2010)》第二十九章第四节的相关规定],判断是否采用追溯重述法予以更正。

结论基础:

2004 年,上海市财政局曾经发布过《上海市财政局关于生产企业自营出口货物实行"免、抵、退"税收管理办法有关会计处理的规定》(沪财会[2004]59 号),其中规定:"对 2004 年 1 月 1 日以后报关出口的货物,企业应根据主管征税分局审核通过的'免抵退货物应退税额',借记'应收补贴款'科目,贷记'应交税金——应交增值税(出口退税)'科目;收到退回的税款时,借记'银行存款'科目,贷记'应收补贴款'科目。""生产企业将货物报关离境并按规定作出口销售后,应按规定向征税分局办理增值税纳税申报和免、抵、退税申报,并及时结转主营业务成本。将按规定计算的当期出口货物'免抵退税不得免征和抵扣税额'转入销售成本,借记'主营业务成本'科目,贷记'应交税金——应交增值税(进项税额转出)'科目;同时,按产品成本的金额结转主营业务成本,借记'主营业务成本'科目,贷记'库存商品'科目。"

即,根据上海市财政局于 2004 年发布的上述规定,确认应收出口退税的时间应为主管征税分局审核通过"免抵退货物应退税额"时,依据相应的通知上载明的税额确认;但对于"免抵退税不得免征和抵扣税额",应在确认出口销售收入和结转销售成本的当期按规定计算,并转入当期销售成本,以实现和当期确认的出口销售收入的配比。但因为该文件发布于财税[2005]25 号文件发布之前,当时全国尚无统一的就免抵税额缴纳附加税费的政策,因此该文件没有对此作出规定。

根据《财政部、国家税务总局关于生产企业出口货物实行免抵退税办法后有关城市维护建设税教育费附加政策的通知》(财税[2005]25 号)规定:"经国家税务局正式审核批准的当期免抵的增值税税额应纳入城市维护建设税和教育费附加的计征范围,分别按规定的税(费)率征收城市维护建设税和教育费附加。"根据上述规定,相关纳税(费)义务的法定发生时间应该是在经国家税务局正式审核批准免抵的当期,即在本案例中,2012 年 12 月的免抵税额对应的城建税和教育费附加应当在 2013 年 4 月缴纳。但是,从会计角度而言,由于国税发[2002]11 号文规定了较为明确的生产企业"免、抵、退"税计算方法和公式,一般企业均可根据这些公式自行进行相关测算,得到相对较为可靠的结果,而不一定等到国家税务局正式下文才能确认。尤其是在业务较为简单的情况下,尽管确认出口销售收入的当月尚处于"单证不齐"状态,但企业依据已建立的内部控制制度和相关历史经验,预计可在规定期限内收齐相关单证以达到申报免抵退税额的要求的,则企业在出口销售收入确认当期自行测算的金额和最终国家税务局正式审核批准的免抵税额预期不会有重大差异。

问题 6-1-12 长期挂账负债的核销问题

问题:

企业在何种情况下才能核销长期挂账的负债?

背景:

某公司本年对长期挂账的其他应付款合计 900 万元进行清理,拟核销计入当期"营业外收入"。律师针对此部分拟核销款项出具了法律意见书,说明该类款项"表面审查,已过诉讼时效"。

解答:

根据《企业会计准则第 22 号——金融工具确认和计量》第二十六条规定:"金融负债的现时义务全部或部分已经解除的,才能终止确认该金融负债或其一部分"。因此,能否终止确认金融负债,主要看其现时义务是否已经解除,即依据相关法律法规的规定,企业已不能被要求承担无条件地支付特定金额款项的偿还责任。

鉴于不恰当地转销负债将导致负债低估,因此基于谨慎的考虑,对于债务确认为"无需支付"及其转销,一般采用从严把握的原则。鉴于"已过诉讼时效"并不表明相关负债的实体性义务的解除(民法对实体性权利的保护年限为 20 年),仅仅表明对方丧失了"胜诉权",即通过司法途径追讨该笔款项的权利,因此不能仅仅依据"已过诉讼时效"判断相关的现时义务已被解除。一般情况下,只有当出现以下情况之一时,才能认为"现时义务已解除":

(1) 债权人已经关闭、注销,或者作为债权人的自然人已死亡,且无人承继该项债权;

(2) 债权人明确声明放弃该项债权。

因此,公司管理层应对这些长期挂账的应付款项进行清理,确定其债权人是否存在上述两种情况之一,如果是,则可以将相应负债予以转销(但其转销影响应计入上述情况发生年度的损益);如果不是,则相关的负债应当继续挂账核算。

在本案例中,即使针对诉讼时效问题,律师事务所的法律意见书也是附有条件的,即"表面审查,已过诉讼时效",基于时效的接续有多种方法,时效一旦接续,公司仍应支付相应的款项,故即使依据律师的法律意见书也不能认定诉讼时效已经终止。并且如前所述,仅仅依据诉讼时效已过,不能认为现时义务即已解除,即不能认定为核销应付款项的充分理由。

企业作为债务人,只有在取得对方的确认函、已死亡证明、已注销证明,或对方放弃该项债权的声明,或者相关债务重组协议时才可确认该笔营业外收入。总之,如前所述,对负债的核销问题应从严把握,在排除当初的负债确认属于前期会计差错的情形下,对于长期挂账的应付款项,应当在符合上述所指两项条件之一时方可转销。

问题 6-1-13 "公司＋基地＋农户"模式下合作基地和农户存栏牛是否确认为公司的存货

问题:

根据"背景"部分提供的信息,在"公司＋基地＋农户"模式下合作基地和农户存栏牛是否应确认为公司的存货?

背景:

A公司拥有商标权的自有品牌"×牛"产品为著名肉用牛品种,具有很好的市场知名度。A公司采用"公司＋基地＋农户"的合作养殖模式,与农户及养殖基地合作繁育养殖"×牛"。A公司提供冻精,农户提供受体母牛繁育犊牛,养至4～6月由养殖基地收购,在养殖基地养至14～16月龄后再由A公司收购,收购时按约定的价格乘以重量结算。鉴于养殖基地资金较紧张,A公司一般会预付部分款项,结算时在收购款中扣除。

A公司与农户、养殖基地签订的繁育合同、前期育肥合同等主要条款内容简述如下:

1. 在牛的饲养过程中,A公司有权随时现场监督、检查和指导。

2. 未经A公司许可,农户与养殖基地不得擅自将牛转卖其他方。如饲养过程中牛出现死亡、丢失等情况,由养殖基地及农户承担。

3. A公司应在合同约定的收购期无条件收购养殖基地及农户的成牛,收购价格按照合同约定的单价乘以重量结算。

4. 对于达不到收购时约定的体重标准的牛或残疾牛、畸形牛降价收购;对于收购时有严重外伤、疾病的牛暂不收购,以后视其恢复情况议价收购;对于有严重传染病的牛不予收购;对于从外观看品种不纯的牛不予收购。

解答:

《企业会计准则第1号——存货》第四条规定:"存货同时满足下列条件的,才能予以确认:(一)与该存货有关的经济利益很可能流入企业;(二)该存货的成本能够可靠地计量。"

《企业会计准则第5号——生物资产》第五条规定:"生物资产同时满足下列条件的,才能予以确认:(一)企业因过去的交易或者事项而拥有或者控制该生物资产;(二)与该生物资产有关的经济利益或服务潜能很可能流入企业;(三)该生物资产的成本能够可靠地计量。"

根据合同条款分析,该"公司＋基地＋农户"业务模式是各方共担风险的一种业务模式。其中农户和养殖基地所承担的风险主要是:①实物毁损风险(牛在养殖期间的死亡、丢失等风险);②质量风险(因未按照A公司要求进行饲养管理导致养成的牛不符合收购要求,被公司拒绝收购或者降价收购的损失风险,以及养成的牛体重差异导致可获得的收购价格差异的风险);③成本超支风险(公司提供的收购价格无法弥补实际发生的饲养管理成本的风险)。对于 A 公司而言,其所承担的义务主要是按照事先约定的单位价格(以牛的体重为依据乘以约定的单位收购价格)无条件地收购符合规定的质量标准的养成牛,因此 A 公司所面临的风险主要是:①最终产品(牛肉)的滞销积压风险;②牛肉的销售收入无法弥补牛的收购成本和后续生产、加工成本的风险。但公司所承担的上述风险与农户、养殖基地在这一业务模式下所承担的风险并非同时发生,而是有滞后性,公司只有在按合同约定将牛收购后,才会真正地承担这些风险。因此,在农户、合作基地养殖期间,公司并不享有或承担这些牛的所有权上的主要风险和报酬,也不控制其相关的经济利益,其经济利益并非很可能流入公司,因此不符合《企业会计准则第 1 号——存货》第四条规定的存货确认条件之(一)和《企业会计准则第 5 号——生物资产》第五条规定的生物资产确认条件之(一)、(二)。

同时,只有当农户或者养殖基地将符合收购质量标准的牛交付给 A 公司时,A 公司才有义务按照约定的价格收购,因而只有在这一时点上,该资产的成本才是能够可靠计量的。在农户、养殖基地饲养期间按进度确认成本并不切实可行。"成本能够可靠计量"作为《企业会计准则第 1 号——存货》第四条和《企业会计准则第 5 号——生物资产》第五条所共同要求满足的资产确认标准,在此情况下均未能满足,因此在收购之前,也不符合确认为公司的存货或者生物资产的条件。

A 公司提供给农户的冻精、饲料等原材料,可以确认为公司的一项存货,到收购后采用系统、合理的方法分摊到所收购的牛的成本中,构成生物资产成本的组成部分。

但需要注意的是:A 公司在合同中作出的按照既定的价格无条件收购符合约定质量标准的养成牛的约定,构成了公司的一项确定承诺。在合同约定的收购条件满足之前,如果已经出现了牛肉滞销积压或者价格下跌的情况,预计收购后将需要计提存货跌价准备(含消耗性生物资产减值准备,下同)的,则此时 A 公司就存在一项亏损合同,即履行合同项下义务所需发生的不可避免成本超过履行合同所能带来的经济利益的合同。在此情况下,公司应按照《企业会计准则第 13 号——或有事项》第八条规定"待执行合同变成亏损合同的,该亏损合同产生的义务满足本准则第四条规定的,应当确认为预计负债";第四条规定"与或有事项相关的义务同时满足下列条件的,应当确认为预计负债:(一)该义务是企业承担的现时义务;(二)履行该义务很可能导致经济利益流出企业;(三)该义务的金额能够可靠地计量",就该项亏损合同的预计损失确认预计负债,同时计入损益。

问题 6-1-14 房地产销售佣金计入损益的时点

问题：

房地产公司预售房支付的销售佣金在房产销售收入确认之前是作为一项流动资产还是直接计入当期损益？

背景：

A公司是一家房地产开发项目公司，其开发产品大部分由销售代理中介方及其他销售方（非公司销售人员）进行了预售。按约定，公司于收到预售房款后向销售方支付销售佣金。对此，企业的会计处理是将这部分佣金记入预付账款，待房地产销售收入实现（办理入住手续）时，再将销售佣金中与确认的收入相关的部分自预付账款转入收入确认当期的销售费用。

解答：

本案例问题的关键，在于判断该等销售佣金在期末是否符合《企业会计准则——基本准则》对"资产"这一会计要素的定义和确认条件的规定。

根据《企业会计准则——基本准则》第二十条规定："资产是指企业过去的交易或者事项形成的、由企业拥有或者控制的、预期会给企业带来经济利益的资源。

前款所指的企业过去的交易或者事项包括购买、生产、建造行为或其他交易或者事项。预期在未来发生的交易或者事项不形成资产。

由企业拥有或者控制，是指企业享有某项资源的所有权，或者虽然不享有某项资源的所有权，但该资源能被企业所控制。

预期会给企业带来经济利益，是指直接或者间接导致现金和现金等价物流入企业的潜力。"

《企业会计准则——基本准则》第二十一条规定："符合本准则第二十条规定的资产定义的资源，在同时满足以下条件时，确认为资产：

（一）与该资源有关的经济利益很可能流入企业；

（二）该资源的成本或者价值能够可靠地计量。"

在本案例中，公司支付销售佣金的目的是获取销售代理中介方及其他销售方（以下简称中介）所提供的居间介绍等服务，因此，与销售佣金相对应的经济利益体现为接受中介根据该合同约定提供的服务。公司应当分析与中介签订的服务合同的条款，分析截至资产负债表日，应由中介提供的相关服务是否均已提供完毕，即中介的实质性合同义务是否已经履行完毕。如果中介根据相关合同约定应提供的服务仅限于促成房地产买卖合同的签订，则在房地产买卖合同签订之后，中介的服务即提供完毕（同时中介有权就其所提供的服务从公司取得佣金），该服务合同将不会给公司带来进一步的未来经济利益流入。这种情况下，公司应当把已付和应付给中介的佣金在接受中介提供的服务的期间计入销售费用。如果截至资产负债表日，中介还有实质性的重大合同义务尚未履行，且未履行部分的公允价值可以可靠确定的，则公司可以采用系统、合理的方式将佣金总额在已履行部分和未履行部分之间进行分配，与已履行部分相对应的佣金计入当期销售费用；与尚未履行部分相对应的佣金（代表未来接受中介服务的权利）可以确认为一项预付款项，到后续接受中介提供的相关服务时转入销售费用。

销售佣金在利润表中对应的项目是销售费用,属于期间费用范畴,而不是营业成本。期间费用应当在发生时计入损益,并不存在与营业收入配比的问题。

第二节 审计技术问题

问题 6-2-1 应收账款函证回函是否可以作为收入确认的依据

问题:

应收账款函证程序取得的回函,是否可以作为收入确认的依据?

背景:

某抽水蓄能电厂(以下简称"A 公司")与省电力公司于 2010 年 5 月签署了为期 1 年的委托运营合同,即省电力公司一年要给 A 公司委托运营费(从 2010 年 7 月至 2011 年 6 月)含税 1.77 亿元。从 2011 年 6 月开始就没有再续签合同,并且对于 2011 年 6 月达到预定可使用状态的二期也没有签订合同。A 公司管理层表示,经过和省电力公司的充分协商,已达成口头协议:2011 年 6~12 月的委托运营费为 93 207 991.34 元,但无法提供书面协议。A 公司提出只能向省电力公司函证"A 公司 1、2 期电站 2011 年全年委托运营收入 93 207 991.34 元"。

解答:

《中国注册会计师审计准则第 1312 号——函证(2010 年 11 月 1 日修订)》第五条对函证程序的定义是:"函证(即外部函证),是指注册会计师直接从第三方(被询证者)获取书面答复作为审计证据的过程"。这一定义表明:函证程序的目的是通过外部第三方对事实的证明,提供认定层次的充分、适当的审计证据。即:函证的实质是证实已存在的事实,而不是创造一个原先不存在的事实。

询证函收回后,作为工作底稿和审计档案的一部分,其所有权属于会计师事务所。根据《中国注册会计师协会关于会计师事务所能否将往来账项询证函回函提供给客户作为法律诉讼证据的答复》(中注协专家技术援助小组信息公告第 5 号,2003 年 3 月 5 日发布)规定:"注册会计师在审计过程中,为印证影响会计报表认定的账户余额或其他信息,通常以被审计单位的名义向第三方发出询证函,并将询证函回函作为审计证据,纳入审计工作底稿管理,所有权归会计师事务所。根据《独立审计具体准则第 6 号——审计工作底稿》第二十二条和二十三条的规定,除法院、检察院及其他部门依法查阅审计工作底稿、注册会计师协会对执业情况进行检查以及前后任注册会计师沟通等情况外,会计师事务所不得将审计工作底稿提供给任何部门或个人,也不宜将往来账项询证函回函提供给客户作为法律诉讼证据。"同时,从现在的注册会计师职业道德守则的眼光来看,将询证函回函提供给审计客户作为诉讼证据,相当于为审计客户担任辩护人,也是一项违反独立性原则的行为(《中国注册会计师职业道德守则第 4

号——审计和审阅业务对独立性的要求》第一百四十六条)。

在本案例中,在未获得双方之间的合同、协议等具有足够证明力的外部证据的情况下,如果仅仅根据询证函回函即认可该事项,则对注册会计师而言存在一项明显的风险:如果日后情况的发展证明双方之间事实上并不存在就该笔收入和应收款项的确认和约定,导致该笔应收款项所代表的债权无法实现时,则 A 公司由于无法提供足够的证据,无法通过诉讼等方式主张该项债权;此时注册会计师又受制于独立性规则和中注协 2003 年发布的上述《答复》的规定,不能将该询证函回函提供给客户作为诉讼证据使用,此时注册会计师所取得的回函等于废纸一张,反而会使注册会计师因为未能取得充分、适当的审计证据面临较大的执业风险。因此,为了避免出现上述风险,注册会计师应当要求 A 公司提供经双方确认盖章的就该项收入和应收账款的协议、合同等,注册会计师在此基础上向电力公司函证该协议的主要条款,以及双方共同确认的收入金额和应收款项余额,这样的函证程序才是有效的。

问题 6-2-2　对无法实施审计的情况出具鉴证报告的问题

问题:

如何对无法实施审计的情况出具鉴证报告?

背景:

A 集团 2011 年审要求对集团下属单位原大集体企业进行摸底,对持续经营的企业要求审计,对停业、账簿不全的要求出具鉴证报告。鉴证报告的内容主要是对由于何种原因无法实施审计的情况进行鉴证。

解答:

根据《中国注册会计师鉴证业务基本准则》(以下简称"鉴证基本准则")第五条规定:鉴证业务是指注册会计师对鉴证对象信息提出结论,以增强除责任方之外的预期使用者对鉴证对象信息信任程度的业务。鉴证对象信息是按照标准对鉴证对象进行评价和计量的结果。如责任方按照会计准则和相关会计制度(标准)对其财务状况、经营成果和现金流量(鉴证对象)进行确认、计量和列报(包括披露,下同)而形成的财务报表(鉴证对象信息)。

根据鉴证基本准则第三条规定:鉴证业务要素,是指鉴证业务的三方关系、鉴证对象、标准、证据和鉴证报告。

根据鉴证基本准则第六条规定:鉴证对象信息应当恰当反映既定标准运用于鉴证对象的情况。如果没有按照既定标准恰当反映鉴证对象的情况,鉴证对象信息可能存在错报,而且可能存在重大错报。

根据鉴证基本准则第十四条规定:鉴证业务涉及的三方关系人包括注册会计师、责任方和预期使用者。

根据鉴证基本准则第二十四条规定:标准是指用于评价或计量鉴证对象的基准,当涉及列报时,还包括列报的基准。标准可以是正式的规定,如编制财务报表所使用的会计准则和相关会计制度;也可以是某些非正式的规定,如单位内部制定的行为准则或确定的绩效水平。该准则第二十五条特别指出：注册会计师基于自身的预期、判断和个人经验对鉴证对象进行的评价和计量，不构成适当的标准。第二十七条规定：标准应当能够为预期使用者获取，以使预期使用者了解鉴证对象的评价或计量过程。

根据《中国注册会计师其他鉴证业务准则第3101号——历史财务信息审计或审阅以外的鉴证业务》(以下简称"3101号鉴证准则")第五条规定：只有符合下列所有条件，会计师事务所才能承接或保持其他鉴证业务：(一)鉴证对象由预期使用者和注册会计师以外的第三方负责；(二)在初步了解业务环境的基础上，未发现不符合职业道德规范和《中国注册会计师鉴证业务基本准则》要求的情况；(三)确信执行其他鉴证业务的人员在整体上具备必要的专业胜任能力。

根据3101号鉴证准则第六条规定：注册会计师应当向责任方获取书面声明，以明确责任方对鉴证对象的责任。如果无法获取责任方的书面声明，注册会计师应当考虑：(一)承接业务是否适当，法律法规或合同是否明确了相关责任；(二)如果承接业务，是否在鉴证报告中披露该情况。

根据准则的上述规定，结合本案例的具体情况，该项报告不应采用"鉴证报告"的形式，因为不符合相关执业准则对"鉴证业务"的定义和承接条件的规定。最主要的原因是：此类情况不存在一个由责任方编制并由责任方承担相应责任的鉴证对象信息(严格来说，此类业务中实际上没有"责任方"，因为被鉴证单位的管理层是不可能对此承担责任的)，也缺乏一个可用于对鉴证对象信息进行评价的明确标准。是否"账证不全"在很大程度上取决于注册会计师的专业判断，因此不构成适当的"标准"。

鉴于上述原因，此类报告不适合于以"鉴证报告"的形式出具，建议注册会计师以出具"情况说明"的方式解决这一问题，即在对拟审计的单位进行初步了解，执行初步业务活动程序的基础上，对其是否具备"可审计性"作出专业判断，在"情况说明"中详细说明注册会计师所执行的了解拟审计单位基本情况的程序、所了解到的情况，以及注册会计师对其"可审计性"的专业判断和作出该判断的理由等。